中国历代
战争史话

李震 —— 著

·上册·

九州出版社
JIUZHOUPRESS

图书在版编目（CIP）数据

中国历代战争史话 / 李震著 . -- 北京：九州出版社，2022.10

ISBN 978-7-5225-1216-7

Ⅰ . ①中… Ⅱ . ①李… Ⅲ . ①战争史—中国—古代 Ⅳ . ① E291

中国版本图书馆 CIP 数据核字（2022）第 182612 号

著作权合同登记号：图字 01-2022-7172

中国历代战争史话

作　　者　　李　震著
责任编辑　　高美平
出版发行　　九州出版社
地　　址　　北京市西城区阜外大街甲 35 号（100037）
发行电话　　（010）68992190/3/5/6
网　　址　　www.jiuzhoupress.com
印　　刷　　艺堂印刷（天津）有限公司
开　　本　　787 毫米 × 1092 毫米　16 开
印　　张　　41.5
字　　数　　600 千字
版　　次　　2023 年 2 月第 1 版
印　　次　　2023 年 2 月第 1 次印刷
书　　号　　ISBN 978-7-5225-1216-7
定　　价　　138.00 元（上下册）

自 序

　　本书的前身，原是拙著《历史战争论》。兹应"中国历代战争史丛书"之需要，乃改编而易名为"中国历代战争史话"。

　　《历史战争论》乃是作者三十年前在黄埔出版社社长任内所撰，而于一九五三年六月初版的是第一册。是册出版后，同时分呈蒋公及"国防部"，旋亦相继得到奖勉，"国防部"颁发绩学奖章一枚，奖金二千元，并命改书名为"中国历代战争方略研究"，故以后出版之中、下册，均用改定之名称；但至第一册再版时，又恢复了原名。

　　一九五三年七月，蒋公以是书颇有见地而召见作者，面予奖勉有加，并嘱研究王阳明学说。当时在旁做谈话记录的，就是今台北故宫博物院院长秦孝仪先生，事后秦先生还一再函相劝勉；但适于此时作者正致力于国史及战争学之研究，加以又亲自主编《兵略杂志》（后改名"黄埔月刊"），故对"王学"兼顾乏力。

　　此书之问世，除上述获上级奖励外，又获得了以下一连串的反应。

　　一九五六年"国防部"史政处长高希亮将军得读此书后，即要求作者往主《中国战史》笔政。这是本书获得的第一个反应。

　　一九五七年，"国防大学"校长徐培根上将在物色《中国历代战争史》总编辑的继任人选时，曾亲自选审五部战史著作，而独选定《历史战争论》的作者以当其任。这是本书获得的第二个反应。主此笔政，应特别一述者，即作者主编《中国历代战争史》十六年中，学术上获益良多，真可谓"编学相长"。盖除与徐上将日夕研商凡历三年外（徐上将一九六二年初调任"国防研究院"教育长），又与各审校委员（各大学历史教授聘任）常相讨论，因此学术猛进，大异于前。其后能任中国文化学院副教授、教授，及纯赖著作以获得"教育部"教授证书者，皆赖奠基于此。

一九六四年第一册增编再版时，仍用原书名《历史战争论》出版，并向社会发行。当时政治大学政治研究所硕士班学生张启雄棣得读此书，即以明信片寄凤山黄埔出版社联络，该社以作者离职二十年退邮，于是，此明信片乃辗转寄递，不知费了多少时日，终于寄到了台北市大直圆山二村十号作者寓所。中华邮政之优良，实足称道。作者随即函复雄棣，于是便成为其硕士论文的实际指导教授，此为本书所获得之第三个反应。雄棣毕业后，留学东京帝大进修博士时，其指导教授又要求其扩撰该硕士论文。于是雄棣返台再索资料，作者乃将近年发表之《中国政治国防史》《西周宗法制度的国家组织与发展》《西周封建制度的国家组织与发展》《周代井田制度的国家组织与发展》及《周代史研究及考证》诸论文供其参考。雄棣乃以"古代中国における国际体系"（中国古代之国际体系）为题提出论文。其指导教授审阅后大为赞赏，雄棣乃得为博士正式研究生，此可说是本书的第四个连锁反应。雄棣资赋甚高，将来必成大器，惟望其思想发展方向，应理想与现实并重，盖凡大思想家、大政治家，必然二者并重者，因救世必须具崇高理想，实践则必须重视现实。

以上所论，本书虽有相当影响力，然终因未注明所采材料的出处，故只能称为"史话"，在学术地位上不免居于次等。本书之优点大抵有二：（一）所采史料以正史为主；（二）在某一专题上搜集所要史料，综合而融贯之，依作者之史识做系统化整体化之说明与讨论，既揭发历史之真相，又能予后人在智慧上之启发，此可谓是本书的"不足"中之美欤？

本书曾蒙"国防部"史政编译局前后任局长林克承、范英二位将军鼎力赞助，本书插图又曾蒙陈公能兄细心校正与绘制图稿，谨此一并谢忱。

李震谨撰

一九八四年八月十三日

于台北大直公治书室

目　录

第一篇 绪论

一、本书研究中心

本书之研究中心，以政治、军事战略为主，战术次之。故凡历史战争中之关于政治、军事战略部分者尽量予以介绍，并以批判之态度详为演绎而研究评论之。诸如其方略之策定与运用之得失，及其与战争原理之关系与创立，均不厌其详而一一为之分析著论。至关于战术方面，则必以其特具价值者，始予以批判而申论之，盖因时代变迁，战术演变，曩者之认为适切者，未必亦适用于今也。因是之故，本书故不重视一般性历史之叙述，而侧重方略之分析与研究，此为本书与一般战史书籍大异其趣者。

二、研究战争史之大要与步骤及方法

（一）研究战争史之目的 研究战争史之目的为何？一言以蔽之，在使研究或运用战争指导之方略时，能鉴别历史之得失，并推陈出新，适事、适机、适情、适势，灵活运用于其指导之方略，以求得战争之胜利。故历史上各代之政略家、战略家，无不精通战争史者。

然对历史得失之鉴别，则为一艰深之工作，故政略家战略家才识之优劣及成功与失败，其关键即判于此。关于此理，本书既论及者，如秦鉴于周代分封诸侯所招致末代分裂割据局面之失，而创立其绝对之中央集权；郦食其鉴于陈余等劝陈胜封六国后裔以孤秦势之得计，而劝刘邦亦封六国后裔；汉高鉴于秦之宗室孤立，而分王其诸子弟；晋武鉴于魏宗室之孤立，而亦分王诸子弟；郭图等鉴于"秦失其鹿，先得者王"之前事，而亦以此教袁绍；周亚夫鉴于汉高胜楚战略之得策，而亦部分采用之以击吴楚；邓艾鉴于李左车"先声而后实"之计成功，于其平蜀之后，亦以其计献议以图吴。然此数者各有其成败，考其所以有如是之别者，以其人对历史鉴别之明有所分也。故凡不明情势，不察事机，不详古今之别者，必致张冠李戴，无有不谬者。况《孙子》曰"战胜不复，而应形于无穷"，是故精研历史战争之极致，首在贯通而融化之，务不稍拘泥于历史方法（但不精研历史战争则不足以开发其智力），仅借鉴别其事迹与得失以启迪新锐之智慧，然后因现实之客观情势与事机而变化运用之耳。夫如是，然后可达运用战争方略于深奥之意境，而常操战争胜利之左券也。

（二）研究战争原理之目的　所谓战争原理者，如《孙子》及克劳塞维茨《战争论》等之一类战争理论是也。中国古代名将，无不精通孙子之战争理论者，兹举其事迹显著者言之。孙膑精研其祖孙武子之兵书，而于破庞涓时曾有议论曰"善战者，因势而利导之"，由此而产生其减灶之计，此乃其引用孙武之言，以为其战争指导之根据也。诸葛亮于其评曹操时曰："曹操智计，殊绝于人，其用兵也，仿佛孙、吴。"（曹操著有《孟德新书》，其内容多为研究《孙子》而得者。由《孙子十家注》一书，亦可见我国历代名将研究《孙子》之一斑）尤以唐代《李靖兵法》，均以《孙子》为根据，而论辩精详（参《通典·兵典》及清汪宗沂《卫公兵法辑本》）。其他历代名将论《孙子兵法》者之多，诚不胜列举也。即自近代而言，日本将校之研究《孙子》者，其为数之多，著作之富，殊使吾人见而惶愧。至于克劳塞维茨之《战争论》，则近世兵学家无不奉为经典，此乃人所共晓，无需赘述矣。

而研究战争原理之目的，则亦与研究战争史之目的同。盖欲于研究或运用战争指导方略时，由于对原理之贯通而推陈出新，适事、适机、适情、适势，灵活运用于其指导之方略，以求得战争之胜利是也。

是故研究原理及其运用之艰深，亦与研究战争史同。历史上因其研究之深，运用之巧，以之战则必胜，攻则必克者，如白起、韩信之徒是也。惟历史上亦有因其研究之拙，运用之劣，以之战则惨败，丧生辱国者，如赵括、马谡之徒是也，由此而知研究之不易。故欲运用灵巧而必胜，必先有精到之研究。兹将研究之步骤与方法，就作者之浅见所及者，于下段陈述之。

（三）研究之步骤与方法　第一，首应学习初级之战术原则与战斗方式，继则研究中级之战术原则与运用方式（如图上战术一类），三则研究大兵团运用原则与方式（此一阶段之研究，与古代军事学习者之先研习车、步、骑兵及各种阵法相若）。凡此各级原则与方式，必力求精熟，尤贵与作战经验（他人之经验如战史亦同）冶为一炉，求与其心灵同化（精思熟考）而运用之。

然在后者研究阶段中，应略为涉猎战争史与战争原理之研习，因研究此种高级之战争史与原理，决非一蹴可几者，必待长时期之研习积累，由渐进而达于高阶层。诚然，在此一阶段中对此种高级学术之研习，必有诸多不了解者，然能明了其初步之概念，是即此阶段涉猎之目的，俾尔后得以渐进而渐深也，若此时能有承教或商讨于人之机会则尤佳。

第二，进至此一步骤时，遂进而研究战争史与战争原理。惟在此阶段研究之初，及其尔后之研究过程中，有两种学术必须并重以从事研究者，一为哲学方法论（最好先具备此种学术为基础），一为历史（严格言之，有关之自然科学均应有必要之基础）。因有哲学之思维、哲学之认识与方法及历史之目光，然后始可于战争史中辨别其得失，而推陈出新，始可于战争原理中阐发新原理而灵活变化。克劳塞维茨由于有黑格尔辩证法哲学与历史之修养，尤以精通于腓特烈大王与拿破仑战争史，故能以其哲学之头脑，用批判之态度研究战争史，而著成其富有军事哲理之《战争论》；孙子亦然，若非彼有哲学修养与精通历史（考其对老子之学似尤精辟），则其战争原理从何而生？况在其所著之《孙子》十三篇一书有痕迹可寻者，如"凡此四军之利，黄帝之所以胜四帝也"，又曰："殷之兴也，伊挚在夏；周之兴也，吕牙在殷。"此乃其精研战争史之明证也。

尤有进者，战争史与战争原理，诚为相辅相成，互相发展而不可分者。由于精研战争史，可以综合融会而产生新战争原理；由于战争原理指导新战争，遂又产生新战争史。如是互相推进，而发展于无穷。

兹进而论研究战争史与战争原理之关系，并略做下面具体之解释。譬如研究克劳塞维茨《战争论》中将帅之意志力，彼云："将帅之意志，如矗立大海之岩石，虽千万狂涛冲击，亦拒而不纳。"（大意如此）吾人若仅从以上字义推求，终难期其具体之彻底领悟，但一经研究战争史，而读至汉高在荥阳京索间与项王之坚忍持久，及曹公御袁绍于官渡等之艰苦卓绝意志，遂使人顿然大悟克氏所云之神髓矣；其他研究各种战争方略之原理亦然。夫能做如是之研究，然后乃可由了解而贯彻，由贯彻而至理论与心灵同化，由与心灵同化之悟性作用，于是乎指导整个战争之方略及军事上之运用，均可达"因敌制胜""因敌变化而取胜者，谓之神"，与"战胜不复，而应（当'制'解）形于无穷"之活的战争指导与用兵之境域，最后则达于"微乎微乎""神乎神乎"（《孙子》语）之奥境矣。夫如是，乃可造就高级指导战争与用兵卓越之高度才智人才。故凡国家高级学府与统帅，均应注意于此而努力之。

三、战争几项原则

（一）战争主要名词释义　政略者，政治战之谋略也，其包含之范围，凡国家对于某项战争目标所运用之一切政治（含外交、内政）、经济、文化、军事等等之方略皆属之。而所谓战略者，则有多方面之含义，如政治战略、经济战略、外交战略、军事战略等等是也。在政治、经济、外交等方面所云之战略又有二义：或则指各该方面作战之方略或原则，或则指达成各该方面所运用之方法或手段，而是项方法或手段之总称，则亦名之曰策略，策略者，权谋方策也。但军事上所云之战略，则指某战区或某战场形势之控制与大兵团运用之方略也。然军事上亦有其军事之策略，此种策略，亦即达成军事上某种目的之方法或手段也。

至于所谓谋略、方略者，则为一切战争所运用之筹谋决策也，其含义为战争筹谋方面高度化之概念性，亦即包含上面论述之一切含义也。

（二）战争筹谋的要则　凡战争之筹谋，必须全面性、综合性、总体性而筹划运用之，然后始可获得整体性总体战之胜利，此乃战争筹谋之总则也，忽乎此，则筹谋必陷偏缺，而难获战争之总胜利矣。是故一切战争谋略之运筹，必须针对整个客观情势具体情况之研究，而掌握其发展之方向，再根据主观上之条件，并策定各种具体争取胜算之方略，与达到此项方略目的之策略，而灵活运用。又为求策略运用灵活与制胜，则常须根据情势发展所生之新情况，而适宜产生新策略以运用之。如是，乃可适应多变性有形无形之战争，而始终为此战争之主宰者。因战争获胜之首要要素为确保形势之主宰权也，换言之，能主宰形势，即能赢得战争。《孙子》曰"故善战者，求之于势"，即此之谓也。

（三）战争谋略之全面概念　战争谋略之目的既在求有形或无形之胜利，而为求达此目的，则又有赖于诸方面所促成，如间谍战、思想战、经济战、宣传战、外交战，以及内政上财政、金融、教育、社会，乃至于军事战等。但此诸方面之成功，则更有赖于适情、适势、适事、适机之方法或策略之灵巧运用。且在诸方面之多样性、复杂性之运用，其所酝酿之各种形态，或为冷战，或为温战，或为热战。冷战则外弛内张，明和暗斗；温战则剑拔弩张，或和或战；而热战则互相火并，做总力量之大决赛也。凡此争斗过程，必各竭尽一切智力，做神工鬼斧之全面争斗。此乃战争之全面概念，战争指导之复杂性、多样性，亦由此可见一斑。

（四）战争之方法或策略　自古以来，战争方法与策略之运用，概不外为或则争取人心，或则争取形势，或则瓦解（分化）敌人，或则孤立敌国，或则施行困扰，或则运用渗透，或则进行腐蚀，或则创造机会，或则因势利导，或则利诱威胁，或则声东击西，或则以退为进，或则示利迁途，或则伐谋伐交，或则和战兼施，或则多方误敌，或则暂施牵制，或则攻昧兼弱，或则各个击灭，或则借敌役敌，或则综合做全面之运用，随情势而变化，应机于无穷。凡此乃运用战争方法或策略之大要也。

（五）战争权力形成之基本要素　战争之基本力量为创造权力，而形成权力之主要因素，则不外下列数端：

1. 创造大量优秀干部，数量愈庞大则愈佳，故创造庞大数量干部，是为制造权力之第一步。次为争取群众与发挥宣传教育之力量于极致。

2. 组织严密，灵活运用。此项组织须与干部之配置密切配合，然后乃能发生伟大之力量。

3. 指导权之确立、巩固、争取与扩大。此项运用并须赖多数高级才智人物，组成筹谋策划之核心，以确保领导之正确。

4. 确定并巩固足资形成权力之基地（人、物、财所自出）。此基地以处于整个形势中地位优越者或最有利于发展者为佳。

5.以统一之思想与严肃之纪律，谋巩固与团结之。

6.投合机宜之运用以创造之。

上列六项，即作者研读战争史对领导权力之产生、巩固与发展之总结，此六点亦即伟大权力所赖以形成之因素。创造运用得宜，则其权力势必日益扩张，日益强大。反之，若此六项皆无创造或运用不当，或反遭敌人有形无形之控制，甚至遭受敌人支离破碎之打击而不能挽救，则权力必趋陷于崩溃。故古今英雄事业，均不能越出此一范围也。

（六）战争之相对性与绝对性　作者在研究战争史与战争原理之过程中，发现两大战争理论主题，即"战争运用之相对性"与"战争绝对性"是也。此两主题之根源，即基于凡战争之发生，必先由两相敌对阵营之冲突而引起，因此一切战争原理与指导方略，无不属于此二类范畴，故战争指导方略，亦无不针对对敌之具体情势而制定。换言之，无对敌，则一切战争理论无由成立，即既有者亦皆可废置无用矣。此二理则，在战争理论言固如是，在针对具体战争之指导方略与运用言，亦复如是也。兹试举战争史例以为此二论题之说明。

秦军攻赵，赵将廉颇因估计秦赵国力之悬殊，兵众强弱之不敌，若采用攻势作战，势必败北。因此乃择险固守，采取决战防御方略以老秦师，盖欲俟秦师粮乏士疲而撤退之际，乃转而采取攻势与追击，此固廉颇之老谋深算，知彼知己之胜筹也。秦国因深知在此种状况之下绝难取胜，乃转而采用离间之谋略战，先去廉颇，并使赵王起用力主攻势作战之赵括，因之乃得有长平之胜。设若当时之赵王始终坚信廉颇决战防御之方略必可取胜而信任之，则白起长平之胜难以成为事实。又如拿破仑之越阿尔卑斯山，若非奥军判断错误，而正确运用其主力以打击拿翁越山之军，逐次击灭之，则拿翁此役之胜利亦大成问题。克劳塞维茨于评1814年马恩河之战时亦称："1814年布留歇之军与联军主力分离而下马恩河沿岸，两军相距三日行程，此时该军为拿翁所奇袭，渐次为所击破，其伤亡损失等于会战。拿翁只以四十八小时之强行军，获得此种伟大结果之奇袭，当时若联军顾虑拿翁有此神速之行军，绝不致如此配备。从拿翁方面观之，若非敌方自陷疏忽大意，则彼之奇袭难以成功。"由此，战争运用相对性之实质概可见矣。故凡研究战争与指导战争，均不可忽此一论题，而且应把握此一主题也。

其次，关于战争运用绝对性，兹亦为具体释之。如乐毅之破齐，其政略运筹之周密，战争指导运用之适切，若非其智慧卓越，"庙算"周慎（"多算胜少算""不知彼，不知己，每战必败"，即为绝对性），岂可得耶？又如汉武之击匈奴，必待其战力既充，军力既强，南方既定，然后举而击之。凡此，即"先为不可胜"（先算与先充实我战力，成为不可破者）之战争措施也。《孙子》曰："兵者，国之大事，死生之地，存亡之道，不可不察也。故经之以五事，校之以计，而索其情，一曰道，二曰天，三曰地，四曰将，五曰法。道者令民与上同意，可与之死，可与之生，而不畏危也……曰：主孰有道（自今日言，应为主义孰得，或政孰有道），将孰有能，天地孰得，法令孰行，兵众孰强，士卒孰练，赏罚孰明（自今日言之，应增资源孰富，工业孰大，科学孰明，国防孰固，联盟孰强）。"如此周密计算，以求"先为不可胜"，此乃准备或指导战争之首要步骤，因其对战争之措施必须如此，遂成其为战争运用之绝对性。由此，战争绝对性之实质亦可概见。故凡研究战争与指导战争者，均不可忽此一论题也。

然此两大战争理论之主题，由于其互相作用、互相发展之结果，又成为综合统一而不可分者。以上所论两大主题，后者即"先为不可胜"，前者即"以待敌之可胜"（"待"字应作积极创造解，而不作消极等待解，即创造敌之虚隙，予我以可乘之机而击灭之，如汉高创造项王之疲于奔命，曹公之创造袁尚兄弟之虚隙而击灭之是也）。由"先为不可胜"，发展至"以待敌之可胜"，此为筹谋战争之发展过程，换言之，即由战争之绝对性发展至与战争之相对性相结合，遂达战争之胜利。然"以待敌之可胜"之相对性，即由于敌有可乘之机，乃得到战争之胜利，且此种胜利，又由相对而达到必然（绝对）之胜利，故此种相对既又转化而为绝对，因之此二者遂成为综合统一而成为不可分。此种统一，亦即战争指导之枢纽。是故凡研究战争、指导战争者，必须掌握此总枢纽而运筹相机转化与运用之，然后始可确保胜利之左券也。

第二篇 周代开国战争

提　要

一、殷周之际，是宗法氏族社会，是农牧经济而仍以牧为主。

二、周方略：以姻盟结诸侯，以用间分裂纣内部，对征服地封建控制，巩固国家策源地，强干弱枝兵制，采用宗法嫡传制等总体战方略。

三、牧野之战，是武王的袭击战成功。拂晓进袭，鏖战一日即告成功。亦因此故有待再东征，始告大定。

四、灭殷后，对时空及精神之统治均筹划周密，乃能建立八百年之长期统治。

第一章　周初一般形势

殷末周初之社会，尚是宗法氏族社会，故殷周国家是宗法氏族社会之封建。中原诸氏族皆以邑聚为中心，星罗棋布散居于各地，每一邑聚即为一国，故至殷代尚有三千余国，周初一千八百国。是时族系强大者征服诸氏族，遂被拥戴为共主，殷周皆然。但被统属之氏族，亦仅有朝贡义务而已。至战争时，则被召参加作战。

周为后稷之后裔。传说后稷弃曾仕于舜，主农政，故其子孙以农业见长。大约在夏商交替时期（前1600年），遂自甘肃东部发展至陕西，定居于泾渭河谷，并积极从事农业之发展。至商二十三代王武丁时期（前1250年—前1192年），为避北狄，率族南下，止于岐山之下。因岐山下自古即为膏腴之地，故周之农业，至此更有长足之进步，农业经济逐渐发达，国势因以日振。故至商二十八代王武乙时（前1147年—前1113年），商代渐衰，而周势力逐渐东向而逼商朝矣（按：武乙崩于河渭之间，而武乙当时之王都系在今河南淇县❶，大概因周势东侵，遂起兵伐周，至河渭之间为所败而死于此）。至周文时代，周之势力更为雄厚，所以周文受命之年（前1191年），即断虞（今山西平陆县东北）芮（陕西朝邑县南）之讼，诸夏一时归周者四十余国。二年伐犬戎，三年伐密须（今甘肃灵台县西），四年伐耆（今山西黎城县），五年伐邘（今河南沁阳县），六年伐崇（今陕西户县东），而此种连年不断用干戈向外发展，足见周当时势力膨胀之概况。故周文者，实为一位有声有色之经济军事进取大家。惟其时商朝之势力尚强，加以纣

---

❶ 原书地名皆沿袭自民国时期，因地名变动频仍，昨是而今非者所在多有，实难一一考据，故对全书古今地名一仍其旧，请读者明鉴。——编者注

王辛乃一位多才多艺之国王，据《史记》载："帝纣资辨捷疾，闻见甚敏；材力过人，手格猛兽；知足以拒谏，言足以饰非；矜人臣以能，高天下以声，以为皆出己之下。"故因此商纣一闻崇侯虎密报，即将文王一度囚于羑里（今河南汤阴县北），是以周文王亦终其世而不敢发动，及逝世时，仅以"见善勿怠，时至勿疑，去非勿处"之遗嘱勉其儿子，赍志以殁也。

第二章　周文、武、成三王战争指导总方略

　　周至文王时代已甚强大，所谓三分天下已有其二。盖周乃中国古代发展农业最有成就之氏族，至文王之世，其在渭水河谷挟其农业经济之优势，已使今山西南部、河南洛阳亘许昌、南阳各地区以西之氏族部落，皆反纣而归附于周，汉水下流亦有其农业氏族移居，如随、唐等国。兹将其对纣王战争指导方略列述如下：

　　（一）利用族系关系。周利用其同为夏系氏族及姻盟关系，挟优势之农业经济，团结散居今山西南部及河南诸夏氏族以及东夷族之殷纣。

　　（二）武力征讨。周武王利用殷纣王朝内讧分裂之际，乘机以武力攻灭之。

　　（三）封建殖民。武力所达到之地，即封功臣宗室以统治之，并移殖人民。此种政策文王已开始，武王周公成王继之，完成对东夷殷族之控制与统治。

　　（四）巩固战略基地。周以渭水河谷为基地，对东方有山河之险要。及武王灭纣后，又在今太行山南亘嵩山之线，巩固其战略部署，如武王死时嘱周公布署此战略地区，至周公东征即筑洛邑（今洛阳）。

　　（五）文化统治。周公以其定居之农业经济形态所创之家族道德观及礼治，以同化东夷之殷族。

　　（六）创制兵制。天子六军、大国三军、小国一军之制，以控制封建殖民诸国。

　　（七）创制嫡子相传之制。借此制使周世系诸王与封建诸侯君王世系，保持久远之亲近关系，以巩固周室之统治。

　　（八）发展庄园经济形态。此制使各封建诸侯能利用其城堡为基地，以扩大其对异氏族之统治。此种制度即为合政治、经济、武力为一体之

战斗体。此种城堡政策，成为以后两千余年中国民族四向发展的主要武器。

以上周之战争总方略，综合政治、经济、文化、军事、民族、社会诸因素而运用之。

第三章　周武伐纣之战

第一节　纣王之作为与周武政略

（一）周武之政略

武王姬发于商纣王二十年（前 1134 年）继位，以吕尚为师（根据《孙子》所说"昔殷之兴也，伊挚在夏；周之兴也，吕牙在殷。故明君贤将，能以上智为间者，必成大功"之说，可知吕尚必曾仕于商朝），即做如下重要之图：

1. 反纣王之道，使诸侯叛商归周。

2. 祭文王于毕（今陕西咸阳），并乘势东观兵于盟津（今河南孟津，前 1124 年），大会八百诸侯，一面借窥纣王之情势，一面探测诸侯之背向。但于诸侯皆曰"纣可伐"时，彼因见纣王尚强，时机尚未成熟（尚须待纣王内部有变之虚隙），力难取胜，故答诸侯曰："尔等未知天命（时系神权时代，人皆迷信鬼神，而武王姬发乃以知天命自尊，使愚昧之诸侯益信己），未可伐也。"乃引师还。

（二）纣王之错误作风

纣王大抵因才智兼人，故骄人傲物。骄傲与奢怠乃同一心理来源，且奢与酒色又必相连者。纣由于过自矜骄，对己之一切措施过度自信自恃，由是刚愎自用。其矜人臣以能，人臣因以离心；不能纳谏，贤士因以远去；过于自恃与刚愎，因以好大喜功而喜人奉承，如是小人因而投其所好以获幸进。而此种实际无能只迎合君意之小人当权，势必愈使众叛亲离，诸侯离乱。武王姬发观兵盟津之第二年，纣王又用兵东南（约今之淮南地区），囚箕子，杀比干，贬微子。于是乃予武王以可乘之机，而掀起牧野之战。（以上据传统之说，纣王内部发生政变才能是史实。）

第二节　牧野之战

周武王十一年（前1122年）冬十一月，闻纣王杀王子比干，囚箕子，微子抱其祭器奔周，于是宣言遍告诸侯曰："殷有重罪，不可不伐。"（见时机已至）乃发兵三路渡河，主力军渡过盟津（今河南孟津县），大会诸侯之兵。二月甲子（四日）拂晓，武王驾临商郊牧野（今河南汲县）誓师，首先宣称纣王之无道，次为说明伐纣之目的，所谓"替天行道，以张挞伐"，三说明战法约束与纪律云："今日之战斗，不可混战，六步七步，即须停止看齐。不过四击五击六击七击，即须注意左右连系（整

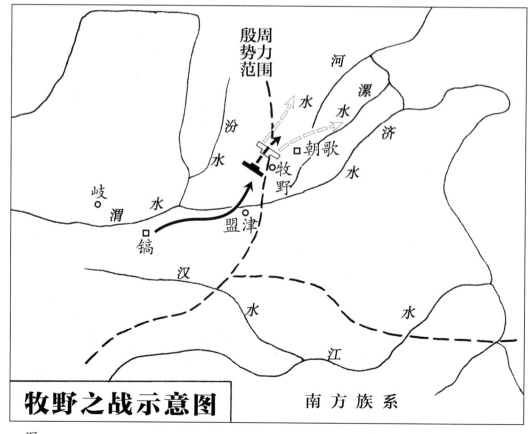

牧野之战示意图

图一

然态势）。务以勇猛果敢，抱定牺牲精神以与强敌战斗。无命不许轻退，敌退不许追杀。务须严守约束，设若不遵者，必杀无赦。"

纣王闻武王至，亦发兵十七万拒之（皇甫谧《帝王世纪》），于牧野严阵以待。

武王使尚父统百夫击其前列，自以戎车三百余乘冲击纣王之主力（《墨子·明鬼篇》：武王以择车百辆、虎贲四百人为先锋。双方兵力，似不及万）。纣师虽众，久已在有意无意各种谍人宣传渲染之下，皆无战志，加以"第五纵队"乘机倒戈，予武王开路，故双方鏖战至暮，纣遂败灭。（武王伐纣史迹，拙作《周代史研究及考证》有详考。）

第三节　周武战后之政略措施

武王攻陷殷都（朝歌，今河南淇县北）之后，斩纣王之头悬于高竿，诛妲己于通衢；封比干之墓，表商容之闾；发巨桥之粟，散鹿台之财，归倾宫之女。凡纣王之所好者，皆诛之散之；纣之所恶者，皆封之表之。于是殷民大悦。

将纣王旧地仍封纣子武庚领有，另派胞弟管叔、蔡叔以监督之，使殷民无亡国之名而收征服之实。同时封建宗室功臣，以统治各征服地区，如封周公旦于鲁、吕望于齐等等。

但此策并未成功，未几，武王死后，管、蔡二叔举殷以反，经周公东征血战三年，大乱始平。周公经此一教训后，即将商朝旧有诸侯国再割裂分封周室王族子弟及功臣之裔，以加强对殷族之控制与统治。如将殷旧都及畿辅之地封给武王少子康叔，名曰卫国；将商丘一带及一部殷遗民封给纣之庶兄微子启，以存殷祀，名曰宋国；将奄国旧地封给周公子伯禽，名曰鲁国；将营丘之地封给功臣太公望之子，名曰齐国（今山东临淄）；将齐以北之地封召公奭之子，名曰燕国。于是东方广大领域始得确实占有。但周公并不以此为已足，为消灭乱萌计，更将大部分"殷顽民"远迁至东都成周（今河南洛阳），并在"告尔殷多士"之训词中，嘱彼等安心乐命，驯良为新朝顺民，否则杀无赦。将此批殷民（乱萌分子）处置妥当后，即又大封诸侯，在大封七十新国中，又以周室同姓者占其五十余国，以巩固周王朝之天下。由此可知周室之天下，实完全由周公一手所奠定。

第四节　周武战争指导方略、谋略原则之创立

综研周文、周武、周公三人之谋略，概可分如下：

（一）善观时势。周文既并吞四邻各国，国势大张，但见当时纣王之势力尚强，诸侯尚未叛离纣王，故于被囚释归之后，临终时即以"时至勿疑"嘱其子武王。及武王即位，见纣王日益骄奢淫佚，乃东观兵于盟津，大会诸侯，一面观诸侯之背向，一面窥商朝强弱与虚实，及见时机未至，力尚不及，故又引师而还。

（二）运用内间及分化原则。纣王骄奢淫佚日甚，群下逐渐离心之时，乃极力进行分化工作，并在商纣王朝布置内间，故未几纣王庶兄微子启即抱祭器投奔武王（掀起敌内争之结果）。

（三）创造优越形势。周武利用纣王骄奢淫佚、人心渐离之虚隙，乃反敌人之道而行，行所谓"仁民爱物之政"，以笼络诸侯之归向，而壮大自己之力量，并以此孤立敌人之势。武王之优越处，不仅遵其父亲周文"时至勿疑"之遗嘱，且积极创造有利形势，并创造时机。

（四）宣传原则。揭发纣王罪恶，同时宣扬己乃"替天行道，以张挞伐"，而进行"名正言顺"之战。

（五）组织原则。"今日之战，不可混战，六步七步，即须看齐；四击五击六击七击，即须左右连系"，此乃"好整以暇"，以整胜敌之略，故武王兵虽少以整胜，而纣王兵虽众以乱败。此与现代战争中，部队在战场之指挥运用须注意"秩序与联系"为同一原则。

（六）纪律严肃。"无命不许轻退，敌退不许追杀，务须严守约束，设若不遵者，必杀无赦。"

（七）选锋冲击原则运用之成功。武王敢于以极劣势兵力（使吕望率百夫击纣前列），试探纣王军之阵势，然后自率戎车主力冲击，此为古代戎车突破战之最典型者。加以纣兵多因内部上级内讧关系，士无战志，

当然不可能战胜此一具有大魄力而优越之战略家——武王。

（八）战后政略

1. 收揽人心。封比干之墓，表商容之闾，发巨桥之粟，散鹿台之财，归倾宫之女。纣王所好者，皆诛之散之；纣王所恶者，皆封之表之。

2. 制造傀儡政权。于殷王旧地，仍封纣子武庚领有，另派胞弟管叔、蔡叔监制之。

3. 消弭乱萌。将殷"顽民"迁于成周而控制之。同时将殷朝诸侯之地割裂，分封子弟功臣及同姓者，开后世"武装殖民"之先例，并借此以巩固其中央政权。

4. 重视地略及战略。武王临终时，特别嘱咐其弟周公旦，重视洛邑对中原统治之重要性，要在洛邑建一统治核心。又为巩固此一核心计，特别嘱咐嵩山地区之辕辕道、虎牢及河北太行道之战略重要性。盖彼以关中为基地，其第一线之国防，为黄河亘桃林塞（即崤函道）、武关之线。由此一线向东展拓，至于洛邑，为核心之东方新国防线，即为由太行山与嵩山所构成之战略线也。是故在中国历史上创此种地略观者，武王实为其第一人。

以后周公成王更创制礼乐，以作精神控制，使军政民均趋向驯服之途而安社会。建宗法以巩固政治核心，使政治之统治益为强固，立井田以为武装殖民之经济基础及军赋基础。凡此种种制度，遂将古代散漫之氏族部落逐渐转化而形成后世统一国家之胚胎。故统一国家，实始胚胎于周初，酝酿于春秋战国而成于秦始皇。

本篇主要参考书

1. 《尚书·周书·牧誓》等篇

2. 《史记》殷周本纪

3. 《资治通鉴外纪》

4. 拙主编《中国历代战争史》

5. 拙著《周代史研究及考证》《中国政治国防史》《西周封建制度的国家组织与发展》《西周宗法制度的国家组织与发展》《周代井田制度的国家组织与发展》

第三篇 春秋时代战争

提　要

一、春秋时代是畜牧经济与农业经济划界的大限。东周时代农业经济普遍展开，社会日益繁荣，人口日增，战争形态亦因一变。

二、东周初期，郑庄挟其纵横捭阖之谋，反天子、侵邻邦以自大。远交齐国，近略诸国，而称小霸。繻葛之战，在堂堂之阵势中，造成两翼包围，大破王师。又以政略而善其后，以告成功。

三、管仲相齐桓，建立政制及寄军令于内政，重工商渔盐之利，国富兵强。外联诸侯，奉天子以成霸业。其政略完全采朝、聘、会、盟，以团结中原，外斥四夷，而安中国，有维护中国文化之巨功。

四、晋文承其父之余绪，在诸贤辅弼之下，城濮一战以军功而霸中原。并曾建国际包围战略，吴楚、吴越战争，即在其此战略思想下产生。战国时代之战争形态，即由其此战略思想影响而来。

第一章　春秋时代之形成与发展

西周灭于幽王十一年（前771年），平王东迁洛邑（前770年）以后，称为东周。东周自平王至赧王五十九年（前256年）亡于秦，共历十五王，五百一十五年。自平王东迁至威烈王二十二年（前404年）之三百六十七年，本书称为春秋时代；自威烈王二十三年至赧王五十九年之一百四十五年，为战国时代。盖自平王东迁及威烈王命三晋为诸侯，乃划时代之变局也。

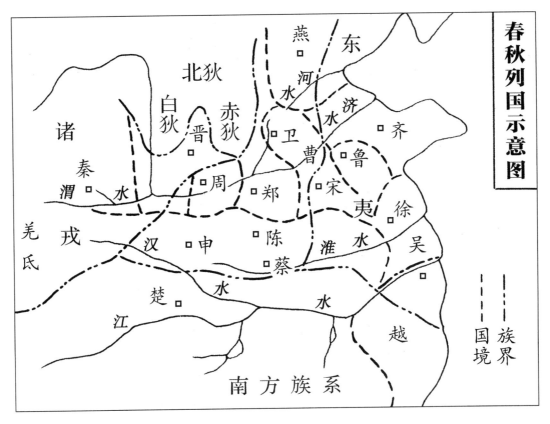

图二

西周之末，政府已极腐化，失去号召诸侯之力，且此时封建各诸侯国由开发而兴盛，亦已渐趋强大，又由于各地人口之繁殖，铁制工具之渐被利用，及工商交通之日趋繁盛，故对土地兼并之风亦日益炽烈。因此周之王纲失坠，对诸侯已乏控驭之力。迄平王东迁，则诸侯更各自为政，惟力是视，惟兼并是务矣。此观夫郑庄公之公然抗拒王师，及其纵横捭阖兼并邻近各国，即可明证。嗣虽有齐桓、晋文以尊王相号召，其实质则仍惟力是视，强者霸政自为，仅以周王为政治号召之傀儡耳。此观夫晋文以后之霸主，皆已不以朝王为号召，及晋楚两国在长期争霸中，中原诸侯皆视强者而从之，足为此一时代政潮趋势之说明。又按：春秋初期，见于史书者尚有二百余国（据陈槃氏所集尚有四百余国），至春秋晚期，则仅存齐、晋、秦、燕、楚、郑、卫、鲁、宋、曹、陈、蔡、许、中山、吴、越等十余国，是可见此一时代诸侯兼并之烈也。

由于春秋之兼并，至战国则仅存大国七，此乃为后来演为大一统国家之发展必经过程。过去史家莫不以春秋战国互相兼并为诟病，此实不明中国上古社会国家之进化发展规律有以致之。设无此种兼并之发展，则其自秦汉以后两千余年大一统国家，将从何而产生？

第二章　周郑繻葛之战

西周之封建，各封建诸侯国，实为各自独立者，仅按时向共主之周王朝贡而已。至西周之末，由于幽王奢侈淫欲与腐化，致王纲失驭，各诸侯即乘机兼并，争城略地。是时在西北方之西戎氏族及北方之狄族，亦相继入侵今陕西泾渭河谷及山西南部各地区，郑庄公之兼并，特其较著者而已。

第一节　战争之起因及其经过

郑之始祖桓公友系周宣王之庶弟，初受封于郑（今陕西郑县）。时见王室多故，谋于史伯，求避乱之地。史伯以为济、洛、河、颍四水之间可以发展，桓公乃东纳赂于虢、郐二国，以求十邑之地。桓公子武公有拥立平王宜臼于东周之功，是以得为平王卿士，遂尽有十邑之地，左济右洛，前颍后河，遂为东方之大国。及武公死，其子庄公寤生立，仍袭父职。但平王恶郑庄公跋扈，拟分其权于虢公，庄公知而怨王。平王崩，以其孙林践位，是为桓王（前719年）。桓王拟撤郑伯卿士之职，畀政于虢公。郑伯闻讯大怒，立命大夫祭足（又称祭仲）率师于四月取温（今河南温县）之麦，秋季又取成周（洛阳）之禾，借此示威，以泄罢免卿士之忿，亦不朝王室。

周桓王十三年（前707年），为整饬纲纪，恢复王室威信，认为郑伯大逆不道，遂起诸侯之兵伐郑，其当时之兵力部署如下：

（一）桓王自将中军，率以周人组成之部队。

（二）虢公林父将右军，率以蔡人卫人组成之部队。

（三）周公黑肩将左军，率以陈人组成之部队。

郑庄公闻王师来伐，即率兵御之于繻葛附近（今河南新郑县附近），双方列阵以待，各准备决战。郑大夫子元请分左右两拒，以左拒当蔡人卫人之兵，以右拒当陈人之兵，并说明理由曰："陈乱，民莫有斗心，若先犯之，必奔；王卒见之，必乱；蔡、卫不能支持，固将先奔。既而左右回旋集中兵力攻击王卒，可以制胜矣。"郑庄公接受此建议，即为如下之部署：

（一）曼伯为左拒。

（二）祭仲为右拒。

（三）庄公率原繁、高渠弥为中军。

郑庄公又用大夫高渠弥之建议，布"鱼丽之阵"，以甲车二十五乘为偏，甲士五人为伍，每一车偏队在前，别用甲士五伍随后。战斗时，此二十五人或填补各车间之间隙，或车上一人受伤，伍即以一人补之，如此以维持战车上持续之战斗力及冲击力。

郑军按上述预定计划开始攻击，王左右军不能当此猛烈之攻击，遂先期崩溃。王卒见状，亦有动摇之意。郑军乃合左右拒之师以攻击王卒。王卒弃甲曳兵而逃，桓王虽被射中肩，幸能神色不变，犹督率败卒，且战且退，始终保持败而不乱之队势，乃免于溃败。

是夜郑庄公使大夫祭仲劳王，且慰问左右。

第二节　郑庄战争指导方略、战术原则之创立

综研郑庄之战术原则概要如下：

（一）击弱原则：先击战力最弱之陈人，次及蔡、卫。

（二）先攻王师左右两翼，然后两翼包围攻击王师，创立包围战术之原则。

（三）最后又派人劳王，其用意在减少周人之愤恨，并以欺天下人之耳目。庄公可谓狡之尤者。

第三节　结言

庄公此战击败王师之后，更进而大施纵横捭阖之谋，兼弱攻昧，联强齐（远交），以并邻近诸侯卫、宋、蔡、陈、许等国之地（近攻），遂成为春秋初期之首霸者。从此以后，王纲失坠，诸侯兼并竞争之烈与日俱增，遂开春秋兼并之局。

第三章　齐桓图强争霸指导总方略

周庄王十二年（前685年），齐桓公小白于襄公被弑、其庶兄无知篡位、无知复以诸大臣人心不附被杀之后，与其兄纠争国。纠自鲁（今山东曲阜县）归，小白自莒（今山东莒县）归，小白以道近先入而得国。再经乾时（今山东章丘）大战，鲁国大败。彼遂挟战胜之威，以大兵压境之策略，迫鲁杀其兄而归管仲，从此乃从事于争霸之图。

齐桓以中才之主，能信任大法学家大政治家之管仲，加以齐国国基强大，遂能一跃而成霸业。

故齐桓一生最大成功处，在于知人善用。如以管仲之大才，齐桓任之为政，信任不移，且能专其权责，培植其发挥才力之威望与环境，遂使管仲得以尽其才。

齐桓既任管仲为政，志图争霸，乃有管仲图强争霸之方略，并一意以求贯彻之。兹将其图强争霸方略概述如下。

第一节　图强纲领及实施步骤

（一）复立纪纲

齐国此时正当襄公文姜兄妹相淫，及无知以弟弑兄、实行篡夺之后，纪纲既废，社会风气败坏之际，故首先提出"礼义廉耻"之四维。是以管仲曰："礼义廉耻，国之四维，四维不张，国乃灭亡。欲立国之纪纲，必张四维以使其民，则纪纲立而国势振矣。"盖纪纲之效用，乃在建立政治及社会井然之秩序及兴隆之风气，此乃古今大政治家治国图强第一要务。自古以来，未有纪纲废弛，社会混乱，而其国家能兴者，特以国家社会风俗制度之不同，则其纪纲之精神亦随之不同为异耳。管仲为复立纪纲与施政，乃首先组织其内阁，选任各部大臣。

（二）施政纲领

1. 治民。制乡三十一家为邑，邑有司；十邑为卒，有卒帅；十卒为乡，有乡帅；三乡为县，有县帅；十县为属，有大夫。五属立五大夫，以法治民，举善罚恶，政以大治。政已治，以守则固，以征则强。

2. 团结国民。使齐民公修公族，家修家族，相连以事，相及以禄，使之相亲无间，团结人民力量。

3. 殖民。赦旧罪，修旧宗，立无后，以增加人口，充实兵员。

4. 富民。发展渔盐之利，建工商之业；省刑罚，薄税敛，以致民于富裕。民富裕则社会安宁繁荣而国力强。

5. 教化人民。选任贤士，使教化于全国，使人民文化程度提高而知礼。知礼则民风纯朴而易使矣。

6. 立信于民。国家一切法制及政令措施，最重要之道，为首先立信于民。而立信之要，在令出必行，不可朝令夕改。及民信既立，然后政令乃可贯彻。

7. 安定民业。安定士农工商之四民，使"士之子常为士，农之子常为农，工商之子常为工商"，使人民家业相传，业业有绪。在当时社会单纯之状态下，此种办法当不失为安定人民之有效办法。

（三）强兵方略

1. 寄军令于内政

（1）制定齐国为二十一乡（两千家为一乡）。①工商之乡六，工商之乡从事生产贸易以裕财源；②士、农之乡十五，士、农之乡以充兵源，组织军旅。

（2）社会组织军事化。①五人为伍，五家为轨，轨长率之；②十轨为里，故五十人为小戎（兵车），里有司率之；③四里为连，故二百人为卒，连长率之；④十连为乡，故二千人为旅，乡良人率之；⑤五乡立一帅，故万人为一军，五乡之帅率之；⑥十五乡出三万人，以为三军，桓公主中军，高国二大夫各主一军。

（3）训练。利用四时农隙，集结以上诸民兵从事田猎训练。

管仲确立此种军事制度（历史上有记载的最古之军国主义），实将古征兵制度与组织向前迈进一大步。而且彼所谓"是故卒伍整于里，军旅整于郊。内教既成，令勿使迁徙。伍之人祭祀同福，死丧同恤，祸灾共之。人与人相畴，家与家相畴，世同居，少同游。故夜战声相闻，足以不乖；昼战目相见，足以相识。其欢欣足以相死。居同乐，行同和，死同哀。是故守则同固，战则同强。君有此士也三万人，以方行于天下，以诛无道，以屏周室，天下大国之君莫之能御"，以当时古代之国家社会状况，建立如此严密之军事制度而组训之，则其所谓有此三万人足以横行天下者，殊非虚浮夸张之词。

2. 充实军费。"销山为钱，煮海为盐，其利通于天下（展开广泛国际贸易）。因收天下百物之贱者而居之，以时贸易（此即'囤积居奇'办法），为女闾三百，以安行商（利用妓女收入以充国库从此始）。商旅如归，百货骈集，因而税之（建立关税制度），以佐军兴"，如是则军费充裕矣。

3. 充实兵器。建立赎刑之制，"重罪赎以犀甲一戟，轻罪赎以鞼盾一戟，小罪分别入金（金属），疑罪则宥之。讼理相等者，令纳束矢，许其平。金既聚矣，美者以铸剑戟，试诸犬马；恶者以铸钼、夷、斤、斸（大锄），试诸壤土"。如此不仅兵器充实，且农业生产工具亦充裕矣。

（四）外交

1. 内尊周室。因周室此时虽已微弱，但仍被诸侯尊为"共主"，利用其声望，足以号召诸侯。且管仲鉴于郑庄公时代以兼并为强，并与周王为敌之故，故其时郑国虽强极一时，仍不足以服诸侯，所以管仲主张首尊周室，以便借其号召，所谓"挟天子以令诸侯"。此为管仲霸政政策之中心。

2. 亲邻国。此一措施，乃在争取同盟与国，团结周系诸侯。而此种争取与国的具体办法则为：

（1）审度自己国防，将从前侵占邻国之土地对国防无重要价值者，归还原国。

（2）并"重为皮币（以皮为币）以聘问"，同时又不受其赀赠。如此，邻国势必倾向来归。

3. 展开广泛宣传与外交活动及征讨篡逆者，以肃诸侯，而崇霸主之威望。派遣十个游说大使，分向各国诸侯进行宣传外交活动，其任务如下：

（1）号召各诸侯来归。

（2）号召各国贤士，以罗致人才。

（3）采取各国情报，"使人以皮币玩好鬻行四方，以察其上下之所好，择其瑕者而攻之，可以益地；择其淫乱篡弑者而诛之，可以立威。如此则天下诸侯皆相率而朝于齐矣"。

4.外攘夷狄。国已富强，挟天子以令诸侯。及诸侯既已团结，霸主之威望已立，乃展开北伐戎狄，南征荆楚，九合诸侯，霸业大成。

总上观之，管仲之图霸方针与步骤为：

（一）图霸方针。正如鲍叔牙初荐管仲时所说"内安百姓，外抚四夷，勋加于王室，泽布于诸侯"，及管仲所说"奉天子以令诸侯，内尊王室，外攘四夷；列国之中，衰弱者扶之，强横者抑之，昏乱不共命者率诸侯讨之"者是也。

（二）图霸步骤。其概要如下：首先图强，次为展开广大外交活动，争取邻国归心，扩大同盟力量，奉周王以为号召，济弱扶倾而抑强国，最后达到独强之地位（"九合诸侯，一匡天下"之史迹，请参阅拙主编《中国历代战争史》第二卷第二章）。

第二节　图霸方针之分析

综上以观，管仲图强之目的，在创齐桓之霸业。因此在其图强措施之先，既确立图霸之方针，此方针即奉天子以令诸侯，尊王室，攘四夷。对列国则抑强扶弱，戡定昏乱者，肃立王纲，团结中原诸侯。研究管仲策定此一方针，乃系针对当时时代之形势与需要所使然，换言之即当时时代背景为其根据也。盖彼鉴于郑庄与周王为敌之故，故其时郑虽极强一时，而为当时诸侯所畏惧，然诸侯无衷心诚服之者，且多以叛逆视之。所以然者，因周朝王室自文、武、周公制礼乐，建井田，封诸侯，以建立封建王朝之后，直至东周之世，其统治既垂三百年，其文物制度及中原一体之思想，已能影响当时之人心。故管仲以奉天子、尊王室为图霸方针之首图。

其次，中国古代虽至东周之世，仍为华戎杂处。及东周渐衰，分布于各地之蛮夷戎狄诸族（此等诸族仍以游牧为生）遂纵横于各地，时常侵扰其附近之诸侯。其时之尤为猖獗者，为北方之狄，西方之戎，以周宣王之强盛，御驾亲征，犹大败于今晋中，如齐僖公之时，北戎侵入，蹂燕侵齐。桓公北伐山戎后，冀、晋间之戎骑，犹相继而下邢、卫（今冀南邢台、邯郸及豫北淇县），蹂躏至为惨烈，竟迫使卫国溃国而逃，以打击桓公攘夷之策。至于秦、晋则时常以戎狄为敌，初时竟无暇东顾，而日以防范戎狄为国防之要务。孔丘尝云"微管仲，吾其被发左衽矣"，可见当时戎狄侵华之烈也。因此，管仲乃以外攘四夷为其图霸方针中之第二要图。

再次，周朝一入东周之世（前770年），由于军事政治控制力消失，贵族骄奢淫佚，土地兼并争权夺位之风势如潮涌，淫母奸妹弑父图兄之事，在诸侯列国中层出不穷。此时周初传统的礼乐忠孝之精神纪纲既已一扫净尽，故管仲以戡昏乱、抑强扶弱为其图霸方针之第三要图，且此第三要图与第一要图相辅而行，密切不可分离。

总之，管仲此一图霸方针，乃根据当时内外具体之主客观情势所需而确立者，故能准此方针而成齐桓之霸业。

第三节 研究与评论

综观管仲大略：

（一）选任人才。如其受任为政之时，先举五贤以辅佐。举隰朋为大司行，主掌外交礼仪之政；举宁越为大司田，主掌农业之政；举王子成父为大司马，主掌兵政；举宾须无为大司理，主掌刑政；举东郭牙为大谏官，主掌审查政令之事。另如鲍叔牙等皆因才任职，各尽厥责。盖以国家制度不论如何完善，必待人才之力贯彻而完成之，然后其事功始能彰著，故此为治国举事之第一步骤。

（二）重振国家纪纲。因人类社会必须有纪纲以维其秩序，惟具有秩序之社会国家，然后始可以进入兴隆之轨。反之，社会必衰，国家必乱。

故自古以来之大政治家，其治国莫不首先着意于此之图，此为治国之首要要素。

（三）强化社会组织。因欲人民对国家贡献其最大之力量，并使政府对其人民运用自如，则必须先使其社会组织臻于严密。自古以来的社会国家，其所以衰乱者，皆莫不是先由社会组织瓦解所致，而社会国家组织之严弛，则视其政府之能否。就一般言之，社会组织之瓦解，常由于其政治混乱所导致。

（四）兵民合一之制。管仲"寄军令于内政"之法，诚为古代强国强兵之优越制度，亦即当时之"军国主义"。管仲此法，将周代兵农合一之制更向前推进一大步。此法虽以现代国家，能斟酌实况而运用之，仍不失为极优良之方法，故齐国能以此数万之兵，即能北伐南征横行于天下，此实为极具价值之制度。同时在此法之下，复使国民"连族连禄"之法，使之团结，及所谓"立无后"以增加人口，充实兵源。

（五）富国之道。奖励工商，开发资源以致富，国家然后始能致强。此为古往今来图强之铁则，故此为强国之首要要素。

（六）充实国家武备。在五金缺乏、冶工幼稚之古代，故管仲借刑罚以征之，以集中制造武器之资料。

（七）教化国民。所谓"遣贤士使教于国民"，此种办法即将新政措施向国民宣传，使国人了解政令，维护政府，贯彻政令。同时提高人民文化水准，此为建设新国家之最重要措施。

（八）国外宣传及采取国际情报。选拔善于游说之士，供以优厚待遇，以游说诸侯列国。一方面借以号召诸侯归心，一方面以号召各国贤能之士借使人才集中于齐国。另方面为采取诸侯列国情报，以策定进取之策，如所谓"察其上下之所好，择其瑕者而攻之，可以益地；择其淫乱篡弑者而诛之，可以立威"是也。

（九）厚往薄来，以收揽诸侯。即所谓"审吾疆场，而反其侵地（此策曾首先用于鲁国）；重为皮币以聘问（外交），而勿受其赍"。此盖以道义为号召，先团结邻国，以壮大自己之声势。及同盟既立，邻国已附，然后奉天子以令诸侯，则莫敢不从矣。

由此观之，管仲图霸方略可谓周矣。

第四章　晋楚城濮之战

第一节　晋楚战争指导总方略

晋　国

晋文在外流亡十九年，周游列国，对列国之国情，如政治、军事、社会、地理形势等，莫不了然。至周襄王十六年（前636年）归晋即位，深悉欲霸中原，必先抑楚；抑楚，必先整顿内政与富国强兵，然后西联秦，东联齐。盖此时列国中惟晋、秦、齐、楚最强，秦为扶助其返国之盟国，齐自桓公管仲卒后，虽霸业之余，因内政不臧，已无争霸之力，且正遭楚国拥公子雍于谷（今东阿县）强兵压境之时，联齐正属其时。而楚则周之宗国曹、卫已入其掌握，周集团诸侯岌岌可危。于是其与楚争霸之总方略，乃基于此种情势而定。兹简括其方略述之如下。

（一）强国方略

1. 整顿内政富国强兵。文公归国后，首先建立卿制，削弱公室之政治制度，使贤能之卿能发挥其才力，统合发挥军政集中之力量，并以消灭公室互相争位之祸患。

2. 宽宏大度安定人心。晋自献公骊姬乱后，各自树党相争，为消灭党争猜嫌，团结人心，尤其为释怀公党羽之不安，乃示以宽宏大度，使国内各派力量共同趋向同一之中心。

3. 整饬纪纲树立信守。自骊姬之乱以后，晋国祸乱相寻，上下诈谲是尚，乃力求整饬政风，严明赏罚，守时信诺。如举行大阅兵时，随亡之功臣颠颉后至，立执以鞭刑；伐原之时，谓三日不破即退兵，至期虽原城粮尽稍待即破，亦即如约退兵，示不欺也。

4. 充实国家社会经济。开农田，兴水利，轻税敛，奖农商，尚俭朴，使国家社会经济丰裕。

5. 扩充军备。将晋原有之二军，扩编为上中下三军，选贤能之郤縠、先轸、狐偃等以将之。

（二）争霸方略

1. 尊王攘夷总方针。此时中原情势，自齐桓卒后，诸侯瓦解，乃仍采用齐桓"尊王攘夷"之方针，以为争霸之政治号召。故于周襄王十七年，襄王弟王子带与襄王争国之时，立出兵扶助襄王返国，而诛王子带，以建霸主之威望。

2. 乘机打击楚国。当楚出军北上以兵威压齐境，继又大举围攻宋国，宋国求救于晋时，乃立即出兵救宋，而先击破附楚之曹、卫，然后促秦出兵武关，威胁申、吕（今河南南阳县，楚北向及侵中原之基地）楚军之后方，并吁秦、齐出兵相助，以便与楚决战。

3. 求王命以为霸主。战胜楚国后，旋师，筑王宫于践土（今河南广武县境），率诸侯以朝王。因获王命为中原霸主，假天子以令诸侯。

楚　国

楚成王为楚国有史以来最英明之主，彼于即位六年（周惠王十一年，前666年）平定令尹子元之乱后，即任命斗谷於菟（字子文，前者为楚语名字，后者中原语名字）为令尹（首相）。令尹子文当政时，正当齐管仲相桓公，展开中原霸业之际，故子文乃专力于内政与富国强兵之务，待机以窥中原。及管仲桓公相继卒（周襄王七、九年，前645、643年），楚正谋进图中原时，宋襄公欲继中原之霸主，复兴殷商为目的。成王与子文遂决计予宋襄以打击，故越五年（襄王十四年）即举兵击破宋军于泓水（今河南柘城县北）。此时楚之疆域，以今湖北省江陵县为中心，北至今伏牛山脉，东包淮北，陈（今河南淮阳县）、蔡（今上蔡县）、许（今许昌县）、郑（今新郑县）皆属其势力范围。其方略概如下述：

（一）使中原诸侯各国保持均势，以便宰制之。因楚乃与周对立之势力，早已称王，与齐桓以"尊王攘夷"为称霸之政治号召大异其趣，彼不欲中原有独强之国出现。

（二）以力屈服宋国后，再进以图控制大河东南各国，如与郑、卫联姻，亲曹援鲁以图齐，然后西向以谋周、晋。此为楚成王图制中原之大略。

（三）待上项方略完成，然后封锁秦于山河以西，相机而图之。

第二节　晋楚军事方略

晋文公重耳经献公之乱，在外流亡十九年，及返晋即位（前636年）后，勤教其民，甫二年即欲用之作战，舅犯（即狐偃）以为不可，乃示之以义；将用之，舅犯又以为不可，立之以信。文公再问可用否，舅犯曰："民（兵）尚未知礼。"遂大蒐示之以礼，民听不惑而后用之。凡此，乃于大乱之后整饬纪纲之重要措施。

前633年冬（周襄王十九年），楚王与其令尹成得臣（子玉）率陈、蔡、许诸侯之师北伐宋国，围其城。宋公孙固向晋告急，请速派兵解围。晋大夫先轸乃建议曰："报施救患（晋文公流亡于宋时，曾受宋之厚遇），取威定霸，于是在矣。"狐偃补充意见曰："楚始得曹，而新婚于卫，若伐曹卫，楚必救之，则宋免矣。"（"围魏救赵"战略思想之源）

文公采纳建议，决定出兵，乃召集民众施行校阅，编为三军：

（一）郤縠为中军元帅（主将）。荀林父为文公御戎，魏犨为右。

（二）狐毛将上军，狐偃佐之。

（三）栾枝将下军，先轸佐之。

当选将时，诸将和睦谦让，上下意志团结而统一。选将编军已毕，遂于周襄王二十年（前632年）春，自南河（今河南汲县南）渡河，伐卫侵曹，正月戊申，占领卫地之五鹿（今濮阳县南），然后进会齐侯于敛盂（濮阳县东）。二月郤縠卒，先轸继之，以胥臣佐下军。

当晋师正侵曹伐卫之际，宋人又来告急，谓城破在旦夕，不救将降。文公恐失宋国，意欲救之，但无善策，先轸建议："分曹卫之田赐宋人，以激楚之怒，楚怒必向我求战矣。"（间接求战策略）文公从之，遂执曹伯，分曹卫之田以畀宋人。

初楚王闻晋文公率师将救宋，乃亟入居于申（今河南南阳县，因秦晋联合，盖恐秦袭其后，威胁楚之退路），同时下令使申叔撤谷（今山东东阿县）之戍（先是齐桓五子争国，公子雍奔楚，楚乃于上年使申公叔侯护公子雍至谷，欲使之入主齐国），使子玉（楚之主将）撤宋国之围，并告诫子玉曰："不得与晋师交战。晋侯在外十九年，而果得晋国，艰辛备尝，民有情伪尽知，且侥幸独存，以平晋乱，天之所立，吾人能使其败乎？《军志》曰'允当则归'，又曰'知难而退''有德不可敌'，此三者，晋之谓欤？"

但子玉性情刚愎，楚王此一篇告诫，反为大感不悦，遂使伯棼请战，特附加理由曰："非敢期其有功，愿有一战，以塞蒍贾谗慝之口。"因楚相子文让政于子玉时，蒍贾以子文所举非贤，并评子玉"刚而无礼，不可以治民，设过三百乘以上，则不能安全归国"云云。

第三节　晋楚两军之部署与决战

楚王亦以子玉不从告诫而不悦，故予子玉增加之兵力甚少。但子玉虽得援不多，惟乐得楚王准其与晋师一战，遂使宛春告于晋师曰："请复卫侯而封曹，臣（子玉自称）亦释宋之围。"（先行和平攻势）

晋文公得子玉军使宛春之告，乃运用许多策略，以避免兼并之口实，如使宋贿齐、秦，以争取齐、秦作联合阵线（外交战），一面执宛春以激子玉。及子玉果求晋决战，晋师又退避三舍之地（一舍三十里），以示对楚先礼后兵之义（因晋文公流亡时至楚，曾受楚厚待）。夏四月戊辰日，晋、宋、齐、秦四国之师列阵于城濮，其配备如次：

（一）上军在右，狐毛、狐偃率领。

（二）下军在左，栾枝、胥臣率领。

（三）中军居中，先轸、郤溱率领。

另秦、齐、宋三国之兵，分别配列于晋三军之中。

楚子玉见晋师退避，不听左右"允当则归"之谏，追踪前进。见晋师停止，亦将楚师布置于险阻地形之上，以备随时战斗，其当时配备如次：

（一）息邑及陈人蔡人为右军，子西（斗宜申）将之。

（二）申邑及郑、许之军为左军，子上（斗勃）将之。

（三）若敖之六卒为中军，子玉将之。

另将东广西广之军（楚王近卫军，精射善战）分配于左右二军。

楚师部署已毕，乃使大夫斗勃（即子上）向晋请决战之期，并致词曰："请与君之士戏，君凭轼而观之，得臣（子玉乃其字）与寓目焉。"（过自骄盈）文公得楚请战书，乃做答复曰："寡君闻命矣。楚君之惠，未之敢忘，是以在此，为大夫退，其敢当君乎？既不获命矣，敢烦大夫谓二三子，戒尔车乘，敬尔君事，诘朝将见。"这是春秋时代战争时犹讲礼仪的一种行动。

襄王二十年四月六日晨，晋军七百乘出而列阵，晋侯下令攻击前进。晋下军胥臣以虎皮蒙其战马，先犯楚右军，陈、蔡兵奔北。同时栾枝兵车曳树扬尘，顺风吹去，楚军因目不能视，故楚左军亦崩溃（与郑庄先击周王左右两军之陈、蔡、卫人，其运用原则相同）。此时晋上军之将狐毛则于楚左军攻击时设二旆以退，伪作大将稍却之况。

楚师见晋上军退，乃驰而追逐之，晋中军见楚左军侧背已露，先轸即令祁瞒守住中军正面，而自率中军公族横击之。上军狐毛、狐偃亦回军夹击，楚左军亦溃。因此楚师败绩。惟楚子玉始终能指挥若敖六卒，且战且退，故未遭歼灭。晋军追至楚屯粮之处，利其粮休兵三日后，毁其营舍，乃于四月十日还师。

第四节　战后措施

此一战结束后，有三事值得注意者：

（一）楚杀子玉以徼城濮之败，而以蒍吕臣为令尹。文公闻之大喜曰："子玉既死，莫有为晋之祸患者。盖蒍吕臣但能奉己苟幸无过而已，并未念及楚之强大也。"

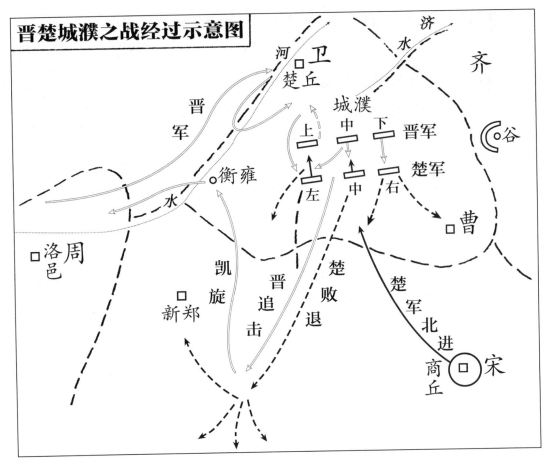

图三

（二）晋旋师抵卫雍（郑地，今河南荥阳北附近），于践土作王宫，以请周襄王前来劳军，并献俘于周王。此即所谓取威定霸之举也。

（三）当城濮激战之际，晋中军牛马奔走皆失，又亡大旆之左旃，当此二事者为祁瞒。晋侯以瞒治事不严为干军令，令司马杀之，以殉于诸侯。

先是侵曹之际，文公下令无入曹大夫僖负羁之家，以报"昔日过曹厚待之恩"，但从亡勋臣魏犨、颠颉怒曰："从亡之劳尚未报，何故报此小恩小惠？"遂焚僖氏之家。魏犨因负重伤，文公爱其材勇赦之，而斩颠颉以殉于师。以舟之侨代魏犨戎右之职。

是年七月三日，晋班师回国渡黄河时，舟之侨因家中有急故，离职先归，文公察知舟之侨擅离职守，回国后杀舟之侨以殉于国，于是国民大服（纪律严明）。盖先是晋侯部署作战，先令舟之侨驻守黄河渡口，今舟之侨竟弃职先归，故斩之。

第五节　晋文之战争指导方略、谋略原则之创立

综研晋文谋略原则，概要如下：

（一）自强原则。先为不可胜，以为图霸之基础。

（二）和睦团结。上下和睦团结，意志统一。所谓"不和于国，不可以出军"，楚国则上下意志不统一。

（三）创造优越形势阵线。固宋人抗楚之志，并结联齐、秦二强（以三强敌一强），因此楚国形势更为孤立。晋处处在外交上争取友谊，争取人心，奋自己之士气，怠敌人之士气。

（四）乘敌人之弱点。如知楚将子玉性刚，乃处处激之，使其陷于轻躁，此所谓"怒而挠之"也。

（五）攻其所必救。伐曹、卫"先其所爱"，以诱致敌人，争取主动，使中我计。

（六）击弱原则。先击弱敌之部队，如楚右军之陈、蔡，使敌人此弱点一经败露，即影响于全军。

（七）诱敌包围原则。诱楚脱离其形势险阻之阵地，待其军深入后，实行包围侧击。

（八）战后献俘周王。挟天子以令诸侯，所谓取威定霸。

（九）纪律严明，军民畏服。若无严明之纪律，则其取威定霸，将成空幻，因追随其流亡十九年之诸勋臣均为其高级干部，纪律稍一废弛，则勋臣骄横。唯因其对犯纪者毫不宽假，只知有法，不知有他，故能一战而霸。严法以治国，晋献、文二公皆然，是为晋法系之先河。

（十）综合晋文公成功之基础，一为善于统驭，能将其重要干部和气一团，群策群力积极进取；二为能"举贤使能，信赏必罚"；三为战术上之巧妙运用，以先破楚右军陈、蔡之兵（易破），继诱楚左军，以便于包围侧击，然后集兵力以击敌之中军（主力）而获胜。此种战法，虽在现代犹不失为争取战场优势之有效战法也。四为运用策略，争取齐、秦之联盟，此又有二义，一为"乃为之势，以佐其外"之运用，二为联大国以为取威定霸之运用。

第六节 结言

晋文以此一战之功，遂奠定其霸中原而上承齐桓之业。并从其此一建国建军之规模，而使晋国以后继续掌握中原霸权者达百余年，迫使强大之楚国在此百余年中不能染指中国。因此，晋文之功实又远驾齐桓之上矣。

但晋初所建立之军政制度（军国主义制度）之胚胎，由于其中军元帅军权政权集于一身，以后其诸卿及韩、赵、魏三族，遂因此强大而尾大不掉，最后卒至三分晋国，是亦为中国历史上最早出现之军阀割据。此种制度遂演成战国时代中央集权之军国主义。

第五章　吴楚战争

第一节　吴楚战争之起因

　　吴是周朝泰伯之后裔，历十九世而传至寿梦，日以强大遂称王。当在此时（周定王九年，前 598 年），陈国有夏徵舒弑君之乱。此乱系陈灵公与其大夫淫于夏徵舒之母夏姬，致触徵舒之怒将灵公杀死。楚庄王率兵入陈定乱，杀徵舒，俘夏姬以还。

　　楚庄王原欲将夏姬纳于宫中，申公巫臣力谏不可收此尤物致乱楚国。楚司马公子侧亦欲收纳夏姬，巫臣又以善言劝其放弃。最后此位愈老愈娇妍之夏姬，竟落入巫臣之手，并相偕投奔晋国。巫臣家族亦因此为公子侧及令尹公子婴齐所灭，并瓜分其财产以泄愤。巫臣闻耗，即向晋献"联吴制楚之策"，彼并亲自出使于吴，从此楚国多事矣。

　　此时吴与楚争淮南北地区之控制权，巫臣乃嗾使寿梦击楚，并教吴人学习射御及车战之术。因吴乃江湖之国，习水战而不习车战，且吴逆水与楚争胜，始终居下风。但学习车战之后，形势为之一变，吴从此可以舍舟登陆，而与楚国进行大规模之陆战矣。

　　及吴公子光欲争夺王位时，乃广招四方人才。此时有楚国之名族伍子胥者，因避楚平王之诛，奔投公子光；子胥又介绍孙武。子胥为急于伐楚以报杀父之仇，并深知欲早日伐楚，须使公子光早就王位，乃又荐剑客专诸于公子光。公子光遂借宴吴王僚之机，使专诸行刺，事成，公子光即吴王位，是为阖闾。时为周敬王五年（前 515 年）。

　　吴国自前有巫臣之教习车战，后有伍子胥辅佐以谋楚国，再加孙武之军事天才，遂可以舍舟登陆，由淮水之南、长江之北中间地区，以制楚国之背，从此楚之东北境连年遭侵，岁无宁日矣。

以上虽系吴楚战争之原因，但其最主要原因，乃因吴此时工商业逐渐发达，尤其制铁工业之进步，如铸干将、莫邪宝剑是其明证。吴由于兵器进步，再加以楚国政治圈中之亡命者竭其生命之力以相辅佐，遂以强大，故初则与楚争衡，继则威胁中原矣。

第二节　吴楚战争指导总方略

吴　国

吴依其人文观之，乃诸越系氏族之一，因吴越皆为断发文身之民族，言语亦同。据传说之记载，十九传而至寿梦始称王。时为周简王元年（前585年），即自此始，吴之为国始闻于中原也。初都于梅里（今江苏无锡县东南），吴王寿梦称王之第二年即开始北进，与楚争夺淮北地诸小夷国之控制权。吴楚此种战争，直继续至周敬王元年（前519年），前后共历六十余年之久。至本次吴破楚入郢之战，吴楚之战始告总结束。按：吴之兴起而至强大，乃因既有铸铁工业，因而制船工业大为进步，故有"三江五湖通商之利"以富强其国。其战争总方略概述如下：

（一）进霸中原为总方针。中原是当时精神、物质文明之中心，故各国皆以争霸中原为最高之政治目标。但欲进霸中原，必先控制淮南北诸小夷国；欲控制淮南北，必先击破楚国，因楚势力已控制此等地区。

（二）击破楚国之军事方略。欲控制淮南北，必须确实控制淮水上游鸡父（今河南固始县）之地。欲进破楚国，又必先取得今寿县之地，楚相孙叔敖曾于此地建立东进北进之基地，开垦水利农田，名曰芍陂。先取此地，以便与沿江西进之水军水陆并进。

（三）最后目的进霸中原。中原为当时文化之发源地，不霸中原，则霸业无从建立。是以破楚入郢之后，嗣王夫差对越之仇，只求服之为已足，而亟亟于北进求霸中原，其事见吴越之战。

楚 国

楚自前 632 年与晋城濮之战后，至前 546 年（周灵王二十六年）晋楚弭兵之会于宋，南北分霸止，晋楚争霸凡八十余年。中间自晋景公于周简王二年（前 584 年）遣楚叛臣申公巫臣联吴以制楚之策实施后，楚遂陷入两面作战之困境。且加以晋楚弭兵之会后，楚灵王被弑（为谋向北方扩张，周景王十一年，前 534 年），平王政乱，故此时楚之对吴，实无一整然之方略。

第三节　吴楚战争概况

先是楚因不堪吴之侵扰，乃于东北境上，先后建筑钟离（今临淮关）、居巢（今巢县）、州莱（今凤台县）三城以防吴。吴王寿梦于前 584 年已取州莱，以后九年间，依次取居巢及钟离，并灭徐（今安徽泗县北，以求攻楚时右后方之安全），且进军豫章（今安徽寿县江淮间），控有今之长江南北岸皖东地区贵池县等地。及至前 506 年周敬王十四年，蔡侯向吴求援伐楚，并愿自做向导，唐（今湖北唐县镇，随县北）亦怒楚，愿与吴、蔡联合。在此种有机可乘之下，于是吴王阖闾联合蔡、唐之师分两路，一路自今鄂东英氏县西进，一路与蔡、唐之师自今信阳县越山（三阨）南进大举伐楚，侵入汉水左岸。其作战经过概况如次。

前 506 年十一月，楚昭王以令尹子常为将，史皇为佐。吴以伍子胥为将，孙武为军师，吴王阖闾亦躬自立于第一线，以励士气。当时吴国兵力约三万余人，楚军二十万。

先是当吴师自淮乘舟西进，舍舟于淮汭（今瓦埠湖），将越今信阳向武汉前进时，楚左司马沈尹戍向子常建议曰："子沿汉水与吴师对峙，竭力不使其渡河；我使方城以外之兵（今河南叶县、许昌、淮阳等处）趋淮汭，破坏吴之乘舟，归而堵塞大隧、直辕、冥阨三隘路口（皆在今信阳关附近），以绝吴归路；子由汉水而攻于前，我自后攻其背，必大败吴师。"子常依议，令左司马依谋而行。旋有大夫武城黑劝子常曰："吴用水兵，我用车甲，彼钝我锐，不可持久，应取速战。"史皇亦说子常：

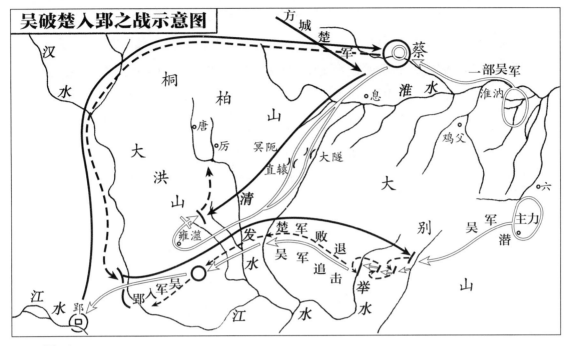

图四

"楚人嫌子而爱司马，若司马毁舟于淮，塞城口而入，是彼独获克吴之功，国人益爱戴司马矣。子必速战，不然不免杀身之祸。"（此说对子常极有力，足以使子常不能不听。）子常因二人之言，又突闻柏举（今湖北麻城县）以东方面有吴大军西进，乃即渡汉水向吴采取攻势，与吴军战于举水之西柏子山间，三战楚师皆败，而退守举水西岸。此时楚令尹子常知事不可为，欲弃师逃遁，史皇曰："安则把揽政权，有难事则想逃走，将向何国，何国留汝无用之人？子必死难，则以往之罪或能幸免。"子常无奈，乃仍勉与吴师对阵于柏举。

十一月庚午，吴军追至，两阵对峙。夫概（阖闾弟）晨请于阖闾曰："楚囊瓦（子常名）不仁，其部下皆无死志，先攻击该卒，其卒必溃（乘隙击脆），然后以大师继之，必奏大捷。"（颇具见识）吴王不允。夫概出谓部属曰："义所当为，不必待命，今日正是此种情形。今日我死，楚亦从此亡矣，我能不决死以战乎？"（公义能干）于是以其所属五千人先击子常之卒，子常之卒果溃，楚师因之大乱。吴王乘势攻击（扩张战果），楚师大败。子常奔郑，史皇与其所部全数战死，薳射被俘，残余楚军溃逃西退。

吴师追击楚师至清发水（今涢水），将击之，夫概曰："困兽犹斗，况人乎？若知不免而致死战，向我反击，我由此致败亦未可知。设使先渡河者知已幸免，后者慕已渡者，则斗心将全丧失（颇明战场心理），我乘其半渡而后击之（以寡击众，不得不如是），其不胜者鲜矣。"（夫概能兵）吴王从之，又大败楚师。楚军奔至雍澨（今京山县），正将饭食炊熟待食时，吴人已至（穷追），乃舍饭逃，吴军食其饭而追之。蒍延率其仅存之败卒而逃。吴军穷追，五战及郢（今江陵县）。楚昭王逃走，君臣溃散。昭王逃至陨（今湖北安陆县），而后入随（湖北今县），吴师则沿汉水攻略楚之城邑，楚几覆灭。

第四节　战争指导方略之总结

综研吴楚之得失如下：

（一）吴国之得力处：

1. 以敌攻敌原则。先用楚巫臣，继用楚伍子胥，用敌人之将为我将。

2. 广揽人才。吴王阖闾未即位即延揽人才，故就王位后，国力乃日益强大，加以有大谋略家孙武在，故楚人不能敌。

3. 乘势原则。乘楚附庸国之背叛（唐、蔡），因而利用之，所谓"因势利导"，把握机宜也。

4. 军事上"乘隙击瑕"原则之运用。沿淮水西上，越大别山之险以捣楚国防上之侧背，亦即楚国国防上之虚隙，并由此直捣楚国心脏郢都（楚国首都）。

5. 深知战场心理之利用。如夫概建议，乘敌人半渡而后击之，此为吴军获得"全胜"之重要因素之一。

6. "猛追穷追"原则的运用。如楚兵未及食舍饭而逃，此是古今兵略家争取彻底胜利之重要原则之一。

（二）楚国虽大，兵虽众，但内政紊乱，人才离散，国本动摇。且令尹子常贪污无能，忌才争政，致使邻邦叛离，国内离心。

第五节 结言

吴此次破楚入郢之后，国威远震，此时晋之霸业已衰，中原诸侯为之震撼。故自周敬王二十四年（前496年）阖闾于檇李（今浙江嘉兴县西南）与越之战负重伤致死后，子夫差继立三年即征服越国，继而破齐与晋，争霸主盟，一时无敌于诸侯。

第六章　吴越战争

第一节　战争导因

周敬王十四年（前506年），吴王阖闾伐楚破郢，不用孙武之谋封楚故太子芈胜为楚王，而竟淹留于楚，致为申包胥借秦兵所击退。正当吴王困守郢都进退维谷之际，其弟夫概乃谋归吴夺位，而径引本部兵潜行回吴。夫概已回吴，又约越子允常（未几称王）为外援。因此，素互视为敌国之吴越，至此已成为不两立之势。及夫概败逃，吴、越遂于石门关（在今浙江崇德县北吴越交界处）、固陵（越于其北界所筑城）之间对垒。

周敬王二十四年（前496年），越王允常卒，其子勾践新立。吴王遂乘越王之丧兴师伐之，但为勾践大败于檇李，吴王阖闾且因重伤而死。

阖闾临死时遗嘱嗣王夫差曰："必毋忘越。"因此夫差日以报仇雪耻为志，日夜从事练兵，以图伐越者几二年。

第二节　吴伐越之经过概要

周敬王二十六年（前494年）春，吴王夫差将起倾国之兵攻越。勾践闻之，欲以先发制人之计伐吴，大夫范蠡以为不可。勾践曰："吾已决矣。"遂兴兵入吴，以舟师直趋震泽（今太湖）。吴王夫差闻越来攻，即悉起舟师迎击之，大破越军于夫椒之山（今江苏吴县西南太湖中之东洞庭山），遂追击越王至会稽（越都城，今浙江绍兴县），破会稽城。越王勾践以所余之甲卒五千退保会稽山，吴师又进迫而围之。勾践在危急之余乃谓范蠡曰："以不听子，故至于此，为之奈何？"范蠡乃献"卑辞尊礼，玩好女乐，尊之以名……委管钥（古国城门之锁）属国家，以身随之"之计。勾践从之，使文种为使，求和于吴，并说以如不获和，将率五千甲卒死战，请吴权衡利害而抉择之。夫差欲许之，子胥以为不可。子胥以为吴越邻国世仇，不能并立，应乘胜灭之，得其地可居，得其舟可乘，反之，若进向中原，得地不能居，得车不能乘，力主拒越之请和。文种求和不得，既返，勾践即欲杀妻子，焚宝器，率甲卒致死于吴。文种劝阻之，并将其此行得悉吴太宰伯嚭性贪，及其与子胥争权之矛盾等情报，与勾践范蠡谋议。于是，文种乃再领美女玩好至吴军见伯嚭曰："子苟赦越之罪，越愿委管钥，属国家，越王身随大王左右，又有美如此者（指美女西施等）将进之。"伯嚭以知夫差志切争霸中原，又贪越赂，乃偕文种进言于夫差，谓越已降，勾践身入吴国，实已名存实亡，应准其和云云。于是夫差应允，并即下令退兵。子胥知之，争之不及，因退告人曰："越十年生聚，十年教训，二十年之外，吴其为沼乎？"至是子胥伯嚭争权益表面化，吴灭亡之机亦伏于此矣。

第三节　越国生聚教训以图吴

夫差既允越和，撤军归吴。于是勾践首先宣慰其国民，并决定今后吊死问伤、生聚教训之政纲，然后留文种守国，自与范蠡等三百人入吴为臣仆于吴王。勾践自周敬王二十六年（前494年）六月入吴，在吴执贱役几三年，至周敬王二十九年正月始获释归越。

勾践既归国，志切报仇，乃积极谋复兴越国，而问计于范蠡，蠡因献兴越之策，其概要如下：

（一）劝勾践个人领导修养，须胸襟豁达，以领导群伦，涵容人众，以尽人力。

（二）尊贤厚士，以实人才。

（三）收揽人心，以团结国民。

（四）使文种整政，以范蠡治军。

（五）奖励生产，充实国力，安民除害。

（六）繁殖人口，以裕兵源。

（七）等待时机，乘瑕蹈隙，以谋吴国。

勾践用范蠡之策，乃卧薪尝胆（参本篇附录《"卧薪尝胆"探原》），苦志力行，以贯彻兴越之策。如此行之三年，国力业已恢复，民心士气团结而振奋。勾践遂欲于周敬王三十一及三十二两年（前489年、前488年）中，乘吴与楚争陈（今河南省淮阳县）及吴与鲁互相攻伐之际，抱死斗复仇之决心出兵攻吴，并召集诸大夫告以其此种决心。大夫逢同因献策，以为越之国力尚不敌吴，尚须密图以误吴。今吴结深怨于楚，加兵齐、鲁，越当结齐、亲楚、附晋，以孤吴而厚越之势，然后待其与三国为敌，兵连祸结之时，越乘其弊，乃可灭之。勾践不听，范蠡又从而劝之，是计乃定。此计之要旨，是结连盟国以厚己势而孤吴国，即"先为不可胜，以待敌之可胜"之策。

第四节　夫差图霸中原

吴王夫差自越王勾践君臣在吴宫执役三年，见勾践恭谨忠顺，以为无虑，遂遣其君臣归越，以属国视之。勾践归国后，亦春秋朝贡，不敢稍懈。夫差此时志得意满，既贪恋西施及女乐，乃大兴土木筑姑苏之台以娱之，又亟图与晋争霸中原。而伯嚭此时亦亟图削夺伍子胥之权力，乃一面顺夫差之志，力主从事中原争霸大业，一面谮陷子胥；而子胥则仍坚持先灭越之政见。于是遂发生以下一连串之事：

（一）周敬王二十六年八月，吴出兵征陈，以开北出中原之路。次年又以蔡（今上蔡县）不堪楚之逼，而使迁之于州莱（今安徽凤台县）以保护之。盖蔡自与阖闾伐楚以来，即附于吴以敌楚，而陈则为楚之属国。

（二）后五年，吴再伐陈，楚昭王救之，以病卒于军，楚师遂退。但此时吴蟹灾甚重，田稼皆尽，而所需大量军粮匮乏，乃促越输谷。而越则迟迟不予，伍子胥因再劝起兵伐越，夫差亦以闻越有结连齐、晋、楚之事，遂欲起兵。此时勾践闻吴将起兵来伐，亦欲起兵迎拒之。大夫范蠡、文种均以为不可，不如顺吴王之志，使不以越为虑，使其北向争霸中原，以待其弊，勾践从之，遣诸稽郢使吴。夫差得越使来，知越王恭顺，遂许之。伍子胥再谏不听。

（三）次年（周敬王三十二年，前488年）夏，吴已服陈，越又恭顺，夫差乃与伯嚭征鲁哀公为鄫（今山东峄县东）之会。又次年，夫差以鲁不服，举大兵北上伐鲁，鲁屈服与盟而后还。

（四）周敬王三十四年（前486年）夏，楚以陈国附吴，伐之。是年秋，夫差欲起倾国之兵，以伐齐服晋，谋一举完成中原之霸业，乃大发徒役筑邗沟之城（今江苏镇江对岸）以为转运站，又凿邗沟之水（今苏北运河）通江淮，沟通鲁、宋，北接沂，西接济，以通北上运粮之水道。伍子胥又谏之，谓"齐鲁与吴，习俗不同，言语不通，得其地不能处，得其民不能使；吴之与越，接土邻境，交通属，习俗同，言语通，得其地可以处，得其民可以使，越与吴亦然。越王常不忘败辱之耻而谋吴，吴若忘近忧，而远图齐鲁，实难以求功。且今吴之都鄙饥馑，人民疲惫于姑苏台之劳役已五年，现又劳于开邗沟，人心离散，将不可收拾"云云。夫差又不听。于是，勾践使文种率万人，粮百船，往助吴开河之工。是乃越贯彻疲吴之大计，造成乘虚袭吴机会也。

（五）次年，吴遂会鲁、邾（今山东邹县）、郯（今江苏郯城县）伐齐，齐弑悼公以悦吴而罢。

（六）又次年，吴再会鲁师伐齐，并使子胥赴齐约战。于是，吴、齐大战于艾陵（今泰安县境），尽歼齐师而还。是役，夫差以子胥通于齐，而赐剑杀之。

（七）周敬王三十七年夏秋间，吴以战胜齐之威，会鲁、宋以求卫、晋，并约定于明年夏会晋于黄池（今河南封丘县南），欲中原诸侯尊其为霸主。

第五节 越灭吴之战

（一）第一次袭吴

周敬王三十八年（前482年）春，夫差留老弱之兵，使其太子友守国，而自率倾国精兵乘舟北上至于黄池。五月会诸侯，与晋定公争长，月余不决。至七月，夫差得悉越袭吴都之急报，乃以兵压晋营列阵迫之（阵势详拙主编之《中国历代战争史》）。晋见吴军严整，军威极盛，遂让夫差主盟。盟成，吴王即急驰回吴。

越王勾践以夫差在中原与晋争盟未决，乃于是年六月尽起越国精兵五万袭吴，使范蠡率师一部自海溯淮河而上，以绝吴军之归路，自率大军疾袭吴都（今江苏吴县）破之。及范蠡闻越王已破吴都，乃率军自邗沟旋师，并尽收吴各邑军实，准备与越王军会合，与吴王军决战。

吴王夫差于黄池主盟之后，急急回师，及抵吴境时，闻都城已失，大怒。于是士无斗志，乃遣伯嚭求和于越。时范蠡以吴王大军尚盛，乃建议勾践许之。是年冬，越与吴和，遂班师。

吴王夫差自越军退后，亦效越之所为，阳则示以息民，阴则密谋备战。

（二）第二次攻吴

周敬王四十二年（前478年），即吴败越于会稽后之十六年，吴国大旱。越大夫文种见吴国饥荒，仓廪空虚，乃建议乘此时灭吴。越王勾践遂复起倾国之兵五万，与范蠡攻吴。夫差闻越军入侵，亦尽起六万之众，御之于笠泽江（今江苏吴江县南）。两军夹江而陈，相持入夜，吴准备明日决战。

但入夜后，越王即分军夜袭，分其军各万人为左右翼，各离其中军五里处之江岸待命。至夜半，勾践命左右两翼军鸣鼓渡江，至水中央待命。吴军夜半突闻江上下游各鼓声大振，获悉大队越军渡江，将包围吴军，乃亦即分二部驰赴御之。越王在中军，当吴分军之际，即令其中军潜渡，以其精锐之卫队六千为先锋，潜至吴中军之营前，突然袭攻之。吴中军因大乱而溃，及已分之吴军回救时，越之左右军又渡江袭迫之，吴之左右两军亦败。

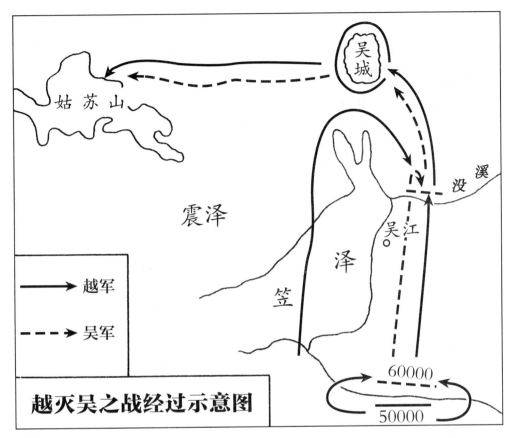

图五

　　吴军已败，北退二十余里，据没溪（今吴县西南即越来溪）为守，收容散卒，局势稍定，准备再战。然正当此时，范蠡所率之舟师，自震泽取横山（今吴县西南二十里），向吴军包围攻击而至（此为古代之水上包围）。吴王见形势不利，乃向吴城郊撤退，但复遭越王军之追击而大败。及吴军退至城郊与越军战，又败，乃入城据守。越军则筑越城于胥门（西门）之外以逼之。

　　（三）围攻吴都之战

　　越王既筑城以逼吴，乃采消耗吴军之策，一面监视吴都而困之，一面因吴之民而治之，因吴之粮而食之，而按兵不与战。如是者至周敬王四十四年（前476年）春，吴王仅有亲军万余人坚守孤城，吴地已尽为越所有。越范蠡为避免攻坚计，又扬言转兵伐楚以误吴，使不为备。次年十一月，突又转兵袭吴，遂围吴王于西城（即越城）。吴王大恐，乃率其贤良突围，西上姑苏山（今吴县西三十里），并遣使请和于越王。如是者再，范蠡坚执不许而逐吴使者，并驱军随吴使者围攻吴王夫差于姑苏山，擒吴王于干隧（姑苏山北）。吴王请自死，而祝告于子胥曰："使死无知则已矣，若其有知，吾无面目以见子胥也。"遂自杀。时为周元王三年（前473年）十一月丁卯日也。

越王勾践已灭吴，尽有吴地，乃以兵北渡江淮，与齐、晋诸侯会于徐之铜山（今江苏铜山县）。并遣使致贡于周，周元王遂命勾践为伯。勾践又归吴人所侵陈、宋之地于陈、宋，以淮上之地与楚，以泗东五百里地与鲁。于是诸侯毕贺，号为霸王。

勾践将返越，范蠡辞去，不许。蠡乃率数十人乘轻舟逃入五湖，莫知所终。文种回越，后以事获罪，为勾践所杀。

第六节　研讨与评论

越之灭吴，乃一绝对的以小灭大，以弱敌强，故其用谋曲尽间接路线之能事。然越之降于吴，及勾践为奴仆于吴宫，可谓计之最险者，其所以成功之关键，则在于伯嚭，但亦云险之甚者矣。及越屡施迂回曲折之计，亦有使人难以信其必成。然其所以卒能成功者，由于夫差战胜骄淫，始终不以越为可虑，加以急谋中原霸权，遂使伍子胥之谋不逞。故越之成功，可谓至为侥幸，但亦可见用谋定计之决于人事者多矣。

考勾践当初之所以用范蠡等之谋，而出此危险之计者，实因战则必亡，与其战必亡，不如置身于危险之中，忍辱负重而徐图之，此勾践在危如累卵之中而所以出此计者之原因。而夫差之所以一误再误，则一蔽于胜必骄，二蔽于美女西施，三蔽于急图争霸中原，四蔽于伯嚭之谄谀，故虽有伍子胥之明，不能有补于吴。可知谋国家，定大策，不可有所蔽。盖有所蔽则暗，暗则必误，自误则必为敌所制也。

兹分述吴、越之得失如次：

（一）吴国方面

1. 吴国之强盛，有赖于孙武、伍子胥者极多，故试举其大者言之。

（1）强大吴国之基础。当其西伐楚前，先收取淮泗小国，一以扩大吴国强大基础，即其兵法所谓"先为不可胜"也；一以为将来西伐楚时，免除后方之顾虑与威胁，故其西伐强楚时，能倾其全国之军而无后顾之忧，卒能破强楚，威震中原。

（2）建立水陆两栖作战军。吴原所长者为水军，及巫臣、伍子胥、孙武用于阖闾，乃训练其水军成为两栖部队。此一整军之实施，不仅伐楚时舍舟于淮汭而就陆，以迅雷不及掩耳之势，出楚人之意外，迫使楚人惊惶失措，即其后夫差之所以能一再破齐军，威胁晋国（齐、晋均有霸国强大之基）者，皆由伍子胥、孙武建军之功也。

（3）战法革新。春秋之世作战，均由上中下（或中左右）三军作横队式之方阵正面作战，至吴伐楚，则作运动战之形式，皆"因敌之变化"出奇制胜，将春秋时通常之正规呆笨战法，一变而为机动、主动、奇袭性之战法。即其后夫差败齐军，亦一仍援用孙武战法，故齐一再当之辄败，尤其于艾陵一战，以齐军力之强、士气之盛（齐军上下志在必胜，致死力于吴），卒为夫差所败者，因吴军当时之部署乃用纵深突破战法，将其军分为三波击纵队及总预备队，其前方又部署一游动诱击队（详《中国历代战争史》）。如此，不仅得以尽悉敌之强弱虚实，且诱敌各队转出敌之背后，而后方之一波击纵队，又出敌不意掩之，最后乃倾其总预备队捕捉好机，针对敌之主力，作猛烈之歼灭打击。故齐军于该战役，竟致全军覆没。吴国此种革命性之战法，对于尔后战国时代之作战具有根本之影响。

2. 吴王决策错误。然当吴为越所袭时，夫差回救而卒败于越者，一以吴决策错误，士气涣散，一以越亦已习得吴之战法。所谓决策错误者，吴举倾国之兵北上争伯于中原，置其后方安全于不顾（不虑越之袭其后）。盖统帅之决策错误，战法虽良，亦难以挽救，如阖闾破楚时，不听孙武善后之建议（似有此事），卒为秦国所败者然（似幸孙武在，尚能保持实力，并能于政略上不损其威望而撤退）。以夫差之轻骄所导致之错误，在军心破碎之下，固非战法所能挽救矣。况当时之越，亦以与吴近，早已习得吴之战法耶？是故决策错误，虽良将亦不能善其后。

3. 上下戮力、同仇敌忾必胜。夫差初则志切报仇，上下戮力，加以有伍子胥之能，故能于夫椒一战中，使越国不能复振。是故同仇敌忾与指挥卓越，实为战胜之要素。自古凡善于指导战争者，于作战之前，必须鼓励军民上下一致之同仇敌忾心，虽然各时代各民族，各因其情势不同，所鼓动之因素与方法亦不同，但以同仇敌忾心与鼓舞国民好战心则一也。

4. 夫差忽略孙武之教训。孙武在《用间篇》已极明确地说明，欲求知彼，必用五间。夫差释勾践归国后，竟一任勾践之积极备战而不加防范，此其之不智，可谓极矣。及子胥告以越王备战，认其图谋不可测之时，而又妄以勾践之忠顺而忽之，此其愚蔽，实难于想象。虽云勾践十余年长期之外顺内奸之图谋，常易为智者所忽而受欺，但子胥之言，一再而屡归于无效，岂非夫差之愚蔽乎（蔽于越之忠顺、西施之媚与伯嚭之言，及急于图伯中原之志）？是故智者之明，必虑利中之害与害中之利，即孙武所谓"智者之虑，必杂于利害"是也。

庸者常为一面所蔽，此亦即智愚之分野也。大凡功已成者必易骄，骄则怠，怠则易蔽，此人之恒情也。夫差既以破越之功，又恃力能威服中原，遂急于图伯，因此乃顾此失彼，英雄处此，可不戒乎？

5. 吴君臣内部潜伏之矛盾，故范、文二人之计得逞。语云："物必先腐，而后虫生之。"此孙武之所以创"先为不可胜"之原理也。伍子胥之性过刚，功过高，且为吴之老臣，其权威实已胁主，子胥不善自处，而一意逞其刚强之性格，此夫差之所以亲伯嚭而退子胥也。不仅此也，子胥自处如此，同为夫差宠臣之伯嚭又岂能不嫉妒？加以伯嚭贪财好色与自私心重，故越离间之计得逞，使伯嚭成为越之内间。吴之君臣如此，败亡之象实已种根于此矣。是故为统帅为大将者处此状况，若稍不善自处，即足陷国家于危亡。

6. 夫差自黄池回救其都城，竟不顾及其军心之动摇（后至三国时，吕蒙亦曾利用此种情势溃散关羽之军心），贸然以与越战，其败固宜。

（二）越国方面

1. 越国上下团结，败而不乱。当越于夫椒战败之后，几已陷于覆亡之状态。但当勾践去国之际，而其群臣皆能团结一致，共同为其君守国，无不期望将来之复兴，此最为难能可贵者（范蠡、文种皆楚人，盖亦谋雪破郢之仇乎），亦即越国必兴之象征也。尤以范蠡从勾践被难于吴，忠心竭智为国，此越之所以亡而复存，国虽弱小能终于复兴也。考诸历史，具有此种复兴之气象者并不多见，有之者必能复兴，此几已成为历史铁则。盖国人能败而不馁，纪纲已废而仍能秩序井然者，必有其一种强固之信念与精神维系之。此种信念与精神，足以排万难，历险厄，而且有无限伟大之复兴力量存焉。如何以培养此种信念与树植此种精神，此乃伟大领袖之伟大表现，亦即领导之伟大艺术也。据作者管见，此似乎有一窍要，此窍要即因时、因情、因势、因人心与传统，并针对现实而培植之，鼓舞之，或暗示之，或启发之，或潜养之，使上下及国民潜存此种坚确信念与精神也。反之，若一个国家，一个民族，或一个集团，于失败之后，即失去此种信念与精神者，则纪律荡然，秩序紊乱，精神涣散，如此未有不陷于覆亡者，此乃兴衰存亡之关键也。

2.越图吴之谋，能利用吴君臣之矛盾，足见其平日对吴国首脑人物之情报分析精详，否则不能利用其矛盾也。其处心积虑之深，及越君臣之忍辱负重，与作十余年长期之远谋，则吴之防范亦难矣，况夫差之愚昧乎？盖长期因势利导之图谋，适足以利用人类"熟视无睹"之自然心态，故甚难防范也。然越君臣十余年之图谋亦难矣，若非其君臣同仇之深，亦难保持历久而不生变化，此亦勾践之能也。范、文二臣扶持勾践事吴，在未发动袭吴之前，一意使勾践事吴忠顺，无微不至，此为吴国君臣所难虑者。但当其一旦伐吴之役揭开之际，则不怜吴之恳求，而彻底毁灭之，此非具有极大之忍辱负重精神与极坚强硬狠之心力者，不能至此。对敌人不忍则败，对敌人险狠则胜，此又成为战争之定理矣。

（三）越袭吴之战法

1.乘虚袭吴，此孙武所谓"冲其虚也"。冲虚之势，必须如江河之溃决，一发不可收拾，然后其冲虚之举乃可成功。

2.越以小击大，故初则必求以奇制胜；既胜之后，必穷追之，使无休息整顿之余暇，使不得重振其战力。并尽量消灭其潜在之战力，如尽收其军实、尽控制吴地等是也。

3.包围侧击战术及袭冲吴之统帅部，故易于获胜。

综观吴越之战法，大异于春秋初、中各时期。盖吴越之战，适当于春秋时代之末造，加以孙武做革命性之改革，战法已焕然一新矣。

附录："卧薪尝胆"探原

前两天报载"教育部""国史馆""党史会"共同主办"中国通史教学会议"，在澄清湖青年活动中心举行。会中有梁嘉彬教授提出"卧薪尝胆"一词来举例说明通史教学正确性的重要，以供同道教学的参考。嘉彬兄是我的乡长老友，又是同着一道教通史，因此兴之所至，也想把这一家喻户晓的名词，从原始史料上去探索一下，借以抛砖引玉及就教于嘉彬兄与同道。

关于春秋末季吴越的战争，其记载最原始的史料，就是《国语》和《左传》，但"卧薪尝胆"一词，并不见于二书。如《左传》定公十四年（前496年），吴越槜李之战，吴王阖闾伤足而死。子夫差嗣立，因为志切报父之仇，乃"使人立于庭，苟出入，必谓己曰：'夫差，而忘越王之杀而父乎？'则对曰：'唯，不敢忘。'三年乃报越"。

对于越王勾践的记载，则只有出自伍子胥谏吴王说："勾践能亲而务施，施不失人，亲不弃劳，与我同壤。"以上是《左传》的记载。

《国语》的记载则较详。《吴语》说，勾践在夫椒战败后，夫妇均往吴为夫差奴仆。《越语上》又说："请勾践女女于王，大夫女女于大夫，士女女于士（《越语下》亦略有所载），越国之宝器毕从，寡君帅越国之众，以从君之师徒，唯君左右之。"勾践许夫差此一投降条件，可谓既至"忍辱负重"之极致。至于其励志复兴以报吴人破国之仇，则有"于是葬死者，问伤者，养生者，吊有忧，贺有喜，送往者，迎来者，去民之所恶，补民之不足。然后卑事夫差，宦士三百人于吴，其身亲为夫差前马。"以及奖励生育与生产，以增兵源，以富国家，而至"非其身之所种则不食，非其夫人之所织则不衣，十年不收于国，民俱有三年之食"。《国语》所载，亦如此而已。

大约在战国末成书的《越绝书》（见书后跋），乃开始有勾践说如此的话："孤身不安床席，口不甘厚味，目不视好色，耳不听钟鼓者，已三年矣。"及无名氏在此书后作跋时，才有"会稽之栖，苦身焦思，'尝胆'而食，卒以灭吴"。"尝胆"一词，始见于世。此时距离吴越战争大约三四百年了。

　　及至太史公撰《史记》，采其说而附益之，由是其说益备。《吴太伯世家》说："阖闾使立太子夫差，谓曰：'尔而忘勾践杀汝父乎？'对曰：'不敢。'三年，乃报越。"（史公此语与《左传》略异，古人著书引前人之说大抵如此，不必苛责）《越王勾践世家》则说："阖闾且死，告其子夫差曰：'必毋忘越。'"又曰："越王勾践反国，乃苦身焦思，置胆于坐，坐卧即仰胆，饮食亦尝胆也。曰：'女忘会稽之耻邪？'"此是采《越绝书》材料而加强之。

　　又在《史记》之后成书的《吴越春秋》（内容似多汉晋间人所记，参《伪书通考》），便附益得更多了。如说："昔者吴王分其民之众以残吾国，杀败吾民，鄙吾百姓，夷吾宗庙。国为墟棘，身为鱼鳖（《越绝书》'鳖'下有'饵'字），孤之怨吴，深于骨髓……孤身不安重席，口不尝厚味，目不视美色，耳不听雅音，既已三年矣。焦唇干舌，苦身劳力……"（《夫差内传第五》）又曰："越王念复吴仇非一旦也。苦身劳心，夜以接日。目卧则攻之以蓼，足寒则渍之以水。冬常抱冰，夏还握火。愁心苦志，悬胆于户，出入尝之，不绝于口。"（《勾践归国外传第八》）此又是采《史记》材料更演其义而广之。

　　据上所载，可知五书中最晚出的《吴越春秋》，仍只有"悬胆""尝之"之词，还没见到"卧薪"二字。前日报载嘉彬兄说，"卧薪尝胆"一词，见于苏轼所撰戏文中。若然，则将"卧薪"二字加于"尝胆"二字之上，而完成"卧薪尝胆"之全词的，是苏轼了（亦见《辞源》《辞海》）。

　　以上所说，从《越绝书》的无名氏所作的跋起，关于"尝胆"一事都指的是勾践为报仇雪耻所做的，但到了清初马骕（顺治十六年进士），却说夫差也"卧薪尝胆"。他说："吴越之事，见于左氏内外传，《史记》世家、《越绝书》、《吴越春秋》，详哉其言之矣。吴越同域，世为仇敌，非吴有越，越将有吴，势使然也。二国之兵端，始于鲁昭公三十二年（前510年），衅自吴起，越受其伐。既而阖闾入郢，允常乘虚以袭吴都，越获报矣。樵李之役，勾践败吴，阖闾伤趾而死。夫差嗣立，卧薪尝胆，义不共戴天，战胜夫椒，遂以入越，子报父仇，何其壮也。"（《绎史》卷九六）

综上以观，"卧薪尝胆"一词的演成，归纳之其义有三：（一）"卧薪尝胆"一词之演成，乃先由强调洗雪国恨家仇的事迹，后乃演出"尝胆"一词，然后又再由"尝胆"而演出"卧薪"，遂完成"卧薪尝胆"全词的。其间历时约一千五百余年，朝代十余代，才完成此一名词，可真是不易。这似都是由那些抱有强烈民族思想的学术之士，将前人文词由繁化简，使其文简，其义深，容易做宣传教育而提出的。（二）此词之义，不限用于勾践，亦可用于夫差，更可用于一切奋发图强，力谋洗雪国仇家恨之人。勾践志切报仇，无名氏先用"尝胆"以形容之，苏轼又加"卧薪"以加强之。夫差为报父仇，马骕赞其"何其壮也"，亦用以赞之，马骕或有"故国之思"乎？可知此词之主要意义，乃在赞励雪家仇、报国恨，盖此乃中华民族传统之一，故"昔齐襄公复九世之仇，《春秋》大之"（见《公羊传·庄公四年》，语出《汉书·匈奴传上》武帝诏）。至于现世的人们，一闻"卧薪尝胆"之言，即以为是指勾践复国的事，这大概是因近百年来中国受尽列强压迫欺侮，数十年来国人因受爱国心驱使，时常演出"勾践复国"的历史剧之影响所致。（三）《越绝书》据陈垲于嘉靖年间考定，谓是战国人所作。震按：无名氏之跋，可能是秦楚之际或汉初时人所为。因秦灭六国，楚国受欺最甚，故有"楚虽三户，亡秦必楚"之谣。至于汉人，则因汉初高帝在平城被匈奴所围后，汉朝的子女玉帛年年不断纳贡于匈奴，吕后且受冒顿单于书所辱而忍声吞气，这样忍辱负重凡七十余年，至武帝才尽雪前耻。故武帝伐匈奴时曾下诏曰："高皇帝遗朕平城之忧，高后时单于书绝悖逆。"（《汉书·匈奴传上》）霍去病曰："匈奴未灭，无以家为也。"（《史记·卫将军骠骑列传第五一》）汉初数十年仇恨匈奴之愤慨，不减楚人之恨秦，故我谓无名氏必是秦楚之际或汉初时人，而将"口不甘厚味"改用易说易记的"尝胆"二字，以便于宣传。史公又生当汉、匈奴两民族大战激烈时代，故又从而强调之，使之深入人心。及至北宋，契丹、西夏之患甚深，故苏轼又将"孤身不安重席"，改用"卧薪"以代之，于是"卧薪尝胆"之名言乃告完成。是耶？否耶？同道诸贤其教之。

如果以上所考不错，则"卧薪尝胆"并非越王勾践吴王夫差当时曾经经历的史实，仅是后之学者归纳之以垂教而已。震又按：中华学术之士，有功于国家民族及中华文化者实多类此，吾人不必以现代著述方式苛责古人。

（原刊于《中央日报》副刊一九七八年二月十八日）

本篇主要参考书

1.《左传》
2.《国语》
3.《资治通鉴外纪》
4.《史记》有关各世家列传
5.拙主编《中国历代战争史》
6.拙作《周代井田制度的国家组织与发展》《周代封建井田制度问题之研究》《中国政治国防史》

第四篇　战国时代战争

提　要

一、战国时代由春秋时代演进而来，五霸即其胚胎。但战国由于进入铁器鼎盛时代，政治、经济、社会及文化形态皆为之大变，与春秋时代迥然大异。

二、战国时代之外交战，主要为合纵、连横。而各国外交之本质，皆以本国权益为主，故合纵时分时合，但皆在外交谋略上极尽纵横捭阖之能事，其中人物，以苏秦、张仪为其代表。

三、战国时代之军事战，已由春秋时代之小型击溃战演进为大型歼灭战，其思想已与两千年后之西方拿破仑用兵型态相近似。其战无不胜之代表，则为乐毅、白起、李牧、王翦之辈。

四、战国时代，以建国成功奠定国家制度而致国富兵强者，首推商鞅，次为赵武灵王，吴起则承李悝之法变楚政，虽成功而昙花一现。

第一章　战国形势之形成

　　战国之形成，在春秋五霸时已孕育其胚胎。盖以周朝封功臣宗室，诸侯世袭之农业社会与封建政治，至其统治三百余年后，由宗支之繁衍，遂逐渐由亲而疏，绝对多数流为平民。又由于太平日久，人口逐渐增加，耕地有日感不敷分配趋势。同时由于工商业与交通之日趋发达，工商业家纷纷兴起，因而在社会上与贵族势力互争雄长。加以贵族与贵族之间，工商业家与贵族间之土地争夺，亦以与日俱增，因而土地兼并之风气亦日以炽烈而不可遏止，再加以交通日畅与战争促成之结果，人口流动率亦日益剧增，以前封建国界之观念渐趋泯灭，故至战国时代，知识分子封建之国家观念几已完全消失。凡此种种新兴因素，均成为周代封建之致命伤。故周王至春秋之世，即已成为名存实亡之共主矣。

　　然周王在春秋五霸之世，其声威尚可慑诸侯，故齐桓、晋文之徒，尚相继假天子以令天下，而成其霸业。及战国之世，诸侯虽仍以犯周为忌惮，犹恐他国假其名以兴伐；然若仍欲假周王之名以令诸侯，则已失其效用，此秦惠王所以不纳张仪"挟天子以令天下"之议，即其明证。

　　仪曰："伐蜀不如伐韩，亲魏善楚，下兵三川（河、洛、伊），攻新城宜阳（均韩地，即今洛阳东南及西南附近地区，仍远交近攻之策也），以临二周（东周在巩，西周在洛邑）之郊，据九鼎，按图籍，挟天子以令于天下，天下莫敢不听，此王业也。"

　　战国即秦、楚、韩、赵、魏、燕、齐七国，其疆界形势见附图六。秦自春秋之世，秦穆公时代已极强盛（五霸之一，周襄王年间即前651至前619年间），据有黄河以西关中之地，其东邻为晋，曾三平晋乱，置晋君，周王寄以方伯之重任，诸侯宾从。嗣以内忧频仍，及三晋国势强大，河西关中之地遂尽为所夺。至秦孝公即位（前362年），励精图治，

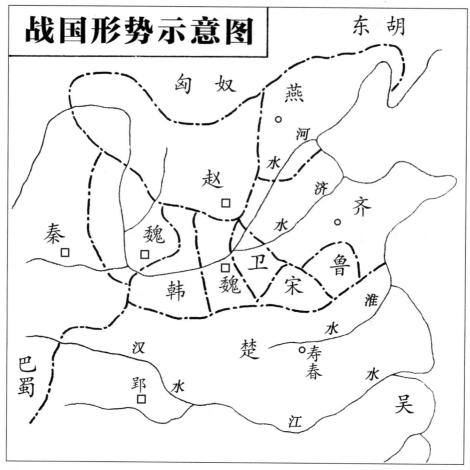

图六

任用大法学家、大政治家商鞅变法，因以国富兵强。关东六国为防秦势东侵，乃联合抵制之，史载当时"六国皆以夷狄遇秦，摈斥之不得与中国之会盟"。此实为六国"合纵"外交政略之始。

惟秦变法之后，其国力之富强与日俱增，东进与六国争天下，乃为势所必趋，于是秦运用"连横"之政略，由于事势所趋，亦于是时开始矣。及至苏秦、张仪时代，此种"合纵""连横"之外交政略战，乃至登峰造极之境，详见第二章。

楚在周之世国小爵卑（子爵），乃滨南蛮之一小国，至春秋时代，因筚路蓝缕开发江汉之饶，国渐强大，乃骎骎乎与中国诸侯争衡矣。及灭越后，奄有长江南北之地，北至淮、徐，南至百越，而西有巴、黔、汉中（今川东、贵州、陕南）。于是其土地之广，物产之饶，人口之众，遂为六国冠，且屡欲问鼎于周室矣。

魏、赵、韩三氏为晋之三权臣，以晋公室微弱，乃三分其地，至周威烈王二十三年（前 403 年），周王亦弃其道统而迁就现实，授命韩、赵、魏三晋臣为诸侯。可见时势至此，周之纪纲名分已丧失殆尽，而成为唯力是视，迁就现实之世界。政治为最现实的，古今皆然，周自不能例外也。

齐原为姜尚封地，至周安王十一年（前 391 年），齐康公为其权臣田和所篡，后五年周王命田氏为诸侯。燕在春秋时代为一弱小国家，在燕王哙时期，为齐、赵势力所迫。及其子昭王即位（前 312 年），励精图强，乃向东北发展，征服戎狄，奄有辽东及今热、察南方之地，遂亦成为一强国。

战国时代是由周宗法、封建、井田制度演进而来，七国一跃而为中央集权之政府，于是在政治、经济、军事、刑律、社会风俗、学术思想等皆以革命之形态突变，而成为现代化之国家与社会之大时代。

第二章　战国时代之图强争霸指导方略

第一节　一般之图强方略

战国时代，土地之富饶，领土之广大，是为国家富强之根基。是故战国七雄之秦、齐、楚、韩、赵、魏、燕，皆赖其祖先所遗之广大富强之国基为基础（春秋之末世既奠定此七国之基础，故春秋之末及战国之初，七国以外之弱小诸侯国，均先后相继为七国所并），而建立其强大之国家，是故国家强大之先天性，实为国家富强之首要因素。

其次，国家之富强因素，厥为政治、经济、社会、文化、科学及军事之措施。而政治之措施，在战国则为政制之改革，如废封建，建郡县，中央集权；废贵族之奢侈靡耗，集财源以建军；次则为罗揽人才破格拔擢。经济之措施，则为土地改革，由贵族土地制改革为平民私有制，民气勃兴，与政制改革之郡县制相并而行，以及水利农田之大规模开辟。社会措施，则加强组织，纳全民于战斗体，并励斗志。文化措施，则极力奖励学术思想之自由发展，而利用其果实。科学措施，则亟谋炼铁技术之进步。军事之措施，则为人物之总动员与国防建设，而国防建设之最著者，如七国皆在其国境上大事兴建长城，或于其地略重要之处建筑坚强之城堡。兹略举其要者，再分别阐述之。

（一）废封建，建郡县，政治经济权力集中。周代为贵族封建政体，土地割裂于多数贵族，以农立国之庄园经济力亦因以分散，尤以至春秋之世，贵族日趋腐败堕落，坐享其田赋之豪靡，社会日趋颓废，民心士气亦以低落。故入战国之世，各国为争生存，扩国力，乃纷纷对此种病态力求改革。其最显著者，如吴起在楚之作为（裁贵族之豪靡，集财力以养战士而待有功），商鞅、申不害各在秦、韩二国之变法，力求政治、经济集权于中央，以应战争之需要。同时为免国家土地割裂，有大功于国者，亦不再封大邑。

（二）罗揽人才与破格拔擢。战国时代才智之士，各国无不竞相收罗。战国之初，如魏文侯之揽用吴起、李悝等辈，秦孝公之任用商鞅，及其以后之历任贤相，如张仪、魏冉与大将白起等。如齐之孟尝君，魏之信陵君，赵之平原君，楚之春申君之辈，皆为国家罗致人才，大养宾客，其他各国莫不皆然。

至于当时对人才之破格拔擢，只求其确属人才，即无条件而予以升擢，如苏秦、张仪、范雎之辈，昨日为平民之身，今日一跃而为卿相。又如苏秦、申不害之辈，均为当时认为卑贱之小商人或仆役出身者，当世之君主均不计较而擢用之。是故当时贵族门户之风气，至此既一扫净尽，而唯功利之是求。故战国时之社会上下，均以功利相竞逐矣。

（三）军事重于一切。战国时代军事重于一切之程度极为彻底，如1. 国防建设，各国在其国境上，几动员全民之力，以兴建防卫国境之长城，靡耗人力物力，均在所不顾；2. 人力物力上全民的彻底动员，如秦赵长平之战，两国人力物力之总动员，既倾全国之所有。当秦赵两军于长平相持时，秦王以本国人力总员已竭，亲至野王动员十七岁以上之占领地人民以充兵员。赵军则于长平一战全歼之后，全国孤儿寡妇处处皆是，国家为之骚动。再如楚遭白起烧夷陵、攻郢都之时，全国以军力既溃，民力既竭，而徙都陈（今河南淮南县）。尤以战国时代之一百八十二年中，几无年不战，故战国时代各国全民人力物力之动员，在中国历代战争比较中，实既达空前之境地；3. 各国竞选训锐士，如魏之武卒、齐之技击、秦之锐士等，以为作战军之骨干。

（四）缔结联盟。战国各国虽既倾其全国之力投入战争，犹感不足，乃转而结盟与国以为援，其大者如合纵、连横之外交战，其小者如为求一时之利，连甲打乙，连乙打丙，纷纷交相盟伐。此种纵横错杂之外交战，既详论于次章"战国时代之外交战"，兹不重述。

（五）夺掠富饶领土以自强。土地攘夺之风，在春秋之世即既纷纷纭纭，惟春秋为诸侯与诸侯之攘夺，或大夫与大夫之攘夺，至战国则为国与国之争夺矣。春秋时代土地之攘夺，以经济因素为主，而战国时代领土之争夺，则并经济因素（农业土地肥沃之地）、战略因素（战略上重要之地）而行争夺矣。如秦之取蜀，经济之争夺也；秦楚黔中之争，战略之争也；秦魏对郑梁（大梁）之争，战略之争，亦外交战之争夺也（秦横断郑梁，则楚赵隔绝，齐楚之联系亦为所胁矣）。楚国之攘夺淮、泗，亦经济权益之争、外交战之争也，因淮、泗地区富饶，且联系齐国便利故也。秦赵长平之战，战略之争也，亦经济之争也，因赵为合纵之盟主，打击之足以慑列国也；又长平之战胜，则可进而威胁赵都之邯郸与北取燕，亦所以保护河内肥沃地区之经济利益也。是故战国时代之领土争夺，已扩及经济、战略、外交之因素，一并而为争夺之目标矣。

以上所论，为列国强国方略之大要。而列国中，强国方略之运用最有系统而又行之最彻底者，厥为秦国，故下文专为秦之强国方略著论之。

第二节　秦国图强方略

秦自穆公之世（周襄王二十八年间，即前 624 年间）及孝公之世（周显王七年立，八年即前 361 年下求贤之令），关东诸国排斥之，视秦如戎狄，"不得与中国之会盟"。因此孝公发奋图强，以最大之魄力，做彻底之改革，商鞅之法得以大行，秦国之富强，遂一跃而为七国之首。兹将秦用商鞅变法之强国方略分段著论之如后。

（一）商鞅（亦称卫鞅）史略。商鞅乃卫国君之庶孙，出身贵族，而好黄老刑名之学。事魏相公叔痤，痤知其贤，而未及进，会病笃（周显王八年，前 361 年），魏惠王往问痤病曰："公叔病如有不可讳，将奈社稷何？"公叔痤曰："痤之中庶子（大夫家臣之官名）卫鞅，年虽少，有奇才，愿君举国而听之。"王默然。公叔曰："君即不听用鞅，必杀之无令出境。"（后世奸雄多出此策）王许诺而去。公叔复召鞅谢曰："吾先君而后臣，故先为君谋，后以告子，子必速行矣。"鞅曰："君不能用子言任臣，又安能用子言杀臣？"（衡情酌理之论）卒不去。魏王出谓左右曰："公叔病甚，可悲乎！欲命寡人以国听卫鞅也。既又劝寡人杀之，岂不悖哉？"此足见魏王权谋运用之智识甚低。

是时商鞅既不能用于魏，适闻秦孝公发愤图强，下令国中"宾客群臣，有能出奇计强秦者，将尊官与之分土"，于是商鞅乃自魏入秦，见孝公说以富国强兵之策，孝公大悦，与议国事。

（二）变法之议。周显王十年（前359年），商鞅欲变法，秦人不悦。商鞅言于孝公曰："夫民不可与虑始，而可与乐成。论至德者，不和于俗；成大功者，不谋于众。是以圣人苟可以强国，不法其故。"商鞅此一谠论，为大臣甘龙等所反对，甘龙曰："缘法而治者，吏习而民安之。"商鞅又曰："常人安于故俗，学者溺于所闻，以此两者居官守法可也，非所与论于法之外也。智者作法，愚者制焉；贤者更礼，不肖者拘焉。"商鞅此一伟大的政治革命谠论，卒为英明卓越之孝公所采纳，遂命商鞅为左庶长（秦官名），卒定变法之令。当时商鞅之变法重要事项列述如下：

1.严密人民组织，巩固社会安宁。

（1）"令民为什伍，而相牧司连坐"，此法即将人民五家为伍、二伍为什以组织之。

（2）一家藏奸，五家或十家不告发者，五家或十家同罪，以收连坐之效。

（3）告奸者，与斩敌首之功相等而赏之。

（4）不告奸者，与降敌之罪相等而罚之。

2.励公战而刑私斗，以奋民气。

（1）有军功者，各以律受上爵。

（2）为私斗者，各依轻重被刑。

（3）秦宗室贵族无军功者，不得列入宗室之属籍，即开除宗室籍也。

3.奖励生产，以富财源。

（1）一家大小并力，努力其本业耕织，致粟帛生产多者，除其赋税。

（2）怠惰不事生产而贫者，公家收其妻子为奴婢。

（3）上项获罪之家，能改过努力生产致富者复其身（即恢复其平民身份，不再为奴婢）。

（4）以开辟土地之利益招诱三晋之民，以实其民与垦植耕地。

4.定官制。明尊卑爵秩等级之序，各有差别，以励官气，促使官人勤奋建功。

5.制定社会尊卑荣辱之序，以励民气，使社会秩序井然，使人趋功而为国家戮力。

（1）名田园居宅，以激励人民上进。

（2）臣妾衣服，尊卑有别，以激励人民奋发。

（3）上项田宅衣服，有功者始得荣享，无功者，虽富亦不得服用良田丽宅之衣服。

商鞅上项变法之令既下，一面树移木之令以立信，一面严令实行，太子犯法，刑其师傅，民有议令者（不论誉令为美者或谓令不便者），均迁之于边疆。因此全国上下无不遵令实行，"行之十年，秦国道不拾遗，山无盗贼，民勇于公战，怯于私斗，乡邑大治"，国以富强矣。❶

（三）商鞅徙秦都于咸阳及第二次变法。商鞅变法，行之十年，既使秦国富强冠列国。于是在周显王十九年（前350年），筑"冀阙宫庭"于咸阳而徙都之（秦原都于雍，其此次迁都之咸阳，在今咸阳县东十五里，其城即在九嵕山南渭水之北，山水俱丽之地）。又其时之人民，父子兄弟同一室寝息者禁止之。

尤其此次变法之著者：

1.统划政治区域。"并诸小乡，聚集为一县。县置令丞以统治之，画秦国为三十一县"，于是施政行令益便，而人民之力量益为集中。

2.土地改革。废井田，开阡陌，并制定赋税法行之，于是周代所遗之土地封建制度，首在秦国完全被废除，秦国之土地经济力量亦因是而集中。

其次，统一秦国之斗、桶、权、衡、丈、尺，以利商业，使秦之经济制度益趋于健全之境。

至周显王三十一年（前338年，马其顿王腓力大败希腊联军，遂霸希腊，马其顿并结盟以抗波斯），秦孝公卒，子惠文王立，于是原为惠

---

❶ 商鞅变法后第八年，韩昭侯亦用申不害为相，申不害以黄老刑名之治术治韩国，"内修政教，外应诸侯，历十五年，终申子之身，国治兵强，诸侯不敢犯"。

文王太子时代之师傅者如公子虔之徒，遂挟旧怨告商鞅欲反，捕而杀之。总计商鞅为秦政二十一年，秦国强大之根基得以巩固，其后秦国得以灭六国而统一中国者，商鞅之功为首也。

第三节　研讨与评论

（一）商鞅之识见才略。中国历史上之大法学家大政治家，首为管仲，次即商鞅也。观乎商鞅提其变法之议论时，一则曰："民不可与虑始，而可与乐成。论至德者，不和于俗；成大功者，不谋于众，是以圣人苟可以强国，不法其故。"再则曰："常人安于故俗，学者溺于所闻……智者作法，愚者制焉；贤者更礼，不肖者拘焉。"商鞅此种政治革命思想，非具有革命天才及饱于历史研究者，安能至此？又其不为世俗所拘，不为所学所围，不为故法所泥，而针对现实，对症下药之政治才略，若非具有纵世天才，穷究学理而超越之，以及透视当时之社会政治形势与实质者，安能出此宏伟之政治谠论？申言之，商鞅透视其时代嬗递之必然性，与认识当代之需要，有以致之也。

盖周室自灭纣之后，封其子弟功臣于各地，形成其贵族封建之统治，并制定一套"齐家"之道"孝"与维持纪纲之"礼"（政治制度），作为其精神与制度统治之大法典。因其时周公既建贵族封建统治之道统，全国在贵族庄园主分治之下，若贵族之家能"齐"，则其国必"治"，而齐家之最大法典与最高准绳，则莫过于孝，此周代以孝治之大经也。而统治诸贵族之最佳办法，则莫如从精神心理上以植万世之基，因此，礼之大法生焉。然此二精神心理与制度统治之大法典，仅能统治三百余年。至三百余年后的春秋之世开始，首先由于各地诸贵族安久则惰，惰则奢，惰奢之风所播，于是堕落者日事竞逐于奢侈逸乐与酒色之间，因而乱礼乱伦之事，在各地贵族中层出不穷，强梁者则以兼并土地、篡夺君权为务，于是周室孝礼统治之道统，至春秋之世，几既扫地无余，故此时作《春秋》而痛加褒贬之。盖学者（孔子前）所学，宗于周公，而其目睹周公手创之道统沦丧于其贵族之手，又加以其在政坛上之失败，乃痛愤而作之也，意者图在学说与教育上以谋挽救之道耳。

其次，由于诸侯三百余年相交通之故，各地交通原为不便者，亦逐渐畅通，又由于各地诸侯及平民互通有无之故，商业阶级亦因以逐渐形成，更由于商业逐渐发达，则手工业亦逐渐形成。如是久而久之之自然演进，原为贵族封建之纯农业经济统治地位，至此逐渐为平民之工商业经济取而代之。如当时足以代表工商业，具有影响政治与支配政治之力，并足以说明当时社会之形态者，子贡、吕不韦之徒是也。

又由于平民普遍工商之经济兴起，于是原为贵族独擅之学术文化，亦逐渐下移于平民。故自春秋而至战国，平民之学术文化地位亦日高，而平民之人才亦辈出，足以代表此种平民人才者，如苏秦、申不害之徒是也。故当战国之世，七国政府无不竞养宾客，盖收罗此种人才，对内则以遏乱萌与巩固国家之政权，对外则用以抗御外侮也。

综于上述，商鞅卓视历史嬗递之必然趋势与认识当代各国战争之形势，乃产生其变法之思想。故其在秦之变法，首先将涣散之封建社会人民（部落形态仍甚普遍）加以严密组织之，同时又将散漫有苟安之习之封建农民，用法以激励之，将习于私斗之风习，转为勇于公战之新民。其次则废封建，建郡县，将散漫无力之封建政治变为有力之中央集权，将涣散之封建农业经济变为集中有力之国家经济。是故商鞅在秦变法十年，秦之强大即一跃而登于六国之上，奠定其以后战无不胜之根基（白起将才虽卓越，若无此强盛之根基，亦难建其殊勋），而完成其大一统之功。由是观之，商鞅之政治识见才略，岂其他一般之政治家所可比拟哉！

其次，商鞅之政治非常有魄力，亦殊宏伟，此在其初变法时之议论可见之。尤其在行法之时，太子犯法刑其师傅（法律之前人人平等），民之议令者均迁之边疆，亦均足以见之。故商鞅此种划时代之大改革得以彻底实现者，必待其识见理论之卓越与商鞅之非常魄力始能获致。

（二）商鞅变法对秦之伟大贡献。秦国赖商鞅之变法，政治乃具有极强大之力量，而社会与民气亦新锐异常。盖凡国家之盛衰，其根本系于政治与社会，政治有力，则社会气象兴隆，社会气象兴隆，则系于上下奋励，此乃历史上国家强盛之铁则。是故自古以来，大政治家之治国，莫不注其力于此。荀子评曰："治之至也，秦类之矣。"(《强国篇》)是为至公之评论。

（三）商鞅强秦对中国历史伟大之贡献。由于商鞅变法得以建立强大无比之秦国，由于秦国之无比富强，故四分五裂之战国得以统一。又由于秦国之统一，得将散漫衰败之封建周国，转变为新兴强大之国家，开中国汉、唐强大隆盛之轨，正如孔丘曰："微管仲，吾其被发左衽矣。"盖当管仲之世，若非管仲强齐，奉天子以令诸侯，以维持周衰之残局，则大好之中国，概为当时入侵之戎狄铁骑蹂躏无遗，是故孔子慨乎言之。同样，战国之世，若非商鞅强秦，则中国四分五裂之局，不知伊于胡底，抑或今之中国，亦如今欧洲之现象，固未可知也，更何从修固万里长城，以御北方铁骑之入侵？故无秦国之统一，则不待刘邦被困于平城与汉武之征伐，而中国又另成一种难于想象之局面矣。是故商鞅对中国辉煌灿烂历史之贡献，由此可见一斑也。

综上所论，可以归纳数大要点：

（一）社会之变迁嬗递，乃由社会人群生活及经济进化中之自然所促成。此种结果，即所谓时代趋势与潮流也。此种时代潮流所趋，则社会之意识形态，亦必随之而蜕变；既新意识形态产生，则日意识形态没落。故至战国之世，欲仍用周代之道统以维持之者，实不可能矣。由此而知，政治之主张，必须"适乎世界潮流，合乎人群需要"，然后其主张始得实现。换言之，逆乎潮流，反乎需要者，必为时代所淘汰也。

（二）战争时代，人群之功利主义，必胜过其道义主义，军事之需要，必突居其他需要之首，而以军事为第一。因此，政略虽常以其政治目标以指导战争，但同时为求某次战争之胜利，政治则又常居于辅助军事之地位，即政治不得不暂适应于军事，以达其最后之政治目的也。

（三）非常时代，必须有非常之政治家。此种政治家，不仅其卓识足以认识潮流，透视形势，知乎需要，以产生其非凡之政治主张，更须具有非常之伟大魄力，而将其主张付诸实施，不受任何阻力所挠，求得彻底之实现。在历史上，当其潮流趋势必须大变革之时，其执政柄之政治家若缺乏上项条件之一者，必不能成功，此乃历史之铁则而不可移易者也。

第三章　战国时代之外交战

第一节　战国时代外交战一般概况

周显王三十六年（前333年）苏秦倡合纵，翌年为秦连横之策所破，纵约解。此为我国战国时代之纵横家，亦同于今日之外交家、战略家也。当我国战国之世，秦、楚、韩、赵、魏、齐、燕等七国，世世相争，几乎无年不战，战争凡历一百九十六年。在此一时代中，不仅中国学术最为鼎盛，亦人才辈出之时代。就中不仅中国学术之王诸子皆出于此一时代，当时之政治家、军事家及外交家，其才力之卓越，以现代之人观之，恐亦有瞠乎其后之感。尤以当日苏秦、张仪等辈，以其灵活之外交手段，与其纵横之谋略支配七国，促使当代各国，均在其所制造之汹激漩澜中，一任其操纵。作者因观察现代外交战之余，深感战国时代纵横之术及其活动事迹，有足为当今之外交家参考者，故特撰此文披露之。

战国的外交形式，应渊源于春秋时代的诸侯会盟，或互派使臣访问，甚至互相交质（其著者如周郑交质），以为取信与协调的手段。及三晋（韩、赵、魏）受命为诸侯（周威烈王二十三年，前403年，此时为战国时代之开始），仍为各国诸侯会盟，互派使臣访问，或互以世子（诸侯嗣位之嫡子）、太子（战国诸侯相继称王之后，其继承之世子即改称为太子）为质。但自战国中末叶之交，由于秦与楚以会盟为名，诱楚怀王与会之际，俘而囚于咸阳以困楚之后，国王亲与会盟之举，弱者惴惴自危，而自此以后，各国外交上最为盛行之方式，为派说客（即当时之外交家、游说家，其时称此种人为行人或纵横家），以说服对方，或为互缔婚姻之亲，或为息争媾和，甚至亦有派相国、或互换太子为质者。凡此皆为战国外交之一般形式。

当时之战国外交，又有几种特质与现代外交之特质相同者，即（一）实力外交，张仪可为此一派外交的代表，（二）以利害为离合之唯一条件者，此派可以苏秦为代表，（三）以形势之利害说辞，移兵祸于他国者，此派可以楚之黄歇为代表。本篇下述各节，即根据此数派之代表人物所做外交之活动而著论之。

在吴起为魏将之时（周威烈王十九年，前407年），始有纵横家之名，但事实上在春秋之末叶，纵横之说已极盛行，当时称为"从衡"，以利害相联合为从，以威胁迫使之服从为衡。其后至苏秦、张仪时代，其后至隋唐以后又有解说"南北联合为纵，东西联合为横"者。在当时"从衡"与"纵横"实为一义，但"从衡"之词在先，"纵横"之说在后耳。春秋末叶，此种纵横人物，见诸事实而又显著者，为鲁国之子贡与郑国之烛之武二氏。而在战国时代被称为纵横家之祖者，为当时传说之鬼谷先生，此鬼谷先生并未出现于外交坫坛，乃由苏秦、张仪从师于鬼谷先生之传说而引出之。当时纵横家之辈出，相继操纵列国之内政与外交，其著者如苏秦、张仪、公孙衍、陈轸、楼缓、苏代、苏厉、范雎等等之流皆是也。

第二节　苏秦外交活动及其方略

（一）游说之经过

1. 游说失败及经过

（1）说周。苏秦是河南洛阳人，相传曾与张仪同学纵横术（即今之政治外交术）于鬼谷先生，曾说周显王以自强之术，显王左右轻之，不为保举，因周朝当此时代，正是贵族统治之残余没落时代，其政风仍然是浓厚的贵族政治色彩故也。

（2）说秦。苏秦说周不成，乃往说秦。此时适当秦国孝公为东方列国所排，不得与"中国之会盟"，而励精图强，重用法学派之大政治家商鞅为相之时，苏秦乃策定兼并天下之策，西入咸阳，但又适遭秦孝公卒。商鞅此时亦因变法图强之故，多获罪于秦王室之贵族，孝公死，商鞅因遭屠戮。而时继孝公位者为其子惠文王（彼任用公孙衍为相，衍献策劝彼西并巴、蜀，称王以号召天下，要列国皆如魏国割地为贺，如有违者发兵伐之，秦遂称王）。苏秦乃进谒惠文王曰："闻大王求诸侯割地，意者欲安坐而并天下乎？"惠文王曰："然。"秦曰："大王王秦四塞之国，被山带渭，东有关、河，西有汉中，南有巴、蜀，北有代马，此天府之国也。以秦士民之众，兵法之教，可以吞天下称帝而治。"惠文王以方诛商鞅，疾辩士，弗用。

苏秦说秦既败，乃思一摈秦之策，使列国同心协力拒秦，以孤秦势，于是进说六国。

2. 游说成功及经过（见图七）

当时之关东六国虽皆恶秦，但皆畏秦之强。苏秦因计及若首先自秦邻近之各国韩、魏、楚游说，则彼等必不敢受其说，其势必待联合之大势既成，然后说之，始有成功之望。于是，苏秦乃先从远秦之燕、赵着手。

（1）说燕。苏秦进说燕文公曰："燕之所以不犯寇（指秦国）被甲兵者，以赵之为蔽其南也。且秦之攻燕也，战于千里之外，赵之攻燕也，战于百里之内，夫不忧百里之内，而重千里之外，计无过于此者（以燕国当时所处之形势与利害得失说之）。愿大王与赵从亲，天下为一，则燕国必无患矣。"（提出亲赵之办法使燕国安全）文公从之，资苏秦车马以说赵。苏秦对燕之游说，是以"安全原则"为基础，盖燕在当时国力较弱，能安全即为已足故也。

（2）说赵。苏秦既得燕文公支持，遂赴赵进说肃侯曰："当今之时，山东之建国，莫强于赵，秦之所害，亦莫如赵，然而秦不敢举兵伐赵者，恐韩、魏之议其后也。秦之攻韩、魏也，无名山大川之限，稍蚕食之，傅国都而止，韩、魏不能支，必入臣于秦，秦无韩、魏之规，则祸中于赵矣。臣窃以天下地图按之，诸侯之地五倍于秦，料度诸侯之卒十倍于秦，六国为一，并力西向而攻秦，秦必破矣。夫衡人者（指连横之人士），皆欲割诸侯之地以与秦，秦成则其身富荣，国被秦患而身不与其忧（当时六国宾客之士，亦多有为秦所利用，而为秦说衡者）。是故衡

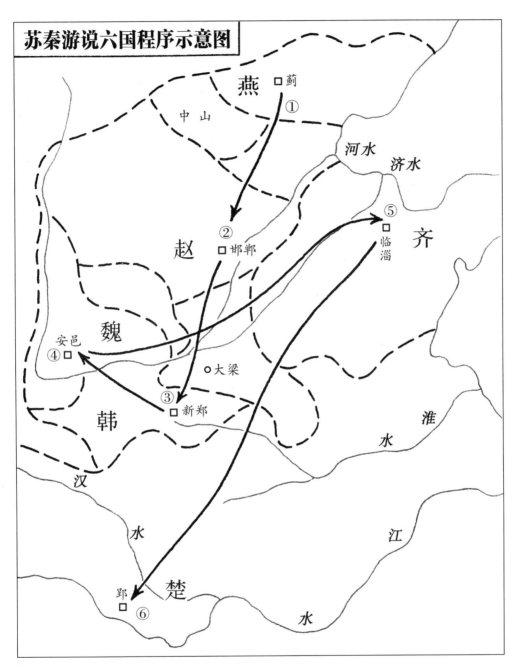

图七

人日夜务以秦权恐愒诸侯，以求割地，故愿大王熟计之也。窃为大王计，莫如一韩、魏、齐、楚、燕、赵为从亲以叛秦，令天下之将相，会于洹水之上（洹水在今冀南豫北漳河之南），通质结盟，约曰：'秦攻一国，五国各出锐师，或挠秦，或救之，如不如约者，五国共伐之。'（军事同盟）诸侯从亲以摈秦，秦甲必不敢出函谷以害山东矣。"肃侯大悦，厚待苏秦，尊宠赐赍之，以约于诸侯。苏秦对赵之游说，既以"安全"，又以"主盟"之利以煽动之。盖赵当时之国力颇强、野心颇大故也。从细分析之，可综合如下数点：第一，强调赵国之强，煽动赵肃侯盟主之欲；第二，韩、魏为赵屏蔽且属兄弟之国，应首先争取联合之，一则以固赵之国防，再则以为盟约之核心；第三，强调六国联合力量之强大，足以破秦，因而说以六国缔结军事同盟之利。正当此时，秦使犀首（公孙衍）伐魏，大败魏师于雕阴（今陕西洛川县境），秦兵有继续东向之势，苏秦乃激怒张仪赴秦，免败其纵约之策，然后乃进说韩国。

（3）说韩。苏秦又得赵肃侯之极力赞助，遂赴韩，进说韩宣惠王曰："韩地方九百余里，带甲数十万，天下之强弓劲弩、利剑，皆从韩出，韩卒超足而射，百发不暇止，以韩卒之勇，被坚甲，蹑劲弩，带利剑，一人当百，不足言也。大王事秦，秦必求宜阳（在河南洛阳之西南，宜阳之西新安、渑池等地皆属之，扼二崤之险，为秦东出之路）、成皋（即虎牢，在今河南汜水县，为韩之一险要地，秦东出制诸侯，必先控制此要地），今兹效之，明年复求割地，与则无地以给之，不与则弃前功，受后祸。且大王之地有尽而秦求无已，以有尽之地逆无已之求，此所谓市怨结祸者也，不战而地已削矣。鄙谚曰'宁为鸡口，毋为牛后'，夫以大王之贤，挟强韩之兵，而有牛后之名，臣窃为大王羞之。"韩王从其言。苏秦说韩，是先强调韩之力量尚大有可为，以壮韩人之胆，继陈利害祸福、荣辱，当然更以燕、赵之说既成，联合与安全之利，因韩迫于秦之威胁，非如此不足以动之也。

（4）说魏。魏本较韩强，苏秦之所以先说韩而后魏者，因当苏秦说赵之际，魏正遭受秦攻而惨败，非待燕、赵、韩联合之势既成，则魏必慑于秦势而不敢从也，故先说韩。及韩既听，于是赴魏说魏王曰："大王之地方千里，地名虽小，然而田舍庐庑之数，曾无所刍牧，人民之众，车马之多，日夜行不绝，辒辒殷殷，若有三军之众，臣窃量大王之国不下楚。今窃闻大王之卒，武士二十万，苍头二十万，奋击二十万，厮徒十万，车六百乘，骑五千匹，乃听群臣之说，而欲臣事秦（魏当时新败于雕阴，故群臣议事秦以求和），故敝邑赵王使臣效愚计，奉明约，在大王之诏诏之。"魏王从之。魏王以燕、赵、韩联合之势已成，认六国联合以抗秦之计可成，故虽新败，犹听之欲以报复雪恨也。

（5）说齐。苏秦赴齐，说齐王曰（齐为秦远交之目标）："齐四塞之国，地方二千余里，带甲数十万，粟如丘山（强调齐之富强与国防之巩固），三军之良，五家之兵（五家即五都之兵，纪、谭、莱、莒、齐五故国），进如锋矢，战如雷霆，解如风雨，即有军役，未尝倍泰山，绝清河，涉勃海者也。临淄之中七万户，臣窃度之，不下户三男子，不待发于远县，而临淄之卒，固已二十一万矣。临淄甚富而实，其民无不斗鸡走狗，六博蹹鞠，临淄之涂，车毂击，人肩摩，连衽成帷，挥汗成雨。夫韩、魏之所以重畏秦者，为与秦接境壤界也。兵出而相当，不十日而战胜存亡之机决矣。韩、魏战而胜秦，则兵半折，四境不守，战而不胜，则国已危亡随其后，是故韩、魏之所以重与秦战，而轻为之臣也。今秦之攻齐则不然，倍韩、魏之地，过卫阳晋之道（今鲁西菏泽、巨野县间），径乎亢父之险（今鲁西济宁县南），车不得方轨，骑不得比行，百人守险，千人不敢过也。秦虽欲深入，则狼顾，恐韩、魏之议其后也，是以恫疑虚喝，骄矜而不敢进，则秦之不能害齐亦明矣。夫不深料秦之无奈齐何，而欲西面而事之，是群臣之过计也。今无事秦之名，而有强国之实，臣是故愿大王少留意计之。"齐王许之。苏秦说齐，首先强调齐之富强，西疆险要，足以自守，次说秦隔于韩、魏，力不能及齐，足以据国自强。总之，其说齐之重点为齐与五国联合抗秦，有百利而无一害。

（6）说楚。苏秦说齐已成，乃赴楚说楚威王曰："楚天下之强国也，地方五千余里，带甲百万，车千乘，骑万匹，粟支十年，此霸王之资也。秦之所害莫如楚，楚强则秦弱，秦强则楚弱，其势不两立，故为大王计，莫如从亲以孤秦。臣请令山东之国奉四时之献，以承大王之明诏，委社稷，奉宗庙，练士厉兵，在大王之所用之。故从亲则诸侯割地以事楚，衡合则楚割地以事秦，此两策者相去远矣，大王何居焉？"楚王亦许之。苏秦说楚，首先强调楚乃秦之敌国，次说秦、楚不两立之势，最后说合纵之利，故楚王亦从之。于是苏秦为纵约长，相六国。

（二）苏秦游说之研讨

苏秦游说六国之外交纵横术，可分两个阶段研究之。第一阶段为其游说失败阶段，第二阶段为其游说成功阶段，兹依次研讨如下。

1. 苏秦游说失败之原因与其失败中之进步，可分如下数点：

（1）说周之错误。周当时已为没落之贵族统治王朝，地不过数百里，且已失其号召力（由列国相继称王一事，足以为明证），以如此微小之国基与颓废没落之贵族，既乏自强之基础，时代之新潮流与趋势，已荡激周朝之政治形式，无法残存。故周王左右之臣虽肯为引荐，亦不足以展苏秦之才术，况此一残存之贵族王朝，尚鄙视当时平民出身之苏秦，则苏秦之才虽大，何益于用？

（2）游说中之进步。苏秦说周之时，仅具纵横外交术与三王五霸攻战方略之理论知识，对当时各国之情势尚未深入。故其于说周失败进而游说列国之时，即注意各国内外情势之实际研究，而从事于各国山川形势（地理）与人民风土（国情）之研究，并掌握当时国际形势强弱得失，遂开始将其纵横术及王霸方略之理论知识，进入于掌握现势之理论知识矣。

（3）更进步阶段。苏秦说秦失败之后，将此历年来搜集各国之资料，再配合其既成系统之理论学术，一并而研究之。于是乎当时之国际形势乃了如指掌，各国战争方略之得失，成竹在胸，故当时仍以得秦政为最易于发展其抱负。但秦已拒之于先，不可再遭拒于后，乃思筹一策以困秦，此策即援用前人所已用的"合纵"之术也。

2. 苏秦游说成功之策略

（1）自远而近的渐进策略。苏秦感于当时关东诸国畏秦之强横，若自秦势力圈内之国家着手，其势必不敢听从，乃径往离秦最远之燕国游说之。然后至赵，赵之与秦，隔韩、魏，且赵当时甚强，可以煽动其主盟之欲，于是进而说赵。赵已听矣，而赵与韩、魏有历史渊源，韩、魏又屡遭秦侵略，积怨甚深，韩、魏得强有力之后盾，必力抗秦，因及韩、魏，以为合纵之核心。但秦面临此一国际新形势之斗争所采取策略亦极狠辣，立即伐魏，而于雕阴予魏以惨痛之大败创伤（此为魏明年首先叛合纵之张本），此时苏秦乃采间谍外交活动策略（张仪暂为所用），以挽救其合纵崩溃于未成之厄运，苏秦亦可谓巧矣。韩、魏已听从，乃及于齐。然齐与秦无敌国之仇怨，而却常有友谊使节之往返，故必待燕、赵、韩、魏均已合纵而后及之，且以荣誉与安全煽动之。齐与楚有从亲之亲，故最后及楚，则无不听矣，且楚地大兵众，合纵则立于各国之上，而免秦之威胁，苏秦合纵计划，因以得售。

（2）扩大秦与六国之仇怨而减少六国互相间之矛盾。苏秦说六国之时，有一共同之原则，即强调秦对六国凌侵之毒害与联合抗秦之利是也。

（三）秦国对合纵之对策

秦对苏秦合纵之对策约有七：

1. 打击策略。当苏秦说赵之际，首先予魏以严重之打击（雕阴之战）。盖魏为赵之屏蔽，若魏不合纵，则为纵约主之赵国，时有感受威胁之危，如此则其合纵之约不固矣。魏即苟与合纵，因受严重打击之后，则其合纵之志必不坚，志不坚，则可以利诱威胁而争取之。

2. 利用六国间之利害矛盾。六国间相互之利害矛盾时常发生，其最根本之矛盾，在皆欲谋帝中国，故其彼此间之相互侵夺亦甚为频仍。如苏秦合纵，六国盟于洹水上，仅及一年，齐、魏即为秦诱而叛纵约，为纵约长之苏秦，亦匆匆奔避于燕。其次则于各国矛盾冲突之际，相机侵扰或争取之。然六国虽不能自始至终联合以抗秦，但经苏秦合纵运动之后，各国知所以对抗秦侵扰之策矣。故六国此后十五年，当秦之侵迫紧急时，即联合以攻秦，因而以后常联合以抗秦，秦亦时而暂不敢大规模出函谷关东侵。是故苏秦之策，不能谓为无效。

3. 拓展国力于巴、蜀。当六国合纵之后，秦为加强国力以为尔后东进之计，乃竭力经营巴、蜀，继则求巫、黔之地（川东及黔北、湘西北）于楚，盖做将来东进战略大规模用兵征楚之准备也。

4. 以时间换取空间。秦一方面不断加强其国力，一方面则利用悠长之时间，相机扩大各国间之矛盾，或以武力纷扰之。盖相互矛盾与自利政策之六国，只能在某一短暂时间内联合以抗秦，而绝不能做长时间之联合一致，故秦之决策为"相机渐进"。

5. 远交近攻。秦之外交政策，始终采用远交近攻策略。其实施此项策略之步骤，始终对齐国尽羁縻拉拢之能事，对韩、魏则不断打击、威胁、利诱、羁縻并用。如攻韩、魏一地，继又复归之，或换取其国境上附近之地，尤以对魏之河西地（今陕北东半部地区洛河以东）为然。对楚则相侵夺，亦威胁、利诱并用之。及魏河东、河西、河内之地（今陕东、晋西南、豫北）已入其掌握之时，则开始对赵做强力之进攻。盖赵曾为六国之纵约长，与秦构怨甚深故也。待三晋已入掌握，然后及楚，最后及于燕、齐。此其战略进展之概略也。秦此一远交近攻策略实施百余年，其间利用各国内政之弱点与矛盾，采取各种离间、分化与相机取利之手段者层出不穷，六国因此逐渐沦入秦人之手。

6. 利用各国宾客为内应。战国之世各国重视人才，争揽士人之心，竞赛宾客以储才。秦对各国宾客近臣，又用黄金利剑并用之策略，胁之以为己用，为所用者，黄金赐之，不为所用者，利剑刺之。故当苏秦相六国之世，六国之臣及宾客即多主张事秦，盖秦借势而利用之也。

7. 争取主动。秦在外交战中，几无处不争取主动。其争取主动之方法，除上述第一项打击策略外，其不择手段之举曾层出不穷，如俘怀王之类是也。彼曾不断利用其实力政策，威胁、恐吓、挟诈、利诱等等，无所不用其极。

综观秦国当时之外交策略运用，与今日之外交战较，实有许多相类之处，其狠辣处与巧妙处，则现代之外交战亦多为之逊色。尤其张仪之纵横捭阖外交手段，又足以令今日之外交家甘拜下风。因此在目前外交战频繁而激烈之现代，本篇之作或可供一二之参考欤？

第三节　张仪的外交及其活动方略

（一）威胁利诱与固本之外交策略

张仪者，战国时魏国人，相传与苏秦同学纵横之学于鬼谷。当周显王三十六年（前333年）苏秦说赵之际，适秦大举攻魏，大败魏师于雕阴，秦军有续东向之势，苏秦因恐秦兵攻赵而败其纵约，适是时张仪游说诸侯无所遇，而困于楚，苏秦乃召而辱之，激之赴秦。张仪以诸侯中独秦国能制赵，乃赴秦说秦王。秦王亦以前失苏秦，致有关东诸侯纵约之举，故张仪之说得入而擢为客卿。

周显王四十一年（前328年，亚历山大东征时期），秦王使张仪伐魏，围蒲阳（今晋西南蒲县），攻而取之。于是张仪首次显现其利诱威胁

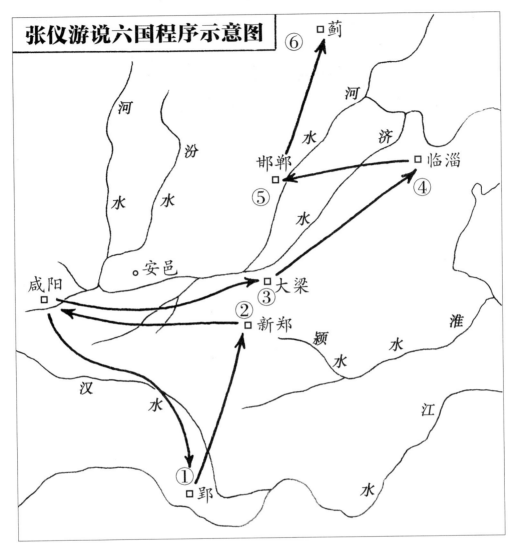

图八

之外交手段，迫魏人入其彀中，而建议秦王将蒲阳还魏，并以公子繇质于魏，以求上郡（陕西东北部）十五城，而说魏王曰："秦之遇魏甚厚，魏不可以无礼于秦。"魏王遂割上郡十五城以和。此役秦仅以一城而取得其东北方国防之广大地区，张仪以是役之功，遂一跃而为秦相。越年张仪复请秦王归曲沃于魏，盖为下一步之围魏也。

越四年（显王四十五年，前一年秦称王即惠文王，前324年），张仪复率师攻魏之陕（今河南陕县），克之。张仪复取陕者，欲夺魏崤函险要之战略地区，以开其东出之路，同时又迫魏不得不忍让而求和。于是，张仪遂于明年（显王四十六年，前323年，亚历山大死于巴比伦，所领欧亚非三洲属地自行分裂）会齐、楚之相于啮桑（在今之苏北沛县西南），张仪远交近攻之策，于此已极明显。

（二）远交近攻与渗透之外交策略

明年张仪自啮桑还秦，秦王免张仪相，使之相魏（上智为间），仪遂即建议魏先事秦，以为诸侯相继事秦之先导。但魏王不听，秦王遂伐魏，取曲沃（今山西曲沃县）、平周（在今山西介休县西南），而还魏阴原之地（即今豫省卢氏县地区），于是张仪制魏之势益甚。按上述事迹观之，张仪远交齐、楚，而近则先图韩、魏之政策定矣。

明年（显王四十八年，齐相田文号孟尝君），魏又以犀首（秦前相公孙衍）、张仪为相，而张仪等均借重秦势以控制魏国权力，于是魏河西之地皆亡于秦。

越年（周慎靓王元年，前320年），秦伐韩取鄢（今河南鄢陵），至此秦势力之东展，直压齐、楚之境矣。然由于秦势力东进之迅速，关东诸侯因以人人自危，于是楚、赵、韩、魏、燕五国合兵以攻函谷关（在今豫西灵宝县西南），但均为秦军所击败。明年秦复攻韩，战于修鱼（今河南长葛县附近），斩首八万，虏韩两大将于浊泽（今河南长葛县），于是诸侯震恐。张仪乃乘此时机说魏襄王曰："梁（指魏国）地方不至千里，卒不过三十万，地四平，无名山大川之限，卒戍楚、韩、齐、赵之境（守四境之兵），守亭障者不下十万（言魏兵在国内守道路亭舍、维护交通与城堡者）。梁之地势，固战场也。夫诸侯之约从，盟于洹水之上，结为兄弟以相坚也。今亲兄弟同父母，尚有争钱财相杀伤，而欲恃反复苏秦之余谋，其不可成亦明矣。大王不事秦，秦下兵攻河外（故黄河以东魏地），据卷衍（今河南原武郑县北）、酸枣（在豫北延津县北），劫卫取阳晋（今山东郓城县），则赵不南，赵不南则梁不北（魏、赵不能联合），梁不北则从道绝，从道绝则大王之国欲毋危不可得也。故愿大王审定计议，且赐骸骨。"魏王因张仪之陈说利害，乃弃纵约，而遣张仪以请和于秦，张仪亦因以复归相秦。

（三）离间孤敌之外交策略

周赧王二年（张仪归秦之四年，前313年），秦王欲伐齐（时燕因子之之乱，齐以助燕王哙之太子为名出兵伐燕，取之，遂欲灭而有之，但燕人不服，诸侯以故皆欲攻齐，秦王此次欲伐齐，乃乘其机也），但患齐、楚之从亲，乃使张仪赴楚。仪说楚王曰："大王诚能听臣，闭关绝约于齐，臣请献商於之地六百里（今河南内乡、淅川等地），使秦女得为大王箕帚之妾，秦、楚嫁女娶妇，长为兄弟之国。"楚王悦而许之。群臣皆贺，陈轸独吊，楚王怒曰："寡人不兴师而得六百里地，何吊也？"对曰："不然。以臣观之，商於之地不可得而齐、秦合，齐、秦合则患必至矣。夫秦之所以重楚者，以其有齐也。今闭关绝约于齐则楚孤，秦奚贪于孤国，而与之商於之地六百里？张仪至秦，必负王，是王北绝齐交，西生患于秦也，两国之兵必俱至。为王计者，不若阴合而阳绝于齐，使人随张仪，苟与吾地，绝齐未晚也。"楚王不用陈轸之说，以相印授张仪而厚赐之。遂闭关绝约于齐，并使一将随张仪至秦。

张仪回秦，为应付楚之索地与拖延计，乃佯坠车，不朝者三月。楚王闻之曰："仪以寡人绝齐未甚耶？"复遣使北骂齐王。齐王因是大怒，折节以事秦。齐、秦之交既合，张仪遂违楚约。楚王至此大怒，欲发兵攻秦，陈轸又建议曰："攻之不如因赂之以一名都，与之并力而攻齐，是我亡地于秦，取偿于齐也。今王既绝于齐，而实欺于秦，是吾合齐、秦之交而来天下之兵也，国必大伤矣。"楚王复不用陈轸之言，而使屈匄率师伐秦。秦亦发兵击之，战于丹阳（今河南淅川县地区）。楚师大败，斩甲士八万，俘屈匄及列侯执珪者七十余人，遂取汉中郡。楚王愤甚，复发国内之兵以袭秦，深入秦国，战于蓝田（今陕西蓝田县），楚军复大败。韩、魏闻楚之败，亦发兵袭楚，至邓（今河南邓县）。楚既败于秦，复腹背受敌，乃引兵归，而割两城以请和于秦。楚由是军事、外交均一蹶不振矣。

上述张仪欺楚一段史实，今之读史而评论者，或有以楚王之愚昧为不可想象之感。其实不然，楚王所以被欺，固然当局者迷，但其必有被迷之原因在。以作者观之，有如下因：

1.春秋三百六十八年悠久之动乱时代中（自周东迁后），诸侯之所以连绵不断战争者，互相争城掠地耳。在此种互相争城掠地之争夺中，各国诸侯之外交，并无一定长期联合之与国，仅为某一利害或某一土地之得失，做一时之离合。至于张仪之欺楚，此时代各国争城掠地之争，亦与春秋时代无异，甚且过之。盖自韩、赵、魏三家分晋以来（战国开始），争城掠地之争，较诸春秋之世为尤烈。至张仪欺楚之时（周赧王三年，前312年），战国时代又历九十年矣，其间各国之离合，亦莫不基于一时之利害与土地之得失，固无一定之与国者，中间虽因秦为最强，而其侵略之势亦最硬，因而有苏秦合纵之成功。然苏秦之合纵为期仅及一年，即复离散而分崩离析。夫以如此久远互相争夺之年代，彼此之外交方针，又各循其一时之利害得失为依据（此时为纯现实主义之外交时代），各国自求强大，欲帝中国，并无一定之敌国。当此之际，主国政者又何能有一定方针，做长期之联彼攻此耶？况当时以楚之强大并不亚于秦也，仅外交运用之当与不当问题耳。

2. 张仪既收买楚王之宠臣靳尚为内应（下详），亦为楚王被欺之一重大关键，靳尚又有楚王宠姬郑袖为内应，则楚王不能自主，而不得不入张仪之彀中矣。是故陈轸虽不愧为外交策士，但奈人微言轻何？战国时代军事外交，由收买对方宠臣，走内线而成功者，不胜枚举，而张仪则其中之能者。

3. 至于陈轸之言，观其第一次分析楚外交之利害形势，固不愧为外交决策之具卓见者，尤以其第二次将计就计之外交策略，诚不愧为当时之外交策士也。然前已言之，奈其人微言轻，不敌靳尚、郑袖何？

（四）张仪说服六国的总策略

周赧王四年（前311年，秦开始使张仪说六国连横以事秦），秦惠王遣使至楚，请以武关以外之地易黔中地（黔中治在今湖南沅陵县西，今湘西贵州皆其地）。楚王曰："不愿易地，愿得张仪而献黔中地。"张仪闻之，请行。惠王曰："楚将甘心于子，奈何行？"仪曰："秦强楚弱，大王在，楚不宜敢取臣，且臣善其嬖臣靳尚，靳尚得事幸姬郑袖，袖之言，王无不听者。"遂往。

楚王囚仪，将杀之，靳尚谓郑袖曰："秦王甚爱张仪，将以上庸六县（今湖北西北地区）及美女赎之，王重地尊秦，秦女必贵，而夫人斥矣。"（打动郑袖之关键，当出自张仪预谋，智者居危如安，此其一例。）

于是郑袖日夜泣于楚王曰："臣各为其主耳，今杀张仪，秦必大怒，妾请子母俱迁江南，毋为秦所鱼肉也。"由是楚王乃释张仪而并厚礼之。

张仪乘机说楚王曰:"夫为从者,无以异于驱群羊而攻猛虎,虎之与羊不格明矣。今王不事秦,秦劫韩驱梁而攻楚,则楚危矣。秦西有巴、蜀,治船积粟,浮岷江而下,一日行三百余里,不至十日而距扞关(在今四川奉节县),扞关惊,则从境以东尽城守矣,黔中巫郡(今湖北秭归、巴东等地区)非王之有。秦举甲出武关(两路夹击威胁),南面而伐,则北地绝(谓楚之属国陈、蔡不能相援也)。秦兵之攻楚也,危难在三月之内,而楚待诸侯之救,在半岁以外,夫待弱国之救,忘强秦之祸,此臣所以为大王患也。大王诚能听臣,臣请令秦、楚长为兄弟之国,无相攻伐。"楚王闻张仪之说,既因张仪而得保黔中之地,乃许之。楚王至此所以接纳张仪之议者,乃因困于嬖臣而外迫于秦势也。

张仪已说服楚王,于是乃赴韩说韩王曰:"韩地险恶山居,五谷所生,非菽而麦,国无二岁之食,现卒不过二十万。秦被甲百余万,山东之士被甲蒙胄以会战,秦人捐甲徒裼以趋敌,左挈人头,右挟生虏。夫战孟贲、乌获之士,以攻不服之弱国,无异垂千钧之重于鸟卵之上,必无幸矣。大王不事秦,秦下甲据宜阳(在今洛阳西南,宜阳旧治在今县西,曾为韩国都),塞成皋(在今河南汜水故城之西北),则王之国分矣,鸿台之宫,桑林之苑,非王之有也。为大王计,莫如事秦以攻楚,以转祸而悦秦,计无便于此者。"韩王许之。

张仪说韩,第一是说韩之兵食均不足恃(势弱缺乏战争潜力);第二强调秦力量之强大,虽山东诸侯联合之兵,亦不能取胜,而况韩国;第三挟以若秦占其国防上重要地略如宜阳、成皋,则韩亡无日矣。总之完全迫之以势,尤其妙者,说韩事秦矣,又使韩、楚为敌,以便更易于从中取利也。

张仪既服韩,遂归报。秦王乃封以六邑,号武信君,并复使东说齐王曰:"从人说大王者,必曰齐蔽于三晋,地广民众,兵强士勇,虽有百秦,将无奈齐何。大王贤其说而不计其实,今秦、楚嫁女娶妇,为昆弟之国,韩献宜阳,魏效河外(即今山西解县),赵入朝渑池,割河间(今河北河间附近地区)以事秦。大王不事秦,秦驱韩、梁攻齐之南地,悉赵兵渡清河,指博关,临淄、即墨非王之有也。国一日见攻,虽欲事秦,不可得也。"齐王亦许之。张仪说齐亦以势迫:第一强调秦、楚联合之优势及齐孤立之弱势；第二说齐赖三晋为屏障，而三晋已服于秦，则屏障已撤；第三说齐受西南两面之夹攻，势必不支，及不支而后求和，则不可得，后果不可想象。

张仪复西行至赵，说赵王曰："大王收率天下以摈秦（苏秦前以赵主六国合纵），秦兵不敢出函谷关十五年，大王之威，行于山东，敝邑恐惧，缮甲厉兵，力田积粟，愁居懾处，不敢动摇，唯大王有意督过之也。今以大王之力，举巴、蜀，并汉中，包两周（东周、西周），守白马之津（今河南滑县），秦虽僻远，然而心忿含怒之日久矣。今秦有敝甲凋兵，军于渑池（河南今县），愿渡河逾漳（豫北漳河），据番吾（今冀西平山县），会邯郸之下（钳攻邯郸），愿以甲子合战，正殷纣之事，谨使使臣先闻左右。今楚与秦为昆弟之国，而韩、梁称东藩之臣，齐献鱼盐之地，此断赵之右肩也。夫断右肩而与人斗，失其党而孤居，求欲毋危得乎？今秦发三将军：其一军塞午道（齐、赵境上之交通枢纽），告齐使渡清河，军于邯郸之东；一军军成皋，驱韩、梁军于河外（指据今豫北郑州、开封、滑县等处）；一军军于渑池（战略总预备队）。约四国为一以攻赵，赵服必四分其地。臣窃为大王计，莫如与秦王面相约而口相结，常为兄弟之国也。"赵王迫于兵威形势，亦许之。张仪说赵，第一说赵纵约各国十五年，与秦蓄怨甚深，久已含忿忍怒以待报复之机；第二说秦现在国势已大，力甚强，示攻赵之决心，第三说秦联合山东诸国形势之强大与赵国势之孤危；第四，自东、南、北三面攻赵，赵必败；第五，败之后必遭瓜分而亡国；第六，权衡利害得失，不如先讲和以免害。

张仪又北说燕王曰："今赵王已入朝渑池，效河间以事秦。大王不事秦，秦下甲云中、九原（燕之西境，谓秦兵自陕北而晋北以攻燕也），驱赵而攻燕，则易水、长城非大王之有也。且今时齐、赵之于秦，犹郡县也，不敢妄举师以攻伐，今王事秦，长无齐、赵之患矣。"于是燕王请献恒山之尾五城（燕西南边境五城即今涞源县附近等地）以和。说燕亦以兵威相威胁，及强调秦已成之大势，顺之则存，逆之则亡。

至此张仪连横之策大功告成。然及其归至秦时，秦惠王卒，子武王立。武王素不悦张仪，群臣复谮之，于是关东六国乃叛连横而复合纵，而张仪连横既告成功之策，遂归于幻灭。未几，张仪乃借故以计去秦而相魏，然仅一年卒于魏。

（五）张仪"连横"外交策略之评论

张仪外交策略之运用，与今日名外交家比亦毫不逊色。综观张仪之外交策略，约有如下数端：

1.远交近攻策略（已详前述）。

2.实力外交策略。张仪之对楚国，及其以后之说服六国，无不本此策略以推进，处处以秦强大之势压之。当其说六国时，此种外交政策表现最为显著。

3.分化离间策略。张仪运用此一策略最显著者，首对齐、楚之分化与离间。次于进说六国之初，说服楚国之后，进而说韩之时，犹欲挑动楚、韩相冲突，俾便从中得利。

4.收买内间以助其外交策略之运用。张仪运用此一策略之最显者，为利用楚怀王之嬖臣靳尚及宠姬郑袖以胁楚王，迫使楚王陷其术中而不能自拔。

5.因国际情势而利用之。张仪颇善于利用国际情势，如其欺楚怀王之前，秦本欲伐齐者，因虑齐、楚之合力，因而使张仪出使楚国以离间之。但当情势发展至乘楚王之愚而可扩大利益时，乃即因而乘之。其他如对魏国因势乘机者，亦颇常用之。

6.渐进策略。张仪一方面由于秦不断向各国侵略，颇迫使各国自危之警惕，一方面把握各国利害冲突之矛盾而利用之。在此种情势之下，张仪一方面要减少各国之恐惧而败其合纵，一方面要扩大各国间利害冲突之矛盾而利用之。然后乃利用时间，做渐进之进展，而各个击破之。

7.强本弱敌策略。张仪运用此一策略，当其初期对魏为最著。当其初用于秦之时，首先侵夺魏河外河西之地，以固秦之北境国防及东出之路，一方面扩大其安全圈，一方面扩大秦之领土，而强固其国力。

8.挟天子以令诸侯策略。此一策略为张仪一向所主张，但终其一生仍未见诸实行者，此事可以二事证明之。当秦惠王于巴、蜀请救之时，东进抑西进之策未定，此时张仪曾与司马错力争（司马错主西进，先扩大版图，充实国力，再东向与诸侯争天下，盖做长期战争之计算也），主东进攻韩，取三川，挟天子以令诸侯，以成其所谓王霸之业，此其一。

及惠王已死，彼已不安于秦，请出使于魏之时，亦曾以挟天子以令诸侯说秦武王。张仪此一外交与进展方针，实渊源于春秋五霸之思想，但以当此时之国际，实已不合时宜矣，盖此时挟天子之令，已不足以令列国，若徒取而代之，则又尚非其时，盖秦之力尚不足以一扫列国而统一之，仅徒负灭共主之恶名，为列国进兵来攻之借口耳。因是之故，故张仪此策始终未为秦国所采用。由此观之，聪明睿智如张仪者，其思想犹不免为春秋时代之思想所囿，此足证智慧识见培养之不易与决策之难也。

第四节　楚国黄歇的外交策略

（一）说秦罢兵伐楚之利

周赧王四十二年（前273年），此际适秦已服韩、魏，秦王并欲令武安君白起联合韩、魏之兵进攻楚国，有一举灭楚之势（此时楚已徙都今安徽寿县），适楚使者黄歇至秦（侍楚太子质于秦），闻得秦将伐楚之消息，乃上书劝阻之，其书略曰：

"今大国之地，遍天下有其二垂……先帝文王、庄王之身，三世不妄接地于齐，以绝从亲之要。今王使盛桥守事于韩（秦使盛桥守韩地），盛桥以其地入秦，是王不用甲，不信威，而得百里之地，王可谓能矣。王又举甲而攻魏，杜大梁之门，举河内，拔燕（今延津县）、酸枣、虚、桃（今延津县），入邢（今河南温县），魏之兵云翔而不敢救（秦似自晋南沿黄河北岸地区向豫北滑县陈留地区挺进，以隔断赵、魏之联系），王之功亦多矣（称颂秦服韩、魏之战略）。王休甲息众，二年而后复之，又并蒲（今山西省县）、衍、首、山（今中条山）、垣（今长垣县），以临仁（今陈留县）、平丘（今封丘县）、黄（今杞县）、济阳（今兰封县东北）婴城而魏氏服（此段言秦兵自河南滑县、内黄回旋而下菏泽、曹县、考城，以包围开封魏都，魏因而请降也）。王又割濮磨（今濮县）之北，注齐、秦之要，绝楚、赵之脊（此段言秦已服魏，复于齐、魏交界附近之濮水地区扼守要害，以断齐、魏之联系，并灭楚、齐相通之声势，称秦战略运用之得计也），天下五合六聚而不敢救，王之威亦单矣（谓当秦上述进兵之时，因已占上述地略，割裂各国之联系而监视之，故各国虽屡图聚合，而亦不敢救魏也）。王若能保功守威，绌攻取之心而肥仁义之地，使无后患，三王不足四，五伯不足六也。王若负人徒之众，仗兵革之强，乘毁魏之威，而欲以力臣天下之主，臣恐其有后患也……昔吴之信越也，从而伐齐，既胜齐人于艾陵（今山东泰安），还为越王擒三渚之浦；智氏之信韩、魏也，从而伐赵，攻晋阳城，胜有日矣，韩、魏叛之，杀智伯瑶于凿台之下。今王妒楚之不毁也，而忘毁楚之强韩、魏也，臣为王虑而不取也。夫楚国援也，邻国敌也（正中秦远交近攻之意），今王中道而信韩、魏之善王也，此正吴之信越也。臣恐韩、魏卑辞除患而实欲欺大国也。何则？王无重世之德于韩、魏，而有累世之怨焉。夫韩、魏父子兄弟接踵而死于秦者，将十世矣。故韩、魏之不亡，秦社稷之忧也，今王资之与攻楚，不亦过乎！且攻楚将恶出兵？王将借路于仇雠之韩、魏乎？兵出之日，而王忧其不返也；王若不借路于仇雠之韩、魏，必攻随水右壤（今鄂北），此皆广川大水山林溪谷，不食之地也，是王有毁楚之名而无得地之实也。且王攻楚之日，四国（谓韩、赵、魏、楚）必悉起兵而应王，秦、楚之兵构而不离，魏氏将出而攻留（今河南陈留县）、方与（今江苏鱼台县北）、铚（今安徽宿县西南）、湖陵（鱼台县东南）、砀、萧、相（安徽宿县），故宋必尽（谓魏乘秦、楚相持之际，乘机攻略上述各地即今之豫东鲁西南及苏北之砀山、萧县等地区）。齐人南面攻楚，泗上必举，此皆平原四达，膏腴之地，如此则天下之国，莫强于齐、魏矣。臣为王虑，莫若善楚。秦、楚合而为一以临韩，韩必敛手而朝。王施以东山之险（崤山），带以曲河之利（晋陕河曲），韩必为关内之侯。若是而王以十万戍郑（新郑），梁氏寒心，许、鄢（陵）婴城，而上蔡（今河南汝宁县）、召陵（今河南郾城）不往来也（谓截断楚、魏之联系），如此而魏亦关内侯矣。王一善楚，而关内两万乘之主注地于齐，齐右壤可拱手而取也。王之地一经两海，要约天下，是燕、赵无齐、楚，齐、楚无燕、赵也。然后危动燕、赵，直摇齐、楚，此四国者不待痛而服矣。"黄歇此一战略说辞，秦王从之，召回武安君白起，而罢伐楚之兵。黄歇以是功，嗣与楚太子归国，遂为相，封淮北地，号曰春申君。黄歇此书最值吾人注意者，即秦东攻六国之战略，尽在此书揭出矣。

（二）黄歇说秦之着眼

黄歇以说辞移兵祸于他国，此种外交策略，与春秋末子贡为鲁说齐军相类似，但子贡又高其一着。因子贡移兵于他国，而并无利于齐，而黄歇之说秦，虽曾弛缓楚国之受兵祸，且与秦获得较久外交关系，使楚亡国较迟，但其所贡献战略与外交之方略实大利于秦，楚终亦不免灭亡也。盖黄歇之上书，实乃强化秦之侵略外交与战略，兹分析如下：

1. 强化秦之"割裂控制战略"。秦之击魏，原已运用割裂控制战略。如黄歇上书前段所述秦之攻魏战略，即自晋南沿河横贯豫北，即今之道清铁路线，东下经今之鲁西南菏泽、曹县、考城、陈留，一则以回旋包围开封（魏都），再则以隔断齐、赵之救援与楚、赵之联系，迫使魏都大梁孤立，逼使楚、齐、赵"五合六聚而不敢救"，因而劝秦巩固此一地区之控制，派遣十万驻郑（今郑县新郑一带），一方面以监视魏都，迫使魏慑惧，一方面割断楚、魏之联系。如是则韩、魏均在秦控制下，而成为秦之"关内侯"。然后利用韩、魏之力以迫齐，夺齐西南边境之地，则中原之势稳操于秦之掌握矣。又然后从而腰斩楚、燕、赵，使其南北不相联属，而后分别威胁之，则四国亦不待战而服。

2. 劝秦亲楚，强化秦之外交。此谓"秦、楚合而为一以临韩、魏，必敛手而朝"，从此秦因外交上善楚之后，可以专志致力于中国北方之燕、赵，再配合上项"割裂控制战略"之实施，则列国无能为矣。

3. 教秦灭六国之要略。彼以晋智伯及吴王夫差之教训，劝秦必先灭韩、魏，不可以其顺服为既足。故秦自后东向进攻列国，必力求彻底消灭之。

黄歇上述之上书，虽曾缓楚之祸，实又加强秦制六国之策，是故黄歇者，不得谓为得计也。

第五节　外交谋略之研究

根据外交战史之研究，一个有作为的外交家，在基本上必须具有下列条件：

（一）善辩。善辩即善于辞令，随机应变。

（二）善变。此所谓善变，即处理外交事务中，善于因情势而随机应变，处处争取有利地位与获得主动。

（三）要能固守方针与原则。能确切把握方针及原则，配合善辩、善变之机智而运用之。

（四）把握重点。时时抓住重点，做有力之运用，借以夺取外交上卓越之成就。

（五）活力与气魄。高度的活力，以争取盟友，壮大自己阵营，孤立敌人，打击敌人。

为要运用以上五项基本条件，而获得高度有效之成功，尚须充分具备以下五种智识：

（一）了解外交战史，借以启发外交才能。

（二）了解国势情势之各阶段的发展，借以把握其利害得失之枢纽。

（三）了解国际战略地理形势（含资源、交通、工业、人口、政治、民族、兵要等等条件），借以确定卓越外交方针之指向。

（四）了解战争原理，借以为外交战指导之智识基础。

（五）了解各种心理变化状态，借以为外交斗智中之运用。

除上述外交家五种基本智能外，根据外交战一般之研究，综述十九个外交战理论策略如下：

（一）伐谋、伐交策略。此一策略，主要之意义为争取主动。伐谋、伐交，不论采取机先或机后，均须制机以获得主动，若能制于“未形”，是为先着。

（二）实力政策。外交能有优势之国力，挟以临敌，此为外交战史上最可靠之胜利保证。

（三）威胁利诱策略。此一策略，必须有赖于优势之国力，以为实施此项策略之根据，然后因情势之发展以诱导之，迫使目的物入于掌握。

（四）渗透策略。使各种人物直接间接打入，或游说，或活动拉拢，或宣传，或破坏，或胁制，或挑拨离间，以乱敌方阵营，以紊乱敌方政策，俾我获有利之进展。

（五）因势利导策略。因情势之发展而利导之：情势发展于我有利，则因而扩大之；情势发展于我不利，则抓住弱点（国际间之有隙可乘者，如中立者、互相间有矛盾者等等）诱导之，俾转移不利之情势。

（六）卞庄刺虎策略。促使二敌相斗，因其成败之情势而制之。

（七）分化孤立策略。利用各种矛盾因素而进行分化，促使敌人孤立之后而制之。

（八）将欲取之，必固予之策略。

（九）以迂为直策略。

（十）以患为利策略。

以上末三项策略，均利用迂回之曲折路线，使敌人迷惑于迂回曲折之中，及其已知之时，则我已达目的，而彼悔无及矣。

（十一）声东击西，或不得于东，转求于西策略。此即机动运用，当敌集全力于彼之时，我忽图谋于此，迫敌于无及兼顾之际而取利焉。

（十二）交互进退策略。利用东进西退、彼退此进手段，交互运用，使敌不遑应付之时而制之。

（十三）统一战线策略。争取一切中立者，争取一切不满敌人者，必要时化敌为友以争取之，扩大自己阵线与力量，而孤弱敌人，目标只针对一个主要敌人，以求逐步达到最后目的。

（十四）嫁祸策略。将一切不利之事移转于敌人，促使敌常受其害，因而利其情势之发展以制敌。

（十五）速决策略。当一切情势于我有利时，应速乘之；当某部分情势于我有利时，亦应速乘之。对此种情势之利用，宜求得速决之有利结果。

（十六）拖延策略。如速决于我不利，则设法拖延之，以争取时间之延长中，情势出现弱点，或转向于我有隙可乘而利用之，求得因拖延于我有利之影响。

（十七）突击策略。如发现有利时机，应突发而袭击之，使敌遭受震骇之打击，及其整备应付时，我又以其他手段打击之矣；如此叠进，迫使敌人始终疲于追随我。

（十八）包围策略。促成国际情势包围之，再配合战略之包围，则效果更大。

（十九）突破策略。如当敌人向我施行包围策略时，则应即找寻敌人最弱之一点突破之，并须自此突破点中可获扩大之效果者，或可促成其他影响，我因以粉碎其包围者。又突破不一定选定一点，可以选定多点或多方面实施之，迫使敌难于应付，以保证突破之成功。

以上所举十九个外交战策略，乃就理论而提出者。但理论到实际之间，尚隔一段甚遥之距离。欲弥缝此距离，必须根据实际之情势而寻求出实施之技术、方法及步骤，以促进策略运用之成功。

然上述策略，亦系根据外交战史之综合研究而获得者，故欲明了各该策略之实际运用，则必须力研外交战史，并且在研究外交战史中，又可启发其心智，获得有效之技术、方法与步骤。此种理论与实际之关系，凡研究此种学术与运用者，乃属必经之途径也。

第四章　战国时代之军事战

战国之世，自周威烈王二十三年（前 403 年，雅典恢复共和），晋大夫魏、赵、韩三分晋国之时起，至秦始皇二十六年（前 221 年）统一止，凡历一百八十二年，几无岁不战，大小战役之多，难以数计。在此百余年之战争中，概可分为如下各时期：

（一）战国初期形势，及关东各国争霸中原时期。

（二）魏、赵、齐争霸中原时期。

（三）秦养精蓄锐准备东进时期。

（四）合纵、连横外交战时期。

1. 秦打击合纵及东进时期。

2. 秦连横策略实施及白起之大攻势时期。

（五）秦灭六国之大攻势时期。

以下各节，即依此五时期详论之。

第一节　战国初期形势及关东各国纷争中原时期

周威烈王二十三年，命晋大夫魏斯、赵简、韩虔为诸侯。二十四年威烈王死，其子骄立为安王。自安王元年至显王十四年（前 401 年至前 355 年），在此四十余年中，即为战国时代战争之第一期。此时期韩、赵、魏为新锐之国，而尤以魏文侯任用一般贤能如李悝、吴起之辈为尤强；齐、楚则霸业之余，财富、国大、兵强；此时之燕则远悬于北方，素甚弱小，尚未预于中原之事；而秦国在此时则以国力未充，虽偶尔东出以侵魏、韩，力尚无能大有作为，且其与当时之魏国较，则力量尚逊魏一筹。因此在此一时期，遂形成关东诸国争霸中原时期。此初期所争之地略为桑丘（今山东滋阳县），因此时之宋、郑、卫既入三晋势力范围，唯一可以互相争夺者仅鲁国耳。因此时鲁国最弱小，故桑丘成为楚、齐及三晋争夺之目标。兹将当时各国之争战综述如下。

安王二年（前400年，斯巴达进窥波斯领土，后一年苏格拉底死），韩、赵、魏伐楚至桑丘，由此观之，可知楚国此时之军事力量既北进而深入至鲁国之心脏（晋霸业衰落之后），威胁中原诸国，故韩、赵、魏联军以驱逐而争夺之。此役显为魏所纠合，盖此时赵、韩均听命于魏也。此为魏、赵、韩联合排楚时期。

郑围韩阳翟（今河南禹县）。因韩之志在得郑地，而郑此时尚有力量与韩战，故乘机进攻之。

四年，楚围郑（今河南新郑），因郑为中原争霸必争之地。楚此时固有骎骎乎与魏争霸中原之势，故此时若非三晋力足以抗之，则中原之势已为楚所夺矣。

八年，齐伐鲁取最（似在今山东汶水附近）。齐鲁世相攻伐，此时齐国亦欲取鲁而有之，以进霸中原。

九年，魏伐郑。因郑前年为楚所攻而盟于楚，故伐之，盖亦所以驱楚在中原之势力也。

十二年，齐伐魏，取襄阳（河南省睢县西，即襄陵也），此时齐亦西向进而与魏争霸，故是时又是魏、楚、齐争霸时期。

鲁败齐师于平陆（今山东郓城县）。前韩、赵、魏击楚于桑丘而齐所以不与者，因齐、鲁于此时互争，且齐有与魏争霸之企图。今鲁从而遏阻齐势力之西进，亦为自计耳。

十五年（前387年），吴起奔楚，魏文侯卒。楚平百越，却三晋，伐秦。盖此时吴起已自魏奔楚，楚因吴起之才能而强大，在吴起之世，诸侯莫能与为敌。

十六年（前386年，是年田和奉周王命为诸侯），魏袭赵邯郸（今河北邯郸县），不克。三晋前联合击楚，至此相隔十四年，三晋之关系，由于赵之势力南进而发生变化，转为自相攻伐。三晋从此互相争城掠地，魏文侯团结三晋政策破坏。

十七年（前 385 年，后一年希腊哲人亚里士多德出生），齐伐鲁。齐鲁之争始终不解，盖鲁为求自存，而齐欲向南发展，则必先打破鲁国之障碍故也。

韩伐郑，取阳城（河南登封县境），伐宋，执宋公。前一年魏为驱赵势力北退而袭邯郸，今韩又北进，则魏韩之间又起冲突，三晋争夺卫故也。

十九年，魏败赵师于兔台（在河北）。

二十二年（前一年楚宗室大臣杀吴起），齐伐燕（南燕，今河南延津县东），取桑丘。

韩、赵、魏伐齐至桑丘。因齐于去年取南燕，夺得桑丘，故三晋此时又联合击齐，盖为控制卫故地南燕也。

二十三年（前 379 年，前一年埃及最后王朝三十王朝建立），赵袭卫（今豫省淇县），不克。赵南进志在与魏争卫地之控制权。

魏、赵、韩伐齐至灵丘（在今鲁北高苑县）。前年击齐于桑丘，今欲予齐以再打击。

二十五年，蜀伐楚，取兹方，楚筑扞关以御之。扞关在今湖北长阳县西（宜昌县西南），则古兹方当为湖北西境长江以南地区。

周烈王元年（前 375 年，后一年埃及击败波斯，国内乃安），韩灭郑移都之，此时韩由阳翟（河南禹县）移都于新郑。

三年，燕败齐师于林孤（似在今河间、沧县间）。

鲁伐齐，入阳关（今山东汶上附近）。鲁始终为齐之绊脚石。

魏伐齐，至博陵（今山东博平县），魏此时直向齐西地区发展矣。

四年（前 372 年，孟子生于邹），赵伐卫，取都鄙七十三。卫地为赵、魏必争，此时魏因击齐，向齐西疆进展，故赵得以南下夺取卫地，则魏、赵冲突之势从此益烈。

魏击赵师于北蔺（在赵国境之西北），魏自其国境之西北（今陕北绥南）击赵也。

五年，魏伐楚，取鲁阳（今河南鲁山县西南）。魏此时既击齐向东北进展，又击赵阻其南进，复击楚阻其北进。盖魏此时极力图霸中原故也。

六年（前 370 年，西布斯底比斯继斯巴达执地中海东部霸权），赵伐齐，至鄄（今山东鄄城），赵既下卫地，阻于魏，乃东向齐地扩张也。盖赵此时之势力亦逐渐膨胀。是年魏武侯卒，魏惠王立。

魏败赵师于怀（今豫省黄河北岸之沁阳县境）。盖赵自卫向西南攻怀，企图腰斩魏国。此时赵由于势力之膨胀，东攻齐，南取魏。

七年（前369年），赵乘魏乱，联合韩国进攻浊泽（在今河南沁阳），围魏。此乃赵一再欲腰斩魏国，赵、魏冲突之激烈于此可见，而赵此时势力之膨胀亦由此可见。

周显王元年（前368年，迦太基攻叙拉古），齐伐魏，取观津（今河北武邑县东南）。盖齐亦乘魏混乱，略取魏东北国境之领土。因前八年魏向齐西境发展，几及于渤海，故齐乘此时复夺取之。

赵伐齐，取长城（赵攻济北之齐长城）。此乃赵与齐争夺上项魏地也，且此时之赵国力量盛极一时，东击齐，南击魏，而收卫地。魏当此时为重振国威计，乃于明年（显王二年）与韩会于宅阳（今河南荥阳县东十七里），盖魏前既屡以齐、赵、楚为敌，且被楚攻击之后，乃联韩以张己势也。

四年（前365年），魏伐宋（今商丘县），向弱宋扩张，与韩之利益冲突，故与韩又濒决裂。

七年（前362年，柏拉图名闻于世），赵、韩联军攻魏，战于浍地（今山西翼城浍山地区），为魏所败。此役赵、韩联军，欲再攻魏都安邑也。

是年秦孝公任商鞅为政。亦即关东诸国视秦如戎狄，摒其"不得与中国之会盟"后，孝公乃发愤图强。而诸国所以排秦者，因前此秦献公之势力东进，曾受周王赐黼黻之服，而为诸侯盟主，献公死后，故诸侯乘机排弃之。明年即伐魏围陕（今河南陕县），谋夺控东出中原之路。

十年（前359年），楚伐魏，决白马之口。秦以卫鞅为左庶长，定变法之令，魏筑长城于西边以拒秦。

十二年，魏、韩再会于鄗（今河北柏乡县），赵、齐亦会于阿（在今山东阿县西之阿城镇）。此二会盟之目的物似在该地区，故彼等会盟之地选于此地。

十三年（前356年），韩、宋、鲁、卫朝于魏，秦卫鞅劝魏惠王称帝

（《战国策·齐策五》），至燕昭王时有西、中、北三帝之议（《战国策·燕策一》）。

十四年，齐、魏会田于郊，即会猎也。同年，魏、秦会于杜平（在今陕西澄城县界）。此盖魏为和于西、战于东而展开外交活动也，亦从此魏、赵争霸渐趋于最高峰矣。

以上为东方列强争卫、郑、宋之地而展开变幻无常之和战局势。

综上以观，战国初年之五十年内，霸中原者实魏也，而赵则继之。魏自文侯起国势大昌，赵、韩相继宾服，于是魏乃利用三晋之历史关系而团结之，南拒楚，东拒齐，西拒秦，而霸中原，其间即自文侯始，至周显王十四年止，魏之霸业共历四十八年。然魏之霸业后半期则几经顿挫，初则由于赵之势力南侵卫，故魏对赵首先显现裂痕，而一度做袭邯郸之举（安王十六年，魏武侯九年，前386年）。安王十七年，又因韩之北进而冲突，越二年（安王十九年），又与赵战于兔台。盖在此期间，齐、楚、秦威胁中原之力量既已弛缓，故魏、赵、韩为自求扩张之结果，乃引起自相冲突，而打破其历史之关系矣。至周烈王六年（前370年），赵由于在卫之发展，竟联韩以攻怀（沁阳），此一腰斩战略虽未成功，亦曾予魏以极大之威胁。及烈王七年，前369年即魏惠王元年，赵又乘魏乱之机，联韩再攻怀（沁阳），既克，即进攻魏都安邑，此役予魏霸业威望之打击殊大，因而齐亦乘机略取魏东北境之观津（河北武邑县）。时势至此，魏之霸业大受顿挫，中原诸小侯国亦皆怀离贰矣。

是时也，赵有取魏霸权而代之之势，故赵围魏之后，立即将其兵锋指向于齐，占齐西之长城，夺取魏失去之领土，而威胁临淄。魏至此亦不甘于心，乃忽采取联韩攻宋之扩张政策，不料此一政策适与韩北进政策相冲突，竟致引起赵、韩联合进攻浍山要地，虽幸而获胜，得以确保安邑之安全，然所得教训亦至大。于是魏乃转而采一连串之外交攻势，一与韩会，再与齐会，三与秦会。魏展开此一外交大攻势，意者一方面巩固其国际地位，一方面借以争取整顿国力之时机也。魏之此举果收宏效，遂再兴起与赵、齐争霸之战，致与齐发生两次名震古今之大战——桂陵、马陵之战。

第二节　魏、赵、齐三国中原争霸时期

周显王十五年至三十六年（前354年至前333年），共历二十二年，在此时之前期，秦积极变法，筑武关，徙都咸阳，孝公会诸侯于逢泽，周王致伯于秦。

（一）魏、赵、齐之争霸战。魏上次之外交攻势策略竟告成功，加以任用能征惯战之名将庞涓为大将，故于明年（周显王十五年，前354年）即命庞涓统率大军击赵，以所向无敌之雄威，疾趋邯郸而围攻之。以力图霸中原之赵国竟无力抵抗，而强楚赴救亦无效，竟迫赵举其争霸中原之军事政治根据地之邯郸以降，则此时魏之兵威亦殊伟矣。

赵既降矣，魏本可一跃而独霸中原者，但不幸为齐之军事大策略家孙膑所制。明年（显王十六年，前353年），庞涓以凯旋之大军，竟被齐大败于桂陵（在山东巨野县西南）。魏本与赵争霸者，至此遂转而与齐争霸。盖桂陵大败，魏霸中原之声威顿受严重之打击。是年韩以劣势之国力，虽不敢乘机径略魏地，然亦以"击弱攻昧"之姿，北进以取东周陵观廪丘之地（在河南巩县以东）。韩之此举，固一面意味周室之威望在战国之世既一扫无余，一面亦足以示韩之北进，实直接威胁魏国也，故未几魏有大举攻韩之举。

不仅韩之北进，明年（显王十七年，前352年）诸侯复乘机联合以攻魏，秦攻其西，关东诸侯则围攻襄陵（今河南睢县西）。于是魏转变策略，越年（显王十八年，前351年）即以邯郸还赵而与盟于漳水上（豫北与冀省交界处）。在此次盟约中，似已将卫地划入魏之势力范围，而以漳水为界。又越一年再与秦会于彤（地在陕西长安，此时秦已用商鞅十年，秦之强盛冠诸国）。魏之此举，盖欲挽救桂陵败后之军事颓势，并于尔后便于专力以制齐、韩，则仍可图霸中原。

果然，又越九年，即周显王二十八年（前341年），魏再命庞涓为将，大举伐韩。魏前次进攻邯郸，此次进攻韩都新郑，似均自大梁发兵，盖魏之以大梁（河南开封）为中原争霸之政治军事根据地，恰与赵之以邯郸为争霸中原之军事政治根据地同。因中原争霸所争之地略为郑、

卫、宋等地区，因此等地区自春秋以来为中原精华之地，是中原之核心，其焦点则为豫北之淇县（古称朝歌，商末之故都）、新郑，豫东商丘及大梁。而魏此时之国都仍为安邑，赵则似仍都晋阳（太原）。此次魏之攻韩，韩请救于齐，齐乃以田忌为将，以军事大策略家孙膑为军师，用"批亢捣虚"与"因势利导"之军事策略，诱魏军于马陵（鲁西南郓城西之旧鄄城附近）而歼之，庞涓被擒于此役，魏太子申增援军亦遭歼灭，太子申被俘。魏经此次战役之惨败，其国势乃一蹶不能复振。综本节所论之时期，亦即魏、赵、齐三强争霸中原之时期，在此时期中，秦、楚两强实未参与中原争霸之主要角色，其主要角色为魏、齐、赵三强，而楚次之。

魏自马陵惨败后，是年秦乘机伐魏，擒魏将公子卬，魏献河西地于秦，自安邑徙都大梁。越二年秦孝公卒，商鞅被诛，又越一年申不害卒，明年（显王三十三年，前336年）齐复与赵联军以攻魏，此乃齐欲予魏以彻底之打击，俾确保其在中原之霸权。后三年（显王三十五年，前一年即前335年，亚历山大灭西布斯，平希腊之乱，复降雅典），齐王乃与魏王会于徐州，互相承认其王位，此亦魏欲借齐之声势以阻秦之东侵，齐亦欲借此以阻秦东进，而便稳操中原霸权。

（二）魏、赵、齐争霸之余波。齐自一败魏于桂陵，再败魏于马陵之后，既已稳握中原霸权，此时秦国之强盛虽为各国之冠，但以与齐悬远，且其志不在与齐争霸，而在指向三晋西疆领土之侵夺，故此时欲与齐争霸权者，唯越与楚耳。

越国自勾践灭吴之后（详见第三篇第六章），其时适中原诸国以内政不振，周王曾以伯诸侯之尊号封之，其后历代亦均能称霸吴越，及至此时，越王无疆见齐败魏之后，独霸中原，于是跃然有恢复祖业而伯中原之志。然欲伯中原，必先败齐，因此越王乃起兵伐齐。但齐竟以外交之手段，使人说越王以伐楚之利，谓越伐齐，得其地不能守，伐楚则得淮泗之地可以扩张领土，且伐楚之后乃可进而达到伯中原之目的。越竟听齐人之说，而转其兵锋伐楚，但竟为楚所大败，因以灭亡，楚从此遂尽有吴越之地（前334年）。

楚既灭越而尽有其领土，则此时楚势之强大可知。楚势之强，其再进取之目标，自必北向以争中原之霸权；欲争此时中原之霸权，则必先谋击败齐国，因此楚遂自淮泗而进攻齐之徐州。但楚此次之攻齐并未获何等效果，并且自此以后，秦对三晋及楚国即做不断之进攻，而诸国自救不暇矣。此一时期，即到周显王三十六年（前333年，后三年亚历山大灭波斯，又后二年东征至印度）止也。

第三节　秦养精蓄锐准备东进时期

初，秦当六国互相侵伐，纷然对卫、郑、宋之地争夺之时机，一面向西南扩大领土，一面改革政制，培养国力。在苏秦合纵六国抗秦之以前时期，即周显王三十六年以前各时期，秦之发展，概可分为下述各阶段。

（一）孝公之前时期。安王元年（前401年），秦伐魏至阳狐（在山西垣曲县）。后十年又伐韩，略取宜阳（在洛阳西新安、渑池一带）六邑。越年再伐晋（即魏国），战于武城（在陕西华阴县地）。又二年（安王十五年，前387年），伐蜀取南郑。在此十五年中，秦兵东至周畿，南取南郑，展开扩张之势。但此后十五年，即至周烈王四年（前372年），初则有弑逆之乱，魏任其乱取河西之地，并灭安邑，幸秦献公继立后十年（前374年），国势渐强，自雍迁都栎阳，与魏争河西之地。时魏国方兴，故秦未敢东向。至周显王五年（前364年），献公有与中原诸侯争霸之志，故于是年出兵东伐，败魏、韩联军于洛阳（洛水之阳）。盖此时值魏遭内乱，赵、韩曾做第二次攻魏而围安邑之时机，一则三晋之团结破裂，再则魏方内乱之余，无力以阻秦兵之东进，故献公遂因而乘之。又越二年秦再向魏进攻，秦兵进抵石门（在陕西三原县），此时三晋忽复联兵抗拒之，但卒为秦所击败，且斩获三晋联军六万。秦之此一大胜也，声势为之显赫，周王且赐黼黻之服，大有伯诸侯之势矣。

但适于是时秦献公卒，关东诸侯鉴于秦之势力东渐，乃于献公卒后采摒秦政策，相约摒秦为戎狄，"不得与中国之会盟"。此为孝公以前时期秦与中原所构成之形势也。

（二）秦孝公励精图强时期。孝公继位（前362年）图强，一则仰慕穆公、献公光荣之伯业，再则痛愤被诸侯摒弃为戎狄之辱，乃竭力求贤，发奋图强，遂用商鞅为政，此为周显王十年也（秦之强国方略既另详于本篇第二章）。

孝公一面励精图强，一面力谋绍献公之业，且适当此时魏势大挫之际，乃于周显王十一年（前358年）攻韩师于西山（自宜阳熊耳，东亘嵩高，南至鲁阳，皆为韩之西山）。又四年再攻魏，败魏于元里（在陕西澄城县界）。又二年即显王十七、十八两年间（前352、前351年），一使大良造伐魏，再使商鞅围魏固阳（今陕北米脂县）而降之。此乃秦孝公之世初次积极东进之时，亦即商鞅之决策，欲东进征服诸侯，必先夺魏河东、河西、河南（今陕东、晋西南、豫西崤山地区）之地所使然。

然秦以上数次对魏、韩之进攻，并未获得甚大效果，盖此时虽用商鞅为政已十五年，富强冠诸国，又曾为周显王二十六年（前343年）所封伯，会诸侯于逢泽（在河南开封），但此时亦适当魏用庞涓之时，魏之国势强盛，而其兵锋正四向征进之际，故秦虽数次伐魏，亦未获进展。

又三年（周显王二十九年，前340年，希腊战败迦太基后复在西西里获得自由，前一年魏庞涓大败于马陵），适魏当马陵惨败之后，亦即齐、赵联兵攻魏之际，商鞅乃立即献策于孝公，乘此时机，迫魏弃其河东之地（今晋西南地区），一以固秦山河之险，一以利东向而制诸侯。于是商鞅伐魏，诈劫魏将公子卬而破其师（商鞅在魏时与公子卬善，并曾荐鞅于魏王，请重用之），迫魏割河西之地以和（似仅指陕西澄城、朝邑一带）。此时魏以其都城安邑暴露于秦势威胁之下，乃迁都大梁（时为周显王二十九年，古《竹书纪年》云显王四年迁）。自此以后，秦随时东向以制诸侯，而关东诸国多事矣，此亦即开秦并吞六国之端也。此时之齐、赵、韩诸国实亦缺乏智谋之士，否则当留魏于安邑以拒秦之东进，而为中原诸国之屏蔽。盖魏之去安邑，正如堵洪水之堤坝溃决，洪水奔腾之势，一发而不可收拾矣。

以上为秦孝公之时代。周显王三十一年（前338年）孝公卒，商鞅随亦为秦惠王所诛，盖商鞅变法得罪宗室及大臣过其有以致之。

第四节　合纵、连横外交战时期

（一）秦打击合纵与东进时期

秦孝公死后，惠王立。此时商鞅虽被戮，然新政制度既固，富强冠诸国，虽关东诸国联合之势亦难与为敌。况魏既迁都大梁，则秦之武力，随时得越河东或崤函，而制中原之心脏。故秦惠王继位之明年，即要求诸侯割地，有不从者伐之。韩不从，且与秦近，乃先伐韩，拔宜阳（在洛阳西，有新安渑池诸险，为秦东出咽喉之地）。越二年，又使公孙衍伐魏，大败魏师四万余，擒魏将而克雕阴（在陕西洛川县），并乘胜驱兵东出，以打击苏秦之合纵之说，因苏秦之计既先后获得燕、赵两国之赞许，赵王已资其游说他国（苏秦合纵运动已另详于本篇第三章）。然苏秦赖对诸国之压力过甚，而其合纵之说得以迅速告成（时为周显王三十六年，前333年），是年苏秦遂为六国纵约长。秦此时乃首先运用外交诈术，使公孙衍（亦当时著名之说客）诱齐、魏反合纵之约，齐此时以与燕为敌（是年齐伐燕，取十城），及魏以河东之地在秦威胁之下之故，亦竟听公孙衍之说而反纵约，因此苏秦纠合六国之合纵，未及一年即告崩溃（但此运动以后或离或合延续至战国之末）。于是秦乃驱兵河南，围攻魏焦（在豫西陕县南）、曲沃（在陕县，非河东之曲沃）等地，魏允割少梁（陕西澄城县）以和。盖河南之地，秦势在必得，此为显王三十九年之事。明年，秦复伐魏拔焦，另渡河取汾阳、皮氏（即山西河津、汾城之地）。又明年，秦复使张仪围攻魏之蒲阳（山西蒲阳县），取之。于是张仪乃请于秦惠王，以公子繇为质于魏，并以蒲阳换取魏上郡十五县之地（前所谓河西是指陕西朝邑澄城等地而言，此谓上郡十五县，乃整个河西及陕北也，此为商鞅之遗策），张仪以此大功，遂为秦相。时为显王四十一年（前328年）。

显王四十二年（前327年，亚历山大东征达印度河），秦复归魏焦、曲沃等地，但明年张仪又攻取魏之陕地（豫西陕县）。考此时秦之所以进退不定者，是因魏获交于齐；且此时既尽有魏河西之地，势必转向河南，又魏王迁都大梁之第六年（显王三十五年），与齐王会于徐州，且齐击败魏于马陵之后，为当时中原之霸国，故秦此时虽不断侵得魏河东之地，实以为魏齐之交故，不无有所顾虑也。因此张仪于一再考虑之后，策定其远交近攻之策略，与齐楚会于啮桑。秦自实施此一外交军事策略之后，不仅其后攻略三晋而无所忌惮，且直至秦始皇统一六国，乃赖此一策略以佐其军事行动而底于成功。

（二）张仪连横策略实施及白起之大攻势时期

1. 首先扩张、巩固秦东方国防及打开东出中原之路。

（1）智取魏上郡十五县（今陕北偏东地区）。

①方法：前328年（秦惠王十年，魏惠王后七年，齐宣王五年，周显王四十一年，距商鞅开始变法三十二年，马陵之战后十三年，苏秦合纵后五年），仪率兵攻取魏之蒲阳（山西永济蒲县），然后往说魏王，请以蒲阳换上郡，并以公子繇为质于魏以结和好。

②说辞是"秦遇魏甚厚，魏不可无礼于秦"。

③此时之时代背景：前十三年马陵之战后，齐、赵乘胜侵略魏之东地。

商鞅建议孝公，秦、魏势不两立，应乘此时机伐魏。魏不支，必东徙。秦据山河之固，东向以制诸侯，此帝王之业也。孝公遂命鞅为将伐魏，俘魏大将公子卬。魏在东西战场均告大败，乃割河西之地，请和于秦。

（2）秦拓东出之路。

①前323年（周显王四十六年），张仪伐魏，取陕，然后将先已攻夺之卢氏（今县）还魏。遂开秦黄河南岸东出之道，并筑函谷关，以为对东方进攻、退守之战略要地。

②明年，又攻取魏之河东（永济、安邑等地）。

（3）张仪远交近攻外交策略配合军事扩张政策。

①前323年，张仪为远交齐、楚，以孤立魏、韩而取其地，乃与齐、楚会盟于啮桑（江苏沛县西南）。会间张仪厚赂齐、楚之相，秦、齐、楚遂结联盟。

②明年，张仪又对魏展开外交攻势，出为魏相，欲说魏先事秦，而使诸侯效之。魏惠王不听，仪乃阴使秦攻魏之曲沃（山西今县）、平周

（山西闻善县东）。秦遂尽控河东之南北地略，完成秦东向之第一道国防区，东向以制关东诸侯。

（4）秦完成其第一道东方国防区后，引起关东各国之震惧，遂展开第二次合纵之五国的抗秦。

①前318年（齐宣王十五年，楚怀王十一年，燕王哙三年，秦惠文王七年，周慎靓王三年，暨前307年，赵武灵王推行胡服骑射），关东楚、魏、赵、韩、燕五国以惕于秦之威胁，乃第二次合纵，楚怀王为纵约长，联军伐秦，攻函谷关。秦军迎战，联军大败而退。是役独齐不参与，以后永为秦远交之对象。

②秦破五国联军后，张仪开始展开连横游说。

（5）张仪初次展开连横外交及其谋略。

①前317年，秦乘破五国联军之威出兵伐韩，斩首八万，诸侯震恐。

②于是张仪乘势说魏襄王事秦，魏不得已背合纵，而使张仪请和。

③张仪归秦之后，再发兵伐韩，破韩军于岸门（今山西河津县南岸、河南许昌县西北），韩宣王遣太子为质于秦以求和。

（6）张仪既迫使魏、韩屈服于秦，乃转西南向打击楚国。

①前313年（齐愍王元年，楚怀王十六年，燕子之二年，周赧王二年），张仪往见楚怀王，请献商於六百里之地于楚，楚则与齐绝交。并使秦王以女嫁楚，结为婚姻兄弟之国。

②楚王悦而喜之。

③及齐、楚已绝交，张仪又欺楚而不与地，于是楚怀王大怒伐秦，但一败于丹阳（丹水之南），再败于蓝田（陕西今县），全军覆没。楚因被迫割汉中郡求和。

（7）越二年（前311年，周赧王四年），张仪谋夺楚黔中地（治今湖南沅陵县，即湘川贵地区），然后展开第二次连横计划。

①此时秦遣司马错已尽并巴蜀之地，乃再遣使告楚怀王，请以武关以外之地易楚之黔中郡。楚王答以不愿易地，愿得张仪而献黔中郡，张仪请行。由于仪与怀王嬖臣靳尚善，而靳尚事怀王幸姬郑袖，袖之言，怀王无不听者，惠王乃遣仪往。怀王囚仪，将杀之。靳尚乃说郑袖，谓秦惠王甚爱张仪，将以上庸六县（即楚汉中郡）及美女赎仪。王重得地

尊秦，秦女必贵，而夫人便要被斥逐，云云。于是郑袖日夜泣于怀王，请释张仪，否则秦必来侵，愿子母俱迁江南，免为秦所鱼肉。怀王乃释张仪，且厚礼之。仪乃说楚怀王，割黔中地以与秦和。

②张仪此次胁楚，完全以战略形势（详见《中国历代战争史》第三卷第六章）。

2.交齐、服魏，进控中原。张仪既惮齐、魏之交而阻碍其向魏之进军，于显王四十五年（前324年，亚历山大死于巴比伦，所属欧、亚、非三洲领土自行分裂），张仪乃亲自东行约齐、楚之相，会于啮桑（在苏北之沛县附近）。盖齐、楚为关东强大之国，秦须远交齐、楚，然后始可以近取三晋。张仪此谋，可谓得其精要。

张仪之谋，不仅以此为既足，又恃秦足以制魏之势，且既与齐、楚交好，魏势孤立之后，乃复利用其本身乃魏人之关系，于明年（显王四十六年）归秦之后，请秦王免其相，而遣其相魏。因张仪欲使魏先事秦，则诸国势必相继而从魏之后矣。如是，乃可将摈秦合纵后所形成六国联合之残余形势，予以彻底粉碎之。从张仪之上项措施，可知其谋魏之急切。然不图魏竟又不听其言而拒事秦，秦乃再伐魏，略取魏之曲沃、平周（在山西介休县西）之地。盖此时魏在张仪所造成的内外压迫之下，若不事秦，秦则即以武力攻击之，魏固既无能为矣。

又三年，即周慎靓王二年（前319年，是时孟子在魏作客十八年之后赴齐），秦以有张仪在魏做外交之活动控制魏政，对魏不用兵，是年乃出兵伐韩，取鄢陵（在今河南鄢陵县西北十五里）。当此时期，由于秦之向东锐进迅速，魏国既在秦势力钳制之下，而秦军又竟攻占韩东境之鄢陵，将关东诸侯尤其魏、楚分为南北而隔绝之。秦之此一军事策略，显然配合其外交策略，企图将六国合纵之可能性，予以彻底粉碎之。诸国当此严重关头，于是发动楚、赵、魏、韩、燕五国联合（第二次联合，苏秦合纵为第一次联合），明年（慎靓王三年，前318年），五国联合之兵遂向鄢陵之秦军发动攻势，秦军退至函谷关，五国联军再攻击之，但皆为秦所击败于函谷关之前。因此，五国联合之势复告崩溃。

五国联合之势既告崩溃之后，明年秦再兴攻韩之师，大败韩军于修鱼（今河南长葛县），斩首八万，虏韩将于浊泽（长葛县附近）。是役，韩军全部兵将被歼，于是诸侯益为震恐。

张仪以秦于此次大获全胜，诸侯震恐之际，立即再说魏襄王专心事秦。魏王此时见诸侯联合之势既溃，迫于情势之恶劣，遂从张仪之议，并使张仪请和于秦。张仪回秦，以服魏之目的既达，乃复归为秦相。

观乎以上秦国以张仪之外交策略为前导，以军事力量为后继之进取结果，远交于齐，近服魏国，破五国之联军，灭韩军之主力，秦之至此，操纵中原之势稳然在握。张仪遂拟"入三川，挟天子以令诸侯"之计，以成秦霸王之业。

3. 南进新决策之产生。不料当此时际，秦国南邻之巴、蜀突然发生内乱，予秦以南进之新时机（巴、蜀相攻，巴请救于秦，秦可乘往救援之机，一举并而有之），于是张仪进霸中原之政策为此种新情势所挠，使秦王对东进抑南进之政策一时难决，因而引起张仪与司马错对决策之论战。张仪主张乘在中原既得之势，应因而乘之，以成霸王之业；司马错则以中原霸王之业未必即可成功，不可贪未必可成之功，而弃势在必得的巴、蜀之利。仪、错二人激辩之结果，秦王终于采南进之决策，此项决策之得失详论于本篇第三章，兹不重述。此为周慎靓王五年（前316年）事也。

然秦之南进决策，实有予魏以速叛秦之不利，故于明年（周赧王元年，前314年，是年齐灭燕，杀子之及王哙，孟子去齐）魏即叛秦，而再与诸国合纵。此时秦虽立即对三晋发动攻势，于是年攻魏，再取曲沃，并尽驱魏民而占领其地，同时又攻韩于岸门（在河南洧川地区，非魏之岸门），迫韩以子质于秦，明年再伐赵拔蔺（赵国西北与秦北疆接壤地区），并俘其将，又使张仪进行离间齐、楚之从亲，然观察秦国上项军事与外交措施，其对魏、韩、赵之军事行动，显然乃在其南进新决策之下，换言之，即在其中原战略守势前之一种军事攻势也。此种攻势之意义有三：

（1）巩固其深入韩、魏控制中原之各据点，俾有利于尔后在中原之战略守势，并加强各据点之部署与形势。

（2）打击魏、韩、赵之军事力量，以阻其对秦之战略守势立即兴起攻势。

（3）俾利其南进时期中保持秦在中原已得之优越战略形势，并有利其南进决策之实施。

又由于张仪在此同时进行其离间齐、楚之关系一点，更足为其以上三大意义之明证，且其以后行动之事实亦复如此，即于控制巴蜀之后，立即向楚国展开形势壮阔而连续之大攻势是也。

4. 离间齐、楚（南进政策）之连横策略高度展开。秦经过上述措施后，明年（周赧王三年，前312年）即出兵紫荆关，向楚展开攻势，大战于丹水之阳（今河南淅川内乡县地区），楚军大败，被斩甲士八万余，列侯七十余，秦遂占有汉中郡（当时楚之汉中郡，似为今湖北西北地区）。楚遭受秦此次侵犯之后，楚王复被张仪所欺于前，乃起倾国之兵以图报复，且此次报复之士气甚锐，击破秦国边境守御之兵，越紫荆关、武关而直抵蓝田，大有一鼓吞秦之气概。但在蓝田一战，楚军复大败。楚再经此战役之后，魏、韩复乘楚之败，联军以攻袭楚之邓地（豫西南邓县），楚因此不得已再割二城于秦以求和。

于是张仪又紧握此时机，于楚战败之顷，立即展开其连横之策略运动（军事、外交双管齐下之攻势），先后赴楚、韩、齐，说各国事秦，继又赴燕、魏两国游说之，因是六国均相继朝秦。此为张仪连横策略高度成功之时期（张仪此一连横外交攻势已详论于本篇第三章）。

秦国于张仪连横之外交策略大告成功后，又立即先后发动与各国国王个别之会盟，且从而分化之，以加强其连横策略之进展，有不从秦之政策者，又出兵伐之，联甲打乙，联乙打丙，待分化之势已成，又联甲乙丙以攻丁，此乃秦外交军事策略交织运用之概要也。此为周赧王七年至十八年之十二年间之事。然此时秦外交军事之进取重点，仍依其已定之南进决策指向于楚，惟其进行之步骤，则先着手原方面情势之调整，然后始对楚放胆予以严重之打击。如赧王七年（前308年），秦首先与魏会于应地（在河南宝丰县东）。明年秦约魏伐韩之宜阳（洛阳西南地区。赵武灵王胡服骑射）。又一年秦于取得宜阳后，又伐魏。秦之所以如此作为者，盖魏、韩对其中原政策作梗而最弱，乃先夺取韩魏战略要地而控制之。伐魏之明年（赧王十一年），秦王即与楚王会盟于黄棘（在鄂西北唐县），秦并归还前所侵夺之楚上庸地（鄂西北竹山县地区）。

秦、楚既已会盟，明年秦即对魏、韩大张挞伐，取魏之蒲坂（晋西南永济县）、晋阳（永济东虞乡）、封陵（永济南风陵），拔韩之武遂（今山西临汾县境）。于是引起齐、魏、韩三国对楚国之怨，三国遂亦于是年以楚负三国之从亲为名，共出兵伐楚。楚因请救于秦，三国联军乃退。此实为秦连横策略之又进一步进展也。

秦于魏、楚之怨既成（在此期间，秦连横策略之主要目标为楚、魏，故或盟魏以攻楚，或盟楚以攻魏），明年（赧王十三年）又与魏、韩会于临晋（今陕西平民县），并归还魏之蒲坂。再越一年，秦乃转移进攻目标于楚国，而合魏、韩、齐（三国前怨楚，曾合兵伐楚，秦此时因即利用之）四国之兵，集中于韩之穰地（在豫西南邓县，前次秦、楚战于蓝田时，韩自楚手中夺得该地）后向楚进攻，因攫夺楚之重丘（今河南泌阳县）。

赧王十五年，秦再伐楚，取襄城（河南今县，界于韩、魏、楚之间，故隶属无定），楚入质太子于齐以求和，未果。明年秦再伐楚，取八城。同年，齐、魏会于韩，楚又以太子为质于齐，求联合以抗秦。但此时秦突约楚怀王会于武关而劫之（周赧王十六年，前 299 年）。明年，齐、韩、魏、赵、宋咸愤秦之欺楚，五国乃联合以攻秦（是为各国第三次联合抗秦），五国联兵至盐氏（在安邑县）及函谷，秦归还韩武遂、魏封陵等地以和，五国之师始退。此役之起，盖因秦欺楚过甚，而引起各国之公愤，遂有此次五国之联合，则秦对楚之此举，实属失策。

5. 秦复东进政策及白起之第一次大攻势。秦由于上次五国联兵之教训，遂感打破中原之合纵实为首要之图，因此其战略进攻目标乃再回复至中原。故于五国联兵之后三年（赧王二十年，前 295 年），即令司马错出兵伐魏，克襄阳（许昌西南，当时为楚、韩、魏间之战略要地，控此地即可以制各国与楚之联合也）。又明年，秦再出兵攻魏河东，大败魏军于解（晋西南解县）。魏国至此乃联韩国以抗秦之进攻压力，遂于明年（赧王二十二年，前 293 年）联合韩军攻秦军于宜阳地区。但适于此时秦起用白起（白起第一次出现）为将，代向寿指挥宜阳方面之秦军，以对抗魏韩之联军，因此魏韩军遭受歼灭之打击。此一战役，白起首显现其军事之天才，压迫魏韩联军于伊阙（今河南洛阳县南）而歼灭之，斩魏韩联军二十四万，虏其将而拔王城（今洛阳西北）。

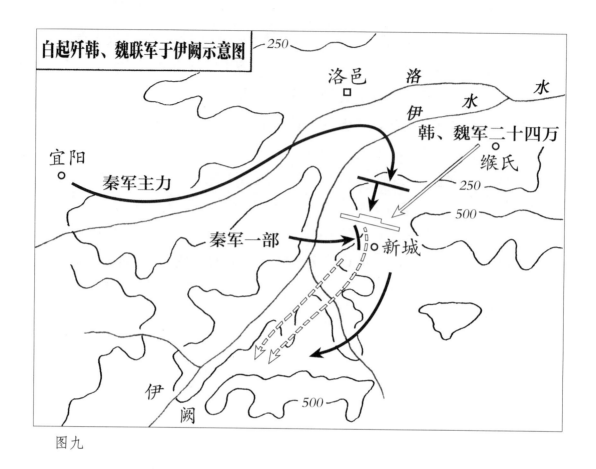

图九

楚于此时，本欲乘秦与魏、韩之战不解之际乘机以攻秦者，但及见秦在伊阙之大胜，乃观望而不敢进。秦人知之，为欲首先贯彻其中原之军事任务，乃扬言将联合诸侯伐楚，楚因是请和，明年（前292年）而迎婚于秦。明年（赧王二十四年，前291年）秦再伐韩克宛（河南南阳），并将宛、邓二地分封于公子市、公子悝以统治之。又明年（前290年），魏、韩抵不住秦不断之攻势压力，两国被迫于是年魏割河东地四百里，韩割武遂地二百里与秦（今晋西南地）。越年（前289年）秦白起复伐魏至轵（今河南济源县西），略取城邑六十一座（豫北济源一带地区）后，即约齐，分称东西帝（前288年）。再一年（前287年），秦遂进而转其进攻目标于赵。盖秦于攻克魏之轵地一带（今晋南豫北）后，乃转其兵锋北上，以略赵上党之战略要地，故于赧王二十七、二十八两年中先后伐赵，略赵地梗阳及魏新垣、曲阳等地（山西、河南之垣曲、济源）。及既略赵地之后，又再攻魏，迫魏割安邑以和。并伐韩，败韩师于夏山（今河南禹县）。

适是时也，宋康王突起，宋国强盛一时，有霸天下之志，故于赧王二十九年（前286年）灭滕伐薛（今鲁南），东败齐，南败楚，西败魏，居然以魏、齐为敌国（秦此时连宋以遥制诸侯）。夫宋之突起也，实予秦以进侵中原更良好之时机，故秦于明年（赧王三十年，前285年）即与楚王会于宛，与赵王会于中阳（今山西宁乡县），而兴兵伐齐。盖以是年齐湣王已灭宋，又南侵楚，西侵三晋，竟欲并二周自为天子，故秦又假此时机，以伐暴为名攻齐，而夺其九城，盖不能一任齐势力之膨胀而妨其东进之策也。

且此时假秦以时机者不仅宋、齐两国，接踵而来者，尚有燕、齐之争（赧王三十一年，前284年，燕乐毅伐齐），此燕齐之争，实予秦远交近攻策略以莫大之利。故自燕、齐之争开始后十年中（至前274年），秦对魏、楚、赵、韩四国之攻伐，几迹近于大扫荡之攻势，且以白起之战争指导天才，实使强秦如虎添翼。故秦略地并为郡县者，亦以此时始。兹将其在此十年中对魏、楚、赵、韩四国之攻略概况列之如下：

（1）赧王三十二年（前283年），秦伐魏，拔安城（今河南汝宁县），直至大梁而还。

（2）三十三年伐赵，拔两城。

（3）三十四年再伐赵，拔石城（河南林县西南八十五里）。

（4）三十五年白起伐赵，大败赵军，取代光狼城（在山西代县大同地区）。

（5）同年，司马错发陇西兵，因蜀攻楚黔中，拔之，楚复献汉北及上庸等地（今襄阳竹山县等地）。

（6）三十六年，白起伐楚，取鄢、邓、西陵（今湖北宜昌、河南邓县等地），是年田单复齐，燕、齐相攻，予秦以外交军事猛烈东进之绝好时机。

（7）三十七年，白起再伐楚，拔郢（楚都城，今湖北江陵），烧夷陵（宜昌），楚襄王兵散，倾国之兵皆溃，不复能战，遂东北徙都于陈，都淮阳。秦乃以楚之郢都为南郡。

（8）三十八年，白起略定巫、黔中地，置为黔中郡。

（9）三十九年，白起伐魏，拔两城。是年楚收拾淮、汝等地之兵，得十余万，复西向与秦争，复江南十五邑。

（10）四十年，秦穰侯魏冉伐魏，韩救之，为所败，斩首四万，魏退守大梁，割八城讲和。秦不许，再兴攻魏之战，魏兵溃散，走芒卯（魏大将），入北宅（今河南广武县），秦遂围魏都大梁。魏穷迫，乃割温地（河南温县地区）以求和。

（11）四十一年，秦再伐魏，拔四城。是时魏迫于救亡，乃联齐以抗秦。

（12）四十二年（前273年），赵、魏以韩服于秦，联兵攻韩华阳（河南郑县），韩请救于秦，遂再引起一大歼灭战。秦穰侯魏冉与魏战于华阳，虏魏三将，斩首十三万。赵军尚未至华阳，即为白起所截击，沉赵卒二万于黄河，魏又割南阳（今豫北修武、获嘉一带）以求和。

在以上十年中，秦乘燕、齐相攻伐之大好时机，东攻三晋，南攻楚，纵横扫荡，所向必克，战必胜，尤以白起进攻楚国之猛烈，实为战国时代最大战役之一，以楚国之强，兵员之众，竟再战而溃不成军，不能复战，迫得举国东迁，白起之善于用兵由此可见。白起既收驱楚之功后，立即又转其兵锋指向三晋，服韩、魏而迫赵。是时秦之决策，欲联已服之韩、魏，东攻楚而灭之，但卒为楚之使者黄歇所说止（此事已详论于本篇第三章），并从此而改变其战略决策，而将其进攻重点转向赵国。

6.秦北进决策及白起第二次大攻势。秦接受上次黄歇（后为楚封春申君）之说，遂决北进攻赵。然欲攻赵之成功，必先夺取上党（今山西长治及附近各县地区），然后始可对赵都邯郸（今冀南邯郸县）做钳形之进攻。若欲攻邯郸，必先打通阏与（今豫北武安县西）之道。此为秦攻取上党之初步战略。于是秦遂于周赧王四十五、四十六两年（前270、前269年），先后两次对赵之阏与发动奇袭攻势，然第一次为赵奢所击败，第二次攻之亦不克。至此秦乃转变进攻之战略，于赧王四十九年（前266年）攻魏之邢丘（河南温县东），再北进克赵三城〔豫北卫地。此时齐出兵救赵不及，乃退而伐燕取中阳（今河北唐县），又伐韩取注人（在今河南汝南），此又予秦以机会〕。秦之此举，盖欲巩固其未来所要夺取之南阳（豫北修武）、野王（豫北沁阳）两战略据点故也。

至赧王五十二、五十三年之两年中（前263、前262年），秦果令白起分别先后夺取南阳（豫北修武）及韩之野王（豫北沁阳），以绝各国自东及南救援上党之路，赧王五十二年克南阳，五十三年克野王。乃于五十五年（前260年）进攻上党，取之，此役即长平之战（另详后篇）。

长平之战后一年（赧王五十六年，前259年），白起即实行其进攻邯郸之战略决策，一路使王龁进攻赵武安（邯郸西北）拔之，一路使司马梗北定太原，以尽收上党之地，白起自率主力继进以攻邯郸。

此役白起本可一举以灭赵者，但不幸当时之秦相范雎为苏代所离间，说其劝秦王退白起之兵，秦王一时误用范雎之言，令白起撤兵，因此引起秦将相之不和。及秦王已觉，而再命王龁伐赵，则已失去时机，故无功。及复命白起往，而白起则以病辞。秦王乃于明年（赧王五十七年，前258年）复命王陵起大军攻邯郸，但少利；再命王龁代之之时，而魏、楚、韩复来救赵（即信陵君救赵），王龁因解邯郸围而败回，秦将郑安平为魏救赵之军所困，竟率二万人降于赵军。此为秦用兵以来最大之败辱也，秦相范雎亦因此役获罪被黜。秦于此役失败后，秦王以白起却命，乃赐剑令其自杀。嗟呼！一代卓越大才之名将，以与奸相不睦而不全终，读史至此，宁不为之痛惜。

秦由于白起既死，破邯郸以灭赵之企图遂成幻梦，秦国之北进决策亦暂此告终。是故此次秦将相之不和与白起之死，实无异延长六国之国运。

7. 秦再采东进决策与利用内间策略。秦自白起死后，邯郸之围攻战败辱而回。乃一方面以郑安平为范雎所荐，因于此役降赵，依法并罪范雎；一方面感于邯郸之围，若非魏、楚、韩救之，则邯郸可克，赵可灭，因此欲灭赵，必先彻底克服形据中原心脏之韩、魏。以此仍对赵续施攻击外，其主进攻目标则再指向于魏、韩。盖魏、韩服，则楚与北方诸国隔绝，然后始可孤赵国之势而灭之。

于是于赧王五十九年（前256年），秦命其将摎伐韩，取阳城（河南登封县东南），斩首四万，再伐赵，拔二十余城（似为恢复其上次王龁撤退时所失之赵地），斩首虏九万。但是役引起周赧王之恐惧，盖前此既有齐、楚两次欲并周而自为天子之举，故此，亦恐秦之相并也。赧王恐惧之余，乃背秦而与诸国约从，以苟图残喘，将统率各国锐师以攻秦（此为各国第四次大联合），以隔绝秦通阳城（登封县）之路。但秦不待赧王号召诸国之兵合，而既向西周赧王发动攻势，赧王因此入秦请罪，并献其地而归。赧王归洛阳后即死，周至此遂亡（楚亦迁鲁于莒而并其地），统计周有天下共七百八十七年。

周既亡，明年（秦昭襄王五十二年，前 255 年），秦乃再遣摎伐魏，克吴城（今山西平陆）。于是魏举国降秦，韩王亦朝于秦矣〔楚自郢迁于陈（今河南省淮阳县），此时楚以迫于秦之威胁，又迁都钜阳（在今皖北阜阳县）〕。

后六年（秦庄襄王元年，前 249 年），东周君（居巩县）与诸国谋伐秦，秦亦即讨灭之，至是东周亦亡。同年秦遣蒙骜伐韩，取成皋（今河南汜水县）、荥阳，置为三川郡（政治吞并。楚此时亦并莒，迁鲁顷公为家人，鲁此时亦亡）。越年蒙骜再伐赵，取榆次（山西太原东南）、狼孟（今太原）等三十七城。又明年王龁攻上党诸城（前次撤退时为赵所收复），拔之，置太原郡。于是蒙骜乃转其兵锋攻魏之河内郡汲地（豫北汲县等地区），蒙骜此举，盖欲对邯郸形成南北钳攻态势也。然当其进攻魏之河内地区，魏以屡败，乃急使人至赵，请信陵君还魏（前信陵君魏无忌假魏王之命救赵，解邯郸之围后，恐有罪，乃留赵，故信陵君是时居于赵）。信陵君因此还魏，再联合楚、燕、韩、赵四国之兵，与蒙骜大战于河外（即中牟、成皋、荥阳等一带地区），大败秦军，追至函谷关而还（各国五次大联合）。但秦于是役之败退，仍留兵据守管地（河南中牟县），秦之此种撤退部署，盖欲以利尔后东进之再兴攻势也。

秦之至此既两败于魏信陵君无忌之手，于是乃谋先去信陵君，使人以万金行间于魏，求得晋鄙旧属（信陵君前救赵，杀魏将晋鄙，夺其军往救赵），因其以进说魏王曰："公子亡在外十年矣（居赵十年），今复为将，诸侯皆属（四国皆应其邀，以兵从其指挥，遂击败蒙骜），天下徒闻信陵君，而不闻魏王矣（此为说动关键处）……"魏王日闻其谤，不能不信，乃使人代信陵君将兵。信陵君知再以谤废，乃谢病不朝，日夜以酒色自娱，凡四年而卒。此为秦庄襄王三年事也。

明年（秦始皇元年，前 246 年），秦以赵国有廉颇为将，伐赵之兵常为所败，且其时之晋阳以赵之压力故而叛秦，又明年赵以韩入朝于秦故，又使廉颇伐韩，取韩繁阳地。秦再使黄金行间于赵（离间廉颇郭开，郭开为赵王嬖臣，已为秦所收买，此为李斯之策），赵遂使乐乘代廉颇，颇愤而攻乘之后奔魏，及赵王欲复用廉颇时，郭开又收买赵使者谮之，因此廉颇终不得复用于赵。

秦自连续进行反间，去魏之信陵君于前，再去赵廉颇于后，乃于始皇三年至九年之七年间，对魏、韩大施攻伐。盖魏、韩对秦时和时战，非彻底打击之，则始终为秦之掣肘也。遂于始皇三年遣蒙骜再伐韩，取十五城；四年伐魏取阳畼（开封西），五年再伐魏，取酸枣（豫北延津县）、燕（河南汲县古称南燕，河北大兴县古称北燕，此处所指之燕即汲县）、山阳（豫北修武县）、雍丘（河南杞县）等二十余城，置东郡，此即恢复信陵君前次击败蒙骜之失地也。

然是时楚为挽救中原之势，于始皇六年再联合赵、魏、韩、卫（此时卫为魏属国）四国之兵，楚为纵约长以攻秦，克鄢陵而攻函谷关。秦军出关反攻之，五国之兵皆败，此为各国第六次之大联合也。

楚联合四国攻秦失败后，恐秦进攻之，乃再徙其国都于寿春（安徽寿县）以避之。

秦既败五国之联军后，再进攻魏之朝歌、濮阳、汲等地，七年再尽略魏未下之地垣蒲（河南长垣县）、衍氏（在郑州北）等地。于是中原形势演变至此，魏、韩不能再有所作为，而皆降服于秦。

第五节　秦灭六国之大攻势时期

（一）秦灭六国之军事方略

秦始皇（嬴政）于前247年（秦庄襄王三年，是年五月庄襄王死）即位，年方十三，以吕不韦为相国，号称仲父，国事皆由决之。十年（前237年）废吕不韦，而任李斯为政。自此后六年间，曾四次大举伐赵，因赵良将李牧之抵御而无功。至始皇十七年（前230年），自灭韩起，始逐次并灭六国。在始皇十六年时，秦之疆域已北包有今山西全省，中包有黄河北之豫北地区，黄河南则自荥阳、登封、临汝、襄城、郾城、汝南至桐柏山之线以西包有韩魏大部分之地，南则自桐柏山沿湖北涢水、洞庭湖，湖南沅江，而包有沅陵地区楚大部分之地，皆为其疆域，且韩魏已在其军事势力控制之下。兹略述其灭六国军事方略如下：

1. 军事攻势目标。此项攻势，以赵都邯郸、魏都大梁、韩都新郑为重要目标。而此三目标中，又以邯郸为第一目标。次一步骤之目标，为燕都蓟、齐都临淄、楚都寿春。

2. 中、北、南三大作战线。由于以上攻势目标之选择及战略地理之形势，乃采用中、北、南三条大攻势之作战线。中路以洛阳、河内、荥阳为战略策源，东灭韩魏，然后北协北路之军以钳攻邯郸，南攻寿春，并由南路协助之。北路以太原为战略策源，协同中路以钳攻邯郸，然后北取燕蓟，而下辽东及代。南路以南阳为战略策源，协中路以攻寿春。

3. 秦始皇在咸阳，为三路作战之总枢纽，以统一指挥之。

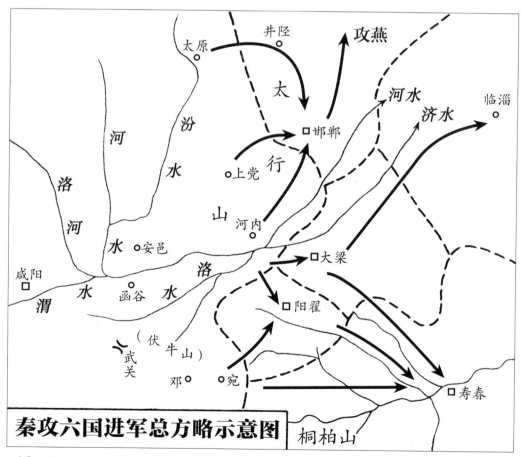

秦攻六国进军总方略示意图

图一〇

秦始皇此项战略之优越处，为确立三大战略攻势之策源，且此三策源地尽控有太行、嵩山、伏牛诸脉之地理优越形势，以临东方纵列数千里之敌，足以割裂而各个击灭之。尤其最重要者为中路，不仅足以横断赵楚之联系，又利用渭、河、洛三水顺流之漕运，以为整个战略攻势之中坚。六国之不敌，由始皇此项战略部署已可预见。

（二）秦攻六国之作战经过

秦既结束中原地区之攻略，遂首先进而兴起对赵之连续攻势。

始皇十一年（前236年，迦太基与罗马海战失败后，西取西班牙为基地），乘赵将李牧与燕战于狸阳（河北密云县）之际，攻邺（豫北临漳）及安阳，克之。十二年，为免楚在东南地区进行其牵制之行动，又发四郡之兵助魏伐楚，以便专力攻赵。十三年攻赵平阳（豫北临漳县西二十七里）之际，秦北上阻援之军为赵将李牧败于宜安（河北藁城县西二十五里）、肥下（藁城县西七里）。此役乃秦将桓齮率军北上，以阻李牧军南下救援邯郸也。

十四年，秦桓齮再伐赵，取平阳、宜安、武城（河北清河县）。桓齮此举，其任务与前同，盖欲阻李牧所率之赵军南下，以便秦主力进攻邯郸也。因赵李牧为北御匈奴之名将，其时又对燕作战，故于前次击败秦将桓齮后，立即又北上而返回其防区（由于匈奴势大为患）。因是，故桓齮得以再进，以掩护主力之进攻邯郸。于是秦于明年（始皇十五年）即大举向邯郸发动钳形攻势，一军自卫地北上抵邺，一军进至太原，企图出井陉。秦此一钳形攻势之进行，对赵都邯郸之压力殊大，故赵又立即调李牧南下救援，秦军以李牧南下，又即撤退。夫以秦兵之强，所以仍不敢当李牧之锋者，因李牧乃善于运用骑兵机动以行突击之良将，且李牧所率之骑兵，乃自赵主父〔赵武灵王于周赧王十六年逊位其子，自称主父。盖此时赵武灵王有雄图之志，欲使其子治国，俾其自己得专力于北击匈奴，南灭秦国，故于彼逊位之后，立即准备北驱匈奴，略胡地，然后自云中九原（晋北绥南托克托及五原）南袭咸阳。并曾亲自诈为使者入咸阳，观察秦之形势虚实，及秦觉之，为之震惊。赵武灵王之雄图由此可见〕服胡服、习骑射以来，传统之优良骑兵故也。

十八年（十七年秦使内史腾灭韩，盖此时韩已完全征服，不待兵力即可灭其国），秦再依前次钳攻赵都之进军方略，使王翦将上地兵（上党之兵）下井陉，杨端和将河内兵伐赵（因此时既将两地建为郡县，用政治力量加以统治之，故能就该两地征训其民为兵）。赵遣其良将李牧、司马尚御之，秦军因此无进展，乃行反间，多与赵王嬖臣郭开金，使潜毁牧、尚二将，言其欲反。赵王果听其言，使赵葱及颜聚（原齐将）分代李牧、司马尚。唯李牧不受命，赵王乃捕而杀之，并废司马尚。至此秦用间之谋又获一大成功。

秦以赵之良将李牧、司马尚既除，乃于十九年令王翦、杨端和进击赵军，大破之，杀赵将赵葱，而颜聚则以溃走得免，遂克邯郸，虏赵王迁，灭赵。

赵既灭，秦始皇抵邯郸，立即使王翦统军进驻中山以临燕（中山在河北省中部偏西地区，故王翦进驻之中山当在今冀省保定、正定县等地区）。是时燕太子丹遣荆轲刺秦始皇未遂，因是始皇怒，增兵王翦使伐燕，燕连代军相拒（赵灭时，赵公子嘉率其族人奔代，自立为代王），战于易水之西（雄县、定兴县间），王翦大破之。二十一年王翦进攻蓟，又克之（燕都于蓟，今大兴县），燕王及其太子率精兵东保辽东，秦复遣将李信急追之未获。秦始皇乃暂弃燕于辽东，而即调其军南向以攻楚、魏。因是，燕王喜直到始皇二十五年始为秦将王贲所攻破，虏而灭之。

秦始皇以赵、燕既克，乃于击燕之同年（二十一年），一面遣王贲伐魏，一面遣李信、蒙恬共率兵二十万分两路南进击楚。王贲伐魏，首先攻夺楚北境之阵线（河南淮阳至安徽亳县间），以隔断楚魏之联系，然后进攻大梁（开封）。二十二年王贲围大梁，引河水淹之，历三月城毁，魏王乃假降，王贲杀之，遂灭魏。

于灭魏之同时，秦以李信为将，蒙恬副之，进兵攻楚。在颍川（今许昌淮阳汝南）集中后，分为南北二路进击，李信攻平舆（李信似自襄城沿汝水北岸进击，以寿春为目标，平舆在豫南商水西北），蒙恬攻寝（河南沈丘县南），均大破楚军。李信又分军略鄢（河南鄢陵）、郢（此系陈地，即皖西北阜阳县），亦破之。然当秦军自沈丘县南、汝南（或阜阳）再向寿春进击时，即遭受楚强烈之反攻，因此李信、蒙恬二路军均败退至城父会师（城父今河南宝丰县）。秦军退至城父，似有整顿再战之

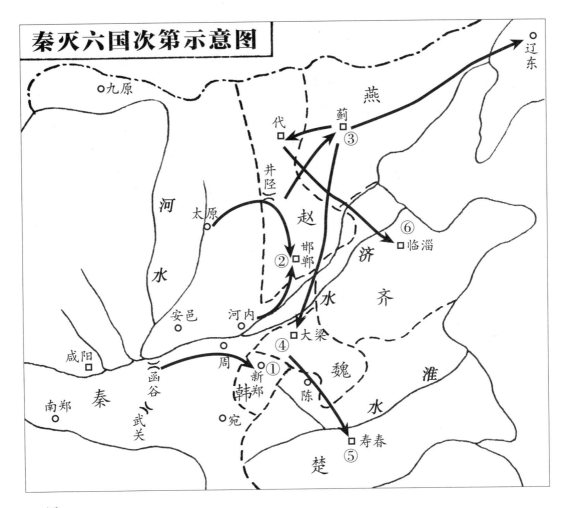

秦灭六国次第示意图

图一一

企图，但为楚急追之兵所迫。是役也，楚之追蹑秦军，竟三日三夜不休宿，故大败李信军，并击破李信军于城父，斩获甚众，李信败还。

始皇经此次空前之挫败后，悔前不用王翦之谋（伐楚前，始皇问王翦须用兵多少，王翦计需六十万；始皇再问李信，信答以只需二十万。始皇因以王翦为老，而壮李信之言，遂用李信伐楚，及李信败归，故悔之），乃再令王翦将六十万兵伐楚。

二十三年，王翦统六十万兵伐楚，自陈（今淮阳县）而南至平舆（大军似自开封、鄢陵间南下）。楚国以王翦增兵再犯，乃起倾国之兵以御之。但王翦在平舆地区（河南沈丘、淮阳一带）坚垒不与楚战，楚虽数挑战亦不出击，只以休练士卒为务（反客为主）。楚军以倾国之兵久不得战，乃引军东退，王翦遂乘楚大军东退之际，选精锐为前锋急追之，大军继后，楚军因此大败，向蕲（今皖宿县）溃走，王翦追至蕲南（今安徽宿县境），斩楚将项燕。王翦因乘胜克楚都寿春，略定楚之城邑，至明年虏楚王负刍，遂灭楚，始皇乃以楚地置楚郡。二十五年（后五年，即前217年，汉尼拔大败罗马军于特拉西美诺湖畔），始皇再遣王翦略定荆江（长江）南地，降百越之君，置会稽郡。

二十六年，王贲于既虏燕王喜于辽东后，回军自燕南下攻齐，秦兵直抵临淄，齐人无有斗者，遂灭齐。

先此，秦相继进攻赵、楚、韩、燕、魏时，秦与齐交好凡四十年，此即张仪远交近攻政策之运用。按：秦之远交近攻政策实施后，齐之宾客往聘于秦者，尤以在齐相后胜当政时期，亦接受秦之黄金，因此，齐之宾客更多受秦始皇金为反间，因劝齐王朝秦，不与五国合纵抗秦，不修武备。故王贲得于灭燕之后，以顺手牵羊之势，不费力而灭齐。此秦运用外交、间谍配合军事攻势所收之效果也。

第六节　研究与评论

战国为中国学术最盛时代，此为人尽皆知者。然其政治、外交以及战争谋略之高度发展，则似为甚少人所注意。若就战国当时之外交策略与战略战术之运用等，以之与现代较，实无逊色，且有过之者。是以不仅该一时代之学术为现代人们所应孜孜研究而阐扬之，以配合现代之需要，尤其该一时代之战争谋略如政略、外交、战略、战术等之高度成就，更足为现代研究战争谋略学术及运用者所应引为启导者也，因今日虽科学与技术远殊于古代，但谋略战策原理则仍无以异。

本章系综论战国时代之全面性的军事战，至于该时代个别之大战役，如马陵、桂陵之战，长平之战，以及乐毅伐齐之战等等，均既另有详论。又如战国时代各国之图强方略及外交战等等，亦既另详以上各章。兹仅就战国时代之政治思想及政略、战略、地略之运用等，再做一概要之综论。

战国时代之政治思想。此一时代之政治思想，在中国上古史之政治思想中，乃一空前的革命性之创举。盖此时代之政治思想为"霸道"的，而非"王道"的。但考其所以有此划时代之变改者,亦因其历史演进之趋势与潮流所使然。盖当周势东迁以后之人口既渐趋众盛,社会生活与生产亦不如过去之单纯,因此社会现象亦愈趋而愈复杂,因而此时遂先发生各诸侯之大夫间对封地之争夺,并由此更扩大之,为诸侯与诸侯对领土之争夺,又随此而产生另一形式之争夺者,则为领导权之争夺。故东周初叶,各诸侯之国中,以臣弑君者纷纷而起,不绝如缕。继之者则为方伯领导权之争,此即所谓五霸时代也。在五霸之中,至楚庄、晋文之世,则更以兼并为强矣。因此至战国中叶,小诸侯之国既为七国兼并殆尽,故最后演为七强之争。

当东周入于社会复杂,演进至土地及领导权争夺之时代,首先有管仲出,创霸术以强齐(法家政治思想开始显露强烈之曙光)。及至战国之世,言王道之政治思想者,仍被认为迂阔之论而为各国君主所唾弃。如孟轲见梁惠王,惠王问以利国之道,而孟轲则曰仁义,居魏十余年不能见用。又商鞅说秦孝公,先陈帝王之道,孝公听之欲睡,而认其谈为迂而不切实用与不合时代之需求,必待商鞅举管仲强齐术,陈伯业之政治,而后用之,盖时代趋势之潮流所使然。是故当该时代之际,唯法家之政治思想得以行于世,因而此时之政治人心之趋势,亦唯功利主义之思想是趋。而功利主义与现实主义,又为一对双生儿,故七国君主唯求功利以强国,因而当时无论国际社会或国内社会,皆唯功利孜孜是求,凡事只求现实利益。故当时在被秦所侵之六国中,国际政治遂发生一种理想与现实之矛盾,即六国联合以抗秦,实为当时六国最佳之一种国际政治理想,但由于各国间现实之矛盾,则联合之理想常瞬即幻灭,因此遂常予秦以利用、离间、乘隙之机会。故直至秦始皇初年既向六国发动蚕食之大攻势时,而燕魏、赵韩、魏楚等各国间犹互相攻伐不已也。至于张仪连横外交时代,各国一任秦东向、南向之决策反复实施,且远交近攻政策竟实施至最后阶段,至最后灭齐为止。

秦政略及战略之运用:

(一)政略方面。秦政略运用,主要者有三:

1.富国强兵。用商鞅变法,为其以后百战百胜之基础。

2.连横外交策略。用张仪连横外交策略及远交近攻策略,迫使六国均陷于被动地位，挨打而分崩离析。

3. 用间。利用大量黄金，利用各国宾客为间谍，及各国王之大臣、嬖臣为间谍。其运用间谍有两大武器，即黄金收买，不从则利剑刺之，即威胁与利诱也。

（二）战略方面。秦之战略运用，主要者有三：

1. 战略与政略配合。当其战略攻势之先，必运用外交策略及用间策略以配合之，且军事攻取之后，继之以政略占领以统治之。

2. 包围割裂战略并用。如在中原之战略攻势，利用河渭之运输便利，顺流东下，直指向今之豫北豫东而至泗水地区横贯之，迫使南北之国家陷于隔绝之境。又如击楚之江陵而占领之，以便对中原之魏、韩做包围之攻势，纳其于战略怀抱之中。故当其北击赵之时，魏、韩既先入其掌握中。

3. 地略攻势。秦之地略辅助其战略至大，因其自商鞅以后，既建立山河之险固，东出则足以制中原，入关（函谷关）则足以自固。故当其实施南进决策时，则先固函谷，然后南出武关紫荆关以征楚，及其实施东进决策时，则先固武关紫荆关，然后东进。一面制敌，而各国莫奈他何。不仅此也，渭水、黄河、洛水、汉水、岷江、江水，对秦进侵时之补给，亦独享其利。当其东向以争中原也，彼则利用渭水、黄河、洛水之漕运，顺流而下；当白起南攻楚时，则利用汉水江水顺流之势。故其进兵迅速，攻势力量得以尽量发挥。此皆地略优势有以致之也。

第五章　战国名政（战）略家及其谋略

第一节　乐毅伐齐谋略

以当时情形论，燕之伐齐，乃是以弱小而伐强大，因此乐毅运用谋略之程序如次：

（一）先建立国际包围形势。乐毅向燕昭王献议曰："齐霸国之余业也，地大人众，未易独攻也，王必欲伐之，莫如与赵及楚魏。"于是使乐

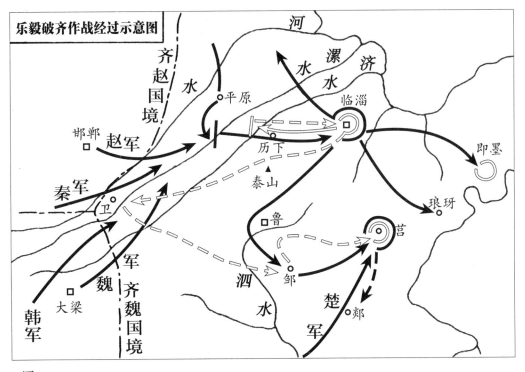

图一二

毅约赵，别使使者连楚魏，且令赵啖秦以伐齐之利。此一政略运用，对齐遂形成北、西、南三面包围形势。

（二）次完成战略包围形势之歼灭战。乐毅将燕、秦、魏、韩、赵之兵以伐齐，齐湣王悉国中之众以拒之，战于济西（济水之西，今聊城附近），齐师大败。经此一大歼灭战，齐军一蹶不能再振。

（三）分兵略地，做灭齐之计。齐师大败后，乐毅遣还秦韩之师，分魏师以略宋地（齐以前灭宋时所取之地），赵师以收河间，身率燕师，长驱逐迫。因为宋地近魏，河间近赵，故使各分略其地，而秦韩与齐地远隔，故以利偿秦韩之师而使之返国。此一联合统帅之措施，是何等善于做善后适切之安排，如是此等盟国于胜利之后，当无可争议。

（四）收齐民心。"燕师乘胜长驱，齐城皆望风崩溃。乐毅整饬燕军，禁止侵掠，求齐之逸民，显而礼之，宽其赋敛，除其暴令，修其旧政……祀桓公管仲于郊，表贤者之闾，封王蠋之墓（效周武之所为），齐人食邑于燕者二十余君（封为君也），有爵位于蓟（燕都）者百有余人。六月之间，下齐七十余城，皆为郡县"，"齐民喜悦"。此是一番极为高明之安抚政策。

（五）部署占领军，以资控制。共分五军：左军渡胶东东莱；前军循泰山以东至海，略琅邪；右军循河济屯阿鄄（今鲁西南）；后军旁北海，以抚千乘（今高苑县）；中军据临淄而镇齐都。此种部署即全面控制。

在战国中叶，欲灭亡大国极为不易，而乐毅此一政略战略之运用极为适切而卓越，即今日之战争，其最善用政略战略者，亦不过如是而已。

第二节 孙膑救赵、救韩谋略

（一）救赵谋略

周显王十五年（前354年）魏惠王伐赵，围邯郸（赵都，河北今县），十六年齐威王使田忌为将救赵，孙膑为师，居辎车中，坐为计谋。

战略主动。田忌欲引兵趋赵，直接解邯郸之围。孙膑建议曰："夫解

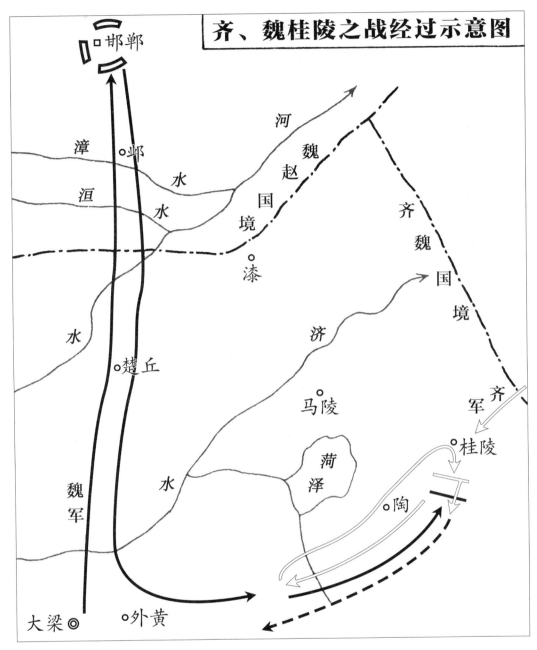

图一三

　　杂乱纷纠者不控棬，救斗者不搏撠，批亢捣虚，形格势禁，则自为解耳。今梁赵相攻，轻兵锐卒必竭于外，老弱疲于内。子不若引兵疾走大梁，据其街路，冲其方虚，彼必释赵以自救。是我一举解赵之围而收弊于魏也。"

　　田忌采纳孙膑意见，是年十月邯郸降魏，魏师还与齐战于桂陵（山东巨野县），魏师大败。（如图一三）

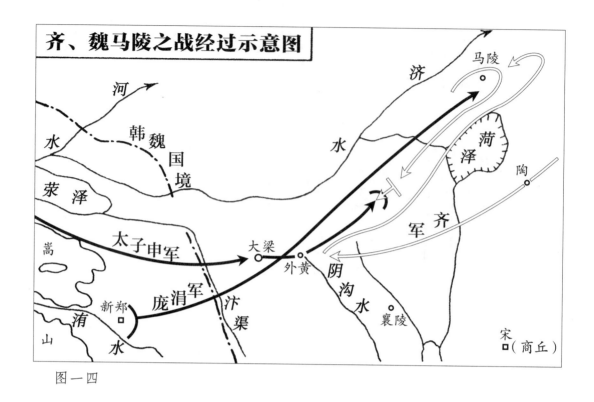

图一四

孙膑此策略之着眼，在创造战略形胜之势。自"夫解杂乱"至"自为解耳"，为其救赵之战略原则；"今梁赵相攻"至"老弱疲于内"，为敌情分析；"子不若引兵疾走大梁"至"冲其方虚"，为战略指导方针；"彼必释赵以自救"是状况判断。

孙膑此种"不控弮""不搏撠"，及"批亢捣虚""形格势禁"之战略运用原则，实乃基于孙武之"攻其所必救"及"致人而不致于人"之战争原理所引出。因为如此，"彼必释赵以自救"而追随于我之意志，且疲于奔命矣。于是以齐新锐之兵，致疲于奔命之魏卒，乘其弊而击之，必操胜算，故能一举而解赵围，较之直趋邯郸赴援，胜算多多。

孙膑此一战略指导原则，不仅在争取主动，而且使魏师唯齐之命是随。故此种战争指导，可谓"善之善者"。

（二）救韩谋略

桂陵之战后十三年（周显王二十八年，前341年），魏将庞涓伐韩，韩请救于齐，齐威王召大臣谋曰："早救孰与晚救？"成侯曰："不如勿救。"田忌曰："弗救则韩且折而入于魏，不如早救之。"而孙膑则曰："夫韩魏之兵未弊而救之，是吾代韩受魏之兵，顾反听命于韩也。且魏有

破国之志，韩见亡，必东面而愬于齐矣。吾因深结韩之亲而晚承魏之弊，则可受重利而得尊名也。"（两弊而后救之策略）

齐王善孙膑之议，乃阴许韩使而遣之。韩因恃齐，五战不胜，而东委国于齐，齐因起兵，使田忌、田婴、田盼等将之，孙膑为军师以救韩，直走魏都。庞涓闻之，去韩而归。魏王又大发兵，以太子申为上将以御齐师。庞涓军至雍丘（今杞县），而齐师已过而西矣，遂回头追击，齐师乃退。

此时孙膑又建议曰："彼三晋之兵素悍勇而轻齐，齐号为怯。善战者因势而利导之，兵法：百里而趣利者蹶上将，五十里而趣利者军半至。"

田忌乃使齐军于退却时为十万灶，明日为五万灶，又明日为三万灶。庞涓追行三日，大喜曰："我固知齐军怯，入吾地三日，士卒亡者过半矣。"乃弃其步军，与其轻锐倍日并行逐之。孙膑度其行，暮当至马陵（今山东郓城县西鄄城附近）。马陵道狭而旁多阻隘，可伏兵，乃斫大树，白而书之曰："庞涓死此树下。"于是令齐师善射者万弩夹道而伏，期日暮见火举而俱发。庞涓果夜到斫木下，见白书，以火烛之，读未毕，万弩俱发，魏师大乱相失。庞涓自知智穷兵败，乃自刭，曰："遂成竖子之名。"（竹简《孙膑兵法》云庞涓被擒）齐因乘胜大破魏师，虏魏太子申。

观察孙膑此一谋略与计划，何等周密而精确，兹将其分析如下：

1.政略主动。若齐当时即不计利害，而循韩国请求发兵救援，则不仅反听命于韩，且魏军未疲惫，而胜利亦无保证。因之第一步须深结韩人之亲齐，阴许韩以必出兵相救，借使其恃救而竭力抵抗。若韩战而获胜，固应晚救，战而不胜，则依齐益切，然后救之，如是则感激于齐更深而听命于齐矣，故云"可受重利而得尊名"。同时又乘魏师屡战疲惫之余，则易胜，诚所谓一举而两得也。

2.状况判断及敌情判断精确。因深悉三晋之兵素悍勇而轻齐，齐兵素称为怯，乃策定因势利导策略，以减灶而诱魏师轻进。

3.计算精密。因对地形判断、敌情判断精确，计算我退彼进行程准确，乃得于马陵设伏歼敌。

综合言之，孙膑此一战略，乃是用因势利导原理，诱至敌人后，以便进行后退歼灭战。旷观战史，运用后退歼灭战制胜者颇多。此种后退歼灭战法，尤以在广大之大陆战场，实为一种最优良之战法，常可操战胜之左券者，如白起于长平战赵括，便用后退歼灭战制胜，再往后检讨战史，因运用后退歼灭战而制胜者，诚不胜枚举。因为后退歼灭战法有如下之利，而敌则否：

1. 使敌追随我之意志——致敌。

2. 我军对战地熟悉，击敌之部署完全操持主动，作战行动可以照预定计划进行——主宰战场。即我"知战之地，知战之日"，敌人则否。故作战时间可照预定计划实施而动作自由，敌人则势必处处陷于被动。

3. 敌情熟悉，敌人则对我情况不明，地形不谙，一切陷于被动。

第三节　战无不胜之战略家白起及其方略

（一）白起所指导之战役

白起乃秦国历史上首屈一指之大将，且深通韬略者，以拔楚国京都一战之功而封为武安君。渠于周赧王二十年（前295年）为穰侯魏冉（秦丞相）荐于秦王，代向寿（秦将）将兵〔其时白起为左更（秦爵名）〕起，至周赧王五十五年（前260年）长平之战止，大小十数次战争，渠始终保有战无不胜、攻无不克之荣冠，吾人今日检讨其战史，古今中外各大名战略家，诚无出其右者，兹将其所指导之战役列下：

1. 周赧王二十二年（前293年）首次将兵，败魏韩联合军于伊阙（今河南洛阳县南），斩首二十四万级，虏其将公孙喜，拔五城，是役因功封为国尉，自此以后魏韩均相继割地求和。其首次将兵，即完成如此伟大之歼灭战。

2. 二十六年（周赧王年代，下同），白起伐魏至轵（今河南济源县西），克大小城池六十一座。越一年秦王即称西帝（齐王称东帝）。

3. 三十五年白起败赵军，斩首二万级，取代（今山西代县）、光狼城（小型歼灭战）。

4. 三十六年白起伐楚，取鄢（今湖北宜城县）、邓（今河南邓县）、西陵（今湖北宜昌）。

5.三十七年白起伐楚拔郢（楚都今之湖北江陵县），烧夷陵（今湖北宜昌），楚襄王兵败，不能复战，东北徙都于陈（陈国为楚所灭，即今河南淮阳县），秦遂并郢为南郡，封白起为武安君。此次战役，确属惊人胆魄之大战，以楚国之强，兵员之众，竟被全部击溃，不能复战而迁都，可惜此一战役之经过史无详载，以致无法从事研究。

6.三十八年白起定巫黔（川黔地区），初置黔中郡。

7.三十九年白起伐魏拔两城。

8.四十二年赵魏联军伐韩，攻华阳（今河南郑县），韩求救于秦，白起率兵救韩，败魏军于华阳城下，走魏将芒卯，虏三将，斩首十三万，复与赵将贾偃战，沉其卒二万人于河。此前后两战役，首为大歼灭战，次为压迫赵兵二万人于河，尽没于水。

9.五十一年白起伐韩取南阳（今河南获嘉县），攻太行道（今沁阳县），绝之。

10.五十五年长平之战，坑赵卒四十余万。此乃历史上赫赫有名之大歼灭战。

（二）长平之战

战争序幕。白起拔野王城（今沁阳县）后，上党（今山西东南地区，故治长子县）韩国郡守冯亭遂与其民谋议，以上党与本国隔绝（韩都新郑，上党必须由野王渡河始能通新郑），不如以上党归赵，赵受上党，秦必攻之，赵被攻必亲韩，韩赵同盟，则可以当秦（利而诱之的求盟策略），于是遂将上党所辖十七城邑献赵。秦因恶赵受地，乃于周赧王五十五年（前260年）命左庶长王龁攻上党，拔之。上党民奔赵，赵将廉颇将兵据守长平（今山西高平县）之险，以老秦师。赵军虽数战不利，但廉颇主力坚壁不出。

赵一场外交谋略之战。秦赵两军对峙长平时，赵王欲与秦媾和，谋于楼昌、虞卿二人。楼昌主遣重要人员为使，赴秦谈判和平。虞卿则献议：“今操纵和战之权在秦国，且秦欲破赵军之志坚，在此种情势下遣使与秦谈判，秦必拒绝。为今之计，不如先遣使携重宝以联楚、魏，使秦以为赵楚魏联盟（当时称为合纵），而感其势孤时，然后遣使与之谈判，和议乃可促成。”（间接路线）赵王竟排虞卿之谋，而采楼昌之议，遣郑

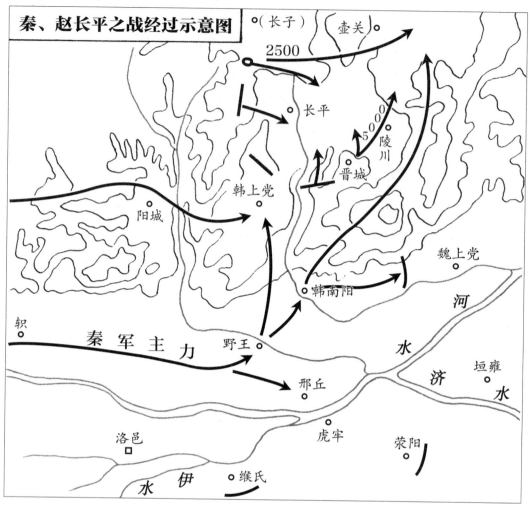

图一五

朱为使，赴秦谈判。秦乃收买郑朱而显重之以打击赵国。

秦破赵策略。郑朱为赵之贵人，亦即赵国之重大使节，秦一面收买显重郑朱，使各国知赵已媾和于秦，绝各国救赵之念，以孤赵国，一面拒与赵媾和，俾随时得进兵攻赵。由此观之，以力量为后盾则致和易，且操和战主动之权，否则徒为求和，适足为敌所弄耳，此虞卿之谋所以胜于楼昌者多矣。

此时赵王又以廉颇坚壁不出战，且常遭受小挫，士卒失踪逃亡者甚多，因怒廉颇怯战而遣使责之。秦人遂乘此良机使人赴邯郸，一面以千金行贿于赵，使谮于赵王，谓廉颇无能，一面散布谣言，说秦独畏马服君赵奢之子赵括为将，廉颇无能，且将投降秦国云云，借此以促使赵用赵括代廉颇。因为赵国朝廷腐败，果中秦人之计，使赵括代廉颇为将以战秦军。

至是，秦又密遣武安君白起为上将军，王龁归其指挥，并传令军中，有敢泄漏武安君为将者斩之。由此可见，当时之各国无不闻武安君之名而震栗者。

（三）白起战略部署及作战指导

最典型之后退歼灭战。赵括已代廉颇将赵军，即易置其军吏，尽变更赵军原来之部署与一切约束，并整兵出击秦师。

于是白起自引兵诱赵军，赵括乘胜追至秦壁，壁坚拒不得入。秦张两翼以劫之，以奇兵二万五千人绝赵军之后，又五千骑绝赵壁间，赵军被分而为二，粮道被绝。白起又出轻兵击之，赵军连战不利，因筑壁坚守，以待救至。

秦王闻赵粮道绝，又自赴河内（野王），发民年十五以上悉诣长平，遮绝赵救兵及粮食。

至九月赵军食绝四十六日，皆内阴相杀食。急攻秦垒不得入，乃做突围之计，将赵军分为四队，经四五次之冲杀不能出。赵括乃自率精锐突战，竟又为秦军所射杀，赵军遂大溃，四十万人皆降。白起以其降卒过众虑变，尽坑杀之，仅余其小者二百四十人归赵，赵国大震。

长平战后一年之十月，白起复分军为三，使王龁攻赵之武安（今河北武安）、皮牢（武安县西）两地，拔之；司马梗北定太原，尽有上党地；白起自将围攻邯郸。此时白起即拟乘胜席卷北方矣。〔按：秦攻六国战略，系取中央钳制韩魏，分南（向楚）北（向赵燕）两翼，实行钳攻。在此一时期，秦似置重点于北翼，及秦始皇灭六国，仍采用是项战略。〕

检讨白起破赵军之战法，唯有采取此种后退歼灭战乃有可能。故其作战指导步骤，势必如下述而后可：

1. 先诱敌离开其险要之守地，俾失其凭借。

2. 采取退后包围部署，以行完全包围，期达完全歼灭之目的。

3. 包围完成之后，不断出轻兵困扰而袭击之，使其于饥疲交迫之后，以便一举歼灭。

吾人细究白起此一巧妙战略部署及其指挥作战之高度艺术，诚使"堪尼""坦能堡"之战，为之黯然无光。若吾人将其与韩信用兵之战例（韩信用兵颇类白起）做综合之研究，当可建立一部高度战争艺术之理论，而无可置疑者。

附录：战国两大政略战合纵、连横

前面已概略言之，秦自献公孝公之世，国势复日益强大，势必东向与六国诸侯逐鹿中原，六国为防秦之势力东侵，曾联合以抵制之，使不得与中国诸侯会盟。惟秦为实现其东向以争中原霸权计，乃用"击弱攻昧"策略，常乘六国之隙，离间分化，或强攻以迫其屈服，或利诱以行招致。至于苏秦张仪等政略家，则乘各国纷争之形势，假合纵连横之术以操纵各国。

苏秦说六国联合以抗秦之利，因当时之六国常遭受秦侵略之势焰，故苏秦之计得售一时。然为时不过一年，齐魏败盟而与秦共伐赵（因苏秦驻赵为纵约长），苏秦奔燕，合纵之计于以崩溃。战国历时凡一百八十余年，六国合纵之谋所以时合时解，卒为秦所灭者，其要因有如下：

（一）六国内政不臧，国内贵族与贵族之间相并，嫡庶长幼之间相残，争权夺位，因此内政常感不宁。当其内争时又势必争取外援，因而予秦以可乘之机。

（二）诸侯之间利害常不一致，交相冲突，互相攻伐（皆欲帝中国），故合纵之谋不能持久。且战国连年攻伐之世局亦历时百余年，六国内政外交，常因时移势变，予秦以可乘之机。

（三）秦自商鞅变法后，国力集中，国内久治，国无闲散之民，故富。刑法刑私斗而励公战，故国人无不争相立功，为国效命。且累世多用贤才，故政治修明，国富兵强，中原诸侯常联合数国之兵而为秦所败。又以诸侯利害不一致，经不起秦之威迫利诱，而常自相乖离，或则不敢合纵而求与秦妥协以谋自保。

（四）秦常用大量黄金收买诸侯臣民宾客，以为其第五纵队，乘间造谣离间，利诱招致，如长平之战先去廉颇，利用郭开以去李牧，利用楚王嬖臣美妾以胁楚王事秦，利用齐国来往关中之宾客以说齐不必备秦等事，均其明证。

（五）秦用"擒贼先擒王"之战略，于六国大倡合纵之际，专事打击倡纵约者（此一决策之运用，须视对方力量强弱始可用之），使六国不敢首倡纵约。故其先灭赵，此为以独强击众弱之有效策略。

（六）秦远交近攻策略之成功运用，故其于秦王政十九年灭韩，后五年灭魏，次灭楚，次灭代（赵于秦王政十八年被灭后，其宗室奔代，再称代王），次灭燕，最后灭齐。此是先与齐楚交好而灭三晋，三晋灭而及燕楚，最后及齐之一贯策略。

（七）秦用司马错之谋，先取汉中巴蜀之地，因而地益广，国益富，而兵益强。且秦据关中，地势优越，情势不利则闭关待时，乘东方诸侯有变，乃突起而乘之，或谋或战，或进或退，即所谓进攻退守，完全操主动之权，故其连横之策得以成功。

兹将秦国显著策略略述如次：

（一）秦国富强两大基因

1.秦孝公励精图治，图雪诸侯排斥之耻，用商鞅以法治国，其大要如次：

（1）令民什伍相牧司连坐，告奸者与斩敌首同赏，不告奸者与降敌同罚，因而国民守法，国内大治。

（2）不事生产及怠而贫者，举以为牧奴，大小戮力本业耕织，致粟帛多者复其身。于是全国上下竞争生产，因而民富。

（3）明尊卑爵秩等级，各以差次名田宅，臣妾衣服，有功者显荣，无功者虽富无所芬华，因此官民无不戮力以立事功。故政治效率高，民心奋。

（4）有军功者，各以率受上爵；为私斗者，各以轻重被刑。因而养成国民勇于公战，怯于私斗之风气。

（5）废井田，开阡陌，举赋税，于是国家权力集中，财富亦集中，因而国富。

2. 秦惠王时（前 316 年），张仪献议东向挟天子以令诸侯，而司马错则主先并蜀，其言如次："欲富国者务广其地（以人力资源丰富者为可贵），欲强兵者务富其民，欲王者务博其德。三资者备而王随之矣。今王地小民贫，故臣愿先从事于易。夫蜀，西僻之国而戎狄之长也，有桀、纣之乱，以秦攻之，譬如使豺狼逐群羊。得其地足以广国，取其财足以富民，缮兵不伤众而彼已服焉。拔一国而天下不以为暴，利尽四海而天下不以为贪，是我一举而名实附也，而又有禁暴止乱之名。今攻韩，劫天子，恶名也，而未必利也，又有不义之名，而攻天下所不欲，危矣。臣请论其故：周，天下之宗室也，齐，韩之与国也。周自知失九鼎，韩自知亡三川（伊川、洛水、河水），将二国并力合谋，以因乎齐、赵而求解乎楚、魏，以鼎与楚，以地与魏，王弗能止也。此臣之所谓危也，不如伐蜀完。"秦惠王从司马错之谋，遂灭蜀，南疆拓地千里，不但秦国因以民益众，财益富，且从此威胁强楚西疆，故后来张仪威胁楚王曰："秦西有巴、蜀，治船积粟，浮岷江而下，一日行五百余里（在古代确是何等惊人之口气），不至十日而拒扞关（川东巫山临江之处亦曰楚关），扞关惊则从境以东尽城守矣，黔中、巫郡非王之有；秦举甲出武关，则北地绝。秦兵之攻楚也，危难在三月之内……"于是秦后来不仅尽有黔巫之地，而迫楚东迁至陈（淮阳），皆司马错此一谋略之功效也。其着眼非但深识挟天子以令诸侯之无效用，且为"先为不可胜，以待敌之可胜"之至计。尤有进者，此谋不仅为固本之计，且其贡献于未来统一六国，在地略上建立非常优越之形势。

（二）离间策略。其显著者，如周赧王二年（前 313 年）秦欲伐齐，而患齐楚之从亲，张仪以商於之地六百里为饵，离齐楚之交（伐交），因楚齐离，其各个蚕食之谋得逞。次为苏秦合纵之谋方成，而诱韩魏共兵击赵，合纵之约因而瓦解。

（三）用间策略。"秦王政用李斯谋，阴使辩士赍金玉游说诸侯。诸侯名士可下以财者，厚遗给之，不听者利剑刺之。离其君臣之计，然后使良将随其后。数年之中，尽兼天下。"其此一策略，于李斯之前实已屡用不鲜，且奏功甚多，如长平之战，先使赵去廉颇而用赵括便是。

（四）远交近攻政略。"范雎教秦以远交近攻之策，先亲韩魏（称为当时天下之枢纽），以威楚赵。楚强则附赵，赵强则附楚，楚赵皆附，齐必惧矣，齐附则韩魏因可虏也。"此一策略是秦所一贯执行而不易者，直至六国统一而后已。

本篇主要参考书

1.《战国策》

2.《史记》有关本纪列传

3.《资治通鉴》

4.《中国历代战争史》

5.《读史方舆纪要》

第五篇　秦代战争

提　要

一、秦皇猝逝出巡途中，太子未立，赵高胁制李斯另立二世胡亥。赵高相继诛杀秦诸公子及大臣，六国遗臣乘机蜂起，天下分崩。

二、陈胜、吴广率戍卒发难为导火线，群雄并起。章邯为赵高所迫降楚。刘邦钻隙入袭咸阳，秦以灭亡。

第一章　秦崩溃之原因

秦自商鞅变法（周显王十年，前 359 年）之后，富强冠六国，且历代多能任用才智卓越之将相，如商鞅、张仪、魏冉、白起、司马错、将军摎、王翦等辈，故能以战无不胜之雄威扫荡六国。最后加以秦始皇之英明杰出，故于始皇二十六年（前 221 年），卒乃统一六国，建立空前强大之大一统帝国。

然始皇于统一六国后，由于竭力经营之故，连年不息巡视各边疆，卒至其三十七年秋积劳死于出巡途中之沙丘平台（今河北省平乡县东北），秦国命运从此遂开始走入崩溃之途。兹综究其崩溃原因如下：

（一）秦始皇出巡，未先召长子扶苏守国（扶苏监蒙恬兵三十万于北方，镇抚匈奴），以固根本而备万一，致一旦身死边疆，权臣（赵高）操纵，杀长立幼，谋夺皇权，中央政府因陷于瘫痪，而招致崩溃之祸。

（二）秦国统一未久，六国所遗宗族大臣仍多潜伏于各地，待机谋复。

（三）六国遗民不惯秦之新法，人心普遍观望携贰。且以秦统一之后，控制地方之政治干部不敷分配，故对吞并六国之地，控制尚未周密。

（四）统一六国之后，在政治上虽既鉴于周代封建割据之害而不再封诸侯，但在过渡时期中之军事控制部署，亦未加以周密之策划（边郡兵制尚未完固）。

（五）建设过于急进，以当时之人口，不足以应付其各种徭役之烦，人心怨愤。故陈胜、吴广振臂一呼，天下响应。

由于以上诸种原因，故导致一旦戍卒发难，各地群起响应，燎原之势，一发不可收拾，遂陷于总崩溃之厄运。由此可知，国家之决策必须高瞻远瞩，详审周虑，预防祸患。否则祸机丛伏，一旦爆发，必致亡国，领导国家者不可不慎。

第二章　秦末战乱之经过概要

第一节　秦乱之始因

始皇既死于沙丘，皇幼子胡亥及丞相李斯、近臣赵高等因相从始皇于沙丘故，赵高乃胁李斯谋诛长子扶苏、将军蒙恬而立胡亥，盖图挟幼主，俾易于控制政柄也。

二世胡亥既立，以沙丘之谋出自赵高，于是独信赵高，李斯无奈其何。赵高以既实掌大权，加以二世"欲悉耳目之所好，穷心志之所乐"，高乃得从而献谋，先诛蒙氏兄弟蒙毅、蒙恬（其时二蒙权势颇重），次诛诸公子。盖欲尽诛始皇之大臣及诸公子以除障碍，复另擢用新人，以便为所欲为。故赵高之谋曰："诛灭大臣及宗室，然后举遗民，贫者富之，贱者贵之，尽除先帝之故臣，更置陛下所亲信者。"此等于换了一个政府，亡秦的政府。

二世经此场大杀戮后，秦政遂致根本动摇，控制力因此瓦解，天下人心浮动。其时蒙恬既死，北方国防上为加强守卫计，乃增发民役往守渔阳（河北省密云一带地区），陈胜、吴广率役卒恐过期获罪，遂起而发难，由是秦之统治立成瓦解之势。

第二节　陈胜、吴广首乱及赵国再建

二世元年（前 209 年）七月，楚人陈胜（颍川人）、吴广（淮阳人）

率役卒九百人赴渔阳守地，因天雨道路不能进，度到达渔阳必逾期。秦法甚严，逾期皆当斩首，于是陈、吴二人乃杀秦之将尉，以亡命徒之姿态号召役卒曰："公等遇雨，皆已失期，失期当斩。借第令毋斩，而戍死者固十六七。且壮士不死即已，死即举大名耳，王侯将相宁有种乎？"此项宣言一出，众皆从之。陈、吴二人乃假以公子扶苏及前楚将项燕为号召，自称大楚，陈胜称将军，吴广为都尉，攻大泽乡（今宿县西），拔之，继克蕲（今安徽宿县）。于是分兵北进，以一部令葛婴〔符离（今皖北符离集）人〕沿今皖省地区北上，直指彭城（徐州）；陈、吴二人率主力北上，向陈（豫东淮阳县）前进。驱兵所至，各地响应。及陈、吴二人至陈时，既有兵车七百乘，骑兵千余，步卒数万，遂对陈城发动攻击而克之。

陈胜既克陈，时大梁名士张耳、陈余皆于魏被灭于秦之后逃避于此，至是张耳、陈余遂晋谒陈胜，胜亦以素闻二人贤名而宠用之。此时陈中豪杰父老皆请立陈胜为楚王，以号召天下击秦。胜问计于耳、余，彼二人乃献策曰：

"秦为无道，灭人社稷，暴虐百姓，将军出万死之计，为天下除残也。今始至陈而王之，示天下私。愿将军毋王，急引兵而西，遣人立六国后，自为树党，为秦益敌。敌多则力分，与众则兵强。如此则野无交兵，县无守城，诛暴秦，据咸阳，以令诸侯。诸侯亡而得立，以德服之，如此则帝业成矣。今独王陈，恐天下懈也。"

陈胜不听，遂自立为王，号张楚。

陈胜势力之辐射形发展。陈胜既自称王，以吴广为假王，以上蔡房君蔡赐为上柱国。当是时，诸郡县苦秦法，争杀长吏以应。于是，陈胜立即策定进兵部署如下：

（一）命武臣为将军，邵骚为护军，以张耳陈余为左右校尉，予卒三千人略赵（今邯郸及附近地区）。

（二）周市率兵略魏地（今开封及附近地区）。

（三）邓宗略九江郡（今寿县及附近地区）。

（四）吴广监诸将西击荥阳。以周文为将军率兵向西挺进，击秦咸阳。

（五）宋留略南阳以入武关（后陈胜死降秦）。

陈胜之发难也，秦二世初为群臣所蔽，及周文之兵至关，由于各地纷起响应，比至临潼以东戏水地区时，周文军力之盛，既达车千乘，卒数十万，而在戏水（今临潼县）排成阵势，做进攻咸阳之准备。于是二世大惊，虽欲在近县召集士卒亦既不及，乃赦骊山之徒卒，授以兵器，令少府卿章邯率以击周文军而大破之。秦势因此得以复振，以破竹之势破荥阳楚军，而疾下淮阳，于是陈胜败灭。综计陈胜七月起兵，十二月灭亡，其兴也速，其败也疾。继陈胜起而抗秦者为项梁与赵。

武臣再建赵国。初武臣等受陈胜之命北略赵地，从白马（豫北滑县）渡河，所至诸县，说其豪杰，皆响应之，因收兵得数万众，号武臣为武信君。然至赵，十余城皆固守，武信君乃引兵指向东北，击范阳（河北大兴县西南）。此时有范阳人蒯彻说武信君曰："足下必将战胜而后略地，攻得然后下城，臣窃以为过矣。诚听臣之计，可不攻而降城，不战而略地，传檄而千里定，可乎？"

于是武信君问计，彻曰："范阳令徐公畏死而贪，欲先天下降。君若以为秦所置吏，诛杀如前十城，则边地之城皆为金城汤池，不可攻也。君若赍臣侯印以授范阳令，使乘朱轮华毂，驱驰燕赵之郊，即燕、赵城可毋战而降矣。"

武信君用蒯彻此一优待战俘之攻心做战策略，果收宏效，燕赵之城邑不战而下者三十余城。

初张耳陈余至邯郸时，闻周文兵败，又闻诸将为陈胜略地还者多以谗毁得罪受诛，遂说武信君自立为赵王。

武信君于是年八月自立为赵王，以陈余为大将军，张耳为右丞相，邵骚为左丞相，并使人报陈王（陈胜自立于陈，故亦称为陈王）。陈王大怒，"欲尽族武信君等家而发兵击赵"，上柱国君房谏曰："秦未亡而诛武信君等家，此生一秦也。不如因而贺之，使急引兵西击秦。"（后张良亦以同样之计，劝刘邦封韩信为假齐王）陈王用其计，遣使者往贺，并令速出兵西击秦，以挽救周文败退之颓势。但张耳、陈余又说武信君曰："王王赵，非楚意（陈胜自称张楚），特以计贺王。楚既灭秦，必加兵于赵。愿王毋西兵，北徇燕代、南收河内（豫北、黄河以北地区）以自广。赵南据大河，北有燕、代，楚虽胜秦，必不敢制赵，不胜秦，必重赵。赵乘秦、楚之敝，可以得志于天下。"（假二强对立之势以自重）

赵王武臣然其计，使韩广略燕，李良略常山，张黡略上党。于是赵国再建。

第三节　项梁、刘邦突起及楚齐魏三国再建

是年九月，项梁与其侄项籍（项梁是楚故将项燕之子）起兵于吴（今苏州），杀会稽守殷通，略取各县邑，得精兵八千人以应陈胜。刘邦原为秦之亭长，亦以送役卒赴关中，役卒多逃散，恐获罪而逃亡，至是乃起兵于沛，攻沛城（苏北今县），杀沛令，自称为沛公。

是时，齐故王族田儋偕其弟田荣、田横亦乘机复齐，自为齐王。韩广略燕地，自称燕王。周市略魏地，立故魏公子咎为魏王。时自陈胜发难，至此历时仅三阅月，而天下纷然。

第四节　章邯军东出扫荡与陈胜之灭亡

周文兵败于戏水（今陕西临潼县新丰镇），乃退守曹阳（豫西陕县西四十五里），章邯复追击破之，又退渑池，章邯再急击而大破之（穷追）。周文以一再大败，乃自刎，军遂溃。

是时，吴广围攻荥阳（秦守将李由乃李斯之子），仍未能下。楚将田臧以吴广无能而秦兵东逼，乃假陈胜之命杀之，留李归监视荥阳，自率主力迎战章邯于敖仓（巩县洛口间），大败，田臧战死。章邯军继续锐进，东取郯城（苏北东海县西北），南取许昌。二世复遣司马欣、董翳益兵以助章邯，因此章邯军益强，乃进击陈胜于淮阳，大破之。陈胜溃走汝南地区，为其御庄贾所杀，陈胜自立之楚国至是遂灭。陈胜自二世元年七月发难，至是年十二月灭亡，历时仅五阅月。

陈胜发展及与章邯作战经过示意图

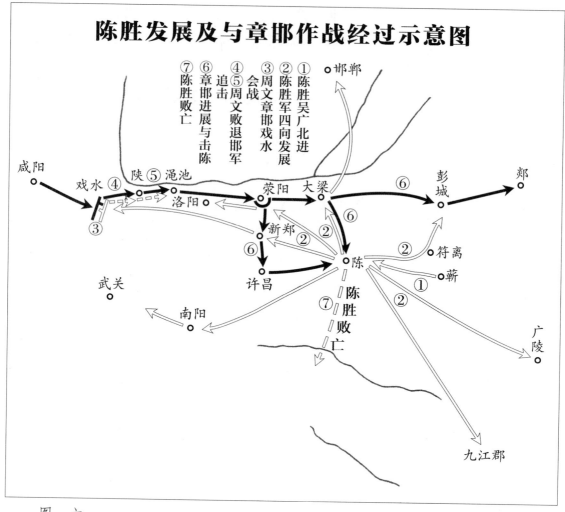

① 陈胜吴广北进
② 陈胜军四向发展
③ 周文章邯戏水
④ 会战
⑤ 周文败退邯军追击
⑥ 章邯进展与击陈
⑦ 陈胜败亡

图一六

陈胜之发难也，利用亡命徒为脱死之计，并以"王侯将相岂有种"以煽动之，遂合九百人为一死夫，郡县当之者破。适其时秦政大乱，六国各地潜伏故六国遗族待机反秦，加以六国各地人民不惯秦法之严厉，且秦所征发天下役卒甚众，亦多乘机群起，陈胜即在此种时势之下，造成其英雄短暂之业。然以陈胜、吴广之不才，不能为六国号召之中心，故从其发难者纷纷自立发展，陈胜亦不旋踵而灭亡。唯陈胜虽亡，但毁秦之局势既由彼等所造成，则彼对当时时势影响之力亦甚大，至属明显。

当陈胜之破亡时，章邯之军以破竹之势奠定中原心脏诸要地，军事力量与声威复直达东海地区，有横断南北之势。且其时秦军之在太原者，复能塞井陉之道，以阻李良之入寇（赵王武臣所遣），设非秦政混乱，则扫清纷乱之局，可拭目俟之。是故政治乃为军事之根本，根本动摇，则军事虽偶尔一时得势，亦无能挽救政治所造成之厄运。

第五节　楚国第二次建国

陈胜死后，秦嘉、朱鸡石均起兵于东海郯城，立楚旧贵族景驹为楚王。是时赵王武臣之将李良阻于井陉不得进，因内讧回兵邯郸，杀武臣降秦。张耳陈余乃另立赵歇为赵王，都信都（在今冀南襄国县），引兵击破李良，良走降秦，张耳陈余遂再建赵国。楚王景驹驻留（苏北沛县东南九十里），指挥各军以御章邯，是时刘邦往属焉。楚军与章邯战于萧西（苏北萧县之西），败还。秦军继攻砀（苏北砀山）、下邑（豫东夏邑县），拔之。楚军遂暂在此线取守势，以确保留为策源地。

先是，广陵（今江都）人召平奉陈胜之命略取广陵未下，及闻陈胜败亡，乃渡江至吴，假陈胜之命，拜项梁为楚上柱国，并劝项梁急发兵西击秦。梁乃以八千人渡江，至东阳（安徽盱眙县），陈婴属焉（婴东阳人起兵于此）。英布起兵于九江（湖北广济县），及闻项梁兵渡江，亦引兵与蒲将军来会，而属项梁。梁因是军众骤达六七万，加以项籍、英布之勇，军威至盛，此军嗣后遂成为章邯之克星。

项梁军威既盛，乃引兵直抵下邳（苏北邳县东），楚王景驹及秦嘉军驻于彭城东（徐州）以拒项梁（秦嘉奉景驹为楚王，仅欲借为号召，而实权则自握之，当时各地纷起之豪杰亦莫不如是。故秦嘉之所以拒项梁者，盖非为击秦，而在争权割据而已）。项梁乃宣言曰："陈王首先发难，天下景从，嗣以战不利，尚未闻所在，而秦嘉另立景驹，实为大逆无道。"乃进兵击之，秦嘉军大败，项军追至胡陵（鲁西南鱼台县），嘉还军死战一日，仍大败，秦嘉战死，军降项梁，景驹亦走死于梁地。刘邦率百余骑降。

当项梁与秦嘉军战于彭城胡陵间时，章邯欲效卞庄子之策，一举而得二虎，乃引军东进，以观成败。及项梁既并秦嘉军于胡陵，正欲整备西进以攻秦军之时，而章邯则机先进抵栗地（在沛县附近地区）。于是

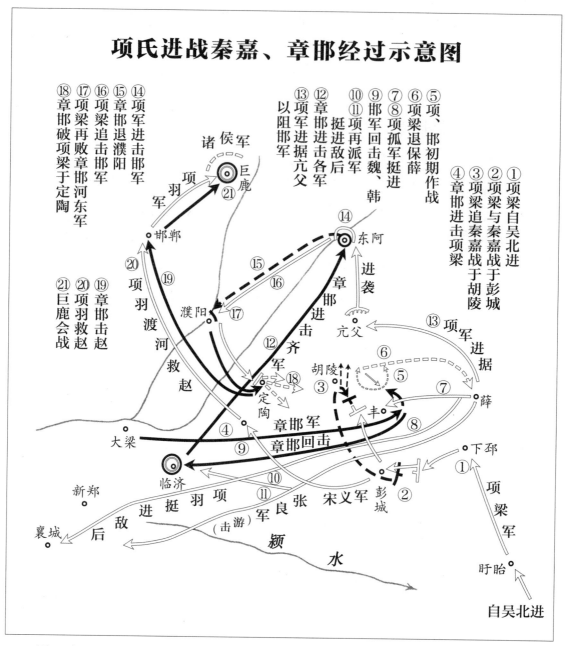

图一七

项梁乃遣降军朱鸡石等军与战，降军大败，项梁遂引兵退保薛地（鲁南薛县东南）。梁为牵制章邯之攻势，乃令刘邦率兵五千攻丰邑（苏北丰县），克之，另令其侄项羽向秦军之后挺进，攻襄城（豫中今县）。项梁此一敌后战略，迫使章邯军后顾而周旋于魏韩之间，梁得以整备再兴攻势。

第六节　项梁兴楚、建韩与战死定陶

当项羽克襄城之时，因得陈胜败死之讯，还报项梁。于是项梁召集诸将至薛计议，时有居巢人（安徽巢县）范增者，年既七十，素居家，好奇计，至此乃往薛说项梁曰：

"陈胜败，固当。夫秦灭六国，楚最无罪，自怀王入秦不反（其事详见第四篇第三章'战国时代之外交战'、第四篇第四章'战国时代之军事战'），楚人怜之至今。故楚南公（战国时之阴阳家）曰：'楚虽三户，亡秦必楚。'今陈胜首事，不立楚后而自立，其势不长。今君起自江东，楚蜂起之将皆争附君者，以君世世楚将，为能复立楚之后也。"

于是项梁用其计，求得楚怀王之孙心于民间为人牧羊，乃于秦二世三年六月立为楚怀王，以从楚民之望而资号召，以陈婴为上柱国，辅怀王都于盱眙（安徽今县），项梁自号为武信君。于是张良亦进说立韩国王族后裔韩成为韩王，良为司徒，将千余人西略韩地，与秦军做游击性之争夺战，往来颍水之间。项梁上项部署既定，准备开始展开对章邯之攻势时，而章邯为进攻项梁，必先击灭韩魏，于是章邯首先对魏展开攻势，击魏王于临济（在豫省陈留县东北）。魏王遣周市求救于齐、楚，齐王田儋及楚将项佗将兵救魏。但齐、楚军于初抵临济时，卒为章邯所夜袭而大败，此役田儋周市均战死。魏王咎因此为魏民约降于秦而被杀，其弟魏豹逃脱奔楚，项梁复予魏豹兵数千，使略收魏地。齐王儋之弟田荣则收拾齐之败残兵东走，以保东阿（此时齐宗族起变乱，因闻田儋已死，田角兄弟乃另立前齐故王建之弟田假为王，角自为相，以其弟田间为将以拒诸侯，此为后来引起齐之内战）。章邯乘胜引军急追而围攻之。其时项梁为防章邯进袭，另进兵攻亢父（山东济宁县南，为济宁境险要），不及，及闻田荣被困于东阿，乃急引兵疾诣东阿，破章邯军于东阿城下。章邯退保濮阳（河北今县），遂利用濮河地障做河川防御。田荣因田角另立田假，乃引兵还齐，项梁则独向西追击章邯军，并分军使项羽、刘邦攻城阳（在濮阳县东九十一里），屠之，再攻定陶。项梁追至濮阳东，与章邯殿后军战，复大破之。然此时章邯主力已退守濮阳，利用濮河地障防御，整顿败兵，秦军之势得以复整，因此项梁数遣使促齐、赵发兵共攻章邯。唯此时田荣既逐齐王假，另立田儋之弟田市为王，田荣自相，以其弟田横为将，略定齐地，田假因逃在楚，田角、田间兄弟在赵，田荣因请于楚、赵，先杀诸田，然后出兵。于是项梁一面再遣宋义往说齐，一面移军定陶，以整备对章邯之再兴攻势，同时再令项羽、刘邦进击李由（原守荥阳之秦将，李斯之长子）于雍丘（杞县，陈胜死后，章邯东进，李由乃由荥阳推进于此），大破之，李由战死。项、刘既破李由，再攻外黄（杞县东）、陈留（今县）。项梁此举盖欲先制章邯之后（项梁此种战法，后来为刘邦用以战胜项羽），时为是年七月也。

然项梁以一胜章邯于东阿，再胜于濮水之东，三胜于定陶，四胜于雍丘，遂有轻秦军之意，对章邯因疏戒备。加以是时七至九月霖雨不止，意欲休兵整备，以待再举者。

秦以章邯挫败，乃悉发王离兵增援章邯。于是章邯利用王离之骑兵，并乘霖雨敌人不加戒备天候，突自濮阳渡河袭项梁于定陶（章邯惯于奇袭作战，前曾夜袭齐楚军于临济，而项梁则惯于战略挺进敌后作战），因此楚军大败，项梁战死。

第七节　楚怀王进驻彭城之战略

项梁既死，楚军震恐。项羽、刘邦攻陈留不下，闻项梁既死，乃急引兵东退，怀王并移都彭城，做纵深之战略机动部署：

（一）刘邦驻军于砀山。

（二）将军吕臣驻军于彭城之东。

（三）项羽驻军于彭城之西。

（四）此时魏豹既下魏地二十余城，遂封魏豹为魏王，置于秦军之后，以牵制之。

楚怀王突自盱眙进都彭城，首在掌握战败之楚军，以挽定陶战败之局势，故做上述纵深之战略机动部署，并将吕臣、项羽军自统之。以刘邦为砀郡长，封武安侯，将砀郡之兵。封项羽为长安侯，号鲁公。以吕臣为司徒，其父吕青为令尹。

楚怀王上项部署甚为得计。盖移都彭城，俾易于与齐赵为攻守掎角之势，以胁制章邯，同时其纵深机动部署，退则以固彭城，进则随时保持积极机动。否则若仍都盱眙，则楚与齐赵之势悬隔势分，易为章邯所各个击破。故后来项羽救赵，得以大破章邯军于巨鹿者，实得力于移都彭城与机动纵深之战略部署所获致。是以楚怀王移都彭城，实为破秦军之一大关键。

第八节　章邯击赵及项羽救赵

章邯既破项梁，以为楚地兵不足忧（此为章邯之失计），乃驱兵渡河北击赵，以与太原之秦军协力控制河北之形势而大破赵军。及至邯郸，乃悉徙其民于河内（今豫北）并夷平邯郸城郭。张耳与赵王歇退保巨鹿（今平乡县），秦将王离遂进围之。时陈余收常山兵得数万（即河北正定元氏一带之郡县兵）以援巨鹿，而军于城北，章邯军于城南相对峙。赵乃数遣使促楚出兵援救，于是巨鹿之会战以起。

楚怀王以赵数请救兵，乃以宋义为上将军，项羽为次将，范增为末将，诸别将皆属宋义，发兵救赵，号宋义为卿子冠军。一面令刘邦自砀山西出，收陈胜、项梁散卒，向西游击于黄河南岸诸地，相机袭秦，一以扰乱秦军后方之补给线，一以胁秦之大后方。

十月，齐田都背田荣亦出兵救赵，燕、代之救兵亦相继到达巨鹿。

宋义既率兵救赵，军至安阳（鲁西南曹县附近，古有安阳故城），留四十六日不进。项羽劝急引兵渡河，楚击其外，赵应其内，以破秦军，宋义不听，以为"秦攻赵，战胜则兵疲，我承其敝，不胜，则我引兵鼓行而西以灭秦"，并遣其子宋襄相齐。宋义此举实欲以其子相齐，取齐为外援，顿兵以观成败，志在继代项梁之权位，然后相机发展其个人之势力也。至于其"承秦军之弊"，乃属遁词。盖此时章邯既顿兵于巨鹿坚城之下，诸侯救赵之兵亦至，正可合势急击秦军以取胜，岂有在此种情势下尚坐观以承敌人之弊者？况若一旦巨鹿为秦攻下，不仅赵势已溃，齐燕代亦瓦解，如此楚、齐、赵掎角之势必溃，则秦军必转而扫荡齐楚而各个击破。是故项羽之主张渡河急击，不仅急于报项梁之仇，亦战略至当之着眼。

项羽既痛宋义之顿兵不进，又不用其言，乃于十一月某晨进朝上将军宋义时，即其帐中斩之，假楚怀王令号于军中，并追杀宋襄于齐境。诸将遂共举项羽为假上将军。

章邯以王离军围攻巨鹿，其自率之军则做九阵之纵深部署，以阻遏楚军之救援，并筑甬道通河，以输饷济王离军。是时巨鹿城中食尽，王离兵亦以兵众食多，粮有不继之虑，而攻城益急。当此正所谓一发千钧，胜败系于顷刻之际，而诸侯军救赵者又坚壁不敢进。项羽此时既统楚之全军，即分遣蒲将军为前军渡河进击，但以章邯阻援部署坚强，未获进展，项羽乃改令其绝秦军甬道，因此王离军乏食。项羽并即悉兵渡河（漳水），破釜沉舟，焚庐舍，持三日粮，示士卒以必死无还心，向章邯军突击。楚军在项羽率统之下有如疯狂之猛烈进击，遂大破秦军而虏王离。

第九节　章邯降楚及秦军灭亡

项羽既破秦军，声威震撼诸侯，遂为诸侯上将军，并即进兵至漳南（今安阳县），以阻遏章邯南走之路。章邯军既败，乃顿兵棘原（在冀南平乡县西南）。此时适二世遣使责章邯，邯因益恐，乃遣司马欣回报并请兵增援。欣至咸阳三日，赵高不见，欣恐，走还，有劝邯降楚之意。章邯军在棘原，复遭项羽不断遣军攻击所败，章邯在此种内有朝廷之迫，外有强敌在前之困境下，遂谋降于项羽。项羽亦以兵众粮少，乃许章邯降，并封之为雍王。

章邯既降，项羽率诸侯军西进攻秦。但当项羽救赵之际，刘邦既因张良之助，引兵过韩地直攻武关（此时赵高惧罪，杀二世，欲立子婴为秦王，子婴又杀赵高），又用张良计，得以破峣关（今蓝田县），乘虚入咸阳。秦至此遂亡，时为二世三年（前207年）。

第三章　谋略战策之论评

第一节　秦始皇统一后之政略失策

秦之崩溃原因既如上述，兹将秦之整个谋略战之得失评论于下：

（一）固根本及安内问题。"虑事不周，祸生肘腋"，秦始皇以雄才大略之姿，于并吞六国之后，既有传万世之远图，但为时仅十五年，于其身死之后，而其国即随之崩溃者何故？乃由于固根本及安内之措施未周为发端。或谓安内之略，因赵高之奸才，辨识不易，故防范之策，亦为始虑所不及，尤以始皇仓卒死于沙丘，更为出于意外。然而继承人物之太子，乃亦不早为定计，此实为秦政至乱之根由。况帝王时代之政治，确定继承人物，乃为国政之最重大最根本之事，况自东周以来，既有极多之历史教训，始皇竟忽于此，致遭赵高之乱，此实始皇在政策上一大缺点。设其时早立扶苏为太子，每于出巡时，则令太子镇守政治之中枢，如此则虽死于沙丘之意外，亦不致遭基本毁坏之祸。始皇连年出巡，忙于征服地之整治，而致忽其根本之大计，此实始皇决策上之一大失算。

（二）对六国遗臣及后裔控制不周。周公诛管叔、蔡叔之后，移殷族于洛阳地区集中而控制之，始免殷民之复起变乱。不仅此也，况当始皇既灭韩、赵、魏、燕四国而向齐王招降之际，即有人献计于齐王田建，拟利用韩、赵、魏逃难聚散于鄄阿间（今鲁西南）之宗族与遗臣，及楚宗族遗臣逃难聚散于荆地者，再起而抗秦者。但始皇于统一六国之后，竟未彻底集中此等遗族遗臣，致遭陈胜、吴广以亡命客之姿态奋臂一呼，六国各地之遗臣宗族群起响应，天下遂成纷乱之局，统一强大之帝国，竟复成四分五裂之势。所谓"秦失其鹿，天下共逐之"，此乃始皇未彻底消弭祸根之失策。故治国筹策，而不知消弭祸根，实为筹策之大失算。

（三）对征服地区行新法制之权衡失策。秦国统治数百年关中弹丸之地，以统治如此悠久之民，地域如此之小，于商鞅变法之际，臣民尚多纷纷不安而反对者，况此十倍秦地之六国广大新征服地区与臣民之众，则反抗之势力何啻千百倍？而始皇不知权衡形势，做行新法之过渡措施，此实为又一失算。盖对一广大而积习已久之社会改革，必须经过过渡之措施，换言之即须实施新制之准备诸种措施以渡过之，然后始可以底于成。

诚然，秦于此时对实施新制度之过渡时期措施尚无历史经验，然于如此广大新占领区域之各重要地点，复未设屯驻有力之战略武力以资控制，以致一夫倡乱，即成土崩瓦解之势，此亦始皇决策之失算。

综上以观，秦始皇统一六国后之决策，实有其主要之疏漏。故决策而不综览形势，周审利害得失，则未有不败者。

第二节　秦二世政略之得失

当章邯向东出击之时，秦之战略仍甚卓越。盖章邯一路横贯中原，控扼中原之命脉，腰斩南北之形势，同时太原之秦军复乘势出井陉，与邯军北向之军会师，置中原之形势于掌握。且章邯之追击周文时，其不予周文军以喘息之机会，继又袭楚、齐军于临济，而用卜庄子之策，以伺项梁与景驹之隙而破之，以及袭项梁于定陶等战策措施，实属至当，故均能收赫赫之功。

然战略之利，仍难挽救政略之失，盖上述秦政略上之失策所造成分崩离析之势，虽章邯以破竹之势，亦难挽既倒之狂澜。是故政略之优劣，足以决定战略之胜败，战略之得失，亦足以决定战术战斗之命运；反之，若政略错误已造成狂澜之势，战略虽优亦难以挽回，同理，若战略错误，战术战斗虽优越，亦必甚难为力。是故筹谋战争、运筹谋略战策者，不可不了解政略、战略、战术之相互密切连锁之关系。

第三节 陈胜、吴广之得失

（一）英雄造时势，时势造英雄。以陈胜、吴广之才，实不足以定大事，然由于秦政略上既造成堪为利用之时势，故陈、吴得迫于救死，与出于亡命徒之举而利用之，此正所谓"时势造英雄"者也，同时亦证明英雄利用时机之重要。然陈、吴二人虽非大才，但亦非昏庸一无所长者，观其鼓动役卒反秦之宣言可以知之。彼等鼓动役卒之步骤，一为救死，一为"王侯将相岂有种乎"之利害，以驱策与煽动之。由彼等此举，实可与拿破仑出征意大利之宣言争先并驾。而彼等所以卒能造成虽短暂而又不失为显赫之业者，亦以有此一才能之故。

（二）陈胜自行瓦解其力量。当陈胜发展至陈时，应集中力量以向秦，而不应以分军略地为急务，故其随军事四向发展之时，而其力量亦渐成支离之势。盖社会人类之领导，有赖于声望与威望之因素者甚大，而陈胜辈既不具此种因素，而又不知利用力量以造成此种因素，故其军事上虽能乘势四向发展，实无补于其大势，反有害于其力量而使之削弱。夫事势必有赖于因势而利导者，即此之谓。

第四节 张耳、蔡君房、蒯彻之谋略

（一）张耳与蔡君房之谋略

1. 劝陈胜勿王与封六国后。张耳之所以劝陈胜勿在陈称王，而速进兵入关破咸阳灭秦以成帝业者，一以陈胜缺乏领导当时群伦之历史威望，一以乘秦之不及也。若陈胜当时能用张耳策，待破咸阳之后而称王，则其顺应六国人心与灭秦之声威，即足以补救其缺乏历史声望之缺陷。是故事机有先后，若后其所先，或先其所后，实皆足以招致失败。且其在陈称王时，又失乘秦之不及之时机，再加以周文之军抵戏水而迟阻不前，凡此皆足以招致失去优越之气势与时机，故陈胜之败亡因益为迫促。由是观之，足见英雄政略与决策识略之重要。陈胜辈以缺乏此种政略与决策识略之故，虽有时势可乘之机，仍不足以成大事。

2. 张耳劝陈胜封六国后之谋，仅为弱敌自强临时之策略，盖若封六国后之后，或可收六国若干之人望，因而可以争取若干人心之归趋，陈胜之声势可为之一增，而秦之势将益形孤弱。但此并非适应社会发展之背景，盖当此时平民思想既因工商业阶层之兴起而勃兴，此于后来刘、项斗争之胜败，可以充分证明。是故张耳、陈余之谋，亦并非属于高瞻远瞩者，因之不明时代之趋势者，不可以言计策筹谋之得计。

3. 陈胜用蔡君房之计，贺封难制之武臣之为赵王，因而使其进兵击秦，一以增大周文击秦之声势与力量，一以使武臣脱离赵之根据地，俾易于控制之，蔡君房之谋可谓甚当。然张耳窥破君房此谋，而劝武臣勿进兵击秦，使专致力于扩展赵之领土以自强，使君房之计无所作用。此非君房之计拙，实为势所使然。

（二）蒯彻之谋略

蒯彻献武臣之谋，使武臣不战而下燕、赵数十城。彻之此一计策，实有促秦迅速崩溃之功用，此为张耳辈之谋略识见所未能见及者。盖战胜之巧者，莫如诱使敌人官吏之心离散，转而归向于我，如此则我可以不费杀伤，胜利之声威益振，而敌则陷于岌岌崩溃之危，故孙武曰，"善战者无智名，无勇功"，蒯彻智计实近之。

第五节　项梁、宋义之得失

（一）项梁之得失

项梁因项燕为楚大将之声望起兵于吴，北上一举而壮大，复立楚怀王以为号召，则秦章邯虽以破竹之势灭陈胜而席卷中原，亦难以卒破之。况再加以项梁之善于运用敌后战略，遂使章邯之进展受阻。兹将项梁之敌后战略，研述如下：

第一次：当项梁与秦嘉战于彭城（徐州）地区之际，章邯欲效卞庄刺虎策略，以灭此二敌，及秦嘉败死于胡陵（今鱼台县）之后，章邯乃进兵击项梁，欲捕捉而歼灭之，项梁以兵弱而立即后退保薛（鲁南）。于是项梁第一次展开敌后攻势战略,以确保其鲁南之根据地,一面令刘邦攻苏北丰县,一面令项羽攻豫中之襄城,威胁章邯之后,以牵制章邯攻势,项梁之鲁南根据地因之得以保存。

第二次:项梁上项敌后牵制攻势获得效果后,为加强此一敌后战略,又即立韩王使偕张良攻略韩之故地,在颍川地区进行扩大游击作战,并与据于临济(豫东陈留县东北)之魏王协力,遂使章邯陷于徘徊于韩魏之间之境地。

第三次:项梁以鲁南之根据地危险,且当章邯之强大攻势正击破楚齐联军于临济之时,项梁为早策安全计,乃将楚怀王移都于盱眙,并于章邯击破齐楚联军之际,立即自薛向亢父(今山东济宁县为古代齐卫间交通孔道之险要)挺进,及闻章邯围攻齐军于东阿,又迅速转而北向,以奇袭之姿态袭击章军而大败之,此项梁不仅善用敌后攻势战略,且善于行机动奇袭之作战。及既破章邯于东阿而行追击之际,又立即派遣项羽、刘邦进扰濮阳,辗转而攻雍丘(今河南杞县)、陈留,此足见项梁善用与惯用敌后战略之一斑。

项梁上项敌后攻势战略,曾逼使强大优势之章邯军陷于败北之厄运,此实以弱击强,有效之战略。其后刘邦与项羽相持于荥阳成皋之间,亦常采用是项战略,卒破项羽。

然项梁于东阿大胜,再胜于濮东,而威名大振之后,竟因胜而骄,加以连月霖雨之天候,于定陶戒备疏忽之际,卒为善于行奇袭作战之章邯所击破并战死于定陶。由是观之,战胜而骄惰者,实为兵家之大忌。

(二)宋义之筹谋

章邯于击没项梁于定陶之后,以为楚既不足有为,乃转其兵锋攻赵,而围赵于巨鹿之际,宋义此时受命于怀王,率兵救赵,然而顿兵不进,并另令其子宋襄相齐。汉末之荀悦谓其欲效卞庄刺虎之策,以待秦赵之弊,实非也。诚然正如荀悦之言,宋义在此种情势下欲用卞庄刺虎之策固属错误,然观察宋义之企图并非如此,盖由当时之时势与遣其子相齐二事足以见之。因当时之时势,正所谓"秦失其鹿,天下共逐之"之时,握有力量者即谋自制天下,观陈胜、武臣、秦嘉之徒可以知之。且其遣子相齐,正为此一企图,以争取外援为务,益足以知宋义之动机。不图遇雄宏之气魄，决心坚强，且为急报叔父之仇之项羽，乃遭意外杀身之祸耳。

本篇主要参考书

1.《史记》有关本纪列传

2.《汉书》有关本纪列传

3.《资治通鉴》

4.《读史方舆纪要》

5.《中国军事教育史》（李震著，"中央文物供应社"）

第六篇　楚汉战争

提　要

一、项羽分封。项羽入关，大会诸侯，一方面分封有功诸侯为王，一方面自建郡县畿地，采强干弱枝之政策，而成为郡国并行制度。

二、楚汉纷争。诸侯不服分封者，齐田荣首先反楚，陈余继之，而刘邦又乘之。刘邦因得势而陷彭城，项羽自齐还军击破之。刘邦以弱敌强，因布置山河守御形势，一方面用谋不断争取主动，一方面不断扰乱破坏楚后方，消耗楚战争潜力，最后乃追而歼之。

三、人才之得失，更是楚汉胜败之主因。汉得人才如萧何、张良、彭越，楚失人才如韩信、陈平，亦为汉得之。

第一章　刘、项发展一般经过及作战经过概要

第一节　楚汉之战

秦代政治为中国历史上中央集权专制政治之首创，其废除井田制度之封建政治，不仅改变井田制度之经济关系及社会形态，而中国历史上宦官弄权，中央政治因而扰攘，亦以此为最剧。唯因其系一空前之新兴政治制度，而无过去政治经验之历史作借鉴，所以秦始皇虽欲传诸万世而不替，却不料仅传至二世而灭亡。盖彼原以为既将天下分为郡县，又已将天下兵器销毁，民既无为乱之兵器，郡县则仅由守尉所统治，如是既可免周末时期封建诸侯割据分裂局面之产生，同时又将当时乱源所由起之所谓天下豪杰及大族均徙入咸阳而控制之，将天下大权独揽于皇帝一身，则从今以后，皇权当可永恒勿替。至于患生肘腋，则非其当时所能料及者。因彼殊未料及皇帝居宫中发号施令，中间必经宦官之手，因此宦官得以从中弄权，内外蒙蔽与操纵，因此中央政治之权势攘夺，遂能产生灭亡之祸者。此种具体事实，即赵高从中窃据大权，剪除异己，垄断朝政。朝政既已紊乱，官吏遂怀贰心，且人民向惯于井田封建之散漫生活，当然厌恶秦政严密法治之束缚，况又苦于连年不断徭役之苦，加以六国残留各地之后裔与士大夫莫不欲乘机起而复国，所以陈胜、吴广以一役酋，竟振臂一呼，天下响应（秦二世元年，前209年七月）。初陈胜自称楚王于陈，同时复建各国，借分秦势而自壮声威。秦二世悉关中之兵由章邯统率东向以征诸侯（二世元年十月），诸侯因新兴力弱，故章邯得以所向披靡，陈胜于是年十二月即被击灭。及

项梁败死定陶（二世二年末之九月），章邯军北击赵，此时诸侯几有被一鼓荡平之危险，幸赖项羽英勇绝伦，能夺卿子冠军宋义军而急渡河救赵，九战而击降章邯（二世三年十二月），以刘邦之智勇优越，且在张良、萧何辈辅佐之下，统军沿黄河南岸西向进攻，及至洛阳地区，以秦军守关坚拒，乃假手于张良南收韩地，而迅速作战略迂回，绕武关而捣咸阳，秦廷因以解体（二世三年八月），楚汉之争亦从此而开其端。

刘邦已先入关，遂欲王关中，唯因项羽兵力过盛，优劣之势过于悬殊，因而不敢自王，以待项羽之到来。但项羽将至，又欲拒关绝之，项羽因是欲杀刘邦，故有鸿门之会（楚汉元年，前206年）。幸有张良从中策划，刘邦得免于难，同时乃不得不暂作屈服。

秦灭后之第一年（楚汉元年，前206年）春，项羽既愤秦降王子婴及秦民倾向刘邦，乃引兵西屠咸阳，杀子婴，烧秦宫室，尽收其宝货妇女；且怨怀王欲王刘邦关中，故阳尊怀王为义帝，迁于江南都郴（今湖南郴县），实则排弃之，而自立为西楚霸王，王梁楚地九郡，都彭城，大封诸将及诸侯如次：

（一）封刘邦为汉王，巴蜀汉中地属之，都南郑。盖欲以巴蜀道险，使与中原隔绝而困毙之。

（二）封章邯为雍王，咸阳以西地属之，都废丘（今陕西兴平县），以堵刘邦东归之路。

（三）封司马欣为塞王，咸阳以东至河（黄河）地属之，都栎阳（今陕西临潼县渭北）。

（四）封董翳为翟王，上郡地属之，都高奴（今陕西延安）。

（五）项羽自取梁东地，故徙魏王豹为西魏王，河东郡地属之，都平阳（今山西临汾县南）。

（六）封申阳为河南王，都洛阳。申阳原系张耳嬖臣，从楚入秦，先下河南郡，迎项羽于河上有功。

（七）韩王成仍故地，都阳翟（今河南禹县）。

（八）封司马卬（赵将，从入秦定河内，数有功）为殷王，河内郡属之，都朝歌（殷朝故都之地，今河南淇县）。

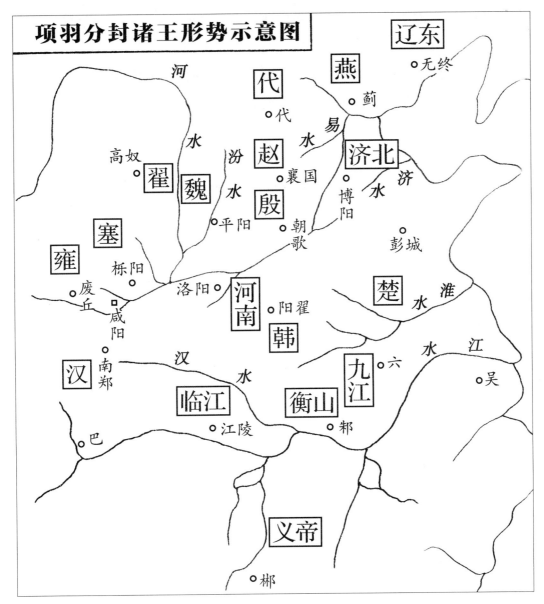

项羽分封诸王形势示意图

图一八

（九）徙赵王歇为代王（今察省蔚县，汉初代南徙山西太原）。

（十）赵相张耳从入关，故封耳为常山王，王赵地，都襄国（今河北邢台西南）。

（十一）封英布（楚将）为九江王，九江郡属之，都六（今安徽六安）。

（十二）番（鄱）君吴芮率百越佐诸侯，又从入关，故封芮为衡山王，都邾（今湖北黄冈县）。

（十三）义帝柱国共敖将兵击南郡功多，封敖为临江王，都江陵（今湖北江陵县）。

（十四）徙燕王韩广为辽东王，都无终（今河北玉田附近）。

（十五）燕将臧荼从项羽救赵，因从入关，封臧荼为燕王，都蓟（今河北大兴县）。

（十六）徙齐王田市为胶东王，都即墨（山东今县）。

（十七）齐将田都从项羽救赵，因从入关，封都为齐王，都临淄（山东今县）。

（十八）项羽渡河救赵时，田安下济北数城，引其兵降羽，故封安为济北王，都博阳（今泰安西南）。

田荣数负项梁，又不肯将兵从项羽击秦，成安君陈余弃将印，不从入关，均不封。

以上是项羽于灭秦后之一大措施。但因此项措施诸多失策（尤以处置齐、汉失当而成为其祸根），故为时仅数旬，天下复乱，而齐为之首，刘邦乘之。

当刘邦不得王关中时，恨项羽殊甚，欲攻羽，诸将以力不如，均劝阻之，而萧何此时所策定之未来大计亦献议于刘邦，其大计之方针为："王汉中，养其民以致贤人，收用巴蜀，还定三秦，天下可图。"刘邦善其计，乃就汉中，一面厚赠张良，并厚馈项伯，使尽请汉中地，项羽均许之。

项羽大封诸侯后之两月（夏四月），诸侯各领其兵归国，张良送刘邦至褒中，说刘邦烧绝栈道，一面防章邯侵袭，一面示项羽以无东向与争中原之意。

第二节　刘项战争指导总方略及作战经过概要

刘邦战争指导方略：

（一）用萧何之策，暂就汉中王，养其民以致贤人，收用巴蜀，然后还定三秦，以图天下（楚汉元年，前206年四月）。旋又用韩信之策（同年八月），急乘项羽有事于齐及其渴望东归之士气袭取三秦。

（二）既定三秦，即首先整备关中山河之固，分兵出武关收南阳（同年九月），主力至陕（今河南陕县，楚汉二年十月），胁降洛阳，然后巩固通魏之临晋关后（今平民县），再进取魏都平阳（今临汾县）而下河内（今淇县，同年三月），遂尽据有故黄河西岸太行至荥阳及豫西诸山东麓之险要，而扩大其战略线。然后乘机袭彭城（今铜山，同年四月）。

（三）自彭城败归荥阳（同年五月）后，即部署长期战争之准备与方略。

1. 守白马（今滑县）沿黄河西岸，经荥阳、禹县、叶县至南阳山河诸险要之地略的战略防线，以荥阳、成皋（今汜水县）为核心，做长期战争之打算。

2. 使随何往九江（今安徽六安）策反英布（同年五月），一方面借以牵制项羽，俾争取战略防线部署之完成，次借以扰项羽南翼，最后使在南翼包围项羽。

3. 遣韩信北击魏（楚汉二年八月），破代（战场今山西平遥县，时为同年后九月）、赵（楚汉三年十月），下燕、定齐（楚汉四年十一月），仅以四个月时间，完成对项羽北面之包围。

4. 使彭越在河济间（今山东巨野以北地区）不断袭击楚之大后方及粮食（始于楚汉三年五月），以消耗楚之作战资源并疲惫楚军。

5. 立子盈为太子，使萧何辅之（楚汉二年六月），以安固后方策源地，并使清查关中户口，编组后备兵员，利用河渭水道转漕调兵，并补给军食。

项羽战争指导方略：

（一）分封诸侯。仍基于周封诸侯之基本思想，自封之地最大，兵最强，以强干弱枝之形势为控制诸侯之基础。

（二）使三秦王阻塞刘邦东归之路。

（三）齐汉相继背叛，决先定齐，然后击汉。

（四）楚汉荥阳对峙时，决采突破及歼敌主力之战略而贯彻之，并争取齐、魏及九江王以敌汉。

当刘邦离关中赴南郑时，韩信以在楚官仅为执戟郎，屡向项羽献策又不蒙采纳，遂逃亡投汉。经萧何一再恳切推荐，韩信并献议：1. 项羽恃勇刚愎，不能任用贤能；2. 虽霸天下，臣诸侯，不都关中，背义帝，而王其诸将于善地，诸侯不平，大失天下人心；3. 三秦王为秦民所怨，易攻灭之；4. 王被屈迁南郑，吏卒皆山东之人，日夜企而望归，及其锋而用之，可以有大功，若待天下已定（乘齐赵之乱），民皆自宁，不可复用，不如即决策东向。刘邦从之，乃从故道出兵攻略三秦地。

先是田荣于项羽大封诸侯王时，愤项羽对齐之措施，乃即（五月）发兵拒击田都，都败走楚。荣并杀齐王田市，而自立为齐王。其时彭越在巨野泽（今山东巨野）有众万余人，无所归属，田荣授越将军印，使击济北王田安，田安战败被杀，荣遂并王三齐之地，而成为楚项羽北方之大患。加以彭越复扰于中，项羽则不胜其腹背受敌矣。

当张耳受封常山王，赴封地受职时，陈余因怨张耳，并愤项羽赏功不平（陈余仅封侯），亦借兵于田荣击张耳，复立赵王歇，并与齐结为联盟以敌楚。张耳败逃，依刘邦于废丘（此时刘邦已定三秦，而废丘在围攻中）。于是项羽北方之敌更为强大而不可遏阻。

刘邦此时遂即乘齐王田荣、陈余、彭越等扰楚之际，采纳韩信建议，于是年八月（迟田荣三个月发动）一面留萧何于汉中收巴蜀粮负后勤之责，一面举兵从故道出袭雍（今凤翔县南），雍王章邯迎击于陈仓（今陕西宝鸡县东），退战于好畤（今陕西乾县好畤村），一再大败，汉军遂围废丘。塞王司马欣、翟王董翳均相继降。刘邦乃以其地划为渭南、河上、上郡三郡。继又令将军薛欧、王吸等出武关，因王陵兵以迎太公、吕后。项羽遣兵拒之于阳夏（今河南太康），并以故吴令郑昌为韩王以拒汉。

此时张良为使刘邦在关中获得时间之充裕，以做充分之准备，同时为使项羽兵力分散，乃致书项羽曰："汉王失职，欲得关中，如约即止，不敢东。"又以齐梁反书遗项羽曰："齐欲与赵并灭楚。"项羽因此无心西顾，而举兵击齐，同时促义帝速迁江南（项羽此举遂使其群臣有稍稍叛离者）。义帝已行，项羽复密使九江王、衡山王、临江王击义帝，杀之江中（其时为刘邦发兵出汉中之第二个月）。

张良亦于是时自韩间行归汉，汉王至陕（今豫西陕县），镇抚关外父老，如是河南王申阳降汉，置为河南郡（治洛阳）。并以韩襄王之孙韩信为太尉，使将兵略韩地，击降郑昌于阳城（今河南登封县东南），刘邦遂立韩信（韩襄王之孙）为韩王，而经常将韩兵从汉王击楚。

秦灭后之第二年（楚汉二年）春正月，项羽与田荣会战于城阳（今山东濮县东南），田荣败走平原（鲁北），为平原民所杀。项羽复立田假为齐王，遂北至海烧毁城郭房屋，坑田荣降卒，系虏其老弱妇女，所过多被残灭。齐民遂复相聚叛楚，因是项羽在齐陷入不能自拔之境地。

是年三月刘邦自临晋（今陕西朝邑县东即古之蒲津关）渡河，魏王豹降（都平阳，今临汾县），将兵从下河内（今淇县），虏殷王印，置河内郡。从此韩魏等地均在刘邦控制之下。

刘邦降殷王后，南渡平阴津（今孟津县）至洛阳新城，当地有三老董公（乡三老管教化）向其献议曰："顺德者昌，逆德者亡。兵出无名，事故不成。明敌为贼，敌乃可服。项羽逐杀义帝，大王宜率三军之众，素服为义帝发丧，宣告诸侯，共伐项羽。"刘邦从其议，发使者告诸侯，为义帝发丧，率诸侯兵五十六万伐楚（楚汉二年四月）。此时项羽因与齐王广战（田横于田荣死后收其散卒，复起于城阳，立田荣子广为齐王），急切未能下，虽闻汉率诸侯军东进攻彭城，仍企图破齐之后再击汉军，因此汉王得以统率诸侯军直抵彭城，收楚宝货美人，日以置酒高会。项羽因彭城陷落，迫不得已留使其诸将击齐，而自率精兵三万，从鲁出胡陵（今山东鱼台县东南）至萧（今苏北萧县），拂晓开始攻击汉军而迫彭城，至午大破汉军。汉军崩溃，被压迫于谷、泗二水，沉死者十余万人，楚军复行猛烈追击，至灵璧东睢水上，汉军被压迫落睢水而死者又十余万，睢水为之不流。当此之时，楚军正层层包围刘邦之际，幸而西北狂风暴至，翻屋折木，沙石飞扬，天为之黑，楚军大乱，刘邦乃得与数十骑出围逃走。是役刘邦得以不死者几希矣。

当楚汉大战彭城之时，齐王假为田横击败，走依项羽，羽杀之（项王对齐始终只用军事暴力以图征服，而缺乏政治之运用）。田横遂复定三齐之地。自此而后，齐乃成为楚汉政略上争取之重要对象。

刘邦彭城大败后，逃至下邑（今夏邑），收容散卒。同时深知项羽兵强将勇，非汉军所能敌，遂策定政战两略密切配合之谋略，先利用地略形势在今河南漳水南沿滑县、广武、荥阳、禹县、叶县至南阳之线（豫西山麓之险地），构成战略的决战防御防线以敌楚。继则使韩信取魏、

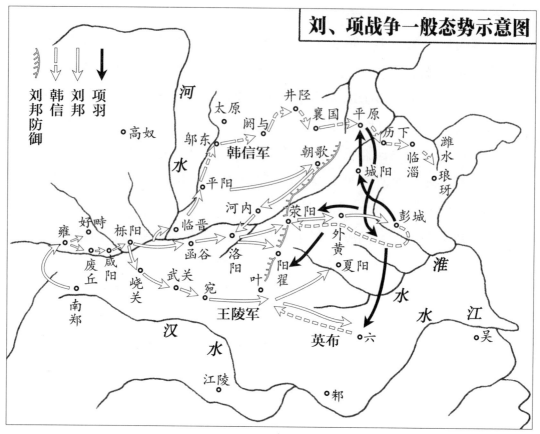

图一九

代、赵、齐，又使随何说降九江英布，对楚完成包围形胜之势。次采用疲敌策略，使彭越不断袭击楚之后方，企图于最后予项羽以彻底歼灭。刘邦此一谋略之方针既定，其以后政战两略之措施，乃至于其战术战斗之遂行，均莫不准此方针进行，此为刘邦胜楚之基本大策。此一大策，即是于下邑与张良所策定。如刘邦问群僚曰："吾欲捐关以东等弃之，谁可与共功者？"张良曰："九江王布，楚枭将，与项羽有隙，彭越与齐反楚于梁地，此两人可急使；而汉王之将，独韩信可属大事，当一面。即欲捐之，捐之此三人，则楚可破也。"

刘邦从张良计，遂自下邑西撤至虞（今河南虞城县），以从事战略防线之部署。一面遣随何往说九江王英布，使发兵击楚，并嘱随何曰："留项王数月，我之取天下，可以百全。"因此时刘邦所最虑者为项羽向西追击，而不容彼有休息整补与从新部署之时间，同时既策定上项灭楚方针，故发此言。

是年五月汉王至荥阳，诸败军皆会，萧何亦发关中老弱未傅者悉赴荥阳，汉军复大振。于是楚汉相持于荥阳、京、索间（即今郑州荥阳间地区，索在荥阳东，而京又在索之东）之局势于以形成（楚汉三年十二月项羽攻荥阳）。自此以后，刘邦在政战两略上并运用许多策略，促使项羽先则疲于奔命，继则粮少兵饥，最后陷于兵少势孤之境，而被歼于垓下（今安徽灵璧县东南），自杀于乌江。一世之英雄，便如此结束其命运，时为楚汉五年十一月。

第二章　项羽政略战略之得失

第一节　政略方面

综研楚项羽之功业，实由下述数因所造成：1.承因项梁之声威及江东八千子弟兵，与诸侯愤恨秦廷均欲灭之而后快，故其于杀宋义之后，即能代统其军以救赵。且项羽膂力绝伦，武艺超群，当时其所率之诸将，亦多骑将善战者，且甚多楼烦精悍之骑兵，故楚军之战斗力，常为诸侯军所不能企及；2.项羽本人亦颇精于战术之运用，故当时之诸侯军，均难在锋镝之间与其争胜负。然其在政略战略之运用上则处居刘邦下风，故终为刘邦所制而最后被灭。兹检讨其得失如下：

（一）分封诸侯废郡国制之失策。由于自战国以来工商社会之发达，其足以桎梏是项工商新经济发展之封建制度，已为此种新社会之发展所扬弃。因其不适应社会发展之趋势，故终于失败。刘邦则修正其政策，在攻城略地之时，得地即为郡县，边地始分封异姓功臣，因以始终保持力量之集中。

（二）争取诸侯均告失败。彭城战后，九江王英布观望，齐、魏、赵均背汉附楚，但楚终以外交上之失败，齐、赵均持中立，魏又迅为汉所破，继而最重要之九江王英布竟背楚附汉，优势因以丧失。盖九江王英布原为项王爱将，材勇异常，立功最多。但项王之统御英布，既未能控制羁縻于前，又不能防范嫌怨于中，嫌怨已成，复不能捐弃之而挽救于后，而且一再诮责之，形同促其速反。其政略上统御之差失，竟有一至于此者，殊堪浩叹。据史所载，英布与项王之嫌怨，出自张良随何之言者有如下：

汉王彭城大败后，张良说："九江王布，楚枭将，与项有隙。"

随何奉汉王命至九江说英布叛楚，既至，三日不得见，惟使其太宰招待之，适于此时楚使者亦在九江促布速出兵助楚。随何乃说其太宰曰："王之不见何，必以楚为强，以汉为弱……臣请言为大王所欲闻者。"英布遂召见随何。当见面时，布仍示以其坚决效忠项王之意，随何乃揭其与项王之嫌隙以说之曰："项王伐齐，身负版筑，以为士卒先，大王宜悉淮南之众，身自将之，为楚军前锋，今乃发四千人以助楚，夫北面而臣事人者，固若是乎？夫汉王战于彭城，项王未出齐也，大王宜骚淮南之兵渡淮，日夜会战彭城下，大王抚万人之众，无一人渡淮者，垂拱而观其孰胜。夫托国于人者，固若是乎？"

英布被说破后乃决心叛楚。一场楚汉争夺九江王之谋略战，楚又远落汉后（下面再详论）。汉因得用韩信、陈平、英布三人，楚之命运殆矣。《孙子》曰："殷之兴也，伊挚在夏；周之兴也，吕牙在殷。"况汉有三伊尹吕牙，楚安得不亡。

（三）残杀降卒之失策。当其将入关之时，既以秦降将章邯为雍王，则其政策显欲利用秦将以治秦民而毫无疑义。但却于入关之际，坑秦降卒二十万于新安，而种秦民之怨恨，此足见其政策之自相矛盾。及其击田荣时，又大杀齐降卒，此一失策之行动，不但影响以后之敌军至死不降，而且致其死命与之战斗，故彭城一役，汉军宁落谷、泗、睢诸水而死，亦不降者，实即由于楚杀降卒之失策所致。同时刘邦之所以能收拾败残兵而复振者，亦以受项羽之赐，盖汉败卒虽溃而无贰心，从四方纷纷归队故也。旷观古今争事功于天下者，当其与敌人正战之际，不但不树敌而得多助，且进一步用尽谋略，争取敌之谋士以为己之谋士，敌之将军以为己之将军，敌之兵卒以为己之兵卒，此即所谓"役敌"与"化敌之力为我力""胜敌益强"之策略运用。而项羽计不及此，且处处树敌，处处堵塞来归之路，故其终于由强而变弱，由弱而趋亡。

（四）过度自信其武力，而忽略争取人心。当其入关后，因恶秦王子婴及秦民之倾向刘邦，而竟杀子婴，焚咸阳。于大封诸侯之后，又逐杀义帝于江南。及坑杀降卒，焚齐城郭，凡此种种均为失民望而种民怨之根源。是故刘邦出三秦，三秦不旋踵而定，其间虽章邯顽抗，死守废丘，何益事功？反之，若当其入关之时，善为处理秦卒，以增其兵力，入关大封诸侯之际，复因秦民之情而利导之，以争取倾向刘邦之人心，如是则刘邦不老死蜀汉者几希，此其一。及其尊怀王为义帝之后，更因而挟其令以命诸侯，民心所归，诸侯无敢不从者，如是则刘邦虽有"打回老家去"之士气，亦无益于用，此其二。既杀齐王田荣，因而控制其地，并善为安抚其官吏军民，则齐不难安定，齐既安定，赵代力弱势孤，难有作为，然后相机而逐次镇抚之，如是则刘邦无机可乘，虽急欲东向以争天下，亦不可得，此其三。项羽乃均计不及此，而徒自信其力足以征服诸侯，岂不愚妄。

（五）自弃优越地略。关中形势优胜，农产之富足，自周以来，即称为天下形胜之地（其时肥沃之淮南江南等农业处女地尚未开发），秦亦因之而统一六国，项羽竟放弃此形胜富足之地，失其东向以制诸侯之势，而却说："富贵不归故乡，如衣绣夜行，谁知之者？"可见项羽之志与见解是何等庸俗卑陋。且当时稍具远见之士，莫不知关中之形胜，而项羽竟以俚俗之见，弃关中而都彭城，予刘邦以制楚之策源。是故韩生讥项羽为"沐猴而冠"，实非过当。

（六）大封诸侯之谋不周。自古平天下者，当天下初定之时，其收拾残局与安置诸侯之诸政治措施，关系于治乱及以后之得失至巨。如周公以管蔡之亲，使监殷族于朝歌，尚且为乱，嗣乃徙殷族于洛阳以控制之（后来刘邦统一天下之后亦曾效其法），由是乱萌永绝。秦始皇统一六国之后，废封建，置郡县，企免周末诸侯割据之覆辙的政治措施，其政见固属高明远大，然对于六国后裔及其士大夫，未尝做彻底严密之控制与安置，而边远地区又无控制之大吏，以致变乱一起，鞭长莫及，此实为后来陈胜振臂一呼，天下叛乱以起之基因。项羽于其封齐、赵、燕、魏诸侯之时，而不周虑其后果并预防之，致均成为后来之乱源，尤以其对齐为然。故未几齐遂为破坏其王业之祸首，予刘邦以一再可乘之机（还定三秦与乘彭城之虚）。至于其对刘邦，既知其拒关于前，又知其将成为唯一之敌于后（图击灭刘邦军于灞上之时），继则既纵之于鸿门，又不都关中以困闭刘邦于蜀汉。以上诸策已失，犹当为亡羊补牢之计，置其于易制之地，有如周公之置殷族于洛阳者然，而挽救其前谋之失，以待天下安定之局稍定，则刘邦易制矣，正如韩信所言，"待天下已定，民皆自宁，不可复用"，则刘邦虽欲与争天下，亦已无机可图，而项羽均计不及此。

（七）不知重用人才。项羽过自矜其能，一谋士之陈平，一大将才之韩信，均不能用而资敌，韩信且曾数以策上献，项羽虽不赏识其韬略，而为项王亚父又自命为足智多谋之范增，亦不之识，由是刘项成败之根源实已取决于此。观韩信之投汉，一跃而被任为大将，其论项王之短，使汉王尽悉其底蕴，因而得策定制项之策。陈平之投汉，汉王所以能亲信逾恒者，以陈平于投谒之顷，既将项王之内幕情报悉陈于汉王，而刘邦又欣赏其智谋卓异，故其后纵反间以离间楚君臣之策（陈平曰："项王骨鲠之臣亚父、钟离眜、龙且、周殷之属，不过数人耳。大王诚能出捐数万斤金，行反间，间其君臣，以疑其心，项王为人意忌信谗，必内相诛。汉因举兵而攻之，破楚必矣。"），实于此时已肇其始。

（八）遭敌反间之计所离间。其最贞忠之臣，如范增、钟离眜、龙且、周殷，竟为陈平离间之计而分崩离析。且以项伯之亲，亦竟一再为刘邦假手于张良而被利用。此中情形，可于史籍上见之者，如项羽与范增谋，欲击灭刘邦于霸上时，项伯为张良故，竟泄其谋，刘邦因得以与项伯结纳"为兄弟"（刘邦语）之交，又因而借项伯向项羽缓颊解说，遂有鸿门之会。当鸿门会时，项羽既听项伯之解说，而不顾范增举玉玦为号而不杀刘邦，及范增使项庄以舞剑为乐，因欲击杀刘邦之时，而项伯又竟亲自舞剑为刘邦掩护。可见此时项羽实已游移于项伯范增两大对立政见之间而无所抉择，同时亦充分表露项伯范增之间政见之冲突，而此种政见之冲突，至此亦已达于登峰造极之境地。故刘邦离间楚君臣之计，实于此时已兆其端倪，及陈平间楚，乃其离间运用之最高潮而已。

又当刘邦于霸上将就程赴南郑就国时，竟托项伯尽请汉中之地，项羽并许诺之，且遣兵三万往汉，由此又证明项羽是时偏向项伯和汉之议无疑。

（九）自堕声威，自孤其势。刘邦攻略三秦之际，项羽虽以齐反为患，急待救平，但亦不宜任令关中三王为刘邦击灭而坐视不救，虽云秦楚远隔，救援不及，亦当遥为声援，并使就近之魏王及河南王往救之

（此二王为项羽所封已述于前）。及齐田都兵败相依，而竟又杀之，此为后来促使郑昌等叛楚降汉之先兆与齐国问题愈弄愈糟之原因。项羽计拙，常使诸侯对楚失去凭借之信心，甚且人人自危，故田都事件之后虽受楚封之殷王卬、河南王申阳，亦相继降汉，从此楚之威望大失，楚之大势分崩，而天下之大势亦从此定矣。

总之，项羽既缺乏政略上之远见，又"意忌信谗"（陈平语），卒使敌人离间之计得逞，君臣离心，终于垓下会战时，军中一闻汉军，即各自逃散，及其突围走乌江，随附者竟无一将追随，而只护卫之士数十骑而已。❶

第二节　战略方面

（一）当刘邦席卷三秦之际，竟以张良一纸之书而不备刘邦，且张良之助刘，乃为当时诸侯人尽皆知者，项羽竟轻信之如此。即或认刘邦无大作为，亦当一面留置一名将与一部力量强大之部队，与关外诸王（殷王、河南王、魏王）协力，以持久战战略预防刘邦之东进；一面自率主力，以速战速决战略，采取迅雷之势，于迅速平齐乱后，任命齐人之贤能者为之安抚而治之，然后相机进击刘邦。抑或遣一名将征齐，仍自驻彭城，以观刘邦之变，亦不失为得策。项羽不此之图，一面轻其硬敌之刘邦，一面又恃强轻进而被胶着于齐地，因而卒为刘邦所乘，都城降敌，人心浮动，国本动摇，声威大削。倘当时刘邦进入彭城之际，不自蹰躇满意，而以击灭项羽主力为目的，即长驱迅速北上，与齐军成南北夹击之势，则纵不能予项羽以重大打击，亦不致遭彭城一役之致命惨败，而几陷于一蹶不能复振之境地。若如是，则刘项或不待三年半艰苦战争，项羽将早遭击灭矣。

---

❶ 范增于陈平施反间之计后，请骸骨归里。周殷（楚大司马）于垓下会战前一月为汉将刘贾诱迫而降（垓下会战系于秦亡后第四年十二月），并举九江兵以迎英布，十二月参加垓下围楚之大会战。龙且则于韩信伐齐时举兵救齐，战死于胶东潍水。

（二）刘邦于彭城大败之后，其军队一方面急待休养整补，一方面策定以后对楚之包围战略。故刘邦此时急欲进行者，一面亟使彭越出扰楚军于梁地，一面诱降九江王英布，自南面牵制项羽，使楚军不得集其全力西向，俾使其休养整补与包围战略之完成。故刘邦遣随何说九江王英布时有言："孰能为我使九江，令之发兵倍楚？留项王数月，我之取天下，可以百全。"只此一语，已暴露刘邦当时企图制楚之策略无遗。然而项羽于彭城一役，以极卓越勇敢之处置置攻击重点于敌侧背（萧县地区），采取战场右翼包围，企图逐次压迫汉军于谷、泗、睢诸水上（即灵璧东洪泽湖西北之地带）而歼灭之的战略，其指导之卓越，遂为后世战略家啧啧称羡。然以缺乏政略运用与配合之故，致于彻底击溃汉军之后，竟不能乘此时机迅予彻底追击而消灭之，而任其从容完成上项政略战略包围之形势。且此时韩信尚围攻章邯于废丘未下，若能在此时机穷追入关，不仅废丘章邯之围可解，三秦可复，而刘邦虽有韩信之将，此时亦将无所用而将趋于灭亡之厄运，或则再逃入蜀汉矣。项羽计拙，卒致一世之英雄，从此种下灭亡之种子。

（三）当九江王英布叛楚之际，既能使项声龙且击破之（布败后只身与随何走汉），此时应即将其正面之汉军压缩至荥阳地区，同时一面加重其战略左翼，将项声龙且军加强之后，以南阳为进攻据点，或包围关以东汉军之右侧背，或入武关（刘邦之大弱点）以摇撼关中。如是不仅刘邦战略包围之企图将成为泡影，且将迫使其濒于危险之命运。项羽用兵不知奇正之道，而只在荥阳正面进攻，致坐视刘邦包围战略之完成，终为困顿于荥阳京索间地区（今郑州荥阳间），而不免垓下灭亡之命运。

第三章　刘邦政略战略之得失

刘邦自出兵收复三秦，续出关联合诸侯军陷彭城，及与楚对峙荥阳京索间，北收燕赵，攻略齐地，南争取九江王英布、淮南周殷，中置彭越于楚之腹地，进出于楚魏之间（今豫东鲁西苏北地区）以扰楚军，及至最后垓下灭楚之战，在其整个战争过程中，政战两略之运用，始终密切配合，长短相辅而无间。兹将其战争过程中之各阶段，概依先后顺序分析研究之于下。

第一节　运用项伯

刘邦政治上一沿秦制建郡县的得计及争取九江王英布，已如前章首节第（一）（二）项所述。

刘项对立之势，乃始于入关前后，刘邦拒关，尤为其对立之表面化。及项羽与范增谋，欲击灭刘邦于霸上时，则既由对立而演进为吞并，亦即从此时始，项伯亦被刘邦通过张良关系，做政略运用之开端。项伯与范增政见之分歧，至此时已达最高潮。盖范增主战，项伯主和，项羽初则徘徊此二者之间，继而迁就于项伯，此一政略之徘徊，直至刘邦略三秦出关东为止，此种事迹于前章第一节既已述及。即项伯为救张良，而将项羽击刘之谋泄于张良，刘邦因而极尽拉拢之能事，许以与项伯结为兄弟或婚姻，以此有鸿门之会，刘邦因而得免于难。及刘邦就南郑时，乃进而利用项伯之关系，请求项羽将汉中之地尽予之，项羽亦以许诺。又张良送刘邦赴汉中，中途辞别归韩时，刘邦除赐酬张良财物外，并因而托其厚赠项伯，而张良则一并己之所有者尽赠予之，以促刘项（伯）

更进一步之友善。最后项羽被灭，刘邦统一天下，项伯尚受封为列侯。故项伯虽终刘项之战，未尝有背项羽之行动，但其曾屡为利用，则为彰明显著之事实，此乃刘邦在政略方面争取中立意识分子之运用也。

第二节　乘机造势策略

大凡事机稍纵即逝，故在战争中，不但应投好机，即无机亦须创机以乘之，乃能确保战争之胜利。又优越形势为取胜之重要要素，而优越形势之形成，则须依客观情势及主观卓越周密之计谋以造成之。但机势二者，又常须相互为用，相辅相成，故筹谋定策而不精于此二者之关联者，必难成其事功，而刘邦则可谓善于此者。

当初刘邦不得王关中，原甚愤恨，欲与楚作孤注之战（此一孤注，势必灭亡），嗣纳萧何大计（王汉中，养其民以致贤人，收用巴蜀，还定三秦，天下可图），乃赴汉中就国。及田荣、彭越、陈余等相继反楚于齐赵魏等地，刘邦采用韩信"乘机"之谋（项羽背约而王君王于南郑，是迁也。吏卒毕山东之人，日夜企而望归，及其锋而用之，可以有大功。天下已定，民皆自宁，不可复用），一举而克三秦。在彼攻略三秦时及其直后之战略运用，有其卓越之着眼如下：

（一）雍王章邯固守废丘，汉军不为所抑留，将其军队一面围困废丘，一面越而过之，以击塞翟二王，尽占关中之地。盖如此，守则拒关足以自固，进则足以制东方诸侯。

（二）使张良说楚，许以仅得关中为满足，并示以齐梁反羽之书信，使项羽忽其西顾，而北面被胶着于齐地，予刘邦以巩固关中及东向乘虚蹈瑕之隙。

（三）不顾废丘未下（按：废丘于次年六月韩信决渭水淹之始克），于塞翟二王已降之后，即又乘张良所创之机，迅速出武关占南阳郡（就东向防御项羽言，南阳郡实为关中之弱点亦要点）。伸出此一触角，既可确保关中之安全，进可攻略九江淮南等地，对楚形成南面之包围，成为以后钳攻彭城之形势。嗣又自临晋渡河击降魏王豹、殷王卬及河南王申阳，从此汉之势力乃直接迫彭城之境矣。

（四）为要径攻楚都彭城，首须发动一宣传攻势，以求得师出有名，振军威，壮声势，同时瓦解楚军士气，争取关东诸侯，遂采纳洛阳新城三老董公之议（为义帝发丧，告哀诸侯，共伐项羽），遣使遍告诸侯："天下共立义帝，北面事之。今项羽放杀义帝江南，大逆无道，寡人悉发关中兵，收三河士，南浮江汉以下，愿从诸侯王击楚之杀义帝者。"于是集诸侯之师五十六万人，乘项羽北击齐未下，楚军被胶着于齐境之际，直捣彭城。然当此时际刘邦之失策，则为已入彭城之后，竟取其宝货美人，以饮酒高会为乐，而失机失势（前已论及兹不赘述），招致全军覆没之失败。

第三节　第二期政战两略配合创造优越形势

刘邦自遭彭城一战之惨痛覆没后，始猛然省悟诸侯军战斗力远不如楚军，汉军在此种以弱敌强之形势下，为要争取胜利，只有退据荥阳京索间之优势地略，与利用河渭长江之水道自关中巴蜀顺流而下之优越补给路线（在交通工具不发达之古代，此一补给线之优越条件是确保持久战略必底于成之重要因素），采取持久战略之方针，用以疲惫楚军，相机打击楚军，削弱楚军，与完成包围形势等指导要领，以转换楚汉强弱优劣之形势，最后乃迫楚军于预想地区（垓下在安徽灵璧东南洪泽湖西北河流纵横地带，亦即彭城之役汉军被压迫于此一地区，若非一阵西北暴风将楚军之层层包围圈冲乱，则刘邦之命运早已结束于此地，刘邦经过此一惊心动魄之事迹，适楚军亦逃避于此地区，正合其歼楚之计）而歼灭之。兹将其几项重要战略指导要领分析于下：

（一）巩固策源。刘邦于彭城大败，经决定以后作战方针为于荥阳汜水间采取持久战略后，即自回关中做三大重要措施：

1. 立其子为太子，赦罪人，以安定关中人心。

2. 引渭水灌废丘，速决废丘围攻之战。

3. 命萧何守关中，侍太子。立法令以约束人民。设宗庙社稷县邑。

事有不及奏决者，得便宜行事。计关中户口，转漕调兵，以补充粮食与兵员。因此汉军战守数年，粮食兵员未尝乏绝。

（二）政略配合战略。刘邦自彭城覆败后，在下邑（今豫东夏邑）召集其谋士及诸将开作战检讨会议，并商议以后作战方针，彼得持久之战略，即在此会议中商议策定者。此事于史册中觅得证明者，为刘邦在下邑收容其败残兵后，问其群僚曰："吾欲捐关以东等弃之，谁可与共功者？"张良献议九江王英布、彭越、韩信三人可使。布（材勇异常之楚将）与楚有隙，乘机说之叛楚投汉，一方面既可削弱楚力，以孤其势，同时又可增强汉力（楚减其一，汉增其二），且其政治作用为尤大，并完成对楚南面包围之优越形势。又使彭越相机进出于梁地（今豫东鲁西苏北地区），俾于将来楚汉相持荥阳时，截断楚军粮食，扰乱楚军后方，而成为项羽之心腹大患。后来楚军乏食及项羽两次自荥阳回军攻击彭越，予荥阳方面汉军以可乘之机，因而荥阳方面楚军亦两度失利。俟项羽再军荥阳时，彭越又复骚扰破坏，如此者再，彭越与荥阳汉军东西密切配合，相互邀击，楚军因此乏食，项羽因此疲于奔命，致使精锐之楚军渐成疲惫之卒。同时刘邦复使韩信破赵下齐，完成对楚北面包围形势。故刘邦于采纳张良之计后，又问曰："谁能为我使九江令之发兵倍楚，留项王数月，我之取天下，可以百全。"尤有进者，以随何往说九江王英布之一段话更可证明，何说布曰："王之不见何，必以楚为强……而不背楚者，以汉为弱也。夫楚兵虽强，天下负之以不义之名，以其背盟约而杀义帝也。汉王收诸侯，还守成皋荥阳，下蜀汉之粟，深沟壁垒，分卒守徼乘塞。楚人深入敌国八九百里，老弱转粮千里之外。汉坚守而不动，楚进则不得攻，退则不能解……"由以上叙述，明证刘邦在下邑召开作战会议所策定之战略是持久战略，毫无疑义。而此战略之指导要领则为疲惫楚军，削弱楚军，最后包围歼灭楚军之策略，其后并着着如此实现，更证明无疑。

（三）用间策略。楚汉在荥阳京索间对峙苦战到第二年（秦灭后第三年冬），双方精力俱瘁，刘邦乃谓陈平曰："天下纷纷，何时定乎？"陈平遂献其用间之计曰："项王骨鲠之臣，亚父（范增）、钟离昧、龙且、周殷之属（未将项伯列入，颇值玩味），不过数人耳。大王诚能出捐数万斤金，行反间，间其君臣，以疑其心，项王为人意忌信谗（致命伤，此事陈平于投汉晋谒刘邦时即已谈及），必内相诛，汉因举兵而攻之，破楚必矣。"陈平乃多以金纵反间，先施谣言攻势，谓项羽诸将钟离昧等为楚建功甚多，而终不得列为王，因欲联汉以灭项氏而分王其地，项羽果因此置疑其诸将。及第三年四月楚围攻刘邦于荥阳，势极危急之际，刘邦请和，划荥阳以西属汉（军事急迫，用政治手段以缓和之，此一政战两略配合之和平攻势，古今战史上之例甚多），而范增则劝羽急攻，期一举击灭刘邦于此地。此时陈平乃用反间计，于项羽使者至汉，陈平使为太牢具举进（古代隆盛之礼具，亦即最丰盛之宾席），及见楚使，即又佯惊曰："吾以为亚父使，乃项王使！"复持去，更以恶草具进楚使。及楚使归，乃将情报项王，项王果大疑亚父。亚父欲急攻下荥阳城，项王因此不听信。亚父闻项王疑之，乃怒曰："天下事大定矣，君王自为之，愿请骸骨。"归，未至彭城，疽发背而死。此段反间计，在今人目之当属可笑，但因情而使，举一反三，如现代之谣言攻势，以有计划之利用敌方记者、政府官员、社会及文化界，或高官贵人之情妇，或传布其伪消息，或使第三者下说辞，挑惠备至，因其情、乘其机而行之，亦未可等闲视之也。况陈平曾为楚之卿官，地位既不算低，且以其对楚内情之熟悉，人事关系之广泛，又以如许大量黄金作为用间之费用，则其活动之普遍深入，与看不见之紧张场面，概可想见。

又汉使随何往说九江王英布时（见前），随何既见英布而下说辞之后，英布阴许以叛楚联汉，但秘而不宣。当楚使者（亦在九江客舍中）正急促英布发兵时，随何竟直入对楚使曰："九江王英布已归汉，楚不可得其兵矣。"英布愕然，遂促成英布之投汉。汉使者随何对英布进迫此一步，在行动表现上至为勇决，在方法上亦可谓巧矣。

（四）坚持战略方针，达成最后胜利之目的。

1.战略移转。楚汉相持数年余，刘邦屡遭项羽猛锐之攻击于荥阳成皋间，所谓智勇俱困，几已超过其持久抗力之限度。故于第三年五月间，彼在荥阳遭项羽猛攻难支之际，乃留韩王信与周苛、魏豹、枞公等守荥阳，而自逃出成皋入关收关中兵。既而欲复赴荥阳，因谋士辕生之建议："汉与楚相拒荥阳数岁，汉常困。愿君王出武关，项王必引兵南走。王深壁勿战，令荥阳成皋间，且得休息，使韩信等得安辑河北赵地，连燕齐，君王乃复走荥阳。如此则楚所备者多，力分，汉得休息，复与之战，破之必矣。"汉王从其计，出军宛、叶间（今南阳、叶县间），并与英布同行以收九江兵。羽闻汉王在宛，果引兵南向，汉王坚壁不与战。此一战略转移获得如下之效果：

（1）吸引项羽主力南移，与刘邦相持于宛、叶间，俾荥阳成皋正面之汉军获得休息整补之机会。

（2）促使楚军兵分力薄，而唯汉之意志是追随，疲于奔命。

（3）使英布随行，收其九江地区之兵，借此以增加汉之兵力，并威胁楚之南面。

2. 扰乱楚后方，坚持持久战略方针。

（1）正当刘项两军相持于宛、叶间之际，刘邦复命其留置于楚后方担任游击已久之彭越军（彭越原为巨野大泽中之草寇，即今鲁西南巨野县为其根据地），渡睢水与楚军项声、薛公战于下邳（项羽大后方，即今苏北邳县），楚军败，薛公被斩。此时项羽为安定后方，乃命终公守成皋，而自将兵击彭越（项羽从此疲于奔命矣），刘邦复把捉此一战机，自宛、叶间引兵北上击破终公，克复成皋。

（2）此时楚汉相持之战争达于最高峰，亦为胜败所系之转捩点。当刘邦克复成皋之时，项羽闻刘邦复克成皋，乃复引军西拔荥阳（时为六月），进围刘邦于成皋（实已再疲）。刘邦此时又留兵守成皋而自北渡河，至小修武（今获嘉县北），收韩信、张耳军（韩信张耳于降魏下赵后增援至小修武，嗣令韩信北击齐，借以完成北翼包围之势），汉军复大振（时为八月）。刘邦屯兵于小修武（威胁楚军侧翼），欲复与楚战（坚强之意志，虽屡败犹屡战，图挫楚军，其实此时楚军尚强，与战适足以自损），因郎中郑忠建议，一面深沟高垒，保持军力以持久，一面使将军刘贾、卢绾将兵二万，骑数百，渡白马津（今河南滑县）入楚地，以协力彭越军，烧楚军积聚（军粮兵器柴薪等），使楚军乏食。其战法，不与楚军做真面目战斗，专行偷袭韧性侧击，与彭越军相互策应。彭越得刘、卢军之增援，乃乘势攻略睢阳外黄等十七城（今商丘、杞县等地），使楚后方震动，首尾不能兼顾。因此项羽复命其大司马曹咎谨守成皋，嘱勿与汉军战（时为九月），而自回军，期于十五日内平定后方。项羽扫荡陈留外黄睢阳彭越军后（实已三疲），刘邦当此时际，见荥阳成皋屡陷楚军，正面既难支持楚军之攻势，而留置于楚后方之游击军又屡遭扫荡击退，遂欲放弃成皋以东，退守巩、洛（今河南巩县、洛阳）地区，又因谋士郦食其之建议而止。郦食其之建议曰："夫敖仓，天下转输久矣，臣闻其下乃有藏粟甚多。楚人拔荥阳，不坚守敖仓，乃引而东，令谪卒分守成皋，此乃天所以资汉也。方今楚易取而汉反却，自夺其便，臣窃以为过矣。且两雄不俱立，楚汉久相持不决，海内摇荡，农夫释耒，红女下机，天下之心未有所定也。愿足下急复进兵，收取荥阳（坚持持久战方针），据敖仓之粟，塞成皋之险，杜太行之道（今山西晋城县），拒蜚狐之口（今山西壶关），守白马之津（今河南滑县旧黄河经过之处渡口），以示诸侯形制之势，则天下知所归矣。"此除坚持战略方针外，又为汉军在持久战略下争取地略优势之主要说明。此一争取地略优势之方针，于下邑会议时实已计及，郦食其此时不过强调复取荥阳成皋之重要，而仅予以复述与略为补充而已。而此一复取荥阳成皋之建议，其重点实为争取重要地略，亦坚持持久战略方针之胜败所系的关键，若此着有失，即可能使其持久战略陷于瓦解。刘邦在此与楚艰苦相持阶段中，屡遭挫败，精神情绪与理智（此处显示统帅艰苦卓绝性格之重要）难免有所惶惑，但屡能从谏如流，采纳谋议与明敏之抉择（但采纳郦食其封诸侯后而自分其势之议，则为刘邦抉择上最大失措之一，而此一失措，实由于刘邦无学，而缺乏此种高深之识力所致，盖此种大略决非纯靠天才所能抉择适当者，故必有待张良之纠正）。

（3）当项羽回军击走其后方彭越军骚扰之际，刘邦纳郦食其之议，复向成皋进击，诱楚大司马曹咎出战而击破之，复取成皋，而以主力进驻广武（今县），取敖仓粟以充军粮。故刘邦前所以欲退守巩洛者，实以与楚相持数年，且屡遭挫败，所谓智勇俱困，大有难支之势故也。然荥阳成皋地略之重要，关系于持久战之成败至巨，若能坚持则成，不能坚持则败，故虽精力交瘁，智勇俱竭，仍须尽一切之努力，用最高度坚忍之意志，不折不挠坚持持久。由此可见当此力所难支而又为胜败所系之关头，将帅之精神与意志力是何等重要。所以克劳塞维茨曰："战况一旦及于困难……又以流血过多，军队之体魄道德诸力都为之沮丧，忧苦之情起于行列之间，此种情形影响到指挥官之心中，此际主将以保持不动心实是不够，要能逆兵众之心而尽力支持。兵众之心力既不能自支，则其责任即落于主将一人身上。兵众对未来之希望已濒暗淡，须由主将胸中（意志）如燃之火使之再热；兵众对未来之前途已趋黑暗，须由主将胸中（意志）皓洁之光使之复明。"克氏若非精研战史，深深体验战场之实况，何能道出此语。刘邦因能纳其谋士之议，复进兵荥阳成皋，以最高度之坚忍坚持下去，而达成其持久战略之方针，故终能争取最后之胜利。尤有进者，其后楚汉两军对峙广武之际，刘邦与项羽于阵前对话时，忽遭楚军伏弩射伤其胸，彼仅向其兵呼曰："虏中吾指。"及伤病甚重，又听张良之议强起劳军。可见主将之安危关系于军心之重要，刘邦于此充分表现其坚忍力与机智。

第四节　第三期政战两略配合之攻势

（一）宣传攻势。当与项羽于广武阵前对话时，因双方均已濒精疲力竭之境，为自振士气人心，同时打击楚方之士气，乃重行其宣传攻势，宣告项羽之十大罪："羽负约王我于蜀汉，罪一；矫杀卿子冠军，罪二；救赵不还报，而擅劫诸侯兵入关，罪三；烧秦宫室，掘始皇帝冢，收私其财，罪四；杀秦降王子婴，罪五；诈坑秦子弟于新安二十万，罪六；王诸将善地，而徙逐故王，罪七；出逐义帝彭城，自都之，夺韩王地，并王梁楚，多自与，罪八；使人阴杀义帝江南，罪九；为政不平，主约不信，天下所不容，大逆无道，罪十。"此为第二次宣传大攻势。

（二）以和平为掩护之军事攻势。楚汉相持至第四年夏秋间，项羽以兵少食尽，韩信又进兵击楚，项羽颇以为忧。适此时刘邦遣使说项羽，请归其太公（刘邦之父），项羽乃与汉约中分天下，划鸿沟以西为汉，以东为楚。九月楚归太公、吕后（刘邦之后）于汉，并即罢兵东归。刘邦亦欲引兵西还，因张良陈平之建议，却乘机追袭楚军至固陵（今太康县），但因韩信、彭越不肯出兵协力夹击楚军（此伏下统一后消灭韩彭

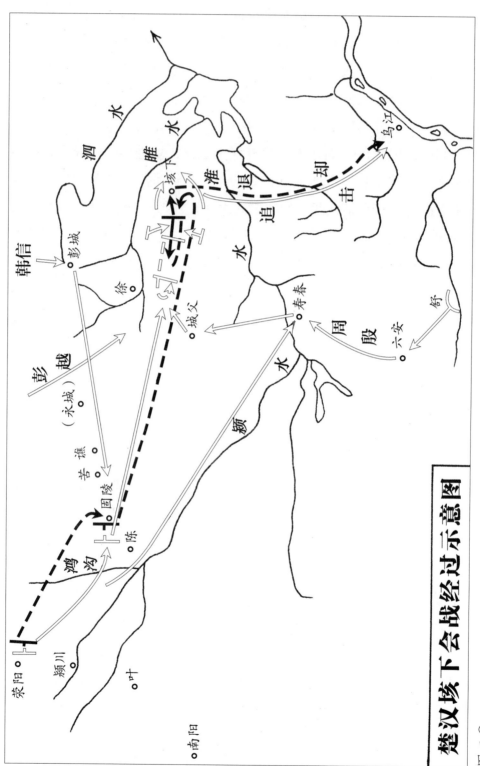

楚汉垓下会战经过示意图

图二〇

之机），汉军因以复遭楚迎击大败，之后用张良计，得韩信彭越军来会。十一月复遣刘贾南渡淮河围寿春，因诱楚大司马周殷降。周殷遂尽将九江兵与英布合，而随刘贾引兵会汉王。十二月项羽至垓下，兵少食尽，与汉追兵战不胜，乃入营壁以自守。及诸侯兵至，围之数重，汉并以楚歌行心理攻势，遂灭楚（见图二〇）。

根据本节所述，可得如下数点之结论：

（一）和平攻势是一种有利策略。此次汉军虽以战斗力仍不如楚军而遭楚军击败，但楚大势已去，最后胜利已在汉军掌握中。且以和平攻势掩护军事攻势以致胜者，历史上之例甚多。即以汉军为例亦有数次：一为刘邦入关之时，攻峣关；二为刘邦在荥阳假降；三为韩信乘郦食其说齐，和约已成之际，举兵袭之，因而迅速攻拔齐都临淄；四即为鸿沟之和约。

（二）彭越韩信军不至，汉即挫败，必待韩彭俱至，且争取周殷之来降，然后胜楚。由此观之，足知刘邦必须始终以政略配合战略，尤有赖于政略之成功，以促进战略之成功。

（三）政战两略不配合，兵虽强最后必败；反之，政战两略密切配合，兵虽弱最后必胜。此一法则于刘项之战可获明证。

第四章　结论并论当时诸谋士识略

　　综合以上分析研究，项羽失策者多，尤以其战略上为然；刘邦失策者少，尤以其得力于政略运用成功之处者多，战略次之。以刘项二人之长短优劣比较，项羽意志刚健，武艺与膂力均超群伦（古代以战将武艺高强为战斗决胜重要因素之一），战略战术之素养亦颇优（如破釜沉舟救赵之战与彭城之役以主力突击汉军侧背，皆其战略战术优越之显明例证）。惟过自钦其能，不能用群策，尽群力，甚且刚愎自用，且短于政治谋略，卒致形势日坏，由优势转为均势，由均势易为劣势，而终于招致势孤，兵少食尽而被歼之悲惨命运。刘邦则出身平民，对人生之体验较深，且多经磨炼，故富有隐忍素养。虽以不学之故，粗野谩骂之气习，是其所短，然其天资甚高，在能广纳众议之中且有抉择之力，故能于荥阳成皋间艰苦坚持，精力交瘁之中，屡纳善谋，终能确保其持久战略之方针，由形势之日趋优越，于屡败屡战之余，力量不断增加，卒能转弱为强，转败为胜，而获最后之胜利。由此亦可证明，凡情性暴戾者，常因求泄目前之愤而乏远谋，即有远谋，亦常为泄愤之情所偾事；反之，凡具坚忍之素养，又能采择卓谋，则必能忍一时之忿，而图远大之策。此两种人物，前者以力胜，后者以谋胜，但用力者经久必竭，用谋者可转弱为强，刘项二人之长短优劣，其分野即在此。观项羽于鸿门会不能纳范增之计，攻荥阳不能用范增之谋，而屡纵刘邦以卷土重来之机会。刘邦则不然（以下依其发展顺序写述）：入关时一听张良之计而取南阳，再听而取峣关。军霸上时，用萧何之大计而就国汉中，用韩信之谋而复出中原，纳三老董公之议为义帝发丧，号召天下诸侯。彭城大败后，采纳众议而策定持久战略；用张良计而收用彭越、英布，使楚永无宁日，疲饥交困；用陈平策而离间楚君臣；用辕生言，吸引项王于宛、叶间，俾荥阳军得以休养，且分楚军之势；得张良之借箸而不封六国后，免遭自分其势之厄运；纳郦食其及郎中郑忠之议，而保实力于小修武，坚持于荥阳成皋间，确保战略持久之方针；再用食其之说，以游说取齐，韩信乃得乘齐撤备，而迅速占领齐之全境；最后尚用张良陈平之谋，追击楚军；继又纳张良之说，乃得韩信彭越英布军之集中而围歼项羽于垓下。总括言之，刘邦能用人才，如萧何、张良、陈平、韩信、英布、彭越等杰出人才皆乐为用；而项羽则仅一范增不能用，尤其最可悲者，陈平谓其"不能信人，其所任爱非诸项即妻之昆弟，虽有奇士不能用"。凡此种种，皆为刘项优劣长短之实证也。

本篇研究之主眼，在分析政战两略之运用与得失，而主政战两略之谋者则为谋士。楚汉相争时之谋士足述者，为萧何、张良、韩信（信为优越之战略家，而非政略家，此其所以为刘邦所用，又为刘邦所擒，关键在此）、陈平数人，惟范增不得与焉。

萧何一则以其高度识量策定收复三秦，与楚争天下之大计。再则以其卓越政治才能安定汉策源地之关中，终楚汉之争，汉军兵员军粮无所缺。刘邦实一枭雄，内藏猜疑刻忌之心（四夺韩信军，名虽以荥阳成皋正面危急，须加强正面，实则疑虑韩信之才而防其反叛。又屡遣使回关中，名虽慰劳萧何，实则监视之而虑其从中生变。及项羽已灭，张良从赤松子游，陈平亦以退让周虑以自全，独韩信不稔刘邦政治之阴谋而遭杀身之祸。凡此种种，足证刘邦猜疑刻忌之心理无遗）。故萧何在关中，初则分园圃之地授予百姓，以收人心（达成其巩固策源之任务）；继则遣其子弟赴荥阳成皋前线从军，释刘邦顾忌之心；三则与百姓争田园，示无争取人心图天下之志以自全。凡此均足示萧何用心之苦与智虑之周矣。

张良自追随刘邦，事无不谋，算无遗策，其阻刘邦封六国后之议，乃为谋之大者，因其具谋略价值甚大，特再将其事论究之如次：

当楚汉对峙荥阳时，楚军数侵夺汉甬道，刘邦困于成皋，而军粮缺乏之际，乃与郦食其谋，欲策划挠楚之权势，食其献策谓"诚能复立六国之后，则其君臣百姓必皆戴陛下之德，莫不向风慕义，愿为臣妾。德义已行，陛下南面称霸，楚必敛衽而朝"，云云。此一儒生之见，张良乃于刘邦进食之际，借箸为筹而劝阻之，略谓："封六国后而不能制。天下游士，离其亲戚，弃坟墓，去故旧，从陛下游者，徒欲日夜望咫尺之地。今复立六国之后，天下游士各归事其主，从其亲戚，反其故旧坟墓，陛下与谁取天下乎？且夫楚唯无强，六国立者复挠从之，陛下焉得而臣之？"回溯陈胜初起时，张耳陈余亦曾请立六国后，以增自助而孤秦势。此前后二策实质相同，惟时移势变，陈胜用之为是，刘邦用之则非。盖陈胜初起之时势，六国后裔皆欲起而攻秦，目标一致，陈胜立之即可得彼等之助，而自壮大其声势而孤秦；楚汉相争之时，诸侯未必皆欲亡楚而兴汉，且争取与控制诸侯及各方人才为两雄当时政略之目标，若分封诸侯，反足以自分其势，故张良乃明时势之论。由此一事观之，可知筹谋决策者既不可拘古，亦不可泥今，必深计现实之情势而精密考虑之，而古今之事迹，仅可供启迪智力之导引与参考而已。

陈平多奇计，辅刘邦而成事功者，约有如下数事：1. 离间楚君臣，使项羽内部冰消瓦解；2. 脱刘邦于荥阳之围；3. 设计擒韩信。此皆为以智巧取胜者，其天赋机智，甚足称道。

韩信为一卓越之战略战术家，古今军事家能与其匹敌者殊不多得。其用兵多因地形之状况，而适当运用其奇袭的前进包围后退包围两种形式之歼灭战。如其击魏豹于安邑，即为奇袭之前进包围；击赵军于井陉及斩龙且于潍水，则为奇袭之后退包围。尤值得注意者，即其善于运用间谍情报战，如井陉之战是也。惟其短于政治谋略，故不能善为自处。但由彼却曾引出历史上曾不甚为人注意之两名政战略家，即蒯彻、李左车是也。

蒯彻于郦食其说齐时，劝韩信举兵击齐，于齐与食其议和已成之际，韩信突然进军，因而于齐人措手不及之际，得以迅速下齐而占齐都，继即有潍水之捷，尽取全齐。

其次当韩信为齐王时，蒯彻说韩信以反汉之策，相机自取天下，其谋曰："天下初发难也，忧在亡秦而已。今楚汉分争，使天下之人肝胆涂地，父子暴骸骨于中野，不可胜数。楚人走彭城，转斗逐北，乘利席卷，威震天下，然兵困于京索之间，迫西山而不能进者，三年于此矣。汉王将数十万之众，拒巩洛，阻山河之险，一日数战，无尺寸之功，折北不救（折挫奔北而不能自救），此所谓智勇俱困者也。百姓疲极怨望，无所归倚……当今两主之命，悬于足下，足下为汉则汉胜，与楚则楚胜。诚能听臣之计，莫若两利而俱存之，三分天下，鼎足而居，其势莫能敢先动。夫以足下之贤圣，有甲兵之聚，据强齐，从赵燕，出空虚之地而制其后，因民之欲，西向为百姓请命，则天下风走而响应矣，孰敢不听。割大弱强，以立诸侯，诸侯已立，天下服听，而归德于齐。案齐之故，有胶泗之地，深拱揖让，则天下之君王相率而朝于齐矣。盖闻天与弗取，反受其咎，时至不行，反受其殃，愿足下熟虑之。"蒯彻献此谋略，于当时情势论之，为韩信计，确为卓越之政治方略，若韩信果能采纳，则三足鼎立之势必不始于汉末，而将成于此时，且或中国历史上之平民皇帝或不始于刘邦而为韩信，亦未可知也。

其次，广武君李左车亦属一卓异之政战略家，成安君陈余不用其谋，致有井陉之败，身戮于泜水上，韩信能用其谋，兵不血刃而燕服。兹将其二策分述如次：

献成安君之策曰："韩信张耳乘胜而去国远斗，其锋不可当。臣闻千里馈粮，士有饥色，樵苏后爨，师不宿饱。今井陉之道，车不得方轨，骑不得成列，行数百里，其势粮食必在其后。愿足下假臣奇兵三万人，从间路绝其辎重，足下深沟高垒勿与战。彼前不得斗，退不得还，野无所掠，不至十日，而两将之头可致于麾下，否则必为二子所擒矣。"惜成安君识不及此，不能用其谋，否则不仅赵境有磐石之安，而楚汉优劣之势亦一时难决。

献韩信之策见次章第三节。

其此种总揽全局、高瞻远瞩之眼光，较利害，详得失，知短长，因情势而制胜之智虑，殊为不可多得者。

最后论范增所以不能列于卓越谋士之列者，在正史中实看不出其谋略之长，虽在演义小说中颇多称许其智谋之处，刘邦亦曾说过，项羽仅一范增而不能用。其实范增才智究竟如何颇值得怀疑。因范增被项羽称为亚父，可见项羽对其重信之程度，当远超出其诸将之上，但在史册上见其曾与项羽力争者，不过鸿门会上欲杀刘邦与刘邦困迫于荥阳成皋时力主急攻此两事而已。至于项羽大杀降卒，杀秦王子婴，焚咸阳，不都关中而都彭城（秦汉时均以关中为天府之国，形制中原之形胜地略）；封诸侯王时，早既知田荣背离（田荣数负项梁于前当可知之），而不知预谋钳制之策；不知利用义帝以令诸侯，反且杀之，而为诸侯所非议，予刘邦以宣传之口实；田都、田假兵败相依，不知助之以对田横，反且杀之，自绝诸侯来归之路（刘邦则能纳张耳，容魏豹，收王陵，羁彭越）；彭城战胜之后，不能集其主力做猛烈彻底之追击，以求从根本上毁灭刘邦，而坐视敌人持久战略部署之完成；当相持于荥阳成皋时，又处处出于被动并予敌离间之计得售；九江王英布原为楚之爱将，既不能防嫌隙之渐成于前，又不能消弭羁縻争取之于中，复不能设法控制之于后，坐视有力之大将归敌所用：凡上举诸大计之失算，身为亚父之范增岂能辞其咎？若范增果智略卓越者，又岂致一再而屡失算一至如此？故演义小说中称范增之才器者，殊不可信。

抑有进者，项伯于项羽以叔父之亲，为张良所利用，主和汉而与范增之政见相敌对，在疏不间亲之情势下，故计谋屡不为项羽所采纳。然则亦应急流勇退，如韩信之弃楚，陈平之归汉，亦不应待大势已去时，始怆然而去而死，留得在历史上不智之名。

第五章　韩信破魏、代、赵及下燕灭齐之战

第一节　破魏之战

楚汉二年（前205年）八月，刘邦遭彭城之惨败后，西退至荥阳。一方面部署自漳水以南沿黄河西岸，朝歌（今淇县）、修武、广武及荥阳、阳翟（今禹县）、叶县至宛（今南阳县）所形成而有利之山河战略防线，以谋固守之；一方面谋稳定大后方之关中（汉都栎阳，今临潼县东北七十里），以支持前方之持久战与决战；一方面争取叛汉附楚之诸侯王，以造成军略上政略上之优势，但不图西魏王豹自彭城退至荥阳后，即借词视亲，回至平阳（今山西临汾），即断绝河津，叛汉附楚。当时魏豹之西魏，即今山西西南部之地，既直接威胁汉都栎阳，又足以阻遏汉河渭之漕运水道。于是，刘邦于遣郦食其往说魏豹不成之后，即拜韩信为左丞相，统率步将曹参、骑将灌婴等军约二万余，自荥阳入关渡渭疾趋临晋（今朝邑县东）。

魏豹闻韩信来攻，亦即遣柏直为将，率骑将冯敬、步将项佗兵力约三万守御蒲坂临晋渡口关塞，魏豹亦自平阳至安邑指挥作战。

韩信至临晋西岸后，即大事集中船只，佯做大规模渡河攻击之状，然后率精锐潜驰夏阳（今韩城县东南），以木罂渡军，以疾风迅雷之势南下，攻击临晋魏军之侧背，至东张（今虞乡县西北），击魏将孙遫，大破之，因东攻安邑。魏豹惊于汉军猝至，引兵迎战，信又大破之。豹引败残兵退走，汉军逼追至曲阳（今安邑东南，魏军还平阳之路被截断），又大破之。信继续急追，九月遂擒魏豹东垣（今垣曲县西），然后北取平

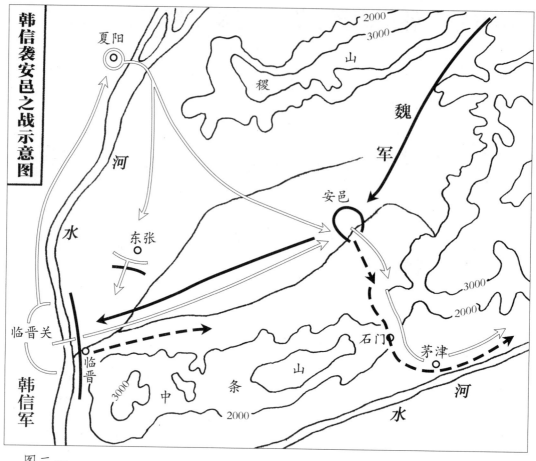

图二一

阳，尽掳豹母妻子送于荥阳，略定河东五十二县。刘邦遂置其地为河东郡，并令将所俘虏之精壮兵赴荥阳增援守备。计韩信破魏，未及一月即达成首次之速战速决目的。

第二节 破代、赵之战

　　破代之战。当韩信破魏时，代王陈余（留辅赵王歇于襄国）恐信乘胜取太原出井陉以攻赵，乃即令其相夏说自代（今察省蔚县）率兵约四万人南下以守太原，而驻兵于邬县（今介休县东北二十七里霍山北口的山河之险），以防阻韩信之北进。

　　韩信既已破魏，达成荥阳侧背与河渭水道及栎阳之安全，乃建议刘邦请增兵三万以击燕赵而下齐，俾南绝楚军之粮道，自北面包围楚军于荥阳而歼灭之。刘邦为急于造成整个战略上的优势，以缓和荥阳方面被攻之危急及谋求最后之胜利，乃即许之，遣张耳、张苍率三万人至魏归韩信指挥。于是韩信合前兵力二万余，约共有五万余人。

楚汉二年后（闰）九月，韩信以曹参为前军，自平阳沿汾水河谷北进，信自率张耳等主力继后。及军进至邬县时，即遭遇夏说之抵抗。韩信乃即使曹参向夏说左侧背包围，进击邬城之郭东，大破之。夏说率军东走，信急追击之，追至阏与（今和顺县西北），夏说为曹参所追及，擒而斩之。韩信遂定太原，置为太原郡。并即准备东出井陉击赵、燕。此时夏说别将戚公则仍坚守邬县城。

井陉破赵之战。当韩信破代军斩夏说时，赵成安君陈余即与赵王歇及广武君李左车举兵约十万，号二十万，自赵都襄国（今河北邢台县）驰至井陉口（今获鹿县西十里东西土门），筑垒以据守之。

楚汉二年十月，韩信率兵自太原东进，约抵达今晋阳、平定二县间，得悉赵军已据井陉口，乃即遣谍潜入赵军中侦探军情。时广武君李左车

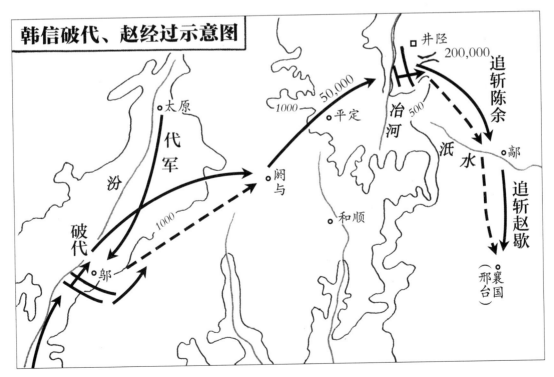

图二二

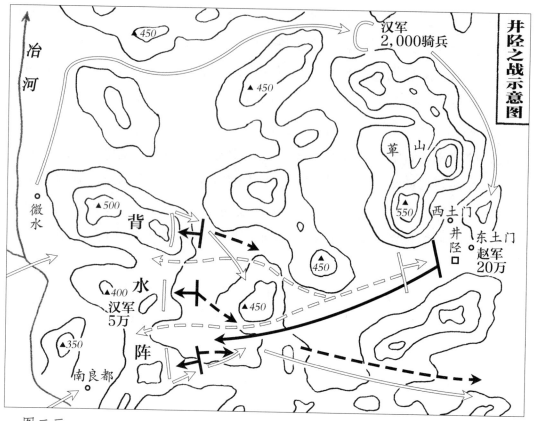

图二三

说陈余曰："闻汉将韩信涉西河，虏魏王，禽夏说，新喋血阏与。今乃辅以张耳，议欲以下赵，此乘胜而去国远斗，其锋不可当。臣闻千里馈粮，士有饥色，樵苏后爨，师不宿饱。今井陉之道，车不得方轨，骑不得成列，行数百里，其势粮食必在后。愿足下假臣奇兵三万人，从间路绝其辎重，足下深沟高垒勿与战，彼前不得斗，退不得还，吾奇兵袭其后，野无所掠掳，不至十日，两将之头可致麾下。愿君留意臣之计，必不为二子所禽矣。"陈余以儒将自命，不用诈谋，遂不听。

韩信闻陈余不用左车之计，大喜，乃率兵下井陉道，距井陉口三十里宿营。是夜即做进击井陉之部署：

（一）夜半令灌婴选轻骑兵二千，各持一赤帜，从间道至萆山（今西土门西北）埋伏，以窥赵营垒。令于赵军尽出逐击时，即入据之，并以汉赤帜易赵帜。

（二）使万人先行背水阵（今冶河东岸北良都附近）。

韩信是夜部署已定，将拂晓时下令小食，曰："今日破赵会食。"（饱餐）天已拂晓，信即自引大军至井陉口，建大将旗鼓而进以诱敌。于是赵军出垒迎击之，大战良久，信即与张耳引军佯败，尽弃旗鼓，向背水阵退走。赵军尽出争取信军旗鼓，并追击。韩信进入背水阵后，率军死战坚守。此时信所遣于莗山之二千骑兵已驰入据赵营垒。赵军以前攻背水阵不能破，后方营垒又为信军所据，因而全军惊溃，赵将虽斩之不能止。韩信因其溃乱，挥军夹攻之，遂大破赵军。陈余与赵王率溃败残余之众向赵都急奔，韩信挥军穷追之，再破赵军于鄗北（今高邑县），擒陈余而斩之于泜水南。赵王亦于逃抵其都城襄国时为韩信所追及，斩之。遂定赵国。

第三节　兵不血刃下燕

韩信于破赵军时，悬千金之赏，求生获李左车。军士擒左车以献，信以师礼事之，向其请教下燕之策。左车乃献策曰："今将军涉西河，虏魏王，禽夏说阏与，一举而下井陉，不终朝破赵二十万众，诛成安君，名闻海内，威震天下，农夫莫不辍耕释耒，褕衣甘食，倾耳以待命者，若此将军之所长也。然而众劳卒罢，其实难用。今将军欲举倦弊之兵，顿之燕坚城之下，欲战恐久，力不能拔，情见势屈，旷日粮竭，而弱燕不服，齐必拒境而自强也。燕齐相持不下，则刘项之权未有所分也，若此者将军之所短也，臣愚，窃以为亦过矣。故善用兵者不以短击长，而以长击短。方今为将军计，不如案甲休兵，镇赵抚其孤，百里之内，牛酒日至，以飨士大夫醳兵。北首燕路，而后遣辩士奉咫尺之书，暴其所长于燕，燕必不敢不听从。燕已从，使喧言者东告于齐，齐必从风而服，虽有智者，亦不知为齐计矣。如是则天下事皆可图也。兵固有先声而后实者，此之谓也。"韩信欣然从之而行，燕果从风而靡服。韩信自楚汉二年九月至楚汉三年十月之三个多月中，连续击灭魏、代、赵三国及降燕，可谓神速之极矣（汉沿秦制，以十月为岁首）。

第四节　袭齐之战

自楚汉三年（前204年）冬十一月至秋九月之十一个月中，韩信于定赵降燕后，楚汉在荥阳成皋之争夺战已达高峰，是时刘邦之荥阳成皋之核心防线，正遭受项羽所突破，刘邦逃至小修武，夺韩信军（三年七月），兵势复振。刘邦乃一面令张耳守赵地，征赵兵增援，一面拜韩信为相国，率曹参、灌婴发赵兵之未发者北击齐。

齐王广及相国田横闻之，即集全齐二十万众守历下（今济南）。当刘邦遣韩信后，并即遣郦食其说齐王。食其至齐，齐王闻其说即从之附汉，并因撤历下之警备。韩信率数万兵至平原津（今平原县南二十五里）时，闻郦食其已说下齐，乃用蒯彻（当时在野之策士）之策，渡平原津袭齐历下军，破之，继之以急疾之追击直趋临淄。齐之君臣惊于韩信军之猝至，乃烹郦食其后仓皇逃走，各自四散。齐王走高密（今县西南），田横走博阳（今泰安县东南），守相田光走城阳（今即墨西南），将军田既走胶东（今平度东南），田吸走千乘（高苑北）。韩信此一袭击，逼使齐国陷入总崩溃之局。

韩信袭据临淄后，并即分军急速追击，自率主力向东追击，遣灌婴追田横，曹参攻济北（田横），又皆破之。齐王广遂向楚求救，于是再展开潍水之战。

第五节　潍水之战

当韩信袭破临淄时，项羽正自荥阳成皋间回击彭越、卢绾、刘贾等于魏地，闻悉韩信破齐，齐王请救，乃即遣将军龙且、亚将周兰与留公率军号二十万救齐。龙且等驱军疾进，经城阳（今山东莒县）至琅邪（今诸城）与齐王军会合后，准备进击韩信。

韩信闻龙且大军救齐，亦即调集曹参、灌婴等部，在潍水以西地区准备与齐楚联军会战。会战前两军态势如下：

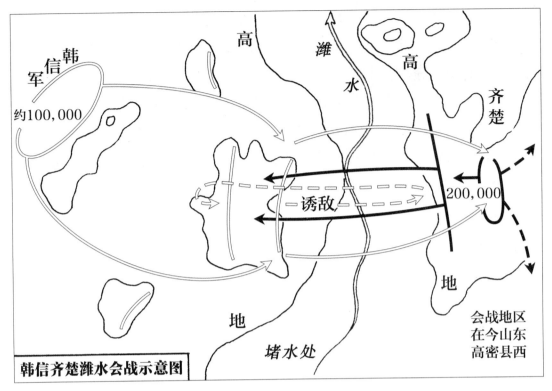

图二四

（一）齐楚联军约二十万，驻屯于今高密南至诸城间，潍水东岸。龙且军多楼烦骁骑，甚为精锐。

（二）韩信军约不及十万，内多降卒，且步多骑少，兵并不精良。

当龙且与齐王商议国策时，有人献计曰："汉兵远斗穷战，其锋不可当，齐、楚自居其地战，兵易败散。不如深壁，令齐王使其信臣招所亡城，亡城闻其王在，楚来救，必反汉。汉兵二千里客居，齐城皆反之，其势无所得食，可无战而降也。"龙且以轻韩信，又急求战功，乃不用其策，率其军在潍水东岸高地而阵以求战。韩信军则在潍水西岸高地而阵。时为楚汉四年十一月也。

韩信以寡击众，乃图谋利用潍水分敌军为二，以求决战兵力之相对优势，乃于夜间造万余囊，盛之以沙，壅塞潍水上流，然后引军涉水进击龙且之阵。龙且出军迎击时，信佯不支败还。龙且喜曰："固知韩信怯。"遂率军涉水进击。信俟龙且军半渡，而使人决壅囊，上流之水奔腾而至，将龙且军分隔于东西两岸，信乃挥其全军猛烈还击，遂大破楚之西岸军，斩龙且，擒周兰等将。东岸齐楚联军未渡者，见西岸军被歼，即时惊溃而走。韩信急渡水追击，逐至城阳，楚卒皆降，并擒齐王广杀之，守相田光等亦皆被擒。于是齐地悉平。

韩信已定齐，请自为齐王，刘邦许之。当时楚遣使说信，愿三分天下王之，信婉拒之。蒯彻说信自立，信亦婉却之。于是韩信乃仍继续贯彻其作战方针，使灌婴南下深入楚之大后方而扫荡之。灌婴率骑兵击楚将公杲于鲁北，破之，克虑（今沂水西南）后，直趋薛郡（今滕县东南），与薛郡长战，又破之。灌婴遂乘胜直下淮水地区，扫荡淮南北，捣项羽之故居下相（今宿迁县西），尽降下徐（今符离集）僮（今泗水东北）各城邑，又渡淮下广陵（今江都东北），使项羽前后受敌。项羽遣军回救，婴又击破之，克下邳（今邳县东），然后北还。此役也，灌婴将楚之大后方破坏无遗。

第六节　韩信及其敌人战略战术上之得失

韩信此次作战，就其使命言，可分为两个阶段。第一阶段之使命为剪除魏豹，使刘邦在荥阳成皋之核心防线侧背及后方关中不受威胁，并确保渭水黄河漕运之安全。第二阶段之使命为击灭赵、齐后，使刘邦对楚形成两翼包围之战略优势，并从而摧毁楚后之作战潜力，改变楚汉间优劣之形势，逼使楚在长期艰苦之战争中陷于绝境。

但韩信为达成以上两次使命，其每一次作战之要求，必须速战速决，迅速获得彻底之胜利。盖能争取速战之彻底胜利，则有如下之利益：

（一）使刘邦获得战略上之安全，进而争取战略上之优势，以改变楚汉敌对之形势，予项羽以致命之打击。

（二）使刘邦在荥阳成皋间艰苦撑持之抵抗中，获得新生兵力之补充及粮食之补给，战力因而愈战愈强。

（三）逼使楚大后方暴露在被威胁与攻击之下。

然若不能达成速战速决之彻底胜利，则刘邦将有下列之弊害：

（一）陷刘邦于多面作战之危境，兵分势弱。

（二）刘邦之抗战将愈战愈弱，形势每况愈下。

（三）最后荥阳成皋被突破，项羽再度入关，刘邦毁灭。

韩信为达成速战速决之彻底胜利，乃采取如下之战法：

（一）善用间谍，随时掌握敌情。

（二）深入挺进造成激励之士气。

（三）因敌情、地形与诱敌等方法造成奇袭包围歼灭之效果。

（四）战胜后穷追达成歼灭之战果。

（五）以战养战，胜敌益强。

在魏、代、赵、齐四国方面，皆不明晰楚汉战争成败之关键，故皆不知采取深沟高垒之持久抵抗战略。设魏、代、赵有一能采取如李左车之策者，则足以逼使刘邦陷于多面作战之困境，因而刘邦将始终陷于劣势，而不能挽救其荥阳成皋被突破之厄运。此亦证明此数国，皆无人才，故招致败覆也。

本篇主要参考书

1.《史记》有关本纪列传

2.《汉书》有关本纪列传

3.《读史方舆纪要》

4.《中国历代战争史》

5.《资治通鉴》

第七篇　西汉战争

提　要

一、封建之兴废。汉初封建宗室诸王，导致文景削藩，而有七国之乱，景帝赖山河之势与优良兵制及周亚夫之善用兵而平定之。封建之制再经武帝之削而名存实亡，中央集权得以恢复。

二、汉匈战争。高帝于平城被围后，汉忍辱与匈奴媾和者将历七十年。至武帝之经历代发展国马，有战马四十余万，又赖郡国优良兵制而编组强大国防军，加以数十年之生聚教训，国家富足，乃展开北伐匈奴之战。

三、北伐匈奴战略：一通西域，采国际包围，"断匈奴之右臂"；二在战略上将匈奴分区各个击破歼灭。但此战乃汉匈两大民族之战，故历前汉末、后汉初，汉匈战争始告完全结束，凡历百年之久。

第一章　汉景平定七王之乱

第一节　景帝中央集权政策

汉高祖初得天下时，因近鉴于秦之孤立，不旋踵而覆亡，远鉴于周代以大封宗室而根深蒂固，乃有八百年天下，故于称帝之后，即计划大封同姓，并与其群臣盟誓，非刘氏而王者天下共诛之，千方百计图巩固其已得之帝业。

然其鉴古不深，设谋不密，只知周大封同姓，因多助而长治，而不知周代封诸侯竟多至数百国，因而诸侯力小而易统治。但汉高封诸子弟之后，以所封之地过广，势力强大，至文景之世即有尾大不掉之势。此足见政治设计之不易，一着之差即有千里之失。

汉自诸吕乱后，经文帝二十三年之励精图治与俭朴政风，国以大治而渐富强，然诸王尾大不掉之势亦渐形成，故景帝乃有削诸王封地以加强中央集权之举。惟诸王势力已成，欲削其地以弱其势，势必为乱，故一经吴王濞遣使游说诸王，即有胶东、胶西、淄川、济南、赵、楚诸王之响应，而造成汉景帝时七国之乱。

第二节　双方战略部署概要及作战经过

当时为汉景帝定中央集权之谋者为御史大夫晁错，吴王得六王同意起兵后，即以清除君侧为名起兵（宣言诛除晁错）。当吴王起兵时，吴有两位谋臣献策：

大将军田禄伯曰："兵屯聚而西，无他奇道，难以就功，臣愿得五万人，别循江淮而上，收淮南长沙，入武关与大王会，此亦一奇也。"（主张奇正兼用）

少将桓将军曰："吴多步兵，步兵利险；汉多车骑，车骑利平地。愿大王所经过城邑不下，直弃去，疾西进据洛阳武库，食敖仓粟，阻山河之险以令诸侯，虽毋入关，天下固已定矣。即大王徐行，留下城邑，汉

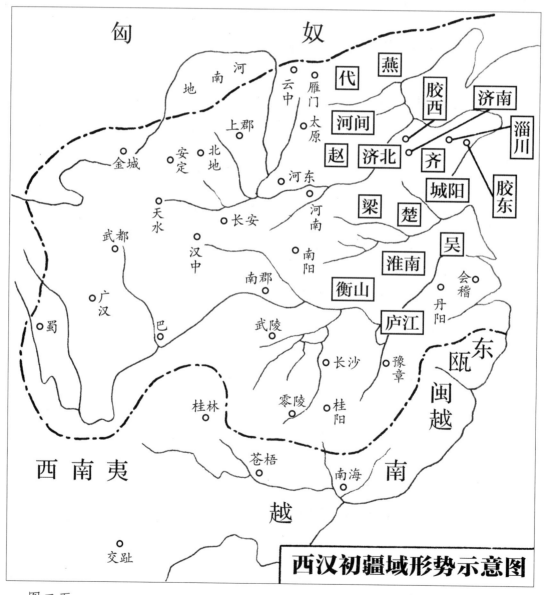

图二五

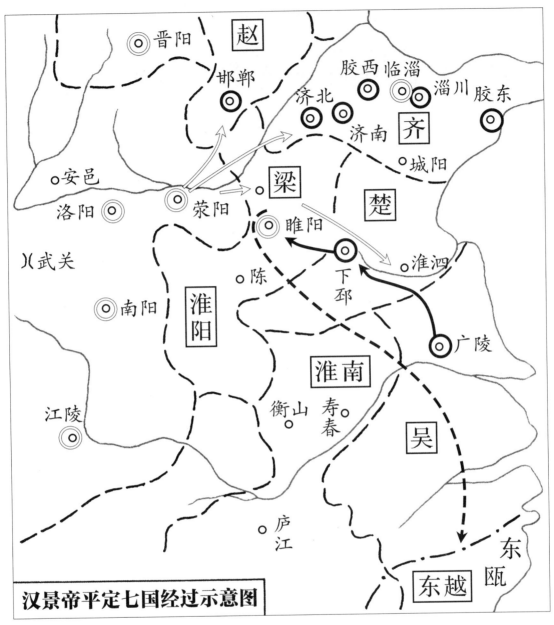

汉景帝平定七国经过示意图

图二六

军车骑至，驰入梁楚之郊（今豫东），事败矣。"

　　吴王对二策均不能用，而仅先遣谍人至崤渑间以侦关中汉兵动静，而自统率二十万大兵，自广陵（吴都今江都东北）西进，渡淮水与楚合兵，共攻梁，破棘壁（今河南永城县南），另遣一军数万攻下邳（今邳县东），北指城阳（今河北濮县东南）。但吴楚军进攻梁都时，顿兵于梁坚城之下（睢阳为梁孝王都城，今豫省商丘县南），不得西进，关中汉兵遂得充裕之时间出武关，据荥阳以拒诸反王之兵。

汉景战略部署：遣中尉周亚夫为太尉，将三十六将军（主力）进击吴楚，另遣曲周侯郦寄击赵，将军栾布击齐，以窦婴为大将军屯荥阳，监齐赵兵。

周亚夫之敌情判断："吴王素富，怀辑死士甚久，此知将军且行，必置间人于崤渑阸狭之间。"亚夫据任务与敌情判断而做如下之处置：

（一）为求行动秘密迅速与出敌意表，不自正面出函谷关，而从蓝田出武关，迂回至洛阳，据洛阳武库与敖仓之粟，而另遣一军搜索崤渑间之吴伏兵而击破之。

（二）遣赵涉为护军，进兵昌邑（今鲁省金乡县西北），以掩护汉军主力左侧之安全，并断绝吴楚与齐赵之联络。

（三）吴楚兵较汉兵为精强，难与争锋，乃一面使梁坚守，以迟滞吴楚兵之西进，一面使弓高侯等将轻骑兵出淮泗口（今江苏宿迁泗水入淮之口），绝吴楚后，断其粮道，而以主力集中下邑（今苏省砀山县东），做决战防御之态势。

（四）使栾布、郦寄顿兵齐赵境上，阻其南下，俾主力战场得以集中兵力以取胜。

作战经过：吴、楚等七国之兵于景帝三年（前154年）正月反，吴楚军以顿兵于梁坚城之下，旷日持久，不得西进。为欲击破汉军主力，乃移其主力进攻下邑周亚夫军，亚夫坚壁不出。吴楚以粮道被断绝，欲战不得，声东击西之攻击战又不得手，士卒饥饿叛散者甚多，迫不得已引兵东退。二月亚夫乃出精兵追击，大破之。吴王濞弃其军，与壮士数千人乘夜逃走，楚王戊自杀。栾布、郦寄军亦相继下齐赵，七国之乱遂平。

第三节　得失检讨

（一）当汉景之世，诸王势大，若不分别削弱，势必成分裂割据局面。但此一削弱诸侯政策之执行，竟引起七王之叛乱，幸吴王濞不用田禄伯及桓将军之谋，汉景乃幸而制胜。此一胜利之果实，使加强中央集权之政策得以实现。

（二）田禄伯之战略进军，识见甚为卓越，因当时关中对东方诸侯在地略上所恃者为崤函之险，但欲固崤函，必先确保荥阳敖仓，而欲确保荥阳敖仓，又必先巩卫其右翼之武关、南阳。汉高因能自武关进军，迂回崤函之后，直捣秦都咸阳，乃得迅速摧毁秦国，吴王濞智不及此，因而致败。

（三）桓将军之谋，则为争取形胜之卓越战略。吴王若能用其谋，不为梁军所迟滞，而进占洛阳，则既有武库丰富之兵器以供军用，复得敖仓储存极丰之粮以供军食，且进可攻关中，守足以扼汉军不得东向。此一形制之胜，吴王智不及此，故招惨败。

（四）周亚夫破楚之战略，颇类汉高破项王之故智，自始至终，均大致相同。如楚汉相争时，汉兵弱而项王兵强，是时亦吴楚兵强，而汉兵"难与争锋"。汉高以决战防御固守荥阳成皋，别遣彭越刘贾等扰项王后而断其粮食，最后实行大追击，而周亚夫亦以决战防御固守下邑，别遣二将断吴、楚后，绝其粮食，最后实行大追击，前后战略之运用几出一辙。田禄伯、桓将军对楚汉相争之历史研究似甚精辟，故各有其卓越之战略见地，吴王濞苟能用其一，必能制胜，或局促汉景于关中一隅。如是则汉景时代之局势必为之大变，而其历史亦异于《汉书》所载矣。成败之机，决于识见之高低与权谋定策之是否适切，由此可见一斑。

（五）此战役之另一意义为内线作战，但战法却以梁都吸引吴楚兵，以一部有力之军北阻齐赵等军之南下，一部绝敌补给线，待敌饥疲然后破之，此为现代内线作战战法所无者。

第二章　汉武时代战争

第一节　武帝时代之形势

汉武系汉朝第五代皇帝，其聪明英武，在中国历代帝王中殊不多见。适当其时又承文景二代之治绩，国民殷富，国力充沛，国防渐固，以及汉景实施削弱诸王之政策，而将隐伏分裂割据因素之危局，一跃而为巩固之中央集权皇朝之后，汉武乃得进而专从事于制服屡为北疆寇患之匈奴。

然当时匈奴系继冒顿之后，故其国力极为强大，国土横跨于东自今之嫩江松花江以西，横自内外蒙古西伯利亚而迄新疆天山南北地域。而汉当时则东南尚属东越及闽越（今闽浙地区），南部尚属南越（今粤桂及越南地区），西南尚属苗蛮诸夷生息之地（川黔滇）。且当时汉族以步兵为主之步、车、骑联合部队，其骑兵尚甚幼弱，反视匈奴游牧种族，全民皆兵，全军皆骑，其驰骋于北方疆场，犹如风驰电掣。且匈奴当时作战目标不在得地，而在掠抢子女财帛牛羊，行动飘忽，动止无常，故当时以步兵为主之汉兵，实极难与之较胜争锋于疆场。汉初之时，以身经百战，智勇兼备之老英雄如刘邦者，统其灭项王之精兵三十万，尚被困于平城（今大同县东），其后且迫不得已忍辱与之和亲，借图宁息，可见当时北方之匈奴是何等难以应付之大敌。

然但凡战争对象之强弱程度不同，则筹谋运策之方略亦异。自一般言之，以强击弱，尚无若何困难在（以当时尚无复杂之国际关系言）。至于以强击强，或以弱击强，则非在筹谋上精思密虑与远筹兼顾不可。以汉武当时之力量而欲征服匈奴，虽不能谓为以弱击强，但势均力敌，则为当时之实际情势。然不论战争性质如何，或为以强击弱，或为以强击强，或为以弱击强，而其筹谋之首要原则，第一步骤必"先为不可胜，以待敌之可胜"，此乃不可移易之原则。汉武既已在以强击强之情势下，将如何策划此一赌国运与民族存亡生死之战争，乃其必待精思熟虑之问题。

第二节　汉匈战争总方略

汉自高帝七年（前200年）在平城为匈奴冒顿围攻而屈辱纳贡求和以来，历惠、吕后、文、景四世，至武帝元光二年（前133年，武帝即位第八年）马邑诱击匈奴时，前后已历六十八年。汉在此六十八年中积极储积国力，整军经武，以图解除北方之威胁。经文景二世隆盛之后，汉之国力已充，武备已足（景帝养苑马三十万匹），至武帝（国马四十余万匹）遂展开对匈奴全面而彻底之攻击。当时汉匈战争指导之总方略约如下：

汉朝方面

（一）广为征求才智纵横之人才以备国用，逐次分使外国，以扩张帝国之声威，展开广大之联盟，展拓帝国之领土。如分使南越、闽越、西南夷及印度、朝鲜等国，又如遣张骞等使西域，不仅为了解西域诸国，宣扬国威，亦为联西域大月氏等以断匈奴右臂，对匈奴采取国际包围之战略。广选北方骑将人才，以为征讨匈奴之用。

（二）抚定闽越南越之后，开始向匈奴展开攻势。

（三）首先打击察南、晋北阴山地区之匈奴种落，以巩固长城内外之各战略根据地，如代（今察南蔚县）、雁门（今晋北代县西北）、定襄（今晋右玉县北）、云中（今绥南托克托县）。

（四）次即包围扫荡五原以南黄河南岸伊克昭盟地区之种落，恢复秦始皇蒙恬所守之故地，巩固狼山山脉、贺兰山山脉之国防线。

（五）次开扩河西走廊西部之地（今武威、张掖、酒泉、敦煌），打击匈奴之右部，以断匈奴与羌人之联系，及争取今新疆省西域城郭诸国，以断匈奴右臂，开尔后联合乌孙（今新疆省西北及俄罗斯巴尔喀什湖以南地区）以打击匈奴。

（六）次自今察南晋北各基地向匈奴单于本部，即今绥远百灵庙东南地区（当时之单于庭所在）大举挺进攻势，以摧毁匈奴之主力，同时自右北平（今热河平泉县）攻击匈奴之左部。

（七）最后自晋北绥南及河西各基地，即定襄、雁门、云中、五原、朔方（五原西南）及今甘肃之武威、张掖、酒泉，不断越蒙古大漠，深入今阿尔泰山南北，以今蒙古唐努乌梁海地区为最后目标，予以彻底破灭之。

匈奴方面

（一）初期不断以其精锐之铁骑反复侵汉之各郡以为报复，并打击汉之攻势。

（二）继则采用利用广大漠北地区做大后退，以引诱汉军深入疲惫之余，以行决战，予来攻之汉军以歼灭之打击之战略。对向西域进攻之汉军，则截击其漫长之补给线，或相机截击疲惫之汉军而歼灭之。

（三）利用汉之降将以制汉。

第三节　汉匈百年大战经过概要

汉武帝发动征匈奴以前，汉匈已有下列战役：

（一）高帝七年（前200年）十月，击破韩王信后，追击至平城（今大同县东），十一月被匈奴单于冒顿所围攻，屈辱订和约，每年向匈奴纳贡财帛，至十二月始脱平城之围。

（二）文帝前三年（前177年）五月，匈奴右贤王率其种落大举入犯河南地（今绥远伊克昭盟）而居之，并入侵上郡（今陕北地区），长安震动。文帝遣丞相灌婴率车骑八万五千迎击，以济北王反而罢兵。

（三）文帝前十四年（前166年）冬，匈奴老上单于以汉绝和亲，举十四万骑南侵今甘肃平凉、固原、宁县等地，侵逼关中之凤翔、淳化等县，长安震动。文帝遣东阳侯张相如为大将军，率三路大军十余万往击，但汉军皆畏匈奴之强，不敢逼之，匈奴侵掠月余，始行退去。文帝后二年乃至被迫屈辱求和，岁奉匈奴如故约（平城之约）。

（四）文帝后六年（前158年）冬，匈奴大举入侵云中（今绥远托克托县）、上郡（今陕北绥德县）、甘泉（今陕中淳化县），长安再陷入震撼状态中。此役汉军只谋固守城池，不敢再谋迎战。直至武帝元光二年（前133年），始有主动谋征匈奴之举。

以上汉兵历五世凡六十余年，皆屈辱于匈奴入侵铁蹄之下，至武帝元光二年夏在马邑（今晋北朔县）设伏主动诱击匈奴开始，乃展开汉匈百年大战。汉匈在当时世界史中为东亚最强大两大民族，故汉匈百年大战，实为汉匈争东亚霸权之战。按：汉武帝动员全国人力物力，毕生与匈奴奋战凡四十余年，大战凡十五次，汉军深入穷追二十余年，但仍未能竟其功。直至宣帝时，匈奴由于内部分裂而大丧，始予以降服之，故汉匈大战实为中国历史上与匈奴空前艰巨之大战。兹举武帝时代汉匈诸大战役如下。

第一阶段征匈奴之战：

（一）元光二年夏，武帝发动车骑三十万，在马邑设伏诱击匈奴，匈奴军至距马邑百余里而觉，立即退去，汉设伏无功。

（二）元光六年秋，汉再遣卫青、公孙敖、李广、公孙贺等，分四路向上谷（今察南怀来县南）、代（今察省蔚县东北）、雁门（今山西右玉县南）、云中，袭击匈奴在各该地关市者。三路皆无功，敖与广且惨败，独卫青一路有功，追至匈奴龙城（今察省多伦地区）而还。

第二阶段征匈奴之战：

（一）元朔元年（前128年）秋，匈奴大举侵辽西（今河北省卢龙县东）、渔阳（今密云县）、雁门，汉卫青、李息、韩安国等迎击之，独卫青三万骑救雁门有功。

（二）元朔二年一月，匈奴再大举侵上谷、渔阳两郡。此役汉为争取主动，并谋解除长安威胁，准备与匈奴长期大战，乃在上谷、渔阳采守势，而遣卫青、李息为主力，自云中攻五原（今县），包围匈奴右部之楼烦、白羊王部落于河南（今伊克昭盟地区）而击破之，虏获其牛羊百余万，歼敌五千余，遂恢复秦始皇时蒙恬所开之地，即今贺兰山以东、狼山以南之地，置朔方郡，并修复蒙恬所筑塞，因河为固。

（三）元朔三年夏及元朔四年两年中，匈奴又大举侵代、雁门、定襄（今绥远和林格尔县）、上郡、朔方。元朔五年春，汉使李息、张次公出右北平（今热河平泉县）击匈奴左部，做牵制攻势，汉另使卫青率苏建、李沮、公孙贺、李蔡等出高阙（绥远五原西北）为主力约十万骑，疾袭狼山以北数百里之右贤王庭，出其不意，突击而歼之，获其裨王十余，男女万五千余，牲畜数十百万，右贤王仅携其爱妾及壮骑数百而逃。

（四）元朔五年秋，匈奴万骑入代。元朔六年二月，汉遣大将军卫青率公孙敖、赵信、苏建、公孙贺、李广、李沮等，分为中前左右后五军共十余万骑，以匈奴单于主力为进击目标，军出定襄，遇单于军击破之，斩数千级。卫青休军月余，再出定襄，以单于庭（在今绥远集宁陶林县西北）为进击目标。出定襄数百里，约抵达今绥远归绥以北之阴山主脉地区，与逐次抵抗之单于军尚在战斗中，突然匈奴左贤王率军自东北方向攻来，于是卫青遣前军赵信、右军苏建率三千骑迎击之，以掩护主力之战斗，青集主力与单于会战破之，并深入追击，斩万余级及单于大父，获单于相国、当户及其季父罗姑比等。是役以青年将军霍去病功最大，封为冠军侯。张骞亦以善知匈奴水草之地，导军而特有功。至于前项掩护部队，亦全为左贤王所歼灭，赵信原系匈奴裨小王降汉者，军败复降匈奴，苏建则独身败归。但信、建等虽败，掩护任务业已达成。

（五）元狩元年（前122年），匈奴以数万骑侵入上谷。但汉不为其在东方侵扰所牵制，而仍以主动战略开始向河西走廊大举进军，以断匈奴之右臂。明年三月以霍去病为骠骑将军，将精锐万骑出陇西（今甘肃临洮县东北）挺进，过焉耆山（今甘肃山丹县东）千余里，以打通河西走廊，断匈羌之联系而通西域。此役，去病军在匈奴右部最重要关塞皋兰（今甘肃皋兰县）下与匈奴大战，短兵相接，匈奴骑大部被歼灭，去病遂长驱追击，转战六日，几擒单于子，斩匈奴四王，直至敦煌始凯旋还师。

是年夏，霍去病与公孙敖共数万骑，分两路再出陇西，以祁连山匈奴优美之畜牧地区为攻势目标，肃清匈奴在河西地区之最后根据地，并

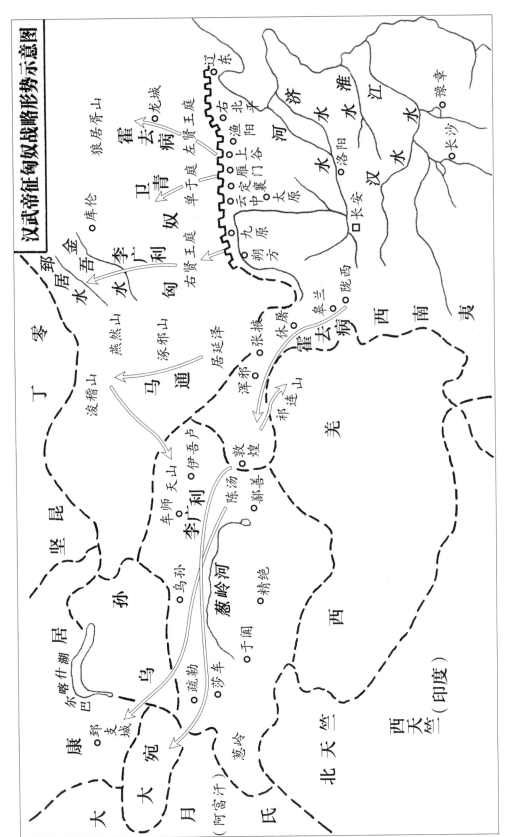

汉武帝征匈奴战略形势示意图

图二七

驱逐西羌种落。同时汉在东方使张骞、李广出右北平，分两路纵队击左贤王。是时匈奴单于亦率军入侵代、雁门两郡，汉匈之战遂达于最高潮。去病军出北地（今甘肃宁县），渡黄河，过甘肃青玉湖，至居延海，然后转兵沿额济纳河南下，至小月氏（今酒泉县），耀兵于张掖，遂进入祁连山，将诸山谷之匈奴部落扫荡歼灭之。

是役擒匈奴五王，王子五十九人，及阏氏（匈奴王后之称）、相国、将军、都尉等六十三人。斩首三万余，降二千余。公孙敖因失道，未能参战，李广军与左贤王战被歼。单于入代、雁门，仅杀略数百人。匈奴经此役惨重打击后，右部遂有主谋降汉者。汉亦从此先后开设敦煌、酒泉、张掖、武威、河西五郡，通西域之国际路线于是畅通。匈奴右部遂退至今新疆东部巴里坤湖以北，以后与汉对西域诸国进行争夺控制权而连续作战。

（六）元狩三年秋，匈奴数万骑侵右北平、定襄。明年春，汉使卫青、霍去病各将精兵五万，分左右两纵队，以打击匈奴单于为作战目标。卫青率李广、公孙敖、赵食其、曹襄等前、左、右、后四将军，及西河太守常惠（治今鄂尔多斯左翼前旗）、云中太守遂成等出定襄。霍去病率赵破奴、安稽、卫山、李敢、复陆支、伊即靬（二人皆匈奴降王），及右北平太守路博德、渔阳太守解出代郡。两路任军资补给之步兵尚数十万，骑十四万匹。是役匈奴用赵信之战略，将辎重远退至赵信城（今蒙古库伦附近），诱汉军深入，待汉军越大漠人马困乏之时与之决战，以歼汉军。卫青分中前左右后五军出定襄千余里，约在今蒙古车臣汗部西南地区，即见单于大军在当面严阵以待。青为防冲突，先令武刚车为营，然后遣五千骑兵进击单于阵，单于出万骑迎击。是时青军之前军李广、右军赵食其，皆失道尚未抵达。上项战斗战至日没仍在激战中，会风大起，沙砾击面，两军不能相见。于是青乃即将主力分为左右翼，以包围态势进击。单于被围，见汉军士马甚强，又值黄昏，因恐战败被擒，乃率亲兵壮骑数百突围逃走。匈军大败，青军追击，直至赵信城，因匈奴积粟食军而还，斩首万九千级。

霍去病军出代，至兴城（今察省多伦地区）与路博德、解会师后，进军至梼余山（今达里湖北方），与左贤王展开激战，匈军大败，去病军猛烈穷追，度难侯山，济弓卢水，追至狼居胥山（今阿哈纳尔左翼旗），登临瀚海，凯旋还师。是役霍去病征战二千余里，斩擒三王及匈奴兵七万余人，左贤王军仅存十之一二远遁。匈奴经此役之后，左部自今热察两省地区向西北远走，匈奴本部亦远向阿尔泰山以北地区遁去。

汉军经以上多次大攻势，将燕山山脉、阴山山脉、贺兰山脉以及祁连山脉数千里之国防线，予以彻底占领与巩固，将匈奴驱退至阿尔泰山脉以北及以西地区。又将河西走廊西通西域诸国之国际交通线打通，开始其与西方展开的大宗丝帛贸易，并联盟西域之国以孤立与打击匈奴。

然经过上数次大决战之后，汉匈双方国力大为耗损，尤以人员马匹与粮食之消耗为巨，双方既无力支持持续之大会战，于是双方皆积极于从事休养生息，以支持长期战争。

汉武帝至元鼎六年（前111年），经十年生息之后，乃展开对匈奴之攻势。但此后之攻势则采行政治军事并用战，且由于骑兵缺少，不能再采用纯骑兵之攻势，而用步车骑联合之作战，是亦为此后汉攻势作战之特质。

汉此后攻势之准备，为自元鼎二年至六年之五年间，用张骞通西域之策，西域三十六国（今天山南北地区）皆已与汉通使，又南平南越，西开益州（今四川、贵州、云南）。于是武帝于元鼎五年自率骑兵数万，出巡西北边防，经雍（今陕西凤翔县南）过陇西（今甘肃临洮县东北），登崆峒，出萧关，猎于新秦中（今绥远伊克昭盟），然后耀兵境上而还。明年遂再展开一连串攻势。兹列述其战役经过如下：

（一）元鼎六年十月，李息讨平西羌后，又因匈奴游骑常遮击通西域之道，乃遣公孙贺为浮沮将军，将万五千骑出九原，以浮沮井（在今蒙古库伦西南地区）为目标，以赵破奴为匈河将军，将万余骑出令居（今甘肃民勤县境），以匈河（今蒙古金翁河）为目标。二将皆进至目标地区，不见敌而还。盖此次汉之作战目的在扫荡匈奴之游击骑兵，而匈奴游击队则见敌即远走，不予抵抗之故。于是汉乃分武威、酒泉二郡（先置）地，复增置张掖、敦煌二郡，并徙民以实之，而使李陵率五千剑客教民骑射，行且耕且战之制，以确保通西域之国际交通。

（二）元封元年（前110年）十月，武帝又亲将大军巡边，自云阳北历上郡、西河、五原，出长城，北登单于台，然后转至朔方，临北河耀兵十八万骑于边境上，又遣使告单于"能战来战，不能则降"，欲以兵威降服之。匈奴此时慑于汉之兵威，一面休养士马习练，以备再战，一面好言求和。汉知匈奴不肯降服，亦一面徙实酒泉之民，一面遣使西通月氏、大夏，又以公主妻乌孙昆莫。同时告匈奴以太子入质为和亲之条件。单于拒之，亦以女妻乌孙王以争取之。是为元封元年至五年之政治作战。旋匈奴乌维单于卒，子幼嗣，国势益不振，遂益北徙，左方兵退至云中以北，右方兵退至酒泉、敦煌以北。于是汉又展开一项离间战术，一遣使吊儿单于，一遣使吊右贤王。但二使入匈境后，皆被导致于单于，因此离间之计失败。太初二年（前103年），匈奴左大都尉谋降汉，汉使赵破奴为浚稽将军，深入浚稽山（今蒙古阿尔泰山北、阿利山）接应，但事泄，左大都尉被诛，赵破奴退兵途中被追击而全军覆没于受降城（今绥远乌拉特中旗北）北四百里处，匈奴并乘机侵边。

汉经过上次一再挫败后，乃再展开三次大攻势，其经过如下：

（一）太初三年（前102年）夏四月，汉遣光禄勋徐自为出五原塞数百里，远者千余里，筑城障列亭（国防工事），至庐朐（今陕西神木县南），遣兵驻守之。又使强弩都尉路博德发戍卒十八万筑酒泉至居延泽之障塞，亦以兵驻守之，以确保河西国际通道之安全。匈奴于汉筑塞时一度大举遣兵来侵，破坏障塞。

是年冬，单于闻汉贰师将军李广利破大宛（今新疆西北天山之西葱岭之北）。先是，汉向大宛国索取良马，大宛不予，乃遣李广利西征大宛都城贰师。广利破贰师，斩其王，获良马数千匹而还，西域诸国震于汉之兵威，皆遣子随广利军入贡于汉。匈奴欲截击之，畏广利兵盛不敢逼，因是汉之势益盛而匈奴之势益孤。于是匈奴于太初四年尽归汉使之不降者，欲和亲，武帝因遣苏武等使匈奴。苏武等欲与前汉使劫单于母阏氏归汉，事泄，皆为所拘留，武帝乃决大举再击匈奴。

天汉二年（前99年）五月，武帝遣三路大军击匈奴，以李广利将三万骑（主力）出酒泉，击天山（今新疆镇西县北）右贤王，以解除通西域之国际通路及西域诸国之威胁；以公孙敖将万人出西河，路博德将万人出居延，会师涿邪山（一作涿涂山，今蒙古阿尔泰山东脉）。是役，李陵率剑客五千（步）于是年九月出发出居延，为敖、博德二军行侦察战斗前进，深入至浚稽山南勒水（今蒙古阿尔泰山北之图音河），为匈奴骑追击与围攻被歼，李陵降匈奴。旋敖、博德二军进至涿邪山，以匈奴已远去而还。惟李广利军击破右贤王，大胜而还。但在归途中为单于大军截击于今新疆伊吾县东南地区，被包围，幸赖赵充国突围得脱，但军士死十之六七，故广利亦先胜后败。

（二）天汉四年（前97年）一月，武帝再征发天下罪人充军及勇敢士编成四军征匈奴。李广利骑兵六万、步兵七万出朔方，路博德为广利军护辎重，韩说步兵三万出五原，以游击为任务，公孙敖骑兵一万、步兵三万出雁门。此四军以李广利为统帅，向活动于涿邪山北麓之单于本部进击。匈奴单于为与汉军决战计，乃将其老少妇孺及辎重远退至余吾水（今蒙古鄂尔浑河）北方，而集其本部及左部兵十万，严阵待于水南。于是两军连战十余日，公孙敖失利，广利见情势不佳，乃相机南退，故是次决战可谓两方无胜败。是役汉骑兵以七万对十万，故不能取胜。至于步兵虽多，经远途跋涉之后，实已无战斗力。

（三）征和三年（前90年）一月，匈奴两路军南侵，一入五原，一入酒泉，做扰乱性之攻击。是年三月，武帝乃遣三路军做第三次之大举进击。以李广利（统帅）将步骑七万人出五原，商丘成步骑三万余出西河，马通四万骑出酒泉。此次进击，似以今蒙古西库伦西北地区匈奴辎重所在之大后方为目标。匈奴则仍用其上次战略，将辎重尽退至赵信城北之郅居水（今蒙古哈内音河），左贤王亦将辎重人民渡余吾水六七百里。然后匈奴分军为二以迎击汉军，单于自将左贤王及精骑五万五千南渡姑且水（今蒙古翁金河西），严阵以待广利军，以大将与李陵率三万骑迎击马通。李陵至今蒙古阿尔泰山上之达林图鲁西北地区时，马通已向其北方浚稽山（今蒙古乌里雅苏台北方）挺进。李陵等转兵向北尾追马通军，至浚稽山追及，展开大战，李陵等败，走向蒲奴水（西库伦西南鄂尔罕河），且战且退，马通追击，在今杭爱山地区战斗九日，陵等大败遁去。马通乃即转军西向，击天山左贤王。

李广利军在夫羊句山峡（今蒙古古里精呼都克）击破匈奴一部后，乘胜至范夫人城（今喀尔喀土谢图罕部之鲁斯附近），然后长驱至郅居水

（今哈内音河）上，匈奴辎重及人物皆已遁走。汉军渡河追击，遇左贤王左大将二万骑迎战，激战一日，击破之，斩左大将。是时单于急回救。适时广利妻子在长安以巫蛊罪入狱，广利惧，引军南返，至速邪乌燕然山（今库伦西客里图地区）遇单于军，激战后，单于乃掘堑沟于广利军前，并自广利后急击之，广利军因败乱，广利及全军遂降，是为汉最后决战之最大损失。马通至天山，击走左贤王后旋师。此次大战自三月初开始，至四月末告终，凡历两个月。

匈奴此役大胜后，向汉提出如高帝平城被围时之故约为和平条件，逼汉纳贡，汉拒之。

至后元二年（前87年），武帝崩，在此期间，汉匈遂再形成休战相持状态。武帝毕生与匈奴族奋战，凡四十六年，至此告终。当时东方最强大之两大民族，皆战至民穷财尽之困境。

以上为武帝时代之汉匈战争概况。武帝死后昭帝立，昭帝时汉匈虽无大战，但小战仍时有发生。昭帝始元元年（前86年）匈奴单于狐鹿姑死后，因争立，其内部开始斗争离析。至宣帝时，匈奴复遭严重天灾与瘟疫，人畜死亡极大，复遭宣帝联合乌孙大举攻伐（宣帝本始二年，前72年秋），是时匈奴衰弱，丁零、乌桓、乌孙又环攻之，丁零攻其北，乌桓攻其东，乌孙攻其西，匈奴国势因益不支。至地节二年（前68年）内部再大分裂，至神爵二年（前60年）遂分裂为南北匈奴，南匈奴呼韩邪降汉，北单于郅支虽仍竭力挣扎，终因经不起汉与南匈奴之攻势，而率残余种落奔投坚昆国（今蒙古西北俄境），旋西结康居国（今新疆西北俄境），康居划地以居之。至元帝建昭三年（前36年），西域都护骑都尉甘延寿与其校尉陈汤袭郅支，而将其击灭于郅支城（今哈萨克斯坦章布鲁城附近），匈奴至此遂灭。综计自武帝元光二年（前133年）汉匈马邑之战始，经武、昭、宣、元四世，至元帝建昭三年（前36年）北匈奴单于郅支灭，共九十七年。若自高帝七年（前200年）计算起，则汉匈战争共历一百六十四年。是可见当时汉匈两大民族在东亚之争霸战，其时间之长与规模之大，实为人类史所罕见。

第三章　武帝之政略

第一节　对内

前已言之，汉武乃一非常英明有为之君主，而其在以强击强之情势下，欲征服匈奴，势必先采用"先为不可胜，以待敌之可胜"之方略。然而其当时所处之局势已如上述，北疆匈奴强敌压境，南方有东瓯、闽越、南越、苗族等分踞今东南西南边疆，各夷族且常为中原边患，若南方地区不能先予控制，而于一旦发动北征匈奴时，而猝然在南方为乱，则实属危险之事。何况北征战争，乃以强击强战争，此种战争一经发动，除非一方屈服，即不能中止。更何况以强击强而同时又采取两面作战战略，乃属危险备至者。因此汉武决策之第一步，必须先行平定南方。故其第一次援东瓯击闽越时，不顾掌军政之太尉田蚡强烈反对，而毅然采用庄助（当时征选之贤士）之议出兵。及其援南越击闽越时，更不顾淮南王安沥陈利害阻止发兵而长至数千言之谏书，仍毅然出兵。盖因彼深识匈奴不予征服，则中原永无安枕之日，而其刘家天下亦随时有发生危险可能。但欲征服强大之匈奴，则必先安定南方；同理，如欲攘外成功，则必须先充实本身力量。因此，汉武乃循"先为不可胜，以待敌之可胜"之原则，以执行其政略措施。兹略述其实施之政略步骤如次：

（一）充实国力。前已言之，汉自文景二帝经过三十余年之励精图治，政治修明，国库充裕，武帝为图征服强大之匈奴，则必须做更充分之准备。故当汉武即位之第一年，即诏举贤良方正直言极谏之士，亲自策问以古今治道，即史书所载："上自初即位，招选天下文学材智之士，待以不次之位。四方士多上书言得失，自炫鬻者以千数，上简拔其俊异者宠用之……济南终军等，并在左右。每令与大臣辩论，中外相应以义理之文，大臣数屈焉。"当时优异人才如庄助、朱买臣、吾丘寿王、司马相如、东方朔、枚皋、终军等，均为当时所选出众之人才，又如擢用李广、卫青、霍去病等优秀卓异之骑将军，均为其政略措施上首一重大步骤。其次则为创立马政，并奖励人民畜马，俾将来北征匈奴时扩充骑兵所需之精良马匹与补充而不感缺乏，此其一。

（二）再加强京师基本力量。关于汉高效秦始皇策略，徙天下豪杰及各国大族于长安，以实京师一事，已述于前章。至汉武初年，为加强汉高此一政策，复采用主父偃之谋略："茂陵初立，天下豪杰，并兼之家，乱众之民，皆可徙茂陵，内实京师，外销奸猾，此所谓不诛而害除。"于是促使当时京师之长安力量益趋强大，同时其边远地域之乱萌，亦因此逐渐消灭净尽。因古代中国，其时凡发难倡乱者，均为士大夫之大族，若已将彼等徙于京师而就近控制并利用之，则固本弭乱二者，可兼而得之矣。

（三）再削诸王以求皇权之彻底集中。汉景采用晁错之谋，为削弱诸王势力计，而采取强制削地政策，因而惹起七王之乱，几使汉朝天下濒于倾危，此一事实前章已予详述。及汉武初年，又图加强汉景此一政策，而采用主父偃之策略："古者诸侯不过百里，强弱之形易制。今诸侯或连城数十，地方千里，缓则骄奢，易为淫乱，急则阻其疆而合纵，以逆京师。以法割削之，则逆节萌起，前日晁错是也。今诸侯子弟或十数，而嫡嗣代立，余虽骨肉，无尺地之封，则仁孝之道不宣。愿陛下令诸侯得推恩分子弟，以地侯之，彼人人喜得所愿。上以德施，实分其国，不削而稍弱矣。"主父偃此一策略，系鉴于晁错前削诸王地而致乱之教训，乃改用分化政策，以分化诸王封地而减其势力，并使甚多感封侯之德之子弟散布在诸王之国中，如是则皇朝力量，随时得牵制诸王于无形之中。故晁错主父偃二人之前后二策，其巧拙实相去甚远也。

第二节　对外

（一）"以夷制夷"与"乱而取之"之策略运用。汉武利用东越、闽越及南越之互相攻伐，从中因而运用之，而达控制之目的。此项事实详于《中国历代战争史》，兹不赘述。至于对南越，因其有南岭险阻隔绝，乃用唐蒙之策："南越王黄屋左纛，地东西万余里，名为外臣，实一州主也。今以长沙、豫章往，水道多绝，难行。窃闻夜郎所有精兵，可得十余万，浮船牂柯江（今贵州都江），出其不意，此制越一奇也。诚以汉之强，巴蜀之饶，通夜郎道，为置吏易甚。"汉武从其议，遂令唐蒙为中郎将通夜郎（今贵州西北地区），南至牂柯（今平越县），诸部落夷人贪汉使所赏赐之财帛，乃相继臣服。嗣又遣司马相如通邛筰（今西康康定）冉駹（今四川茂县）之君，于是川西各地之西南夷亦相继臣服矣。元鼎五年（前112年），遂发夜郎兵，沿牂柯江而下，会师番禺，南越亦由是得以控制之。以上为控制南方诸夷族之策略。

（二）其次对于匈奴亦曾以相同策略制之。如汉武元朔三年冬，匈奴军臣单于死，其弟左谷蠡王伊稚斜自立为单于，攻破军臣单于太子于单，于单亡降汉。又如壶衍鞮之后，二传至握衍朐鞮单于，与日逐王先贤掸有隙，日逐王遂率其众因郑吉而降汉，而日逐王所辖西域诸国亦因此全为汉所有。此乃利用匈奴内乱，而相机运用乱而取之之策略，匈奴之势因此日蹙矣。

（三）其对朝鲜亦曾运用乱而取之之策略。当汉武分水陆两路（一自辽东半岛，一自山东半岛）进攻朝鲜时，水陆军俱败，但汉武利用汉军绝对优势之声威，在大军压境之下，迫朝鲜内部发生变乱（凡当大敌压境，于势不可当之际，内部必产生主战主和两派，两派互相残杀之时，遂乘而灭之，汉武颇善于运用此策），朝鲜王卫右渠卒因汉武之此一策略而为内部所杀，朝鲜亦因此而完全降服，汉武因而奠定将来进击匈奴时战略右翼安全之基础。

（四）再次则进行政略包围策略，如其西通大月氏不成，继即谋与乌孙（今俄境巴尔喀什湖以南至新疆西北之地）联合，使其向匈奴西境进攻，匈奴右贤王所统辖之地因在汉与乌孙夹击之下，首先崩溃矣。

第四章　武帝之战略

第一节　主动战略

前已言之，匈奴骑兵极其骁勇迅捷，而其作战目标又不在争城略地，志在侵掠子女玉帛牛羊。因为骑兵运动迅速，且其战术运用均为乘虚而入，掳获之后又迅即远去，因此中国自周秦汉数代，均莫不遭受匈奴侵犯之害。周建井田，以防胡骑；秦筑长城，以防胡侵；至汉武之世，虽已大建骑兵，但胡骑之乘虚而入，掳掠而去，对其此种来去飘忽之战术，中国久已乏制之术。因此汉武乃舍追随胡骑之被动战略（渔阳、上谷诸役均因此种战略而未得制胡之利），而采取胡骑东侵，汉骑西击之主动战略，如元朔二年匈奴入上谷（治今察省怀来县南）、渔阳（旧治在今之密云县），杀略吏民千余人。汉武乃遣卫青、李息出云中（今山西长城以北及绥远东南地区，旧治今托克托县）而西至陇西（今甘肃陇山之西），出击胡之楼烦（今山西西北隅地区）及白羊王于河南（今伊克昭盟），得胡首虏数千，牛羊百余万，走白羊、楼烦王，遂取河南地。汉自击匈奴以来，此为第一次之大胜利，盖因战略主动故也。

第二节　绝对重点主义与各个击破及奇袭战略

元朔三年（前126年）夏，开始专力经营朔方（今绥远西南黄河以南地区），企图从此隔断单于与其右贤王之联系，然后各个击破之。因此汉骑在此一地区首先与右贤王发生争夺战，史载元朔五年春，匈奴右贤王数侵朔方，天子令车骑将军卫青将三万骑出高阙（今绥远五原西北狼山之笔架山下），卫尉苏建为游击将军，左内史李沮为强弩将军，太仆公孙贺为骑将军，代相李蔡为轻车将军，皆领属车骑将军，俱出朔方（郡治今鄂尔多斯右翼后旗界内，重点）；大行李息、岸头侯张次公为将军，俱出右北平（今河北遵化以东及热河东南地区，郡治今热河平泉县），遥为牵制。凡十余万人击匈奴。右贤王以为汉兵远，不能至，饮酒醉。卫青等兵出塞六七百里，夜至（奇袭），围右贤王。右贤王惊，夜逃，独与壮骑数百驰，溃围北去。得右贤裨王十余人，众男女万五千余人，畜数十百万。此是第一次大奇袭歼灭战。

自朔方大捷，加强高阙塞守备之后，遂进一步分东西两路攻略匈奴。东路于元朔六年春，大将军卫青出定襄（今绥南和林格尔县）击匈奴，以合骑侯公孙敖为中将军，太仆公孙贺为左将军，翕侯赵信为前将军，卫尉苏建为右将军，郎中令李广为后将军，左内史李沮为强弩将军，咸属大将军。斩首数千级而还，休士马于定襄、云中、雁门。夏四月卫青复将六将军出定襄击匈奴，斩首虏万余人。是役霍去病随征，竟与其所率轻骑八百，远离卫青所率大军数百里袭击匈奴，斩首虏二千余级，得相国、当户，斩单于大父，生擒季父罗姑比，功盖全军，受封为冠军侯。

后二年即元狩二年（前121年）春，西路军由骠骑将军霍去病将万骑出陇西击匈奴，历五王国，转战六日，过焉支山（今甘肃山丹县东）千余里，杀折兰王，斩卢侯王，执浑邪王子及相国、都尉，获首虏八千九百余级，收休屠王祭天金人。继又与合骑侯公孙敖将数万骑，俱出北地，异道（分兵攻略）。骠骑将军霍去病深入二千余里，与合骑侯失不相得（失去联络）。去病逾居延（今甘肃居延县），过小月氏（今甘肃酒泉县），至祁连山，得单桓、酋涂王，及相国、都尉以众降者二千五百人，斩首虏三万二百级，获裨小王七十余人。霍去病此一西路军，是以精锐之轻骑兵与最快之速度，及因粮于敌之战法，出敌不意，于敌不知战地不知战日之情况下，奇袭广大地区之匈奴诸部落。在此同时李广等复出右北平，使匈奴东西不能兼顾，左右应敌。

第三节　奇袭与包围战略

经过以上数次战役之后，匈奴之势力大为减弱，于是遂于元狩四年夏遣卫青霍去病出兵，共觅单于决战。史载上与诸将议曰："翕侯赵信（元朔六年二月出定襄击匈奴之役，赵信军败降匈奴）为单于画计（教单于退至大漠以北，诱汉骑越大漠来攻，因其疲惫出精骑兵急袭之，但勿追近塞），常以为汉兵不能度漠轻留，今大发士卒，其势必得所欲。"（奇袭）乃粟马十万，令大将军青、骠骑将军去病各将五万骑，私负从马复四万匹，步兵转者踵（补给品跟进）军后又数十万人，而敢力战深入之士皆属骠骑。骠骑始为出定襄当单于，捕虏言单于东（东走），乃更令骠骑出代郡（今山西东北部及河北蔚县地区，治蔚县东北），令大将军出定襄。郎中令李广……以为前将军，太仆公孙贺为左将军，主爵都尉赵食其为右将军，平阳侯曹襄为后将军，皆属大将军。是役，"赵信为单于谋曰：'汉兵既度漠，人马罢，匈奴可坐收虏耳。'乃悉远北其辎重，以精兵待漠北"。

大将军既出塞，捕虏知单于所居，乃自以精兵走之……出塞千余里，度漠，见单于兵陈而待。于是大将军令武刚车自环为营，而纵五千骑往当匈奴，匈奴亦纵可万骑。会日且入（日将西沉），大风起，沙砾击面，两军不相见。汉益纵左右翼绕单于（两翼包围）。单于视汉兵多，而士马尚强，自度战不能如汉兵（不能胜也），单于遂乘六骡，壮骑可数百，直冒汉围，西北驰去。时已昏，汉匈奴相纷挐，杀伤大当。汉军左校捕虏言，单于未昏而去。汉军发轻骑夜追之，大将军军因随其后，匈奴兵亦散走。迟明，行二百余里，不得单于，捕斩首虏万九千级。遂至窴颜山（今蒙古乌喇特旗境）赵信城（赵信降匈奴，匈奴筑城于此为赵信居住），得匈奴积粟食军，留一日，悉烧其城余粟而归。

此次战略奇袭之部署与战法列述如下：

（一）将计就计。单于用赵信谋，"以为汉兵不能度漠轻留"，其意即汉兵若越过塞外大沙漠，必不能久留，因其惫归而追击之，可获大胜，因此料汉兵不敢轻越北漠。汉武即利用匈奴此种心理部署战略奇袭：

1. 以最勇敢健锐之骠骑将军霍去病与挑选最锐勇之精骑，组成奇袭先遣部队，专觅单于之主力而袭击之。

2. 以大将军卫青率大军出别道，又为保持度漠北后骑兵之新锐，乃附以专供驮负衣装之马匹。

3. 步兵数十万在后运送辎重，以继大军之后。

（二）两阵对战之际，乘黄昏时候，实行左右两翼包围，击溃单于军之后，继即猛烈追击。

第四节　结论

综观汉武政略战略之运用，均极卓越。在政略上首先加强自身力量，次即镇定南方而免后顾，第三步之征服朝鲜，以确保将来战略右翼之安全并断匈奴之左臂，通大月氏使其自西方向匈奴侧击（惜当时此计未就，致击匈奴之战由汉独任，其后始有乌孙国联合，担任是项夹攻任务）。

战略配合政略：

（一）首先争取朔方，一面借以巩固关中根据地，一面将匈奴单于与其右贤王隔绝，以便进行各个击破。

（二）不断自右北平进兵以为牵制，俾使主力在西边（陇西朔方方面）之攻击成功。

（三）略取朔方之后，对匈奴之西疆（右贤王所辖）与匈奴中郡进行各个击破。其战法则常用奇袭、包围与突破并用，运用此种战法之能手，则以卫青霍去病二人为代表。

汉武征服匈奴后，继又对南方及西南做彻底之进击或安抚，而恢复秦始皇时代所控制之地区。

本篇主要参考书同上篇

第八篇　东汉开国诸战役

提　要

一、西汉末贫富悬殊，社会不安，而有王莽废私有而为公有的王田制变革之乱。

二、光武帝平定天下战略。收铜马军以为武力基础，据河内（今豫北冀南）之富源以为作战基地。先用各个击破战略平定关东群雄，次为平定关西隗嚣及巴蜀公孙述，乃再造汉帝国之大一统。

三、光武平定天下的战略形态亦属于内线作战型，即以河内、河南（洛阳）为中心，善用谋略，以指导各个击破之实施与贯彻之。

第一章 光武开国战争总方略

东汉光武帝刘秀于新莽地皇四年（即更始元年，元 23 年）春，随更始帝刘玄自南阳（今河南南阳）分兵向长安、洛阳进攻，于昆阳（今河南叶县）一战显名之后，是年十月定都洛阳，刘秀遂为司隶校尉。随即奉命渡河北徇河北，在河北经半年多之历尽艰辛险厄，至更始二年五月，始赖渔阳（治今河北密云县）太守彭宠及宠将吴汉、盖延、王梁、景丹等骑兵之助，而进克邯郸（河北今县），斩刘子舆（王郎）而定河北。及是年秋讨铜马，降其三十余万，因之兵势大盛，而有铜马帝之称号。光武因又赖铜马之兵，南向而略河内（今河南淇县至沁阳县地区，为当时之黄河北岸地）。于是光武以邯郸河内两富庶地区为基地，遂开创其帝业。

是时中国境内分裂割据之情势概如下述：

（一）更始帝都长安，诸将擅命，实力所控制之地为今陕西省大部，河南之洛阳、南阳等地。

（二）梁王刘永据睢阳（今商丘县南），控有当时黄河以南及今豫东地区。

（三）董宪据东海（江苏今县），张步据齐（今山东临淄），此皆与赤眉同起之势力。

（四）李宪据寿春（今安徽寿县），控有淮河南北地区，宪乃新莽崩溃后所存在之地方势力。

（五）彭宠据渔阳，控有今河北省北部地区。

（六）卢芳据三水（今甘肃固原县北），控有今甘肃东部之地。

（七）隗嚣据陇西（今六盘山以西），控有今甘肃中部地区。

（八）窦融据河西走廊四郡地（今甘肃黄河以北）。

（九）延岑据汉中（陕西今县）。

（一〇）公孙述据四川，控有今四川省及甘南部分地区。

（一一）秦丰、田戎据南郡（今湖北江陵），控有今鄂西长江汉水地区。

以上除李宪、公孙述为由新莽地方势力而起者外，余皆为反新莽而兴起之势力。

光武为平定群雄，其所采之作战总方略如下：

（一）以邯郸、河内为策源，进取洛阳、长安（自周以来两大都城，政治、经济、文化中心）。

（二）以洛阳河内（治今河南沁阳县）为总策源，依中国地理形势将群雄分为关东、关西两部分，彼居于中央位置。为避免两面作战，采取西和东攻，然后并灭西方，统一全国之方略。是即先拉陇关西群雄隗嚣（都今天水）、窦融（都今武威）、公孙述（都今成都），专力依战略要求逐次击灭关东群雄。及关东已定，乃一面对四川之公孙述暂采守势，一面笼络河西窦融以打击隗嚣。至隗嚣已灭，窦融不能独存而依附，然后最后攻灭据南郡之秦丰、田戎及据四川之公孙述而统一全国。

（三）在关东各个击破之方略为：

1. 先救平南阳之更始帝势力，及击灭在睢阳威胁洛阳之刘永。

2. 次灭据东海之董宪。

3. 次灭据渔阳之彭宠。

4. 次灭据齐之张步。

5. 次灭据舒之李宪。

光武平关东群雄之战，在时间看，几为同时并举，但依战略形势与当时之情势，及作战进行之轻重缓急及用兵之主从，则显有如上述之先后。

第二章 光武平定群雄作战经过概要

第一节 平定关东群雄之战

南平宛邓。建武二年（26年）十一月，光武调回吴汉（吴汉于建武元年四月南徇南阳，收降更始所属宛王刘赐、邓王王常），以岑彭代之，为征南大将军，率七将军约八万人，讨邓奉之叛乱。建武三年三月，光武见南讨军受挫于方城（河南今县），乃亲自进讨，即月平定之，斩邓奉。然后使岑彭南征秦丰，而自回洛阳。

东征刘永。建武二年春，遣将军盖延击刘永。延先击取敖仓（今河南汜水县），转攻酸枣（今河南原武县）、封丘（河南今县）等地，皆克之。四月，遂率都尉马武、刘隆、马成，偏将军王霸等，兵共十万，分二路，西路进击襄邑（睢县），东路进击麻乡（今江苏砀山县），皆克之，遂围睢阳（今商丘县南）。八月克睢阳，刘永走谯（今安徽亳县）。延乃东向击薛（今山东滕县东南），斩刘永之鲁郡太守梁丘赐，于是彭城、萧县皆降。延继击沛郡（今安徽宿县西北），连下临淮（今盱眙县西北），尽并刘永之郡县。

建武三年二月，盖延回击青犊于轵西（今河南济源县西境），同时刘永得董宪之助，军势复振，复都睢阳。四月，盖延平定青犊后，与吴汉共兵九万再击刘永，破斩之。

北征彭宠。建武三年春，彭宠北连匈奴，南结张步，及平原之富平、获索诸军，大举攻蓟（今河北大兴县西南），克之，遂自称燕王。涿郡太守张丰亦举兵，自称无上大将军，与宠联合，因此北方震动。当此之时，光武"北忧渔阳，南事梁楚"，其忧困之情，可见诸其告来歙之言："今西州未附（指隗嚣在陇西），子扬（公孙述字）称帝（时李宪亦称帝于九江），道里阻远，诸将方务关东，思西州方略，未知所在，奈何？"盖此时光武见东方多乱，一时难定，欲采用西和东攻之策，而尚无具体办法也。且若一旦有变，隗嚣自陇西以攻三辅而迫洛阳，与群雄争夺中原，则光武之势危殆。于是遣来歙往使隗嚣，及嚣表示亲善，乃于建武四年五月亲身北上，在今河北正定集军，准备北击彭宠。但此时南征邓奉方告结束，与刘永正激战于豫东皖北，益以董宪、张步虎视在东，洛阳之威胁严重，乃因大司徒伏湛之建议，转取北守东攻之策，一面仍以主力攻刘永，一面加强备彭宠之兵力，击破张丰后采取守势，并防彭宠之南下。至建武五年春，光武收买彭宠之奴劫杀宠，宠之乱因以平定。

东平董宪、张步。董宪受刘永封为海西王，据郯城（江苏今县）以为根本。建武四年七月，光武所遣之将马武、王霸，正在进行肃清刘永残余于今安徽蒙城县附近时，光武于建武五年二月又遣盖延、庞萌二将进攻董宪。旋庞萌自称东平王而据桃乡（今山东宁阳县）以叛，与董宪为掎角之势。于是光武立即自将疾驰任城（今山东济宁县），扼亢父之险，然后以迅雷之势，乘萌、宪联合之势未成，先破萌，七月乃进击宪之昌虑（今滕县东南）丘陵地所布之防线，破之。八月再克郯城，建武六年二月乃最后击灭萌、宪于朐城（今江苏东海县）。

光武于渔阳彭宠平定之后，即令吴汉与耿弇、王常合击富平、获索五万之众于平原，破之。建武五年十月，乃又命耿弇于东击张步，袭取历下（今山东历城）之后进击临淄，又克之。张步退守平寿（今平度县西南），与苏茂合兵。于是光武遂至剧（今寿光县东南），乘张步等势穷力竭之际，分别使人告步、茂，能相斩降者封列侯。张步遂斩苏茂降，齐地悉平。

平李宪。宪原为王莽之庐江属令（如汉都尉），莽殁后，宪据郡（今舒县）自守，更始元年自称淮南王，建武三年十一月，见天下大乱，遂自称帝，据有九城（庐江郡共十二城），兵十余万。建武四年八月，光武于刘永死后，遣将军马成发会稽、丹阳、九江、六安四郡兵击宪，九月围宪于舒而困之。盖宪乃以自守为满足者，故光武击之如捉瓮中之鳖，围攻岁余，至建武六年一月破之，江淮悉平。

综上平定关东群雄之战计历四年。自建武二年三月光武遣将收降南阳方面之更始帝残余势力及邓奉之叛乱后，即逐次将刘永、彭宠、董宪、张步、李宪、秦丰、田戎等平定之。然后一面暂息兵休养，一面筹划平定关西隗嚣、窦融及蜀之公孙述，然后转其兵锋西向。

第二节　平定关西群雄之战

据西方之三雄，为隗嚣据陇西、天水、安定、北地四郡，即今之甘肃中部及东部；窦融据武威、张掖、酒泉、敦煌四郡，即今甘肃黄河北部之地；公孙述据蜀及甘肃南部、汉中等地。此时尚有卢芳称帝于九原（今五原县），北联匈奴为北边之患。此四人所据之地，以隗嚣密迩三辅，威胁长安，且光武若欲北定窦融，南击公孙述，皆须取道于隗嚣。因形势如此，故光武必须首先击定隗嚣。但隗嚣、窦融及公孙述三人皆非关东群雄可比拟，此三人势力皆极雄厚而地形险阻，必须设谋各个击破之，于是光武采取先击隗嚣之方略。

西击隗嚣。击嚣之方略如下：

（一）政略方面，笼络窦融，孤立隗嚣，并分化其内部，同时承认"公孙皇帝"。此即争取窦融，缓和与公孙述之冲突。

（二）军略方面，利用政略之成效，集中强大压倒之军力，越陇山诸隘向隗嚣之心脏地突进。旋以此种单方面之直接攻击失败后，乃转而采取北连窦融，分向西正面及西北，从两方面夹击之。

建武六年（30年）三月，光武借假道天水以伐蜀为名，欲驱军进据天水，隗嚣拒之，遂以此为由，以长安为策源地，遣人将军耿弇、盖延等七将，兵九万，从陇道西上，嚣遣大将王元等扼守陇山南北之线以御之。

是年五月下旬，由于光武军仰攻陇山险要，为王元所反击大败，遂退守栒邑（今县）、汧（今陇县南）及漆（今邠县）之线。

光武经此大败后，乃一面召马援自洛阳来长安，对隗嚣展开攻心战，并分化其属下，一面请窦融劝隗嚣降，并将兵入金城（今兰州），以压迫

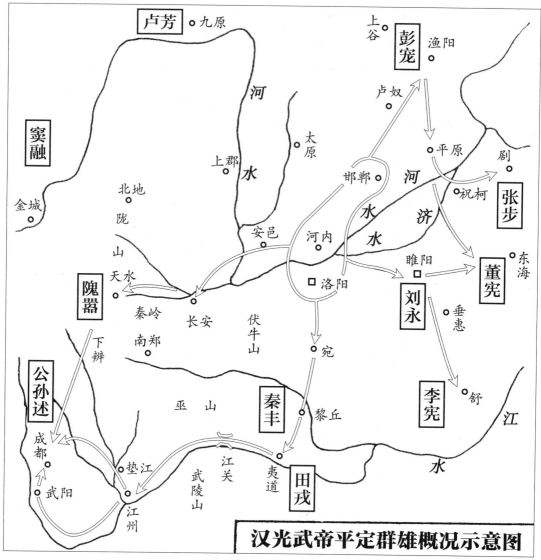

图二八

隗嚣之北翼侧。另方面又使来歙致嚣书，以保其爵禄为投降之条件，并北和匈奴及卢芳。

建武七年秋，隗嚣亦以南连公孙述成功，而亲将步骑三万攻安定（今甘肃固原县），将直趋长安，另遣别将攻汧。光武为恢复北地（今甘肃环县东南）、安定二郡，以便再展开攻势，遂与窦融约期举兵夹攻隗嚣，但此举因霖雨道断，嚣已退去而止。

建武八年一月，来歙以深知嚣之虚实，而其内部又因马援之离间而士心崩析，歙乃将二千人从间道回中（今陇县西北）偷袭略阳（今甘肃秦安县东北），捣嚣之心脏，据而守之。于是光武再约会窦融南攻，其主力则先攻占高平第一城（今甘肃固原县），以便与融军合势。盖此时隗嚣之第一线，乃扼守陇坻、番须口（皆在今陇县西北）、鸡头道（今平凉县西）、瓦亭（今固原县南）等陇山诸要隘，而自率主力攻略阳来歙。但嚣高平第一城之守将王遵降，遵又招瓦亭守将牛邯降，因此汉大军乃得于是年闰四月直趋略阳，嚣以大势尽去，而退据上邽、西城（皆今甘肃天水县西南）。

当隗嚣已至崩溃之期，光武方面突有颍川、河东二地兵乱，洛阳震动，光武乃于是年八月留兵围攻西城、上邽，而急急日夜东驰。嚣因得公孙述之援军，且此时汉军缺粮，因得再击退汉军，隗嚣又尽复故地。至建武九年春隗嚣病死，其粮食又匮乏，嚣内部益困，至是年秋，来歙又大举进攻，光武复至长安指挥，又攻至建武十年十月，嚣子纯降，陇西始平。是为光武作战以来最艰巨之大战也。

南击公孙述。双方作战方略：（一）光武在北以天水、陇西（今甘肃临洮西北）为基地，在南以江陵（湖北今县）为基地，向成都钳攻，北方一路以今嘉陵江，在南一路以长江为输送运补路线；（二）公孙述于建武元年称帝（光武于是年六月称帝）时，即定如下之方略：利用巴蜀之饶与山川形势之险，"北据汉中，杜褒斜之险；东守巴郡（今重庆），拒扞关之口（今湖北宜都县西）。见利则出兵略地，无利则坚守而力农。东下汉水以窥秦地，南顺江流以震荆扬"。至光武来攻时，其作战方略亦不外如此。其作战经过概略述之于下。

建武十一年（35年），光武展开攻蜀之际，双方态势概对峙于河池、下辨（今甘肃徽县西及成县西）及夷道、夷陵（今湖北宜昌、宜都）等地。此时全国之大势，北方卢芳虽据九原连匈奴，时有侵扰，但对光武无重大威胁，西方窦融则已完全归附，南方赖岑彭之威望与影响力，而交趾、零陵、桂阳、长沙，即今湖南、广东及广西、越南各一部，皆已归附。

建武十年十月来歙击降隗纯后，即转兵南向河池、下辨。明年三月，岑彭亦已自陇西返抵津乡〔今湖北枝江县西，建武四年春岑彭击破秦丰于黎丘（今宜城县）后即进据此地，田戎西守险阻，公孙述拜为翼江王），部署西进军事。岑彭抵津乡后，即展开对夷陵、夷道诸险隘之攻击，但经数次进攻不克，光武乃再遣吴汉率军增援。于是岑彭再行攻击，于夺取荆门虎牙两山（荆门山在宜都西北大江南岸，虎牙山在北岸，两山相峙，形势险要之地）后，田戎败据江州（今四川巴县）。彭已克夷陵，遂长驱入江关（今四川奉节县东）。此时光武即令"诏彭守益州牧，所下郡辄行太守事，彭若出界，即以太守号付后将军，选官属守州中长吏"。于是彭在战区握有军政全权，进展益为迅速。

岑彭军进至江州时，见其城固粮多，田戎固守，为免顿兵坚城之下，同时又因公孙述急将河池、下辨、武都等地守军之主力王元等调回，集全力部署北自绵竹，南至广汉、资中、黄石（今四川璧山泸县间）间之丘陵地及河川防线，采取决战防御，以保卫成都，于是岑彭为乘其防线未固及出敌不意迅速攻取成都计，乃留将军冯骏围攻江州，六月自率主力及降卒五万直趋垫江（今合川县），攻破平曲（今武胜县西），夺得米数十万石以充军粮。此时来歙等乘机攻夺河池、下辨二城南进。旋来歙被刺客所杀，盖延代之，又病死，光武乃使将军刘尚南下与岑彭会师。于是岑彭乃分军为二，采取两翼包围攻击，使将军臧宫等将降卒五万，自平曲北向攻敌防线之北翼广汉绵竹，而自率水步骑联合军自江州溯江而上，袭破黄石后，晨夜倍道兼程疾驰，进袭成都南之武阳（今彭山县东）拔之，继以精骑袭广都（今双流县东南），又克之，遂直逼成都。于是公孙述广汉资中间之防线全部崩溃，而退守成都城，遂展开成都之攻守战。十月，岑彭为刺客所刺死，吴汉代之，继续攻击，经七月余对武阳、广都之争夺战，始由南北两面合围成都城。至建武十二年十一月，公孙述在激烈攻守战重伤致死之后，成都城始破，计吴汉攻成都城一年有余。

第三章　综论光武战争指导方略

综上所述，光武之军略指导固有其优越处，但究其最大之成就，要属于政略运用之适切。换言之，其军略实赖其政略之辅助，始得完成之也。兹将光武政略运用之大者略述如下：

（一）拉拢彭宠及耿况。当其渡河徇河北时，兵微将寡，刘子舆在邯郸（河北今县）称帝，幽、冀各州郡（今河北各地）无不响应。光武在逃死之余，因得彭宠（南阳人）在渔阳之助，又极力拉拢青年将校耿弇（上谷太守耿况子），因得上谷（今察省怀来县）之助，继又利用邯郸昌城（今晋县）人刘植说降以十余万众据真定（今正定）之刘杨，因纳杨甥郭氏为夫人（政治婚姻）以结之。于是光武在此三大势力援助之下，遂击破刘子舆而夺得第一个发展基地邯郸。

（二）拉拢窦融。观乎上述光武击隗嚣之战，设若无窦融之联兵，其成败正未可知。彼拉拢窦融之努力，实已竭尽政治手腕之能事，故能使融初则中立，继则联兵以击嚣。及隗嚣、公孙述已灭，乃以最高之礼遇迁融为朝臣，使最后割据之势力消灭。此其一贯之政略运用，可谓已极政治手腕之能事。

（三）拉拢马援。援为隗嚣最重要之辅佐，又与公孙述同里，往昔交情极笃。当其奉嚣命出使公孙述、光武以观两方之虚实时，由于光武之政治手段运用，竟使马援舍公孙述而亲彼，继又使马援弃嚣而附彼，凡此尤可见光武在人事上运用其手腕之成功。尤其重要者，马援乃关中之豪右，势力甚大，马牧亦丰。隗嚣之失马援，实失去地方一大势力。且隗嚣属下将领多与马援有密切之关系，光武拉拢马援成功，则平隗嚣之功已成其半。而马援又在其间拉拢隗嚣之属下及离间之，隗嚣因此而败而灭。

以上仅举其大者，其次如对彭宠将吴汉、盖延、景丹，以及对王常、冯异等，均曾显现其极高之政治手腕，故光武曾自云"以柔术治天下"，亦可见其所谓柔术之政治手腕之巧矣。

本篇主要参考书

1.《汉书》有关本纪列传
2.《后汉书》有关本纪列传
3.《中国历代战争史》
4.《资治通鉴》
5.《读史方舆纪要》

第九篇 三国时代战争

提　要

一、后汉外戚宦官党锢之祸，继之以社会经济破产，而引起黄巾之乱。

二、外戚宦官之祸，引出董卓之窃据朝廷大政，又因而引出群雄割据局面。

三、曹操收黄巾以为武力基础，继开屯田许下，于是足食足兵，然后挟天子以令诸侯。官渡一战，灭袁绍而统一中原。再战赤壁失败，而天下三分。

四、赤壁之战，孙权战胜，得以延续其兄所建之吴国。刘备赖诸葛亮隆中策之指导及孔明之辅佐，亦开始建国于荆州，继开巴蜀而成蜀汉。

五、三国纷争，初期由于人才济济，故纵横捭阖之谋略及战略战术运用，有步战国时代之势。后期蜀吴均以人才凋零，乃终为魏晋所并。

第一章　东汉末一般形势

当汉末之世，由于宦官外戚之对立，而引起中央政权之争夺；又由于宦官之专权，而激起当朝文人学士之愤慨，致生党锢之祸；复由于中央政治之紊乱，而致地方政治之腐败；更由于公卿争于朝，地方政治混乱于下，而致天灾饥民遍天下而无人过问，因以群贼蜂起。加以西北之羌、胡乘机内侵关中，北边乌桓、鲜卑种族亦乘机混入扰乱北边各地。此种史实，具体言之如黄巾寇起，动辄百万（因农民不能安生，故蜂起从乱），直至诸侯讨董卓之后，中原各州郡犹遍布黄巾余党百数十万（曹操于兖州一次击降其三十万，号青州兵，为创业基础），侵掠州郡，久无宁日。南匈奴因黄巾余党之乱混而南下，与群贼互为声援。再如董卓余党李傕、郭汜等各挟汉帝公卿扰攘关中，李傕且借羌戎之众以自强（在此以前董卓、马腾、韩遂、孙坚等均曾在关西为御羌戎侵扰之将领）。及董承、杨奉护汉帝车驾东还旧都（洛阳）时，匈奴右贤王亦乘机南下，名为助车驾东迁，实则相机侵扰。加以群雄割据，汉朝天下遂呈崩溃之状而一发不可收拾。

总言之，由于宦官外戚之争而产生盗贼与外寇，董卓亦因以窃据中央。由于董卓之专横而引起诸侯之讨卓，又由于诸侯之讨卓各怀异志，而致讨卓失败后继即形成割据局势。

诸侯既已割据。在割据局面中，由于官渡之战，曹魏之根基得以强大；由于赤壁之战，孙吴之基础得以巩固；由于刘璋暗弱被吞，刘备在蜀之根基得以成立。三国数十年之互相角逐，遂从此而开其端。

第二章　讨董卓后之形势

（一）袁绍于讨董卓时，以其四世三公之威望而任盟主，驻军河内（今黄河以北之豫北地区）。讨卓失败后，乃攘夺韩馥之冀州而据有之。继灭公孙瓒夺刘虞之幽州之后，更踞有青、幽、冀、并四州（占有今山东中北部、东部，辽河以西及河北全部与山西北部、河南北部等地区）而雄视北方。且以其当时拥有土地之广，人民之众，兵员之多，粮食之丰（当时中原豪杰所率兵众，常以缺粮，于民穷财尽之下野无所掠，而溃散者甚多），成为当时诸侯中之最强大者，故亦即曹操当时争天下之劲敌。但曹操此时不仅已执中枢权柄，假天子以令诸侯，且亦已踞有今山东西部、徐州、河南大部及淮泗广大地区，惟以实力言则与袁相去仍甚远。

（二）曹操于讨卓时，兵微将寡而地位卑微，所率不过数千人，因诸侯心存观望，兵屯酸枣（今河南延津县北）而不进，独曹操主张急进曰："兴义兵以诛暴乱，大众已合，诸君何疑？向使董卓依王室，据旧京，东向以临天下，虽以无道行之，犹足为患（因形势情势使然）。今焚烧宫室，劫迁天子，海内震动，不知所归，此天亡之时也，一战而天下定矣。"遂独自引所部兵西进，欲据成皋，但战于荥阳东，因兵少大败。还至酸枣，复责诸侯军不图进取，而又献策曰："诸君能听吾计，使勃海（指袁绍）引河内之众临孟津（在今河南省孟县南），酸枣诸将守成皋（在今河南汜水县），据敖仓（为当时中原储藏最富之粮仓，在今河南汜水县西北敖山），塞轘辕太谷，全制其险（轘辕道险峻，在今河南登封县偃师间，有轘辕山，太谷即轘辕山太谷），使袁将军（指袁术）率南阳之军军丹析，入武关，以震三辅（即关中）。皆高垒深壁勿与战，益为疑兵，示天下形势，以顺诛逆，可立定也。今兵以义动，迟疑不进，失天下望，窃为诸君耻之。"诸将不用其谋。曹操遂自至扬州招兵，得八千余人，还至河内依袁绍。盖此时曹操已窥破诸侯各怀异志，不仅讨卓难期有功，且已呈分裂割据之势，彼为尔后自图计，故依素负威望之袁绍，亦欲假其势，徐观形势以图进取也。

后袁绍占夺韩馥之冀州（治今河南临漳西南），曹操遂用鲍信之计南渡河据东郡（今山东西部聊城莘县地区，治今山东朝城县西）。及刘岱（兖州牧，治今山东濮县东）与青州（治今山东临淄）贼众战死，乃用其将陈宫之下说辞而得兖州（今山东西部及黄河以南鲁西南地区），并从事网罗才智之士。及其击徐州牧陶谦时，因陈宫联合吕布（自冀州逃河内）、张邈（陈留太守，即今豫东地区）反叛，几失兖州，于是回师击破吕布。未几陶谦死，又欲乘机略取徐州，因谋士荀彧之献策❶，乃决策先破吕布。及吕布败，乃东灭张邈，邈灭，遂更向南进取至许（今河南许昌）。是时适汉帝已还旧都，遂首先完成其奉天子以令诸侯之预谋❷，迎帝迁许❸，一面使刘备还兵小沛以图（牵制）吕布（吕布此时已在刘备手

---

❶ 荀彧献议曰："昔高祖保关中，光武据河内，皆深根固本以制天下，进足以胜敌，退足以坚守，故虽有困败而终济大业。将军本以兖州首事，平山东之难，百姓无不归心悦服。且河济天下之要地也，今虽残坏，犹易以自保，是亦将军之关中河内也，不可以不先定。今已破李封、薛兰，若分兵东击陈宫，宫必不敢西顾，以其间收熟麦，约食畜谷，一举而布可破也。破布然后南结扬州，共讨袁术，以临淮泗。若舍布而东，多留兵则不足用，少留兵则民皆保城，不得樵采，布乘虚寇暴，民心益危，唯鄄城、范、卫（今濮县东南、范县、观城）可全，其余非己之有，是无兖州也。若徐州不定，将军当安所归乎？且陶谦虽死，徐州未易亡也。彼惩往年之败，将惧而结亲，相为表里。今东方皆已收麦，必坚壁清野以待将军，攻之不拔，略之无获，不出十日，则十万之众，未战而先自困耳。前讨徐州，威罚实行，其子弟念父兄之耻，必人自为守，无降心，就能破之，尚不可有也。夫事固有弃此取彼者，以大易小可也，以安易危可也，权一时之势，不患本之不固可也。今三者莫利，惟将军熟虑之。"

❷ 初平三年（192年）十二月，曹操初得兖州，其治中从事毛玠献计曰："今天下分崩，乘舆播荡，生民废业，饥馑流亡，公家无经岁之储，百姓无安固之志，难以持久。夫兵义者胜，守位以财，宜奉天子以令不臣，修耕植以畜军资，如此则霸王之业可成也。"曹操纳其议，遣使赴河内，欲假道于张杨西至长安。

❸ 建安元年（196年），曹操在许，谋迎天子。众以为山东未定，韩暹、杨奉负功恣睢，未可卒制。荀彧曰："昔晋文公纳周襄王而诸侯景从；汉高祖为义帝缟素，而天下归心。自天子蒙尘，将军首唱义兵，徒以山东扰乱，未遑远赴。今銮驾旋轸，东京榛芜，义士有存本之思，兆民怀感旧之哀。诚因此时奉主上以从人望，大顺也；秉至公以服天下，大略也；扶弘义以致英俊，大德也。四方虽有逆节，其何能为？韩暹、杨奉安足恤哉！若不时定，豪杰生心，后虽为虑，亦无及矣。"

中夺得徐州），一面准备南击张绣，东击袁术（袁术为刘表击败于南阳后东遁而进占淮南之地）。此时杨奉据梁（今开封），张杨据河内（治野王，今河南沁阳县）。

（三）孙策于孙坚死后，借兵于袁术，击破刘繇（扬州刺史，治今安徽和县）、王朗（会稽太守，治今绍兴）后，而踞有江东之地。

（四）刘表踞荆州（治今江陵县），并奄有长沙、桂阳、零陵等郡。关西有马腾、韩遂等盘踞。吕布踞徐州（今江苏北部及鲁南皖北地区）。

第三章　曹魏开国总方略

（一）开拓根据地扩充实力

1. 操于讨董卓军事失败之后兵微将寡，身无立足之地，乃走依袁绍。及绍攘夺冀州，乃用鲍信之计，南渡河谋开辟根据地，遂据东郡（今山东朝城西）。

2. 乘机取兖州扩张根据地。乘黄巾扰兖州，遂进讨据之。

3. 扩编军队充实实力。进讨兖州黄巾三十万众，破降之，而收编其精锐，实力遂以壮大，以为开国之资本。

（二）奉天子以令诸侯

1. 已据兖州，乃用毛玠之谋，"奉天子以令不臣，修耕植以畜军资"。是为曹操开国之第二大方针、大步骤。遂遣使以朝天子，为奉天子之张本。

2. 乘讨张邈之机，于袁术已败走寿春（今皖北寿县），豫州空虚之际，进据淮阳而及许（皆河南今县），破许之黄巾，降之。遂以许为根据而迎天子。

3. 据许后又用任峻、枣祇分土地屯田之策，实施"修耕植以畜军资"，充实作战资财，为今后扫荡群雄之准备。

（三）力破袁绍，达成奉天子以令不臣之策。是时袁绍最强，必谋破之，始可贯彻奉天子以令不臣之策。

（四）下荆州胁降孙权，以完成统一大业。乘刘表死，荆州扰乱之际，急袭取之，然后顺江而下，胁降孙权。

（五）急谋巩固政权及统一北方。遭受赤壁意外之败后，唯恐内部拥护献帝者发生变乱，乃急急北还，以谋巩固政权，并积极做代汉之准备措施与削平乌桓关中等地，以稳定与统一北方，因此天下三分之势遂定。此非曹操人谋之不臧，乃大势使然与力不及也。

第四章 袁曹官渡之战

第一节 战前曹袁政略之运筹

（一）曹操政略之运筹

1. 第一次运筹与措施。建安元年（196年）秋，曹操在许，已奉天子以令诸侯。当时为曹操之最大障碍者首推袁绍，因袁绍威望素著，地广兵强，为诸侯之冠，且袁绍既愤曹操挟天子以令彼，又耻与曹操同列，故于建安二年春袁绍致书曹操，语辞极其骄慢之能事。是时曹操即有讨袁之动机，惟以力不敌为虑，故即集其谋士荀彧、郭嘉等谋议。其谋议所商讨之事项大要如次：

操曰："今将讨不义而力不敌，何如？"

郭嘉建议曰："刘项之不敌，公所知也。汉祖惟智胜项羽，故羽虽强，终为所擒。今绍有十败，公有十胜，绍虽强，无能为也。"此十胜败因素为：

（1）绍繁礼多仪，公体任自然，此道胜也。

（2）绍以逆动，公奉顺以率天下，此义胜也。

（3）桓灵以来，政失于宽。绍以宽济宽，故不摄；公纠之以猛，上下知制。此治胜也。

（4）绍外宽内忌，用人而疑之，所任唯亲戚子弟；公外简易而内机明，用人无疑，唯才所宜，不间远近。此度胜也。

（5）绍多谋少决，失在后事；公得策辄行，应变无穷。此谋胜也。

（6）绍高议揖让，以收名誉，士之好言饰外者多归之；公以至心待人，不为虚美，士之忠正远见而有实者皆愿为用。此德胜也。

（7）绍见人饥寒，恤念之，形于颜色，其所不见，虑或不及；公于目前小事时有所忽，至于大事，与四海接，恩之所加，皆过其望，虽所不见，虑无不周。此仁胜也。

（8）绍大臣争权，谗言惑乱；公御下以道，浸润不行。此明胜也。

（9）绍是非不可知，公所是进之以礼，所不是正之以法。此文胜也。

（10）绍好为虚势，不知兵要；公以少克众，用兵如神，军人恃之，敌人畏之。此武胜也。

此十胜十败之论，对曹操虽未免有恭誉之处，然以当时袁曹之比较，大都尚属事实。杨阜评袁曹曰："袁公宽而不断，好谋而少决，不断则无威，少决则后事，今虽强，不能成大业。曹公有雄才远略，决机无疑，法一而兵精，能用度外之人，所任各尽其力，必能济大事者也。"郭嘉继其此种知彼知己之论后，又献策曰：

"绍方北击公孙瓒，可因其远征，东取吕布。若绍为寇，布为之援，此深害也。"

但曹操于听取郭嘉计议后，再提出其整个政略战略问题以咨询谋士，其言曰：

"然吾所惑者，又恐绍侵扰关中，西乱羌胡（今甘青一带），南诱蜀汉，是我独以兖豫（两州）抗天下六分之五也，为将奈何？"

曹操在此数语中尚有未说出者，整个南方有荆州刘表，南阳张绣，孙策踞江东，袁术据淮南。刘表（张绣与表合）与袁术虽不和，且袁术虽奢妄无用（但孙策向为术所用），与吕布又离合不定，但若彼等因利害相同竟能一时联合，则南方对曹之威胁形势可成；关中除马腾、韩遂外，余多为董卓残余，彼此不相统率，但极可能在袁绍压力与引诱下为其利用，况羌胡自李傕、郭汜扰乱关中，其势力随时可渗入三辅，亦可能为袁绍所诱，于是则西与北之威胁形势又成。故曹操谓"是我独以兖豫抗天下六分之五"。以曹操当时之状况言，最有利之策，当为对此周围之敌用分离与分别剿抚策略，各个击破而消灭之为上策。为达成此一策略，首先应将周围之情势一一分析。南方之刘表向无野心，仅以保境安民为志，既不致与袁术谋合，更不致大举北犯，极其量仅能助张绣北侵，故后来曹操即首先并连续二次出兵击张绣，其用意在此。至于孙策虽屡受袁术之助而得有江东，但仍以存汉为志，而袁术此时则叛汉之野心已露，策必不与联合，故曹操后来相继以明汉将军、讨逆将军之名号畀策，使讨袁术。在其东方则埋伏陈珪、陈登父子以为响应，一则离间吕布、袁术之联合，再则用为内应（以后均一一实现）。以上诸情况既有处置之方，其尚感痛苦者独关中安排问题，且危险性甚大。故荀彧于曹操提出上项问题后即献议曰：

"关中将帅以十数（复杂），莫能相一，唯韩遂、马腾最强，彼见山东方争，必各拥众自保。今若抚以恩德，遣使连和，虽不能久安，比公安定山东，足以不动。侍中、尚书仆射钟繇有智谋（不仅献策并荐人才），若属以西事，公无忧矣。"

曹操根据上项决策，遂做如下之处置，并使马腾、韩遂各遣子入侍（为质）。

（1）以汉帝之令遣钟繇督关中诸军，关中因以安定。

（2）是年三月诏拜袁绍为大将军，兼督冀、青、幽、并四州，以安抚之，盖欲待南方大定而后谋之也。

（3）五月袁术遣使者以称帝事告吕布，并求与布联姻。陈珪恐徐扬两州联合，遂离间之，曹操并因而怀柔吕布，拜其为左将军，以手书深加慰纳。

（4）吕布遣陈登报谢，操遂拜登为广陵太守（治在今苏北江都县东北），临别执登手曰："东方之事，便以相付。"令阴合部众，以为内应（其位置适在袁术、吕布之后，埋伏此一第五纵队，可谓深为得策）。

（5）以诏书拜孙策为明汉将军，袭爵乌程侯，领会稽太守，使与吕布及吴郡太守陈瑀共讨袁术（因陈瑀与孙策自相火并，其事不成）。

（6）九月东征袁术，术败走淮南（今寿县），士民冻馁，术遂衰弱，继之以死。

（7）十一月击张绣，攻拔湖阳、舞阴（今河南唐河、泌阳县）。明年（建安三年）三月再攻张绣，围绣于穰城（今邓县）。因闻田丰劝袁绍袭许，遂解穰围而还。

（8）建安三年（198年）夏秋间，吕布复与袁术联合，攻刘备于小沛。曹操遣夏侯惇救之，不胜。于是曹操拟亲击吕布，诸将皆以刘表、张绣在后为虑，然卒用荀攸之计："表、绣新破，势不敢动，布骁猛，又恃袁术，若纵横淮泗间，豪杰必应之。今乘其初叛，众心未一，往可破也。"遂进击吕布灭之，并使来投之泰山贼帅臧霸（先附吕布）招其余贼，分琅邪、东海（今临沂、东海县）为城阳、利城、昌虑郡，悉以霸等守相，以监视青州，牵制袁绍。

2. 第二次之运筹与措施。建安四年（199年）春，袁绍已灭公孙瓒，夏即集议谋攻曹操。曹操亦集诸将议之，诸将多为之惧。操见人心恐惧，乃曰：

"吾知绍之为人，志大而智小，色厉而胆薄，忌刻而少威，兵多而分画不明，将骄而政令不一。土地虽广，粮食虽丰，适足以为吾奉也。"操见诸将恐惧，特以此语励诸将而壮士气，故其此数语之用意深远而重要。且此时吕布已灭，袁术已亡，关中已定，江东孙策已附，已可专力对绍，故其此数语亦非徒为壮胆而说也。其时所虑者仅张绣一人，但绣对贾诩言听计从，操可利用朝廷诸臣中前曾与诩同事者争取张绣。

但孔融曰："绍地广兵强。田丰、许攸智士也，为之谋；审配、逢纪忠臣也，任其事；颜良、文丑勇将也，统其兵。殆难克乎？"

荀彧议曰："绍兵虽多，而法不整。田丰刚而犯上，许攸贪而不治，审配专而无谋，逢纪果而自用。此数人者，势不相容，必生内变。颜良、文丑一夫之勇耳，可一战而禽也。"荀彧此一敌情判断颇为深入，故主谋之人必须深悉敌方内情，然后其谋始足以制敌。

曹操随即根据已定之谋略，做第一步之战略部署如次（其时为建安四年八月）：

进军黎阳（河南浚县），使臧霸等将精兵入青州以扞东方，留于禁屯河上。九月曹操还许，分兵守官渡（今河南中牟县东北）。

建安四年十一月，复使治书侍御史卫觊镇抚关中，并采其建议，统治盐政，又利用售盐所得之利以购犁牛供给归民（自董卓以来，关中民因避乱逃徙荆州者十余万家。及关中渐安，皆望归乡里，而已归者又因无业为关中诸将招为部曲，因而诸将兵益强，卫觊睹此情形，恐复为乱，故献此策），使勤耕积粟，以丰殖关中，远民闻之必竞还乡，并以削弱诸将兵，而以司隶校尉（即以前所遣之钟繇）主治之。关中因此益安，人心归附。曹操初在许，以枣祗为屯田都尉，以任峻为典农中郎，募民屯田许下，得谷百万斛，因此州郡照例置田官，所在积谷，仓廪皆满。故曹操征伐四方，无运粮之劳，遂能兼并群雄。故曰军国之饶，起于祗而成于峻，因当时正所谓"天下乱离，民弃农业，诸军并起，率乏粮谷，无终岁之计，饥则寇掠，饱则弃余，瓦解流离，无敌自破者，不可胜数……民多相食，州里萧条"之时也。

3. 第三次之运筹与措施。正部署对袁绍之战时，袁术因在淮南粮资均尽，部众叛离，拟归帝号于绍，并欲北走依之。曹操为邀截袁术，乃派朱灵与刘备（曹操失算）赴徐州负截击任务。刘备借此机会，遂杀徐州刺史车胄而据有之以叛曹操，并即时与袁绍连兵，欲以攻操。故此时曹操又遭遇一难题，若即攻刘备，则袁绍乘机南下，两面受敌，且以当时情势论之，当以主力对袁，一部监视或先攻击刘备为得计，故其当时诸将亦主此议。但曹操主张集全力先击破刘备，然后对袁绍，其谋士郭嘉赞同其计，并做敌情分析曰："绍性迟而多疑，来必不速；备新起，众心未附，急击之，必败。"袁绍果以其儿子病，而不援应刘备以击曹操，刘备果遭击破。此役张飞上山为盗，刘备奔依袁绍，关羽被擒。操然后集中兵力与袁绍进行官渡会战。

综研曹操之政略运用，其主要者为如次三大原则：

1. 巩固策源：（1）招纳人才；（2）整饬政令，安定内部；（3）振作士气，赏罚明而用法严；（4）奖励农耕以裕军粮；（5）安定关中以免后顾，并巩固基地形势。

2. 攻昧兼弱，壮大力量，其所运用策略则为各个击破。故其逐次消灭吕布、袁术之后，于紧急关头仍决计先败刘备，再战袁绍。盖以弱敌强，以劣敌优，非如此运用，将招致败亡也。况攻昧则易收功，兼弱即所以自图强大，且关中安定，既免后顾，当先剪除近敌，以固基地。

3. 根据已定方针，做适切之部署及主动与机动之处置，故能步步实现，着着成功。

（二）袁绍政略之运筹

1. 第一次之谋议。汉帝遭董卓及其余党之乱，在两三年之中，关中几无人迹。兴平二年（195 年），汉帝在董承、杨奉等护驾下，欲还旧都洛阳，至弘农（今河南灵宝县南）河内太守张杨自野王来朝，供给粮谷菜果。此际沮授说袁绍曰："将军累叶台辅，世济忠义。今朝廷播越，宗庙残毁，观诸州郡，虽外托义兵，内实相图，未有忧存社稷恤民之意。今州域粗定，兵强士附，西迎大驾，即宫邺都（今河南临漳县西），挟天子而令诸侯，畜士马以讨不庭，谁能御之？"（深察时势之谋）

郭图、淳于琼等不同沮授之意而议曰："汉室陵迟，为日久矣，今欲兴之，不亦难乎？（沮授之意岂在兴汉，为绍谋也。）且英雄并起，各据州郡，连徒聚众，动有万计，所谓秦失其鹿，先得者王。今迎天子自近，动辄表闻，从之则权轻，违之则拒命，非计之善者也。"（只观表面，不察时势内情，而谋又不识权变之计，可谓肤浅之至。）

沮授又曰："今迎朝廷，于义为得，于时为宜，若不早定，必有先之者矣。"（机不可失）袁绍不从。考袁绍之所以不听沮授之计者，不外二端：一惑于"秦失其鹿，先得者王，今迎天子，反以自制"一语；二惑于当前时势，所谓"英雄并起，各据州郡"，图在割据局面下相机侵略，其志与袁术无异。其此失计，亦分两项说明如次：

第一，郭图、淳于琼"秦失其鹿，先得者王"之议，实为不明历史、不识时务之论。秦之统治历时仅十余年，政治之基础未固，其新文化与教育未深入人心，故秦末之际，诸侯可"先得者王"。但春秋之世则未闻有"周失其鹿，先得者王"之议，而只闻桓文匡扶王室以服诸侯之论。盖周室统治悠久，文化教育深入人心，及其末世，政权虽微弱，而人民尚为归心，有敢叛之者，必予其他枭雄以口实而遭讨灭。汉朝亦统治四百余年，末乱未久，人心尚归向之（尤以当时之士大夫阶级为然，且古代支配社会之力量乃以士大夫阶级为骨干），亦犹周末之世。故此际只有"奉天子以令诸侯"之策可以得势，如用"秦失其鹿，先得者王"之政策，则必遭遗弃或讨伐，如袁术称帝即其显例。

第二，若谓"英雄并起，各据州郡"，此只汉末失政之现象，且割据州郡者，亦仅少数实力派之挟其实力，因势以逞野心之各局部或表面现象，而当时之一般知识分子与州郡僚属人士之心尚在思汉（袁绍杀耿包以塞责即其明证）。故策天下之谋者，不计及历史之潜力与人心，而只以表面现象为计者，实不足取也。

2. 第二次之谋议。袁绍以曹操在许，奉天子以令诸侯，初每得诏书（曹操所为者），即患其不便于己者，欲移天子自近。乃遣使说曹操，以许下埤湿，洛阳残破，宜徙都鄄城（今山东濮县东南），以就全实（时机已失之觉悟，晚矣），操拒之。田丰遂说绍曰："徙都之计既不克从，宜早图许，奉迎天子，动托诏书，号令海内，此算之上者。不尔，终为人所擒，虽悔无益也。"（此为挽救失机至当之举）袁绍不从。

袁绍前不纳沮授之谋，此时始感曹操挟诏书以令己之威胁，而又再不用田丰之计，乘曹操在许根基未固，其在南方之敌尚多之时，一鼓下许（一再失去时机）。此难怪人评其多谋寡断者。抑此时尚自恃地广兵强，有轻曹操之心耶？若果如是，则谋既不臧而又轻敌，其后果不料可知。

3. 第三次之谋议。建安四年春，袁绍已灭公孙瓒，心益骄，贡呈汉帝礼物日益稀简，主簿耿包乃密献计曰："宜应天人，称尊号。"绍以耿包建议交军府议之，僚属皆言耿包妖妄宜诛，袁绍不得已杀耿包以自解，并即简选精兵十万，骑万匹，欲以攻许。但此时沮授却谏曰："近讨公孙瓒，师出历年，百姓疲敝，仓库无积，未可动也。宜务农息民，先遣使献天子，若不得通，乃表曹操隔我王路，然后进屯黎阳（今河南浚县），渐营河南，益作舟船，缮修器械，分遣精骑抄其边鄙，令彼不得安，我取其逸，如此可坐定也。"（曹操在许昌之进步甚速，既失田丰击曹之机于前，则此时此策为至当。）

郭图、审配反驳沮授曰："以明公之神武，引河朔之强众以伐曹操，易如覆手，何必乃尔。"（又只观表面）

沮授又曰："夫救乱诛暴，谓之义兵；恃众凭强，谓之骄兵。义者无敌，骄者先灭。曹操奉天子以令天下，今举师南向，于义则违。且庙胜之策，不在强弱。曹操法令既行，士卒精练，非公孙瓒坐而受攻者也。今弃万安之术，而兴无名之师，窃为公惧之。"（观以上沮授之议论，足见其深通韬略。）

郭图曰："武王伐纣，不为不义（徒读历史，不察时势），况兵加曹操，而云无名！且以公今日之强，将士思奋，不及时以定大业，所谓天与不取，反受其咎，此越之所以霸，吴之所以灭也。监军（指沮授）之计，在于持牢，而非见时知几之变也。"（智谋之士，最怕自蔽）袁绍纳之。

以上沮授与郭图、审配等一场热烈之谋略争辩，遂产生排授之内讧。郭图等因袁绍从其议，乃进而谮沮授曰："授监统内外，威震三军，若其寖盛，何以制之？夫臣与主同者亡，此黄石之所忌也。且御众于外，不宜知内。"袁绍乃分沮授所统为三都督，使授及郭图、淳于琼各典一军（图等乘机夺授兵柄，不出荀彧所料）。

许昌诸将闻袁绍将攻许，皆惧，盖此乃一场艰险之大战也。

以上一场谋议之激烈论战，孰谋为善，兹略为分析之如下：

沮授深算：1. 汉室之历史力量尚潜伏于当时之人心，故奉天子以令诸侯为人心所归；2. 曹操之才略兵强，非公孙瓒所可比拟；3. 袁绍与公孙瓒历年征战，众实疲弊，且粮食无积；4. 欲敌此大敌，首先必须师出有名，其次做充分准备，并用先扰策略，促使曹操疲弊后，再做彻底之一击，此乃万全之策。

郭图等则一恃地大兵强，二投合袁绍内心之欲望，所谓"以公今日之强，将士思奋，不及时以定大业，所谓天与不取，反受其咎"，隐然有欲征服曹操之后代汉之意，并以武王伐纣春秋吴越之事相提并论。其实彼等徒读历史，却殊不明彼一时此一时之不同。汉自桓灵二帝失政，而至献帝并无恶迹，自不能与纣王并论，曹操此时亦非吴王夫差。不"持牢"，岂可轻举妄动，自取灭亡？故在此次谋议中，袁绍不但不识沮授之老谋深算，且因而不信任之，又不出曹操之谋士所料。唯因其计之失，故欲张绣、刘表与之联合以对曹操，而成南北夹击之势，自属难能做到，故未几而张绣降曹，刘表中立，此乃袁绍始所不及料者。考其所以然者，盖曹操此时已稳操天下之势，是以刘表虽素与袁绍相善，但此时亦不得不持观望者，乃大势所使然。

袁绍对以上谋议之抉择失策后，继即拟出兵，其时田丰又曰："曹操既破刘备，则许下非复空虚。且曹操用兵，变化无方，众虽少，未可轻也，今不如以久持之。将军据山河之固，拥四州之众，外结英雄，内修农战，然后简其精锐，分为奇兵，乘虚迭出，以扰河南，救右则击其左，救左则击其右，使敌疲于奔命，民不得安业。我未劳而彼已困，不及三年，可坐克也。今释庙胜之策，而决成败于一战，若不如志，悔无及也。"袁绍又不从，田丰乃强谏，因此袁绍怒其与沮授为党而囚系之。

按：田丰于前第二次谋议时，主张"宜早图许"，今则主张持久之计而与沮授之谋合，盖因时与势变迁前后不同也。以前吕布在徐州，固可与之联合以乘曹操之隙；及吕布灭刘备，又在徐州与曹操为敌，亦可与之联合以夹击曹操。今吕布已灭，刘备败北，此时急攻曹操之时机已失，故应转取战略持久之扰乱攻势，待其疲而后灭之。袁绍竟一再不用授、丰等良谋，致招败灭。

第二节　袁曹战略部署与会战

（一）袁曹战略部署与绪战

建安五年（200年）二月，袁绍进军黎阳（今河南浚县），遣其将颜良攻东郡太守刘延于白马（今河南滑县）。曹操军先于官渡集中，以兵少，欲分绍军之势，乃亲率兵先到延津（关城在旧黄河北岸，今新乡东南），佯为欲渡河击绍军之后，诱袁绍分兵西应之，然后轻兵袭白马之颜良军。袁绍闻曹操自延津渡河，果分兵西向迎击曹操。操乃自引兵日夜兼行袭白马之颜良军，及至仅距十余里，颜良始觉，大惊，仓卒迎战。曹操使张辽、关羽急击之，出颜良不意，关羽刺杀颜良，良军大败，白马之围遂解。

曹操已解白马围，遂徙其民沿河向西南撤退，袁绍恃众，遣其将文丑渡河追击，至延津南。曹操驻于南阪下旧黄河南岸河堤下（今河南新乡东南），令骑解鞍放马，并使自白马撤退之辎重就道先退以诱文丑军。文丑与刘备率五六千骑前后相继而至，或分掠辎重。曹操乃乘其队阵乱，纵骑兵五百余攻击，大破之，斩文丑，续追击，文丑军悉被虏获。绍军至此连损其两员大将，军心士气为之大丧。曹军以绪战大捷，则军心为之振奋。盖曹操以寡击众，以劣击优，必须在绪战获胜，以振士气而鼓舞军心也。曹操绪战获胜后即还驻官渡，并即封阎柔为乌桓校尉，鲜于辅为右度辽将军，还镇幽土，相机牵制袁绍之后。

袁绍在此绪战中，又未纳沮授之议：一为绍遣颜良，沮授以颜良性促狭，虽勇不可独任；一为袁绍渡河追击时，沮授谏曰："胜负变化，不可不详，今宜留屯延津，分兵官渡，若其克获，还迎未晚，设其有难，众弗可还。"（安全原则）前计未听，颜良败亡；后计未听，卒至大军一败，不能撤退，悉遭擒杀。

（二）官渡会战

上述绪战后，于是年七月间，汝南（今河南东南安徽西北地区）黄巾刘辟等叛曹操而响应袁绍，绍乘机遣刘备将兵助辟。此时郡县多纷起响应，因此汝、颍之间自许以南，吏民为之纷扰，曹操患之。袁绍此举实不失为战略上之优越措施，但刘备经曹仁一击，即行败去，而不能坚忍持之以久有如彭越之扰项王之后者然，故此乃袁绍握机不定之失策。

然白马、延津绪战后，因袁绍军绝对优势，故对袁绍并非致命打击，乃进军阳武（今河南阳武县），沮授献议曰："北兵虽众而劲果不及南，南军谷少而资储不如北（较彼己之短长甚明）。南幸于急战，北利于缓师。宜徐持久，旷以日月。"

袁绍又不从。八月推军渐进，依沙堆为屯，东西相连数十里（广正面进攻）。曹操亦分营相当（亦做广正面与之对峙）。曹操出击，战不胜，乃还而坚壁守之（转为防御）。袁绍遂筑高橹，起土山，以射曹营，曹营军士皆蒙楯而行。曹操为对抗袁绍之高橹、土山进攻，乃建霹雳车（炮兵之先河，发石以击绍垒）反击，绍军之楼橹皆破。于是袁绍复掘地道以攻曹军（攻公孙瓒曾用此战法奏效），曹操为对抗此一地道攻击，又于营内掘长堑以拒之。如是者相持半年，操军粮尽，士卒疲乏，而百姓困于征赋，多有叛归袁绍者，曹操甚以为虑。盖因战不能胜，军又乏粮，人民不胜征赋之负担而纷纷叛离，其危险有如千钧一发。曹操在此危急之际，乃致书荀彧，欲向许昌撤兵，以诱绍军。荀彧复书曰：

"绍悉众聚官渡，欲与公决胜负。公以至弱当至强，若不能制，必为所乘，是天下之大机也。且绍布衣之雄耳，能聚人而不能用，以公之神武明哲而辅以大顺（谓奉天子也），何向而不济？今谷食虽少，未若楚汉在荥阳成皋间也，是时刘项莫肯先退者，以为先退则势屈也。公以十分

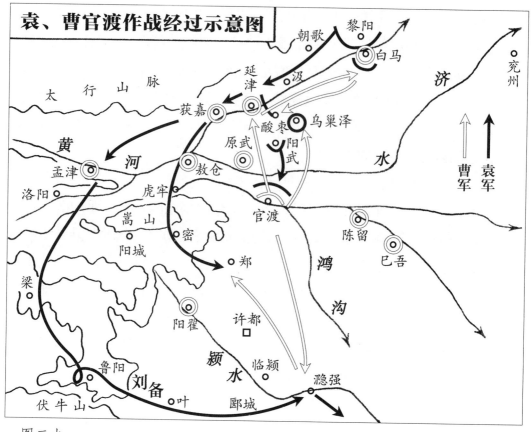

图二九

居一之众，画地而守之，扼其喉而不得进，已半年矣。情见势竭，必将有变。此用奇之时，不可失也。"

曹操从彧议，乃坚壁持之。曹操为鼓励输卒士气，亲抚输卒曰："却十五日为汝破绍，不复劳汝矣。"此时之曹操良苦矣。

曹操此时侦知绍军谷车数千辆运官渡，并侦得其护运之将韩猛锐而轻敌，乃遣徐晃与史涣二将截击之，烧其辎重。

是年十月袁绍复遣车运谷，使其将淳于琼等将兵万余护送之，宿营于袁绍本军之北四十里。此时沮授及其谋士许攸复做如下之建议：

沮授曰："可遣蒋奇别为支军于表（外），以绝曹操之抄。"（安全原则）

许攸曰："曹操兵少而悉师拒我，许下余守，势必空弱。若分遣轻军，星行掩袭，许可拔也。许拔则奉迎天子以讨操，操成擒矣。如其未溃，可令首尾奔命，破之必也。"（用奇）

袁绍既不纳沮授之安全原则，又不用许攸之用奇，而竟谓"吾要当先取操"，袁绍战术运用之拙劣由此可见。

此时适许攸家人犯法，审配收系之，许攸因是一怒之下而奔投曹操（袁败机）。操闻许攸来，跣出迎之，抚掌大笑曰："子卿远来，吾事济矣。"（曹操心胸智慧之卓异由此可见一斑）因而问计（曹操此种虚怀若谷之智能曾屡次使用，至洛阳迎汉帝就教于朝臣董昭，破袁术问计于术之降将，此无他，亦曹操智慧之运用也）。许攸曰：

"公孤军独守，外无救援，而粮谷已尽，此危急之日也。袁氏辎重万余乘，在故市、乌巢（今延津东南），屯军无严备，若以轻兵袭之，不意而至，燔其积聚，不过三日，袁氏自败也。"

曹操得许攸计，乃留曹洪、荀攸守营，亲自（重要关键）将步骑五千人，皆用袁军旗帜，衔枚缚马口，夜从间道出，人抱束薪，所历道有问者，语之曰："袁公恐曹操抄略后军，遣兵以益备。"闻者信以为然，皆自若。既至围屯，大放火，营中惊乱。此时袁绍又不听其将张郃先救乌巢之计，而与郭图等竟谓："就操破琼，吾拔其营，彼固无所归矣。"但曹操于急攻乌巢时，袁绍所派遣之救兵将至，其左右或言贼骑稍近，请分兵拒之，操却怒曰："贼在背后乃白。"（因此时成败关键，迫在眉睫，若兵一分，即难期成功也）士卒皆殊死战，遂大破袁绍守辎重兵，斩其将淳于琼等，尽焚其粮谷，并将所杀守卒千余人皆取鼻，牛马则割取唇舌以示袁绍军（攻心战），绍军将士皆恟惧，因是惊扰大溃。袁绍及其子谭等幅巾（不及武装）乘马，与八百骑渡河逃窜。曹操迫之不及，尽收其辎重、图书、珍宝，余众降者操尽坑之，前后所杀七万余人。

第三节　官渡战役袁曹方略运用得失之总结

综观袁曹之成败得失，曹操之得计与袁绍之失计，始终判然可分。吾人固不以成败论英雄，然除非历史记载有所偏，否则吾人无法为袁绍辩护，亦无由以找出曹操之失计处。若必欲寻出袁绍之得计，则只有乘汝南黄巾刘辟等叛操之际遣刘备将兵助辟，以扰乱曹操后方而牵制之。

然刘备不能效彭越故事，始终坚忍持久在曹操后方周旋，使曹前后不能相顾，故其此举仅能苦曹操于顷刻之间，而不能完成战略上牵制之效果，实不足取也。至于必欲寻出曹操之失计，则亦只有于大胜袁绍之后，尽坑袁绍降卒，此似可非议之。然当此之时，曹操处置此大批战虏，或亦有苦衷在，盖纵之则虑袁绍收集整顿，军威复振，留之则苦乏粮，且虑其变；至其可影响尔后赤壁之战，则非操此时所能虑及矣。兹再就袁曹得失之要者综述如下：

曹操智慧超人，处处成竹在胸，至于善于用人及战略战术之运用适切，奇袭而并用心理战，则尤为巧者。兹申述其得失者如次。

（一）明智虚怀而善断。当陶谦死后，刘备取代徐州，当此之时操正与吕布作兖州之争夺战。曹操见徐州有可乘之机，遂欲乘机夺取徐州。而其谋士荀彧则主张先击破吕布，巩固兖州基地，并以高祖保关中、光武据河内之故事相劝谏。以当时情势言，徐州陶谦死后，刘备代领徐州，人心未定，正可乘机进取，在策略上实为至当之行动。但若如此，则吕布乘其后，以弃其可保之兖州，而图未知后果之徐州（操曾大杀徐州人，民心怨愤），则为失算。故机亦有不可乘者，盖此种情势所使然。曹操此时断然弃其不足取之机，而毅然纳其谋士之善议。此其明智抉择者一。

及其至洛阳，欲奉天子以令诸侯。唯此时洛阳之情势复杂，曹操之力量与威望亦尚微，欲达奉天子以令诸侯之目的，即首遭此种复杂情势所困，而曹操乃问计于董昭。其后击袁术，得其降将，亦以问计。尤以于官渡对峙之战时，一问计于荀彧，再问计于许攸，益足以示曹操之明智、虚怀与机断。此其二。

当其部署与袁绍之战时，首先在青州方面部署其有力之战略牵制。至此役作战之前顷，又以程昱七百兵守鄄城，达成其以至弱敌至强之兵力彻底集中之目的。及延津之佯动，轻兵迅速袭颜良，继而诱文丑。凡此用兵，已极其巧妙、勇敢与机动之能事。尤其以弱敌强，先求绪战之胜利，以挫敌之锐气而振己之士气。此一着眼，尤为远大而正确也。此其明智者三。

（二）善于利用地形。由于彼以至弱当至强，乃守官渡渡口，迫使袁绍大军限于济水、汴水之狭小地区而不能发挥其优势兵力。操精于《孙子兵法》，故有此种地形上之战术眼光。

（三）富有远略宏谟。当其初迎天子之时，以最严明之法度，赏有功，罚有罪，使其威望益高，沉靡已久之士心猝振，此其治乱之宏谟，为当世豪杰所望尘莫及者。尤有进者，当其最初计议"今将讨不义而力不敌，何如"，以问计于群僚之时，彼谓："是我独以兖豫抗天下六分之五也。"此其政略着眼之周密远大，可见一斑。又当诸侯讨董之时，彼献议西取关中战略之大策，亦为当世诸侯所不可企及者。

唯曹操待左右及属吏过严厉，其身几遭不测者有之，此亦其短乎？

至于袁绍，杨阜评其为"宽而不断，好谋而少决"，郭嘉评其为"多谋少决，失在后事"，凡此评议，实为的评。兹分析如下：

（一）智慧中庸，不能决大策。当初不听沮授迎汉帝都邺，挟天子以令诸侯之议，而惑于郭图等"秦失其鹿，先得者王"之不识时务之论。虽云彼四世三公，天下士人多属其门下，但当时机未熟，而欲明加篡夺，则必为当世士人所乘，此乃势所必然者。彼既昧于此种情势，而又惑于"汉室陵迟日久"，"英雄并起，各据州郡"之表面状况，更不能领略王莽之权谋（王莽以效周公辅政为号召，欺骗当时一般腐儒，用谋迂回曲折），故无怪其徘徊不知所措也。及曹操已挟天子以令彼，彼已虑有不便于己，而始悟于迎天子以就近于己之利，此所谓"失于后事"者也。

（二）欲迎汉帝徙都鄄城，既为曹操所拒之时，又不能从田丰"宜早图许"之议。盖此时曹操对其周围之敌尚未肃清，乘机图之，必可成功。袁绍又失其计，正所谓"好谋少决"者也。

（三）不能知人善任。当初既不纳沮授之计，又因郭图等之谮而疏沮授，并削其权，其后许攸、张郃又因郭图、审配或谮或欺而相继降曹。此为袁绍失败之一大关键。

（四）及曹操已次第消灭吕布袁术等，又不纳沮授之持久疲敌战略，而竟昧于情势，恃强急攻，继又不听沮授兵力部署上之安全原则，而招致绪战之失败与乌巢之被袭。最后又不用许攸分兵袭许之计，可见其不明情势，不知彼己，以及战术上不知出奇制胜。而曹操则不仅善于机动奇袭，且进而利用奇袭之果进行心理作战。其两人智慧之高下，相去何啻千里，此又无怪其失败之速也。

袁绍战败后，以田丰喜其战前献议之得计，而绍竟因是忌而杀之；又以审配二子均被曹军所擒，而疑忌审配并欲削其权力。此乃其战败后，又几引起内部之新不安。且田丰虽不以军败引痛，而反喜其前议之得计，其心理上虽以私见重于公义，但以其贤亦不应遽杀之，宜待尔后之为用。反观曹操之措施，则与此迥异，一则擒沮授欲因其贤而用之，二则自袁绍方面掳获之书信中，将许都人及军人与绍所通之书信尽毁焚之，以安此种人众之心，以免彼等迫于生命之危急而生变乱，且曰："当绍之强，孤犹不能自保，况众人乎？"以曹操之明智，此种外安众心，内密有备之处置，比之袁绍以直觉自招纷扰之措施，相去甚远矣。且曹操一得沮授，即欲收揽为用，与袁绍有而害之者，殊不可同日语也。三则操于建安六年春以袁绍新破，不能为力，欲乘此时隙以击刘表，但卒用荀彧之谋，决先彻底消灭袁绍，以免死灰复燃。荀彧之谋曰："绍既新败，其众离心，宜乘其困，遂定之。而欲远师江汉，若绍收其余烬，乘虚以出人后，则公事去矣。"（操终于准此方针进行）盖此时南虽有刘表为患，但表无远图；东虽有刘备据汝南（刘备离开袁绍后即据汝南），然其势弱，实不堪一击；而袁绍则不然，盖其据有四州之地，其兵易集，其力易强，若不遂乘之，待其再至，则更难图。况就当时局势言，若北方大难已平，则天下之大势定矣。故荀彧此谋固属至当，此乃制胜当时形势之关键也。

诚然，当时曹操之所以困惑者，因其度袁绍不易遽灭（绍死二子争，因而灭之，此乃非决策所能算及者），而刘表威胁其南，刘备又为肘腋之患，若其再联江东孙权，则为害大矣。故其当时之处境，无异处于内线作战。既处内线作战，袁绍已败，急促不能有为，而灭之又不易，当相机打击其另方面之敌，始为得策。然仍当以北方为主，南方之二刘则相机打击之足矣。至于江东之孙权，则应羁縻之。曹操根据此策，故即积极北图，其后相机击破刘备于汝南。刘备被击破后走依刘表，表使驻兵新野，并曾相机攻叶（今河南叶县附近），曹操复击退之，而始终坚定其先平北方之决策，且同时令孙权质子以羁之。未几袁绍卒，刘表亦相继卒，此则予曹操上述决策以莫大之利。盖上述局势可能相持甚久者，卒因绍死，二子（袁谭、袁尚兄弟）相争，乃乘其乱而反之（按此：曹操先则从荀彧计，攻袁绍仓亭军，败之，绍死又用郭嘉"二子权力相侔，各有党与，急之则相保，缓之则争心生"之计，移兵南向刘表，最后则用荀攸之谋乘二袁隙乱已成而取之），刘表死则乘其丧而取之。此种偶发之机会，予曹操决策上以迅速之成功，固与其先前决策无关，而不能以此归功于其决策之卓越，盖仅属于其善用时会投合机宜之措置而已。然若无其上述至当之决策，则或不能善用时会投合机宜，亦未可定也。故曹操战后措施，亦胜袁绍多矣。

总之，凡经一次大战争，不论战胜战败，其事后之措施良否，实关系其今后之成败至巨，古今来此种事实多矣。战败者若善其后之筹谋不臧，则足以随之灭亡；战胜者若其事后措施错误，亦必至前功尽弃，终仍不免败没。如汤放桀于南巢，因度足以制桀死命也；周公因管蔡二叔之反，而始置殷族于洛阳以控制之；楚项羽亡秦后措施失当，终招败亡；刘邦灭项后有前车之鉴，故能奠定汉基。曹操于官渡大胜后，犹处于四面敌人之中，赖其上述至当之决策，乃得以逐次击灭其敌人，而稳定己之根基。

尤有进者，凡经一次生死决斗之战争后，不论胜败两方，其因心理因素影响于其筹谋者，实属至大。盖胜者之心理易陷于轻狂疏怠，因而筹谋善后不周；战败者则更因人心彷徨，士气丧沮，其领袖人物若非极富坚忍与明智者，必致陷于懊丧，而善后筹谋更乏步骤矣。因此，凡战胜者不可以喜于战胜而轻狂，而应从最坏处着念思虑之，以筹更进一步之策；战败者则应坚忍，静其情绪，明其心智，从最有希望方面求出路，而做周到之考虑以求复兴之策。是诚为战后措施不可移易之大原则也。

第四节　结论——关于筹谋决策问题之研究

敌情研究为筹谋划策之大关键，故对于敌情之虚实（有形无形诸状况），人物之状态（个性、思想、心理、经历、贤愚及其上下左右之相互关系等详情），均须有详实而精微之调查记录，以资谋略上之重要参考资料。如曹操谋士对袁绍之人物状态无不洞若观火，无微不照，即其显例。

其次，当整个大局之情势极为棘手之际，此时之筹谋划策，亦为至难之事，非将整个情势了如指掌，并深思熟虑，详计其利害、得失、轻重、先后、缓急，以及机微之处，隐伏之情，无不毕虑周思，以定其策不可。如曹操第一次集其谋士筹议时，提出其整个情势之问题者然（"吾所惑者，又恐绍侵扰关中，西乱羌胡，南诱蜀汉，是我独以兖豫抗天下六分之五也"）。袁绍则彷徨于"迎天子以令诸侯"，"秦失其鹿，先得者王"之计，此乃袁绍因对当时情势了解不深，故昧于此种大计之决策，而终至为势劣者弱者所败。此亦为学习谋略定策者最佳之资料也。

当情势之压迫极为艰苦，进退维谷，左右为难之情况下，此时之筹谋决策亦为最艰难者。如正当袁绍准备南下攻许时，刘备反叛于徐州，杀车胄而联袁绍，顷刻之间，遂成两面夹击之势。当此之际曹操决定先破刘备，然后进战袁绍之策，此实乃含几分幸胜也。若其时袁绍竟急速进兵，则曹操难免危殆，故其此种决策实非万全，而有极大之危险性。因此决策之成功，实有其相对性在，即其他敌人决策错误，造成予我有利之际会，导我决策于成功是也。再如官渡对峙半年，曹操粮尽兵饥，人民反叛，大敌压力与日俱增，当此之际，操力已至不支之势。此时后撤，必为袁绍大军所乘，一退不可收拾，因致败灭。故荀彧之主张，固已深悉其危机，唯一之策，只有拼死命以坚持，乃以汉高荥阳相持为曹操鼓其勇气，并请速出奇兵以挽回颓势；其第一次袭击袁绍粮运，因荀彧计策之启示，然其予绍军之威胁实至有限。其最制绍军之死命者，则为乌巢之袭破；惟乌巢之袭，有赖许攸意外之来投，而绝非策之所能预定者，是故乌巢之袭破，袁绍军因以迅速崩溃，此亦时机际会所授也。否则虽多方出奇，时间相持稍久，曹操亦危矣。故遇际会，乘时机，乃为成功之要件，而为智者所贵也。荀彧之策最大优点，在于已悉退则必败，与其退而必败，不如再死命坚持，设奇以挽战局（创造机会），尚可有胜利之希望。乃幸而曹操之意志尚能坚持（不明智者不能坚持），再加许攸意外之来投，得以迅速获致胜利，此实人谋机遇各参其半。然荀彧之决此策固难（因当情势极度险恶之下，心理情绪亦可能极度紧张与不宁而行决策），曹操之明于抉择并能坚持之，尤为不易也。由此观之，人谋虽臧，若情见势绌，实为一大致命伤。

凡决策，有两个目的或方向均有获胜之希望时，应选其中之最可靠最有把握者采取之。此即等于一已知数，一未知数，此两数均可求得结果，但于此已知与未知之选择，当先选其已知者而求之。决策之采择亦然。如袁绍当曹操袭乌巢时，绍认为操袭乌巢，而彼则攻操营，若操营破，操虽获乌巢，亦无所归；操无所归，则乌巢虽破，无大影响于彼也。此事骤观之似甚得计，但详为计之，其实不然。盖袁绍攻曹操营，已半年矣而未克，今一旦攻之，其克不克固不可知也；若攻营不克，乌巢之军粮被毁，则绍军殆矣。反之，若迅速救乌巢，则乌巢可保，其可保则为已知者；乌巢已保，则绍军虽不能即获大胜，但不致大败，而仍能与之做持久之计，如此则操殆矣。虽云军事无万全之策，不可不有冒险之精神以取胜，但熟思审筹之计虑，则为冒险之先着，盖若无熟思审筹之轻率冒险，则未有不败者，此袁绍之失计可知矣。《孙子》曰："多算胜，少算不胜，而况于无算乎？"袁绍以无算，而敌曹操多算之冒险（曹操袭乌巢亦是冒险），胜负之数，由此决定。

当作战追求一个目的之际，必须坚决以赴之，而不可稍有瞻顾迟疑。如曹操袭乌巢时，袁绍救骑已近，将士报告，请速分兵御之，曹操乃愤怒曰："贼在背后乃白。"盖曹操袭乌巢之兵已少，若兵分力单，乌巢难破，乌巢不破，此功尽弃，尤其当此克与不克决于俄顷之际，若因分兵而士气一松，亦败矣，此乃用兵之善与不善之分野点，亦即胜败之关键也。曹操以前先破刘备于徐州，再战袁绍之决策，其用兵原理亦类此，拿破仑用兵亦常以此用兵原理制胜。盖此乃以少击众用兵之一大原则，但若无机智勇敢之指挥官与机动力甚强之部队，不能致此。

主动主宰战场，为制胜敌人之主要因素。变被动为主动，化敌之主动为被动，此又为战争运用之艺术。如何变被动为主动，如何化敌之主动为被动？此即为在深悉敌情之下，并根据我之目的，以虚实之行动而巧妙运用之是也。如声东击西；佯动于此，而实动于彼，虚动于前，而实攻于后；佯向敌左，而实向敌右；奇正变化，"因敌制胜"等是。但上述原则之运用，欲其必能生效，则又必须能"形之，敌必从之"，"予之，敌必取之"。因此故必须"攻其所必救"，"出其所必趋"，然后始可使敌人唯我之命是听，因以制胜也。

第五章　曹孙赤壁之战

第一节　战前形势概要

孙坚于讨董卓后跟随袁术于南阳，嗣为袁术击黄祖时，于岘山被伏弩所射杀，所部遂并于袁术。后孙策以借兵复仇为名，得其父坚旧部数千人，自扬州而下江东，刘繇、王朗相继被灭，遂奄有江东之地，嗣且并豫章（今淮南至南昌地区，治南昌），骤然成为一方之雄矣。

是时曹操既迎汉帝于许，奉天子以令诸侯，并悉孙策与袁术之间外貌虽合而内挟嫌隙，故曾两度表封策为明汉将军与讨逆将军，使击袁术，此事前已述及之。

建安五年（200年）夏，孙策死。是年冬十月曹操大破袁绍军于官渡后，遂欲乘孙策死而袭江东，惟因侍御史张纮之谏阻而止，乃表封策弟孙权为讨虏将军、领会稽太守以羁縻之，同时又欲令张纮辅权内附（纮与孙家有旧），乃以纮为会稽东部都尉。盖此时曹操以北方二袁（谭、尚兄弟）未灭，刘表尚在，南北之大敌未除，与其袭而不克，另树新敌，不如暂羁縻之以待后图也。未几二袁已灭，北方之局大定，继则刘表又死，曹操乃乘其丧袭取荆州。时势至此，为曹操统一大局之障碍者，仅江东孙权耳。至于当时之刘备，则尚无根据地以自存，而蜀之刘璋、汉中张鲁辈，则于江东已定之后，亦不为足虑。故曹操已下荆州，遂即顺流东取孙权，此乃势所必至，理所当然者，于是赤壁之战以起。由是可知，赤壁之战既为关系孙权存亡之战，亦为关系当时局势统一抑或分裂之战。

第二节　孙权政略、战略之筹谋

（一）孙权政略

1.政略运筹之远景。孙策死时，召其谋士张昭等，嘱以后事曰："中国方乱（谓袁曹争战），以吴越之众，三江之固，足以观成败，公等善相吾弟。"遂呼权，佩以印绶，谓曰："举江东之众，决机于两阵之间，与天下争衡，卿不如我；举贤任能，各尽其心，以保江东，我不如卿。"策卒，时年二十六岁。

由孙策之遗言，可分为三项说明如下：

（1）知孙权之能，仅能保江东。

（2）以吴越之众，三江之固，可以为独霸一方之基地。

（3）中国方乱，可据江东基地以观成败，乘机争利，永保江东。

前已述之，孙策死后，曹操对江东尚采取羁縻之策，此时孙权之母曾谋于扬武都尉董袭曰："江东可保不？"袭曰："江东有山川之固，而讨逆明府（谓孙策）恩德在民，讨虏（孙权）承基，大小用命，张昭秉众事，袭等为爪牙，此地利人和之时也，万无所忧。"及其后周瑜荐鲁肃于孙权，权与谋议，因问肃曰：

"今汉室倾危，孤思有桓文之功，君何以佐之？"肃曰："昔高帝欲尊事义帝而不获者，以项羽为害也。今之曹操，犹昔项羽，将军何由得为桓文乎？肃窃料之，汉室不可复兴，曹操不可卒除，为将军计，惟有保守江东以观天下之衅耳。若因北方多务，剿除黄祖，进伐刘表，竟长江所极，据而有之，此王业也。"权曰："今尽力一方，冀以辅汉耳，此言非所及也。"

此一番问对，一方面现示鲁肃深悉当时之局势，汉既不可复兴，曹操根基已固，不可卒除，只有攻昧兼弱，"竟长江所极，据而有之"，以与北方曹操成对峙之局，分王天下，此实至当之论。但孙权深藏，成竹在胸，肃谋虽当，不可显示赞同，盖恐予曹操以讨逆之口实来伐，故曰："冀以辅汉，不言王业。"

以上为建安五年之事。

越二年即建安七年，曹操先平北方，次及刘表之决策已定，为虑袁、刘、孙连兵计，乃下书孙权，请其以子相质，以资控制。以前曹操羁縻之，而孙权亦在"以观成败"之政策下，乐于阳以尊汉为名，与曹委蛇，但情势一经发展至此，则孙权面临抉择之时矣。于是召群僚会议，张昭、秦松等犹豫不能决，权引周瑜诣吴夫人前定议，瑜曰："昔楚国初封，不满百里之地，继嗣贤能，广土开境，遂据荆扬，传业延祚，九百余年。今将军承父兄余资，兼六郡（会稽、吴、丹阳、豫章、卢陵、庐江六郡）之众，兵精粮多，将士用命，铸山为铜，煮海为盐，境内富饶，人不思乱，有何逼迫而欲送质？质一人，不得不与曹氏相首尾；与相首尾，则命召不得不往，如此便见制于人也。极不过一侯印，仆从十余人，车数乘，马数匹，岂与南面称孤同哉？不如勿遣，徐观其变。若曹氏能率义以正天下，将军事之未晚，若图为暴乱，彼自亡之不暇，焉能害人。"吴夫人从之，遂不送质。

建安十三年春，甘宁献策于权曰："今汉祚日微，曹操终为篡盗。南荆之地，山川形便，诚国之西势也。宁观刘表，虑既不远，儿子又劣，非能承业传基者也。至尊当早图之，不可后操。图之之计，宜先取黄祖。祖今昏耄已甚，财谷并乏，左右贪纵，吏士心怨，舟船战具，顿废不修，怠于耕农，军无法伍，至尊今往，其破可必。一破祖军，鼓行而西，据楚关（今四川奉节县），大势弥广，即可渐规巴蜀矣。"

甘宁之谋与鲁肃相同，故荆州成为曹、孙所必争。争荆州遂成为赤壁之战之首要因素，亦即吴国存亡之战也。

2. 战前之运筹。建安十三年秋，鲁肃闻刘表卒，乃言于孙权曰："荆州与国邻接，江山险固，沃野万里，士民殷富，若据而有之，此帝王之资也。今刘表新亡，二子不协，军中诸将，各有彼此。刘备天下枭雄，与操有隙，寄寓于表，表恶其能而不能用也。若备与彼协心，上下齐同，则宜抚安，与结盟好；如有离违，宜别图之，以济大事。肃请得奉命吊表二子，并慰劳其军中用事者，及说备使抚表众，同心一意，共治曹操，备必喜而从命。如其克谐，天下可定也。今不速往，恐为操所先。"

鲁肃此谋，概可分为如下数点说明：

（1）目的：在取得荆州，进图巴蜀，以实现其先前之定谋，与曹平分天下，再相机进取之。

（2）进行要领：若刘备与刘表二子（刘琦、刘琮）协力同心，则与盟好以抗曹操；如其离违，则乘机图之；并须速行，以免为曹操所先得。

（3）方法：以吊丧劳军为名进说刘备，并以窥其情势。

不料其行始到夏口（今湖北武昌西），即闻曹操已向荆州（治在今湖北襄阳），乃兼程而行，比至南郡（湖北江陵），而刘琮已降曹操，刘备亦已南走（备原驻樊城即今湖北樊城）。鲁肃遂迅即径往当阳长坂会刘备（备被曹追至此），而宣孙权之意旨，论天下事势，并致殷勤之意，因说刘备与之联合，率其所部驻鄂县樊口（今湖北鄂城），使为孙权防曹之前哨。情势发展至此，孙权乃进而一面表示服从之名，一面讲求防卫之计矣。

曹操已占荆州，将自江陵顺流东下，首当其冲者为刘备。而此时孙权之为战为和，态度尚未明显，备乃遣诸葛亮因鲁肃以说孙权共御曹操。诸葛亮至江东，孙权乃集其群僚谋议，张昭等曰：

"曹公豺虎也，挟天子以征四方，动以朝廷为辞，今日拒之，事更不顺。且将军大势可以拒操者，长江也。今操得荆州，奄有其地。刘表治水军，蒙冲斗舰乃以千数，操悉浮以沿江，兼有步兵，水陆俱下，此为长江之险已与我共之矣，而势力众寡又不可论。愚谓大计不如迎之。"群僚亦皆主降，惟鲁肃独主战。孙权又召周瑜议（时瑜屯兵柴桑，今九江），瑜曰：

"操虽托名汉相，其实汉贼也。将军以神武雄才，兼仗父兄之烈，割据江东，地方数千里，兵精足用，英雄乐业，当横行天下，为汉家除残去秽；况操自送死，而可迎之耶？请为将军筹之。今北土未平，马超、韩遂尚在关西，为操后患，而操舍鞍马，仗舟楫，与吴越争衡。今又盛寒，马无藁草，驱中国士众远涉江湖之间，不习水土，必生疾病。此数者用兵之患也，而操皆冒行之，将军擒操，宜在今日。瑜请得精兵数万人，进驻夏口，保为将军破之。"

孙权犹以众寡不敌为虑，是夜周瑜复向权献议曰：

"诸人徒见操书言水步八十万，而各恐慑，不复料其虚实，便开此议，甚无谓也。今以实校之，彼所将中国人不过十五六万，且已久疲；

所得表众亦极七八万耳，尚怀狐疑。夫以疲病之卒御狐疑之众，众数虽多，甚未足畏。瑜得精兵五万，自足制之，愿将军勿虑。"

以上主战主和二派之谋议，均可成立。主和者乃就一般大势着想，而主审慎以图万全之计。盖此时曹操南北之敌均已逐次平定，当时以仅有之江东，欲以小敌大，以寡敌众，以弱敌强，且所恃以为国之长城之长江之险，已与曹操共分之，以此与敌，危险殊甚。故张昭等之谋，亦不可厚非也。至曹操之所以败，实由于轻敌有以致之。

主战者为周瑜、鲁肃等青年派，彼等之主战着想，则为：1. 若一旦与和，必受曹操之控制，而失一方之霸矣，此为江东命运所系，与其瓦全不如玉碎；2. 根据彼己状况之具体分析，实可以从事一战：

（1）孙权颇得人心，上下团结，将士用命，兵力虽小而战力坚强，且粮饷器械充足，水军精锐胜过曹操。

（2）曹操虽有顺流而下之利，但将士远来疲乏，且不习水土，兵多疾病，又不习水战。至于荆州新降之众，心怀狐疑不定，必不尽力，且将观其成败。故曹操之兵虽多而实弱。至所云八十万，实系虚声恫吓（先声夺人），而其实际兵数仅多孙权两倍。况刘备与操已势不两立，共有兵两万余，且参战必力，因之曹操之兵员人数仅多孙权方面一倍耳。此即以团结巩固、战志坚强之军，战疲惫多病，不习水战，且杂以狐疑之众，胜负之数，实已各参其半。

因此主战之策，则又较主和者为高，盖其计算较为深入而掌握情况之实质也。

（二）孙权战略

此一战役，孙权之战略措施，所得而研究者仅如下数端：

1. 战于境外。因以小敌大，以寡敌众，以弱敌强，若待敌深入，则必人心动摇，影响军心士气，故必须战于境外。

2. 夏口为其西疆长江之重镇，必须以其地为攻势防御之根据，且与刘备合兵较为便益。

3. 争取绪战胜利以振士气，为以小敌大之要着。故遇曹军于赤壁之初，即将曹军击退迫其退驻江北岸。

第三节　曹操政略、战略之筹谋

曹操已下荆州，追溃刘备军于长坂，进驻江陵，声威所播，莫不震慑。因此其对江东，实欲以先声夺人之势，迫使孙权降服，故其致孙权书曰："近者奉辞伐罪，旌麾南指，刘琮束手。今治水军八十万众，方与将军会猎于吴。"书中字里行间不仅充分显示威胁，且亦充分表现出曹操此时轻骄之意态。盖当初曹操意料，以为效韩信用李左车之谋，以咫尺之书即可以使孙权降服者。不图此策既不得售，而又在轻敌意态之下轻于进兵，且不多虑，致遭敌人之火攻，遂至全军尽溃，而南北对峙之势因以形成。

原来曹操于建安十三年春，于击灭袁尚、袁熙兄弟而还邺之时，即作玄武池于邺之时，其此番训练舟师之目的，当为南对刘表、孙权无疑。不意刘表死，荆州不战而下，所存者仅为年龄幼稚，力量弱小之孙权，当可一鼓荡平，而复统一之局。因此历经险阻而明智之曹操，亦不免在心理上欢欣鼓舞之余，陷于轻敌失算（当其与袁绍为敌时何等远谋深算，审慎周详）。不仅此也，当曹操下荆州之时，刘璋遣张松为使，欲自结于曹操；而操竟于踌躇满意之下，不做政略上之拉拢张松，杨修劝之且不听，以致张松一怒之下劝璋绝操结备。因此将千里天府之蜀弃之，而曹操经营天下之大业亦从此休矣。读史至此，不禁为操惋惜也。故凡为战争指导者，于大胜之后，情绪不可过于喜悦，而应更为戒慎恐惧，深谋远算，此一原则，实为战争指导者之座右铭。

设当时曹操不以喜于天下在掌握之中而轻敌，一方面做先声夺人之计，一方面做周密之战略部署，申言之，若当时曹操之战略部署，一面分水陆沿江而下，一面以强有力之一部兵力渡淮南下，进迫江东都城之建业，使孙权首尾不能相救，如是则孙权虽欲不降服，亦遭征服矣，此其一。若更令长沙太守东向攻孙之后，使孙权三面受敌，则孙权更殆矣，此其二。曹操计不及此，而招致赤壁之惨败，此可充分说明曹操当时有两大缺陷：

（一）胸襟器量尚欠宽宏（轻喜于天下已在掌握中）。

（二）老谋深算之修养尚属不足。

惟因其胸襟器量之宏度与图谋之修养均尚不足，故下荆州后即陷于骄盈，以致不及远虑，筹计不周，而招致惨败。因此吾人可得一结论，凡图天下者，当其天下统一之后，尚须做更审慎周详之考虑与精深远大之筹谋，始可奠国家之基于永久。关于此项，作者于楚汉战争一章既已论及，而曹操之器量与谋略修养，距此目标则更远而不可及，盖其于将达成大功之境界，即陷骄盈而不能自已也。唯因如此，故汉末终成三分之局者，殊非偶然。

第四节　作战经过略评

赤壁之战，在战略方面，除上既述者外，无其他足资重视者。而周瑜之战胜，除曹操之陷于疏忽大意，予敌以可乘之机外，则为周瑜在战术上用火攻之出奇制胜，乃其制胜之重要因素。

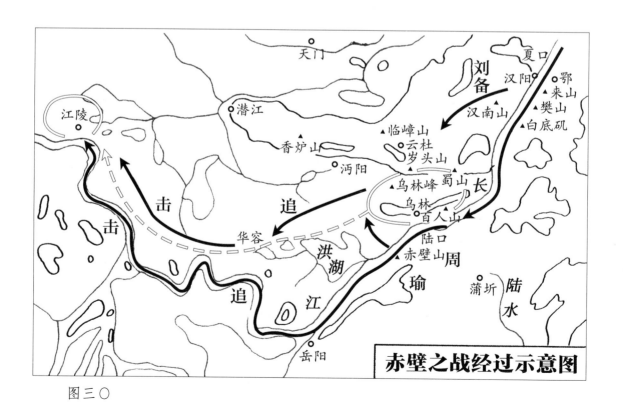

赤壁之战经过示意图

图三〇

曹操于赤壁失败后，在战略上欲谋补救，自当确保荆州，一方面以固其南疆国防之屏障，一方面俾便尔后之再举。是故当其于赤壁撤退后，即留徐晃守江陵，曹仁守襄阳，是乃为确保荆州之措施也。

但江陵之地位，在东吴方面言，亦为其西疆国防之要地。故周瑜于赤壁大胜之后即猛烈追击，对江陵又以必得之志，遂行猛烈进攻。且于其未克江陵之前，用甘宁之策，先取夷陵（今宜昌），此举在战略上尤为得计，因夷陵处江陵上游之势，先行夺取之，不但吴军之形势骤形优越，且使守江陵之魏军亦陷于孤立之势，此其所以终于克捷也。反之，守江陵之魏军，虽以其名将如徐晃者，亦不能不放弃而撤也。（赤壁作战经过，请参阅拙主编之《中国历代战争史》第八卷第六章）

第六章 刘备开国之战

第一节 刘备之奔波奋斗

刘备乃一不甘居人下之枭雄，然以出身卑微，不足以号召智谋之士，且其才智亦非优异，故奋斗半生，仍然东依西靠，而终乏独立之根基。兹将其前半段奋斗经过概述如次：

初起于讨黄巾。及关东诸将讨董卓后，依于公孙瓒。后以曹操攻徐州陶谦，谦求救于瓒，瓒遣刘备往救之，驻小沛以御曹军。陶谦死，因而得据有徐州，但以所部缺乏人才，故虽一时幸有一州之地，而仍无法巩固其基础以确保之。嗣因袁术相攻，其徐州遂为吕布所袭夺，而奔依曹操于许昌。及吕布灭，曹操又以车胄主徐州，因是其与曹之怨以起，然寄居人下，无可奈何也。故居许时，假借宗室之关系，得为汉帝亲近，因而图操之心油然而生。及曹操遣其将兵赴徐阻袁术之北窜时，乃乘机杀车胄，复据徐州，并图即乘此时机，北联袁绍以攻曹操。卒以袁绍踟蹰不决，遂又为操所破，再奔依于袁绍。后因官渡之战而再据汝南。及袁绍败后，未几又为曹操所逐，而奔依刘表。在此二十余年间，东奔西跑，随处依人，可谓尽狼狈之极境矣。

第二节 刘备开国总方略及其经过

（一）得诸葛亮之辅佐。过去一事无成，因无才智卓越之士辅佐，故虽东奔西跑，一无所成。由是刘备体验才智人物辅佐之重要，故于驻屯新野时，即致力于网罗人才，乃得诸葛亮之辅佐。当其就教于诸葛亮曰："汉室倾颓，奸臣窃命，主上蒙尘。孤不度德量力，欲伸大义于天下，而智术浅短（深感才智人物之重要），遂用猖獗，至于今日。然志犹未已，君谓计将安出？"

诸葛亮因受其器重，乃做如下当时局势之分析，并确立尔后政治之方略而提供之："今曹操已拥百万之众，挟天子以令诸侯，此诚不可与争锋。孙权据有江东，已历三世，国险而民附，贤能为之用，此可与为援而不可图也。荆州地据汉、沔，利尽南海，东连吴会，西通巴、蜀，此用武之国，而其主不能守，此殆天所以资将军也（刘备欲夺据荆州由此而起）。益州险塞，沃野千里，天府之土，刘璋暗弱，张鲁在北（汉中），民殷国富而不知存恤，智能之士，思得明君。将军既帝室之胄，信义著于四海，若跨有荆、益（刘备图谋益州由此而起），保其岩阻，抚和戎越（北图凉州南服孟获），结好孙权，内修政治，外观时变，则霸业可成，汉室可兴矣。"

（二）刘备赖诸葛亮此一大方略之指示，建国之方针乃得以确立，而三足鼎立之势从此促成。此一大方略之卓越处，兹做如下之说明：

1. 对当时形势认识深入，分析具体，强弱之势，烛照无遗。

2. 根据强弱形势及自己之条件，向最弱方向发展，建立根据地，再图发展。

3. 结联盟国以壮声势，自强实力，待机灭敌。

诸葛亮此种政略眼光殊为远大，所定方略亦极卓越，故能辅佐一无立锥之地之刘备，成其三分鼎足之业，可谓伟矣。

建安十三年（208年）九月，当曹操挥兵至新野，刘琮举荆州迎降之时，刘备以江陵军实储藏甚丰，欲疾据而有之以抗曹操。操亦以江陵多军实，选精骑急追，免为刘备所获。而刘备则因区处附从之民不当，致妨碍其军队之机动，卒为曹操追及于长坂（今当阳长坂），全军溃散，而争夺江陵之目的因是幻灭。故赤壁之战不仅为曹、孙之战，亦乃曹、刘、孙争夺荆州之战也。

当刘备军遭曹军追溃于长坂之时，备本欲南奔，依于苍梧太守吴巨。

因鲁肃赶至迎会，并劝与孙权协力以敌操。于是刘备始变更其南依吴巨之计，而连孙权，驻屯樊口（今湖北鄂城县），暂为孙权御曹军之战略前哨。

赤壁（今湖北嘉鱼县西南）之战后，刘备即表荐刘琦为荆州刺史，引兵略取武陵（今常德地区）长沙、桂阳、零陵四郡地（即今之湖南省）。同此时期，庐江（郡治今潜山县）营帅（汉末自黄巾乱始即盗贼蜂起，据山寨以为营称帅，侵掠州郡）雷绪率所部数万投刘备，因此兵势顿强。遂命诸葛亮为军师中郎将，使督零陵、桂阳、长沙三郡，调其赋税，以充军实。其表荐刘琦为荆州刺史者，因琦乃刘表之子，欲借其为号召以图荆州也，实权则均已控制于备之掌握中。此乃其于赤壁战后，乘孙权举措不及之际，灵活运用其政略之手法，先略有四郡之根据地，而完成诸葛亮隆中方略之开端。且其此种政略手法之妙尤在于：

1.捧出刘琦，因琦为刘表之长儿，名正而言顺，孙权无辞可说。

2.自曹操下荆州，至赤壁之战，刘备与刘琦始终与操对战。曹操已败退，因而略取之（按：曹操军败于赤壁之际，即留曹仁、徐晃二将守江陵，乐进守襄阳，而自回许昌。周瑜追至江陵，正与曹军战于夷陵之际，刘备即乘机略取四郡，正所谓乘机略地也），故孙权亦无辞可说。

3.赤壁之战曹操虽败，孙权仍以大敌当前，实不便遽坏盟好，且孙权用鲁肃联刘备以抗曹之决策尚未及变更，"乘机图之"之计尚不及实施之际（详上述鲁肃第二谋议），其迅速略地，实为计之得者。其运用且一方面针对（或适应）孙权之政策（故运用谋略，必须彻底研究对方政策方略），而为先发制人之计，一方面实现自己所预定之方略。故此种运用，且有因势利导之妙也。

及周瑜击败曹仁而占有江陵后（按：周瑜攻江陵年余始克，即自建安十三年冬赤壁之战曹操败退后，直攻至十四年冬始克，因曹操仍欲固守荆州地区以图后举也），刘备已深悉孙权此时之政策，乃更进而加强其联盟之程度，表荐孙权为车骑将军、徐州牧。此时适刘琦卒，孙权亦荐备为荆州牧（隐有东西分割之默契），并以妹妻之，复令周瑜分江南岸之地以与之。刘备此时显有二意向：1.暗示孙权可向徐州发展，等于划分发展地区（由后来阻周瑜袭四川之事实，可以证明其此意向）；2.加强盟约，俾有充分时间之整军经武，以图尔后之进取。以上为孙刘结盟之最高峰，而孙刘之暗斗亦从此开始矣。

第三节　孙权刘备之斗争

（一）孙权对刘备势力之争取。建安十五年冬，刘备以刘表故吏多归之，而周瑜所给地少，不足以容其众，乃至京（京口，今江苏镇江县）见孙权，求都督荆州。周瑜因献谋于孙权曰：

"刘备以枭雄之姿，而有关羽、张飞熊虎之将，必非久屈为人用者。愚谓大计，宜徙备置吴，盛为筑宫室，多其美女玩好以娱其耳目；分此二人各置一方，使如瑜者得挟与攻战，大事可定也。今猥割土地以资业之，聚此三人俱在疆场，恐蛟龙得云雨，终非池中物也。"

孙权以曹操在北，大敌当前，正当广揽英雄以当曹操之际，不宜留置刘备于吴而控制之，因此不用周瑜计，此实孙权之误也。考其所以有此误者，乃由孙权谋虑未臻远密所致，盖其时已以妹妻之，因而留备于吴，名为与虑大计，未尝不可也。

或谓孙刘已结姻亲，永交盟好，料刘备必能终为所用以敌曹操者，若今留备而坏盟好，致为曹操所乘，则殊非善计，故因此而不用瑜计。及至刘备初则阻其兵进取蜀汉，继又自取之，此时始觉刘备之奸诈，则又为时已晚。然研究孙权上述之智虑，大体上亦未尝不当，但其所以失者，似不在其智虑之短浅，实由于其情报不深入，以致对备之意图分析错误有以致之。是故情报之深入与分析之精确，实为谋略运用之基础。

（二）孙权谋取蜀汉。周瑜以前谋不见用，遂即至京见孙权曰：

"今曹操新败，忧在腹心，未能与将军连兵相事也。乞与奋威（孙瑜官号）俱进，取蜀而并张鲁，因留奋威固守其地，与马超结援，瑜还与将军据襄阳以蹙操，北方可图也。"

孙权用其计，乃遣使谓刘备曰："刘璋不武，不能自守，若使曹操得蜀，则荆州危矣。今欲先攻取璋，次取张鲁，一统南方，虽有十操，无所忧也。"

刘备报以书曰：

"益州民富地险，刘璋虽弱，足以自守。今暴师于蜀汉，转运于万里，欲使战克攻取，举不失利，此孙、吴所难也。议者见曹操失利于赤壁，谓其力屈，无复远念。今操三分天下已有其二，将欲饮马于沧海，观兵于吴会，何肯守此坐须老乎？而同盟无故自相攻伐，借枢于操，使敌乘其隙，非长计也。且备与璋托为宗室，冀凭威灵，以匡汉朝。今璋得罪于左右，备独悚惧，非所敢闻，愿加宽贷。"

孙权至此乃不顾刘备之反对，遣孙瑜率水军进驻夏口，准备西进。刘备乃一面致书孙瑜曰："汝欲取蜀，吾当被发入山，不失信于天下也。"一面使关羽驻兵江陵，张飞驻兵秭归（今湖北秭归），诸葛亮据南郡（江陵），刘备自驻屡陵（今湖北公安油江口西），准备用武力以阻孙瑜军西进，孙权因此不得已而召还其军。周瑜亦于此时病逝。此建安十五年冬之事。

至建安十六年（211年）冬，刘璋虑曹操自汉中南下取蜀（此时曹操攻汉中张鲁），而迎刘备领兵入蜀助其守御。孙权乃遣船迎其妹还吴，并欲携刘禅（刘备之子）去。及十七年冬刘备乘机袭攻刘璋，孙权乃怒曰："猾虏，乃敢挟诈如此！"遂遣吕蒙略取长沙、桂阳、零陵三郡。刘备亦自蜀亲至公安（湖北今县东北），并遣关羽进争以上三郡。孙权亦自至陆口（今湖北嘉鱼县西南陆溪口）指挥。至此，孙刘争夺荆州之战有一触即发之势。惟刘备此时诚恐失其新得之蜀（此际曹操亲自指挥大军驻汉中，有下蜀之势，蜀民因此一日数惊，情势混乱），乃求和于孙权，共分荆州，划湘水为界，长沙、江夏（今黄岗西北）、桂阳（今郴县）以东属孙权，南郡、零陵、武陵以西属刘备。于是孙刘一场紧张局势，乃因此得以弛缓。

综观以上孙刘之争，令人对孙权之方略，有踟蹰不定之感。兹分析之如下：

第一，当赤壁之战后，孙权只注意于西攻江陵，东攻合肥，而忽于略取长沙、桂阳、零陵、武陵四郡，予刘备以劫夺之机。反之，刘备则能乘机略取四郡以为根据（实行诸葛隆中方略），继又奉刘琦以相号召，而图名正言顺之控制荆州。

第二，对周瑜留刘备于吴，俾以控制其实力为己用，而不敢断然采决，徒欲以其妹妻刘备以羁縻之，而又不能使伊探取刘备之情报，以致刘备着着实现其诸葛隆中方略而不觉。直至刘备攻刘璋之战爆发，而始感觉刘备之狡诈不驯。

第三，由于以上一再之失计，故进兵征蜀时，为刘备之兵所阻，被迫撤退。盖此时刘备在荆州之势已成，与刘璋之联合已定，若与二刘为敌，胜负之数既不可知，且予曹操以可乘之机，则危险殊甚。故孙权至此，其势更不得不坚忍退让，以求万全之计。

研究孙权阵营中于赤壁战后有两种不同之政策。一为持重政策，主其谋者为鲁肃；一为积极进取政策，主其谋者为周瑜：

1. 持重政策。对荆州可图则图之，然后更进而图蜀取汉，以与曹操南北对峙，而成"霸王"之业，不可图则联合之以抗曹操之侵犯。赤壁战后，已以措手不及，大江以南四郡均为刘备所据。遽坏盟好，当属不可，只得退而采取联刘抗曹政策（此时即有采取"两利而俱存之"决策之象征）。为贯彻是项决策计，故更让荆州之地，以增强刘备抗曹之力量，使曹操因顾忌刘备在其西南为患，而减弱其对江东之压力。如此既可使刘备直接与曹操对峙于西，使其西疆得有安全之保障（赤壁战之前顷，曾利用刘备为其战略前哨），且可专力于东，以图淮泗地区。至于其后争荆州之一幕紧张局面，则初所料不及者。

2. 积极进取政策。周瑜于赤壁战后，鉴于刘备相机掠取地盘，收容刘表余众，奉刘琦以为号召，势力日张，并进而结合刘璋，且鉴于刘备过去之经历不甘居人下者，纵之势力日大，必为后患，故拟设法控制之而并其实力，然后进取暗弱之刘璋张鲁等，以与曹操争衡于中原。此政策充分显示其纵横捭阖、气魄宏放之气概。若孙权当初能采用其策，控制刘备，并其实力，实无问题。盖其时曹操新败，且有马腾、韩遂为曹操之患，当急切不能南下而卷土重来。若刘备一经控制于吴，则诸葛亮虽智，关张虽勇，不能有所作为矣。且观贾诩之辅张绣，陈宫之佐吕布，即其明证，盖诩宫二人非无智，特以无英明之主将，无法施其技耳。故孙权不采此积极决策，除利于刘备之存在以敌曹（利用其力），或以当时之力所不能两原因外，即无是处也。

然此种积极进取政策，非有卓越之智慧与优秀之胆识，不能成其功。而曹操创业中原，即属此类典型。至孙权之智慧才器，则仅能谨守父兄之遗业而已。且此种积极进取之政策，非徒然冒险之谓，盖须有赖卓越之智慧与优秀之胆识为基础。因惟赖卓越智慧能辨利害得失之极几微处，由于辨之已清，知之已明，握机已得（并把握急要方向），计之已熟，乃毅然决然断而行之，则所措必成矣，较之盲目冒险，一败即溃灭者迥异也。

故孙权之只能保江东，实由于其智慧胆识仅及如此，因而予刘备以创业之"几"，鼎足三分之势乃以形成。刘备之能有四郡而取蜀汉，亦非全由于刘备之得计，而乃由于孙权刘璋等之不敏，故彼乃能从已定之方针以创其基业。申言至此，故作者早欲创立之"战争理论相对性"之理论（详于绪论），即由此类事实可证明其可确立者。

第四节　刘备取蜀

当曹操下荆州时，刘璋恐惧曹操势大，遣使输诚，但其所使张松不为曹操所礼重，故归而劝璋结连刘备，因此备璋之结盟以成。刘备与璋相结之决策，其意旨颇为得计，因其时正当曹操赤壁大败之后，其在荆州之地位尚未巩固，曹操新败虽暂不必为忧，但孙权随时有独占荆州之可能威胁。故其此项决策，有如下之作用：

（一）结刘璋以自固，因而可迫使孙权在荆州之让步，而其在荆州之地位乃得巩固，其在后来所以敢于以兵遏阻孙权西进者以此。

（二）因法正、张松（均为刘璋之谋士），随时可造成取蜀之机会（刘璋遣法正为使，正初见刘备时已献取蜀之策）。此机会尤为有利者，即借联盟之名因势利导，不费大力而顺手取之。

（三）实现诸葛隆中之策，取蜀以为根据。于鼎足三分之势下，再相机东联孙权，北图曹操也。

建安十六年冬，曹操击汉中张鲁时，刘璋因恐曹操得汉中，因而下蜀，故迎刘备入蜀，欲使其北取汉中以御曹操也，因是刘备取蜀之计得售矣。遂留诸葛亮、关羽等守荆州，以赵云领留营司马，自与庞统等率步卒数万入蜀。其袭蜀之经过概要如次：

当刘备入蜀至涪（今四川绵阳县），刘璋率步骑三万余往会之。张松遂即令法正通其谋于刘备，使于会上袭刘璋。备曰："此事不可仓卒。"庞统曰："今因会执之，即将军无用兵之劳而坐定一州也。"备曰："初入他国，恩信未著，此不可也。"与会之后，刘璋推备为大司马，领司隶校尉，并令白水（今昭化西北）军杨怀、高沛归其指挥。刘备亦推璋为镇西大将军，领益州牧，又使所部将吏与璋将吏深相交往。刘备在此相互深相结纳之下，遂首先进行笼络刘璋军心；及至葭萌（今四川昭化县东南），并不击张鲁，而对杨怀、高沛军尽量施其"厚树恩德，以收众心"。

当刘备在葭萌时，庞统献策曰："今阴选精兵，昼夜兼道，径袭成都，刘璋既不武，又素无豫备，大军卒至，一举便定，此上计也。杨怀高沛，璋之名将，各仗强兵，据守关头，闻数有笺谏璋，使发遣将军还荆州。将军遣与相闻，说荆州有急，欲还救之，并使装束，外作归形。此二子既服将军英名，又喜将军之去，计必乘轻骑来见将军，因此执之，进取其兵，乃向成都，此中计也。退还白帝（奉节县东），连引荆州，徐还图之，此下计也。若沉吟不去，将致大困，不可久矣。"

建安十七年冬，刘备用其中计，乃于曹操攻孙权，孙权请刘备回荆州协力以御曹操之时机，致书刘璋曰："孙氏与孤，本为唇齿。而关羽兵弱，今不往救，则曹操必取荆州，转侵州界，其忧甚于张鲁。鲁自守之贼，不足虑也。"

因而求增兵万人及资粮，刘璋但许兵四千，资粮给半。于是刘备又乘机激怒其众曰："吾为益州征强敌，师徒勤瘁，而积财吝赏，何以使士大夫死战乎？"刘备谋泄，刘璋遂令守关诸将阻绝刘备。刘备乃乘杨怀、高沛尚未知情之际，召而责以无礼，斩之，并其兵进据涪城。

刘璋之从事郑度闻刘备举兵相攻，乃献策于刘璋曰："左将军悬军袭我，兵不满万，士众未附，军无辎重，野谷是资，其计莫若尽驱巴西（今四川阆中县西）、梓潼（今四川梓潼）民内涪水以西，其仓廪野谷，一皆烧除，高垒深沟，静以待之。彼至请战，勿许。久无所资，不过百

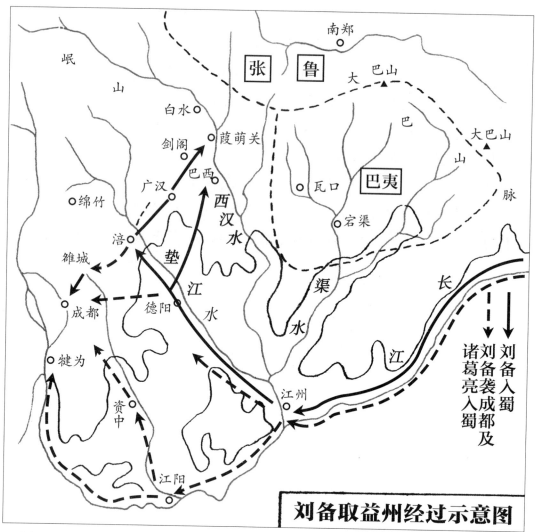

图三一

日，必将自走；走而击之，此必擒耳。"

刘璋不用其计。刘备于十八年五月遂击败刘璋军而进至绵竹（今德阳县北）。璋统将多降刘备，备遂进取雒城（今四川广汉）。

建安十九年夏四月，诸葛亮留关羽守荆州，与张飞、赵云将兵溯流克巴东，破江州（今江北县），定江阳、犍为、巴西、德阳等地（今泸县、彭山、阆中、遂宁）。

刘备围攻雒城一年未克，庞统为流矢所中而死。法正致书刘璋劝降，璋不从，寻城破，退守成都。刘备进围成都，诸葛亮、张飞、赵云等亦到会师。时成都城内虽尚兵多粮足，吏民皆欲死战，足以久守。惟刘璋以简雍之下说辞，遂开城降。刘备置璋于公安（今湖北公安县东北），并显任其故吏。刘备夺取益州至此大功告成。

第五节　刘备战争指导方略之总结

刘备略取益州（蜀），研究其得失如下：

（一）刘备本诸葛隆中之方略，按其步骤，把握机宜，并创造机会，而逐步贯彻之。其从曹操下荆州时至夺取四川之全过程，均能以针对时势之措施，逐次做如下六大策略之运用：

1.乘机造势策略。刘备当此时际，深受存亡之威胁，适鲁肃之来迎，遂针对鲁肃之政策而适应之，乘机借势，把握机宜以抗曹操。

2.乘机掠取基地策略。乘孙权正忙于攻击江陵之战而不能兼顾之时机，迅速占取武陵、长沙、桂阳、零陵四郡，以为根据。

3.借声势以资号召策略。借刘琦为傀儡以相号召，图占荆州，使孙权无争词以对，并乘机收罗刘表旧吏，以加强其实力。

4.适时适机争取同盟策略。适在曹操下荆州，刘璋彷徨之际，结连刘璋，自壮声势，东迫孙权让步，北胁曹操不敢轻动，由残弱之实力，一变而成天下举足轻重之势。

5.运用"内奸"策略。利用张松、法正，伏下夺取益州之机，并积极逐步促其实现。

6.击弱攻昧之顺取策略。刘璋暗弱，而所据之地则为霸业之策源。惟彼时刘备亦弱，因结刘璋，既可自壮声势，在西疆树立强固依托而除后顾之患，且可伺机而顺手取之。如刘璋迎其入蜀，彼既得刘璋大量资粮之助，复以声势威望吸收刘璋军心，不费一兵一卒之力，而斩刘璋大将杨怀、高沛，并取其军，兵力骤增。尤有进者，益州之民心、军心，因刘备在蜀两年，施布安抚之术，对刘备不仅消失敌意，且多向往之（大将投降者多可以证明）。因此刘备得以于进军时长驱直入，如无阻挡。

（二）进取益州刘璋，采择庞统"中计"，其战略意义有三：

1. 以兵力尚弱，根基未固之穷寇，而欲以迅雷不及掩耳之势袭成都，夺取已历二代民殷国富之国而亡之，当非轻而易举。是故刘备初则不纳张松于会上执刘璋之策，继亦不用庞统进袭成都之上计。

2. 退守白帝，相机进取，此计不但太消极，失入蜀既得之成果，且相机进取，成为仅有希望而已。筹谋决策者，绝不做此毫无把握之蠢举，是故刘备亦不用庞统之下计。

3. 最为上策者为中计，因用此计可获如下之成果：

（1）不费一兵一卒而杀刘璋两大将，并其军，一方面予刘璋以重大损失，使刘璋军夺气，一方面增加自己军力。

（2）此计可与刘备自己所言"此事不可仓卒，初入他国，恩信未著"之主张配合运用，待诸种准备妥善然后举事，较为稳健。故久经磨炼之刘备，至此可谓老谋深算矣。

（三）在葭萌之举措，为杨怀、高沛所疑，几误其夺蜀之计，其事机不密，运筹失周，此不免为刘备之失，幸刘璋懦弱暗怯，故卒为所擒耳。

第七章　魏、蜀、吴江陵樊城之战

第一节　战前形势

建安十九年（214年）五月刘备克成都，二十年七月曹操破张鲁，克南郑。曹操进占汉中之目的，乃防此一地区为刘备所得，威胁关中也。

当曹操克南郑时，司马懿、刘晔均献策。懿曰："刘备以诈力虏刘璋，蜀人未附，而远争江陵，此机不可失也。今克汉中，益州震动，进兵临之，势必瓦解。圣人不能违时，亦不可失时也。"

刘晔曰："刘备人杰也，有度而迟，得蜀日浅，蜀人未恃也。今破汉中，蜀人震恐，其势自倾。以公之神明，因其倾而压之，无不克也。若少缓之，诸葛亮明于治国而为相，关羽、张飞勇冠三军而为将，蜀民既定，据险守要，则不可犯矣。今不取，必为后忧。"懿、晔皆见机之论也。

因当此时际，适孙权亦向刘备索还荆州，刘备不允，因此关羽与鲁肃两军之前哨战既在接触中。刘备乃急切亲自驰至公安（湖北今县东北）指挥，孙权亦到陆口督统诸军，大战有一触即发之势。故是时蜀人因感于战争威胁（恐曹操自汉中南下，孙权溯江西进），"一日数十惊"。曹操因未悉蜀中此种情势，而孙、刘主力之真面目战斗又尚未发生，因此欲稍待时日以定进止也。及见孙、刘划湘江为界，共分荆州之和约已成，则知时机已失，乃自回许，而留夏侯渊驻守汉中。

当刘备在公安时，知蜀中混乱，人心惶惶之状，又虑曹操乘机自汉中南下袭蜀，故迅速与孙权画界言和，并即回军巴中，从事部署争权汉中之计。夏侯渊嗣即败死，至二十四年春初，刘备再败曹操于汉中，遂占有之，并略秭归（今鄂西秭归县）以北房陵（今湖北房县）及上庸地（今湖北竹山县东南）。是年秋七月自称汉中王，遂巍然与曹操、孙权，成三分鼎足之势。

惟刘备愈强大，则招致孙权之嫉忌愈甚。因孙权前欲进取西蜀时为刘备所阻遏，及备袭击刘璋，孙权实深怨愤，因而即向刘备索还荆州。及刘备占汉中，势力日盛，孙权内心之畏忌自更日益加甚。然孙权之所以一再隐忍而不与刘备破裂者，仍以曹操大敌当前，且曹操自皖城（潜山县）、合肥方面对其心脏部之威胁与压力甚大，故仍欲使刘备以牵制之，以减轻其压力也。因是之故，鲁肃联刘抗曹之政策乃得以继续。故于争荆州时，犹忍而订划湘水为界之和约者，亦以此故。及刘备已有汉蜀荆州之广大地域，势力日盛，而关羽在荆州又常示以不友好与欺凌（孙权欲联姻于羽遭辱）之行为，则孙权之对刘备，既由友好而一变而为大敌矣，且感其威胁与曹操之在合肥方面者无异。因此，彼联刘抗曹之政策从此结束，而须于两大敌之间重新抉择之（从此孙权"两利而俱存之"之政策开始实施）。于是彼乃毅然对曹上表称臣而西进兵江陵，与曹军夹击关羽之战以起。

第二节　作战经过

建安二十四年（219年）秋七月，孙权攻合肥，曹操关东诸州兵均集结淮南，因此曹仁守樊城（今湖北樊城）之兵孤弱。关羽遂乘此时机留南郡太守麋芳守江陵（今湖北江陵），将军傅士仁守公安，而自率主力攻曹仁于樊城。

于是曹仁使左将军于禁、立义将军庞德分驻樊北，为掎角之势以御之。

八月大雨连绵，汉水泛滥，平地水深数丈，于禁七军皆没，禁与诸将登高地避水。关羽遂乘大船往攻之，于禁等穷迫，遂降。关羽乃进击曹仁于樊城，樊城城墙为水所冲，多有崩坏者，守军皆恐惧。此时曹仁

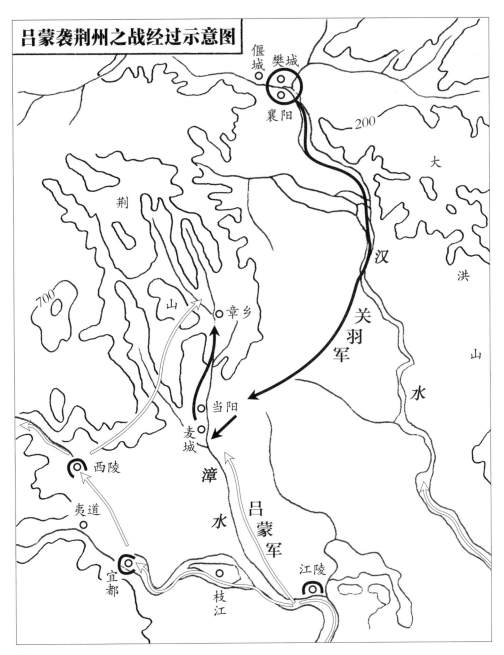

图三二

欲于羽围未合之际乘轻船夜走（曹仁不识整个战略局势与樊城之关系，赖汝南太守满宠指教之），满宠曰：

"山水速疾，冀其不久。关羽遣别将已在郏下（今河南郏县，在许昌西），自许以南，百姓扰扰，羽所以不敢遂进者，恐吾军掎其后耳。今若遁去，洪河以南非复国家有也，君宜待之。"

于是曹仁坚守樊城。关羽除分别围攻樊城、襄阳外，并利用陆浑（今河南嵩县）乱民孙狼等，授印给兵，使在曹军后方扰乱。因此自许以南多有响应者，许都亦因之震动，曹操竟欲徙都避之，但因司马懿、蒋济等谏乃止。司马懿、蒋济谏曰：

"于禁等为水所没，非战攻之失，于国家大计未足有损。刘备、孙权外亲内疏，关羽得志，权必不愿也。可遣人劝蹑其后，许割江南以封权，则樊围自解。"操从之。

适于此时，吕蒙亦劝孙权袭荆州，孙权则欲乘曹操东西受敌，情势仓迫之际先取徐州，再行攻羽。吕蒙以为得徐州不能守，"不如取羽，全据长江，形势益张，易为守也"。

孙权从之，乃一面令吕蒙称病回建业（今南京），而另以年少无名之陆逊代之（误敌策略），使关羽益疏戒备；一面上书曹操，请讨关羽以自效，并请操勿泄其事，俾偷袭荆州得以成功。

曹操得孙权书，乃谋于群臣，皆言宜密之，惟董昭曰："军事尚权（权术权谋之意），期于合宜。宜应权（指孙权）以密，而内露之。羽闻权上，若还自护，围则速解，便获其利，可使两贼相对衔持，坐待其弊。秘而不露，使权得志，非计之上。又围中将吏不知有救，计粮怖惧，倘有他意，为难不小，露之为便。且羽为人强梁，自恃二城守固，必不速退。"

操用其计，遂将孙权书一面射入樊城，一面射入羽军中。樊城曹仁军知之，果勇气百倍，而关羽得悉，却犹豫不能去。

此时曹操遣往救樊之徐晃军因得增兵，遂进击关羽，破之。羽军撤退，惟其舟船仍据沔水，襄阳隔绝不能南撤。同此时期，吕蒙至寻阳（今江西九江），尽匿其精兵于舟中，而摇橹之人则伪装商人，昼夜上驶，关羽所置江边墩卒尽虏缚之，因是关羽不知。而糜芳、傅士仁皆素嫌关羽之轻己，故关羽进军攻樊城时，芳、仁两人供给军资，故意迟缓少给，羽言还当治之，因此芳、仁皆惧。吕蒙乃因敌之弱点，令虞翻作书说傅士仁，陈利害成败，仁得书即降。又令仁随军前进，至江陵城下，以傅士仁示之，于是糜芳亦开城降，吕蒙遂占江陵。

吕蒙袭占江陵后，其尤为卓越之举者，为进行有力之攻心战，其方法如下：

（一）对关羽及其将士家属皆抚慰之。

（二）严令军中不得干扰人民，取民财物（吕蒙不以一笠宽其乡人之故事出此）。

（三）且暮遣亲近慰问耆老，问所不足，疾病者给医药，饥寒者赐衣粮。

（四）关羽数遣人与吕蒙书，吕蒙厚待来使，并令其使者周游城中，家家致问，或将关羽手书示信（妙用）。因此城中人民安居，民心尽向孙权。及关羽所遣使回去，羽军中又私相问讯，互相传闻，因而皆知家门无恙，且待遇过于平时，故羽军吏士均无斗志。

吕蒙此一策略运用之结果，不仅使关羽军皆无斗志，且荆州将吏悉皆归附。

关羽因前后受敌，又遭吕蒙之攻心战策略之打击，以致兵溃势孤，退保麦城（今湖北当阳县东南），被擒于章乡（当阳东北）。

当吕蒙袭破江陵，关羽军向南撤退之际，曹仁拟即追击之，赵俨乃急献计勿追，以促使关羽与孙权相火并而观成败，俾从中取利。其计曰："权邀羽连兵之难，欲掩制其后，顾羽还救，恐我乘其两疲，故顺辞求效，乘衅因变以观利钝耳。今羽已孤迸，更宜存之以为权害。若深入追北，权则改虞于彼，将生患于我矣，王必以此为深虑。"

此策为战国策士所常用，所谓"两利而俱存之"之计，亦即卞庄刺虎之计也。此计以当时情势论之不失为上策，且与上述董昭之计成相辅相成之妙，而前后相辉映也。

第三节　魏蜀吴战争指导方略之总结

（一）刘备方面。刘备因不坚决执行联孙抗曹之已定方针，致关羽在荆州于外交上措施毫无政策可言。加以关羽刚愎自大，盲目凌人，既辱孙权约婚之使，又凌轹邻郡之吕蒙；及围攻樊城之战时，犹擅取孙权湘关之米（因吴蜀分荆州，以湘水为界，故孙权于湘水设关），可见其欺凌孙权之甚。孙权因一再被欺诈压迫，乃促成其败盟之决心，虽对曹操称臣犹所不惜。且观其袭江陵时之计划周密，准备精到，足征其处心积虑已久，因此关羽遭受两面受敌，复遭奇袭。又关羽以刚愎自大，骄气逼人，所惹起之麋芳、傅士仁等怨愤与叛乱，可谓一失再失。不仅此也，关羽既素不善于麋芳、傅士仁辈，而又令其主持后方，丝毫不予防备，此亦其失筹算之过也。而对孙权方面，又只盲目自大，对其情报则一无所知。以此处敌，安得不败？由此可见关羽不过一勇夫而已，岂能独当一面。

然关羽在战术上亦有其得策之处，如乘汉水泛滥以攻樊城，利用乱民深入敌后，使许都为之震动（遣别将潜至许昌之西郊即今郏县下），此皆其战术上之善于运用也。苟关羽而有谋士为之辅，则其在荆州发展之局面殊未可小视之。

尤为刘备惋惜者，当其夺取汉中时，荆州关羽之势力又日益壮大，此对曹操之西及南疆域威胁之大，已足使其不能安枕矣。若更坚决执行其联孙抗曹之已定方针，使孙权北攻徐州（当吕蒙劝孙权袭取荆州时，权犹欲先取徐州，可见刘备若不破坏盟约而与之协力北伐，当可实现），关羽攻许都，刘备自出汉中，攻关中，以会师中原为作战目标，若如是，则当时之局势必大为改观。刘备竟见不及此，致关羽殁于荆州之后，继遭猇亭（今湖北宜都无善坊）之大败，此不仅将蜀之前途断送，且予曹操以坐观成败之机，最后三分之局终不免为魏、晋所并。故政略决策之臧否，其影响竟有如此之大者。

（二）曹操方面：樊城一战，曹操得力而制胜者为如下三大决策：

1. 离间政策。利用孙、刘之矛盾，争取孙权以攻刘备。

2. 矛盾利用策略。运用"两利而俱存之"之策，使孙、刘相攻，自收坐观成败之效，而种下未来晋武统一之远因。

3. 确保战略要地之决策适当。当樊城危急之际，曹仁能用满宠之计，坚守该城，遏阻关羽之攻势，使南阳许都危而复安。

（三）孙权方面。孙权偷袭荆州之最成功者有四：

1. 造势策略，亦即误敌策略。能就关羽个性上之弱点，以陆逊代吕蒙，造成奇袭之战机。

2. 奇袭运用策略。奇袭作战之准备周到，行动秘密。

3.利用弱点策略。对敌情分析与利用均甚深入，故能利用傅士仁、糜芳之投降而迅速取得江陵，予关羽以措手不及，走投无路。

4.心理战运用策略。心理作战巧妙，处置周密，使关羽于走投无路之余，兵无斗志，士心溃散，因而困穷被俘，达到彻底歼灭之目的。

综研刘、孙、曹之谋略运用，最高者则为曹操，盖其矛盾利用策略，不仅已解其目前之危，且改变三国战争之情势，而种下尔后统一之远大的潜因（孙、刘力量从此分削）。由此观之，谋略决策对世局影响有如是之大，可知卓越谋略人才对国家之重要矣。

第八章　蜀吴猇亭之战

第一节　孙权之政略

孙权在此时期之政略，始终避免两面作战，或联魏击蜀，或联蜀击魏。如袭关羽之战，既如前述。至魏黄初二年（建安二十四年后一年，220 年，又按：建安二十四年汉帝禅位于曹丕）七月，刘备开始发动猇亭之战，此时孙权之政略战法如次：

（一）当刘备发动东进时，孙权即向刘备称臣求和，不许，乃令陆逊进战刘备。孙权此举之目的在激励其士气，所谓理直气壮，且为生存之战。故于猇亭作战时，吴之将士莫不激奋，勇气百倍。反之，刘备之士气则相对减低。况当刘备出兵时，其群臣皆谏阻，故孙权之此一政略战法颇收效果。

（二）称臣求降于魏。此一政略战法，在积极目的言，可得魏之援助（或期其出击汉中），以孤蜀势，则可收以二敌一之效。在消极目的言，使魏中立（实际上魏必坐观成败，待机而动），既可免两面作战之害，且可专力以战蜀，则胜算亦多。

（三）当猇亭战后之顷，刘备穷困于白帝城（今四川奉节县东），徐盛等诸将竞言欲攻擒刘备于白帝城。适此时曹丕大兴兵革，扬言欲讨刘备，孙权乃因陆逊之议，决计还兵，不予刘备以穷迫。陆逊当时之议曰："曹丕大合士众，外托助国讨备，内实有奸心，谨决计辄还。"陆逊此议深具政略远大眼光，其义有二：

第一，不穷逼刘备，正所以留为以后联蜀抗魏之余地。否则尔后与魏作战时，蜀不可得联合矣。

第二，留蜀之存在，以为尔后牵制魏丕之用。如樊城之战时，曹操不追关羽，留之以为孙权之害，其意义相同，亦即"两利而俱存之"之策略也。

猇亭战后（此役于黄初三年六月结束）三个月，即黄初三年九月，曹丕责孙权质子，权不允，遂兴师伐吴。此时孙权以扬州会稽山越诸寇未平，又卑辞上书，极尽忍辱委屈之能事，但仍无效果，遂复遣使联蜀，因此魏劳师无功而退。然孙权处此时际，亦云艰苦矣。

综上所述观之，孙权在此时期所运用之政略战法，虽可谓灵巧，亦委屈之至矣（综观孙权政略运用，似长于柔性战法）。

第二节　魏、蜀之政略

曹丕之政略。魏在此一时期之政略运用至为失败，因觉失机于先，又欲图补救于后，因此劳师无功，大失威望。其史略如次：

黄初二年七月，即刘备准备兴师伐吴之同时，曹丕召集群臣会议，分析刘备是否当为关羽报仇，皆言蜀小国，名将关羽且死，已无能为力，惟侍中刘晔之判断则曰："蜀虽狭弱，而备之谋欲以威武自强，势必用众，以示有余。且关羽与备，义为君臣，恩犹父子，羽死不能为兴军报敌，于始终之分不足矣。"

八月孙权遣使称臣，卑辞奉表章，并送于禁等还魏（于禁于樊城之战时被俘于关羽，囚于江陵，孙权袭江陵，获于禁等。按孙权于袭克江陵时曾释于禁，与其并骑而行，示其对于禁之尊贵，盖欲诱魏将之来投，或减弱魏将于尔后与其作战时之敌忾心），朝臣皆贺，刘晔独曰：

"权无故求降，必内有急。权前袭杀关羽，刘备必大兴师伐之，外有强寇，众心不安，又恐中国（指魏）往乘其衅，故委地求降（孙权以荆州割魏为条件），一以却中国之兵，二假中国之援，以强其众，而疑敌人耳。天下三分，中国十有其八，吴蜀各保一州，阻山依水，有急相救，此小国之利也。今还自相攻，天亡之也。宜大兴师，径渡江袭之。蜀攻其外，我袭其内，吴之亡不出旬日矣。吴亡则蜀孤，若割吴之半以与蜀，蜀固不能久存，况蜀得其外，我得其内乎？"

曹丕曰："人称臣降而伐之，疑天下欲来者心，不若且受吴降而袭蜀之后也。"晔对曰："蜀远吴近，又闻中国伐之，便还军，不能止也。今备已怒，兴兵击吴，闻我伐吴，知吴必亡，将喜而进与我争割吴地，必不改计抑怒救吴也。"丕不听。

以上刘晔之敌情分析与方略之策定极为卓越，盖以曹操之明智，所以犹不能灭吴蜀者，以彼等"有急相救"之故。今吴蜀已相残，则正可因势利导，先灭其一，余一则不能独存，于是统一之局可从此完成。至于丕谓"人称臣降而伐之，疑天下欲来者心，不若且受吴降而袭蜀之后也"，则正中孙权之计，此乃审势不明、见机不深之似是而非之论，故其终不能成统一之局者以此。尤其愚妄者，及吴已于猇亭战胜之后，而又欲伐之，此种失机失势之举，无怪其以中国之强，犹无功而退也。盖凡战胜之要诀，在于乘势握机，否则力虽强亦无益于胜败之政。

至于刘备，在此一期间，徒欲"示有余"，而又不能适可而止，故可谓毫无政略可言。先是适其得蜀之后，继之以汉中之大胜，其目中早已无孙权，因此诸葛亮联吴伐魏之政策受阻，亦因此而造成关羽在荆州之失策。及既不重视吴蜀"有急相救"之价值矣，于伐吴之时，亦应联魏共伐之；或谓魏为汉贼，而备自以复兴汉室为号召者，若与联盟，于名不顺，于义不宜，然则亦应自量己力，放大眼光，前者已失，当忍辱图挽于后，委屈以与孙权联合，期于破魏之后再讨孙权，如此尚不失为智者之所为。

第三节　作战经过

魏黄初二年（221年）六月，刘备出兵伐吴。张飞为其部将张达、范疆所杀，而张、范奔降于吴。吴王孙权因加强秭归、夷陵（宜昌）、江陵、当阳、公安、武陵（常德）等上流诸要地兵力与守备，而亲驻武昌为总策应，并指导各面之作战。

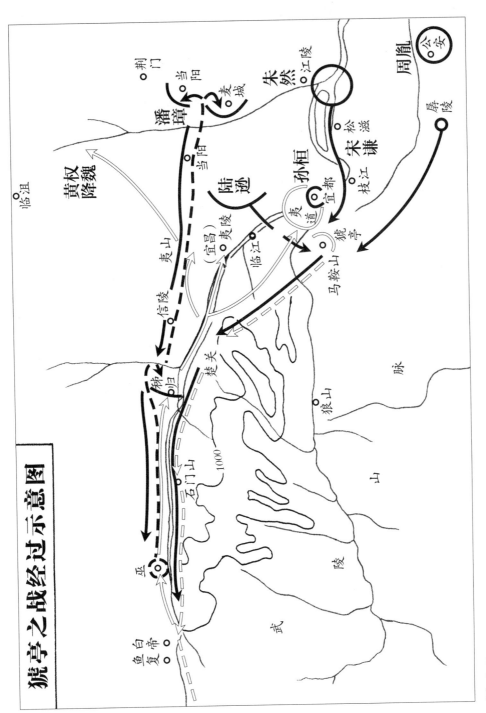

图三三

当刘备出兵东伐时，诸葛亮依其隆中策"吴可与为援而不可图"之方针谏阻刘备，而备不听，留诸葛亮在成都辅太子守国。赵云进谏，亦被留在江州为后军督。然后自率大军四万余东进，首先攻取巫县、秭归等地，刘备乃自白帝城（今奉节县东）进驻秭归，并挥水陆军继续东进，五溪蛮亦群起响应。明年二月，蜀水军攻夷陵，吴守将陆逊坚拒之，因成对峙之势。于是刘备一面在江北遣军进趋当阳，一面在江南遣军进攻夷道（宜都）而围攻之。

是月刘见江南方面进军顺利，乃自秭归南渡，将其大军缘山截岭分立营数十屯，以达于猇亭（宜都县西、长阳县南），弥山盈谷，以树栅连营，凡七百余里，为攻守兼顾之计。于是吴蜀两军遂形成对峙之势。

当吴蜀两军对峙，吴以陆逊为大都督，指挥全军拒蜀。在相持期间，刘备又分遣兵攻武陵，亦无功。吴蜀两军相持至是年闰六月，陆逊知刘备已"兵疲意沮，计不复生"，乃令全军将士兵卒各持一把茅，以火攻蜀各营寨，一齐俱发。蜀军主力于猇亭，亦为吴军主力连破四十余营。刘备退登马鞍山（猇亭附近）拒战，又为陆逊所围攻，蜀军死降者数万。于是刘备惨败，在沿途被追迫之下而退白帝城。

第四节 得失总结

综上观之，孙权政略战法之运用颇为成功，而其忍辱负重之精神尤为难能可贵。如其对魏蜀均曾委屈称臣，且其于猇亭之战后，其对曹丕之卑辞委屈，诚已达于极致。又以其求和不可得，因而增强其内部之敌忾同仇心，故其每战，将士之奋勇效命，均足使其敌人震惧。盖其如此之战，乃上下一体为求生存而战也。

其次，刘晔之智略殊足称道。但考刘晔之智略所以出众者，则有赖其一智慧明敏，二敌情分析精确，三战争理论透辟，因而策定方略乃能臻于卓越。回忆孙刘争夺荆州，孙权进驻陆口，刘备进驻公安，大战将一触即发之际，曹操适此时已克汉中张鲁，蜀民惊乱，惶惶不可终日，刘晔、司马懿劝曹操乘机进兵取蜀，操迟疑不能决，过七日得蜀民来投者相告蜀方之混乱情况，操再问刘晔可进兵否，晔答以蜀中稍定，不可乘矣。可见以曹操之明智，尚不能把握此短暂之决机，而刘晔独能之。或谓此时曹操功成名就，故特持重审慎，当其初拥汉帝于许都，功未成业不就之时，则常能决机迅速，且常带冒险作为。又于其当袁绍大敌当前之际，用郭嘉之谋，以迅雷之手腕，先解决刘备于徐州，后袁尚兄弟逃避辽东之际，再断然用郭嘉之谋，千里袭敌，岂曹操能明智决机于前，而昏愚于后耶？盖时不同矣。前者功业未就，当克汉中时，则在中原之功业大定矣。是故曹操在汉中之失机，实因其明机决策之智能，感受其他因素（历代英雄于成功前多富冒险，成功后则持重）之支配与影响所致。故拿破仑"赌王座于一注"之冒险豪语，即鉴于历史此种事例而发，借免其自身于功成业就之时亦陷此种失机决策之辙乎？然拿破仑亦因明于此而失败乎？又可见筹谋决机之难矣。

　　至于猇亭蜀军之败，乃因刘备不知兵。其败前，曹丕即已详之曰："备不晓兵，岂有七百里营可以拒敌者乎？苞原隰险阻而为军者为敌所擒，此兵忌也。"刘备虽戎马劳碌一生，而不习兵法，故卒以致败。

第九章　诸葛亮北伐中原及吴魏石亭之战

第一节　诸葛亮初出祁山之役

（一）北伐之准备

刘备死后，诸葛亮在蜀独掌大权，乃着着执行其隆中方略。于魏黄初四年九月（刘备死后数月）遣邓芝为使，恢复吴蜀联盟，交好之密，空前未有。次则南征孟获，平定南方，其控制之势力遂南达滇池（在今昆明）之境。又严法审令，励精图治，约官职，修法制，蜀国大治，猇亭战后一蹶不振之国势，从此复强。至魏明帝太和元年（即黄初七年后一年，227 年）春，诸葛亮进驻汉中，发动第一次伐魏。总计诸葛亮于刘备死后，经过三年之整理外交、内政与平服南方，然后北征。诸葛亮此一准备战争之大方针与措施，至为切当。

诸葛亮北伐部署。魏太和元年春进驻汉中，从事部署诸军，其方略如次：

1. 诱新城（今湖北房县）孟达归蜀（达原与诸葛亮不善，于刘备死后，恐诸葛亮不利于己，故降魏），图使孟达军自新城威胁南阳，牵制魏之兵力。

2. 使赵云、邓芝据箕谷（今陕西褒县北褒水黄沙河间），扬言由斜谷（今陕西郿县西南斜谷关之西）取郿（今陕西郿县）为疑兵（佯动）。

3. 自率大军攻祁山（今甘肃西和县西北，山上有城，为魏西方战略要点）。欲依预定已久之计划，先取陇右之地以为进攻关中之基地，故不用魏延之奇袭战略。按魏延之奇袭战略为："闻夏侯楙主婿也，怯而无谋。今假延精兵五千，负粮五千，直从褒中出，循秦岭而东，当子午而北，不过十日，可到长安。楙闻延奄至，必弃城逃走。长安中惟御史、京兆太守耳，横门邸阁与散民之谷，足周食也。比东方相合聚，尚二十许日，而公从斜谷来，亦足以达。如此则一举而咸阳以西可定矣。"

魏之战略方针。魏明帝闻诸葛亮进军祁山，乃曰："亮阻山为固，今者自来，正合兵书致人之术，破亮必也。"遂使张郃将步骑五万拒诸葛亮。因魏之现役与后备役兵力，远较蜀为优势，且关右与汉中之间山道险阻，诸葛亮进军不易，退军亦难，尤以粮食在后不继，更为蜀之大害。故魏明直欲待其至关右地区会战，或持久防御，以老蜀师，待其粮食不继而撤退时追而歼之也。

（二）战役经过

1. 司马懿袭孟达。当孟达与诸葛亮通书，谋归蜀之事，为司马懿所悉（当时司马懿都督魏荆州、豫州诸军）。孟达知事泄，欲举兵叛，司马懿以书慰解之，因此孟达之决心犹豫。司马懿乃秘密进军，倍道兼行，八日到其城下。吴蜀均遣兵往救不及，达遂为懿所击灭。

当初孟达与诸葛亮曰："宛（南阳）去洛（洛阳）八百里，去吾一千二百里。闻吾举事，当表上天子，比相反复，一月间也，则吾城已固，诸军足办。吾所在深险，司马公必不自来，诸将来，吾无患矣。"及司马懿兵到城下，又告亮曰："吾举事八日而兵至城下，何其神速也。"按魏太和二年一月司马懿袭攻孟达于新城，十六日拔之，斩孟达。

此役一面表现孟达与诸葛亮均对敌情分析错误，一面足见司马懿处置紧急事变之智能与卓越手腕。盖处置紧急之兵变，岂能同平常事处理之？孟达之愚可知。而司马懿虑其变急不及制，故先以书慰解之，以迟疑孟达之决心与行动，然后乃乘其犹豫未决，部署未定而奇袭之。司马懿之才智，一见于前在汉中时劝曹操袭蜀，兹为其第二次之机智卓越之表现。

2. 魏太和二年春，诸葛亮扬言由斜谷道攻郿（陕西今县），使赵云、邓芝为疑兵据箕谷（太白岭之西坡中），佯动以牵制魏兵。

诸葛亮自率主力军六万出祁山（今甘肃西和县）既如前述，乃以马谡为先锋，督诸军在前，与张郃战于街亭（今甘肃清水县北）。马谡舍

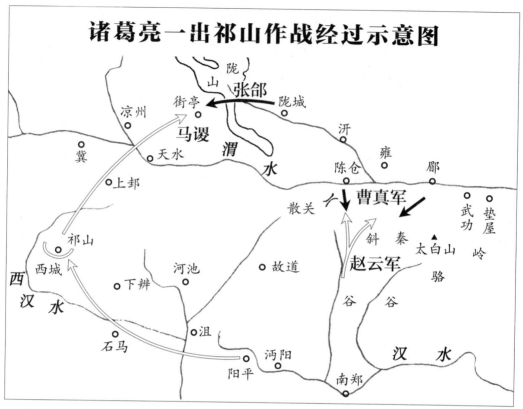

图三四

水上山，不据守城池。张郃乃绝其汲道，击而大破之，士卒离散，全军崩溃，诸葛亮第一次北伐中原因此完全失败。赵云、邓芝兵亦败于箕谷。亮遂还汉中，斩马谡，并自贬三等。

第二节 吴魏石亭之战

（一）战争之起缘。魏太和元年五月，孙权屡遣使伪责鄱阳太守周鲂。鲂乃遣使致魏扬州牧曹休，伪言屡遭谴责，惧诛欲降魏，并请求派兵接应。

曹休得书，经探悉周鲂确屡遭孙权谴责，乃率步骑兵十万指向皖城（今潜山县）应援。同时魏明帝又图使孙权东西两面受敌计，使司马懿进攻江陵，贾逵攻东关（东关、濡须口均在今安徽含山县西南），三路进兵。

（二）战斗经过。八月吴王孙权至皖城，以陆逊为大都督，以朱桓、全琮为左右督，各指挥三万人，以击曹休。至此，曹休虽已知为敌所卖，然犹恃其兵力优势，故仍欲与吴决战。因此，遂引起石亭（在今安徽桐城潜山间）之战。此役陆逊自为中路，令朱桓、全琮为左右翼，三路并进。及主两军接触时，又设伏兵以败曹休军（三国时惯用伏兵战术），并乘势追奔逐北，至夹口（安徽桐城县北），斩获魏军甚众。

（三）得失总结

综观上述两次战役，诸葛亮初出祁山之战为魏太和二年一至四月，而吴诱致曹休于石亭之战则为五至八月，可见此二役吴蜀在政略战略上均缺乏配合行动。且吴所诱致之于石亭之战，乃属一种打击性之战役，并无远大作战目标。至于诸葛亮出军祁山于街亭之战，则既预定远大之作战目标，以其当时情形推之，初步纵无与孟达会师洛阳之远大企图，但其欲夺取关中以为再举之基地，则毫无疑义。且在其《出师表》中所见，此举终极之目的，则为"北定中原"，"攘除奸凶"，"兴复汉室，还于旧都"者。既已具此远大之作战目的，则政略与战略上的密切配合，乃为指导战争之首要措施。况其时与吴复交已历三年，而友善之程度又为空前所未见，竟不能策划与吴配合进兵，东西互应，借以逼使曹魏多方面应战，使其东西不能相应，左右不能相救。若能如是，则魏虽强大，亦难应付此种东起合肥西至关右之多方面攻势也。诸葛亮竟计不及此，于孟达遭击灭之后，即形成其单独一方面进军之孤势，况其战略进军又如此平凡，无丝毫予敌以致命之危险威胁与打击（此事容后详论）。由此观之，其于隆中时常自比管、乐，未免过自夸大也。吾人试一回忆乐毅之进攻齐国，其方略之卓越，与诸葛亮比实有天渊之别。

其次，马谡乃一毫无指挥作战经验之人物，故一不明"置之死地而后生"运用之术，二一经败北，全军尽溃。因由于不明"置之死地而后生"运用之术，故竟置其军于死地而不能活。夫"置之死地而后生"之术，必须能励士气，并促其能于困兽犹斗之原则下，各拼生命之力，以及在同舟共济之协力精神下，以击破优势之敌人。而马谡竟置其军于乏水之山上，战士于鼻干口渴之下，体力尚不能支，何能再做同舟共济之困兽犹斗。况以马谡无指挥作战经验，不知掌握军队之要领，故军士在困迫恐慌之下，即无法掌握而致败北溃散。反观赵云箕谷败退，则能做有秩序之撤退，军队因以未遭受损失。考其所以然者，因赵云能"身自断后"，掩护其军做从容之撤退故也。回忆刘备死时已警告诸葛亮，谓"马谡言过其实，不可大用"，而诸葛亮于此役竟大用之，足见诸葛亮识人之能力尚大有问题。设当时诸葛亮能以魏延、赵云任何一人任马谡之职，固敢断其不致大败也。是故任将择人，宁不慎乎？

然诸葛亮经此一大败之后，尚能严明赏罚，军心得以大振，又能自量国小贫弱，而采用精兵主义，是即其善于补过也。由是观之，诸葛亮实仅长于治才与具政治眼光者，而对于战争才能（政略战略）之运用，则甚非其所善也。

至于孙权于石亭之役，能以劣势兵力制胜者，其原因如次：

1. 孙权能诱致敌人，在预定计划之下，战略战术上均立于主动。

2. 能集中兵力。当战斗开始前，朱桓建议分兵截曹休夹石归路，但陆逊不从。盖以劣势兵力击优势兵力之敌，纵敌已被诱入彀中，亦仍应集中兵力，以求决战之胜利。是故陆逊必待于主力战胜后，在追击时始派有力部队迅速截夹石魏兵之归路者以此，盖劣势兵力之作战，不能不如此运用也。

3. 又因兵力劣势，故再设伏诱致敌人，然后击之，如此益可保证劣势兵力战胜之可靠性。

第三节　诸葛亮最后一次北伐

（一）最后大举之准备

诸葛亮于街亭战后又曾数度举兵北进，但均无功而返。

魏青龙元年（233年）冬，诸葛亮又准备其最后一次之攻势，即史载所谓"诸葛亮劝农讲武，作木牛流马，运米集斜谷口（今陕西郿县西南），治斜谷邸阁，息民休士，三年而后用之"（魏太和五年春曾大举攻祁山，至青龙二年相距三年）。并约孙权同时并举（最后始做政略战略之配合）。

（二）战役经过

魏青龙二年二月，诸葛亮举十万之众，由斜谷进军，至四月抵郿，"军于渭水之南，司马懿引军渡渭，背水为垒以拒之"，并使郭淮进驻北原，与诸葛亮（驻于五丈原，今郿县东）对峙。诸葛亮鉴于以前屡次进军均以运粮不继退兵，乃分兵屯田，为久驻之计，与渭滨居民相杂处。于是魏蜀两军对峙百余日，诸葛亮数挑战，司马懿坚壁不与战。未几，诸葛亮卒于军，蜀兵遂退。

五月孙权举十万之众进驻巢湖口（安徽巢县），向合肥新城进军。另遣陆逊、诸葛瑾将兵万余入江夏（今湖北云梦东南）、沔口（今汉口），指向襄阳；又以将军孙韶、张承入淮，指向广陵、淮阴。

六月魏明帝采取西守东攻战略，即增司马懿步骑兵二万，使在郿做持久防御。其对司马懿指示之要旨曰："但坚壁拒守以挫其锋。彼进不得志，退无与战，久停则粮尽，虏略无所获，则必走，走而追之，全胜之道也。"七月魏明帝自率大军东击孙权，一面令合肥新城守军坚守，以吸引吴兵，一面令满宠遣骑兵三千至合肥，迂回吴兵归路，并绝其粮道，然后以步兵五千续进。满宠又选组敢死队协助合肥新城守军，焚吴兵攻城器具，魏明帝自率大军循淮河东下。于是孙权以攻新城不克，归路又遭威胁，魏明帝亲率大军继至（孙权始料魏明帝不致亲率大军东下），遂即撤退，其余孙韶、陆逊各路军，亦不战而相继撤退。此役由诸葛亮所发动之吴蜀联合全面攻势，至此复成泡影。

在此次之联合全面攻势以前，吴蜀均曾做数次各自为战之无效果攻势。诸葛亮时而进攻祁山，时而进攻郿，孙权进攻合肥，或进攻襄阳，亦时进时退，可谓仅劳民伤财而已。

（三）得失总结

1.魏之战略。以合肥、襄阳、祁山为三大战略据点，巩固其整个国防线。合肥方面之军政，由才智颇高之满宠统之，采取攻势防御方针，使孙权始终不得寸进。豫荆（襄阳）方面亦采取攻势防御方针，由智勇兼备之司马懿统之，虽以陆逊之智能，亦毫无施展。祁山方面则多采持久抵抗方针，先以曹真指挥，真死以司马懿兼替之，诸葛亮虽屡率其苦心焦思所练成之精强步骑兵进攻，非受挫折而退，即为粮食不继而退。

魏在三面受敌之下，运用其将领人才与战略优越运用，可谓均甚成功，最后虽吴蜀联合全面大攻势，仍在其至当之东攻西守战略指导之下为其所粉碎。凡此皆由于魏战略运用之成功，打破吴蜀由政略运用所完成之战略包围。亦由此可以证明，既掌握战略锁钥之关键者，即不必眩于敌之多方包围进攻而忙乱恐慌也。且若能守住战略之锁钥，而将其主力投入此锁钥，则其他方面可不战而胜也。

2. 吴蜀战略。吴以缺乏骑兵，故只能做水边之游击或袭击战，始终不能深入与魏之步骑联合之兵种决战（吴仅有步水兵，尤以水兵为其主体），更何遑进驱中原。因此故吴亦从不敢效关羽之积极战略，驱其大军进攻襄樊，而另遣别动军深入许昌附近（关羽于围樊之战曾派遣别动军至郏下，前已详述），以威胁魏之心腹。

至于诸葛亮战略，初则欲先夺取凉州（治今秦安县东北），以为进攻关右根据地，欲形成高屋建瓴之用兵形势。但一挫于街亭，又屡经困顿于祁山（魏之坚强战略据点），继则自斜谷趋郿，变换其主力之运用途径，但后方粮运尤感困难，而始终未有别开生面之"批亢捣虚，形格势禁"之战略运用，故其虽曾数次攻抵郿，仍无效果而退也。倘诸葛亮能根据魏延奇袭长安战略思想之启发，以有力一部监视祁山、斜谷方面，掩护汉中及左翼之安全，沿魏延路线出奇兵袭长安，乘势扼潼关、武关两咽喉，使许昌洛阳之援兵不能西向，主力出斜谷至郿，如是则魏关右之兵何能安然实施其持久抵抗方针耶？或云诸葛因受力量与人才所限，不能实施此项战略，但观诸葛用兵在战略上均只见其正，不见其奇，则无可辩护者，至于演义小说谓诸葛用兵神奇莫测者，乃无根之言耳。

由上所述，可知诸葛亮鉴于以前屡次失败，乃做二年之准备，在政略上取得吴在战略上之协同，在训练上达到士气旺盛，战技精良，以及运粮之木牛流马等之周到准备。然当此之时，政略运用虽既适当，尚有待于卓越战略之运用。回忆关羽之攻樊城，所以能震惊曹魏而欲迁都以避之者，因其利刃直刺曹操心脏要害故也，因此许都震动，后方人心惶惶不安。再观以前战史，刘邦之所以越过章邯所固守之废丘而向东指，塞函谷关出武关者，即为使项羽之兵不能西入关中故也。总言之，诸葛亮时代吴蜀攻魏由于力量薄弱，在战略上运用之欠善，故始终无功。诚然，诸葛亮隆中方略不失为眼光远大，其治蜀之卓越表现亦足以显现其治国之长才，但谓其政略、战略亦卓越者，则难觅得其证据。而前已言之，演义小说所记载者，则不足以为征信也。

第十章 魏灭蜀之战

第一节 战前概况及两军部署

蜀经诸葛亮六出祁山，师出无功，民之财谷虚耗殆尽，加以姜维九伐中原不仅无功，且屡遭挫败，士气大丧，蜀民不胜其苦，故张翼、廖化等均反对之。且宦官黄皓用事，姜维欲除黄皓未果，反不得不自出驻沓中，率所部五万人屯田，因沓中地区乃属洮水流域（今甘肃西南），企图于生聚训练之后，再伐中原也。

魏景元三年（262年），丞相司马昭议伐蜀，朝臣多以为不可，惟司隶校尉钟会及张华赞成之。于是司马昭谕众曰：

"自定寿春以来，息役六年，治兵缮甲，以拟二虏（指吴蜀二国）。今吴地广而下湿，攻之用功差难，不如先定巴蜀，三年后因顺流之势，水陆并进，此灭虢取虞之势也。计蜀战士九万，居守成都及备他境不下四万，然则余众不过五万。今绊姜维于沓中（今甘肃临潭县西南洮水、白水间地区），使不得东顾，直指骆谷（陕西鳌厔至洋县间），出其空虚之地以袭汉中。以刘禅之暗，而边城外破，士女内震，其亡可知也。"

遂以钟会为镇西将军，都督关中。

征西将军邓艾以为蜀未有衅，屡陈异议。司马昭乃使主簿师纂为邓艾司马而晓谕说服之，艾于是奉命。

蜀大将军姜维闻钟会治兵关中，将欲进犯，遂表请汉主刘禅，派遣左右车骑将军张翼、廖化，以张翼所率军分守阳安关口（今沔县西北）亘阴平（今文县）之线各关隘，以廖化所率军赴沓中接应姜维，同时令斜谷（陕西郿县西南）、骆谷各前进关隘守军各五千人退保汉乐二城（今南郑东北及西北），而姜维军则保持机动。

景元四年（263年）夏，司马昭令魏兵大举伐蜀，其部署如次：

（一）征西将军邓艾率三万余人，自狄道（今甘肃临洮县西南）经甘松指向沓中（今甘肃临潭西南地区），以牵制姜维，使不得调动为任务。

（二）雍州刺史诸葛绪率三万余人，自祁山趋武街（今武郡县西南）、桥头（文县东南），以阻绝姜维归路为任务。

（三）钟会统兵十余万，分从斜谷、骆谷、子午谷指向汉中。

（四）以廷尉卫瓘为镇西军司，持节监钟会、邓艾军事。

第二节　作战经过

是年五月，邓艾、诸葛绪均按预定计划〔上述（一）、（二）两项〕，首先向预定目标进军，分别实施各自所负之任务，其次，钟会所统之军亦按预定计划，分三路向汉中进军。

九月邓艾军至沓中，追姜维军于潳川口（西固县东），大破之。姜维于途中闻诸葛绪兵已至桥头断其归路，遂自孔函谷（武都西北）入北道，欲迂回诸葛绪之后，击破绪军后驰往关城，以阻魏兵南进。诸葛绪闻姜维迂回其后，遂后退三十里以防后路被断。姜维向孔函谷行三十里，侦知绪军已撤至桥头北三十里，遂即驰还通过阴平、桥头。及诸葛绪侦知姜维军掠过桥头，又复疾进而图截击之时，姜维军已通过一日矣。诸葛绪此一失着，竟陷司马昭整个战略指导方略于失败。

姜维军通过桥头后，欲驰往南关（阳安关口今阳平关南），以阻钟会军之南进。及闻南关已失，乃向白水关（今昭化县北）撤退。途中遇廖化、张翼、董厥等军（彼等北上增援，此时始抵达于此而遭遇姜维，蜀动员与运动之迟缓可知），遂合兵退守剑阁。

当邓艾诸葛绪进军之际，钟会所统十余万众亦分由子午谷、骆谷、斜谷三路指向汉中，而以前将军李辅统万人围王含于乐城，护军荀恺围蒋斌于汉城，钟会自率大军迅速向西驰往阳安关口，欲按预定计划于姜

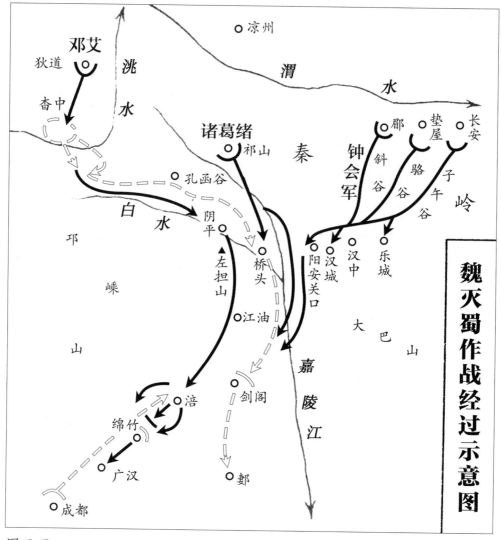

图三五

维军被邓艾诸葛绪堵击于阴平地区之际，乘虚南下直指成都也。不料至关口而西时，姜维军则已过而南撤矣，因此至剑阁不得进，遂与姜维对峙。

钟会与姜维对峙于剑阁，维军守险，钟会攻之不能克。又以粮道险远，军众乏食，遂议退兵。邓艾乃上书司马昭曰：

"贼已摧折，宜遂乘之。若从阴平由邪径经汉德阳亭（今平武县东北）趣涪，出剑阁西百里，去成都三百余里，奇兵冲其腹心，出其不意，剑阁之守必还赴涪，则会方轨而进，剑阁之军不还，则应涪之兵寡矣。"

司马昭用其策。先是邓艾进至阴平时，即简选精锐，欲与诸葛绪自江油（今县北百里）趋成都（艾、绪均不属钟会指挥，艾欲自行立功也），诸葛绪以其本来任务乃在邀截姜维，若自行西进，非其任务所应为，今姜维已逸去，只有指向白水关，以与钟会会合，遂不与邓艾协力。于是邓艾乃自率所部精锐，"自阴平行无人之地七百余里，凿山通道，造作桥阁，山谷高深，至为艰险。又粮运将匮，濒于危殆。艾以毡自裹，推转而下，将士皆攀木缘崖，鱼贯而进"。抵达江油，蜀守将马邈出降。诸葛瞻督诸军至涪以御之，尚书郎黄崇劝诸葛瞻速继续进前，据山地险要以遏阻敌军，使不能至平地，瞻犹豫不决。邓艾遂得长驱直进，击破瞻军前锋后，压迫瞻军退守绵竹（今德阳县）。邓艾至此遂致书劝降，不从，乃分左右翼包围突击蜀军。初战不利，左右翼将吏均退还，报以不可击，邓艾乃欲斩左右将吏，因而怒曰："存亡之分，在此一举，何不可之有。"遂再进击，大破蜀军，并斩诸葛瞻、黄崇，而进军至雒（今广汉）。蜀人不意魏兵卒至，不及整备城守，均为之惊惧奔逃，人心惶惶，极度混乱，刘禅遂降。

　　姜维等闻诸葛瞻军败，不知汉主刘禅下落，乃引军南走至郪（今三台县南）。钟会进军至涪，另遣其前锋胡烈等追击姜维至郪。姜维等因得汉主刘禅投降命令，乃令其军解除武装，将士皆怒，拔刀斫石，以泄愤气。

第三节　战后一幕险恶事变

　　汉主刘禅降后，邓艾在成都即以"进不求名，退不避罪"之大将风度，凡事不待禀命，辄自专行。司马昭遂使监军卫瓘饬谕邓艾"事当须报，不宜辄行"。艾乃上书曰："衔命征行，奉指授之策，元恶既服。至于承制拜假，以安初附，谓合权宜。今蜀举众归命，地尽南海，东接吴会，宜早镇定。若待国命，往返道途，延引日月。春秋之义，大夫出疆，有可以安社稷利国家，专之可也。今吴未宾，势与蜀连，不可拘常，以失事机。兵法：进不求名，退不避罪。艾虽无古人之节，终不自嫌以损国家计也。"司马昭因初拟出兵伐蜀时，邓艾曾以蜀汉无衅可乘，而持异议，直待昭遣人劝说而始奉命；至此又见邓艾专擅，不受劝谕，则此际邓艾之遭疑虑甚明。钟会虽素为司马昭所亲信而重用，但此时其内心则已怀异志，又见邓艾被疑，遂欲乘此时期先除邓艾，收用姜维，并利用维在蜀人之威望，隐有夺取天下之志。钟会之此隐衷，为姜维所窥破，维遂欲乘此好机，构成司马昭内部之扰乱，而图再复蜀汉。故姜维与会密谋后曾密奏刘禅书曰："愿陛下忍数日之辱，臣欲使社稷危而复安，日月幽而复明。"

姜维先是以词试钟会曰："闻君自淮南已来，算无遗策，晋道克昌，皆君之力。今复定蜀，威德振世，民高其功，主畏其谋，欲以此安归乎！何不法陶朱公泛舟绝迹，全功保身邪？"

钟会曰："君言远矣，我不能行。且为今之道，或未尽于此也。"维曰："其他则君智力之所能，无烦于老夫矣。"由是彼两人情好欢甚，出则同舆，坐则同席。于是乃与卫瓘密告邓艾有反叛状，并从中假邓艾表章，使其辞意悖傲，又改换晋公司马昭回书，使昭艾之间裂痕日深。明年（咸熙元年）正月司马昭遂以槛车征邓艾还。又恐邓艾不从命，故并饬钟会进军成都。但又虑钟会叛变，故再遣贾充将兵入斜谷，并自将大军从魏帝至长安。更虑诸王公皆在邺为患，乃以山涛为行军司马镇邺。其虑可谓周矣。

钟会得司马昭进军成都，正合其计，遂先遣卫瓘至成都收拘邓艾。盖钟会以卫瓘兵少，欲遣其先至成都，势必为邓艾所杀，因以促成邓艾之罪也。

卫瓘知钟会之意，但又不便相违。乃夜至成都，以书谕邓艾所部诸将，称奉诏收执邓艾，其余诸将，一概无关，若自来者，更有赏赐，若有违抗，必诛三族。及至鸡鸣，悉皆至卫瓘营，唯邓艾直至卫瓘驱车至其帐内，犹卧未起，遂被执。嗣邓艾所统诸将又图劫艾，卫瓘在此危险状况下，为自安计，乃伪作表章草稿出示，谓将为邓艾申明其事。于是钟会欲假邓艾之手以杀卫瓘之谋，至此乃告失败。

按钟会谋反，所虑者惟邓艾父子。及邓艾父子已擒，乃西入成都，决心发作。其谋反之进军方针如次：

"使姜维将兵五万，出斜谷为前驱，自将大军随后。至长安后，令骑兵从陆路，步兵从水路，顺流浮渭入河，期以五日行程，步兵到达孟津后，与骑兵会师洛阳，如此一旦天下定矣。"

至此钟会忽得晋公司马昭书，曰"恐邓艾或不就征，今遣中护军贾充（亦昭之智囊也）将步骑万人径入斜谷，屯乐城（在汉中城之西），吾自将十万驻长安，相见在近"，云云。钟会得书大惊，与其亲近议曰："但取邓艾，相国知我能独办之。今来大重，必觉我异矣。便当速发，事成可得天下，不成退保蜀汉，不失作刘备也。"

于是，钟会悉请护军、郡守、牙门骑督以上将吏及蜀之故吏，为魏太后发哀于蜀朝堂，并矫太后遗诏，谓使会起兵废司马昭。宣布已毕，遂暂禁诸官吏于屋中，严兵围守之。姜维因另有所图，欲使钟会尽杀北来诸将，然后杀会，尽坑魏兵，复立汉主。嗣以钟会图杀北来诸将之事机不密，致诸将乘机共攻钟会杀之，并杀姜维。至此卫瓘又恐邓艾有变（因钟会前谋陷害邓艾时，卫瓘乃共谋者），遂遣将追袭邓艾囚车，于绵竹之西杀之。至此，一场灭蜀后之扰攘事变乃告宁息。故司马昭伐蜀之役，可谓危险百出矣。

第四节　魏蜀战争指导方略之总结

（一）蜀汉困弱之状。自诸葛亮六次出兵无功，官民交困。加以诸葛亮死后，复遭魏延、杨仪（均为当时蜀国之人才）之变，人才凋谢。至姜维当权之时，虽被重任，然只能统兵于外，不能入朝对朝政有所作为，欲伐魏立功，以增威望，又不幸屡遭挫折。因之民益贫，财益竭，而国势益弱。至魏举兵侵伐时，全国之兵仅有九万，而姜维所统五万偏驻沓中，其余分防各地之兵力至为薄弱。加以刘禅昏庸，宦官黄皓及陈祗等，皆为无用之辈而掌持朝政，遂招致魏兵之来伐。

（二）司马昭伐蜀战略。由于蜀汉兵弱，加以姜维所统五万全蜀之主力，又竟偏屯于沓中一隅，故司马昭之战略指导极为单纯，即：一面使邓艾自狄道南下，吸住姜维兵力，使不能转用其他方面；又更令诸葛绪自建威南下，截住阴平桥头姜维之归路，以确保姜维兵局促于阴平以西地区（姜维身为大将军，对国防边境毫无作战准备，实属错误之至）；一面使钟会所统之十余万兵主力乘虚自汉中南下，过剑阁而西直捣成都，如是当如入无人之境矣。

但司马昭此一战略指导方略，竟因诸葛绪在桥头遭受姜维指向其后之威胁，即告后退三十里，致为姜维所逸去。此亦显示姜维在战术上运用之能与指挥军队之机动，因此得以退保剑阁之险要，使钟会十万主力军，望关兴叹而无法越雷池一步，逼使魏军食乏下而不得不谋退兵也。故此际若非邓艾素驻雍陇地区，对蜀地形熟悉，敌情明了，且能勇敢实施奇袭，则司马昭此次进兵，当既徒劳无功矣。是故诸葛绪在桥头一役之脆弱表现，即已将司马昭之战略指导完全粉碎无遗。幸因邓艾勇于做冒险之奇袭，与诸葛瞻之不知彼己，不善用兵，得以挽回陷于僵局之战势而摧毁成都。使姜维六万（合张翼等部众）斗志尚坚之蜀兵陷于无用武之地而降服，挽回其战略上之挫失与完成灭蜀之功，实皆由邓艾一人所达成。

（三）钟会、邓艾、姜维。钟会为一年轻之智囊。先是诸葛诞据寿春联吴背叛司马氏时，其势甚盛，赖钟会为筹谋划策，乃得平定之，故司马昭对之宠信无比。其灭汉之后心怀异志，并欲利用姜维在蜀威望，因而图以所统大军与所并邓艾军，及姜维之降军，总共在二十余万，利用蜀为策源地，诚有进可以攻取洛阳以得天下，退足以自守，尚"不失作刘备"之势也。不图事机不密，不待司马昭之来攻，而自先灭矣。所谓"智者千虑，必有一失"，其斯之谓欤？抑喜于大功将成，因情动而蔽其智所致欤？

邓艾诚为一卓越之将才，且通韬略，其为征西将军，屡挫阻姜维之攻势。及钟会军阻于剑阁天险，粮尽议退之际，又以其地形敌情之特别详悉，挟其高度之智勇，出奇袭之计，率其精锐冒险犯难，直捣敌神经中枢成都，毁敌之国于转瞬之间，诚为难能可贵。及其灭蜀之后，又效李左车之故智，献策准备图吴。当上峰相疑之际，又秉"进不求名，退不避罪"之大将风骨，尤堪称赞也。

先是当其进占成都时，曾上司马昭书曰：

"兵有先声而后实者（李左车语），今因平蜀之势以乘吴，吴人震恐，席卷之时也。然大举之后，将士疲劳，不可便用，且徐缓之。留陇右兵二万人、蜀兵二万人，煮盐兴冶，为军农要用，并作舟船，预为顺流之事。然后发使告以利害，吴必归化，可不征而定也（完全仿李左车计）。今宜厚刘禅以致孙休（吴主），封禅为扶风王，锡其资财，供其左右，郡有董卓坞，为之宫舍，爵其子为公侯，食郡内县，以显归命之宠；开广陵、城阳以待吴人，则畏威怀德，望风而从矣。"

邓艾上此一书之内容，政略战略深具卓见。其于上书之后，即一面准其上书之方略而行，因此招致司马昭之忌惮，乃遣监军卫瓘以谕之，指示其"事当须报，不宜辄行"，于是邓艾又上书（其言既详述于前）。至于卫瓘夜至成都，既谕其诸将均至瓘营，而邓艾独自与其子卧于帐内，以待卫瓘之来拘囚者，岂其事前一无所知，实以当此处境，不得不如是以自处，以待其事大白于后也。否则稍一轻动，即必遭叛逆之咎，其算亦慎而深矣。至卒遭杀于纷乱之际者，则为其初所料不及者。盖其既自知被疑为将叛之臣，故只求自处之道，以待其事大白之后，期为司马昭所谅恕耳。如是则不但不致遭受意忠名叛之恶果，且将因此而益被依重也。若其能预悉钟会等谋叛（此事艾当毫无所悉），则彼当不致如此自处矣。

姜维缺乏政治之手法，故其虽军权在握，为蜀国所依重，但对刘禅黄皓庸愚辈所构成之环境，竟不能自处，逼得不敢久处于朝。然其忠于蜀汉之心甚切，战略战术之修养亦颇不凡。关于此事，可以二事证之：

1. 向孔函谷略一虚动，迫使诸葛绪后退而让开其归路，彼遂迅速把握此瞬即逝去之良机，做极机动之通过桥头，将其大军急速退据国防最后之险要门户剑阁，使钟会之大军不得越雷池一步。若非智勇卓越之邓艾出奇直冲蜀之心腹，加以刘禅、诸葛瞻之庸劣，则司马昭之此次征伐被粉碎矣。是故此一战役之关键，由于姜维逸过桥头，实已将司马昭之整个战略指导方案击碎无遗。

2. 窥知钟会有异志，遂欲利用之再复蜀汉，此不仅显示对蜀汉忠切之志，且亦捕捉千载一时之机。盖于蜀主始降之初，军心民心均可因此举而复振。钟会则因初降之国，突遭姜维之变，必致退据无地也。又其劝杀北来魏军将吏（钟会为欲巩固其所统之军，自当乐于杀尽司马昭系之将吏），设计亦极毒辣，惜其事机早泄，致"黄雀之计"（螳螂捕蝉，黄雀又伺其后之计也）不得逞。

（四）司马昭处理事变方略。由钟会初以才能见宠于司马昭之际，昭之夫人王氏言于昭曰："钟会见利忘义，好为事端，宠过必乱，不可大任。"及钟会被任镇西将军，统制关中兵十余万征蜀时，西曹属邵悌亦向司马昭进言曰："今遣钟会率十余万众伐蜀，愚谓会单身无任（魏制，凡遣将帅，皆留其家以为质任，钟会年青，此时尚单身无子弟，故曰单身无任），不若使余人行也。"

晋公司马昭笑曰："我宁不知此邪？蜀数为边寇，师老民疲，我今伐之如指掌耳，而众言蜀不可伐（当司马昭集议伐蜀时，魏朝廷群臣均以为蜀不可伐）。夫人心豫怯，则智勇并竭，智勇并竭而强使之，适所以为敌擒耳。惟钟会与人意同，今遣会伐蜀，蜀必可灭。蜀灭之后，就如卿虑（司马昭虽疑钟会，尚料其未必叛），何忧不能办邪？夫蜀既破亡，遗民震恐，不足与共图事；中国将士各自思归，不肯与同也（此语为司马昭计料此事之骨干）。会若作恶，只自灭族耳。卿不须忧此，慎勿使人闻也。"司马昭所以急欲伐蜀者，图以灭国之功以慑服人心，以便篡夺帝位也。

及钟会与卫瓘密告邓艾反状，司马昭乃即做如下之处置：

1. 以诏令及槛车，使钟会拘送邓艾（时为咸熙元年，264 年一月），又恐邓艾抗命，并令钟会进军成都。

2. 令贾充将兵入斜谷。

3. 以魏宗室诸王公皆在邺，虑其生变，乃以山涛为行军司马镇邺。

4. 自将大军从魏帝至长安（既控制诸王公，又控制帝于身侧，可谓筹划周密）。

当司马昭做上项措施时，诚实之邵悌复言曰："钟会所统兵五六倍于邓艾，但可敕会取艾，不须自行。"司马昭曰："卿忘前言邪，而云不须行乎？虽然，所言不可宣也。我要自当以信意待人，但人不当负我耳，我岂可先人生心哉？近日贾护军（指贾充）问我颇疑钟会不，我答言：如今遣卿行，宁复疑卿邪？贾亦无以易我语也。我到长安，则自了矣。"

依以上所叙史实，司马昭之智慧可谓虑远防密，算无遗策，方略卓越也。兹为易于了解其征蜀之整个方略起见，特再综合研究分析如次。

其时以蜀兵疲民困，固为一可乘之机。尤以姜维所统蜀之主力军偏驻（屯田）于沓中一隅（蜀国之西北角），若先以有力一部将其封锁于此一地区，而以主力乘虚入蜀，可如入无人之境，灭蜀必易如反掌，此固千载一时之机也。故其遣钟会统兵入汉中之际，即谓曰"必可灭蜀"。

惟虑钟会不可靠（仅虑而已，尚未判其必然），故以邓艾、诸葛绪两军不为钟会所统属，尤以邓艾之能，又不愿居钟会之下，如此以监视钟会（互相牵制之策），则会必以多所顾虑而不敢遽叛。及后情况变化，邓艾之叛状先闻，乃改计以疑叛灭真叛，同时部署制疑叛之方，则一场掀天之巨变可不劳而平息矣。故彼曰："我到长安，则自了矣。"

但此一役也，实危险备至，虽其上述之方略，犹不能释然于智者之疑虑。惟其尚有一重要关键可以释智者之怀者，即钟会素非统兵之将，无旧人故吏可为其反叛力量之骨干，故司马昭除其已说出之制叛方略外，此一关键实为破会之最有把握者。是故制定方略与图谋决策，决非一无确切把握，而只以三数似是而非之制胜因素即贸然从事者。

尤有进者，司马昭只派山涛监制邺中魏诸王公及自携帝至长安，即无其他顾虑者，则又有赖司马懿于诛曹爽夺得政权之后，既将司马氏之力量树下不拔之根基。此事可举如下数事以证之。

当司马懿夺取曹爽之政权时，夏侯霸逃降蜀。蜀人问霸司马懿是否将举兵外侵，霸曰司马懿正集全力树植其家族势力，无暇外顾。盖司马懿其时在魏威望已极崇高，无须从事对外以立兵威也，且若对外无功，反足以损其已成之威望而动摇其政权。是故司马懿当时只积极从事培植其力量，务使根深蒂固而后已。惟因司马懿夺取政权后之措施得策，故其后虽淮南三次联吴之大叛变〔邵陵厉公嘉平三年（251年）王凌叛，高贵乡公正元二年（255年）毌丘俭叛，甘露二年（257年）诸葛诞叛。此三叛将均为淮南方面之大将，兵力甚盛，尤以诸葛诞为最〕，均不足以动摇其既固之政权基础。故当魏伐蜀之际，吴人或谓襄阳张悌（吴丞相）曰："司马氏得政以来，大难屡作，百姓未服，今又劳力远征，败于不暇，何以能克！"悌曰："不然。曹操虽功盖中夏，民畏其威而不怀其德也。丕、叡承之，刑繁役重，东西驱驰，无有宁岁。司马懿父子累有大功，除其烦苛而布其平惠，为之谋主而救其疾苦，民心归之亦已久矣。故淮南三叛，而腹心不扰；曹髦之死，四方不动。任贤使能，各尽其心，其本根固矣，奸计立矣。今蜀阉宦专朝，国无政令，而玩戎黩武，民劳卒敝，竞于外利，不修守备。彼强弱不同，智算亦胜，因危而伐，殆无不克。"夫凡巩固权力之因素，一为领导权，二为控制组织，三干部充实，四基地，此四者司马懿于夺得政权后均已一一完成之；且其此项植基之力量所及，予其子司马昭等后来以统一蜀吴之功甚大也。

第十一章　晋灭吴之战

第一节　政略运用

吴当钟会、邓艾俱死于蜀事变之后（魏咸熙元年，蜀灭后一年，264年），蜀中无主，各地扰攘，遂有乘机兼并蜀地之志，而遣兵沿江西上，但为蜀巴东太守罗宪联合魏安东将军陈骞阻于永安（白帝城、奉节东）以东而不得进。嗣以蜀地大定，并蜀之志乃告幻灭。

魏于景元四年（263年）冬灭蜀，至晋咸宁五年（279年）十一月始伐吴（司马炎于蜀灭后第二年冬受禅于魏，国号晋，称武皇帝），其间相距十六年。在此十六年中，晋在政略上，完全着重于瓦解吴军民之斗志，其史实概略如下：

（一）司马昭当蜀灭后，本可用邓艾"先声而后实"之计，准备做灭吴之计者，嗣遭钟会之事变，乃不得不暂采和吴政策。

（二）优待虏俘，以瓦解吴军民之斗志。封蜀主刘禅为安乐公，其子孙及群臣封侯者五十余人。

（三）用济阴太守文立（巴西人）之计，凡蜀之名臣子孙流徙中原者，尽皆量才叙用，以慰巴蜀人心，以倾吴人之望。

（四）用尚书左仆射羊祜都督荆州诸军事，驻襄阳。羊祜怀柔吴人之策如下：

1. 吴人降者，欲去皆听之。

2. 羊祜每出军巡至吴境，割谷为粮，皆计值送绢偿还之。

3. 每集兵游猎江沔间，若禽兽先为吴人所伤而为晋所得者，皆送还之。

因羊祜广用"务修德信"之术以怀柔吴人，于是江陵南郡之人无不归心。至羊祜死时，吴守边将士亦为之悲泣。因此后来杜预伐吴时，江陵等地皆不战而下，此皆羊祜怀柔吴人，瓦解敌之战志所收得之效果也。

羊祜于晋咸宁二年，见其以怀柔术瓦解敌人战志既已成功，遂上书请伐吴，其书曰：

"先帝西平巴蜀，南和吴会，庶几海内得以休息，而吴复背信，使边事更兴。夫期运虽天所授，而功业必因人而成，不一大举扫灭，则兵役无时得息也。蜀平之时，天下皆谓吴当并亡，自是以来，十有三年矣。夫谋之虽多，决之欲独。凡以险阻得全者，谓其势均力敌耳，若轻重不齐，强弱异势，虽有险阻，不可保也。蜀之为国，非不险也，皆云一夫荷戟，千人莫当，及进兵之日，曾无藩篱之限，乘胜席卷，径至成都，汉中诸城，皆鸟栖而不敢出，非无战心，诚力不足以相抗也。及刘禅请降，诸营堡索然俱散。今江淮之险，不如剑阁；孙皓之暴，过于刘禅；吴人之困，甚于巴蜀。而大晋兵盛于往时，不于此际平一四海，而更阻兵相守，使天下困于征戍，经历盛衰，不可长久也。今若引梁、益（两州）之兵，水陆俱下；荆楚之众，进临江陵；平南豫州，直指夏口；徐扬青兖，并会秣陵（后来晋六路平吴即依此计）。以一隅之吴，当天下之众，势分形散，所备皆急（备多则寡）。巴汉奇兵出其空虚（奇正相生），一处倾坏，则上下震荡，虽有智者，不能为吴谋矣。吴据江为国，东西数千里，所敌者大，无有宁息。孙皓恣情任意，与下多忌，将疑于朝，士困于野，无有保世之计，一定之心；平常之日，犹怀去就，兵临之际，必有应者，终不能齐力致死（孙权之世即依'齐力致死'之力），已可知也。其俗急速，不能持久（民情轻急，不能持久，则不耐战），弓弩戟楯，不如中国；唯有水战，是其所便。一入其境，则长江非复所保，还趣城池，去长入短（则晋以长击短），非吾敌也。官军悬进，人有致死之志（陷甚则不惧，深入则专）；吴人内顾，各有离散之心（自战其地）。如此军不逾时，克可必矣。"

羊祜书上，适鲜卑秃发树机能扰乱凉州（今甘肃武威），故其伐吴之策不行，直待马隆击破树机能，晋武帝始用其伐吴之计。

第二节　作战经过

晋武帝泰始八年（272 年），令益州刺史王濬罢屯田军，大作舟舰。盖用羊祜之计，欲以顺流之势伐吴也。

咸宁四年（278 年）十一月，镇南大将军杜预（是年羊祜卒，预代羊祜都督荆州诸军事）简精锐袭吴西陵（今宜昌）督张政，大破之。张政为吴之名将，耻以无备为杜预所败，不以实报吴主。杜预知之，乃将所掳获送还吴主。盖杜预此举图以离间吴主与张政之间，使其君臣猜忌也。吴主果以张政虚报而召还之，另以武昌监留宪代之。

咸宁五年十一月大举伐吴，其战略指导方略，为以王浑所统江北诸军自寿春（今寿县）出于芜湖、当涂附近大江之西一带，监视建业（今南京）方面之吴军，使琅邪王伷所统诸军出滁州江都，以牵制建业方面之吴军，此二路待杜预攻克大江上游各郡，王濬下武昌顺流而下之时，然后三路会师以攻建业。其各路军进军部署如下：

（一）镇军将军琅邪王伷出涂中（今安徽滁县）。

（二）安东将军王浑出江西（今芜湖当涂和县）。

（三）建威将军王戎出武昌（今湖北鄂城）。

（四）平南将军胡奋出夏口（今汉口）。

（五）镇南大将军杜预出江陵（今县）。

（六）龙骧将军王濬、巴东监军唐彬出巴蜀。以王濬所率之水军下至建平（今巫山县）时受杜预指挥，至建业时受王浑指挥。

以上六路兵共二十余万，以贾充为大都督指挥六军，杨济副之，屯于项（今河南项城东北）。

太康元年（咸宁五年之明年改元太康元年，280 年）一月，杜预自襄阳向江陵推进，王浑自寿春向横江（和县西南）。

1. 大江上游方面之战斗

二月，王濬、唐彬一面遣兵自彭水攻武陵（今常德），一面率主力顺流东进击破丹阳（湖北秭归县东八里）监盛纪，继克西陵（今湖北宜昌），并克荆门、夷道（宜昌东南）二城。杜预同时派周旨率奇兵八百夜渡江袭乐乡（今松滋县东），多张旗帜，起火巴山（今湖北松滋县巴复村）。周旨所率奇兵至乐乡，潜伏于城外，及吴都督孙歆遣军出拒王濬，大败而还时，周旨之伏兵遂杂入孙歆败兵内混同入城，遂虏歆而还。嗣王濬又击斩吴水军都督陆景。杜预进攻江陵，克之。于是沅湘以南交州（今湖南北越河内）、广州各郡，皆望风而降。至此杜预遂任靖抚荆、交两州之责，而由王濬单独率军沿江顺流而下矣。

同月，胡奋攻克江安（即公安吴南郡治所，其地即今湖北公安县东北），与王濬、王戎共攻夏口（汉口）、武昌（湖北鄂城），吴江夏太守刘朗率武昌诸军皆降。

2.建业江西方面之战斗

二月，吴主闻王浑南下，乃会其丞相张悌督丹阳太守沈莹、护军孙震、副军师诸葛靓等率众共三万人渡江迎战。至牛渚（今安徽采石），沈莹曰："晋治水军于蜀久矣，上流诸军素无戒备，名将皆死，幼少当任，恐不能御也。晋之水军必至于此，宜畜众力，以待其来，与之一战，若

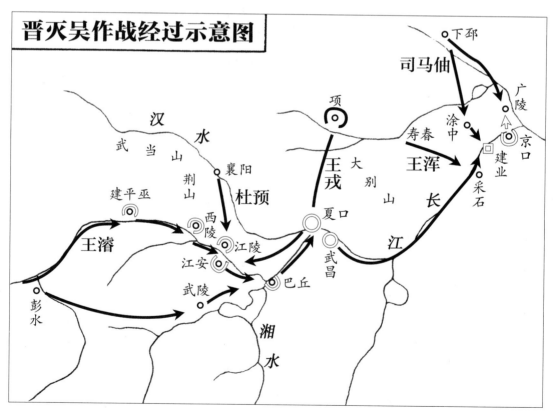

图三六

幸而胜之，江西自清。今渡江与晋大军战，不幸而败，则大事去矣。"张悌曰："吴之将亡，贤愚所知，非今日也。吾恐蜀兵至此，众心骇惧，不可复整。及今渡江，犹可决战；若其败丧，同死社稷，无所复恨。若其克捷，北敌奔走，兵势万倍，便当乘胜西上，逆之中道，不忧不破也。若如子计，恐士众散尽，坐待敌到，君臣俱降，无复一人死难者，不亦辱乎？"（泄气之下徒欲送死表忠。）

三月，张悌等渡江围王浑部将张乔于杨荷（今和县东南）。乔兵仅七千，闭栅请降。诸葛靓欲尽杀之，张悌曰："强敌在前，不宜先事其小，且杀降不祥。"诸葛靓曰："此属以救兵未至，力少不敌，故且伪降以缓我，非真服也。若舍之而前，必为后患。"张悌不从，乃于安抚之后，即自继续进兵。及与晋扬州刺史周浚遭遇，周浚暂采决战防御态势。沈莹指挥其锐卒五千冲锋，经三次冲击，均遭顿挫，遂引退。在引退中，其众大乱。晋将薛胜、蒋班遂因其乱而乘之，吴兵以次奔溃，将帅不能止。张乔又自后击之，吴兵遂大败于版桥（杨荷北），张悌因此败死。

至是，晋扬州别驾何恽遂对周浚建议曰：

"张悌举全吴精兵殄灭于此，吴之朝野莫不震慑。今王龙骧（王濬为龙骧将军）既破武昌，乘胜东下，所向辄克，土崩之势见矣。谓宜速引兵渡江，直指建业，大军卒至，夺其胆气，可不战擒也。"

周浚善其议，使报王浑，浑报曰："受诏但令屯江北以抗吴军，不使轻进（晋当进兵伐吴之际曾获情报，谓吴将驱兵北进侵晋）。贵州虽武，岂能独平江东乎？今者违命，胜不足多；若其不胜，为罪已重。且诏令龙骧受我节度，但当具君舟楫，一时俱济耳。"恽曰："龙骧克万里之寇，以既成之功，来受节度，未之闻也（隐然有争功之意）。且明公为上将，见可而进，岂得一一须诏令乎？今乘此渡江，十全必克，何疑何虑，而淹留不进！此鄙州上下所以恨恨也。"王浑仍不听。

王濬自武昌率水陆军八万顺流径趋建业，至三山（南京西南），吴主遣游击将军张象率舟师万人御之，象众望旗而降。因此王濬兵威之盛，吴人大惧。嗣吴主又聚众二万，使陶濬率之，以阻王濬之军，明日当发，是夜其众悉逃溃。于是王浑、王濬及琅邪王伷等所统兵，皆进迫建业。吴主用光禄勋薛莹、中书令胡冲等计，分遣使者奉书于浑、濬、伷三人以请降（图使三人争功，自相分裂）。但王濬进兵迅速，吴使者送降书至伷，而王濬兵则已过三山（距建业五十里）。至此王浑请濬共商攻建业之策，而濬则举帆直指建业（争功乎，乘机乎），并报王浑曰："风利不得泊也。"盖此时王濬有争功之意，且将卒自巴蜀顺流疾下，沿江以破竹之势，士气之壮，兵势之锐，直不可遏阻矣。"是日濬戎卒八万，方舟百里，鼓噪入于石头（建业）"，吴主出降，遂灭吴。

第三节　得失总结

吴国之得失如下：

（一）吴主孙皓领导失当，臣下携贰，百姓离心。

（二）巴丘（今岳阳）江陵等处，守将素无戒备，故于王濬、杜预、王戎、胡奋等迅速夹击之下，西疆国防立即崩溃。

（三）吴主素乏防晋侵伐之大计。若其于晋兵进侵之前，有如杜预所言者❶，以从事准备其国防，则吴之败必不致如此之速。

（四）当王浑、王濬、琅邪王伷等迫近建业之时，吴分遣使者向以上三人投降，期彼等因争功分裂，然后伺机挽回将溃之国运，尚不失为可以一试之策略。但以王濬进兵迅速，致其计不能生效。

晋国之得失如下：

（一）攻心战成功。自邓艾灭蜀之后，采用优待俘虏政策，无形中使吴人之斗志低落。及羊祜在襄阳之攻心战略实施之后，吴人对晋之敌意完全消失。故大军一出，势如破竹，吴兵且数次哗变投降，此皆攻心战之功也。故晋帝于闻吴国已破之讯后涕泣曰："此羊太傅之功也。"回忆当蜀灭之时，姜维所统大军于得刘禅令降魏之诏后，军士皆以刀击石，以泄其敌忾之愤慨，蜀吴士气前后相较，殊不可同日而语。

---

❶ 咸宁五年杜预上表，劝把握时机而伐吴曰："自秋已来，讨贼之形颇露。今若中止，孙皓或怖而生计，徙都武昌，更完修江南诸城，远其居民，城不可攻，野无所掠，则明年之计，或无所及矣。"

（二）战略指导适切。各路军在统一战略指导之下，秩序整然，配合适切。

（三）战争准备周慎。自灭蜀以后，即准备攻吴。王濬在蜀造船七年，攻心作战十六年，自羊祜至杜预，无日不准备攻吴。

（四）大军进抵建业时，王濬争功，又遭孙皓"分降"之计，几误大事。晋帝战略指导原极审慎，故饬王濬至建业时归王浑指挥，以期集中兵力，在统一指挥之下攻建业也。而王浑之所以不用何恽之议，先自单独进取建业，必待王濬已至，然后与之协力者，此乃遵守最高战略指导方针而行。独当一方之大将，应如是以大局为主，不可贪争急功而坏事也。至于王濬又所以能单独急进而奏功者，则因吴此时实已土崩瓦解，毫无抗阻之力矣。诚然，若王浑指挥统御与风度之修养有如杜预之贤达❶，则虽王濬欲争功，而亦乐于供驱使无疑。王浑不明杜预统御之方略，致有后来与王濬几相火并（当孙皓降濬后，浑欲攻濬，及濬将孙皓送与浑，始免冲突）。

本篇主要参考书

1.《后汉书》有关列传

2.《三国志》有关本纪列传

3.《中国历代战争史》

4.《读史方舆纪要》

5.《资治通鉴》

---

❶ 晋帝初诏书，使王濬下建平受杜预节度，至建业受王浑节度。杜预至江陵，谓诸将曰："若濬得建平，则顺流长驱，威名已著，不宜令受制于我；若不能克，则无缘得施节度。"及王濬至西陵，杜预与之书曰："足下既摧其西藩，便当径取建业，讨累世之逋寇，释吴人于涂炭。振旅还都，亦旷世一事也。"濬大悦，表陈预书。

第十篇　晋及南北朝战争

提　要

一、晋武封建招致晋八王之乱的分崩：（一）晋武帝为安固司马氏皇座而封建宗室，二传即引起八王之乱，自相残杀十五年，又招致五胡乱华；（二）中国自两汉强盛，西北边民多被征服内徙，及晋朝廷失御，遂群起割据为雄，酿成五胡十六国之分崩形势；（三）及北魏兴起，东晋偏安，旋成南北朝之局。

二、东晋南北大战有三：（一）桓温北伐，志在伐晋，北伐无功，晋得苟延；（二）苻秦南侵，谋复统一，淝水一战，苻秦崩溃，北方分崩；（三）刘裕北伐，东取南燕，西破姚秦，功高震主，遂篡东晋，进入南北朝之对峙。

第一章　晋代战争概说

晋自武帝以后即祸乱相寻，相继三百年之久，其原因有远因近因两种，兹略为分述之。

（一）远因。汉代强盛数百年，国土大大扩张，凡被征服者，一经表示归顺，即视为臣民，而一视同仁待之。此种情势久而久之，加以天下一家观念，早在"普天之下，莫非王土，率土之滨，莫非王臣"之观念下，汉人对夏夷界限之观念久已淡漠，即或有之，亦以强者对弱者（优越感）之怜悯态度出之。故自汉末以来，凡夷族表示降服来归者均纳之，尤以汉魏之间夷族内徙者为最多，而刘渊一族即为其首。

夷族之所以乐于内徙者，因中原气候温和，农产丰富，人民生活安定，水准较优，文化较高，彼等因此亟欲弃其严寒地区刻苦流徙之游牧经济生活，而争取气候温和而安定之农业经济生活，又利用上述汉族天下一家之观念，故遂皆以黄河流域之中原地区为其发展之温床而趋之若鹜矣。

此等民族（匈奴、羯、鲜卑、氐、羌）既逐渐内徙，又适逢晋八王相继十五年大乱之际会，遂相率把握时机，争相竞逐于中原矣。

（二）近因。近因之概要为：

因政治措施错误，八王势均力敌，遂引起八王相继之争乱。又因八王长年累月之争，而引起人心之失望及国防之藩篱尽撤。再由上项原因之交相影响，乃引起夷族之内侵及叛乱割据之祸乱，不绝如缕。复由于祸乱相寻，国民经济破产，加以天灾兵祸，人民饥饿流离转徙者，天下皆然，于是壮者不流为盗，则流为兵，稍为强有力者复利用之以为叛乱之资本，此晋代天下之所以大乱也。

由于武帝司马炎惩于魏宗室势力单弱，彼乃得将魏之天下夺而有之，故彼篡魏之后，即大封子弟于四方重镇，而却忽乎汉初七国之乱殷鉴。故由于诸王势位俱重之结果，一则朝廷赖以君天下之权力因之衰弱，一则诸王互相倾轧，因而引致八王相继争权夺位之乱。所谓八王者，即汝南王亮、楚王玮、赵王伦、成都王颖、河间王颙、长沙王乂、齐王冏、东海王越等是也。

又由于八王经过十五年自相残杀之乱，一则引致当时之豪杰乘机觊觎割据之心，继起而互相争夺。在此种惟权力是视纷乱争夺之状况下，社会为之破碎，学术为之衰落，文化为之日微。同时赖以为社会之骨干、政治之基础之士大夫阶级，厌于争乱之局面，以王衍为首，而逐渐趋尚清谈之风，此风一炽，于是政治效率更衰，社会之风更趋颓靡不振矣。一则夷族乘机内侵，争建国于中原，自怀愍二帝为刘聪（刘渊之子）所掳之后，西晋之命运亦即寿终正寝矣。并随此而起之五胡，彼起此落，相继逐鹿于黄河流域而纷纷建国者，称汉之刘渊父子，称前赵之刘曜，称后赵之石勒，称前、后、南、北、西燕之慕容氏，称秦之苻氏，称后秦西秦之姚氏，称成汉之李雄，称后、南、北凉之吕光、李暠、秃发乌孤、沮渠蒙逊等，称夏之赫连勃勃，称魏之拓跋氏等，前后自晋永兴至宋元嘉年间（304年至439年），共历一百三十六年，建二十国。此一百余年之历史，亦即中华民族有史以来最显著之大混合时代，因五胡建国北方，其本身无文化，故其建国之后，莫不汉化是尚也。

北方已为五胡种族所据，于是司马氏之晋朝不得不求生存于南方，而建国（东晋）于建康矣。其后宋、齐、梁、陈之南朝，亦相继演出焉。

第二章　桓温两次北伐

晋元帝已建国于江南，五传至穆帝，用桓温统军事。桓温为晋南迁以来军事才力最高者，故彼于永和二年（346年）十一月伐蜀汉（巴氏族李雄所建之国），仅以五个月时间，以屡战屡胜之威而灭之。

桓温既灭蜀汉，晋遂奄有长江南北之地，国力日强，加以桓温之才能，遂骎骎乎有恢复中原，还于旧都之势。

其实，此时力主恢复中原，还于旧都之计者，仅桓温之意图而已，盖桓温见司马氏皇朝孤弱，而兵权又独掌于己手，欲立功北方，以威服朝臣，而便于篡晋也。于是遂有伐秦之举。

（一）苻秦之建国。蒲洪当石勒灭前赵时，率其氏族户众从之，遂为后赵将，嗣都督关中；及石勒传至其子，后赵衰乱之际，遂遣使降于东晋。至晋穆帝永和六年闰正月，乃自称大都督大将军大单于三秦王，改姓苻氏，是为苻氏据有秦地之始。至晋永和七年苻健（苻洪之子）自称天王大单于，建国号大秦，明年又称帝，而即皇帝位于长安，是为其建国之始。其时秦势甚强，许昌常为秦晋争夺之地。

（二）桓温伐秦及其部署。晋穆帝永和十年（354年）二月，桓温统步骑四万发江陵，水军自襄阳入均口至南乡（均水入沔会流之处曰均口，南乡在河南南阳西），步兵自淅川趋武关，命司马勋自南郑出子午谷，又命凉秦州刺史王擢攻陈仓以夹击秦之西疆。

（三）战斗经过。桓温别将攻上洛（陕西峣关东南），获秦荆州刺史郭敬，进击青泥（在今陕西蓝田县南），破之。司马勋掠秦西鄙，凉秦州刺史王擢攻陈仓以应温而拔之。

秦主健遣太子苌、丞相苻雄、淮南王苻生、平昌王苻菁、北平王苻硕，率众五万，军于峣柳以拒温（陕西蓝田县峣关，其道通荆州，名为峣柳道）。

四月，温与秦兵战于蓝田，秦之淮南王单骑突阵，出入以十数，杀伤晋将士甚众，温督众力战，秦兵大败。将军桓冲又败苻雄于白鹿原（蓝田县附近）。于是桓温率大军追击，进至灞上，秦太子苌等退屯长安城南。秦王健率老弱六千固守长安小城，另悉发精兵三万，遣大司马雷弱儿等与苌兵合，以拒桓温。温遂屯军灞上不进，而成僵持对峙之局。于是秦苻雄率骑七千，首先袭击司马勋于子午谷，破之，勋退屯女娲堡。

秦晋两军已相持于灞上，晋军本欲以秦麦为粮，秦人悉芟麦，清野以待之。至五月间秦丞相苻雄等遂开始发动攻势，战于白鹿原。温兵不利，死者万余人，温军又乏食。六月桓温遂徙关中民三千余户而归。又

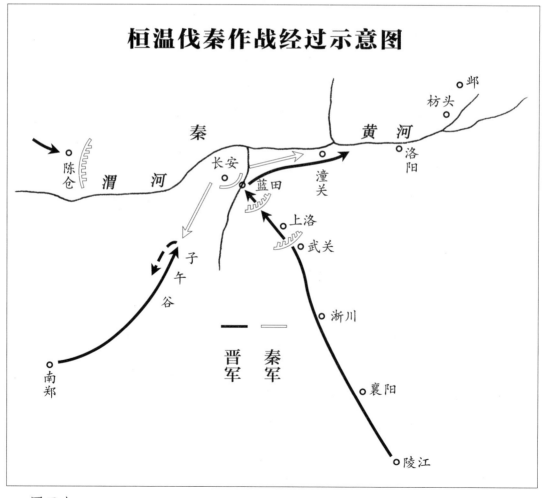

图三七

为秦太子苌等乘势追击至潼关，温军屡败，失亡以万数。于是桓温所望立功国外，以威服众，然后遂行篡夺之谋，遭受严重之打击。

桓温此役之得失检讨

（一）桓温战略进军颇为优越。盖其主力于南阳地区集中后，即向武关推进，而且行动迅速。且桓温所指挥之晋军战斗力亦坚强，故能摧破秦军之坚强抵抗，而迅速突破武关、峣关，进迫长安，使苻秦亡国之祸，迫于眉睫。

使司马勋出子午谷，击秦军之后，再加以王擢袭取陈仓，故作战之初期，晋军之战略形势非常优越。

唯司马勋一路之战斗力过于脆弱，以致不能达成其支作战之任务，颇影响于桓温主力军在蓝田方面之作战。

由此观之，足征战场之胜利，首固有赖于战略形势之优越以控制战场，同时亦必有赖战术之运用、战斗力之坚强及主将决心之正确，以求主宰战场而获战胜之果。此乃战略、战术、战斗三者在战场上相互关系，互为因果之关键也。是故指导战争者，必并此三者精密筹思而部署运用之，稍忽其一，即有功败垂成之害。

（二）桓温悬军深入，因粮于敌，至灞上竟停不进，与秦军卒成对峙之局，因此乃有如下之恶果：

蓝田之战，秦军大败，长安扰攘，君臣慌恐，军队溃乱之际，桓温应以最大魄力与决心，而乘此时机渡灞水攻长安，其势必克。桓温此时乃以过度谨慎持重（因过虑军事挫折，则其攻略目标不能达成），遂予秦国君臣民等稍事镇静之机，及予秦军以整顿防务休息补充之时间。故此种情势，实秦晋两军全战役中胜败所决之唯一关键。

或谓桓温之不渡灞水，盖欲使秦人"望风畏威，有内溃之变"，然后乘之；及见敌既无内变，则又不得不更持重以待之，因而情见势屈，敌因而乘之，故至于败。

又或谓"温之伐秦，但欲以功名镇服江东，非真有心于伐罪吊民，恢复境土"也。但惟其如此，军事受挫，则行篡位之政略目标成为泡影矣。桓温于皇冠尚未取得之时，即顾此失彼，正所谓患得患失之心也。惟因其患得患失，缺乏更高一筹之识力与魄力，故桓温终不能成其志，因其才力仅此而已。

至于谓欲迫使敌人"望风畏威，有内溃之变"然后乘之之策略，殊不知运用此种策略必须有下列之情势以为基础，即：敌人尚整然有确保之实力，我攻克之胜算不多，且敌人有内变之可能者；其次，敌当大败之际，社会尚不扰攘，君臣尚不慌乱，此其必有他恃，若如此当以持重为上策。但当秦军大败于蓝田之际，情形并非如此，故桓温此时自应乘长安扰攘，君臣慌恐，军队混乱之际，而迅速乘之以克长安，乃为上计也。况其攻克长安之后，则其威名益足慑江东之异己者而服之，岂有见势见机既得而不取者？此桓温之所以不能成其枭雄之业也。

然桓温之所以有上述之误者，亦有其致误之原因。因桓温尚不能立威国外，亦必须保全实力，以求确保权力之资本。故其持重不渡灞水径攻长安，即为此一目的而决策。盖如是，纵无毁人之国之声威，亦不至于惨败而失势也。且当蓝田之胜时，司马勋之兵先败于子午谷；且桓温于入武关，长驱逐北，既胜于峣关，复大胜于蓝田，此时原欲因粮于敌者，至是，秦人竟悉艾麦，清野以待之。故桓温问王猛（此时尚未用于秦）曰："吾奉天子之命，将锐兵十万，为百姓除残贼，而三秦豪杰未有至者，何也？"猛曰："公不远数千里，深入敌境。今长安咫尺而不渡灞水，百姓未知公心，所以不至。"由此观之，桓温之所以持重，彼此时眩惑于秦晋两目标之间，因而忽略其目标并不在于秦而在晋也。

因秦自苻洪以来，颇能存恤百姓，收揽民心，及用贤任能，以兴军国，故能于大败之后，国都垂危之际，百姓清野，君臣团结。在战术运用上，且能击败司马勋于子午谷，却除其西南面之威胁，俾得集全力以对抗桓温于东南。反之，晋室衰微，偏安江左者既数十年矣，且常朝纲不振，内讧迭兴，中原人心早已丧尽无遗。此桓温之所以不求毁国之功，而谋保实力以徐图进取者也，此亦即其患得患失之心所由生之因素也。

上所论者为英雄成败之关键，亦桓温成败之关键在焉。

十五年后桓温举兵伐燕，亦无功，其用意亦图立威国外，以服朝臣而收人望。而其失败，亦以既欲图速成之功，又不敢挟其慑敌之众，深入直捣邺城（燕国首都）；既要持重，又不能忍待时机。故其参军郗超献二策：其一，举其优越之众，直捣邺城，"彼畏公威名，必望风逃溃，北归辽碣。若能出战，则事可立决。若欲城邺而守之，则当此盛夏，难为功力。百姓布野，尽为官有，易水以南必交臂请命矣"；其二，"欲务持重，则莫若顿兵河济，控引漕运，俟资储充备，至来夏乃进兵；虽如赊迟，然期于成功而已"。"舍此二策，而连军北上，进不速决，退必愆乏。贼因此势，以日月相引，渐及秋冬，水更涩滞（温利用河水汶水等漕运为大军补给）；且北土早寒，三军裘褐者少，恐于时所忧，非独无食而已"。桓温不用其谋，果终遭挫败。故桓温两次北伐无功，实陷同样覆辙，即既欲急功，又不敢勇进，既要持重，又急于图功。如是安有不败者？

第三章 秦晋之战

第一节 第一次侵晋

秦当晋桓温伐燕前后，由于用王猛为相，治理国政，政治修明，兵强士练，正所谓"猛刚明清肃，善恶著白，放黜尸素（则人知惕劝），显拔幽滞（则人才奋发），勤课农桑，练习军旅，官必当才，刑必当罪。由是国富兵强，战无不克，秦国大治"也。且当晋燕相持之际，彼极力西图凉、雍等州（今甘肃及湖北西北部），以扩张其领土，巩固根本，以为将来东进之图。

未几桓温伐燕败退之后，秦遂又乘燕内讧之际（燕相慕容评图灭慕容垂），以王猛为将，起兵伐而灭之。从此秦之版图，东起高句丽，西至西域、梁、益等州（今甘肃四川陕西地），南迄大江，庞然大国矣。

形势至此，秦乃开始图谋伐晋，有亟图统一宇内之志。于是于太元三年（378年）二月，苻坚命其征南大将军苻丕、武卫将军苟苌、尚书慕容暐（被俘之燕主，敌国之主岂可再用）率步骑七万寇襄阳，又以荆州刺史杨安率樊邓（樊城邓县）之众为前锋，征虏将军石越率精骑一万出鲁阳关（今河南鲁山附近），京兆尹慕容垂（与慕容评不睦投秦）、扬武将军姚苌率众五万出南乡（河南南阳西），领军将军苟池、右将军毛当、强弩将军王显等率众四万出武当（今湖北均县），各路军以襄阳为目标而会攻之。至四月，以上各路军均到达沔北（今陕西沔县附近）集中。晋梁州（治今湖北襄阳）刺史朱序以秦无舟楫，不以为虞。既而石越率骑五千浮渡汉水，朱序乃惶惧而固守中城。石越攻破其外郭，获船百余艘，以济余军。苻丕至是亦督诸将攻中城。晋将桓冲在上明（今湖北松滋县西）拥七万之众，而畏秦兵强，不敢进。慕容垂据南阳后，进与苻丕会于襄阳。

七月，苻坚复令其兖州刺史彭超攻沛郡及彭城，企图进取淮南，对江左之晋廷形成东西夹击之势；另以步骑七万由洛州刺史邵保、后将军俱难、右禁军将军毛盛等统率之，自洛阳出发，以淮阳、盱眙为目标进军；又以其梁州刺史韦锺围魏兴（古金州西城县南，今陕西安康县附近）太守吉挹于西城。三面进击。

八月彭超攻彭城，晋以右将军毛虎生率众五万驻姑孰（今安徽当涂县）以御之。

至太元四年一月，攻襄阳之秦军仍无功，苻坚乃欲亲统大军攻襄阳，另令阳平公苻融以关东六州之兵会寿春，凉州刺史梁熙以河西之兵为后继，以期对晋做全面之进攻。因其诸臣之劝谏乃止。

二月，苻丕克襄阳，执朱序送长安，苻坚拜朱为度支尚书。彭超克彭城后，南攻盱眙。俱难亦连克下邳、淮阴，继续南进，与超会攻盱眙。

三月，晋右将军毛虎生率众三万击巴中以救魏兴。前锋至巴西大败，亡七千余人，虎生遂退屯巴东。至四月韦锺拔魏兴。

于是，秦将毛当、王显等率众二万自襄阳东会俱难、彭超共攻淮南。五月，难、超等拔盱眙，执晋高密内史毛璪之。另秦兵六万围晋幽州刺史田洛于三阿（苏北宝应附近），距广陵仅百里。晋廷大震，乃临江置戍，遣征虏将军谢石率舟师守涂中（今安徽滁县），右卫将军毛安之等率众四万守堂邑（今江苏六合县北），但为秦将毛当、毛盛骑兵二万所袭，安之等军惊溃。

是时晋兖州刺史谢玄自广陵救三阿，秦将俱难、彭超等战败，退保盱眙。六月，谢玄与田洛率兵五万进攻盱眙，难、超等又败退淮阴。于是谢玄遣何谦等率舟师乘潮而上，夜焚淮桥，秦将邵保战死，难、超等北走，仅以身免。秦遂退保彭城、湖陆（今鲁西金乡）、下邳。

第二节　淝水之战

晋太元七年（382年）十月，秦苻坚集群臣再议伐晋曰："自吾承业，垂三十载，四方略定，唯东南一隅未霑王化。今略计吾士卒，可得九十七万，吾欲自将以讨之，何如？"群臣议论不一，朝野均以为晋不可伐，而苻融尤力阻之，苻融泣曰："晋未可灭，昭然甚明。今劳师大举，恐无万全之功。且臣之所忧，不止于此。陛下宠育鲜卑、羌、羯，布满畿甸，此属皆我之深仇，太子独与弱卒数万留守京师，臣惧有不虞之变生于腹心肘腋，不可悔也。"坚不从。

太元八年八月，苻坚遣苻融督张蚝、慕容垂等步骑二十五万为前锋，以兖州刺史姚苌为龙骧将军，督益、梁州诸军事。

坚发长安戎卒六十余万，骑二十七万，旗鼓相望，前后千里。九月坚至项城（今豫东），凉州之兵始达咸阳，蜀、汉之兵方顺流而下，幽、冀之兵至于彭城。东西万里，水陆齐进，运漕万艘。苻融等兵三十万先至颍口（颍水入淮之口）。

晋为御秦军之进犯，乃以尚书仆射谢石为征虏将军征讨大都督，以徐兖二州刺史谢玄为前锋都督，与辅国将军谢琰、西中郎将桓伊等众共八万拒之。另以龙骧将军胡彬率水军五千援寿阳（安徽寿县）。

十月，苻融等攻寿阳，克之，同时慕容垂亦拔郧城（当时之江夏云杜县东南，即今湖北安陆县附近）。

晋将胡彬闻寿阳陷，乃退保硖石（古汝阴郡下蔡县，即今安徽凤台），苻融复进攻之，而秦卫将军梁成等，则率众五万据洛涧（在今安徽怀远洛涧入淮之口），栅淮水以遏东兵。谢石、谢玄等距洛涧二十五里而阵，畏梁成兵盛，不敢进。胡彬粮尽，遣使报谢石等曰："今贼盛粮尽，恐不复见大军。"秦军获之，送于苻融，融使报秦王坚曰："贼少易擒，但恐逃去，宜速赴之。"苻坚乃留大军于项城，引轻骑八千兼道就融于寿阳，遣尚书朱序来说谢石等，以强弱异势，劝其速降。朱序至晋，私谓谢石等曰："若秦百万之众尽至，诚难与为敌。今乘诸军未集，宜速击之。若败其前锋，则彼已夺气，可遂破也。"谢石闻苻坚在寿阳，甚惧，

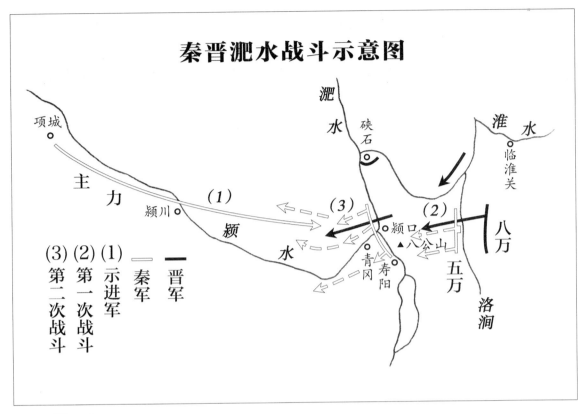

秦晋淝水战斗示意图

图三八

欲不战以老秦师，谢琰劝石从序言。十一月，谢玄遣广陵相刘牢之率精兵五千趋洛涧，相距十里，梁成阻涧为阵以待之。牢之直前渡水击成，大破之，斩成及弋阳太守王咏；又分兵断其归津，秦步骑崩溃，争赴淮水，死者万五千人，俘秦扬州刺史王显等，尽收其器械军实。于是谢石等诸军水陆继进，苻坚、苻融登寿阳城望之，见晋兵部阵严整，又望八公山上草木，皆以为晋兵，坚顾谓融曰："此亦勍敌，何谓弱也！"怃然始有惧色。秦兵逼淝水而阵，晋兵不得渡。谢玄遣使谓苻融曰："君悬军深入，而置阵逼水（即如现代之河川直接防御），此乃持久之计，非欲速战者也。若移阵稍却，使晋兵得渡，以决胜负，不亦善乎？"秦诸将皆曰："我众彼寡，不如遏之，使不得上，可以万全。"苻坚曰："但引兵稍却，使之半渡，我以铁骑蹙而杀之，蔑不胜矣。"融亦以为然。遂麾兵使却，秦兵遂退。此时朱序在阵后大呼曰："秦兵败矣！"众遂大奔，不可复止。谢玄、谢琰、桓伊等引兵渡水击之。融驰骑略阵，欲以率止退者，马倒为晋兵所杀，秦兵遂溃。谢玄等乘胜追击，至于青冈（距寿春三十里），秦兵大败，自相蹈藉而死者，蔽野塞川，其走者闻风声鹤唳，皆以为晋兵且至，昼夜不敢息，草行露宿，重以饥冻，死者十七八。晋军遂复取寿阳。苻坚于溃退时中流矢，单骑走至淮北（走依彭城南下之军也），潸然流涕。苻坚经此役大败之后，匈奴、羯、羌、鲜卑诸种族之将士相继叛离，其大者如慕容垂、慕容冲复燕，姚苌建后秦，苻秦之国遂溃矣。

第三节 秦晋胜败之因素

（一）晋胜之因素

1. 绪战胜利，士气大振。

2. 谢玄不失为当时之良将，故其军整而善战。

3. 得朱序之情报与建议，是为晋制胜之主要关键。

4. 为苻坚轻进之错误。

（二）秦致败之因素

1. 无良将，故军虽众而乌合，因军无节制，故一败而溃。《孙子》曰："将者国之辅也。"秦无良将，虽强何益？

2. 用不欲伐晋之苻融为将，《孙子》曰："将听吾计，用之必胜，留之；将不听吾计，用之必败，去之。"回忆晋文帝伐蜀时，竟用忠心不可靠之钟会为将，盖其时赞成蜀可伐者仅钟会一人，故晋文用钟会（详已见前篇），其高苻坚一着亦明矣。

3. 既已大举伐晋，本可以压倒之绝对优势而灭晋者。但用堂堂之兵数路分进合击，贵在统一发动攻势，而秦竟于兵未集中时即轻敌急进，致优势之兵予敌以各个击破之机会，其用兵之愚昧可知。《孙子》曰："不可以击而谓之击，是谓乱军引胜。"此之谓也。加以朱序将情报告晋并为晋军设计，朱序又于秦军后退时，突然在阵后高呼动摇军心之喊话，此秦军之所以速即败溃也。

4. 秦诸将多怀异志，尤以慕容垂、姚苌等为然。秦苻坚虽赖王猛之贤，国力强大，四征扩张，然各被征服之种族皆怀异志，所以未敢发者，未得其机也。故王猛死时，独劝其勿伐晋。盖晋此时君臣和穆，精神团结，兵力尚强，而秦则各族心怀不测。故以秦国之强大，仅淝水一役之后，即形成冰消瓦解者，其原因在此，此乃苻坚之智不能明隐伏之情所致也。

第四章 刘裕伐秦

晋义熙十二年（416年）八月，刘裕伐秦。遣龙骧将军王镇恶、冠军将军檀道济等将步军自淮、淝向许、洛；以新野太守朱超石、宁朔将军胡藩等趋阳城（今河南登封县东南告成镇），振武将军沈田子、建威将军傅弘之等趋武关，建武将军沈林子、彭城内史刘遵考等将水军出石门（今河南广武敖山上），自汴入河；以冀州刺史王仲德督前锋诸军开巨野入河。

九月，刘裕自至彭城总督诸军。王镇恶、檀道济入秦境，所向皆捷，秦将王苟生以漆丘降镇恶，徐州刺史姚掌以项城降道济；并拔新蔡，克许昌。

沈林子自汴入河，攻仓垣，克之。

王仲德入据滑台（今河南滑县黄河旧道经此），刘裕婉辞假道于魏。

十月，秦阳城、荥阳二城皆降，晋兵进至成皋。秦征南将军姚洸守洛阳，遣使求救于长安。秦王泓遣越骑校尉阎生率骑三千救之。另以武卫将军姚益男将步卒一万助守洛阳，又遣并州牧姚懿南屯陕津（即今河南陕县黄河渡口），为之声援。赵玄言于洸曰："今晋寇益深，人情骇动，众寡不敌，若出战不捷，则大事去矣。宜摄诸戍之兵，固守金墉（今洛阳西北），以待西帅之救。金墉不下，晋必不敢越我而西，是我不战而坐收其弊也。"姚洸司马姚禹阴与檀道济通，其主簿阎恢、杨虔皆姚禹党，因共嫉赵玄，乃言于洸曰："殿下以英雄之略，受任方面，今婴城示弱，得无为朝廷所责乎？"姚洸从之。檀道济遂长驱而进，克洛阳。

是月，西秦王炽磐遣使通刘裕，求击秦以自效，裕遂拜炽磐为平西将军、河南公。

明年，刘裕席累胜之威，长驱疾进，八月克长安，执姚泓，送建康斩之。十二月，刘裕留数将辅其幼子于长安，而自匆匆回建康筹谋篡位

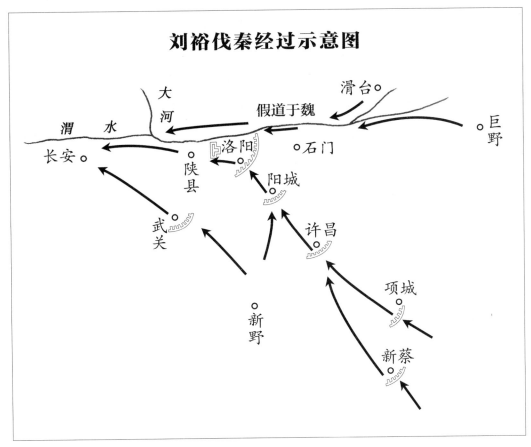

图三九

之计。故虽为时机未几，其留于长安之诸将由于自相斗争，致北伐之功迅即归于乌有，然其篡夺之政略目的则已达成矣。后三年遂篡晋，国号宋，而开南北朝之局。盖其伐秦也，并非为晋恢复中原，而乃图夺取政权之手段，故秦虽得而失之，非彼所虑也。历史家有评其处秦事不当者，殊不知刘裕伐秦之目的在建康也。故政略常有动于彼而获于此者，此之谓也。

本篇主要参考书

1.《晋书》

2.《南史》

3.《中国历代战争史》

4.《读史方舆纪要》

5.《资治通鉴》

中国历代
战争史话

李震 —— 著

·下册·

九州出版社
JIUZHOUPRESS

第十一篇 隋大一统（并陈）之战

提 要

一、隋恢复大一统之局。隋文帝杨坚伐北周，随即南并陈，而结束南北朝三百年对峙割据之局，恢复秦汉以来第二次之大一统。

二、隋文励精图治，炀帝继之，国防建设规模宏远，其尤著者，修长城，浚五大运河，交通畅达，工商繁荣，又改善北周之府兵制，国家富强，媲美秦汉。

三、隋灭陈战略：先用"多方以误之"的谋略，造成陈朝之不备；继而奇袭渡江，取得速胜，遂灭陈国。

第一章　隋先定北方之方略

隋自杨坚受禅于周之后，即采取南和北征之策。所谓南和北征者，即南和陈国，北征诸胡（契丹、突厥、吐谷浑等）是也。加以杨坚励精图治，贤能为用，浚渭水，修水利，奖农业，改币制，革刑律，国赖以富强。且有名将相如高颎、杨素、韦孝宽、贺若弼、韩擒虎、史万岁等，均为智慧甚高，勇略盖世者。至对西北突厥部落，又能常用各个击破之策。

按突厥起于北魏初。其俗畜牧为事，随逐水草，不恒其居。穹庐毡帐，被发左衽，食肉饮酪，身衣裘褐，贱老贵壮。官有叶护，次设，次特勤，次俟利发，次吐屯发，下至小官，凡二十八等，皆世为之。敬鬼神，信巫觋，重兵死而耻病终，大抵与匈奴同俗。至佗钵可汗时，控弦数十万，中国惮之，周齐争结姻好，倾府藏以事之。至隋初，突厥大可汗为沙钵略，居东有贪汗，居西有阿波可汗，皆其侄也。沙钵略之妻为北周宇文氏之女千金公主，愤其宗国为杨坚所篡，每怀覆隋之志，因促沙钵略入寇。隋文帝乃利用其叔侄兄弟间争权之矛盾而分图之。

如陈至德元年（583 年）五月，隋秦州总管窦荣定率九总管步骑三万出凉州，与突厥阿波可汗相持于高越原，阿波屡败，不敢复战，遂请盟引军而去。此时隋乃乘机遣使说阿波曰："摄图（沙钵略）每来，战皆大胜，阿波才入，辄即奔败，此乃突厥之耻也。且摄图之与阿波，兵势本敌，今摄图日胜，为众所崇，阿波不利，为国生辱。摄图必当以罪归阿波，成其宿计，灭北牙矣。愿自量度，能御之乎？"阿波使回报，隋又使人谓之曰："今达头（沙钵略从父，为西面可汗）与隋联合，而摄图不能制。可汗何不依附天子，连结达头，相合以为强，此万全计也。岂若丧兵负罪，归就摄图，受其戮辱邪？"阿波然之，遣使随隋使入朝。

突厥别部沙钵略素忌阿波骁悍，于白道（今归绥县北）败归时，又闻阿波附隋，因先袭击北牙，大破之，杀阿波之母。阿波还无所归，西奔达头。达头大怒，遣阿波率兵而东，其部落归之者将十万骑，遂与沙钵略相攻，屡破之，复得故地，兵势益强。另突厥别部贪汗可汗素睦于阿波，故沙钵略夺其众而废之，贪汗可汗遂亦奔附达头。又沙钵略从弟地勤察别统部落，与沙钵略有隙，故率众叛而归附阿波，因此连兵相攻不已。乃各遣使至长安请和，求援于隋，隋主皆不许。

就上一段史实观之，即可充分窥见隋当时之策略为初则连达头以分离之，及其既自相攻伐之际，则又任令其自相攻伐，而后者即卞庄刺虎之计也。盖当其自相攻伐请援之时，若予以左右祖，则势必助成其某方面之独强，而其某方面之独强，适足以为隋之患耳。

第二章　图陈策略

前既述之，隋杨坚自受禅以来，对陈采取友好政策，至陈祯明元年（587年）冬，北方突厥之患既平，乃转而将目标指向于陈矣。且适陈主乃一绝对之享乐主义者，日夜拥其娇丽绝伦之贵妃张丽华、孔贵嫔及诸宫女歌舞宴乐，不问朝政。加以群奸用事，贤能无用，武将被黜，军民离心。于是隋主遂议伐陈之策，而问计于高颎，颎献策曰：

"江北地寒，田收差晚。江南水田早熟，量彼收获之际，微征士马，声言掩袭，彼必屯兵守御，足得废其农时。彼既聚兵，我便解甲（侵扰战法）。再三若此，彼以为常（按：即现代所谓心理战）。后更集兵，彼必不信，犹豫之顷，我乃济师（按：即奇袭战法）。登陆而战，兵气益倍。又江南土薄，舍多茅竹，所有储积，皆非地窖。若密遣行人（按：即现代所称之第五纵队）因风纵火，待彼修立，复更烧之。不出数年，自可财力俱尽（按：即现代所称之经济破坏战）。"

隋主用其策，陈人因以大困。嗣贺若弼（镇广陵，今江都县）为加强上项策略，更应用于军事方面，常使江防军交代之际，规定交接两军均须先集广陵。因此每逢交代，广陵之野即满布大军之旗帜营幕。陈人初则以为隋兵大至，急发兵沿江守备；既知乃隋江防军交代，陈兵复散。如是者屡，陈以为常，不复设备。贺若弼又常遣兵沿江为猎，人马喧噪。因此隋军行动，陈益不为备。遂造成其后来渡江之战如入无人之境，而毫无阻挡者。

第三章　军事攻势配合宣传攻势之运用

　　祯明二年（隋开皇八年，588年）十月，隋开始其击陈之进军，部署如次：

　　命晋王杨广、秦王杨俊、清河公杨素皆为行军元帅；杨广出六合（今江苏六合），杨俊出襄阳，杨素出永安（今四川奉节县东，即白帝城），荆州刺史刘仁恩出江陵，蕲州刺史王世积出蕲春（湖北蕲春县），庐州总管韩擒虎出庐江（安徽合肥），吴州总管贺若弼出广陵（江苏江都），青州总管燕荣出东海（苏北东海）。

　　以上凡总管九十，兵五十一万八千，皆受晋王杨广节度。东自沧海，西至巴蜀，旌旗舟楫，横亘数千里。以左仆射高颎为晋王元帅长史（参谋长），右仆射王韶为司马（作战部长），军中事皆取决之。

　　（一）大江上游之攻势。秦王杨俊督诸军进驻汉口，为上流节度（上流总指挥），陈以散骑常侍周罗睺都督巴峡沿江诸军拒之。杨素督舟师下三峡，军进至流头滩（宜昌县西），为陈将戚昕水军阻于狼尾滩（今宜都县西），不得进。素选精舰夜袭之，另以王长袭步兵自北岸攻击戚昕别栅，刘仁恩率甲骑自岸趋白沙，期以迟明（拂晓）会合，共击戚昕水军。昕大败，兵众尽为杨素所俘，素慰而遣之（释俘策略）。此役为是年冬十二月也。

　　明年（为隋开皇九年）一月（此时大江下游隋军亦开始进击），陈荆州刺史陈慧纪遣南康内史吕忠肃屯岐亭（在今湖北宜昌县西北二十五里西陵峡口），据巫峡（在湖北巴东县西，峡长一百六十里），于北岸凿岩，缀铁索三条，横截上流，以遏隋船（断杨素水军之后）。杨素、刘仁恩奋兵击之，四十余战，忠肃守险力战。隋兵死者甚众，陈兵尽取其鼻，以求功赏（此种赏格失当）。其后隋军屡捷，获陈之士卒，三纵之，忠肃弃栅而遁（释俘策略的效果）。

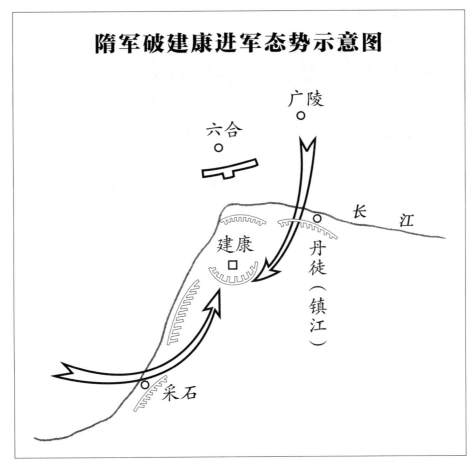

隋军破建康进军态势示意图

图四〇

吕忠肃败后，复据荆门之延洲以拒隋军。杨素此时复用"选锋"战法，遣巴蜑千人（巴中人以船业为生者，习水性，善驾驶舟船），乘五牙（船名）四艘，以拍竿碎忠肃十余舰，复大破之，俘甲士二千余，忠肃仅以身免。

于是据守安蜀城之陈信州刺史弃城走。据守公安（今湖北公安）之荆州刺史陈慧纪悉烧其储蓄，引兵三万人，楼船千余艘顺江而下，欲入援建康，复为隋秦王杨俊所拒，不得进。而被罢黜之湘州刺史王叔文又降于俊，上游遂平。

（二）大江下游之攻势。隋开皇九年（陈祯明三年）正月，韩擒虎将五百人自横江夜渡采石（今安徽当涂西北牛渚山突入江之处），守者皆醉，遂克之。继攻姑孰（当涂），半日，又克之。隋杨广率大军进驻六合镇桃叶山。此时陈主始议抵御之策，其部署如下：

以骠骑将军萧摩诃、护军将军樊毅、中领军鲁广达并为都督，司空司马消难、湘州刺史施文庆并为大监军；遣南豫州刺史樊猛率舟师出白下（江宁县西北），散骑常侍皋文奏将兵镇南豫州（今当涂县）。

先是贺若弼以误敌之计，故其进军渡江之际，陈人皆不觉，遂得迅速袭据京口（今镇江县），俘南徐州刺史黄恪，所俘六千余皆释之，并给粮劳遣，付以敕书，令分道宣谕（释俘与宣传攻势并用），于是所至风靡。至此贺若弼乃自北道，韩擒虎自南道并进。陈沿江诸戍望风尽走。若弼分兵断曲阿之要道（曲阿即今镇江），盖恐三吴之兵入援建康而断其后也。

于是陈主为保守建康，遂令司徒王叔英据守朝堂，萧摩诃据守乐游苑，樊毅据守耆阇寺，鲁广达据守白土冈，忠武将军孔范据守宝田寺，任忠是时亦自吴兴入援据守朱雀门。

此时贺若弼已进据钟山白土冈之东。杨广遣总管杜彦、韩擒虎合军步骑二万进据新林（白鹭洲附近）。蕲州总管王世积以舟师自蕲水出九江，破陈将纪瑱于蕲口（湖北蕲春县西之十里），陈军大骇，降者甚众。及建康近郊之战，陈主庸劣，心中无主，诸将士人心不一，如任忠迎降韩擒虎于石子冈，引隋军入朱雀门，于是陈军皆逃散，文武百僚皆遁走，陈国遂亡。

先是隋主初议伐陈之时，曾书写诏书，令散写三十万份，遍告江南人民，于是军事攻势之前，先发动此一宣传大攻势。而贺若弼进攻之时，释放俘虏，"付以敕书，令分道宣谕"者，即此诏书也。其诏书曰：

"陈叔宝据手掌之地，恣溪壑之欲。劫夺闾阎，资产俱竭；驱逼内外，劳役弗已；穷奢极侈，俾昼作夜。斩直言之客，灭无罪之家。欺天造恶，祭鬼求恩。盛粉黛而执干戈，曳罗绮而呼警跸。自古昏乱，罕或能比。君子潜逃，小人得志；天灾地孽，物怪人妖；衣冠钳口，道路以目。重以背德违言，摇荡疆场；昼伏夜游，鼠窃狗盗。天之所覆，无非朕臣，每关听览，有怀伤恻。可出师授律，应机诛殄，在斯一举，永清吴越。"并以书宣示陈主二十罪恶（心理战）。

隋主此一宣传攻势，更配合其释俘策略，以及诛戮陈国谄谀奸臣，优礼其忠贞贤能，于是江南民心如归矣。

第四章　隋战争谋略运用之总结

第一，秘密原则之活用。当隋主准备进军之际，其臣下有主张秘密部署进军者，隋主怒斥之。故其部署各路军时，除配合其宣传攻势，申明为吊民伐罪，大张挞伐外，并使杨素在巴准备舟舰时，将其造舰所斫之木札弃江中，使陈人在下游得而知之。盖其所以如此者，因其以大击小，以强攻弱，以有道伐无道，并以其压倒之军事政治优势，配合其宣传攻势，以增大其声势，而震慑陈国人心，打击陈国士气，促使敌不战自溃也。此种策略运用，乃根据彼己悬殊状况，策定其政略战略之密切协调与运用之至当行动。然其在战术上，如贺若弼韩擒虎之渡江，莫不以秘密奇袭之方式出之。故秘密原则之于战争，有秘密而得者，有不秘密为得者，此乃秘密运用之要窍也。

第二，释俘策略之运用。隋军每获陈俘，不仅慰劳给粮遣之，且配合其宣传攻势，使敌后人心军心，不战而溃。

第三，宣传之运用。根据陈国之弱点而揭示之，根据陈人之恶于陈政者而宣扬之。宣示其挞伐之大旨，并配合其压倒之优势与释俘策略而密切配合运用，使宣传之力量益收其伟大之效果。

第四，优待高级虏俘之谋略。当陈主投降之后，除优待陈主之外，诛戮其奸佞，优录其忠贤，此非为有爱于敌俘，乃欲于战后收服陈人之心也。故政略之运用，有措之于此而求之于彼者，此之谓也。

第五，经济策略之运用。如高颎之策曰："量彼收获之际，微征士马，声言掩袭，彼必屯兵守御，足得废其农时……江南土薄，舍多茅竹，所有储积，皆非地窖。若密遣行人因风纵火，待彼修立，复更烧之。不出数年，自可财力俱尽。"此种破坏策略，使农产颇富之江南人穷财尽矣。

第六，造成奇袭战势之运用。如高颎之策曰："微征士马，声言掩袭……彼既聚兵，我便解甲，再三若此，彼以为常。后更集兵，彼必不信。犹豫之顷，我乃济师。登陆而战，兵气益倍。"贺若弼除执行此种策略外，更从而加强之，如江防交代及沿江行猎等是也。故当韩擒虎、贺若弼渡江时，皆能不战而胜，是乃造成奇袭战势之运用。

第七，战法上善于选锋与出奇。如贺若弼以寡击众，战于钟山附近时（击敌之后背）遭受挫折，乃利用烟幕掩护，重整队势，再兴攻势，遂败陈师；及其与韩擒虎渡江掩袭，杨素夜攻狼尾滩等，无不出奇以制胜。至于选锋战法之运用，杨素尤显其长，如攻荆门延洲之役，以巴蜑千人大破吕忠肃数千人，故史载曰："杨素用兵多权略，驭众严整。每将临敌，辄求人过失而斩之……及其对阵，先令一二百人赴敌，陷阵则已，如不能陷而还者，无问多少悉斩之。又令二三百人复进，还如向法。将士股栗，有必死之心，由是战无不胜，称为名将。"

综上七项，为隋灭陈所运用之政治战、经济战、宣传战、心理战（以玺书宣示陈主二十大罪恶，打击陈君臣心理）、奇袭选锋战法等，做综合之运用，此其之所以胜也。按：中国后汉以降，自中原举兵伐江南者，至此既有三次，第一次为曹操伐吴赤壁之战，第二次为晋六道平吴，第三次即本战役也。此三次中第一次失败，第二次鉴于第一次失败做全面之进攻而胜，第三次在政略、战略、战术、战法上，尤较前二次进步。

本篇主要参考书

1.《南史》

2.《北史》

3.《隋书》

4.《中国历代战争史》

5.《资治通鉴》

第十二篇　唐代战争

提　要

一、隋炀帝以国家富强而骄恣，三征高丽失败，导致溃兵逃卒流寇天下。于是杨玄感、李密、李渊相继起兵，后者遂取代隋之天下。

二、李渊善用战略，先取得关中基地，乃指导李世民平定北方群雄，中原统一。及李靖平定萧铣、辅公祏，长江以南又告统一，恢复大一统之局。

三、唐数征高丽，始告成功。又西征突厥，统治中亚，武功空前。及至玄宗，久治奢怠，府兵之制破坏，节度使之制代之，导致安史之乱，唐代富强繁荣，毁于一旦。藩镇割据之祸因之而起，流寇继之，社会经济崩溃，唐朝以亡。

第一章　唐初之战

第一节　隋炀失政与李渊举兵晋阳

隋炀帝自弑其父文帝坚登大位之后，南征北伐，东征西讨，版图之广，与秦始皇汉武帝时代相若，武功之盛，自汉以来未之有也。唯大功告成之后，骄奢淫佚随之，以古代如此脆弱之农业经济，而应其不断建造穷极华丽之宫院与宫廷奢靡生活之享受，势必陷人民于赋役之苦。加以开筑运河，劳役过烦，人民不堪其苦。三征高句丽，动员天下兵马，再三无功，隋威望大丧，人民又不胜其兵役之烦。复以农村经济破产，饥馑随之。于是杨玄感倡乱于先，盗贼蜂起，李密继之于后。而炀帝自身又久贪恋于江都之逸乐，大臣复从中蒙蔽之。因此中原大乱，遂形成分崩之状矣。

隋义宁元年（大业十三年，617 年）六月，刘文静劝李渊与突厥相结，资其士马以益兵势，渊从之，自为手书，卑辞厚礼遗始毕可汗，其书云：

"欲大举义兵，远迎主上。复与突厥和亲，如开皇之时（开皇时杨坚为欲先图中原群雄，故与突厥和亲）。若能与我俱南，愿勿侵暴百姓。若但和亲，坐受宝货，亦唯可汗所择（李渊原奉隋帝命驻晋阳御突厥者）。"

始毕可汗得书，谓其大臣曰：

"隋主为人，我所知也，若迎以来，必害唐公而击我无疑矣。苟唐公自为天子，我当不避盛暑，以兵马助之。"（此策图分中国之势）

渊得复书，将佐皆喜，惟渊以为不可，而纳裴寂等之决策，尊炀帝为太上皇，立代王侑为帝（于长安），以安隋室。移檄郡县，改易旗帜，杂用绛白，以示突厥。与突厥既相结连，乃使刘文静至突厥请兵，并嘱文静曰：

"胡骑入中国，生民之大蠹也。吾所以欲得之者，恐刘武周引之共为边患。又胡马行牧，不费刍粟，聊欲借以为声势耳，数百人之外，无所用之。"刘文静至突厥，与之约曰："若入长安，民众土地入唐公，金玉缯帛归突厥。"突厥遂遣兵援渊。

于是李渊又以书招李密（是时李密兵甚强盛，河南之地尽据有之，并积极进攻东都洛阳，与隋越王杨侗相持中。先是炀帝巡江都时，留其二子代王杨侑镇长安，越王杨侗镇东都）。密自恃兵强，欲为盟主，使祖君彦复书曰："与兄派流虽异，根系本同。自唯虚薄，为四海英雄共推盟主。所望左提右挈，戮力共心。执子婴于咸阳，殪商辛于牧野，岂不盛哉。"且欲使渊以步骑数千自至河内，面结盟约。渊得书曰："密妄自矜大，非折简可致。吾方有事关中，若遽绝之，乃是更生一敌，不如卑辞推奖，以骄其志，使为我塞成皋之道，缀东都之兵，我得专意西征。俟关中平定，据险养威，徐观鹬蚌之势，以收渔人之功，未为晚也。"因使温大雅复书曰：

"吾虽庸劣，幸承余绪，出为八使，入典六屯，颠而不扶，通贤所责。所以大会义兵，和亲北狄，共匡天下，志在尊隋。天生烝民，必有司牧，当今为牧，非子而谁。老夫年逾知命，愿不及此。欣戴大弟，攀鳞附翼，唯弟早膺图箓，以宁兆民。宗盟之长，属籍见容，复封于唐，斯荣足矣。殪商辛于牧野，所不忍言；执子婴于咸阳，未敢闻命。汾晋左右，尚须安辑；盟津之会，未暇卜期。"

李渊上项政策运用，为北和突厥，南结李密，而中防刘武周之相侵，专以长安为进取目标。由于此种政略运用之得计，因而创造进军长安之优越战略形势。然后晋阳（山西太原县）誓师，移檄郡县，谕以隋代王之意。

当李渊和突厥改旗号之时，西河郡（山西汾县）郡丞高德儒不从，遂遣其子建成、世民将兵击之。而建成、世民兄弟将此新集之众，竟能与之同甘苦，遇敌则以身先之，对民间菜果非买不食，军士有窃之者，辄求其主偿之，亦不诘窃者，军士及民皆感悦之。既克西河郡，仅戮高德儒一人，秋毫无犯，并慰抚人民复业，因此远近闻之大悦。其誓师之前，即有此得人心立声威之壮举，故李渊于建成、世民得胜还晋阳时而喜曰："以此行兵，虽横行天下可也。"遂定入关之计，开仓以赈贫民，因此应募者日益多。及南连李密之计已成，遂誓师进军。渊自称大将军，率甲士三万；以世子建成为陇西公，左领军大都督，左三统军隶属之；以次子世民为敦煌公，右领军大都督，右三统军隶属之，军士均称义士；三子元吉为太原太守，留守晋阳宫，后方之事，悉以委之。

是年七月初五日李渊进军，沿途抚恤吏民，赈赡贫穷。凡有豪俊，随才授任。长安代王杨侑乃遣虎牙郎将宋老生率精兵二万屯霍邑（山西霍县），左武候大将军屈突通屯河东（今山西虞乡临晋间）以拒李渊。

第二节　霍邑决策与霍邑之战

当李渊军至霍邑附近时，会久雨不得进，军中乏粮。而刘文静出使突厥尚未返，或传突厥与刘武周（按：武周据马邑，即今晋北朔县）乘虚袭晋阳。渊遂召将佐谋北还，裴寂等皆曰："宋老生、屈突通连兵据险，未易猝下；李密虽云连和，奸谋难测；突厥食言无信，唯利是视。武周，事胡者也。太原一方都会，且义兵家属在焉，不如还救根本，更图后举。"

李世民独曰："今禾菽被野，何忧乏粮。老生轻躁，一战可擒；李密顾恋仓粟，未遑远略；武周与突厥外虽相附，内实相猜，武周虽远利太原，岂可近忘马邑。本兴大义，奋不顾身，以救苍生，当先入咸阳，号令天下。今遇小敌，遽已班师，恐从义之徒一朝解体。还守太原一城之地为贼耳，何以自全？"李建成亦以为然。

李渊不听，令军北还。世民复苦谏曰："今兵以义动，进战则克，退还则败。众散于前，敌乘于后，死亡无日，何得不悲！"渊遂令追还北撤之左军，准备复进。此一决策之得失，实为李渊功业成败所系。

八月初一日雨止，李渊乃令军自东南山麓小道趋霍邑（山西霍县），渊恐宋老生不出战，建成、世民曰："老生勇而无谋，以轻骑挑之，理无不出。脱其固守，则诬以贰于我，彼恐为左右所奏，安敢不出？"渊遂于初二日引数百骑先至霍邑城东数里，以待步兵；使建成、世民将数十骑至城下，举鞭指麾，若将围城之状，且诟之。老生怒，引兵三万自东门、南门分道而出。渊与建成阵于城东，世民阵于城南。渊及建成与老生东门军战不利，稍却，世民与军头段志玄自南原引兵驰下，冲老生阵，出其背后，世民手杀数十人，两刀皆缺，流血满袖，洒之复战。渊兵复振，因传呼曰："已获老生矣！"（阵前喊话之宣传攻势）老生兵大败，遂占霍邑。劳赏吏民，关中军士欲归者，并授五品散官遣归，此乃收关中吏民之心的策略，盖如此关中军民之心已先向往于李渊矣。

第三节 李渊进取关中及其决策

李渊既克霍邑，至十二日临汾郡、绛郡等亦相继克之。月之十五日军抵龙门（在山西河津、陕西韩城之间），河东县户曹任瓌说渊曰：

"关中豪杰，皆企踵以待义兵，瓌在冯翊（今陕西大荔县）积年，知其豪杰，请往谕之，必从风而靡。义师自梁山（今陕西郃阳县东）济河，指韩城，逼郃阳，萧造文吏，必当望尘请服，孙华之徒（关中群盗以孙华为最强）皆当远迎。然后鼓行而进，直据永丰仓，虽未得长安，关中固已定矣。"

于是李渊以书招孙华来降，并以孙华为前锋渡河，继遣左右统军王长谐、刘弘基及左领军长史陈演寿、光禄大夫史大奈等将步骑六千，于八月下旬自梁山渡河，并列营于河西。另以任瓌为招慰大使说韩城，下之，嗣冯翊太守萧造亦降。李渊于军渡河之前授长谐方略曰："屈突通精兵不少，相去五十余里，不敢来战，足明其众不为之用。然通畏罪，不敢不出战。若自济河击卿等，则我进攻，河东必不能守；若全军守城，则卿等绝其河梁（蒲津桥即今大庆关桥），前扼其喉，后拊其背，彼不走必为擒矣。"长谐等遂渡河，河西郡县多降。

屈突通遣虎牙郎将桑显和将骁果数千人，夜渡蒲津桥袭王长谐等营，长谐等战不利；孙华、史大奈以游骑自后击显和，大破之。显和脱走入

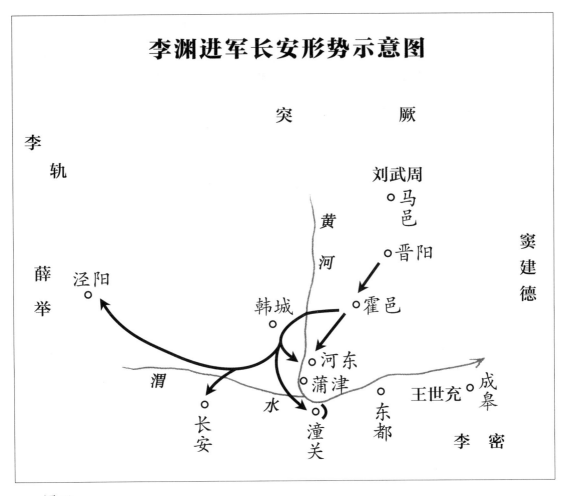

李渊进军长安形势示意图

图四一

城，并自断蒲津桥。九月初十日李渊遂率诸军围河东，屈突通固守，未能下。三辅豪杰来投渊军效命者日以千数，因此渊欲越河东引兵进趋长安，然尚犹豫未决。裴寂遂献议曰：

"屈突通拥大众，凭坚城，吾舍之而去，若进攻长安不克，退为河东所蹑，腹背受敌，此危道也。不若先克河东，然后西上，长安特通为援，通败，长安必破矣。"

李世民曰："不然。兵贵神速，吾席累胜之威，抚归顺之众，鼓行而西，长安之人望风震骇，智不及谋，勇不及断，取之若振槁叶耳。若淹留自弊于坚城之下，彼得成谋修备以待我，坐费日月，众心离沮，则大事去矣。且关中蜂起之将未有所属，不可不早招怀也。屈突通自守虏耳，不足为虑。"

上面消极积极二策，李渊两从之，留诸将围河东，自引军而西。于是朝邑法曹靳孝谟以蒲津、中潬二城降（二城即今大庆关及河中之郭家滩），华阴令李孝常以永丰仓降，京兆诸县（长安以东各县）亦多遣使请降。九月十二日，李渊遂率诸军渡河，至朝邑，关中士民归之如市。乃遣世子建成、司马刘文静率王长谐等诸军数万人屯永丰仓，守潼关，以防东方之兵；李世民则率刘弘基等诸军数万人，进军渭北略地。

屈突通闻李渊西进，乃令鹰扬郎将尧君素守河东，自引兵数万救长安，但为刘文静所遏阻。转向潼关，复为王长谐所阻不得进。于是李渊自临晋济渭，至九月二十二日抵永丰劳军，开仓赈饥民。世民徇渭北所至，吏民及群盗归之如流。世民收其豪俊，以备僚属，以一部营于泾阳（今甘肃平凉县），至是世民兵既扩充至九万矣。渊命刘弘基、殷开山分兵西略扶风，南渡渭水，而进屯长安故城。城中隋军出战，弘基迎击破之。世民另引兵趋司竹，进驻阿房宫城，由于沿途得李仲文、何潘仁、向善志等皆率众来从，其兵遂由九万扩充为十三万。李世民率此新降之卒，军令严肃，秋毫无犯。李建成则选仓上精兵，自新丰趋长乐宫，世民率新附诸军北屯长安故城。二人皆候李渊之命，以会攻长安。此时延安、上郡、雕阴（皆今陕北地）皆请降。九月二十八日渊遂引兵自冯翊西行，所过离宫园苑皆罢之，出宫女还其亲属。十月初四日渊至长安，营于春明门之西北，集入关及新附之军二十余万，先谕城中隋京兆内史卫文昇等以尊隋之意，不答。十月十四日渊率诸军围城攻之，十一月初九日左军先登，遂克长安，与民约法十二条，悉除隋苛禁以安民。李渊自晋阳起义至克长安，才四阅月耳。

第四节　李渊起义用兵之研讨

李渊起义时之中国混乱形势概如第一章所述，兹申言之。此时北方突厥时常侵边，李密据河南，进围东都洛阳，窦建德据赵魏之间（今冀南鲁西地区），李轨据武威（今甘肃西北部），薛举据兰州（今甘肃南部），萧铣起江汉，吴越亦群雄并起。此时天下大乱，一发不可收拾。李渊以御突厥无功，几遭刑戮。于是渊因观各方纷乱，前逼于突厥，后逼于严刑，遂决起兵。其起兵运用方略，兹分别研述如次：

（一）创造进军优良形势。北结突厥南盟李密，中防刘武周，造成长安孤弱，俾集中全部力量，以攫取此单纯之目标（关中）。唯突厥仇隋，北方俊杰起兵者，莫不结连突厥以为援，而李密尤仇隋者也。李渊既不能揭反隋之旗以相号召，则结连突厥、李密，只有以暂时之利害关系而相互利用之。突厥既利李渊许以关中所得宝货，复可助长中国多乱之局而乘机入侵。李密据河南，围东都，为当时反隋之势力最大者，既利李渊起兵，复可使彼牵制关中援救东部之兵，更利李渊拥彼为盟主。而李渊则利突厥李密之声援，复可减除彼等相侵之威胁，更可假李密塞成皋之道，使关东之隋兵不能入援长安，以便迅速攫取之。故上项形势虽非绝对可恃，然由此已可造成进取长安之有利时机。盖凡能创造有利形势之时机而乘之者，此即主宰战争之要道也。千古未有予战争者以有利之形势与时机永存供其利用者，故此种造势乘机之战争指导，亦即指导战争之最高艺术也。

（二）争取优越地略。李渊夺取长安之目的，彼曾明言之，彼曰："俟关中平定，据险养威，徐观鹬蚌之势，以收渔人之功。"因当时天下豪杰纷起，中原扰攘，得关中地略地位之优越，始可一方面守境安民，先培养自己雄厚之战争力量；一方面利用巩固之地略，观变乘时，以制群雄，而进夺天下，效秦皇、汉高之所为也。

（三）尊隋起义之得计。中国自晋八王之乱以来，海内分裂而支离破碎者，将三百年矣。赖隋之兴起，海内得以复归一统。而隋炀之南征北伐，东征西讨，武功灿烂，版图辽阔，与秦皇汉武媲美，隋朝此种功绩久为人民所景仰。虽因东征高句丽再三挫败，隋炀久恋江都而奢靡佚乐，以及盗贼纷起，群雄乘之，然而各地官绅人士犹恋恋于隋也。且李渊以姻戚之亲为隋边将，镇守太原，防御突厥，安靖边疆，若一旦反隋，必多遭不义之非议。因此之故，乃以尊隋革新隋政相号召，自属名正言顺，其实质上虽反隋，但不得不以此策略为过渡时期之运用也。且此种策略，几为历史更换朝代必然性运用之原则。盖在一种政权或社会未至彻底崩溃之状时，非做此种策略运用不为功。所以然者，社会人心之背景所形成之潜在形势使然也。故李渊于其子世民及群臣初献反隋之议，即拒而不纳，必待其次策尊隋举义，乃曰此亦"掩耳盗钟"之计，然时局之情势如此，只此掩耳盗钟之策可行，故即援用之。

（四）了解情况实质，为筹谋决策之根本。李渊兵至霍邑时，闻突厥与刘武周乘虚袭晋阳，其下乃有两种各主进退不同之谋议。主退保根本者（裴寂等之谋），乃就一般筹谋原则为着眼，因而产生稳健保守之决策。此种决策，在谋划原则上言未尝不当，如前有扼险据守未易卒拔之强敌，后有不测之袭击，且义兵家属所在，若晋阳一旦有失，则兵散势穷，故"还救根本，更图后举"此种筹划，原则上无可非议。

然李世民着重军心士气，盖"兵以义动，进战则克，退还则散"。此时李渊已成骑虎之势，不可迟疑却顾。且进军必须力求迅速，以保持新锐士气。尤其世民着重具体情势之分析与把握，世民曰："今禾菽被野，何忧乏粮。老生轻躁，一战可擒；李密顾恋仓粟，未遑远略；武周与突厥外虽相附，内实相猜，武周虽远利太原，岂可近忘马邑（按：马邑为刘武周根据地）。"此种具体分析与把握现实状况，殊为可贵。由此可知，不能了解全般状况，深入掌握各方实际情况者，虽熟习全般谋略原则，亦无所用之。尤有进者，掌握各方实际情况，更须深入掌握其要害，然后根据谋略原则与我方之目的、手段，及诸般实况与条件而策定方略，是为决策之要则。李渊于霍邑之决策，幸有李世民之卓越天才，乃能竟其初战之功。

（五）不为河东所迟滞而疾趋长安之决策。当李渊已克霍邑，其军进至河东而为屈突通所阻时，渊统帅部复产生两种不同之谋议。其一为裴寂等献议，主张先克河东，然后西进长安，免遭腹背受敌之害。李世民则主张"席累胜之威，抚归顺之众"，乘长安之人心骇惧之际，越河东疾趋长安，使敌人"智不及谋，勇不及断"，不及修备守御，一举而破之，以达速战速决之目的。且只有如此不失时机之猛进，始能使"关中蜂起之将"有所归趋，而益己之声势。就以上二者论之，前者裴寂之议，只知战争原则之常理，而全昧乎当前之情势，以及由此种态势所造成对李渊之优越形势也。总言之，裴寂之徒，只知战争至当之常理，而不能掌握不断发生之新形势，尤不能把握李渊举兵之特质与客观态势之配合，而李世民则反是，是所以益显李世民卓越之天才也。

以上二议，老谋深算之李渊尤善于抉择，分别轻重而一并采用之，遂成其主力进取长安，一部留以监视屈突通之卓越决策。观乎李渊由晋阳起义至入关过程中对其群僚谋议之采择，亦足以证明李渊之统帅资质实甚为优越也。

（六）善用宣传攻势。李渊于进军之沿途，开仓粮以赈贫穷，此即古代之面包攻势也；沿途抚慰吏民，此即心理攻势也；运用任瑰在关中之条件，而在军事前面负宣传招抚之责，使关中诸将闻风响应，此又更进一步扩大的心理攻势也。尤以其于霍邑之战后，凡关中军士愿归者优遣之，均予以五品散官，或谏以官太滥，渊曰："隋氏吝惜勋赏，此所以失人心也，奈何效之！且收众以官，不胜于用兵乎？"此种遣归之军士，遂成为李渊最积极最普遍之宣传员，故关中军民不待李渊之到来，而心均向往之矣。由于李渊之此种宣传攻势与释俘政策之卓越运用，并配合其军事上之迅速进展，故遂促成其入关破竹之势。

（七）霍邑之战，李渊与建成所统之左军为宋老生所冲击而挫却，幸赖李世民所统之右军看破好机，勇猛突击，并于突破老生军之阵后，继行侧背之包围，俾李渊之左军得以重整态势，复行前击，而成前后夹击之势，老生军始溃。此次战胜之教训，遂成为李世民尔后用兵之战法，其后击王世充于东都时，亦尝以此战法而获胜。

李渊渡河之后，即分兵防守蒲津关及潼关，使屈突通回救乏术。及李世民军进抵渭北，又分兵塞泾阳之路，以阻凉州方面群雄入争关中，于是关中遂稳然操诸掌握矣。故其此种军队部署及其运用时机之适切，亦殊足称道也。

（八）阵前谣言攻势。霍邑之战，李世民冲破敌阵，断宋老生之后，在战斗激烈，敌人前后受敌之时，大施"已获老生矣"之阵前喊话谣言攻势，在该种时机，当可惊恐敌人军心而收伟大效果。此种阵前之谣言攻击，即在现代战场，在适当之时机亦可收得相若之功效也。

第二章　李世民平定秦陇及统一中原之战

第一节　讨薛仁杲于浅水原之战

李渊已得长安，据有关中之地，即拟培力养锐，观变乘机，以待后举。然对关东之寇，虽闭关足以自固，惟近在咫尺之薛举、薛仁杲❶父子，不仅为肘腋之患（薛举据秦陇之地，即今甘肃南部地区），且于李渊始克长安之时，即有东进与之争关中之急切企图。于是李渊为巩固关中，培养战力计，遂结连李轨❷，造成对薛举牵制与夹击之势（轨据今甘肃武威地区）。适此时薛举遣其子薛仁杲进占扶风（在陕西省今扶风县），故李渊乃急遣次子世民征讨之，时为唐武德元年，至渊受禅后数月耳（按：武德元年，618年，即隋恭帝义宁二年，恭帝即原镇长安之代王杨侑，李渊入长安闻炀帝死后，遂立之为恭帝，是年夏五月李渊受禅于恭帝，改元武德）。世民屡战皆捷，薛举震惧，有欲投降之意。及世民病，唐兵遂为薛仁杲大破之，几至全军覆没，长安震恐。幸未几世民病愈，乃于是年十二月再至高墌，督军进战。

---

❶ 薛举原籍河东汾阴，侨居金城（今甘肃兰州）。父子均骁勇绝伦，家资巨万，交结豪杰，雄于西陲，为金城府校尉。义宁元年三月陇右盗起，金城令郝瑗募兵数千人，使举将而讨之。四月举置酒飨士，遂乘间与其子仁杲及同党于座劫瑗，发兵叛隋，囚郡县官，开仓赈施，自称西秦霸王。至七月又称秦帝，据有秦陇之地。

❷ 李轨，隋武威鹰扬府司马，家富好任侠。薛举起兵于金城，为防举侵犯，遂起兵谋保家乡，因被乡人奉以为主，称大凉王，未几又称帝。及李渊以同宗之义遣使约盟，遂悦而从之，甘受渊之官爵。

当李世民至高墌指挥时，薛仁杲使宗罗睺将兵御之。罗睺数挑战，世民坚壁不出。诸将皆请战，世民曰："我军新败，士气沮丧。贼恃胜而骄，有轻我心，宜闭垒以待之。彼骄我奋，可一战而克也。"

乃令军中曰："敢言战者斩。"相持六十余日，罗睺粮尽，其将梁胡郎等率所部来降。因此世民知仁杲将士离心，遂命行军总管梁实营于浅水原（今陕西长武县东北）以诱之。罗睺大喜，尽锐攻之。梁实守险不出，罗睺急攻数日。世民度贼已疲，谓诸将曰："可以战矣。"迟明（拂晓），使右武候大将军庞玉阵于浅水原。宗罗睺并兵击之，玉战几不能支；世民乃率大军自原北出其不意，罗睺引兵还战，世民率骁骑数十先陷阵，唐兵表里奋击，罗睺遂溃败，斩首数千级。世民复率二千余骑急追之，窦轨叩马苦谏曰："仁杲犹据坚城，虽破罗睺，未可轻进，请且按兵以观之。"世民曰："吾虑之久矣，破竹之势，不可失也，舅勿复言。"遂继续急追。薛仁杲阵于城下，世民据泾水临之。仁杲骁将浑幹等数人临阵来降，于是仁杲惧，引兵入城扼守。日向暮大军继至，遂围之。夜半守城者争自投下，仁杲计穷出降。诸将皆贺，因问曰："大王一战而胜，遽舍步兵，又无攻具，轻骑直造城下，众皆以为不克，而卒取之，何也？"世民曰："罗睺所将皆陇外之人，将骁卒悍，吾特出其不意而破之，斩获不多。若缓之则皆入城，仁杲抚而用之，未易克也；急之，则散归陇外。折墌虚弱，仁杲破胆，不暇为谋，此吾所以克也。"

是役李渊复以外交手段结盟李轨，形成控制薛举之绝对优越形势。至于李世民对此役之作战指导，其卓越处有如下数点：

（一）士气战。唐兵新败，士气大伤，若再冒昧敌此强敌，必再致挫败。于是先则坚壁不出，一则以老薛仁杲师，并以养自己士气，再则待时观隙。

（二）战术巧妙运用。观敌军已乏粮，士气已老，军心已变，再分兵于浅水原以吸引之，使敌兵分势弱。于欲出击时，再令庞玉阵于浅水原，先与敌战，使敌兵主力均被吸引于该方面，并以消耗敌之战力，然后自引精锐（选锋战术）横冲之，予敌以内外夹击，遂获大胜。考其此役战法之运用，似由于霍邑破宋老生之战之经验而得来。同时由此亦证明战术战斗协调之重要，惟战术战法上虽已巧于运用，若非其所率之精锐骁骑行有效突破，亦难成功也。此亦证明战斗之力影响于战术之重要性。

（三）敌情研究与掌握敌情之重要。当其击破敌人，而行猛烈勇敢之追击时曰："吾虑之久矣，破竹之势，不可失也。"及战后诸将询其得胜之术时，彼又曰"罗睺所将皆陇外之人，将骁卒悍"，云云。由其"我虑之久矣"一语，足见世民研究敌情之认真，及其战后分析一段话，又足见其对敌情判断精确深入之程度，绝非凡庸之指挥官所能企及，因而乃能产生其卓越勇敢猛烈之追击，达成一次结束战争，故李世民对敌情之分析可谓神矣。

由以上数点，证明一个卓越之指挥官，必由下列条件促成之：

（一）精确而深入之敌情分析。

（二）灵活之运用战法与有利地形之确切配合。

（三）坚决勇敢之魄力，并善于做选锋之运用。

（四）彼我士气之估计与转换法运用中肯。

第二节　讨刘武周于柏壁之战

李渊既西平薛仁杲，南收汉巴，遂进一步准备征旗东指，以平关东王世充、窦建德、刘武周等，统一中原，故于平定薛仁杲之顷，即遣李密至河南收其余众，盖即为图先平王世充之前奏。时为武德元年十一月也。

武德二年三月，刘武周先发动进侵河东，遣其将宋金刚、尉迟恭攻并州（今山西太原），嗣并州、介州（今山西介休）、晋州（今山西临汾县）、浍州（今山西翼城县、绛县间）均相继陷。唐兵屡败，镇守晋阳（并州治所）之齐王李元吉弃城逃至长安，而裴寂增援之军亦遭一败涂地；王行本复以蒲坂（山西永济县）反，与刘武周相应，于是关中震骇。此时李渊欲行放弃河东固守关西之决策，但秦王李世民反对之，因上表曰：

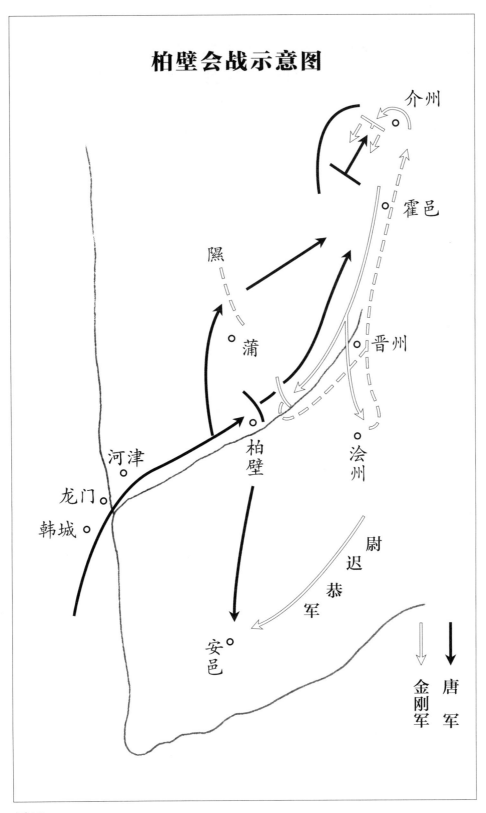

柏壁会战示意图

图四二

"太原王业所基，国之根本，河东富实，京邑所资，若举而弃之，臣窃愤恨，愿假臣精兵三万，必冀平殄武周，克复汾晋。"

于是李渊乃悉发关中之兵，以益世民所统，令世民指挥之以击刘武周。

武德二年十一月，刘武周攻汾州（山西汾阳县），秦王世民引兵自龙门关（山西河津陕西韩城间）乘坚冰渡河，屯柏壁（今山西新绛县西南），与宋金刚相持。世民大军坚壁不战，惟不断派遣小部队乘间袭击敌军，因此金刚军之气势日衰。

宋金刚为打破此僵持之局，恢复攻势之战势，遂另遣其将尉迟恭、寻相等潜引精骑，驰援王行本于蒲坂。李世民获得此项情报，遂自将步骑三千从间道夜趋安邑截击，大破之，悉俘其众，尉迟恭、寻相二人仅以身免。世民获此捷后，即复归柏壁。诸将因请战金刚，世民不可，曰：

"金刚悬军深入，精兵勇将，咸聚于是。武周据太原，倚金刚为扞蔽。军无蓄积，以掳掠为资，利在速战。我闭营养锐，以挫其锋，分兵汾隰（今隰县、蒲县间），冲其心腹。彼粮尽计穷，自当遁走。当待此机，未宜速战。"

武德三年四月十四日，宋金刚食尽北遁，秦王世民追击之，至吕州（今山西霍县），追及其掩护之将寻相，大破之。乘胜逐北，一昼夜行二百余里，大小数十战，至高壁岭（灵石县东南），总管刘弘基执辔谏阻，以卒疲粮尽，劝勿深入。世民曰：

"金刚计穷而走，众心离沮。功难成而易败，机难得而易失，必乘此势取之。若更淹留，使之计立备成，不可复攻矣。吾竭忠徇国，岂顾身乎？"

遂策马而进，将士不敢复言饥。追及金刚于雀鼠谷（今山西介休县西南，为一险要之山谷）西原，世民不食二日，不解甲三日矣，军中只有一羊，世民与将士分而食之。追至介休，金刚尚有众二万，出西门背城布阵，南北七里。世民遣总管李世勣攻击，战不利，小却，为金刚兵所乘。世民率精骑击之，出其阵后，金刚大败。宋金刚遂令尉迟恭收余众守介休，自领轻骑撤退。世民一面遣人说尉迟恭、寻相等降，一面追击金刚。此时刘武周闻金刚败，大惧，遂弃并州走依突厥。宋金刚收其余众欲复战，众不肯从，遂亦与百余骑走突厥。此一战役于此告终。

综上观之，刘武周以其勇敢善战之名将宋金刚及勇猛绝伦之勇将尉迟恭，率其精锐步骑兵，以南向与李渊争天下夺取长安为作战目标，攻晋阳，下介州，陷晋州、浍州，长趋南下，唐军所当者破。以李渊智囊如裴寂者所统大军驰援，于晋州一役亦被一击溃不成军，此种声势所及，无怪王行本据蒲坂以相响应及李渊之欲放弃河东固守关中也。幸此时薛仁杲已灭，李世民已返，乃能获得柏壁会战之彻底胜利。

当宋金刚陷晋州之后，本拟以主力沿汾河北岸度龙门关而指长安，以一部自浍州（今翼、绛县等）经安邑而接应王行本于蒲坂，协助主力方面作战。不料正欲做上项部署进军时，而李世民所统之军已越度龙门而疾驰据柏壁，于是柏壁之会战以起。

宋金刚之会战部署与作战：

以主力攻击李世民主力，期一击而击灭之。以一部据浍州掩护其左侧背之安全，嗣随主力之进展进出于蒲坂。于柏壁相持不下之时，乃遣尉迟恭、寻相二将率兵潜向蒲坂，图加强王行本之力量，以威胁敌后之安全，俾主力作战方面有利，不料竟为善于掌握敌情之李世民亲率精骑迅速前往截袭所击灭。于是金刚左侧后既感威胁，加以介州至晋州中间地区，不断遭受李世民派于汾、隰间之奇兵所袭击，粮食不继，野无所掠（因人民均不堪宋军掳掠，已携粮入堡自守），遂迫不得已撤退。撤退至介州时，图与世民追击疲惫之军决战，不料又于决战之顷，竟遭世民背后攻击，因被歼灭。

李世民之作战部署：

（一）战略进军卓越。若以庸将进军，则必以主力指向蒲坂，击灭反叛之王行本后北进。惟天才卓越之李世民则不然，而以一部对蒲坂做有力之攻击，使王行本不能有所作为，而集主力迅速越度龙门关，进击柏壁，以对敌之进军形势形成侧击腰击之优良形势，置敌军于前后不能相顾之困境，虽善战如宋金刚者，亦束手无施为。

（二）作战指导要旨。军至柏壁时，若对挟累胜之威之敌采取攻势，胜负不可知，况首先在军心士气方面即输敌一着，因唐兵屡败之余，长安亦已震惧也。故乃以主力在柏壁采取决战防御，另遣一部于汾、隰间做积极不断的向敌人侧背袭击，使敌疲于奔命，粮食不继（古代截击敌人粮食为主要战法之一）之后而击灭之。

（三）善于掌握敌情及奇袭之运用。当宋金刚遣尉迟恭潜师增援王行本时，此一措施对世民军当具甚大之威胁性。素善于搜集敌情之李世民既能先期知之，且自率精骑做疾风迅雷之势，出敌不意，在敌人运动间袭击之，创其运动奇袭歼灭之典型。

（四）善于追击战法。当宋金刚撤退之时，即举其全军，做惊人之极猛烈追击，虽军粮缺乏，士卒疲惫，均所不顾，锐意穷追，因敌人此时之困苦较我为尤甚也。尤有进者，若非善于掌握敌情与智勇绝伦者，岂能至此？世民于受谏勿追之时言曰："金刚计穷而走，众心离沮（敌情），功难成而易败，机难得而易失（握机），必乘此势取之。若更淹留，使之计立备成，不可复攻矣。"天才与决心之表现，考其追击宗罗睺时亦如是，盖即"乘战势之机也"。

（五）善于运用包围突破战法。李世民自霍邑擒宋老生之战以来，破宗罗睺，及此次介州之歼灭战，均善于运用以一部攻击敌人，吸住敌人，待敌情阵势均已暴露后，自率其精锐倾注于敌人之侧背，包围后而突破歼灭之，此与"拿破仑常常于会战前笼罩一层布幕，及一旦会战开始，即显现其大集团之骑炮兵猛烈之进击"（克劳塞维茨评论拿破仑战术运用之巧妙与壮烈之颂言）无异。然拿破仑于十八世纪始出现于欧洲，而李世民则于七世纪时已出现于中国矣，相距千余年。

第三节　讨王世充灭窦建德之战

李渊于平定刘武周之后，即于武德三年七月（是年四月平定刘武周）遣秦王世民督诸军进击王世充于洛阳。

王世充初闻唐军将进侵，即选诸州镇骁勇，皆集洛阳，置四镇将军，募人分守洛阳四城，为图固守之计。又以魏王弘烈镇守襄阳，荆王行本镇守虎牢，宋王泰镇守怀州（今河南沁阳县），齐王世恽检校南城，楚王世伟守宝城，太子玄应守东城，汉王玄恕守含嘉城，鲁王道徇守曜仪

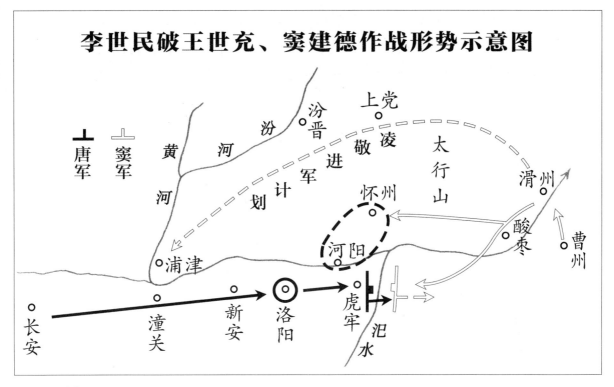

图四三

城（以上均为洛阳皇城，诸王即王世充之兄及子侄），另世充自将兵三万出战。

　　唐兵先锋罗士信进围慈涧，世充自将兵三万救之。秦王世民轻骑进前侦察世充军，不意与之遭遇，以众寡不敌，道路险隘，竟为世充所围，经冒险冲突得脱。明日世民乃率步骑兵五万进兵慈涧，王世充遂撤慈涧之军归守洛阳。

　　于是世民部署其攻洛之军事，以行军总管史万宝自宜阳（今河南宜阳县）南据龙门（伊阙之龙门，即今河南洛阳县南），将军刘德威自太行东围河内（今河南沁阳县），上谷公王君廓自洛口断其饷道（洛口在今河南省巩县东洛水之河口），怀州总管黄君汉自河阴（今河南孟津县东）攻回洛城，大军则驻于北邙（在洛阳东北，接孟津、偃师、巩三县界），连营以迫之。

　　八月，黄君汉袭回洛城，克之。九月，史万宝进军甘泉宫，王君廓攻辕辕（今登封县西北），拔之。李渊为使王世充孤立无援，乃于此时遣使与窦建德连和，建德应之。

十一月，王世充请救于窦建德，建德中书侍郎说建德曰：

"天下大乱，唐得关西，郑得河南（王世充国号郑），夏得河北（窦建德国号夏），共成鼎足之势。今唐举兵临郑，自秋涉冬，唐兵日增，郑地日蹙，唐强郑弱，势不可支。郑亡，则夏不能独立矣。不如解仇除忿，发兵救之〔按：先是王世充侵建德黎阳（河南今县），建德袭彼殷州（河南今县）以报之，王、窦因此交恶〕，夏击其外，郑攻其内，破唐必矣。唐师既退，徐观其变，若郑可取则取之，并二国之兵，乘唐师之老，天下可取也。"

建德从之，遂遣使至洛阳，许以赴援；又遣使至唐请罢洛阳之兵，秦王世民留之不答。此时唐为牵制窦建德，乃令并州总管刘世让进兵井陉关，趋袭洺州（今河北省永年县）。

武德四年元月，秦王世民为加强其军事之冲击力，乃选精锐千余骑，使秦叔宝、程知节、尉迟恭、翟长孙等分将之，每战世民亲率为前锋，乘机进击，所向无不摧破，敌人畏之。

二月，王世充太子玄应将兵数千自虎牢运粮入洛阳，世民遣将军李君羡截击，大破之。此时世民遣使回长安奏请进围洛阳，李渊又为鼓励士气，乃令克洛阳后子女玉帛悉以分赐将士（胜利第一）。

于是秦王世民开始移军围攻青城宫。惟壁垒未立，而王世充率众二万自方诸门出击，凭故马坊垣堑，临谷水以拒世民。世民遂令屈突通率步卒五千渡水击之，并约兵交即以举烟为号，世民见烟起，率精骑数十直冲世充阵贯穿之，大军继进，剧战半日，世充军败退。世民遂进围洛阳宫城，四面攻之，昼夜不息，旬余不克，将士疲惫思归。因此刘弘基等诸将亦请班师，世民曰："今大举而来，当一劳永逸，东方诸州已望风款服，惟洛阳孤城，势不能久，功在垂成，奈何弃之而去。"乃下令："洛阳未破，师必不还，敢言班师者斩。"李渊闻洛阳军心思归，士气疲惫，亦密令还师。世民令参谋军事封德彝入朝面论形势，请继续围攻，期在必克，渊又从之。

是年三月，李世民以洛阳城久攻不破，乃掘堑筑垒围困之。是时窦建德为救洛阳，遂使其将范愿守曹州（今定陶县），悉发孟海公、徐圆朗之众经滑州（今河南滑县）至酸枣（今河南延津县），遂攻陷管州（郑州）及荥阳、阳翟（禹县）等县，水陆并进，泛舟运粮溯河西上。王世充之弟徐州行台王世辩遣其将郭士衡将兵数千会之，合众十余万，进驻成皋（汜水县）东广武坂城间，并遣使与王世充联络。

先是秦王世民知窦建德救洛阳，乃采"围点打援"之决策，留兵围困洛阳，并深沟高垒以守之，而自率精锐三千五百人先驰据虎牢（即成皋，亦即今河南汜水县），以待建德军之到来。惟诸将仍有异议者，世民曰：

"世充兵摧食尽，上下离心，不烦力攻，可以坐克。建德新破海公，将骄卒惰。吾据武牢，扼其咽喉。彼若冒险争锋，吾取之甚易；若狐疑不战，旬月之间，世充自溃。城破兵强，气势自倍，一举两克，在此行矣。若不速进，贼据武牢，诸城新附，必不能守，两贼并力，其势必强，何弊之承（诸将劝退据新安，以观其变而承其弊），吾计决矣。"遂留齐王元吉及诸将围洛阳，自至虎牢战建德。

建德至虎牢东驻营。世民遂以侦察敌情掳获俘虏之企图，率骁骑五百出虎牢东二十里侦察建德营，又沿途分留从骑埋伏于道旁，以便诱敌来追而擒之，俾有利于策定作战计划也。

窦建德屯兵虎牢东不得进者两月，又数战不利，将士思归，粮运复遭唐军抄袭，大将军张青特被俘。于是国子祭酒凌敬向建德献策曰：

"大王悉兵济河，攻取怀州、河阳（怀州，即今河南沁阳，河阳即今河南孟县），使重将守之；更鸣鼓建旗，逾太行，入上党，循汾、晋，趋蒲津，如此有三利：一则蹈无人之境，取胜可以万全；二则拓地收众，形势益强；三则关中震骇，郑围自解。为今之策，无以易此。"建德以世充求救急切，不从。

五月，秦王世民北渡河，南临广武（古西广武楚汉相持于此），察敌形势，因留马千余匹，牧于河渚以诱之，夕还虎牢。建德果悉众而至，自板渚出牛口布阵，北距大河，西逼汜水，南属鹊山，亘二十里，鼓行而进。世民将数骑登高丘而望之，谓诸将曰："贼起山东，未尝见大敌，今度险而嚣，是无纪律；逼城而阵，有轻我心。我按甲不出，彼勇气自衰；阵久卒饥，势将自退；追而击之，无不克者。与公等约，甫过日中，必破之矣。"

建德意轻唐兵，遣三百骑涉汜水，距唐营一里处挑战。秦王遣王君廓率长槊二百以应之，相与交战，忽进忽退，两无胜负，各引还。建德军列阵自辰至午，士卒饥倦，皆坐列，又争饮水，逡巡欲退。秦王世民乃令宇文士及将三百骑从建德阵西经过，驰而南上，并嘱之曰："贼若不动，尔宜引归，动则引兵东出。"士及至阵前，建德阵果动，世民曰："可击矣。"时河渚马亦至，乃命出击。世民率轻骑先进，大军继之，东涉汜水，直逼其阵。此时建德群臣方朝谒，唐骑猝来，建德召骑兵使拒唐兵，为朝臣所阻不得过；唐兵突至，建德仓迫退依东陂。世民率精骑突击，窦军遂溃，建德坠马被擒。世民回军至洛阳，以建德示世充，世充亦降。

兹将此役得失做总检讨如次：

（一）李渊之方略。薛仁杲、刘武周已次第削平，此时妨碍统一中原者，仅王世充、窦建德二人。而窦建德远据河北，王世充则近在咫尺，势必先近而后远，于是产生其远交窦建德，近攻王世充之决策，以期各个击灭也。

（二）窦建德救洛阳，先既不能预做凌敬之计，及虎牢之险已为李世民所据，又不能速做改图，而顿兵于虎牢之东，钝兵挫锐。故其后凌敬之计虽佳，但时间上之因素已不彼许矣。盖际此洛阳垂破之余，势必不能及也。按：凌敬之计，实出自孙膑围魏救赵之原理，若窦建德起兵赴援之初而已计筹及此，则洛阳之围必解无疑。此乃建德乏谋，凌敬失机，故予世民以一举而灭二敌之功。

（三）此一战役，世民之卓越措施如下：

1. 留窦建德使者不遣，以延迟建德援洛之兵，盖此时若拒绝之，必速建德之起兵，若竟从之，则违反作战之目的，故留其使不遣，以争取时间也。

2. 当洛阳久攻不克、兵疲思归之际，窦建德复起兵援洛，此种形势实甚危险，故诸将咸劝班师，而老谋深算之李渊至此亦不得不密令退军。但世民以王世充所辖州县均已归附，洛阳孤城势已崩颓，若此时回师即无异于放弃其此已得之优越形势，且王窦复合所形成中原之势一时难图也；况建德虽救援洛阳，能据虎牢之险以阻之，则洛阳亦将自毙，洛阳已克，窦建德无能为矣。因而"城破兵强，气势自倍，一举两克"，此李世民之决策也。然若非目光远大、见机察势深刻与坚忍力坚强之将帅，曷能至此？若将此役并与石勒救洛阳及楚汉相持于京索之战史对照研究，则益见李世民之伟大也。

3. 援用"以弱击强，以强击弱"之战法，竟以劣势之兵力击溃优势之建德军，其此种战法另详论于后。

4. 为求掌握敌情计，首先进行以捕捉俘虏为目的之战斗，以补足其已具卓越智慧之判断力，而便于运用上述战法。

第四节　李世民卓异之才略

李世民卓越之才略，除已见于入关以来之诸战役外，兹尚有二事足示其非凡之才略而值得吾人大书特书者，列举如次：

（一）武德九年突厥颉利可汗乘世民兄弟内争，世民新登皇座，人心未定之际，起其倾国之兵进犯长安。是年秋唐兵不能抵挡，颉利大军进抵渭水便桥之北（长安至咸阳之渭水桥），长安震恐。颉利可汗遣使入长安以观虚实，世民执之，群臣皆以为不可执其使，而应以礼遣之。世民曰："我今遣还，虏谓我畏之，愈肆凭陵。"遂因之。并自与房玄龄等六骑径至渭水上，令大军随后。萧瑀等复叩谏不可轻敌，世民又曰："吾筹之已熟，非卿所知。突厥所以敢倾国而来，直抵郊甸者，以我国内有难，朕新即位，谓我不能抗御故也。我若示之以弱，闭门拒守，虏必放兵大掠，不可复制。故朕轻骑独出，示若轻之，又振曜军容，使之必战，出虏不意，使之失图（包含高阶层心理战）。虏入我地既深，必有惧心，故与战则克，与和则固矣。制服突厥，在此一举，卿第观之。"颉利果因此请和而退。萧瑀因问曰："突厥未和之时，诸将争请战，陛下不许，臣等亦以为疑，既而虏自退，其策安在？"世民曰："吾观突厥之众虽多而不整，君臣之志，惟贿是求。当其请和之时，可汗独在水西，达官皆来谒我，我若醉而缚之，因袭击其众，势如拉朽。又命长孙无忌、李靖伏兵于豳州（按：即突厥归路）以待之，虏若奔归，伏兵邀其前，大军蹑其后，覆之如反掌耳。所以不战者，吾即位日浅，国家未安，百姓未富，且当静以抚之。一与虏战，所损甚多，虏结怨既深，惧而修备，则吾未可以得志矣（已预想将来服之之腹案）。故卷甲韬戈，啗以金帛，彼既得所欲，理当自退，志意骄惰，不复设备。然后养威伺衅，一举可灭也。将欲取之，必固与之，此之谓矣。"

李世民此次独自决策，其卓异处为：1.对敌情之判断与自己情势之认识均了如指掌，洞悉无遗，此其独具慧眼，亦即精明之谓也；2.当此之时，其力量与颉利可汗较实尚悬殊，战则虽或可获目前之小胜，但战祸一启，突厥不断来袭，则以"国家未安，百姓未富"之力量，必难御此强寇。盖当此时期突厥甚强，北方群雄莫不向其称臣者，即李渊起义晋阳之时，亦以称臣纳币相结好也。故世民为灭此北方强寇，必待国家已安，人民已富，力量已强，然后始乘突厥之弊而灭之，建其空前未有之功（其后灭突厥虽汉武之功亦不能相比拟）。"将欲取之，必固与之"，为计深矣远矣。此其独具远见，亦即高明之谓也。其此种对问题认识之精深澄澈，对敌情判断之精审确当，其为国筹谋之卓越远大，古今来并不多睹也。

（二）李世民已退突厥，未几又告其臣下彼用兵取胜之法，彼曰："吾自少经略四方，颇知用兵之要。每观敌阵，则知其强弱，常以吾弱当其强，强当其弱。彼乘吾弱，逐奔不过数十百步；吾乘其弱，必出其阵后反击之，无不溃败。所以取胜，多在此也。"

考世民此种战法，其原理实出自孙膑"取君下驷与彼上驷，取君上驷与彼中驷，取君中驷与彼下驷"之原理。盖孙膑当时观田忌与齐王赛马，见田忌上中下三驷与齐王上中下三驷驰骋时，前后相差甚微，孙膑遂教田忌以上法，乃取得二胜一败之优胜。但孙膑此法之运用，必须先认识齐王与田忌各驷之速度相差甚微而后用之，始能获胜。而李世民之运用强对弱、弱对强之战法，则须以其下列两大因素为运用获胜之先决条件：1."每观敌阵，则知其强弱"，其此一因素所依以成功者，又有赖其"自少经略四方"之战阵经验与慧眼，因其若不能先看出敌阵何处为强，何处为弱，则其战法亦无所用也；2.有精锐之冲锋队组织与训练，即《孙子》之所谓"选锋"是也。彼以尉迟恭、秦叔宝、程知节、段志玄等组成之冲锋队，因其将勇兵精骑速，故能于击敌时所当者破。其运用此一战法而成功最著者，计如霍邑破宋老生之役（是役彼率段志玄突破宋老生之阵并直透其阵后，因彼本人亦为一武艺超群而勇敢异常之战将），浅水原破宗罗睺之役（灭薛仁杲），虎牢破窦建德之役，在洛阳击王世充之役，亦曾使用此战法。

是故战法之创造与运用，必有其运用之先决条件，今人每观他人战胜，却不计彼我情势与得失而做东施效颦，殊为可笑也。（按：上述评论，一部分是据不实的记载，实则突厥颉利入侵长安时，唐太宗"倾府库以赂之"，颉利始退，故其后有"渭水之耻"之言。）

第三章　唐太宗征伐高丽之战

第一节　征伐经过

贞观十八年（644年）正月，高丽（今平壤以北及辽宁地）盖苏文伐新罗（今韩国东部），太宗遣使至高丽说止之，盖苏文不从，太宗遂决计伐高丽，东征之战从此以起。

（一）进军部署。是年七月，遣将作大监阎立德等至洪饶江三州（今江西省南昌、鄱阳、九江），造船四百艘以载军粮。并下令遣营州都督张俭等率幽、营二州（幽州今北平，营州在今热河朝阳县）都督兵马及契丹、奚、靺鞨，先击辽东，以观其势。又命太常卿韦挺为馈运使，民部侍郎崔仁师副之，自河北诸州皆受韦挺指挥，听以便宜从事；以太仆少卿萧锐运河南诸州粮入海，以备水军之需。

十月，太宗行幸洛阳，以房玄龄留守京师，右卫大将军、工部尚书李大亮副之。

十一月，以刑部尚书张亮为平壤道行军大总管，率江、淮、峡、岭之兵四万，长安、洛阳募士三千，战舰五百艘，自莱州（今山东掖县、潍县、昌邑、平度等地）泛海趋平壤。另以李世勣为辽东道行军大总管，率步骑六万及兰、河二州降胡趋辽东（辽宁省辽阳县），海陆两军合势并进。

（二）讨伐宣言。是月宣谕天下，以"高丽盖苏文弑主虐民，情何可忍"，"今欲巡幸幽、蓟，问罪辽、碣，所过营顿，无为劳费"。且言"昔隋炀帝残暴其下，高丽王仁爱其民，以思乱之军击安和之众，故不能成功。今略言必胜之道有五：一曰以大击小，二曰以顺讨逆，三曰以治乘

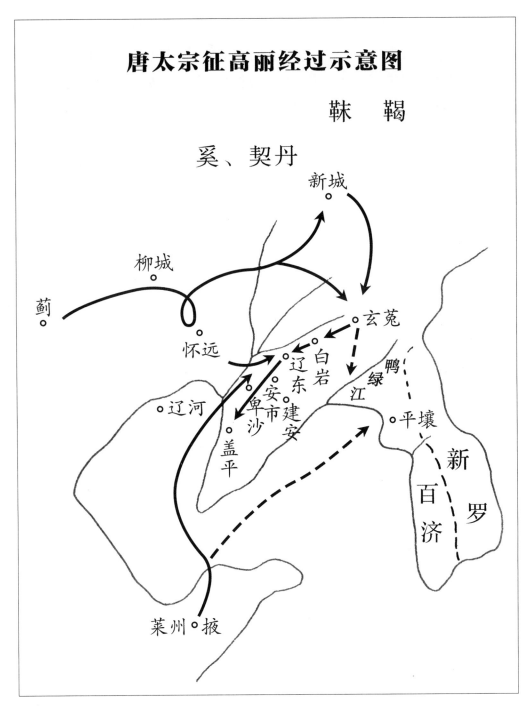

唐太宗征高丽经过示意图

鞑鞨

奚、契丹

新城

柳城

蓟

怀远

玄菟

白岩

辽东

鸭绿江

辽河

安市

卑沙

建安

平壤

盖平

新罗

百济

莱州 掖

图四四

乱，四曰以逸待劳，五曰以悦当怨。何忧不克，布告元元，勿为疑惧"，
云云。士卒亦征愿从役者，士卒有疾，亲为慰问，并付州县治疗，因此
士民争参征役。

（三）征进经过。在宣言之同时，即令诸路军及新罗（今韩国东部）、百济（今韩国西部）、奚、契丹分道进击高丽。至明年（贞观十九年）三月，李世勣军自柳城（今热河朝阳）进发，多张形势，若出怀远镇者，而潜师北趋甬道（隋大业八年伐辽起浮桥渡辽水所筑），出高丽不意。四月，世勣自通定（今辽中县辽河西岸）渡辽水，至玄菟（治在今辽宁新宾县北），高丽大骇，城邑皆闭门自守。同时辽东道副大总管李道宗将兵数千至新城（今辽北昌图有扶余城即此），折冲都尉曹三良引十余骑直压城门，城中惊扰，无敢出者。营州都督张俭将胡兵为前锋，进渡辽水，趋建安城（盖平县南），破高丽兵，斩首数千级。未几李世勣、李道宗攻高丽盖牟城（今辽宁盖平县），拔之，掳获二万余口，粮十余万石。同时张亮率舟师自东莱（今山东掖县）渡海，袭卑沙城（在今辽宁海城县），其城四面悬绝，惟西门可上。程名振引兵夜至，副总管王大度先登，拔之，获男女八千口。分遣总管丘孝忠等耀兵于鸭绿水。

五月，李世勣进至辽东城下，太宗车驾亦至，大军渡辽泽二百余里，抵泽东。高丽步骑四万救辽东，李道宗将四千骑迎击之，都尉马文举策马趋敌，所向披靡，正战间，行军总管张君乂退走，唐兵因以不利。道宗复收散卒，登高而望，见高丽阵乱，乃与骁骑数十冲之，在敌阵左右出入；李世勣引兵助之，高丽大败，斩首千余级。太宗渡辽水至前军，撤桥以坚士卒之心，驻军于马首山，劳赐李道宗，超升马文举为中郎将，斩张君乂，然后进攻辽东城（今辽宁辽阳北）、白岩城（今辽宁辽阳县东北），相继克之。右卫大将军李思摩中弩矢，太宗亲为吮血。将士闻之，莫不感动。

当李世勣攻白岩城时，世勣攻其西南，太宗临其西北。城主孙代音潜遣心腹请降，临城投刀钺为信，且曰："奴愿降，城中有不从者。"太宗以唐帜与其使曰："必降者宜建之城上。"及代音建帜，城中人以为唐兵已登城，皆从之，遂拔白岩城。

先是太宗克辽东时，白岩城请降，既而中悔，太宗怒其反复，令军中曰："得城当悉以人、物赏战士。"及白岩城再请降，太宗将受之，李世勣乃率甲士数十人请曰："士卒所以争冒矢石，不顾其死者，贪掳获耳。今城垂拔，奈何更受其降，孤战士之心？"太宗下马谢曰："将军言是也。然纵兵杀人而掳其妻孥，朕所不忍。将军麾下有功者，朕以库物赏之，庶因将军赎此一城。"

及城得，城中男女万余口，太宗临水设幄受其降，仍赐之食，八十以上赐帛有差，他城之兵在白岩者，悉慰谕，给粮仗，任其所之（如隋征陈释俘策略）。

当攻辽东时，辽东城长史为部下所杀，其省事官奉长史妻子奔白岩。及白岩降，太宗以其有义，赐帛五匹，为长史造灵舆，归之平壤。此亦瓦解敌之人心，夺敌战志之策略运用也。

及白岩城降，以其城改为岩州，复以其城主孙代音为该州刺史。所以如是者，亦为招降策略之运用耳。

先是莫离支遣加尸城七百人守盖牟城（占领后改名盖州），李世勣尽掳之，其人请从军自效。太宗曰："汝家皆在加尸，汝为我战，莫离支必杀汝妻子，得一人之力而灭一家，吾不忍也。"皆廪赐遣之。此均为释俘、招降，瓦解敌人心、军心之一贯策略。

白岩城既下，遂进兵攻安市城，高丽北部耨萨（酋长称谓，等于都督）高延寿、高惠真率高丽与靺鞨兵共十五万救安市城。至此太宗与其侍臣谋曰："今为延寿策有三：引兵直前，连安市城为垒，据高山之险，食城中之粟，纵靺鞨掠吾牛马，攻之不可猝下，欲归则泥潦为阻，坐困吾军，上策也；拔城中之众，与之宵遁，中策也；不度智能，来与吾战，下策也。卿曹观之，必出下策，成擒在吾目中矣。"

高丽有对卢（官名，比中国刺史以上）年老有识，对延寿曰："秦王内芟群雄，外服戎狄，独立为帝。以命世之材，今举海内之众而来，不可敌也。为吾计者，莫若顿兵不战，旷日持久，分遣奇兵断其运道。粮食既尽，求战不得，欲归无路，乃可胜也。"延寿不从，果不出太宗所预料之下策而引军直进，距安市城四十里。太宗犹恐其低徊不至，乃命左卫大将军阿史那社尔将突厥千骑以诱之，兵始交而伪退。高丽将士相谓曰："易与耳。"竞进乘之，至安市城东南八里，依山而阵。于是太宗乃准备做大歼灭战之部署，首先召集诸将问计，长孙无忌曰："臣闻临敌将战，必先观士卒之情。臣适行经诸营，见士卒闻高丽至，皆拔刀结旆，喜形于色，此必胜之兵也。陛下未冠，身亲行阵，凡出奇制胜，皆上禀圣谋，诸将奉成算而已。今日之事，乞陛下指踪。"太宗曰："诸公以此相让，朕当为诸公商度。"乃与无忌等从数百骑，登高望之，观山川形势，可以伏兵及出入之所。高丽、靺鞨合兵为阵，长四十里。此时李道宗献议曰："高丽倾国以拒王师，平壤之守必弱。愿假臣精卒五千，覆其根本，则数十万之众，可不战而降。"太宗不听，而另做歼灭战之部署如次：

1. 命李世勣将步骑一万五千阵于西岭。

2. 长孙无忌将精兵一万一千为奇兵，自山北出于狭谷，以冲其后。

3. 自将步骑四千，挟鼓角，偃旗帜，登北山上。

4. 令诸军闻鼓角齐出奋击。

5. 命有司张受降幕于朝堂之侧，以备受降。

高延寿等独见李世勣布阵，即督兵进攻。太宗望见无忌军方面尘起，遂命鸣鼓角，举旗帜，于是各路军并进攻击。延寿等大惧，欲分兵御之，而其阵已乱。薛仁贵乘机冲锋陷阵，所向无敌，大军乘之，高丽兵大溃败，斩首二万余级。延寿犹收余众，依山自固，太宗进围之，长孙无忌尽撤桥梁，断其归路，延寿、惠真遂率其众三万六千八百人请降。

太宗受降后，乃迁其褥萨以下酋长三千五百人，授以戎秩，迁之内地，余众悉纵之，使还平壤。而靺鞨兵三千三百人则悉坑之，以其助高丽而犯阵故也。又以高延寿为鸿胪卿，高惠真为司农卿，以鼓励降者。

太宗当克白岩时，谓李世勣曰："吾闻安市城险而兵精，其城主材勇，莫离支之乱，城守不服，莫离支击之不能下，因而与之。建安兵弱而粮少，若出其不意，攻之必克。公可先攻建安，建安下，则安市在吾腹中。此兵法所谓'城有所不攻'者也。"世勣曰："建安在南，安市在北，吾军粮皆在辽东，今逾安市而攻建安，若贼断吾运道，将若之何？不如先攻安市，安市下，则鼓行而取建安耳。"太宗曰："以公为将，安得不用公策？勿误吾事。"及高延寿、惠真等降后，世勣乃攻安市。安市人望见太宗旗盖，辄上城鼓噪。于是太宗发怒，世勣复请克城之日男子皆坑之，因此安市人闻之益坚守，而致久攻不能克。此实李世勣一再之过也。

当此之际，降将高延寿、惠真等乃献谋曰："奴既委身大国，不敢不献其诚，欲天子早成大功，奴得与妻子相见。安市人顾惜其家，人自为战，未易猝拔。今奴以高丽十万余众，望旗沮溃，国人破胆。乌骨城耨萨老耄，不能坚守，移兵临之，朝至夕克；其余当道小城，必望风奔溃。然后收其资粮，鼓行而前，平壤必不守矣。"群臣亦言："张亮兵在（卑）沙城，召之信宿可至，乘高丽凶惧，并力拔乌骨城，渡鸭绿水直取平壤，在此举矣。"太宗将从之，惟长孙无忌以为："天子亲征，异于诸将，不可乘危侥幸。今建安、新城之虏，众犹十万，若向乌骨，皆蹑吾后。不如先破安市，取建安，然后长趋而进，此万全之策也。"太宗从之。因此经两月之昼夜猛攻不能克，而严冬将届（时为九、十月）。太宗以辽左早寒，草枯水冻，士马难久留，且粮食将尽，乃下令还师。故太宗征高丽之役虽常战捷，而竟不能竟其全功而返，盖其势使然也。

第二节　得失总评

（一）乘机原则之运用。唐太宗用兵，颇善于运用乘机原则，当其机尚未至时，彼必做一切"先为不可胜"之准备，以待敌有可胜之机，然后乘之；继之者即乘势以彻底打击摧灭敌人。此乃唐太宗用兵之基本原则，并常以此而制胜。惟征高丽乘机则乘矣，但不能乘其势，故未能竟其功。关于此者，待后面详述，兹先论其征高丽之乘机。

当征高丽之时，中国之富强已与隋开皇时代相埒，虽北方尚有薛延陀未宾服，但已远遁漠北，且适高丽盖苏文攘夺高丽政权，新罗百济皆为高丽之敌，此固唐太宗征服高丽难得之时机也，故遂发动远征高丽之战。

（二）造成高度士气。由于隋炀帝三征高丽失败，中国官民一闻征高丽，势必不感兴趣，甚至反对之潜伏心理尚极普遍。故首先宣言五大必胜之道，以掀起征高丽之民心士气。其次，鉴于隋炀征高丽强征兵役所引起之民变，乃采取志愿征役，再加以士卒有疾，亲为慰问，并付州县治疗，以鼓舞志愿从役之气势。而其此种远征高丽之准备工作，实远较其大作舟舰运粮，及水陆并进之准备为重要也。

（三）探测攻势。此种攻势，为唐太宗之一项战术上优越措施。因其当时对高丽情势不甚知悉，其强弱之形亦不甚了然，故于进军之前，先令张俭率幽营二都督兵马及契丹、奚、靺鞨先击辽东，以观其势。考唐太宗用兵，在其攻势发动前，为求彻底明悉敌情计，常采用此种探测攻势，此亦即《孙子》"策之而知得失之计，作之而知动静之理，形之而知死生之地，角之而知有余不足之处"原理之运用也。

（四）钳形攻势部署。唐太宗钳形攻势（水路自莱州渡海袭平壤，陆路自幽、蓟攻辽东）中之卓越准备与部署，即为先结盟于新罗、百济，使高丽就近之邻国牵制之，以制高丽之后，俾导致钳形攻势于绝对有利之优势。其次为渡海进攻之目标指向敌国京城平壤，此种造成于我有利之绝对优越形势之政略战略运用，其成功之左券即一半操诸掌中矣。

（五）战略进军中造成战术上奇袭之运用。当李世勣进军时，自柳城进发，多张形势，若出怀远镇者；而潜师北趋甬道，出高丽不意，自通定渡辽水至玄菟。高丽大骇，城邑皆闭门自守。此种创造战术奇袭之运用，即《孙子》"形兵之极，至于无形"与"趋其所不意""冲其虚"诸原理之灵活运用也。

（六）专兵心益士气之运用。唐太宗渡辽水至前军时，撤桥以坚士卒之心。太宗此一措施极为重要，盖大军深入敌境，远离本土作战，若士卒心理上尚潜存归志，或有可归之机会，则军心易散，团结力不固，危险殊甚；而太宗此举盖以填补此种弱点，使士卒致其死力以从事战斗也。此亦即"深入则专，不得已则斗"原理之运用也。

（七）料敌制胜之运筹。战高延寿等于安市城附近时，料敌可能行动之途径及观敌人果出其下策，乃于预定地区策定歼敌计划，完成其包围突破之歼灭战。在此次会战中，并综合运用诱敌、埋伏、包围、突破等战法。

（八）权术运用。当白岩城城主孙代音遣心腹请降时，授唐旗使建城中，以为诚意投诚之条件。盖其城中尚多有不愿降者，若大军正在攻城之际，城中忽建唐旗，足以混乱视听，而扰其士气民心，因而乘机强攻，势必使不愿降者心志动摇而慑服，因以成功也。其作用在以建旗城中为手段，而收心理攻势之效。其此种方法，与今日阵前喊话意义同，而其收效则尤著。此一见机权术之运用，益显现唐太宗之天才机智也。

（九）战略战术战斗配合，及战斗力强弱关系战场胜负之重要性。辽东城附近之第一次交战，李道宗以四千人破敌四万人，此充分显示唐军战斗力之优越，故能在战场上屡破强敌。但由此又证明战略战术战斗配合之重要：唐军征高丽战略部署极为确当，而战术、战法上又常能出奇以制敌，其战斗力又常能以寡击众，突破强敌，以获致胜利之果。故于安市城以前之前期作战均能获胜，使高丽全国为之震骇。惜李世勣未遵太宗越安市城取建安之指示于前，太宗不用李道宗不为敌坚城所抑留而直捣敌京城之乘势之计，及高延寿等建议于后，故征高丽未能竟其全功耳。

（十）心理攻势与战术上乘势配合之重要。太宗征高丽之心理作战攻势的运用颇为彻底：初则优释盖牟城俘；继则许白岩城之投降，而优释其俘虏，又优禄其降将；三则造辽东城长史灵舆送归平壤；四则坑靺鞨犯阵兵三千余，余尽释之（但此种释放优俘政策一再为李世勣所不了解，一误于白岩城，再误于安市城，尤其后者迫使敌人致其死命相抗御）。然其此种优俘释俘政策，以无乘势挺进之军事配合，致使此种心理战之卓越措施，未收得其伟大之效果。设若安市城附近歼灭高延寿等之军后，即采用李道宗高延寿等之策，乘势直取平壤，则征灭高丽之功必已告成无疑矣。此为太宗未能将心理战攻势与军事乘势之举相配合，故此役竟无功而返也。回忆隋灭陈之战，由于隋之心理攻势与贺若弼、韩擒虎之军乘势攻势密切相配合，故能迅速奏灭陈之功。唐太宗何故有此失，下面另为详细分析之。

（十一）太宗坐失乘势良机之研讨。太宗何故一再不用李道宗、高延寿乘势直捣平壤之策？岂太宗不明乘势之运用乎？曰：不然。以太宗之天才，不仅明乎乘势之运用，且其过去屡能善用之而奏大功，如越河东西入长安之决策即其显著者。而于此次东征高丽之役所以失之者，一由于安市城附近之战，彼正集中精神于筹划对高延寿之歼灭战，此时李道宗之献策分兵直趋平壤，实不合时机，盖其时正准备对高延寿之歼灭战，力量应绝对集中，而不应有丝毫分割，以确保彻底歼灭战之成功。及歼灭高延寿等之军后，本应即采用李道宗之策，而高延寿此时又愿效力，但为长孙无忌所阻，致终于顿兵于安市敌坚城之下，遂失灭高丽之功。

但考唐太宗之所以终于采用长孙无忌稳健之策者，实有如下二因：1. 由于冬季天气将届，对中国将士之作战将颇为不利，同时难于通过之辽泽在其后，若万一有失，则退不得还；2. 太宗已掌握统一而强大之中国，若以征高丽失利，小则足以损太宗二十年来之声威，而削中国对四夷之威望，大则可以遭受全军覆没之危险。故此役凡属冒险之举，均有以小失大之虞，于大决策上殊非所宜，盖为投鼠忌器也。故先是当其运用《孙子》"城有所不攻"之原理，指示李世勣先攻取建安时，卒于仍用世勣逐次攻略之议者，其原因亦在此也。太宗征高丽之役，战略战术上之着眼本均极卓越，如战略上以一军渡海形成钳攻之势，使敌人前后不能相救；又如战术上大军开始进攻新城、盖牟城之时，即既先遣张俭挺进敌后之建安，以牵制敌第一线之后，使敌在不能兼顾之下遭击败，及城有所不攻等运用是也。惜只以投鼠忌器之故，而未能成其战略战术上之卓越运用耳。

然若于歼灭高延寿等之军时，即遣李道宗担任直捣平壤之任务，以与渡海之军夹攻平壤，则此次征高丽之功或已告成，亦未可料，盖如此乃不失为乘势之优越措施也。惜太宗即此亦不用，实失乘势之良机。

（十二）太宗善用天时，知难而退。攻安市城经两月而不下，其时冬令已届，中国将士不适于此种冰天雪地之战场，势必不利，因而相机耀威撤退，此则唐太宗之胜于拿破仑、希特勒多矣。

（十三）高延寿等之失算。安市城附近会战之前，高延寿等恃其兵力强大，不用其对卢"顿兵不战，旷日持久，分遣奇兵断其运道，粮食既尽，求战不得，欲归无路，乃可胜也"之善计，卒致全军被歼，屈辱投降，此足见有勇无智之将帅为害于国之深也。若其不然，果能采用其对卢之计，则唐军进则顿兵于坚城之下，退为辽泽所阻，粮食已尽，兵饥力疲，军心恐惧，虽天才如唐太宗，恐亦难挽救其厄运。

第四章 安史之乱

第一节 安禄山叛乱之起因（安禄山叛乱之前奏）

　　唐自太宗、高宗两代之励精图治，国家富强，版图之广，东自高丽，西至波斯，北越大漠，南至交趾，为旷古以来所未有也。惟自武后篡夺以后，唐之旧臣被杀戮殆尽，武后既已专意于皇权之争夺并图巩固之，故朝内之私争日益剧烈，而且绵延不断，酷吏如来俊臣等辈，乘机屠戮以媚武后，并贪图贿赂以自肥者，相继而起。于是武后既无暇兼顾吏治与边疆事务，中央政治因以日坏，地方政治随之，人心尽失，外患频兴（如吐蕃及东北种族相继起而侵扰等是）。时势至此，太宗、高宗所建之吏治军制均被破坏，而唐国声震全亚之威名，亦从此堕落矣。

　　然幸太宗、高宗所建优良之吏治与赫赫之武功久既深入人心，当时之智识阶级，尤思恋憧憬贞观之盛而图恢复之，故遂有狄仁杰、张柬之等起而复兴唐祚，加以玄宗尚能纳谏用贤，故在其前期阶段三十余年中，由于姚崇、宋璟两大贤能宰相之辅佐，唐朝之威望得以渐复，国家得以日趋康乐富强。惟不幸其晚年日趋骄奢淫侈，而委政事于李林甫、杨国忠等自私自利之辈，排除异己，派系倾轧，朝政又因以日非，贤者侧目（自古以来，凡负国家重任之高阶层人物，能以无我之精神公忠体国，在团结群策群力之努力下，必促国家于富强，人民康乐，反之则无有不败国者，历史事实，历历不爽）。而安禄山当李林甫为相之时，以善体上意之伎俩投机取巧，令色取容，进而与玄宗宠爱无比娇美绝伦之杨贵妃亲暱，竟成伪母子之关系而互相奸恋，及至以奸才控制奸才之李林甫一死，则安禄山不可复制矣。盖其时继李林甫为相之杨国忠狡黠不如安禄山，复罔顾国家之安危，既不能使玄宗明了安禄山企图叛变之奸谋而图之，仅以丞谋排除异己为急务而促之速反，并借此以固玄宗对己之信心，于是安禄山之叛乱从此掀起矣。时为天宝十四载十一月也。

第二节　安禄山叛乱之经过概要

（一）安禄山之陷东京

天宝十四载（755 年）之冬，安禄山乘奏事官自京师返范阳之机会，诈为敕书召诸将示之，谓有密旨令其将兵入朝讨杨国忠。于是发所部兵及同罗、奚、契丹、室韦等部众共十五万反于范阳（今河北省大兴县）。以范阳节度副使贾循守范阳，平卢节度副使吕知诲守平卢（今热河省朝阳县），别将高秀岩守大同，而自率诸军出蓟城南下，所过州县皆望风而降；又以其将李钦凑将兵数千守井陉口，以为掩护其侧背之安全。

是时唐玄宗做如下之守御部署：

1. 以朔方右厢兵马使、九原太守郭子仪为朔方节度使。

2. 右羽林大将军王承业为太原尹。

3. 以卫尉张介然为河南节度使，辖陈留等十三郡。

4. 以程千里为潞州长史。

以上诸郡凡当军事之冲者又置防御使，以御安禄山之进犯。

5. 另以荣王李琬为元帅，右金吾大将军高仙芝副之，统军十一万以拒禄山。

是年十二月，安禄山自灵昌（今河南省滑县东）渡河，陷灵昌郡，继陷陈留郡，斩张介然于军门，以其将李庭望为节度使守陈留。继进犯荥阳、虎牢（今汜水县），又陷之。安禄山自范阳起兵，至此未及两月而陷东京（洛阳），越年遂称大燕皇帝。

由于安禄山谋称帝于洛阳，又以常山太守颜杲卿起兵于藁城袭其后，故其兵至陕县新安而不进，遂使长安有部署守御之充裕时间。于是唐玄宗乃起用素与禄山不睦而威名素著之河西陇右节度使哥舒翰为兵马副元帅，将兵二十万守潼关。

当是时，常山太守颜杲卿起义，谋断安禄山之后而缓其西攻入关之兵，一时河北诸郡响应者凡十七郡，兵合二十余万，其尚附禄山者，唯范阳、卢龙、密云、渔阳、汲、邺六郡而已。杲卿继又密遣马燧说范阳节度副使贾循，惟以事机不密事败。嗣史思明兵至，攻常山（今河北正定县南），陷之，时为至德元载（756 年）正月也。于是河北诸郡复归安禄山所有，独饶阳太守卢全诚固守饶阳（今河北省饶阳县南），史思明等围攻之，久不克。适是时唐命郭子仪罢云中（今山西省大同县）围，还朔方，益发兵，以图克复洛阳，并令其选将一人分兵先出井陉，以定河北。郭子仪遂荐李光弼为河东节度使，分朔方兵万人与之。

至德元载二月，史思明攻饶阳犹未下，李光弼将蕃汉步骑万余及太原弩手三千已出井陉，直取常山，克之。于是思明舍饶阳而击光弼，相持四十余日。光弼以兵少遣使告急于郭子仪，子仪乃引兵出井陉，四月至常山，与光弼兵会合十余万，战史思明等于九门（在今河北藁城西北二十五里）城南，大破之。五月，安禄山为挽救后方计，乃增史思明兵五万以与郭子仪李光弼对峙于恒阳（河北省获鹿县东），嗣战于嘉山，复大破之，斩首四万级，掳获千余人。史思明经此惨败后，致使安禄山通渔阳之路再绝，其将士家在渔阳者无不动摇，于是禄山大惧。

（二）玄宗之失策与安禄山之陷西京

当郭子仪、李光弼据常山之时，并上言："请引兵北取范阳，覆其巢穴，质贼党妻子以招之，贼必内溃。潼关大军，唯应固守以弊之，不可轻出。"哥舒翰亦以为："……且贼远来，利在速战，官军据险以扼之，利在坚守。况贼残虐失众，兵势日蹙，将有内变。因而乘之，可不战擒也。要在成功，何必务速。今诸道征兵尚多未集，请且待之。"惟杨国忠与哥舒翰已有内隙，以哥舒翰在潼关，与长安近在咫尺，且当时舆论，皆请除国忠以快天下人心，国忠因恐哥舒翰不利于己，故屡促玄宗迫哥舒翰率军东进。哥舒翰迫不得已出关，与安禄山军战于灵宝西原之狭隘地区，大败，全军覆没，潼关失陷。于是杨国忠乃倡迁蜀之议，玄宗不得已而从之，遂迁蜀，长安继亦陷没。因此安禄山之势焰益盛，"西胁汧陇，南侵江汉，北割河东之半"矣。

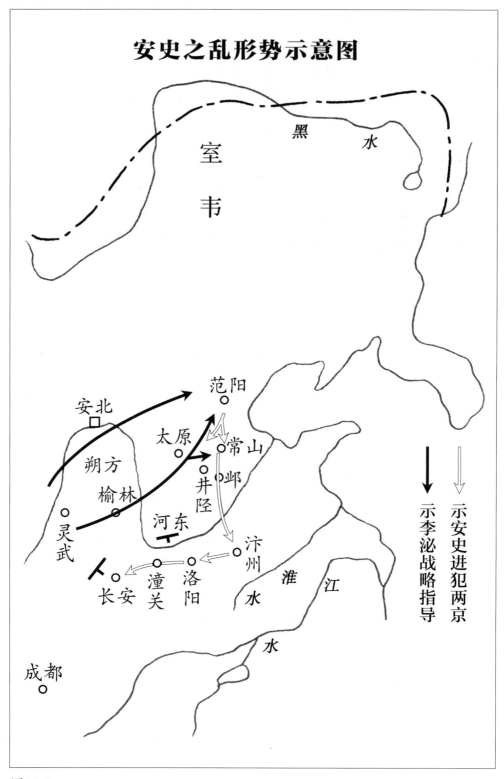

安史之乱形势示意图

图四五

（三）郭、李之西撤及肃宗即位

至是，李光弼围博陵（今定县）未下，闻潼关不守，乃解围南走，史思明追之。光弼遂与郭子仪引兵复入井陉而至灵武，未几常山等郡复为史思明所有。时势至此，消灭安禄山本指日可待之优越形势，至此尽归幻灭矣。

是年秋，肃宗即位于灵武（今宁夏宁武县），尊玄宗为上皇天帝（居成都）。是时郭子仪、李光弼亦至，军复大振。而杨国忠、杨贵妃又于玄宗西迁时已为将士所诛于马嵬坡（陕西兴平县西），于是诸郡县官吏人心复振，隐然有复兴之望矣。

（四）肃宗初次之挫败

是年十月，肃宗进驻彭原（甘肃宁县），欲先规复西京。加房琯持节、招讨西京兼防御蒲潼两关兵马节度等使，听自选参佐，至渭水便桥，与安禄山军战。琯以不知军事，竟效古用车战，以牛车二千乘，马步夹之。贼兵顺风鼓噪，牛皆震骇，贼复纵火焚之，兵车大乱，官军死伤者四万余人，存者仅数千而已。琯复自率南军（南衙军即京防军）战，又败。此为肃宗初次出军，卒以用非其人而丧师。此败对于规复两京之军心士气，实遭受严重之打击。

（五）肃宗之借兵回纥

肃宗经此败丧后，乃决策结盟回纥以图挽救。于是回纥可汗遣其将葛逻支将兵来援，先以二千骑突至范阳（北平）城下。十二月，回纥至带汗谷与郭子仪军会合，而与贼军战于榆林河北（今陕北榆林县境），大破之，斩首三万，获俘一万，河曲皆平。子仪遂还军洛交郡（本鄜州上郡，即今陕西鄜县）。

（六）李泌策定平乱大计与肃宗不能实施之失策

此时肃宗问李泌曰："今敌强如此，何时可定？"对曰："臣观贼所获子女金帛，皆输之范阳，此岂有雄据四海之志邪？今独虏将或为之用，中国之人惟高尚等数人，自余皆胁从耳。以臣料之，不过二年，天下无寇矣。"问以"何故"，对曰："贼之骁将，不过史思明、安守忠、田乾真、张忠志、阿史那承庆等数人而已。今若令李光弼自太原出井陉，郭子仪自冯翊（陕西大荔县）入河东（山西永济县），则思明、忠志不敢离范阳、常山，守忠、乾真不敢离长安，是以两军絷其四将也，从禄山者，独承庆耳。愿敕子仪勿取华阴（今陕西潼关县西），使两京之道常通。陛下以所征之兵军于扶风（凤翔县），与子仪光弼互出击之，彼救首则击其尾，救尾则击其首，使贼往来数千里，疲于奔命，我常以逸待劳，贼至则避其锋，去则乘其弊；不攻城，不遏路。来春复命建宁（建宁郡王李倓）为范阳节度大使，并塞北出，与光弼南北掎角以取范阳，覆其巢穴。贼退则无所归，留则不获安。然后大军四合而攻之，必成擒矣。"肃宗善之，然终不能用，时为是年冬月也。

至德二载（757 年）春，安禄山为其下所杀，其子庆绪继立。先是史思明自博陵，蔡希德自太行，高秀岩自大同，牛廷介自范阳，引兵共十万寇太原，李光弼率团练万余人固守之。思明等久攻太原不下，适禄山死，安庆绪遂令史思明归守范阳，留蔡希德围太原。

郭子仪以河东居两京之间，得河东则两京可图。二月，子仪自洛交（今鄜县）引兵河东，分兵取冯翊，继攻河东，克之。至此肃宗遂进驻凤翔，旬日之间，陇右、河西、安西、西域等处之兵相继集中，江淮租赋亦输至洋川、汉中，长安人自贼军中来归者亦不绝于途。于是李泌请遣安西（新疆龟兹县）及西域（新疆中亚）之兵如前策北取范阳，肃宗曰："今大众已集，庸调亦至，当乘兵锋，捣其腹心。而更引兵东北千里，先取范阳，不亦迂乎？"对曰："今以此众直取两京，必得之。然贼必再强，我必又困，非久安之策。"曰："何也？"对曰："今所恃者，皆西北守塞及诸胡之兵，性耐寒而畏暑，若乘其新至之锐，攻禄山已老之师，其势必克。两京春气已深，贼收其余众，遁归巢穴，关东地热，官军必困而思归，不可留也。贼休兵秣马，伺官军之去，必复南来，然则征战之势未有涯也。不若先用之于寒乡，除其巢穴，则贼无所归，根本永绝矣。"肃宗不从，而初战又败。幸是时太原李光弼将敢死士出击蔡希德，大破之，斩首七万余级，希德遁去。于是安庆绪以史思明为范阳节度使兼领恒阳（河北曲阳县）军事，封妫川王，以牛廷介领安阳（今豫北）军事，张忠志为常山太守兼团练使镇守井陉口；余各归旧任，募兵以御唐军。此足见安氏处处在虑其后也，惜李泌之战略指导方针不见诸实施，致使安氏之乱绵延数年不息。安史早平，则唐藩镇之祸不兴，为国大计者，岂可不高瞻远瞩而图目前之苟安乎？

（七）安史之分裂与长安会战及克复两京

先是安禄山得两京珍货，悉输范阳，思明此时既拥强兵，复据范阳之富，因益骄横，而渐不用安庆绪之命，庆绪亦不能制，遂成尔后之分裂。

三月，郭子仪首先对潼关发起争夺战不利。四月，肃宗以子仪为司空、天下兵马副元帅，使将其兵赴凤翔，而开始向长安进击，然攻战数月无功。此时安庆绪为消除其后方之威胁，复遣蔡希德攻上党，尹子奇攻睢阳（河南商丘县南）等各郡。而张巡守雍丘（河南杞县）、睢阳经年，江淮得以确保者，张巡之力为最大。

是年八月，肃宗遣郭子仪攻长安。子仪以回纥兵精，请借其兵以益军。于是向回纥借兵，许以攻克长安之日以所有金帛子女归回纥为条件。回纥怀仁可汗乃遣其子叶护及将军帝德等，将精兵四千余来至凤翔。肃宗引见叶护，宴劳赐赍，惟其所欲，元帅广平王俶并与叶护结为兄弟，遂发兵十五万攻长安。军至长安西，阵于香积寺北沣水之东，李嗣业为前军，郭子仪为中军，王思礼为后军。安守忠兵十万阵于其北，李归仁出挑战，官军逐之，逼于其阵；守忠军齐进，唐前军败退，为敌军所乘，军大乱。敌军争趋辎重，李嗣业曰："今日不以身饵贼，军无孑遗矣。"乃肉袒执长刀，立于阵前，大呼奋击，所当者死，前军之阵得以稍定。于是嗣业更率前军各执长刀，如墙而进，身先士卒，所向披靡。都知兵马使王难得负伤力战，直冲贼军阵后；而贼军伏于阵东欲袭官军之后者，复为朔方左厢兵马使仆固怀恩引回纥兵击灭之。于是两军夹击，贼军大溃，斩首六万级，填沟堑死者亦甚众。怀恩请以二百骑追之，俶不许（坐失战果），因此守忠、归仁得以遁去。遂克长安。郭子仪乘胜追至潼关，收华阴、弘农（今河南陕县）二郡。

唐军已克长安，遂继续进军洛阳，在陕一战，贼兵复大败，遂再克洛阳。此两京之克复，时为至德二载九、十月间也。

（八）安庆绪退保邺郡与相州之会战

安庆绪既失洛阳，遂走保邺郡（今河南省临漳县）。当庆绪北走时，其大将北平王李归仁及其精兵曳落河、同罗、六州胡数万皆不受节制，溃而北走。经范阳时，除同罗兵不受史思明收容而被击败逃归本国外，余均为思明所招抚，因此史思明益强。于是安庆绪益忌史思明之强不可制，乃遣阿史那承庆、安守忠等统率精骑五千至范阳，阳以征兵为名，实欲乘间图思明也。思明觉之，又因判官耿仁智等之说，遂以范阳降唐，唐封思明为归义王、范阳节度使，并使将所部兵讨安庆绪（此举颇为得计）。

乾元元年（758 年）六月，李光弼以史思明终当叛乱，乃利用乌承恩密图思明，事泄，思明复叛（李光弼此时运用此种策略实乃失之过早，安史之乱本可从此结束者，只因此策之失计，致复遗无穷之祸患）。

九月，肃宗命朔方郭子仪，淮西鲁炅，兴平李奂，滑濮许叔冀，镇西、北庭李嗣业，郑蔡季广琛，河南崔光远等七节度使，及平卢兵马使董秦，共步骑二十万讨安庆绪。又命河东李光弼，关内、泽潞王思礼二节度使将所部兵助之。惟以子仪光弼皆元勋，难相统属，故不委任元帅，仅以宦官开府仪同三司鱼朝恩为观军容宣慰处置使而统摄之。

十月，郭子仪引兵自杏园（河南汲县东南黄河渡口）渡河，东至获嘉，破安太清，进围卫州（今河南省淇县）。鲁炅自阳武（今县）渡河，季广琛、崔光远自酸枣（今延津县）渡河与李嗣业皆会子仪于卫州。于是安庆绪悉起邺中之众七万救卫州，军分三路，以崔乾祐将上军，田承嗣将下军，安庆绪自将中军。此役子仪以诱敌埋伏战法大破安庆绪军，遂克卫州。子仪等追至邺（今河南临漳县西），安庆绪收余众拒战于愁思冈（在邺城西），又败，前后斩首三万，子仪等遂围邺城。至此安庆绪窘急，乃请救于史思明，且许以位让之。思明乃发范阳兵十三万欲救邺，但观望未敢进，先遣李归仁将步骑一万军于滏阳（南距邺六十里）。十一月，崔光远拔魏州（治今河南临漳县）。是时史思明亦分军为三，一出邢、洺（今河北邢台、永年等地），一出冀、贝（今河北冀县清河县等地），一自洹水（在今豫北安阳附近）以争夺魏州；并乘光远初至，三路军疾进，魏州遂陷。光远退汴州（今河南开封）。

乾元二年正月，史思明在魏州自称大圣燕王。李光弼曰："思明得魏州而按兵不进，此欲使我懈惰，而以精锐掩吾不备也。请与朔方军同逼魏城，求与之战，彼惩嘉山之败，必不敢轻出。得旷日引久，则邺城拔矣。庆绪已死，彼则无辞以用其众也。"鱼朝恩以为不可，乃止。此以不知军事之宦官主军事，正如《孙子》所谓"不知三军之事而同三军之政""不知三军之权而同三军之任"，故此役唐军不但无统帅，而又以外行者临诸军之上，安有不败者？郭子仪等九节度使自冬及春，久围邺城不下。邺城虽困，岌岌不可终日，然九节度之师无人统属，师老心懈，上下解体。加以史思明洞悉此情，乃自魏州引兵趋邺，且使用下述战法：

1.使诸将去城各五十里为营，每营击鼓三百面遥胁唐军（扰敌战术）。

2.每营选精骑五百，日于城下抄掠，唐师出击则散归其营。因此唐师之人马牛车日有所失，樵采甚艰，昼备之则夜至，夜备之则昼至（扰敌战术）。

3.唐师粮食均自江、淮、并、汾等地运邺，舟车相继于途。史思明又遣壮士窃唐师军装，伪为唐之督运者，每责运者稽缓，妄杀戮之，因此运者骇惧。而运粮之舟车所聚，则密纵火焚之。此辈往复聚散，自相联络，而唐军逻捕者不能察觉。由是唐师诸军乏食，人思自溃（扰敌战术）。

于是史思明遂率其精兵直逼城下，与唐军会战。适遭大风忽起，尘土蔽天，咫尺不相辨。在此情形下，虽彼此两军均大溃，然九节度之师以无统帅，而郭子仪又先走，于是溃不成军，战马兵器遗弃殆尽。士卒则所过掳掠，士民骇避，州县留守官吏亦逃襄、郑，虽东都洛阳亦成崩溃之状，人心惶惶。

史思明知唐师溃去，乃自沙河（在邺城西北二百余里）收整部众，复还邺城南。随即计杀安庆绪而代之，且并其军，自称大燕皇帝。郭子仪于是役因先走军溃，是年七月遂被黜，而以李光弼代之。

（九）史思明再陷东京及史氏之消灭

是年秋史思明复统兵南犯，虽经李光弼苦战，于第二年（上元元年，760年）三月，东京竟复陷于思明，西京亦岌岌可危矣。幸未几思明内变，其子朝义弑思明而自立。至宝应元年（762年）十月，仆固怀恩与回纥兵乃得复克东京，而迫使朝义东走。怀恩并追逐之，经郑州、汴州、滑州、卫州、魏州、莫州（河北任丘）而至范阳，屡战皆捷。史朝义遂逃死于温泉栅（在平州黑石城县，即今河北卢龙地），至此安史之乱共历九年，乃定。

第三节　得失总评

（一）内乱起则外患生。唐室自武后图谋篡窃之后，朝内因政争屠杀，极为惨烈，此一神经中枢之动乱，遂使唐室政治日非，人心浮动，既无暇兼顾边疆，更无力以御外寇。致使在东北之各部落，在西南之吐蕃，均不断内侵，而唐此时亦开始不断丧师失地，国威大坠，因以国势益弱，唐太宗、高宗时代之国威，至此一落千丈矣。是故能制造敌人内部矛盾不安而至于分崩离析者，遂成为千古谋略运用之一大原则。武后篡窃所造成之国势衰颓虽非当时任何外邻所制造，但言战争，讲谋略，在此特为强调此一原则在谋略运用上之重要耳。

（二）居高位者公忠体国之重要。只以玄宗一代而论，玄宗乃一才识甚优之皇帝，其前半阶段复有贤相姚崇、宋璟等公忠体国相辅佐，故国家得以复强，人民得以康乐。及其末年，既骄于其已得之成就，骄奢淫逸，任用奸相李林甫、杨国忠等辈，均以自私、争权为务，故风气日坏，国内遂乱。即至肃宗之世，由于李辅国、程元振辈在朝作祟，将士亦为离心，致以李光弼之贤，犹有据徐州不欲受命之举。是唐朝之坏，其祸实纯自朝廷起，虽玄宗、肃宗称为中兴之主，然皆难摆脱政由中制之弊，如肃宗时张良娣勾结李辅国等之为祸是也。盖人才之贤否，关乎政治之隆污。即以今日法治之国家，政治之优劣，尚系乎人才之得失，况专制时代之人治政治乎？是故居高位者是否心忠体国，以公忘私，瞻顾大局，而群策群力以赴之，是为国家盛衰安危之所系。然如何运用人才，如何化奸为贤？此为统御上之重要问题。封德彝在隋为乱臣，在唐为贤臣，是故"人才因求才者之智识而生，亦由用才者之分量而出"，此则属于领导之做法，视其领导艺术之运用为如何耳。

（三）唐优良之府卫制度，至玄宗之世被破坏无遗，武备废弛日久，国力亦以渐弱。唐承西魏北周及隋相沿下来之府兵制❶，并进而改善之，已成为古代极完美之兵制，国家既有精锐国防军，又无负担军费繁重之重荷，农隙则加以训练，亦不妨害生产。如是国家之生产者众而消费者少，国家赖之以益富，国富则强，此乃千古之铁则。隋唐间之所以强大者，由于国家富实，故国威远播。不幸自太宗以后，国内承平日久，又由于人类惰性作祟，以致是项兵制之府卫制度日益废弛，至玄宗之世，几已完全失效。因此不仅外寇无力抵抗，藩镇割据亦从此而生，内乱频仍，陷国家于贫弱之境。故云"无敌国外患者国恒亡"，玄宗之世即其显例。是故当安禄山叛乱之际，自范阳南下，直陷洛阳，有如入无人之境，虽云由于当时安禄山骑兵精强，除朔方兵外无出其右者，且玄宗始终不信安禄山之叛变，事出于意外，然其时各州郡武备之废弛亦其要因也。

（四）军事上之得失

1. 安史方面之优点

（1）安禄山蓄叛之谋已久，养马蓄士十年。且其叛乱时利用东北方面之游牧部众，故兵精马强，非中原步骑兵（步兵多，骑兵少，且此时之骑兵亦甚弱）所能抵挡，故其后恢复两京，多赖朔方兵与回纥骑兵之力也。是故当时战场之胜败，泰半系于骑兵之强弱，观乎相州一役史思明敢于以五万之众敌七节度使六十万之师者以此（李光弼、王思礼二节度使实际上未参加本战斗）。

（2）安史均善于运用骑兵机动战术。当时安史之运用骑兵战术为引诱、埋伏、奇袭、侧击等战法，如哥舒翰二十万众之被歼灭，乃由于安禄山军引诱哥舒翰军于潼关东方陕县间之狭隘地区（南不可攀登之山，北面黄河），伏精兵于后，诱唐师之前进后，并以火攻而歼唐师者。又如克复西京之役，若非仆固怀恩击破翼侧埋伏之安禄山骑兵，并协同李嗣业突贯敌阵后而夹击之，则是役仍甚危险。是役由于李嗣业之英勇突破

❶ 唐府卫制度为：实行均田制，计人口授田，人民十八授田，二十充兵，六十免役。全国设六百三十四府，每府设置折冲都尉一人，左右果毅都尉各一人，下有属官。府分三等，上府千二百人，中府一千人，下府八百人。府民平时耕田，农隙习战；国家有事临时征发，朝廷派将军统率之；战事终了，兵还回本府，将归帅印还朝。将于平时则讲研兵法。故此制度颇能达到将能兵强之境，又无将擅兵之虞（详参拙著《中国军事教育史》）。

与仆固怀恩击破敌之奇兵，并进而协同夹击之，是乃此役制胜之关键也。

（3）相州一役，史思明以五万军监视九节度使之围邺大军，而遣少数神出鬼没之特种部队（等于第二次世界大战之第五纵队）到处截粮烧杀，及侵掠围城之樵采者，使九节度使围攻邺城之大军，在旷日持久之中疲困不堪。史思明运用战法如此，不能不谓高明。

2. 唐方面之得失

（1）统帅部混乱招致之失败。当李光弼、郭子仪出井陉攻占常山后，已迫使安禄山在洛阳与其策源地之范阳联络陷于断绝，此时安禄山在洛阳之地位殊为危险。且其时李光弼等劝长安方面固守潼关以待敌人之弊，然后出击，而驻守潼关之哥舒翰亦坚持此策。若当时果能彻底执行此一战略方针，则安禄山之乱当可于此时平定，而不致遗祸乱于不已，东西两京一再陷于叛军，而使两京荡然也。但由于玄宗之昏老与杨国忠之逞私以自快，卒致此一优越之决策被完全破坏，朝廷与士民均陷于流亡，置国家于不国之危亡境地，殊堪浩叹。

（2）长安陷落，玄宗迁蜀之时，朝臣中之有为者，均认昏老之玄宗已不可能再图复兴，故群策以拥护太子。又自形势观之，若朝廷一经困于西蜀之一隅，则中原不可恢复，故拥太子走保灵武，俾尔后便于控制中原，中兴唐室。且当世之决胜兵种乃骑兵，而唐室骑兵之最强者为朔方军游牧部族，既产良马而善骑射，尤忠于唐室。是故此一基地之选择，实关系唐室中兴之唯一关键。

（3）李泌之卓越决策不行。依李泌之战略决策，本可陷敌人于疲于奔命之困境，然后乘其弊，集中力量而击灭之者。不幸因肃宗短视，选择作战目标之错误，以致祸乱延续未已。考李泌作战目标，为选定敌之策源地范阳，冀从敌人之根本上予以毁灭之，以缩短战乱时间而做彻底之解决。肃宗则惑于急得两京之大目标，亟求急速的目前之功（亦即有克复两京后苟安之念），且借"晨昏定省"以自美，殊不知此乃益显其庸也。是故作战目标选定之当否，不仅将才智愚所由分，且主宰作战胜败之命运。李泌决策之优越处有如次：

①注意天候与军队性质之配合适切运用，以发挥其部队之特性与力量。

②因敌情形势困惫敌人。盖其深知敌势尚强，若做正面逐次攻击作

战，不但难于达到彻底肃清之目的，且将被反噬也。

③从敌人之根本上求彻底之解决，亦即予敌人以彻底之毁灭，而并不为两京之重大目标所眩惑。此《孙子》所谓"城有所不攻""地有所不争"之卓越战略运用也。

（4）邺城围攻战之愚蠢

①军事上事权不一，必致败绩，此乃不可易之铁则，此足表现当时中央统帅之愚蠢与无能。然当时郭子仪声望最高，无形中实有指挥是役战争之责，故溃败之后，仆固怀恩曾指责"郭公先走"，致全军皆溃，其后郭子仪亦曾因此而被黜。

②此役竟将数十万大军猬集于邺城之下，攻城部署之拙劣诚为千古所无，亦因此竟被绝对劣势为数只有五万之史思明军所困扰。及史思明指挥其劣势之军相进逼时，又竟布一正面之阵相攻战，《孙子》说："十则围之。"其时唐师之众，何啻十倍于史军？故是役在战略战术之拙劣，实已不值一评，盖其毫无战略战术之意义可言也。

③当史思明进占魏州后按兵不动之际，李光弼建议进逼之，以备牵制其援安庆绪邺城之史军，予攻邺城之军易于成功。而竟为不知军事之鱼朝恩所拒绝，致使攻邺之军陷于危险之态势。若当时李光弼之建议得见诸实施，则攻邺城之军纵不成功，亦不致遭受如此惨重之溃败，几再陷唐室于不复之地也。

（5）李光弼急图史思明之失策。当史思明与安庆绪发生矛盾之际，朝廷接受史思明投降后，即令其进攻安庆绪，此一决策殊为适当。盖以敌制敌，我可从中观变以取利。若安庆绪被灭，则唐军可以集中力量对付一个敌人，无不成功。即或史思明亦按兵不动，待时观变，亦当一面羁縻之，一面对安军先行击灭，以收各个击破之利。而李光弼竟识不及此，致遭东京再陷，使唐室安而复危，李光弼不能辞其咎也。

3.唐室之另一得力处。唐朝在平定安史之乱时，除灵武之基地优良外，另为能借回纥之兵以图恢复，其所以出此者，亦以逼于危困而不惜代价所得来之援助也；其次为张巡在睢阳地区之坚韧持久作战，卒能屏障江淮，而唐于失两京后之财政军粮赖以供给者颇多，在战略上始终威胁安史之腰背，故张巡于平安史之乱之功亦殊卓著。

第五章　德宗时代之安内攘外

第一节　六藩镇之乱始末

唐自安史之乱后，藩镇割据之势已一发而不可遏止。虽经肃宗、代宗两代之极力图谋，冀除去藩镇割据之弊，然均不能收效。尤以迄德宗之世，此种图谋益为积极，如刘文喜请节不许，李惟岳求继父业不成（惟岳父宝臣成德节度使，治今河北正定县），即其显例。其余纷纷求节者，不知凡几。至建中三年（782 年）冬，朱滔称冀王，田悦称魏王，王武俊称赵王，李纳称齐王，李希烈称建兴王（兴元元年一月即建中四年后一年称帝，国号大楚），是为藩镇公然联合割据以抗德宗抑藩政策之最高峰。滔、悦、武俊、纳等之所以称王联合割据者，乃用李子千、郑缙等计，所谓"请与郓州李大夫（纳）为四国，俱称王而不改年号，如昔诸侯奉周家正朔。筑坛同盟，有不如约者，众共伐之。不然，岂得常为叛臣，茫然无主，用兵既无名，有功无官爵为赏，使将吏何所依归乎"，此为诸人称王与联盟之策略。

然此数人者，先以朱滔为最强，嗣以与唐师作战数月，其兵渐趋困惫。而李希烈此时由邓、蔡发展至许州，其势遂又为此数人中之最盛者。

唐廷为削平此数人计，其将李抱真先则利用朱滔与王武俊之矛盾而离间之，并收买王武俊以图朱滔。同时唐廷为要专力消灭朱泚、朱滔兄弟（朱泚于建中四年秋乘乱兵而利用之，据长安称大秦皇帝，至兴元元年 784 年一月又改称汉元天皇），乃于建中四年（783 年）十二月复遣使说田悦、王武俊、李纳，愿赦彼等之罪，并厚赂以官爵而收买之。因此

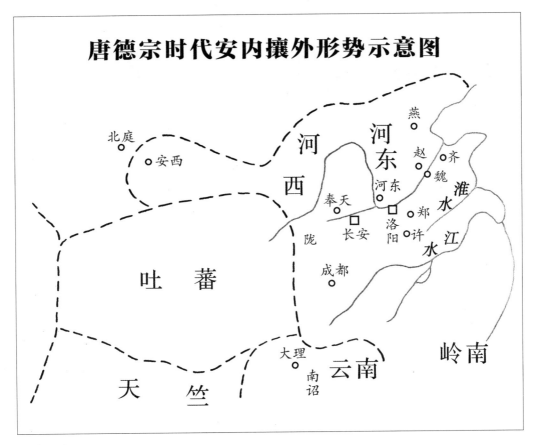

图四六

朱滔势孤，及朱泚灭，朱滔于后一年亦被消灭矣（泚于兴元元年五月灭，滔于贞元元年，785年六月灭）。

原先朱滔得朱泚占领长安之报，即结连回纥并借兵十万，准备联合田悦、王武俊、李纳诸军，长驱南下东都者，故是时之朱滔欣然以为天下在掌握中矣。惟幸以唐廷收买悦、武俊、纳等之计成功，及李怀光率河朔之兵迅速驰至长安相救，遂使朱泚甚盛之势而复衰。及兴元元年六月，李晟灭朱泚，后一年朱滔亦为王武俊所灭。二朱已灭，而李希烈之势孤矣。德宗之天下，乃得危而复安。

第二节　李怀光之叛乱及平定

当朱泚陷长安之时，李怀光率朔方兵进援。惟唐廷宰相卢杞此时恐怀光不利于己，乃用计使之不得见德宗，因此促成李怀光之叛变。

及二朱灭后，时适连年旱蝗，朝廷财资粮食匮竭，而李怀光尚据河中（今山西省永济县），朝臣言时事者多请赦李怀光，俾国家人民得以生息。李晟不以为然，因上言陈策，谓赦怀光有五不可："河中距长安才三百里，同州（治今陕西大荔县）当其冲，多兵则未为示信，少兵则不足提防，忽惊东偏，何以制之？一也。今赦怀光，必以晋、绛、慈、隰（今山西西部地区）还之，浑瑊既无所诣，康日知又应迁移（二人讨怀光驻以上地区），土宇不安，何以奖励？二也。陛下连兵一年，讨除小丑，兵力未穷，遽赦其反逆之罪，今西有吐蕃，北有回纥，南有淮西（李希烈），皆观我强弱，不谓陛下施德泽，爱黎元，乃谓兵屈于人而罢耳，必竞起窥觎之心，三也。怀光既赦，则朔方将士皆应叙勋行赏，今府库方虚，赏不满望，是愈激之使叛，四也。既解河中，罢诸道兵，赏典不举，怨言必起，五也。今河中斗米五百，刍藁且尽，墙壁之间，饿殍甚众，且军中大将杀戮略尽，陛下但敕诸道围守旬时，彼必有内溃之变，何必养腹心之疾，为他日之悔哉？"李晟此策，就时论势极为得当，盖时不可失，势有所必争，此之谓也。不然稍一畏缩，内外伺变，则大势去矣。

适是时河东节度使（治太原）马燧入朝，亦奏怀光凶逆尤甚，赦之无以令天下，请更得一月粮平之，至是德宗平怀光之决策乃定。

马燧回至行营，与诸将谋议曰："长春宫（朝邑县西北）不下，则怀光不可得，长春宫守备甚严，攻之旷日持久，我当身往谕之。"乃即利用朔方将士与唐廷之渊源，而以说辞坠其众心，予以招降。于是马燧自至长春宫，呼怀光守将徐庭光，而庭光竟率将士列拜城上。燧知其心尚向朝廷，乃谓之曰："我自朝廷来，可西向受命。"庭光等复西向拜（兵心至此，何能言战，无怪怀光速灭也）。燧复曰："汝曹自禄山已来，徇国立功四十余年，何忽为灭族之计？从吾言，非止免祸，富贵可图也。"众不对。燧知彼等持疑，乃披襟曰："汝不信吾言，何不射我！"城上将士皆伏泣。燧又曰："此皆怀光所为，汝曹无罪，第坚守勿出。"皆曰："诺。"于是马燧与浑瑊、韩游瑰等遂进军逼河中。及至焦篱堡，怀光守将尉珪即以七百人降。迄夜怀光举火为号，但其诸营不应。及燧再至长春宫下，徐庭光遂开城投降矣。

长春宫既降，马燧即率诸军至河西（今陕西朝邑县），河中军士自相惊曰："西城攦甲矣。"又曰："东城娖队矣。"（河中夹河为两城，西城在河西，东城在河东，河中府即治河东城。）须臾军士皆易号为太平字。怀光见军心皆变，不知所为，乃自缢而死。怀光之乱遂平。

第三节　李泌平定陕虢对讨怀光之贡献

先是当德宗犹欲赦怀光之际，适陕虢（潼关以东地区）都知兵马使达奚抱晖擅行鸩杀节度使张劝，并自代总军务，要求朝廷旌节而承认之，且暗约李怀光将达奚小俊，互为声援，此种情势之变化，对唐廷实莫大威胁。盖怀光尚据河中，抱晖复据河南，且随时可与淮西李希烈势力连成一气，则中原复混乱矣。于是德宗乃谓李泌曰："若蒲、陕连横，则猝不可制，且抱晖据陕，则水陆之运皆绝矣，不得不烦卿一往。"乃以李泌为陕虢都防御水陆运使，并拟派神策军送之，而问泌所需兵力几何，泌曰："陕城三面悬绝，攻之未可以年月下也。臣请以单骑入之。"德宗曰："单骑如何可入？"泌曰："陕城之人，不贯逆命（谓并无反意），此特抱晖为怪耳。若以大兵临之，彼闭壁定矣（谓难于攻克）。臣今单骑抵其近郊，彼举大兵则非敌，若遣小校来杀臣，未必不更为臣用也（谓可因而说之，不为抱晖所用）。且今河东全军屯安邑（马燧统率之军驻此），马燧入朝，愿敕燧与臣同辞皆行，使陕人欲加害于臣，则畏河东移军讨之，此亦一势也。"（此势足以保证泌此行之安全，泌之筹计颇精密。）惟德宗仍以此种行动过于冒险，恐李泌危殆，因而欲另遣人往，泌曰："他人必不能入。今事变之初，众心未定（谓叛志未决），他人犹豫迁延，彼既成谋，则不得前矣。"李泌遂先见陕州进奏官及将吏在长安者，因而语之曰："主上以陕虢饥，故不授泌节而领运使。今欲督江淮米以赈之耳。陕州行营在夏县（在陕县北九十八里亦即黄河北岸，即今山西夏县，亦担任讨河中李怀光之使命），若抱晖可用，当使将之，有功则赐旌节矣。"（第一步使陕将士及抱晖不怀敌意）抱晖之侦探获悉此意驰告之，抱晖因此稍自安。于是李泌言于德宗曰："欲使其士卒思米，抱晖思节，必不害臣矣。"（把握住解除叛乱之关键而运用之，当可成功。）

于是加李泌为陕虢观察使，与马燧俱出长安。李泌已出长安，遂向陕州疾驱而进。但抱晖并不使将佐出迎，惟派侦探相继侦察（犹怀疑也）。及泌至曲沃（今河南陕县西南曲沃镇），抱晖将佐竟不待抱晖之命来迎，泌乃笑曰："吾事济矣。"（其众不为所用，当可成功）距城十五里，抱晖亦出迎（逼于将士将不为所用之压力）。见面，泌乃盛称其保城之功，并慰之曰："军中烦言，不足介意，公等职事，皆安堵如故。"（释抱晖之疑并安其心）抱晖得此好意，甚喜。（抱晖叛志亦冰释）及泌既入城视事，宾佐有请屏人白事者，泌曰："易帅之际，军中烦言，乃其常理，泌到自妥帖矣，不愿闻也。"（众心未坚，免因此起疑而致骚乱，故不听私语者）由是反仄者皆自安。明日泌见大势已定，遂召抱晖至宅语之曰："吾非爱汝而不诛，恐自今有危疑之地（恐诛抱晖致其他反仄不安也），朝廷所命将帅皆不能入，故匄汝余生。汝为我赍版币祭前使，慎无入关，自择安处，潜来取家，保无他也（命其私逃，但不得入关）。"抱晖遂亡命，其后不知所之。达奚抱晖之叛遂平，时为贞元元年（785年）秋也。未几，怀光亦死。

第四节　平李希烈之策划

李怀光既灭，则天下犹据地自雄者，唯李希烈耳。于是德宗问陆贽："河中既平，复有何事所宜区处？"贽乃以为河中既平，虑必有希旨生事之人，以为王师所向无敌，请乘胜讨淮西者。如是势必引起李希烈借词欺其所部及新附诸帅（谓李纳、王武俊、田绪等），谓奉天（今陕西省乾县）息兵之旨（其时朱泚据长安，德宗在奉天赦李、王、田等）乃因窘困而言，今朝廷稍安，必复诛伐。如此则四方负罪者必皆自疑，河朔、青齐，固当响应（王武俊、田绪等在河朔，李纳在青、齐），兵连祸结，赋役繁兴，则建中时之乱，势将复起。因而主张饬在李希烈四境之诸臣各固守边境围堵以待变，谓此为"不战而屈人之兵"之计。并以为如此，李希烈必不敢妄动，且必有内变。然贞元二年春，李希烈仍遣其将分别犯襄州（今河南叶县）、郑州，幸均能击破之耳。是年四月希烈疾，亦竟为其大将陈仙奇使医者毒杀之。然而陆贽之计实似是而非也，后当为详论之。

第五节　李泌消灭李希烈之余乱

先是李希烈在淮西（今河南汝南县治），选其步骑之最精锐者另编成一军，以图作战之用。及希烈死，陈仙奇举淮西降，唐廷遂诏其发兵于京西为秋防。仙奇乃遣都知兵马使苏浦悉将淮西精兵五千赴之。已发，仙奇复为其将吴少诚所杀。少诚乃密遣人召苏浦将吴法超等引兵还，而苏浦不之知。及法超引步骑四千自鄜州（今陕西鄜县亦即古洛交县）叛归，唐将浑瑊知之，乃使其将白娑勒追之，反为所败。于是德宗急遣中使敕陕虢观察使李泌发兵防遏，勿令渡河。泌遂遣其将唐英岸率兵趋灵宝（在陕县西四十五里），而淮西兵则已阵于河南矣。泌此时一面供给淮西兵食，使其不侵掠，并准其在陕州之西七里处驻扎（淮西军越日驻此）；并即另派选士四百人分为二队，伏于太原仓之隘道，并令之曰："贼十队过，东伏则大呼击之，西伏亦大呼应之，勿遮道，勿留行，常让以半道，随而击之（此乃'归师勿遏'及以寡伏众、以弱伏强之至当运用）。"又遣虞候集近村少年，各持弓刀、瓦石，追蹑贼之后，闻呼亦应而追之（因兵少，乃用此民兵以佐之）。又遣唐英岸将千五百人夜出南门，阵于涧北。此种部署已毕，明日四鼓之际（是日不再给淮西兵食），淮西兵起行入隘中伏，遂大惊，陷于混乱，且战且走，死者四分之一。正走之际，又遇唐英岸邀而击之，淮西兵遂大败。李泌此际料淮西兵败走时，必分兵自山路南遁，乃又遣燕子楚率兵四百自炭窦谷趋长水（今河南洛宁县西有长水镇）以遏之。淮西军二日不得食，又屡战皆败，英岸追至永宁东（今河南省洛宁县），贼军皆溃入山谷。于是吴法超果率其众大半趋长水，燕子楚遂击斩法超，并杀其士三分之二，其余溃兵在道，复为村民所杀，淮西兵五千人得逃至蔡州者仅四十七人。李泌此次之用兵，亦可谓神矣。

第六节 图谋吐蕃之策略

吐蕃地据中国西南山地高原（治拉萨），交通不便，虽太宗、高宗二代之强盛，疆境西至波斯，然吐蕃（今西藏青海西康等地）犹据其地而未尝征服。及至武后之世以至玄宗、肃宗、代宗、德宗五代，历时近两百年，屡为边患，尤以德宗之世河陇之地（甘肃）均为其铁骑所蹂躏，几逼德宗迁都以避之者亦尝有之。且北争北庭（侵回纥，北庭都护府治今新疆孚远县），南至昆明，其力量有骎骎乎威胁中原之势矣。西则与唐争西突厥（今中亚）霸权。洎乎中原大乱已平，李泌为相，于是泌乃说服德宗，北联回纥（德宗与回纥为仇者十余年），与之和亲，然后南收云南（即南诏，其都城在今云南大理县），联天竺（印度），西结大食（今印度以西至波斯之一大国），部署对吐蕃之包围形势。李泌之献策概略如次：

当回纥之和亲既定之后，德宗乃问泌曰："回纥则既和矣，所以招云南、大食、天竺奈何？"对曰："回纥和，则吐蕃已不敢轻犯塞矣。次招云南，则是断吐蕃之右臂也。云南自汉以来臣属中国，杨国忠无故扰之使叛，臣于吐蕃，苦于吐蕃赋役重，未尝一日不思复为唐臣也。大食在西域为最强，自葱岭尽西海（今里海），地几半天下，与天竺皆慕中国，代与吐蕃为仇，臣故知其可招也。"（李泌有广泛深入之情报）时为贞元三年（787年）秋事也。

德宗采用此策，以至顺宗之世，吐蕃因此且屡为西川节度使韦皋所破，于是，吐蕃北既胶着于与回纥之战，西又屡为韦皋所败，而南又挫败于云南，其势始由此日蹙，屡向唐朝乞和，吐蕃之患从此暂息。

第七节 得失总评

（一）孤叛者之势，俾易收平定之效。当朱泚占据长安之时，朱滔复联合回纥之兵十万，并驱王武俊、李纳、田悦等，以东都洛阳为攻取目标，故此时唐室之势，实已危如累卵。幸德宗深悉王、李、田诸氏之所以为乱者，乃图固其封疆并传之子孙也。因此除赦其叛乱之罪外，并许满足彼等之要求，因而得以使彼等与朱滔离贰，而缓滔军南下之势，卒使二朱不能会师于两京（东京西京）之间。并于朱滔未至东都之时，即将朱泚击灭之，此为德宗平乱重要策略之运用也。及二朱既灭，则王、李、田诸氏自不难收拾矣，此固德宗之得计。

然德宗之此计所以易于成功者，除于首先利用王武俊与朱滔间之矛盾外，亦以朱滔缺乏外交政治人才为之协助，故不能施用政治手腕以争取诸氏而适宜领导之，因此坐视诸人之离贰。是故朱滔虽有千载一时之良机与极其优越之形势，而卒至不能成功反为一败涂地者，以此故也。

惟德宗于李怀光入援长安之时，竟以卢杞欲排斥怀光之故，而促使怀光之由携贰而致叛乱，此足见德宗用人之明有所蔽，而对待功臣尚乏理所当然之处置也。盖其时应待怀光之至，亲为慰抚而劳之，以掌握其心，乃竟听卢杞之言，遂行其形同排斥之举，不亦愚乎？且此举之失，又几陷唐室于更危殆之境。所幸河朔兵与唐室有根深之渊源，否则纵其不能覆唐，但欲平定之亦非易也。

（二）平定李怀光之策略运用适当。马燧仅以一月之时间削平李怀光，亦云速矣。考其所以能如此迅速者，即利用河朔人与唐室渊源之关系。盖自肃宗平定安史之乱，即以河朔之兵为基础，故河朔人均以立功皇室为荣耀，而唐室各代亦念念于河朔之功而不忘也。因此之故，马燧乃把握此一关键，而进行瓦解李怀光之军心士气，并因而说降之。怀光因此遂成独夫，固不待战而亡也。

然当朱泚既灭，李怀光据河中，此时适关中饥馑，朝中遂多议以赦怀光为得计者，若非李晟之力争，与马燧之入朝陈戡怀光之计，则其形势将必趋于不利，显然可见。盖事有轻重，势有利害，若以一时之饥馑而赦之，则正所谓因小失大矣。故事有所必为，势有所必争者，则必须忍一时之困，舍轻就重，趋利避害，以求一时之劳而谋永逸也。是故李晟之陈赦怀光五不可，实乃至当而卓越之大计也。故凡谋国者，必洞烛事机之精微，高瞻情势之得失，深虑远谋以定策乃可，殊不可头痛医头脚痛医脚，顾此失彼，而图一时之苟安，舍弃远大之功也。

（三）李泌之谋识

1.平定达奚抱晖。抱晖以求朝廷之节不得而杀使臣，陕州之兵则以感受饥馑之威胁，而从抱晖之驱使。李泌把握此两大为乱之祸根（亦即解决问题之两大关键），并悉陕州人不贯为乱之情，且抱晖尚在求官之中，叛乱之计尚未决之际，遂策定如下之步骤：

（1）先放出彼受命乃为救饥，及"若抱晖可用，当使将之，有功则赐旌节矣"之消息。如是陕州之兵与抱晖得此消息，虽犹在狐疑之中，其势必当待之以观后果，因而必不致拒其入陕。

（2）必须单骑前往，以释抱晖之疑虑，免为所拒。

（3）必与马燧同出长安，以造成一种情势，借使陕州兵感受马燧大兵压境之威胁，不敢轻杀使者而决计叛乱，并使彼等始终徘徊于迟疑与尚有希望之间。

及其抵曲沃时，抱晖将佐竟不待抱晖之命来迎，故此时李泌即曰"吾事济矣"，盖以抱晖之军心此时已趋向于泌矣。而抵城之际，除暂安慰抱晖外，并不受密语之见告，盖以释群疑而安反仄者之心也。尤以当大势已定之时，竟舍抱晖而不诛，并暗使之自逃，此一处置，尤为妙绝。盖若明抱晖之罪而诛之，则原与抱晖反仄者，必皆由疑虑与求生之所逼，势将复起叛乱也。由此观之，李泌计虑之精细微妙可知。

不仅此也，德宗言"若蒲、陕连横，则猝不可制"。其实岂止"不可制"已也，若其进而与淮西之李希烈联成一气，则二朱时之恶劣形势将复现于此时，是故李泌于无声无色中除去达奚抱晖而安定陕州，其功亦殊伟矣。

2.消灭为余乱之淮西兵。淮西兵叛归之时，以浑瑊之善于用兵，与所部之精锐追之，反为所败，足见淮西此五千精锐之步骑兵殊不可忽视。然李泌仅以一千五百陕州之卒而将其整个歼灭之，若非李泌之战术运用奇妙，曷能至此？李泌歼灭此五千淮西精锐步骑兵之战术运用步骤如下：

（1）当淮西兵到临之际，供给以粮食，使其无敌意而不做战斗之准备。

（2）一面选定淮西兵必归之路，而以主力伏埋之。

（3）惟因以寡伏众，以弱伏强，且系"归师勿遏"，故虽选定地形伏击，犹当让出其逃走之路，因其中伏则必惊，有生路可逃则必乱，因其惊惶混乱而击之，虽众可溃，虽强可败，此乃以寡敌众，以弱胜强之一优秀战法也。

（4）尤妙者，以兵数过寡，乃用村民以为兵，盖乘敌惊惶溃乱之际，虽以民兵追之，其效犹若劲旅，李泌此次运用民兵之机巧，古今少见。

（5）赖其情况判断之精确，又于敌溃逃二日行程之地点，埋伏下四百兵于长水，以求达到最后之彻底歼灭，李泌之深谋成算，诚使后世兵家惊叹不置也。

3.图谋吐蕃之策卓越。使数代为唐室外患之吐蕃，从此转其强为弱，终至逼而求和。惜未几李泌退休，联大食、天竺二国并未付诸实施，故御吐蕃侵略之势，只能暂时予以遏阻。然唐室不绝如缕之藩镇割据所导致之不断内乱，亦为泌策不能贯彻之要因也。综观李泌之善于谋略，自肃宗即位于灵武以来，军政大计即决于其手，安史之乱赖其谋划得以削平，德宗之安内攘外亦赖其谋划得以成功。

按：李泌之所以富于谋略，所措必胜，乃因其平日对各方面之情报，极能深入，搜集广泛。又以其娴熟于历代之战争方略，故判断精确，而决策确当。以当时之人才较，实无出其右者。

（四）陆贽论平李希烈之策，实属似是而非。贽谓若再进击李希烈，势必引起王武俊、李纳、田绪等之复起叛乱，河朔、青齐，皆必响应，将因而祸乱连绵。考其此种论据实属似是而非，盖：

1.李希烈乃曾僭称大楚皇帝者，其与王武俊等只欲效春秋之诸侯，保守疆域传之子孙者，大异其趣。换言之，李希烈已建立其与唐室势不两立之敌国，而王武俊等则仍欲效春秋诸侯之奉周室为天下共主者，其轻重顺逆之势显然大异。故于进讨李希烈时，只需郑重宣言，申明此义，则王武俊等不但不起疑虑之心，且将乐于共讨之以示效忠也。况当朱滔势力极盛时期，唐室有总崩溃之势，彼王武俊等尚且愿归降唐室而不疑其系离间与各个击破策略运用，岂有唐室大乱既平之此时，以名正言顺而进讨李希烈，反而自疑不安者？况对李希烈四面围堵之，与采取攻势进讨，其征讨之意义一也。故若谓犹虑攻势进讨，则希烈将借词诱王武俊等复反，然则于围堵之时，彼又何尝不可借词诱王武俊等复叛耶？且若如是，则希烈不但同可借词以诱王氏等，并因唐廷之消极围堵，将更有充分时间以进行之。

2. 及唐室围堵之时，李希烈并不如陆贽之所料者，"仅苟图残喘而已"，反且积极编练步骑精锐，并分兵进攻襄、郑等州，则希烈之所为与意图，亦甚明矣。是故陆贽当时之献此议，实图苟安之心理在作祟也。

3. 唐室于大乱之后，不进讨既自称帝之敌国，则为唐室本身威望计，其维持并巩固唐室之是非与正义，亦不明矣。

4. 唐室当削平李怀光之时，正当乘累胜之威，当淮西军民震怖之际而迅速进兵，如是则益足以掀起其内变，促希烈迅速之崩溃，此乃运用战势之要机也。

以上四者，足以论证陆贽献策之非。虽其后李希烈果因病而为大将陈仙奇所害，但其后仍相沿割据，直待至宪宗之世，由李愬平定吴元济，淮西之乱始平，此不能谓非陆贽之失策所致也。（当李怀光于长安正欲携贰之际，贽建议使唐室嫡系军迅速离脱怀光以保持战力，其此次献策极为机断，李晟即赖此而得以保存。其后恢复长安者，亦赖李晟。故贽对唐之贡献，得计于前，失计于后耳。）

第八节　结论

唐迄德宗之世，藩镇割据之势已不可遏止。加以德宗用卢杞为相，而卢杞专以自我之利益为务，极力排除异己者，如排斥颜真卿、李怀光即其显著者也。惟因卢杞之排除异己，故引起藩镇割据之势益烈，终至形成纷起叛乱。及至长安弃守，国势倾危，幸而德宗能将其罢黜之，并相继起用李泌、李晟、李勉、陆贽、马燧、浑瑊、韩滉（因李泌而释韩滉之疑，江南之乱乃得幸免）等英才谋士，乃能复兴唐室。故德宗之世，乃由其本身以用人之非而引起大叛乱，亦由其本身能起用六七人才而复兴。此盖专制皇帝安则骄奢淫逸，危始励精奋发，历代皆然也。

第六章　宪宗平定藩镇统一中原之战

第一节　李绛平藩之筹策

唐自玄宗之世安史乱后之藩镇割据起，历肃宗、代宗、德宗而至顺宗，凡五代，为时五十年，中原扰攘不已。及宪宗即位，即有中兴唐室恢复统一之志，乃节衣缩食，广储粮饷，以备用兵，盖欲于时机一至，即予各割据之藩镇以进讨也。

宪宗元和四年（809年）成德节度使（治今河北正定）王士真死，其子承宗自为留后而求节（其时凡割据之藩镇均为父死子继，惟其子继乃擅权自为者，故每于其父死后，即以诸将拥护为名权为留后，然后请诏令承认之）。适其时据燕（今北平）之刘济、据魏（今河南临漳）之田季安皆有疾，宪宗遂欲乘彼等死时而统一之，乃谋于李绛曰："今刘济、田季安皆有疾，若其物故，岂可尽如成德（谓王承宗继王武俊）付授其子，天下何时当平！议者皆言宜乘此际代之，不受则发兵讨之，时不可失，如何？"李绛以为不可曰：

"群臣见陛下西取蜀，东取吴，易于反掌，故诡谀躁竞之人争献策划，劝开河北，不为国家深谋远虑，陛下亦以前日成功之易而信其言。臣等夙夜思之，河北之势与二方异，何则？西川、浙西，皆非反侧之地，其四邻皆国家臂指之臣，刘辟、李锜独生狂谋，其下皆莫之与，辟、锜徒以货财啗之，大军一临，则涣然离耳。故臣等当时亦劝陛下诛之，以其万全故也。成德则不然，内则胶固岁深（自朱滔以来叛乱因素深固），外则蔓连势广（谓燕、魏、齐等藩镇相连结），其将士百姓，怀其累代煦妪之恩，不知君臣逆顺之理，谕之不从，威之不服，将为朝廷羞。又邻道平居或相猜恨，及闻代易，必合为一心，盖各为子孙之谋，亦虑他日及此故也。万一余道或相表里，兵连祸结，财尽力竭，西戎北狄乘间窥窬，其为忧患，可胜道哉！济、季安与承宗事体不殊，若物故之际有间可乘，当临事图之。于今用兵，则恐未可。太平之业，非朝夕可致，愿陛下审处之。"

李绛正献此议之时，适割据淮西（今河南汝南）之吴少诚病甚剧。绛乃复上言，劝先图淮西，其言曰：

"少诚病必不起。淮西事体与河北不同，四旁皆国家州县，不与贼邻，无党援相助。朝廷命帅，今正其时。万一不从，可议征讨。臣愿舍恒冀（即今之河北省西南部为王承宗、田季安所据）难致之策，就申蔡易成之谋（即今河南省东南部为吴少诚所据）。脱或恒冀连兵，事未如意，蔡州有衅，势可兴师。南北之役俱兴，财力之用不足。倘事不得已，须赦承宗，则恩德虚施，威令顿废。不如早赐处分，以收镇冀之心，坐待机宜，必获申蔡之利。"

宪宗善其谋，遂于王承宗屡表请命之际，是年八月遣使至真定宣慰，并令就以使者之意劝令承宗效李师道之例，割德、棣二州（今鲁北）。承宗喜于得朝命，从之。九月宪宗遂下诏令，以承宗为成德节度使，同时以德棣二州为一镇，命德州刺史薛昌朝（薛嵩之子，嵩亦安史旧将，代宗时降朝廷，昌朝为王武俊之婿）为保信军节度、德棣二州观察使。盖宪宗之所以分割成德镇之德棣二州者，欲以分成德镇之势而削弱之，俾便于尔后易于控制也。但不幸此事中变之时（后详），宪宗竟为此事所扰，而改变其极有利之已定方针，则殊为失策也。兹先分析李绛谋划之精神于下：

（一）对国内方面。对各藩镇情势认识清澈，估计精密。不仅在各藩镇空间环境上，掌握其强弱之形及利害得失，并在时间之史的质量上，掌握其机微与潜在力之强弱与利害得失。

（二）从国内外情势发展所生之变化上掌握其利害与得失。估计朝廷当时之力量，尤其粮饷方面，绝难与藩镇联合之力量在长期"兵连祸结"之下作战。因如此不仅不能获得胜利之保证，且在国内相持不决之际，

"西戎北狄"将乘隙而内侵，因而将复陷安史二朱时代之祸，而置唐室于倾危。

（三）选弱点进攻。当力不能胜任从劲敌方面予以彻底之击灭，以求一次解决战争，则势必从其易者、弱者开始，以求各个逐次击灭之，此为战争决策必循之原则。李绛由于对国内外情势曾有精到之分析与了解，故先主张自环境孤立（少诚将死而其内部行将动乱）之淮西着手，而对河北根深蒂固之诸藩镇则暂羁縻之，此诚为至当之谋划。

（四）保持朝廷威望。威望为领导之第一要素，威望坠则人心散离，反之，威望高则信仰巩固。李绛于谋划此策时，注意朝廷之威望之维护，亦极得当。

第二节　宪宗把舵不定与谭忠之策士作风

（一）宪宗改变已定方针。当朝廷命薛昌朝为德棣二州观察使之时，据魏之田季安得报（因魏与长安较近故先得悉），虑其封疆将亦被削，遂从中离间之，遣使谓王承宗曰："昌朝阴与朝廷通，故受节钺。"于是承宗急遣数百骑兵驰入德州，执昌朝至真定囚之。此际适朝廷使者送诏令给薛昌朝，而途过魏州，田季安为实现其离间之计，乃对朝使阳为宴劳，阴实借以迟延其行程，故朝使至德州时，而薛昌朝已被囚于真定矣。宪宗知之，乃复遣使饬王承宗释薛昌朝还德州，承宗拒命。于是宪宗即于是年十月削承宗官爵，并以左神策中尉吐突承璀为左右神策行营兵马招讨宣慰使，以神策军（即皇都护卫军）为主进讨王承宗，并命恒州四面藩镇起兵共二十万讨之。

宪宗此次用兵，不仅违其已定方针，自乱步骤，且竟不任耆臣宿将，而以宦官出身之吐突承璀为大将，以致损兵折将，师久无功。至明年七月不得不赦王承宗而罢兵，为计之拙，莫甚于此。

（二）谭忠外交策略操纵河北藩镇。先是当魏州田季安闻吐突承璀将兵讨王承宗，大军势必经魏州进兵，于是集其诸将谋曰："师不跨河二十五年矣（自德宗讨田悦不克，至此二十五年之时间中王师未尝渡河）。今一旦越魏伐赵，赵虏，魏亦虏矣，计为之奈何？"因其将之议，乃决定发魏州之兵以阻王师。

时适幽州牙将谭忠为刘济使魏，闻悉其谋，乃入谓田季安曰：

"如某之谋，是引天下之兵也。何者？今王师越魏伐赵，不使耆臣宿将而专付中臣，不输天下之甲而多出秦甲，君知谁为之谋？此乃天子自为之谋，欲将夸服于臣下也。若师未叩赵而先碎于魏，是上之谋反不如下，其能不耻于天下乎？既耻且怒，必任智士画长策，使猛将练精兵，毕力再举涉河。鉴前之败，必不越魏而伐赵；校罪轻重，必不先赵而后魏。是上不上，下不下，当魏而来也。"季安曰："然则若之何？"忠曰："王师入魏，君厚犒之。于是悉甲压境（起魏师逼赵境），号曰伐赵，而可阴遗赵人书曰：魏若伐赵，则河北义士谓魏卖友；魏若与赵，则河南忠臣谓魏反君。卖友反君之名，魏不忍受。执事若能阴解陴障，遗魏一城（谓赵撤一城守备让魏有之），魏得持之，奏捷天子，以为符信，此乃使魏北得以奉赵，西得以为臣，于赵有角尖之耗，于魏获不世之利，执事岂能无意于魏乎？赵人脱不拒君，是魏霸基安矣。"田季安善其谋而用之，遂得赵堂阳之地（冀省之西南）。

谭忠此策之目的，乃欲孤赵之势，俾有利于朝廷之征伐也。故其于返幽州之后，又谋激刘济讨王承宗，适刘济正集诸将议曰："天子知我怨赵，必命我伐之，赵亦必大备我。伐与不伐孰利？"忠疾对曰："天子终不使我伐赵，赵亦不备燕。"刘济怒曰："尔何不直言济与承宗反乎？"遂即命囚谭忠于狱，但并一面使人侦赵境，因知赵果不防燕，而后一日朝廷诏令又果来，命其专备北疆，俾朝廷免虑胡人侵犯，得以专力征讨承宗，一一皆如谭忠所言。于是，刘济乃释忠之囚而问曰："信如子断矣，何以知之？"（彼出使于魏，经赵并探听潞州情势，安得不知？且谭忠其时实已预为布置矣）忠曰，卢从史（潞州节度使）外亲燕，内实忌之；外绝赵，内实与之〔盖卢从史此时亦欲乘机巩固其割据潞州（今山西长治）之基业，既忌燕乘机得利，复欲朝廷对赵之兵相持日久，则彼可以其粮高价售于王师而从中得厚利〕，因而彼必与赵谋曰："燕以赵为障，虽怨赵，必不残赵，不必为备。"一且示赵不敢抗燕，二且使燕获疑天子。赵人既不备燕，潞人则走告于天子曰："燕厚怨赵，赵见伐而不备燕，是燕反与赵也。"此所以知天子终不使君伐赵，赵亦不备燕也（此或即谭忠献卢从史之谋）。刘济曰："今则奈何？"忠曰："燕赵为怨，天下无不知。今天子伐赵，君坐全燕之甲，一人未济易水（今河北省易县），此正使潞人以燕卖恩于赵，败忠于上，两皆售也。是燕贮忠义之心，卒染私赵之口，不见德于赵人，恶声徒嘈嘈于天下耳。惟君熟思之。"刘济已听谭忠此预有筹谋之一段言语后，乃下令军中曰："五日毕出，后者醢以徇。"遂疾进军攻王承宗于饶阳（河北今县）、束鹿（今河北省束鹿县），拔之。以上魏之割赵地，赵之不备燕，卢从史之与赵暗通，宪宗之不令燕伐赵，皆为谭忠一人之计所左右也。

兹评论宪宗改变已定方针，与谭忠之外交策略尽其纵横捭阖之能事，操纵当时河北情势等之得失如下：

（一）宪宗改变已定方针之失计。宪宗本已采用李绛之谋，决先削平淮西，然后伺机以图河北。此一决策，本极适当，若宪宗不为河北方面临时发生之情势所眩惑，而坚定执行之，则宪宗时代诸藩镇之统一将必更为彻底。不幸竟为田季安所掀起之新情势所动摇（创造于敌人不利之新情势以移转敌已定之方针，遂成谋略运用之要着），卒致师久无功，徒耗国力，且大损朝廷威望，此实宪宗把握方针不定之过也。以当时情势论，王承宗虽中变，仍应集全力先平定淮西，而对王承宗则削其官爵，宣正义之言以讨之，先予彼以政治攻势，并令其四邻之藩镇防备之足矣。一俟平定淮西之后，以平淮西之声威再转胁河北，如是割据河北之诸藩镇内部，必易呈动摇而促成其内变。然后伺机以兵临之，则河北诸镇不难平定也。

因此，吾人可以发现两个国际战争之策略原则：

1. 必须坚定已定之方针以掌握主动，而不为新发生之情势所眩惑；对新情势之发生，则于不变之已定方针下，另以新策控制之。否则为敌国意志是追随，自乱步骤，疲于应付，失却主动，如此终必不免为国际斗争中之败北者。是故凡主持国际斗争策略者，所宜深为了解此项原则者也。

2. 创造新情势以困扰敌国，使疲于奔命，唯我之意志是追随，而获得主宰国际斗争之命运。而创造新情势之法，则常因国际环境，掌握各种国际内外矛盾，声东击西，转移形势，从而掀起新情势，以达到制敌之目的。其手段或和或战，或和战并用，或进或退，或以进为退，或以退为进等，虚虚实实而灵活巧妙运用之是也。

（二）谭忠运用外交谋略。忠颇有战国策士之风，使诸藩及天子均在其掌上玩弄之中，由之而不知其所以。如其说田季安，只以一套说辞，即使季安改变决心而供其驱使；刘济初则囚之，继则请教，后则不待其言之毕，即决心出兵讨赵而循忠之意旨行事。至于卢从史与赵之书，亦出诸其口，赵并果如书中之算计而不备燕，天子亦不使燕讨赵，莫不如其所言。由此推之，则从史之谋亦出自忠一人之制造，显然可见。然而自天子而至于赵、魏、燕，均在其算计中循其意旨行事而不知，则谭忠之为谋亦云巧矣。然而细究之则实极简单，其运用之原则为：

1. 目的：使刘济讨赵。

2. 运用：均就各方面自利原则之下而说之，则未有不从者。如（1）魏与其独当王师而自损，不如用忠之策，既能得地，又能善于友而忠于君，此正所谓名利双收而固其霸基矣，如此魏虽欲不从，不可得也；（2）燕若不出兵讨赵，既见疑于天子，又不见德于赵人，徒使燕名实俱亏而为天下怨，则虽欲不从忠议，亦不可得也。而天子既接受卢从史之奉告而疑于燕，自必不欲燕共讨赵，但使其不为此战之梗，则名为使其北防胡人，实则使其袖手一旁，不致为王师之害，此亦势所必然者。至于卢从史之目的，在使战争拖延，以便从中取利，则使天子疑燕，使燕不致自赵后发动攻击，则赵支持战争之力必能持久；且燕之胜赵，与从史亦无益也，因此亦合纵史之目的，故从史虽不欲听其谋，亦不可得也。如是外表上均莫不为自利而努力进行，而底子里则均如谭忠之计而行，此其所以巧也。

由于谭忠之谋略之分析研究，是故国际外交策略上之运用，须各就其自利之原则下以驱策之（《孙子》曰："趋诸侯者以利，役诸侯者以业。"谭忠得之矣），只求在驱策彼等之中，使恰达我之目的，是为国际外交策略运用重要原则，古今之理一也。其运用之巧拙，端视其对当时全般情势估计之精粗与用法之巧拙为断耳。

第三节　李绛再陈收魏谋划

元和七年（812年）秋，魏博节度使田季安死。宪宗一面以左龙武大将军薛平为郑滑节度使，以控制魏博；一面与宰相谋议，而李吉甫力陈兴兵讨之，宪宗亦以为然。唯李绛以为魏博不必用兵，当自归朝廷，其献议曰：

"臣窃观两河藩镇之跋扈者，皆分兵以隶诸将，不使专在一人，恐其权任太重，乘间而谋己故也。诸将势均力敌，莫能相制。欲广相连结，则众心不同，其谋必泄；欲独起为变，则兵少力微，势必不成。加以购赏既重，刑诛又峻，是以诸将互相顾忌，莫敢先发，跋扈者恃此以为长策。

"然臣窃思之，若常得严明主帅能制诸将之死命者以临之，则粗能自固矣。今怀谏（季安之子）乳臭子，不能自听断，军府大权，必有所归。诸将厚薄不均，怨怒必起，不相服从，则向日分兵之策，适足为今日祸乱之阶也。田氏不为屠肆，则悉为俘囚矣，何烦天兵哉？

"彼自列将起代主帅，邻道所恶莫甚于此。彼不依朝廷之援以自存，则必为邻道所畜粉矣。故臣以为不必用兵，可坐待魏博之自归也。但愿陛下按兵养威，严敕诸道选练士马，以须后敕。使贼中知之，不过数月，必有自效于军中者矣。至时惟在朝廷应之敏速，中其机会，不爱爵禄以赏其人，使两河藩镇闻之，恐其麾下效之以取朝廷之赏，必皆悬恐，争为恭顺矣。此所谓不战而屈人兵者也。"

先是田季安病时，杀戮无度，军政废乱，其夫人元氏乃召诸将立子怀谏为副大使，掌军务，迁季安于别寝，月余而死。又召田兴为步射都知兵马使（兴原为季安牙内兵马使，以其颇得众心，乃调出为临清镇将，颇有嫌隙）。

田怀谏时年仅十一，幼弱不知军政，故皆决于其家僮蒋士则，而士则常以爱憎移易诸将，众皆愤怒。其时朝廷之命又久不至，军中因以骚动。田兴入府，遂为士卒拥为留后。兴乃杀蒋士则，请降于朝廷。

于是宪宗乃召宰相亟议之。李吉甫请遣中使宣慰，以观其变，李绛曰："不可。今田兴奉其土地兵众，坐待诏命。不乘此时推心抚纳，结以大恩，必待敕使至彼，持将士表来为请节钺，然后与之，则是恩出于下，非出于上，将士为重，朝廷为轻，其感戴之心，亦非今日比也。机会一失，悔之无及。"枢密使梁守谦素与李吉甫相结，因为吉甫之言祖护曰："故事皆遣中使宣劳，今此镇独无，恐更不谕。"于是宪宗乃遣张忠顺往魏博宣慰，欲俟其还而议之。

不日李绛复上言："朝廷恩威得失，在此一举，时机可惜，奈何弃之！利害甚明，愿圣心勿疑。计忠顺之行，甫应过陕，乞明旦即降白麻（用白麻制纸写诏书），除兴节度使，犹可及也。"宪宗将从之，但仍欲暂以田兴为魏博留后，绛又曰："兴恭顺如此，自非恩出不次，则无以使之感激殊常。"于是宪宗始从之，命田兴为魏博节度使。此时张忠顺尚在魏，而制命已至，因此田兴感恩流涕，士众无不鼓舞。

于是李绛又言："魏博五十余年不霑皇化（自田承嗣以来，倔强拒命，至是四十九年），一旦举六州之地（魏州、博州、贝州、卫州、澶州、相州，即今豫北冀南地区）来归，刳河朔之腹心，倾叛乱之巢穴，不有重赏，过其所望，则无以慰士卒之心，使四邻劝慕。请发内库钱百五十万缗以赐之。"（此所谓"施无法之赏"也）惟宪宗左右宦官以为所与太多，后有此比，将何以给之？宪宗又将此意语绛，绛曰："田兴不贪专地之利，不顾四邻之患，归命圣朝，陛下奈何爱小费而遗大计，不以收一道人心？钱用尽更来，机事一失，不可复追。借使国家发十五万兵以取六州，期年而克之，其费岂止百五十万缗而已乎？"宪宗始从之，六州百姓并除赋役一年。于是军士受赐，欢声如雷。而此时出使在魏之成德、兖郓等使者见之，相顾失色，叹曰："倔强者果何益乎！"如是河北诸镇皆为震慑。

综观李绛平魏之方略所以成功者，其筹划之独到处有如下：

（一）掌握藩镇恃以为割据之资及其策略上矛盾之根源。各藩镇恃兵力以为割据，而御诸将之方法，则为均势策略。此种均势策略运用之要旨，为使其彼此互相牵制；换言之，不使有独揽大权者，免遭攘夺之祸，如是则藩镇统治之割据权力得以确保。然而此种策略，却另含有三种矛盾：

1. 其统治者继承人发生问题时，势必招致其内部自相攘夺之争乱，若外力因而乘之，即可制其死命。

2. 此诸将中若有特殊之人才，对此人若得因而利用之，亦可以制其死命。

3. 此诸将中始终存在一种猜忌之心，此种心理亦可得因机而离间之，如是则其势亦甚危殆。

以上三种矛盾，李绛能把握其二而运用之。

（二）掌握藩镇间之矛盾。藩镇间相约互相为援，盖虑一旦某藩镇之将士中起取而代之，则其他藩镇将士亦将起而仿效，此种威胁其统治权之事态，乃为各藩镇之统治者所深恶痛绝者。因此则此一夺而代之之将士，势必求援于他处，此李绛之所以主张不必用兵。诚然亦有一种情势，在此种时机正可用兵力以求一举解决者，但就当时情势论之，则以不用兵为佳。盖若用兵，可能产生如下两种不利之情势故也：

1. 彼诸将逼于一时生存之威胁，可能先谋团结以御外力之压迫，而将其内部争夺之事暂置于其次。

2. 同时或将求援于其他藩镇，其他藩镇亦将先谋共同解决外力之压迫，然后再图解决其藩镇间之事端。

李绛对此种隐伏情势窥察甚为清晰，故只主张"严敕诸道选练士马"，以为迅速乘机处置之准备。如此所形成之形势，其起而取代藩镇之将士，在此种形势气氛中，必当选择其何去何从。彼为其本身利益计，自当归命朝廷为上策，因如是既名正而言顺，且朝廷待发之兵，亦足以依以为援也。

（三）"施无法之赏，悬无政之令"之运用。对一个叛离朝廷已经五十年之藩镇军民，而欲使其归心，自非用特殊之赏及其过望之擢用，不足以感其心而收为国用，故《孙子》所谓"施无法之赏，悬无政之令"，此正其运用之适当时机，李绛对此亦具极高明之远见。

尤有进者，李绛处处注意把握时机之运用，此尤为精明机警之至也。至于其与李吉甫较，则智愚贤劣之分，相去何啻千里。

第四节　李愬袭蔡州

元和四年（809年）冬，淮西吴少诚死，其大将吴少阳杀其子元庆而代之。李绛于上述献策中本拟先乘机平定淮西者，卒因宪宗中变方针，已如前述，故讨淮西之举未果。及元和九年（814年）秋吴少阳死，其子吴元济继之，并即发兵进犯舞阳、叶县、鲁山、襄城等地。于是朝廷以严绶为申（河南南阳地区）、光（河南光山）、蔡（河南汝南）招抚使，督诸道兵进讨吴元济，嗣又增宣武等十六道共进讨之，淮西之战以起。

然诸路进讨无功。当时为淮西诸军都统之韩弘又乐于擅权，欲倚贼以自重，不愿淮西速平。且东都又屡为李师道所遣潜入之间谍队伍所扰乱与破坏，京都扰攘，官府百姓莫不惊惶。至元和十一年（816年）冬，朝廷遂以太子詹事李愬为唐、随、邓节度使进讨元济。愬至唐州，军中承丧败之余（唐州为吴元济所败，当袁滋在唐州时，去其斥候，不敢以吴元济为敌，及元济围其新兴栅，滋又卑辞请于元济，由是元济甚轻视之，朝廷乃以李愬代其职），士卒皆怯战，愬尽知之。于是愬到任之初即宣言曰："天子知愬柔懦，能忍耻，故使来拊循尔曹，至于战攻进取，非吾事也。"众信之乃安。及愬巡视士卒，伤病者存恤之，不事威严；将士中有以军政不肃进言者，愬曰："吾非不知也，袁尚书专以恩惠怀贼，贼易之，闻吾至，必增备。吾故示之以不肃，彼必以吾为懦而懈惰，然后可图也。"（创奇袭战势）因此淮西人自以尝败高（霞寓）、袁二帅，轻愬名位素微，遂不为备。

吴元济骁将丁士良屡侵唐、邓二州（今河南唐河、邓县）之东。此时李愬为创奇袭战势，在部署未周之前，常遣十将马少良等前进侦逻，适遇丁士良，与战，遂擒之。诸将请刳其心，愬佯许之。既而召诘之，士良无惧色，愬曰："真丈夫也。"（愬或已知士良个性，擒而奖之即可为用）乃命释其缚。士良因厚感愬之识人（称其为真丈夫），又释而不斩（复感再生之德），于是士良遂在愬用智之下，而愿为愬所用并效忠矣。士良乃将其情自陈曰："我本非淮西士，贞元中属安州，与吴氏战，为其所擒。自分死矣，吴氏释我而用之。我因吴氏而再生，故为吴氏父子竭力。昨日力屈，复为公所擒，亦分死矣，今公又生之，请尽死以报德。"恕乃署其为捉生将。丁士良随献破敌之策曰："吴秀琳拥三千之众，据文城栅，为贼左臂，官军不敢近者，有陈光洽为之谋主也。光洽勇而轻，好自出战，请为公先擒光洽，则秀琳自降矣。"于是丁士良进战光洽，即擒之以归。未几，吴秀琳果以文城栅降，获降卒三千余人。因此唐、邓二州之士气复振，战志渐强。时为是年三月也。

淮西军因吴秀琳降，其后降恕者相继不绝，恕均随其所便而置之；其有父母者，给粟帛遣之，曰："汝曹皆王人，勿弃亲戚。"众皆感泣（不仅争取敌军心，且争取敌区民心）。于是李恕相继克路口栅、嵖岈山、冶炉城、白狗栅、汶港栅，寻克西平（此时吴元济军复一再大败于郾城方面，吴元济并倾其全部兵力以拒郾城方面之李光颜师，因此其后方益空虚），时为是年四月也。

五月，李恕遣柳子野（嵖岈山降将）、李忠义（文城降将李宪改名忠义）袭朗山，擒其守将梁希果。复遣方城镇将李荣宗攻青喜城，又拔之。恕每得降卒，必亲引问敌情，由是对当面敌情地形、远近、虚实尽知之。恕并厚待吴秀琳，与之谋取蔡州。秀琳因献策曰："公欲取蔡，非李祐不可。"祐者淮西骑将，有勇略，守兴桥栅。于是李恕乃设伏诱祐而擒之。

李恕已擒李祐，为欲得其死力以破蔡州，乃以策术做如下之处置：

（一）使感再生之德。使将士以报昔日官军多被杀之仇为名，争请杀之。然后恕示以不从将士之请，释而以客礼厚待之，使其感激过其所望。

（二）示之以信用，激之以效忠。以谋袭蔡之事密谋于李祐、忠义，常屏人而语之至夜半，他人莫得预闻。如是以使诸将士虑祐为变而上谏言，士卒或亦以此而感不悦之时，对李祐更厚待之（《孙子》所谓愚士卒之耳目）。又使谍报称得淮西谍者言，谓祐为淮西内应，如此以恐诸将士之言先达于天子，而已不及相救为词，而持祐泣曰："岂天不欲平此贼邪？何吾二人相知之深，而不能胜众口也。"因谓众曰："诸君既以祐为疑，请令归死于天子。"乃解押李祐送长安，一面先以密表告利用李祐袭蔡之谋，且曰："若杀祐，则无以成功。"于是诏释李祐，而还之于恕。恕见之喜，执其手曰："尔之得全，社稷之灵也。"（表示祐何等重要）乃署散兵马使，令佩刀巡警，出入帐中，或与之同宿，密语不寝达旦（有

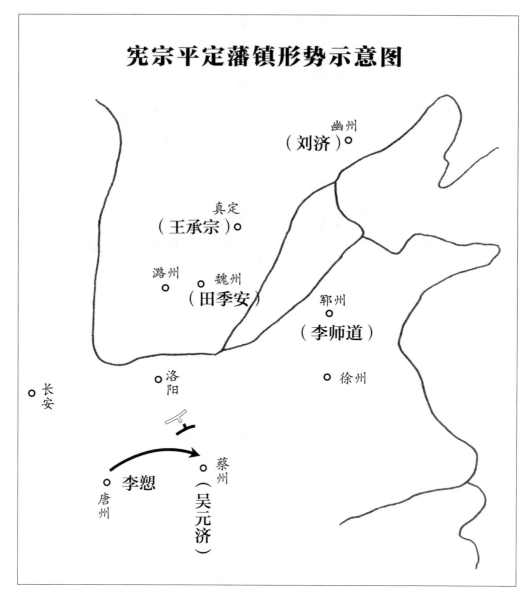

图四七

窃听于帐外者，但闻李祐感泣之声）。又以唐、随之牙队（节度使卫队，军中之最精锐者）三千人号称六院兵马，令李祐为六院兵马使。于是李祐从此彻底效忠于李愬矣。

李愬为补足奇袭蔡州之兵力，又募敢死士三千人，号曰"突将"，朝夕自行教练之，并使常做行动之准备，俾奇袭之行动得以迅速。

李愬以上之行动与部署，当已保持极度秘密。

李愬为求奇袭之部署更为周密计，又令民家对蔡州之谍报人员来侦察者，准留居并厚待之，以取得蔡谍者之情报以告愬（反间之运用），因此愬益知蔡州中之敌情虚实。在进军之前，又遣兵攻朗山，故为败走，以骄吴元济轻敌之心而不为戒备。时为是年八月也。

九月，李愬将发兵攻吴房，诸将曰："今日往亡。"愬曰："吾兵少不足战，宜出其不意。彼以往亡不吾虞，正可击也。"遂进军，克其外城，斩首千余级，吴房蔡兵退保内城不敢出。于是李愬又以退军诱之，吴房守将孙献忠果以骁骑五百追击，为愬所败死。此时愬将士劝乘胜攻内城可克之，愬曰："非吾计也。"盖李愬之计在袭蔡州，所以先攻吴房斩其将而即止者，恐其断后也。今攻战已胜，杀伤其士卒并斩其将，则其力已弱，胆已丧，不足为后患。但若续攻内城，则费时日而误袭蔡之时机与秘密，且攻坚徒损耗兵力。尤有进者，一旦攻拔吴房，则其守军必退蔡州死守，如是则袭蔡州之举不可能成功矣，此李愬攻吴房之所以适可而止也。

此时李祐遂言于李愬曰："蔡之精兵，皆在洄曲及四境拒守。守州城者皆羸老之卒（此情形李愬当早已洞悉无遗），可以乘虚直抵其城。比贼将闻之，元济已成擒矣。"（此计为李愬早定，至此始可宣泄，故李祐乃言）。愬然之。

十月，李愬遣使至郾城，将其袭蔡之计密告裴度。度曰："兵非出奇不胜，常侍良图也。"（讨蔡四年无功，此时朝廷已遣裴度为讨蔡元帅，驻郾城。）李愬告裴度，一以将其行动报告元帅，一以协同北面，请加紧压迫之，使吴元济无暇顾及李愬之攻袭也。

于是李愬乃命马步都虞候随州刺史史旻留守文城，命李祐、李忠义率突将三千为前驱，自与监军将三千人为中军，命李进诚将三千人为后卫。进兵时，全军莫知所往，愬曰："但东行。"行六十里，夜至张柴村，尽杀其守卒及烽子（古时以举烽火为号报警，烽子即掌举烽火者），据其栅。命军少事休息，食干粮，整马具，并留义成军五百守之，以断洄曲及诸道桥梁。是夜复引兵进前，此时诸将请告知进军目标，愬乃告曰："入蔡州取吴元济。"诸将闻之皆失色，监军哭曰："果落李祐奸计。"时大风雪，军旗为之裂，人马冻死者相望于道，天气阴暗，自张柴村以东，皆为愬军所未尝行，人人以为必死，然畏愬莫敢违。夜半雪愈甚，行七十里至州城。近城有鹅鸭池，愬令击之，以混军声。翌晨四鼓（拂晓前），愬至城下，无一人知者。李祐、李忠义凿城墙为坎，爬城先登，突将士卒从之。既入城，守门卒正熟睡，尽杀之，而留击柝者，使击柝如故，遂开城纳众入。进及内城，亦如前法行之，内城中亦皆不知觉。至鸡鸣雪止，李愬已入吴元济外宅（节度使衙外宅）。或告元济曰："官军至矣。"元济尚寝，笑曰："俘囚为盗耳，晓当尽戮之。"又有告者曰："城陷矣。"元济曰："此必洄曲子弟就吾求寒衣也。"乃起听于庭。闻愬军号令曰："常侍（李愬官衔）传语。"应者近万人。元济始惧曰："何等常侍，能至于此？"乃率左右登牙城拒战。李愬一面攻城，一面访吴元济所恃以为救援之大将董重质之家而厚抚之，遣其子董传道以书晓谕重质。重质遂单骑至，降于李愬，于是吴元济亦请罪降。蔡州（今河南汝南县）自吴少诚拒命以来，历时三十余年（自李希烈以来则为四十余年），至此始平。

综观李愬破蔡州之谋略运用最成功者有如次：

（一）善于用敌将。首擒丁士良，利用丁士良擒陈光洽，利用陈光洽降吴秀琳、李宪，利用吴秀琳擒李祐，最后利用李祐擒吴元济，利用董传道以降董重质，故李愬可谓用敌制敌之能手矣。故云："用兵不如用民，用将不如用友，用友不如用敌。"以敌制敌，乃为战争谋略运用之最巧者。考李愬用敌将之主要运用方法为：

1. 使敌将感再生之德。

2. 厚以亲爱与恩礼待之。

3. 示之以重视，使感前途之美景。

4. 示之以信用，使之信念坚确而不疑。

5. 激之以效忠，使之以效死。

（二）李愬此役创造奇袭战势之步骤为：

1. 因故有之环境而运用之。唐州屡败，士气沮丧，敌人轻之，乃利用之以为举行奇袭之根源。

2. 使敌轻己而不戒备。

3. 造成敌之疏忽大意。

4. 秘密准备与秘密行动。

5. 募敢死士，予以特别训练。

6. 利用敌将及反间，尽知敌虚实。

7. 利用敌将并配合三千敢死队之选锋奇袭。

8. 利用异常之天候与迅速之行动。

虽云李愬此役奇袭之运用固已巧矣，然吴元济对李愬若不疏忽大意，而情报灵活，戒备严密，则李愬亦未易成功。

其次，予李愬以成功之机会者，为主战场在郾城方面，故彼得以乘虚隙。

（三）提高士气之方法。因士气丧沮，首示以自己亦懦怯者，然后策划必胜之小胜，擒敌将，以复活士气，提高战志。盖若不如是，于其初到任之时虽百般激励，亦归于无用也。

（四）李愬"俭于奉己而丰于待士，知贤不疑，见可能断"，此其所以将士效命，士人尽力，而得以成其功也。

第五节　结论

淮西已定，两河藩镇震慑，相继输诚。于是自安史以来藩镇割据之局，于此暂告统一。元和十三年（818 年）正月，李师道（据郑、兖、曹、濮、淄、青、齐、海、登、莱、沂、密等十二州，即今山东省及苏北）使长子入侍，并献沂、密、海三州以归朝廷。二月，横海节度使（治今沧县）程权以沧、景二州归朝廷。四月，成德节度使（今正定县）王承宗送二子知感、知信入朝，以德、棣二州（今鲁北）归朝廷。同月，幽州节度使（北平）刘总亦专意归朝廷，于是全国复统一。

宪宗于讨淮西之时，并用兵河北讨王承宗，动员诸道兵十余万，历时二年无功，卒以国用不足，不得已暂罢河北之兵，而专属意于淮西之征讨。此乃宪宗不用李绛之计所生之差错也。

当讨王承宗之时，军复无统帅，各道军又遥遥相隔，毫无协调。此可见当时为统帅部之朝廷，拙于用兵，无怪其久战无功，其实如此用兵，不败亦云幸矣。

唐自肃宗以来，信任宦官而不信任将帅，每行征讨，即派遣宦官为中使监军。而此等中使每于战时，凡军士之精锐者，留以自卫，因此冲锋陷阵者，反以一般羸弱之卒任之；军之进退复从中掣肘。因此将帅不能尽其能，士卒不能尽其力；战胜则争报冒功，战败则先行逃去。尤有进者，因此将士自疑，不肯尽力。至于淮西之战，因裴度奏请除去军中之中使监军，故淮西之进讨多能建功。

其次甚为可惜者，宪宗之世非无人才，特以信任不坚，用之不专。如将相才之李绛、裴度等，其次如韩愈、柳宗元、柳公绰、白居易等，亦皆一时之人杰也。因此故其统一之功业，未几即又告坠。虽云其后以穆宗（宪宗子）之庸劣所致，但其对人才之不善于运用，实为其主要原因也。

本篇主要参考书

1.《隋书》

2.《北史》

3.《旧唐书》

4.《新唐书》

5.《资治通鉴》

6.《中国历代战争史》

第十三篇　五代战争

提　要

一、五代是唐藩镇割据局面之继续，梁、唐、晋、汉、周，武人相互篡夺，兴亡旦夕。

二、五代战役，以后唐袭梁规模最为特出，隔河对峙多年，双方皆困，李存勖卒赖袭梁之功而取中原。

三、五代国君建国之最有成就者，厥为周世宗柴荣，整顿军政，消除地方武力，加强禁卫军，朝廷乃告一尊，有恢复统一之势。

第一章　朱温兼并中原藩镇概况

朱温与黄巢同起于今之鲁西南而为巢将，数年之间蹂遍鲁、豫、皖、赣、浙、闽、粤、桂、湘、鄂、苏、陕等省，至唐僖宗广明元年（880年）秋黄巢窜陷长安称帝（国号齐）时，朱温为巢同州（治今陕西大荔县，辖朝邑、韩城、澄城、合阳、重泉、蒲城、华阴）防御使。未几唐之诸镇兵四面进攻长安，朱温屡请增兵以保卫河中（今山西永济、陕西平民县间地区），但为巢知右军事孟楷所抑。温在此情形下，又见巢兵势日蹙，且巢虽克长安称帝，不但无藩镇为之响应，并群起而攻之，因而知大势所趋，黄巢终必败亡，遂叛巢而降于唐，受赐名全忠。越二年（中和三年，883年）黄巢败于长安，东窜陈、蔡（今豫东南皖西北等地），时朱温遂为唐帝任为宣武节度使，驻汴州（今开封，时为中和三年五月）。盖唐欲以温保卫汴、洛，而阻巢之窜扰也。于是朱温建国之基从此始。

由于朱温及其妻均富智略，故黄巢被李克用追溃于中牟（河南今县）时，从黄巢之诸将乃均投降于朱温，且其谋士如敬翔、李振，战将如葛从周、杨师厚等辈，均为一时之杰，故卒能成其建国之功。

朱温并吞中原藩镇之策，为先灭蔡（汝南），次灭徐（苏北），次灭郑（鲁西南），再并魏（冀南豫北），并曾相机威服幽、冀（河北）。其间除据晋阳（太原）之李克用外，不为所灭者几希。然后西入长安，降李茂贞于凤翔，其帝业于以奠定。

昭宗光化三年（900年），唐左军中尉刘季述、右军中尉王仲先等废昭宗而立太子，同时季述等对全忠并许以唐社稷归之以求援，然温不能决。于是其天平节度（治山东东平县）副使李振献计曰：

"王室有难，此霸者之资也。今公为唐桓文，安危所属。季述一宦竖耳，乃敢囚废天子，公不能讨，何以复令诸侯？且幼主位定，则天下之权，尽归宦官矣，是以太阿之柄授人也。"

朱温大悟，乃密遣使者，与其素相结纳之朝廷度支盐铁运使崔胤相谋（崔胤早已结纳朱温以自固），使复昭宗之位，此举未及一月而成功。然此时温虽然已服河北，而所以仍不敢贸然篡唐者，以王珂据河中依李克用为援，威胁其心腹也。故乃于明年（天复元年，901年）春，即遣其将张存敬将兵三万自汜水渡河，出含山路（今山西绛县）以袭之，而自以中军继其后（朱温常用此战法）。晋、绛二州守将不意其来袭，遂皆降。朱温乃以二万兵守之，以扼河东李克用来援之路，存敬又进围河中，克之。

朱温既克河中，进一步欲挟天子以令诸侯，修洛阳宫，准备劫天子迁都于此，遂即进攻长安而克之。继围攻天子及李茂贞于凤翔，惟以攻城久而无功，至天复二年九月，复以久雨，士卒多病，乃议欲退军守河中。其将高季昌、刘知俊等曰："天下英雄窥此举一岁矣，今茂贞已困，奈何舍之去？"遂继续围攻，至天复三年（903年）春，李茂贞出天子以请和，温乃迁天子于洛阳。后四年即昭宣帝天祐三年之后一年（907年）春，遂受禅于唐，国号大梁。

当朱温以久攻凤翔不克，又以久雨士卒多病，而欲撤围退守河中之际，此一进退之决策，影响当时人心与局势至巨。盖当时诸藩镇所以不敢救凤翔者，畏朱温兵势之强也。温若攻凤翔不克而退守河中，则诸藩镇将轻视朱温之力量，甚至将共起而讨之。如是则朱温控制之形势，势将瓦解。故其围攻凤翔也，天下豪杰莫不共睹其成败，朱温此时无论如何艰苦，亦应坚持以达目的而不可稍松一步者，否则大势将去。此举影响于局势之为利为害，虽无刘项对峙荥阳、成皋间之严重，但其意义则一也。温幸获刘知俊等之善议，乃得竟其全功，使其建国之业得以早日完成。是故凡当国家利害生死之转捩点时际之决策，即为谋国者成败所关，而不可不高瞻远瞩统筹全局并熟思审筹者也。

先是，当李茂贞开城请和之顷，平卢节度使（治今山东益都）王师范曾谋划全面倾覆朱温之谋略。其大要为乘朱温久攻凤翔，顿兵坚城之下，关东镇守空虚之际，分遣其诸将，诈为贡献及商贩，包束兵仗，载以小车，分别潜入汴州、徐州、兖州、郓州、齐州、沂州、孟州、滑州，及河中、陕、虢、华等州，期以同日俱发，袭击而取之。此谋诚可谓毒矣，不幸行动不密，除刘鄩袭克兖州外，余均以事泄为朱温所擒获或击灭，其经过情形概述如下：

（一）刘鄩先遣人为贩油者，入城侦察虚实及袭击其出入路线。此一侦察工作完成后，刘鄩乃率五百精兵，夜间自城墙下之水窦潜入，按预定侦察所定之计划，分别将城内驻军及府衙予以各别解决。及天明任务完成时，城中市民犹不知觉，遂占兖州。此一奇袭完全成功。

（二）王师范所遣之青州牙将张居厚率壮士二百，均推小车若经商者，至华州（治今陕西华阴县）城东，但为华州知州事娄敬思疑其异，所推小车因被搜查。于是二百壮士迫于情势，遂大呼喊杀，杀娄敬思，并即攻西城。但为崔胤率华州之众所拒，因此华州未能袭克。退遁至商州（治今陕西商县，辖镇安、洛南、山阳、商南），为崔胤之众所追歼。

（三）王师范所遣之传令联络士卒至大梁（今河南开封），为朱温留守大梁之节度判官裴迪所获。迪问以东方事，传令色者变。迪因此疑其有异，屏人问之，传令者具以王师范之谋告。裴迪得此急变情报，未及报告朱温即做急速处置，请马步都指挥使朱友宁将兵万余人，迅速开赴兖州、郓州（今山东省兖州郓城等地）；友宁并召葛从周于邢州（今冀南邢县）以共攻王师范。同时朱温闻变，亦亟分兵驰归，以增友宁之军力。

是年三月，王师范弟师鲁围齐州（治今山东历城），为朱友宁所击败。师范遣兵益刘鄩军，又为友宁所击取。因此兖州刘鄩援绝，葛从周又引兵围之，而友宁更进攻青州（治今山东益都县）。于是王师范全面袭击朱温之谋，遂告全部失败。

考王师范此谋之所以失败者有二：（1）事机虽密而用人不当，（2）无内应者。

第二章　后唐建国之诸战役

第一节　李克用之谋割据

唐僖宗乾符五年（878年）元月，李克用为沙陀副兵马使，戍蔚州（晋东北及察南地区，治在今察省蔚县，古为代国都）、云州（今山西大同）。沙陀兵马使李尽忠与其牙将康君立等谋拥克用起兵，取云州据之，其谋曰："今天下大乱，朝廷号令不复行于四方，此乃英雄立功名富贵之秋也。吾属虽各拥兵众，然李振武（李克用之父李国昌为唐振武节度使故曰李振武）功大官高，名闻天下，其子（指克用）勇冠三军，若辅以举事，代北不足平也。"于是李克用遂据云州以叛闻。

四月，朝廷以李国昌为大同节度使，以为如此则克用不能拒。五月国昌至大同，却反欲父子各据一镇以自雄，因此父子在代北之势益大。十月，朝廷诏诸镇进讨国昌父子于蔚州，至广明元年（880年）七月，李国昌父子为诸镇所败，遂偕其宗族北奔鞑靼（今绥远）。

第二节　李克用击黄巢与朱温启衅

至中和元年（881年）黄巢破长安，是年三月朝廷以诸镇不足以敌黄巢，复令李克用击黄巢。于是克用率鞑靼诸部万余南下，至河中，遇大雨，引兵北还，陷忻、代二州而据有之，因此克用得以再起。

中和二年冬，克用复率兵四万至河中，自夏阳（今陕西韩城县南）

渡河，进驻同州（治今陕西大荔县）以讨黄巢。三年元月，进驻沙苑（今陕西大荔、朝邑间），二月进攻华州（治今陕西华阴）克之。三月克用军进至渭桥，驻于渭北，每月令其将潜入长安烧黄巢军积聚，并斩虏而还，因此黄巢军惊恐。四月克用军进驻渭南，以屡战皆捷之威遂克长安。而黄巢自蓝田遁去，转窜蔡、陈等州（今河南省东南部地区）。

四年三月，李克用集中许、汴、徐、兖等州之兵进击黄巢于陈州（治今河南淮阳县，辖沈丘、项城、商水、西华、太康、扶沟）。巢败，走汴州（今开封）。李克用追击之至中牟，乘巢军半渡奋击，又大破之。黄巢之将葛从周等遂均走降于朱温，而黄巢于克用骑兵穷迫之下，因以覆灭。惟此际克用忽为朱温所袭，因此李、朱遂成深仇，克用亦于此时回河东。

第三节　李、朱晋阳争夺战

李克用既回河东，遂进军与朱温在河东南部各州进行争夺战。至唐昭宗天复二年（902年）三月，朱温军克慈、隰、汾三州，进围晋阳。克用于被围攻危急之际，李存信等议退保云州，有议须坚忍固守晋阳者，克用不能决。于是其夫人刘氏建议曰：

"存信北川牧羊儿耳，安知远虑（因存信主撤离晋阳）。王常笑王行瑜轻去其城，死于人手，今日反效之邪？且王昔居鞍鞯，几不自免，赖朝廷多事，乃得复归。今一足出城，则祸变不测，塞外可得至邪？"因此克用乃决固守晋阳。复常于夜间遣将率敢死士袭朱温军营，朱军又遭病疫，乃解围去。克用随而追之，因复慈、隰、汾三州（今晋中西部地区）。河东局势得以再定，是皆赖刘夫人之卓见也。

李克用之所以必须确保晋阳（今山西太原）者，因晋阳为其根据地。若此城弃守，则将士势必离沮，大势去矣。故刘夫人谓"今一足出城，则祸变不测"，盖其势使然也。是故一谋之抉择，一地之去留，即关系形势之安危者此也。此种情势，与前章朱温围凤翔及刘项相持荥阳成皋间之势，其理一也。

第四节　李存勖之勃兴与潞州之战

梁开平二年（朱温受禅后二年，即908年）晋王李克用卒，其子存勖继立。

先是梁兵围攻潞州（山西长治）李嗣昭，久不克。及克用卒，晋原欲赴救之兵复引去，因此朱温以为潞州必可克，乃留兵继续围攻，而自回大梁。但梁兵以久攻生玩，常不戒备。于是李存勖与诸将议曰："上党（即潞州），河东之藩蔽，无上党是无河东也。且朱温所惮者独先王耳，闻吾新立，以为童子未闲军旅，必有骄怠之心。若简精兵倍道趣之，出其不意，破之必矣。取威定霸，在此一举，不可失也。"即此已见李存勖不凡。

于是一面遣使赂契丹请借骑兵，一面请李茂贞起凤翔兵东向，遥相策应。并即以周德威为将发兵晋阳，疾趋潞州，距城四十五里，密做攻击准备，而将其兵集结于三垂冈下隐伏之。至明拂晓，适大雾，晋军乃利用大雾之掩蔽进兵，直抵梁围城之夹寨。梁军无斥候，不意晋军猝至，将士尚未起，因此军中惊扰。晋军乃分两路，一路由周德威统率攻夹寨之西北，一路由李嗣源统率攻夹寨之东北隅，填堑烧寨，鼓噪而入，梁兵大溃南走。潞州之围遂解，斩获士卒以万计，资粮器械如山积。

第五节　李存勖之奋为图强与明定法令

李存勖已解潞州之围，回晋阳后，论功行赏，并励精图治。如所谓"命州县举贤才，黜贪残，宽租赋，抚孤穷，伸冤滥，禁奸盗，境内大治"。又整顿军队，严明法令，简要精练，如所谓"以河东地狭兵少，乃训练士卒，今骑兵不见敌，无得乘马；部分已定，无得相逾越，及留绝以避险。分道并进，期会无得差晷刻，犯者必斩"。此种整军令，释言之即（1）保持马力以发挥骑兵冲突力；（2）战阵部署已定，前后左右不得相越，以保持战阵之严整而不乱；（3）行军时队伍不得拉长距离，免行军队伍形成断续零乱，以致队形不整而遭敌人袭击；（4）当进战时，军队分进，必须依命令所定之日期地点会合，以达到力量集中使用之目的。故其后所以能并山东取河南而成其帝业者，以国家富实、军队精整为其基础也。

李存勖袭破围攻潞州之梁军之意义与目的：存勖年幼继位，恐诸将轻己，特欲借此战之胜以重其威望，而固其王位也。又克用卒，救潞之军一度后撤，而梁军又久攻不克，势必懈怠，因懈怠而袭之必胜，此存勖之谋也。

第六节　柏乡之战

梁开平四年（即潞州之战后二年，910 年）十一月，梁遣王景仁为北面行营都指挥招讨使攻赵，进军柏乡（今河北省柏乡县）。赵王王镕求救于晋，遂引起柏乡之会战。

晋王李存勖发兵救赵，以蕃汉副总管李存审守晋阳，自将兵自赞皇（今河北省赞皇县）东下至赵州（今河北赵县，辖柏乡、隆平、高邑、临城、宁晋），与周德威共俘获梁军饲养兵二百人（先获俘虏以明敌情），问之曰："初发洛阳，梁主有何号令？"对曰："梁主戒上将云，镇州（今河北正定县）反复，终为子孙之患。今悉以精兵付汝，镇州虽以铁为城，必为我取之。"晋王将此情报送赵，盖以坚赵人仇梁而死战之心，并以固其向己也。

（一）会战决策之选择。晋王进军距柏乡三十里，遣周德威等以胡骑迫梁营挑战。梁兵不出，因此时梁军以晋兵初至，且胡骑精锐，故暂不出战，有待侦悉其虚实强弱也。明日晋军复迫梁营驰射，且诟骂之。梁将韩勍等乃率步骑三万，分三路追之，铠胄皆被缯绮，镂金银，光彩炫耀。晋军望之，为之夺气。周德威见军心士气如此，乃谓李存璋曰："梁军志不在战，徒欲曜兵耳，不挫其锐，则吾军不振。"于是宣言于军中曰："彼皆汴州天武军，屠酤佣贩之徒耳。衣铠虽鲜，十不能当汝一。擒获一夫，足以自富，此乃奇货，不可失也。"（以货利鼓励士气）并即自引千余精骑向梁军两翼试探攻击，左右冲突，出于梁阵者数四。因梁阵坚强，乃俘获百余人后且战且却，退至野河而止。德威于此一试探攻击后，知梁军精锐坚强，不可强攻，必设奇乃可取胜，此正《孙子》所谓"触之而知得失之计"，遂进言于晋王曰："贼势甚盛，宜按兵以待其衰。"但晋王则以为孤军远来，救人之急，三镇乌合〔谓镇州、定州（今县）、河东三镇之联合军〕，利于速战。盖欲乘初至之锐以破敌，若旷日持久，情见势屈，反有不利也。晋王此种见地虽甚合战争原则，而德威则以当时兵种、性能、地形及敌我之势分析，以为"镇、定之兵，长于守城，短于野战。且吾所恃者骑兵，利于平原广野，可以驰突。今压贼垒门，骑无所展其足，且众寡不敌。使彼知吾虚实，则事危矣"，晋王不悦。于是德威乃请张承业以如下之词进言："大王骤胜而轻敌，不量力而务速战。今去贼咫尺，所限者一水耳。彼若造桥以薄我，我众立尽矣。不若退军高邑，诱贼离营，彼出则归，彼归则出（骑兵利于运动战）；别以轻骑掠其馈饷，不过逾月，破之必矣。"张承业遂以其词进言。是时适晋王正苦思破敌之策，又得降者言，谓梁军正多造浮桥，因此乃知德威之料敌至当。遂即日拔营，退保高邑。

以上晋王与周德威之意见相左，晋王仅就"孤军远来，救人之急"着眼而定抉择，主张速战，但此种原则上之抉择是否合实际状况之需要，则颇成问题。由是而知原则之运用，必先根据彼我实际状况之分析与研判，然后针对状况而采用有利之方策乃可。亦由是而知，原则到实施，其间尚有一段距离，欲缝合此一距离，即须把握实际状况。是故决定方策，必先分析状况，此即为纸上谈兵与实际善于指导战争者之分际也。

周德威之主张所以适切，因彼乃根据彼己之众寡强弱，兵种性能，彼我短长及地形诸关系，是故德威之策有如下优点：

1. 诱致敌人，使其脱离所恃而同时又为晋军难以取胜之壁垒。

2. 发挥晋军之所长，以击敌之所短。晋骑兵运动迅速，故采用不断前进后退之运动战，以疲弊梁军（梁骑兵较弱），此乃快速兵种以寡击众之有效方策也。

3. 除上述用奇之外，并以轻骑掠敌粮饷以困弊之。如是则优劣之势转换，即化我劣为优矣。

（二）会战实施。梁军本拟以众击寡、以强击弱之策，大军迅速渡野河，一举捕捉晋军而歼灭之。不料晋军忽向后退，以高邑为攻势防御之据点，采用"敌进我退，敌退我进"而进退无常之运动战。加以柏乡附近无储刍，马无藁草，故梁军渡河后求战不得，马无饲养。而晋军复不断派遣小部骑兵抄袭之，因此梁军虽据临时之营壁不出，但以马无饲料，致死者多。最后周德威乃与别将李嗣源等，率精骑三千逼梁军垒，诟骂而诱之，促之出战。及梁军王景仁等怒而悉众出战时，周德威等又且战且却，诱梁军至高邑南方地区后（诱至决战地区），另以李存璋所率步兵阵于野河之上以当之。梁军虽布阵横亘数里，竞前夺桥欲过，镇定二州兵又击却之。在此种隔河相持之下，历四小时之战斗而胜负不决。此时晋王乃欲亲自当先以行决战，而谓周德威曰："两军已合，势不可离。我之兴亡，在此一举。我为公先登，公可继之。"德威叩马而谏曰："观梁军之势，可以劳逸制之，未易以力胜也。彼去营三十余里，虽挟糗粮，亦不暇食。日昳之后，饥渴内迫，矢刃外交，士卒劳倦，必有退志。当是时，我以精骑乘之必大捷，于今未可也。"存勖用其策。

时魏、滑二州之梁军阵于东，宋、汴二州之梁军阵于西，至黄昏梁军尚未进食，士无斗志，因此王景仁等引兵稍却。周德威乃乘此时机疾声大呼曰："梁兵走矣！"（阵前喊话攻势）晋兵大呼争进，于是魏、滑之兵先退。此时李嗣源率众又大呼于梁西阵之前曰："东阵已走，尔何久留！"因此梁兵相互惊怖，遂大溃。而李存璋引步兵乘之，亦呼曰："梁人亦吾人也，父兄子弟饷军者勿杀。"梁兵闻此呼声，乃悉解甲投械而弃之，嚣声动天地（大混乱）。赵兵为报深、冀之恨（梁前遣杜廷隐等尽杀深、冀二州戍兵），乃乘之，不顾剽掠，但奋白刃向前追杀。此役梁之龙骧、神捷两军精兵被杀殆尽，自野河至柏乡，僵尸蔽地，梁将王景仁、韩勍、李思安等，仅以数十骑逃遁。晋兵斩首二万级，掳获梁军在柏乡粮食资财器械不可胜计，李嗣源等追至邢州（今河北省邢台县），河朔大震。时为乾化元年元月也。

晋王于柏乡会战大捷后，即分兵令周德威、史建瑭率骑兵三千趋澶、魏二州（澶州即今河北濮阳北，魏州治即今河南临漳县西南，安阳至大名间地区属魏州），张承业、李存璋以步兵攻邢州，而以大军继之，以略取河北各州之地。二月，晋王攻魏州不克，又以燕王刘守光谋纳契丹袭其后，遂还晋阳。

（三）得失评判。此役会战，除周德威之劳逸战术运用适切外，其周德威、李嗣源、李存璋等于适切时机中之三个阵前配合喊话，并配合喊话时机之追击，均为制胜之重要原因。《孙子》曰："安能动之，佚能劳之。"周德威于此役之运用是也。夫以寡击众、以劣敌优之最有效方法，为争取局部优势而各个击破之。既以限于地形与态势而不能实施上项战法，则运用劳逸战法乃为有效之方策，周德威更能把握"乘疲促乱"之机而乘之，故卒获大胜。而梁军虽则采取攻势进击，实则受制于晋军，故亦因此致败。是故攻守之势，强弱之形，不全在军之众寡，而在用法之优劣也。

晋王此次之所以毅然救赵者，其目的盖欲争夺河北，以便进取河南。且既已乘赵求救之机，以求达争夺河北之目的，则首先固赵人战梁之志，乃为最大之必要措施。因此故将梁攻赵志在必克之情报告赵，此不但坚其与梁势不两立之战志，且促其专心以向己，俾利于晋之图河北也。故尔后晋、梁一连串河北河南之争夺战以起，而晋又以河北河南争夺战之胜利得以灭梁。是故河南北之争夺战，亦即梁、晋之生死决斗也。

第七节　河北地区诸战役

梁末帝贞明元年（柏乡之战后四年，即 915 年）五月，晋王乘梁魏州将贺德伦、张彦之来降，一面令李存审自赵州（治今河北赵县）进据临清，一面亲自引亲军至魏县（在今河北大名县西）与梁将刘鄩（原王师范将降梁者）夹河对峙。此时梁之贝州（治在今河北省清河县）刺史张源德据州以拒晋，北结沧、德二州（今津浦县鲁北冀南地区），南连刘鄩，并数遣兵指向镇、定二州，断晋军粮道。于是晋王面临两大抉择，即先并沧、景、德三州，抑先攻贝州？时有劝先攻取贝州，然后取沧、德、景等州（今河北沧县、山东陵县及河北景县）者，晋王曰："贝州城坚兵多，攻之未易猝拔。德州隶于沧州而无备，若夺而戍之，则沧、贝不得往来。二垒既孤，然后可取。"（此种决策甚当）晋王于此项决策已定之后，乃即遣骑兵五百昼夜兼行袭德州。该州刺史不意晋兵猝至，弃城而走，遂克之。时为是年六月也。

七月，晋王复夜袭澶州（魏州南一百四十里至澶州，即今河北濮阳县），克之。于是河北形势大部为晋所控制矣。

（一）刘鄩袭晋阳。刘鄩于是时以晋兵尽在魏州，晋阳（太原）必虚。因欲以奇兵袭取之，迫使晋兵在魏州者不战自退。

于是刘鄩缚草为人，插旗乘驴，在城上往来以误晋兵，而尽率其兵自黄泽（今山西和顺县东南）西去，向晋阳前进。鄩兵已去，晋疑鄩兵数日不出，寂无声迹，乃遣骑兵侦察之。见城中无烟火，但时有旗帜往来于城堞之间。因是晋王曰："吾闻刘鄩用兵，一步百计，此必诈也。"更遣人侦察之，乃知缚草为人。执得城中老弱者诘之，答云军已去二日矣。晋王乃曰："刘鄩长于袭人，短于决战，计彼行才及山下。"乃急以骑兵追之（一面派李嗣恩倍道驰回晋阳守备）。时适阴雨积旬，黄泽道险，泥深尺余。刘鄩士兵援藤葛而前，多患腹疾足肿等疾，死者十之二三。刘鄩军至乐平（今山西昔阳县），糗粮将尽，又闻晋阳有备，而追兵在后。因是众惧欲溃逃，鄩乃谕之曰："今去家千里，深入敌境，腹背有敌。山谷高深，如坠井中，去将何之？惟力战庶几可免，不则以死报君亲耳。"众泣而止。魏之袭敌计划，乃欲捣晋之腹心晋阳，还取镇、定二州者，至是鄩之计划被粉碎矣。

先是周德威闻刘鄩西上，亦自引幽州兵千骑驰救晋阳。及至土门（在今河北井陉西南），鄩已整众下山，自邢州陈宋口渡漳水而东，驻于宗城（在魏州西北一百七十里），军马死去其半。惟其时晋在魏州之兵亦乏食，鄩知临清有积蓄，遂欲夺据之，以绝晋粮道。而此时周德威以急于追鄩，两夜之间驰至南宫（在临清西北数十里），知鄩欲据临清。乃遣骑擒鄩军斥候数十人，断其腕而纵之，使回报鄩，谓周德威已据临清矣，因此鄩军大骇。明晨德威军已掠鄩营而过，入据临清矣。于是刘鄩乃引兵走贝州。时晋王驱军进驻博州（在魏州东一百八十里，即今山东柳城县西北），而刘鄩军驻堂邑（在博州西四十里，即今山东省堂邑县），周德威进击之，不能克。翌日鄩军移驻莘县（在魏州东九十里），德威自后

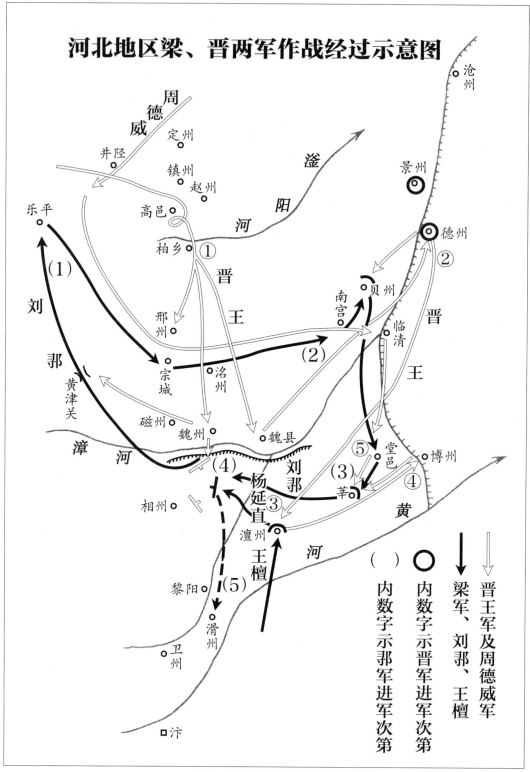

图四八

追之。鄩乃治莘城堑（山东莘县）以自守，又自莘城至河（徒骇河），筑甬道以运粮饷。晋王则营于莘西三十里，与德威形成东西夹击之势。一日数战，鄩以势弱，乃固守莘城不出。

八月，梁将王檀与贺瑰攻晋澶州据之，盖欲以缓刘鄩及贝州（李存审围攻）方面之急也。

（二）魏州会战。晋王久攻莘城、贝州不下。至明年（贞明二年）二月，晋王乃留副总管李存审守营，自劳军于贝州，并扬言回晋阳，以诱刘鄩之出战。刘鄩闻之，即欲进军袭取魏州，并令澶州刺史杨延直引兵万人会于魏州。延直夜半至魏州城南，城中晋军选壮士五百潜出击之，延直不为备，溃乱而走。明旦鄩自莘县悉众至魏州城东，与延直余众会合。而李存审则引营中兵蹑鄩后，李嗣源又以城中兵出战，晋王亦自贝州驰至，会合嗣源兵进击鄩军之前。鄩看见晋王惊曰："晋王邪？"引兵稍却。晋王追之，至故元城西，与存审兵东西相应，夹刘鄩军于中央。于是晋王布方阵于鄩军之西北，存审布方阵于鄩军之东南，而逼之决战（外线作战）。刘鄩乃布圆阵于晋军之中间（内线作战），因此四面受敌，大败，鄩仅引数十骑突围走，自黎阳（今河南浚县东北）渡河保滑州（今河南滑县）。是役梁步卒七万被杀，及沉河溺死殆尽。晋王此役之胜利也，大梁为之大震。

（三）王檀再袭晋阳。此役也，为梁朝命运生死之挣扎关头。梁主为挽救魏州之败所遭致之厄运，乃急发关西河中、陕、同华诸镇兵共三万，以王檀率之，出阴地关（山西灵石县境）袭晋阳，昼夜急攻。晋幸赖退休老将率其子弟及已退役之将士家众数百人夜出城，于梁军不意袭击之，梁军因而稍却。此时在潞州之李嗣昭亦急发骑兵五百驰救，朝发夕至，增强晋阳之守备。于是城内晋军复分兵出城，夜袭梁军，梁军乃退。是役也，晋阳几陷梁军之手。若晋阳陷，则梁晋之形势大变，而晋军将疲于奔命矣。时为是年二月也。

三月，晋王攻卫（河南省汲县）、磁（河北磁县）二州，均克之。四月克洺州（河北省永年县），八月下邢州、相州（河南安阳县），九月又克沧州、贝州。于是河北诸州，皆为晋所有矣。

综观河北之战，梁军自柏乡之战后，精锐损失殆尽，因此被迫退保漳河之线，图保魏州。但刘鄩仍终不堪晋军之压迫，一方面为减轻当面晋军之压力，以待援军之到来；另方面更欲出奇策，以积极之行动，奇袭晋后方根据地之晋阳。后者之举若获成功，不仅可挽回柏乡败后之颓势，且足以迫使晋军在河北之形势陷于动摇而疲于奔命，因而化劣势为优势，转危为安，此一种争取主动之企图实堪嘉赞。惟不幸刘鄩此举部署欠周，致早为晋军所悉。及至乐平，知晋阳有备，加以沿途艰苦跋涉，人员死伤，马匹损失，料难以达到目的时，乃以镇、定二州为目标而进行扰袭，盖犹欲实行战略牵制，而图固漳河之防线也，但又不幸为周德威驱幽州之骑兵驰来所遏，致此一目的复不能实现。乃转趋临清、贝州，拟加强对晋军战略侧翼之威胁，俾仍能达前者之目的，但复为周德威所先得，遂又不得不退守莘县。但立足未定，又为周德威、晋王两军所夹攻。适是时梁援军克澶州，刘鄩乃欲集全军趋夺魏州，又不幸为晋军各个击破。是役也，刘鄩之欲夺魏州，其用心亦云良苦矣。卒以骑兵不如晋军之精锐，加以一受挫于乐平，再受遏于德威，三受阻于临清，四再挫于莘县，于是刘鄩疲惫之卒，于难逃晋精骑追袭之下，终被歼于故元城之西。梁之河北形势，遂陷于崩溃之厄运而不能挽救矣。此役晋王能尽量发挥精锐骑兵之所长，实行机动作战，故在河北之野，于每一机动中均能先刘鄩一着。而刘鄩之战略着眼虽积极，然以骑兵居于劣势，故每欲争夺一地，均为落后一着，此乃刘鄩在敌我兵种力量之长短上失于计算也。徒欲以劣势骑兵与敌人争长短，其败故宜。加以其袭击晋阳之举，对路程之远近又失于周密计算，如此奇袭，欲获成功，不亦侥幸乎？

河北大势已去，梁为图绝望之挽救，乃用王檀之计，发关中之兵出阴地关袭晋阳。但此一担任奇袭之将士又过于脆弱，不能完成其任务。于是河北之战，此后遂移于河南矣。

第八节　李存勖第一次袭攻汴梁失败

贞明三年（917年）十一月，晋王闻河水冰合，曰："用兵数年，限一水不得渡。今冰自合，天赞我也。"即赴魏州。越数日猎于朝城（魏州东南八十里，故治在今山东朝城县西）。是日大寒，晋王视河冰已坚，乃引步骑渡河，攻沿河梁栅数十里，皆陷之。继攻杨刘城（今山东东阿县北），又陷之。开始奏其河南诸战之初功，而建立其河南方面进军会战之桥头堡。

贞明四年二月，梁为争夺此一桥头堡，欲驱逐晋军于河北，恢复其河防之巩固，以确保河南之安全，遂派河阳节度使（治河南孟县）北面行营排陈使谢彦章将兵数万攻杨刘城。晋王亦自魏州轻骑至河上救杨刘。彦章以兵势难御晋王之进击，乃筑垒以自固，并用泛滥战术，决河水以阻晋兵，晋军因阻水不得进者数月。

七月，晋王欲大举南进，令周德威率幽州步骑兵三万，李存审率沧、景二州步骑兵，李嗣源率邢、洺二州步骑兵，王处直出易、定二州步骑兵，以上各万人，及麟、胜、云、蔚、新、武等州诸部落奚、契丹、室韦、吐谷浑，皆以兵会于魏州。八月，并河东、魏博之兵集结于魏州，举行大检阅。然后自杨刘引兵略郓、濮而还，循河而上，驻兵于麻家渡（在濮州界）。梁将贺瑰、谢彦章统兵驻于濮州北行台村以御之，相持不战。

胡柳陂会战。十二月，梁将贺瑰（步将）、谢彦章（骑将）互相猜忌，贺瑰诱杀谢彦章及其他骑将二人。于是晋王乘此时机，弃其当前相对峙之贺瑰军而西，疾趋汴京，以逼使贺瑰之出战；若其不出，则汴京自危。但周德威以为不可曰："梁人虽屠上将，其军尚全。轻行徼利，未见其福。"晋王不从，即令军中老弱悉归魏州，挥其全军直趋大梁，众号十万。贺瑰闻晋王西进，亦弃营随晋军之后而蹑之。

晋王挥军趋汴之时，同时征魏博壮丁三万从军，以供构筑营栅之役，故行军所至，营栅立就，营栅者，用以休兵并御敌之攻袭也。及军至胡柳陂（在濮州西河北岸），明旦斥候侦得贺瑰军自后蹑至。周德威乃建议曰："贼倍道而来，未有所舍。我营栅已固，守备有余。既深入敌境，动须万全，不可轻发。此去大梁至近，梁兵各念其家，内怀愤激。不以方略制之，恐难得志。王宜按兵勿战，德威请以骑兵扰之，使彼不得休息。至暮营垒未立，樵爨未具，乘其疲乏，可一举灭也。"晋王曰："前在河上，恨不见贼（求战不得），今贼至不击，尚复何待？公何怯也！"遂令辎重先行，晋王亲自在后，欲击破贺瑰，然后西进也。是时贺瑰已布阵而进，其阵横亘数十里。晋王乃率亲军当先冲阵，梁将王彦章骑军当之先败，西走趋濮阳。是时晋辎重适在阵西，见梁骑兵西来，以为来犯辎重，因而惊溃，争奔入周德威之阵以避之。幽州兵阵因此致乱，自相蹈藉，周德威不能制。而梁步军竟因而乘之，德威父子均战死，魏博节度副使王缄与辎重同行，亦战死。因此晋后军大乱，梁军四面逼攻。晋王乃据高丘收散兵，至日中，散乱之兵渐集，军得以复振。胡柳陂有土山，梁将贺瑰引兵据之。晋王谓将士曰："今日得此山者胜，吾与汝曹夺之。"即引骑兵先登，猛将李从珂等以步兵继之，遂夺占土山。时将黄昏，梁步将贺瑰复整其军阵于山之西麓，势仍甚盛。晋王见之，以为顷遭溃散之兵，尚未尽集，欲敛兵还营，以待全军已集，明日再战，因梁军众而晋军寡也。惟其将阎宝（梁降将）曰："王彦章骑兵已入濮阳，山下惟步卒，向晚皆有归志，我乘高趣下击之，破之必矣。今王深入敌境，偏师不利，若复引退，必为所乘。诸军未集者闻梁再克，必不战自溃。凡决胜料敌，惟观情势。情势已得，断在不疑。王之成败，在此一战。若不决力取胜，纵收余众北归，河朔非王所有也。"李嗣昭亦以为："贼无营垒，日晚思归。但以精骑扰之，使不得夕食。俟其引退，追击可破也。我若敛兵还营，彼归整众复来，胜负未可知也。"晋王遂令骑兵陷阵，诸军继之。梁兵大败，而自相践蹈，死亡几三万人。晋军大胜，继攻濮阳，拔之。

是役晋虽获胜，但损失甚重。而梁军虽败，收集之败残兵尚众，欲乘胜进取汴京，势尚不可。故令李存审于德胜渡南北筑两城以守之（德胜渡，河津之重要渡口，北城即今河北濮阳县城，南城在其东南五里），而自还魏州，整顿部伍为再战之计。又以周德威已死，乃自领卢龙节度使。

第九节　晋王定镇州之乱

晋王自胡柳陂会战幸胜后，因量力尚不能一举灭梁，乃分兵固守杨刘、德胜之线，而自北还，从事整顿军政，以图再举。不幸至龙德元年

（胡柳陂战后第二年，921年）春夏间，镇州忽遭张文礼之乱，义武节度使王处直又私通契丹（辽太祖阿保机）入寇，祸生肘腋，北寇内侵，而梁又乘此时机命大将王彦章统兵大举北进，图一举恢复河北诸州。此时也，晋王可谓腹背受敌矣。晋王乃一面分兵围攻镇州，而自率大军敌梁军，幸而大胜于德胜渡、戚城间，一幕惊险形势乃得暂告稍安，时为是年九、十月间也。

十一月，晋王又自将攻镇州，旬日不能克，而契丹忽入寇定州。晋王又亲自率兵五千驰往定州战契丹，惟以众寡悬殊，将士闻契丹兵盛，多有惊惧逃亡者，又闻梁复北侵。晋王当此首尾心腹皆敌，南北不能相顾之危险处境，诸将遂生各不相同之意见，有主张还师魏州以救根本者，有主张解镇州之围，而西入井陉以避之者，晋王亦以此犹豫不能决。盖当军事棘手，情势艰危，此时也，人情恐惧，意见纷歧，乃势所必然者，故此时晋王亦犹豫不知所从。在此种黑暗弥漫之险恶氛围中，惟赖识见卓越之智者，始能于其卓识之判断决策中，透露一线光明，以指导走向胜利之途。而此时予晋王以一线光明者为谁？郭崇韬、李嗣昭二人是也。郭崇韬曰："契丹为王郁所诱，本利货财而来，非能救镇州之急难也。王新破梁兵，威震夷夏，契丹闻王至，心沮气索，苟挫其前锋，遁走必矣。"李嗣昭曰："今强敌在前，吾有进无退，不可轻动，以摇人心。"

以上二人之见解，均甚卓异。自前者言，郭崇韬能料定契丹入寇之真意图，因知其志在财货，则其进军必避决战，故势必见利而进，知难而退。彼已避决战，而晋王以德胜渡战胜之威而临之，稍能挫其锋，彼必知难而退矣。此崇韬料彼己之精审处也。自后者言，当处此黑暗氛围中，若一旦畏避，则人心崩沮，大势动摇，势必溃败，而岂止河北非晋有已也？故遭此时际，必须依其智慧透露一线之光，挟其破釜沉舟之决心，出以一往直前之气魄，而毅然决然勇往直前，此乃冲破黑暗，打破艰危之要诀也。是故上此二人者，对晋王之贡献殊大。晋王赖此二人之识见而毅然北进，击退契丹，遂克镇州，乃得专意于南。时为十月也。

第十节 唐庄宗（李存勖）袭郓州与沿河桥头堡争夺战

（一）晋王袭郓州。明年即后唐同光元年（923年）四月，晋王称帝于魏州，国号大唐（镇州于去年即龙德二年十月平定）。适于此时契丹复寇易、定等州，抄掠馈运，幽州粮食不支半年。卫州又为梁所夺（去年五月晋卫州刺史杨婆儿为梁军段凝所夜袭，因此澶州之西相州以南之地皆复为梁所据有）。李嗣昭于攻镇州之役殁后，其子李继韬亦竟于此时举泽、潞二州降梁。而晋王依以为萧何之张承业，复亦于上年十一月死去。故此时人情岌岌，以为梁未可取，庄宗甚以为忧。唐正在此忧患丛生之际，忽梁郓州将卢顺密来降，并献计于庄宗曰："郓州守兵不满千人，遂严、颙（刘遂严、燕颙，皆梁守郓州将）皆失众心，可袭取也。"惟郭崇韬等皆以为悬军远袭，万一不利，虚耗军队；而庄宗则实欲袭取郓州，以便西进胁梁军之右侧背，但嫌无赞同是谋之将士以执行是项任务。乃密召内疚已久，常欲立奇功以补过之李嗣源，谋于帐中（胡柳陂之战嗣源与晋王失联络，率其兵渡河还魏州，以此获咎）曰："梁人志在吞泽潞，不备东方，若得东平，则溃其心腹，东平果可取乎？"嗣源对曰："今用兵岁久，生民疲弊，苟非出奇取胜，大功何由可成？臣愿独当此役，必有以报。"此正所谓"使功不如使过"，庄宗此举是也。

于是李嗣源将所部精兵五千，自德胜疾趋郓州。比至杨刘，日已黄昏，而阴雨道黑。及至郓州，乘夜渡河抵城下，郓人不知，遂登城袭击，克之。

当初之议此举也，才智如郭崇韬等均加反对，幸庄宗李存勖见机明敏，决断坚毅，并能于灵机一动之下，运用其"使功不如使过"之妙用，卒获其功，转变其使人困惑而极为不利之情势，赫然显现极有希望之曙光，而形成极有利之形势，使己之将士人心奋然兴起，必胜信念油然而生，奠定长驱汴梁之势；因此逼使敌人惊惶失措，全面震动。由是而知在战争中乘机创势与当机立断之重要也。是故能否在黑暗中开辟曙光，当机立断，以乘机创势，此即将帅优劣之分际也。

（二）杨刘、马家口、德胜争夺战。自唐夺取郓州之后，梁国大为震动。老谋臣敬翔乃以死谏，请梁主擢王彦章为大将，进袭唐德胜渡之渡河点南城（德胜为主要渡河点，唐于河北、河南各筑一城以守之），及其附近次要渡河点潘张村、麻家口、景店诸寨（唐于各次要渡河点筑寨防守），皆克之，因此梁军之势复大振。唐军被逼移守下游杨刘渡河点，梁将王彦章、段凝复以十万之众，向杨刘（今山东东阿县北重要渡口）分进合攻，昼夜不息，战斗之激烈，致其城垂陷者数四，形势极为危殆，幸唐守将李周善守，卒能固守待援。然庄宗救兵虽至，但为梁所筑以围攻杨刘之堑垒所隔，致杨刘之守军仍内外悬绝。庄宗因而问计于郭崇韬，崇韬乃主张于博州东岸另筑新垒，以接应郓州而分梁军之势，并请庄宗于杨刘方面发动攻击以牵制之，俾利于筑垒之完成。于是王彦章亦将兵数万驰至，以争此一据点。庄宗又自杨刘亲引大军救之，阵于新城两岸以攻之。彦章不支，退保邹家口，唐兵遂循河进击。至此梁兵自邹家口而杨刘而德胜，节节败退，被迫复退守杨村，逼得梁主易帅，而以智勇俱劣之段凝为大将代彦章。梁之大势因此益坏，各渡口及郓州之争夺战于是告终，从此另兴起袭汴梁之战矣。

第十一节　唐庄宗袭汴灭梁

（一）庄宗乘虚进击汴梁之策划。先是当郓州危急之际，梁军右先锋指挥使康延孝降于李嗣源，庄宗召见于朝城。延孝至，庄宗解所佩锦袍玉带赐之，并即任为南面招讨都指挥使。因屏人问延孝以梁军政之情，延孝对曰："梁朝地不为狭，兵不为少，然迹其行事，终必败亡。何则？主既暗懦，赵张兄弟（梁主内臣）擅权，内结宫掖，外纳货赂，官之高下，唯视赂之多少。不择才德，不校勋劳。段凝智勇俱无，一旦居王彦章、霍彦威之右，自将兵以来，专率敛行伍，以奉权贵。梁主每出一军，不能专任将帅，常以近臣监之，进止可否，动为所制。近又闻欲数道出兵，令董璋引陕虢、泽潞之兵，自石会关（山西榆社县西）趣太原，霍彦威以汝、洛之兵，自相卫、邢洺寇镇定，王彦章、张汉杰以禁军攻郓州，段凝、杜晏球以大军当陕下，决以十月大举。臣窃观梁兵，聚则不少，分则不多，愿陛下养勇蓄力，以待其分兵，率精骑五千，自郓州直抵大梁，擒其伪主，旬月之间，天下定矣。"（此一情报及计谋极有价值）

惟此时梁大将段凝军进至临河之南，澶州之西、相州之南，晋常为梁军所寇掠；加以前于德胜失利之时，刍粮损失过巨，仓库空虚；而泽、潞二州未下，且卢文进、王郁引契丹入寇，屡扰镇、定之境。因此延孝之策虽佳，能否实施，深以为虑。于是集诸将会议，李绍宏等皆以为郓州城门之外皆为寇境，孤远难守，有之不如无之，请以易卫州及黎阳于梁，与之约和，以河为境，休兵息民，俟财力稍集，更图后举。庄宗不悦曰："如此吾无葬地矣。"乃散诸将，独召郭崇韬问之，对曰："陛下不栉沐，不解甲，十五余年，其志欲以雪家国之仇耻也。今已正尊号，河北士庶，日望升平。始得郓州尺寸之地，不能守而弃之，安能尽有中原乎？臣恐将士解体，将来食尽众散，虽画河为境，谁为陛下守之？臣尝细询康延孝以河南之事，度己料彼，日夜思之，成败之机，决在今岁。梁今悉以精兵授段凝，据我南鄙，又决河自固（于滑州决河水东泛曹、濮及郓州以阻唐兵），谓我猝不能渡，恃此不复为备。使王彦章侵逼郓州，其意冀有奸人动摇，变生于内耳。段凝本非将才，不能临机决策，无足可畏。降者皆言大梁无兵，陛下若留兵守魏，固保杨刘，自以精兵与郓州合势，长驱入汴，彼城中既空虚，必望风自溃。苟伪主授首，则诸将自降矣。不然今秋谷不登，军粮将尽。若非陛下决志，大功何由可成？"庄宗曰："此正合朕意，丈夫得则为王，失则为虏，吾行决矣。"时为是年九月也。兹论二者何者为优，试分析之如下：

1. 自郓州城言之，唐若不欲与梁争天下，若不取攻势，则郓州孤城自无所用，否则郓州乃南取河南、西取汴梁唯一之河南桥头堡也。盖庄宗与梁战十余年，大军所以不得南进者，特限河之隔绝耳，故其时之郓州，乃唐梁所必争。且唐梁连年战争，所争者近目标虽唯胜利是求，远目标则争取天下大势与人心背向也，而此远近目标又关系密切而不可分离者。申言之，军事胜利则大势亦有利，大势有利则人心必归趋，若大势人心所趋，必又促成军事上之胜利。故此二者，亦即战略政略之联合运用也。正如郭崇韬所言："今已正尊号，河北士庶，日望升平。始得郓州尺寸之地，不能守而弃之，安能有中原乎？臣恐将士解体，将来食尽众散，虽画河为境，谁为陛下守之？"此即郭崇韬在政略上之卓识也。

2. 唐梁自李克用朱温以来即已成为仇敌，向无和解。二人传至其子，亦复如此。且河北地区之争夺，连年战争不息，所谓"与之约和，以河为境，休兵息民，更图再举"者，岂可得乎？况自康延孝所得之情报，梁正图起倾国之兵分四路进战，其企图正欲一举覆唐也。而郭崇韬又谓"成败之机，决在今岁"者亦以此。既已为生死存亡决斗之关头矣，且有汴梁空虚，可一举覆之之隙可乘，而又有自郓州侧袭汴梁之地利，诚为难再之机。不然坐待梁之四路进攻，则唐危矣。

然康延孝郭崇韬之谋虽善，若无李存勖"丈夫得则为王，失则为虏"之大魄力大决心，亦不可能做此种孤注之袭击，一举而灭人国也。

（二）进袭汴梁之实施概要。庄宗已做上项不凡之决策，且适李嗣源于郓州战王彦章获得胜利，予唐上下将士以进军之莫大鼓励。遂即于是年十月遣郓国夫人刘氏、皇子继岌归兴唐（庄宗在魏州称帝，故名魏州为兴唐府），而与之诀曰："事之成败，在此一决。若其不济，当聚吾家于魏宫而焚之。"壮哉唐帝魄力！其部署与进军如次：

1. 命李绍宏等四将同守东京（唐以魏州为东京兴唐府）。

2. 自以大军自杨刘渡河，一日抵郓州。是日午夜渡汶水，以李嗣源为前锋，途遇王彦章军，一战败之。追之至中都（今山东汶上县），围其城。城无守备，少顷梁兵突围出，追击破之。王彦章以数十骑走，龙武大将军李绍奇单骑追之，识其声，曰："王铁枪也！"拔稍刺之，彦章重伤被擒，并擒梁都监张汉杰及曹州刺史李知节，裨将赵廷隐、刘嗣彬等二百余人，斩首数千级。

惟当此时际，庄宗虽幸王彦章被擒，除梁一大将，而一举灭梁之希望为之大增，但以段凝尚统大军于河上，进军之计，宜指向何处？换言之即仍直指大梁，抑先指向段凝军而击灭之，然后攻大梁？以此商议于诸将。于是其诸将遂欲放弃原作战目标大梁，而另产生一作战目标。故其诸将曰："传者虽云大梁无备，未知虚实。今东方诸镇兵皆在段凝麾下，所余空城耳，以陛下天威临之，无不下者。若先广地，东傅于海，然后观衅而动，可以万全。"此一作战目标，即欲将曹州、郓州、徐州、

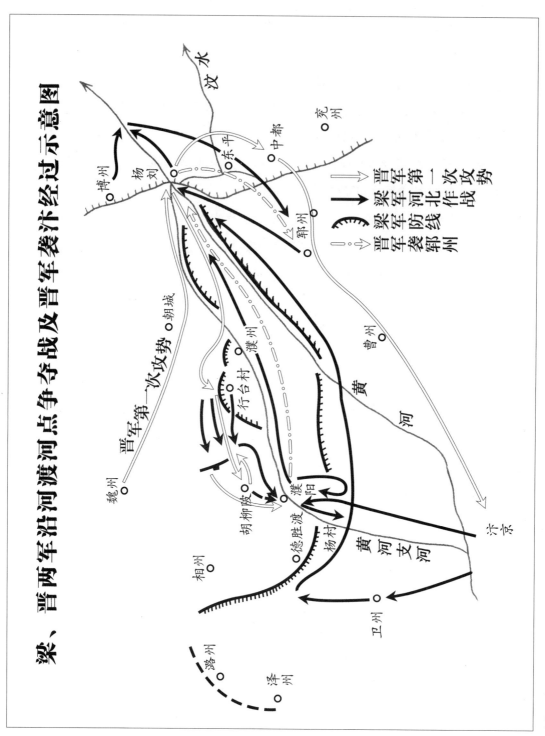

梁、晋两军沿河渡河点争夺战及晋军袭汴经过示意图

海州、兖州等地（即今之山东省西南部及苏北地区）尽略而有之，然后始伺机进取大梁，以此为万全之计。盖针对庄宗之疑，虑进袭大梁不骤克，而段凝回救，腹背受敌，恐遭被歼于河以南之厄运；且契丹将乘机大举南侵，亦虑河北其时将生内变，故遂产生先求扩地自强，然后再伺机进灭大梁之新作战目标。惟降将康延孝坚持原作战目标，而主急袭大梁；李嗣源亦以兵贵神速，"今彦章就擒，段凝必未之知；就使有人走告，疑信之间尚须三日。设若知吾所向，即发救兵，直路则阻决河，须自白马（今豫北浚县）南渡，数万之众，舟楫亦难猝办。此去大梁至近，前无山险，方阵横行，昼夜兼程，信宿可至。段凝未离河上，友贞已为吾擒矣，延孝之言是也。请陛下以大军徐进，臣愿以千骑前驱"。庄宗卒用后者，以贯彻原作战目标，乃以嗣源为前军自中都（今汶上县西）倍道直趋大梁，三日抵曹州，梁守将开城降。至是梁主急遣骑赴段凝军，促使回救大梁。但闻唐兵已越曹州将至，乃令其臣皇甫麟杀己。越二日李嗣源军已至大梁，攻封丘门，守将王瓒开门降，庄宗遂灭梁。朱温篡唐登帝位六年，友贞在位十一年，梁共历十六年而亡。

段凝率五万之众回救，至封丘，知大梁已破，梁主已死，亦降。尔后梁诸藩镇稍稍入朝者，唐帝皆慰释之。于是梁国诸藩镇相继大定。

梁国之亡，据史家评梁主朱友贞为人温恭俭约，无荒淫之失，但宠信赵张，使擅威福，疏弃敬翔、李振等旧臣，不用其言，任用大将段凝非人，卒至国亡。

是役唐梁之得失：

（一）唐军之得计：

1.得梁将康延孝之来降而善用之，因而尽知敌情，尤以获知梁之作战计划，并获其径袭太原之策。由此而知得敌将之可贵也。

2.坚持原作战目标。当击破王彦章之时，诸将劝略东方各州，扩地自强，待机再举。此策骤观之似甚得当，细究之则殊失算。盖一则失去袭梁之良机，再则得敌地必分兵驻守，如是不但不足以自强，且分散兵力，而足以自弱。且契丹伺机南侵，益使唐南北难以兼顾，首尾难以相救也。

唯确保原作战目标而贯彻之，乃一不易之原则。盖往往在作战进程中，常常忽产生一新目标，其重要性与原作战目标等，于是眩惑于两大目标之间而难于抉择。由于此种眩惑而致败者，在隋代时即有李密其人，隋炀帝征高丽时，杨玄感叛，李密教杨玄感之策中，即有西据关中，以为争天下之根本一项。但当其起于河南之际，兵力之盛，天下一人，彼竟恋于河南敖仓之谷，而不愿舍之以进取关中，卒至关中为李渊所取，而密终致坐败于河南。此即密惑于敖仓之目标，而忽于关中形胜之根本所致也。庄宗于是役袭梁之举，能以其明敏之决策，确保其原作战目标而不为其他目标所眩惑，此其所以卒抵成功也。

3. 先发制人。不待梁之四路进军，而先以疾风迅雷之势袭击其首都。

4. 胡柳陂之战，用阎宝之计，不失战机。

（二）梁之失计有三：

1. 选将之误。段凝非大将才而任之，敬翔始终反对，梁主卒蔽于宠臣怂恿；且当初任段凝时，敬翔即请罢之，梁主以其无过不便罢之，但敬翔曰："待其有过，则国家亡矣。"此可见梁主之庸，直以任将为儿戏也。《孙子》曰："夫将者国之辅也，辅周则国必强，辅隙则国必弱。"真千古名言。

2. 梁主欲分四路攻唐，竟无总预备队之控置，因此唐军袭大梁，兵至城下，而束手待毙。

3. 不能在四路进军之中着重于泽、潞方面，迅速奇袭晋阳，使唐为之彷徨恐惧，俾郓州、河上方面作战有利。

第三章 唐庄宗、周世宗之大略

五代之世，其帝王中最堪称为英武之主者，厥为李存勖与柴荣二人而已。李存勖以小敌大而灭梁，在各次战役中，其战胜攻取之足以震慑敌人，有如欧洲之英雄拿破仑者然。每于战局危急之际，一经彼出现于战场，即转危为安，转败为胜。如当其正与梁兵相持于魏州之际，镇、定二州中变之时，契丹铁骑同时南下，于此时也，李存勖内有叛乱，而南北强敌夹攻，人心惊惶，将士危疑。但彼毫不觉惧，于击破当面梁军之后，即北向旋师，以当时契丹之强，骑兵之勇，曾不敢当其锋芒而败溃。

然李存勖勇则勇矣，但其灭梁之后，将士离心之烈及其崩溃之速，则为史所未曾有。考其所以然者，一为只顾其皇室之奢侈享受，不恤将士之辛苦，赏功薄而法度严；二为征蜀之际，杀功臣郭崇韬、朱友谦等，将士因寒心而纷纷叛离。此非李存勖之不明，盖其无远虑而招致近忧也。

周世宗柴荣则远较李存勖为胜，盖彼不仅为战场之英雄，且为善于任用贤能治国之英主。彼于登帝位之后即励精图治，安人民，奖农产，开漕运，练精兵。及其国力已充，乃南收淮南，北逐契丹，有统一之志。故当其即位时也，首以晋汉以来，契丹屡寇河北，轻骑深入，蹂躏幽燕，中国忧患未已，因而问张藏英以备边之策。继则为广咨博议，任用人才，下诏促群臣极言得失："朕于卿大夫，才不能尽知，面不能尽识，若不采其言而观其行，审其意而察其忠，则何以见器略之浅深，知任用之当否！若言之不入，罪实在予，苟求之不言，咎将谁执？"又谓其宰相曰："朕每思致治之方，未得其要，寝食不忘。又自唐晋以来，吴蜀幽并，皆阻声教，未能混一，宜命近臣著《为君难为臣不易论》及《开边策》各一篇，朕将览焉。"当时献策，为其采纳者，首推王朴之献计，此策亦可代表周世宗谋国之方略，其策曰：

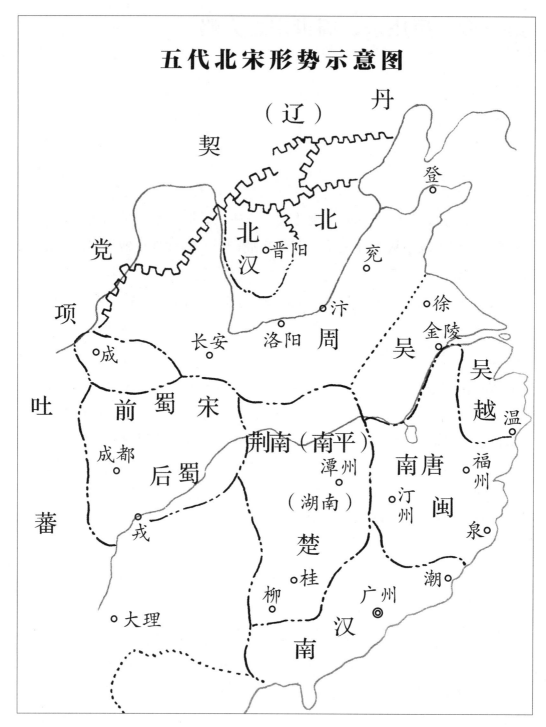

五代北宋形势示意图

图五〇

"中国之失吴蜀幽并，皆由失道。今必先观所以失之之原，然后知所以取之之术。其始失之也，莫不由君暗臣邪，兵骄民困，奸党内炽，武夫外横，因小致大，积微成著。今欲取之，莫若反其所为而已。夫进贤退不肖，所以收其才也；恩隐诚信，所以结其心也；赏功罚罪，所以尽其力也；去奢节用，所以丰其财也；时使薄敛，所以阜其民也。俟群才既集，政事既治，财用既充，士民既附，然后举而用之，功无不成矣。彼之人观我有必取之势，则知其情状者，愿为间谍；知其山川者，愿为向导。民心已归，天意必从矣。凡攻取之道，必先其易者。唐与吾接境几二千里，其势易扰也。扰之当以无备之处为始，备东则扰西，备西则扰东，彼必奔走而救之。奔走之间，可以知其虚实强弱，然后避实击虚，避强击弱，未须大举，且以轻兵扰之。南人懦怯，闻小有警，必悉师以救之，师数动则民疲而财竭，不悉师则我可以乘虚取之。如此，江北诸州将悉为我有。既得江北，则用彼之民，行我之法，江南亦易取也。得江南则岭南、巴蜀可传檄而定。南方既定，则燕地必望风内附。若其不至，移兵攻之，席卷可平矣。惟河东必死之寇，不可以恩信诱，当以强兵制之。然彼自高平之败，力竭气沮，必未能为边患，宜且以为后图，俟天下既平，然后伺间，一举可擒也。今士卒精练，甲兵有备，群下畏法，诸将效力。期年之后，可以出师，宜自夏秋蓄积实边矣。"

世宗颇纳其策。及淮南已定，巴蜀南汉均相继纳降。惟不幸周世宗于旋师北征之际，彼即以病而回大梁，死时仅三十九岁而已。只以其寿命短促，当时之中国不能再行兴盛，且子幼继位，故赵匡胤竟能不费力而取代之。

第四章　结论

梁太祖朱温灭唐，传至其子（友贞、瑱），共历十六年，亡于后唐。后唐自庄宗李存勖历四代，明宗嗣源，闵帝从厚，废帝从珂，共十五年，亡于后晋。晋高祖石敬瑭传子重贵，共十一年，亡于契丹（辽）。后汉高祖刘知远起而收复中原，传至其子隐帝承祐，共四年，亡于后周。周太祖郭威传于养子柴荣（世宗），再传至恭帝宗训，共十年，亡于宋。总五代年代共历五十二年。即907年至959年也。

按：梁、唐、晋、汉、周五代所以忽兴忽亡者，实乃唐末藩镇割据之遗俗也。唐藩镇割据之后，各藩镇牙兵之将校为各藩镇兴灭存亡所系，其中有野心者，常利用变乱之机以行废主而取富贵，故自后唐以后，各代无不如此循环相因，亦即武夫肆扰之时代也。宋赵匡胤亦因此而代周，因而矫枉过正，又图苟安，于是为子孙计不成，而国家民族亦陷入衰弱灭亡之运。由是北方游牧政权代之而兴，秦汉隋唐之声威不复见矣。

本篇主要参考书
1.《五代史》
2.《新五代史》
3.《资治通鉴》
4.《中国历代战争史》

第十四篇　宋代战争

提　要

一、赵匡胤赖专周之禁卫军，陈桥兵变，篡夺周祚，遂开弱宋之局。

二、宋太祖太宗为永保皇统，惩于五代之祸，乃集君权于一身，群下束手，并以重文轻武，笼络文人，苟且偷安为国策，导致国弱民贫，开中国朝廷亡于外寇之端，一亡于金，再亡于元。两宋始终只有战败之辱，而无战胜之荣，乃开北族入统中国之端。

三、两宋两次谋借外力以雪耻，而却两次亡于其盟友，弱国无外交，两宋为最大教训。

第一章 绪论

学术文化关系于军事政治及社会之兴衰，至为密切。考诸中国历史，春秋战国时代，学术文化为发达，诸子百家之学术发挥无比之光辉，其此种光辉直照耀至隋唐之世，犹光芒四射，卓然为世界之冠。但自宋以后，诸子百家之学术，为当时及其以后之学者排斥之不遗余力（儒家排斥诸子百家学术自战国之世即已开始。秦用商鞅变法，至始皇帝统一中国，均采法家学术以治国，故自始皇帝统一中国后，鲁国诸儒犹裹足不前，宁膹死鲁境而不肯出仕，盖恶秦用法家学术思想以治国也。儒之斥诸子百家学术，至汉武之世而抬头，盖汉武宠儒术，其以后各代皇帝亦多如是。至宋时诸子百家学术思想几无立锥之地矣），甚而此时之儒者，不仅尽非诸子百家之学术思想而无视之（儒家学术虽为中国学术文化之正宗，但从治国强国言，则诸子百家学术思想实足以补助儒家学术思想之不足），且将儒家学术本来之面目（礼、乐、射、御、书、数并举）亦改头换面，而专钻心性之学之牛角尖，牛角愈钻愈狭，故中国自宋以后，出类拔萃之大政治家、大军事家即不多见，较诸春秋战国之世，实不可同日语之。汉唐之世，尚幸存诸子百家之余绪，故民族之强盛，尚能卓然为亚洲之冠。而宋以后则学术思想低落，人才日寡，民族气质亦渐衰微，社会颓靡之风，江河日下矣。须知欲培植政治外交战人才，则不得不研习纵横家之学；愈治社会愈演愈复杂之国，则不能不研习法家之学；欲在国际战争中以获胜，则不能不研习兵家之学。此皆类而易见者也。是故自宋以后之政治与学术，遗害于中华民族之深实甚矣。

惟中原势力之渐趋衰微，故以学术文化思想极为原始落后而仅以游牧尚武见长之蒙古民族，其铁骑得以随时越阴山山脉长驱中原，纵横蹂躏，随其所欲，且亘七百余年之久（辽、金、元、清四代），宁不使读中国近代史者为之浩叹！

故自宋以后之中国历史，实可称为蒙古民族之世纪，其间虽有二百余年之明朝，但若非元末蒙族内部之自我分化与混乱，则明代何能产生？且若非其后国际环境有利于明（当时蒙古诸部落纷乱割裂，势力微弱），则以明之政治军事及民气，又何能垂延至二百余年之久？

然亦惟中国近古史学术之衰微与民族之不振，及至有清末叶，又遭受西洋科学工商业（物质文明）之影响，遂至民族自信心完全丧失，甚至在军事学术界居领导地位者，亦竟云中国古代作战无计划者，直足以使人啼笑皆非。盖由于彼在中国历史之浩瀚中，尚未睹历史渊深丰富之果实乎？即自今日观之，中国除科学、工业及现代作战技术较为复杂之故，致远落东西各国之后而须急起直追外，其他之学术思想，尤其战争哲理与战术原则之高度成就，犹远非彼等所可望尘及之也。中国此种渊深丰富之遗产，若能利用东西各国之长及其治学之方法而加以整理之，则仍可卓然傲视世界而毫无逊愧之色也。

自宋以后中国历史，其军事成就足以大书特书者，厥为蒙古族（元代）初期之成就，兹将其成就之根源概要述之于下：

（一）将才卓越与辈出。成吉思汗才气纵横，英雄盖当世，其诸子又皆为方面将才，诸孙中亦多才力卓越者。当时成吉思汗曾创立一种培才制度，将优秀干部调到方面军以上司令部服务，直至成吉思汗的统帅部均是如此。因此成吉思汗得以逐级将其英迈精神气魄与才智灌输于其干部，或则潜移默化之。故其子孙辈均能继彼之后，驱其铁骑纵横欧亚大陆，所向无敌。

（二）优秀的骑兵。游牧生活之人民，牧场即战场，其生活与军队在战场之生活并无二致。且当时蒙古所产之马匹优良，不仅耐劳，而驱驰之快速，亦远胜于欧亚各国之马匹。以如此优良素质之人马所组成之骑兵，再加以其预备马力之制度（一人携三马），在卓越将才驱使之下，故能将其力量做无穷之发挥。

（三）武器及装备优良。成吉思汗攻金时，在中国之中原地区，所到之处，无不尽力搜罗中国之工艺人才，其中尤以制火药、制弓矢、制火炮、制船舰者为最。故征欧时，常用远战武器（箭矢火炮等）击破依近战兵器（剑戟）以求决战之欧洲军。当时其锋矢之侵彻力及火炮之破坏力，曾屡震惊欧人，而不敢当其锋。至其当时之军事装备，亦极其轻便适用，如其马鞍、箭袋、饲具及骑士服装等，均极其轻便适用之能事。故其骑兵行动疾速，远征数千里，其力不疲。

（四）战术运用巧妙灵活。蒙古骑兵善于运用出敌不意（在战术上彼等常以快速之挺进，在欧人依河流以阻彼等时，彼等则扳于马后以渡等等），远程奇袭，近接突袭，疲敌之后予以掩击（如在河南地区追袭金兵等）等战术。如其征花刺子模及俄国时，常出敌不意，将其快速之骑兵军团，于敌意想不到之处，突然猛烈进击。又其远征匈牙利时，即用远程及迂回之奇袭，使遥远之敌尚未判明其动向时，已突然呈现其敌人之眼前，因而使其敌人在惊惶失措之中被其击灭。他们亦常在广大正面，以一部兵力构成广大攻击幕，同时将其主力隐藏于攻击幕之后，待其攻击幕发现敌人之弱点时即以主力突击之；或当敌人反攻其攻击幕之某局部时，其局部之攻击幕即向后引退，然后出其主力于两翼或一翼横击之，其敌人常因此遭受歼灭之厄运。又其攻金时，仅以三万余之兵力，自汉中沿汉水而下，至唐、邓地区（豫省西南），金兵以十余万之众撤保开封，彼乃用追逼而不决战的策略，追金兵至三峰山地区（河南禹县），逼使金兵在饥疲不堪之下，遭受其南北夹攻，金之全军因此毁灭。

（五）以战养战、以战富国、以战强兵及屠戮政策诸策略之运用。蒙古骑兵之入侵，确是"侵掠如火"，人畜物资一扫而空，故其愈战人力愈多（掳敌人以为奴隶），资财愈富，更编归顺之民为向导军，则其兵愈战愈强大。同时屠杀政策残酷无以比伦，归顺者生，抗战者死。因此当其征欧之时，欧洲人无不望风溃逃，或俯首帖耳以降顺，故其数千里进军，直如行无人之境。又惟其所获子女财帛即公分于其将佐，所俘敌方男子则分给将佐为奴隶，故其人自为战，士气百倍，愈战愈锐，历久不衰。又由于其随处觅草原以牧战马，"侵掠如火"以给军队，故其远征并不受后勤之负累。

（六）善用敌人以抚敌。当蒙古灭金后而南征宋时，由于彼在长江地区乏船舰以从事作战，尤其当时宋人愤其残戮，到处死命相抗，彼乃俘宋臣而优待之，任以高官厚禄，使在进军之前面担任宣抚工作，遂使愤战之宋国军民相率降顺。宋长江之防线因此软化,终而灭亡。

（七）铁的纪律。成吉思汗之纪律,虽其王子亦不敢稍越规矩。故其军队远涉数千里作战,其指挥犹如臂之使指然。

（八）善用诡谋诈计、分化离间及间谍等。如蒙军征匈牙利时,首先分化离间卜察人与匈牙利人,待匈人尽去卜察人之后而开始其进攻,其于进攻花刺子模之末期亦复如是。成吉思汗常派大批商旅为其间谍活动,当其间谍报告俄国及波、匈、德等诸部族之间及诸部族之诸王公间皆互相为敌,各个孤立之时,遂即欣然进军,长驱欧土,将欧洲诸部落各个击灭之。当其进攻金朝时,彼不仅孤立金宋之关系,并利用金宋之世仇,联南宋以攻金。由是而知,当时之蒙人其谋略运用,亦有足嘉者。

综上八点,为蒙古强极一时、纵横欧亚之概要。近人研究蒙古史,谓其强盛之根源,乃由于其人民生活与战斗条件相合之故,因而归纳一个原则,谓"国民生活与战斗条件一致者强,相离者弱,相反者亡",以此而律定元朝蒙古强盛之原因,实非允当。兹可举一事以明之:当成吉思汗统一蒙古诸部落时,其诸部落之人民生活与成吉思汗部族之生活,皆同为与战斗条件一致,并无异殊,然其诸部族终为成吉思汗所并灭者,何也?是故评论战争史者,不可以一得而下断言,必待做全面综合之研究而挈取其关键之症结,然后律定其定则,始为允当也。

中国近古之军事史,可以谓为骑兵世纪。因自辽、金开始,其骑兵战术崭然一新,其骑兵编组与作战,亦迥异于其前人,因至辽、金之世,则能编成大兵团做有计划之战略进军矣。至成吉思汗,乃达登峰造极之境域,其后满洲之清军,亦多习其祖先（金人）之故智。反之,中国在此甚长之时期中,每与其北方民族战,则每当之辄溃,故云中国近古为蒙古世纪,近古之军事史亦为骑兵世纪者,即据此而言也。

其次,指导战争者须能乘时机、气势,以创造优越之形势,是为指导战争以求必胜者之先决条件。此种理论与史例,请参阅本书论李世民入关中之战及本书论吴三桂失机失势,均论此一战争指导原则颇详,参证而研究之,则益得其精要矣。

第二章　宋太祖平乱之战

第一节　平李筠之战

宋太祖赵匡胤为后周禁军大将，假出兵北御契丹为名，而乘主幼国疑之际，在陈桥（在开封东北）举兵称变，自立为帝，国号宋，改元建隆（960年）。阅四月（是年夏四月），周将李筠声讨赵匡胤篡逆之罪，连北汉主刘钧，抗命于潞州（治在今山西长治，秦为上党郡，宋为隆德府），于是第一次征讨之战以起。

当李筠起兵之际，一面遣使求援于北汉，一面进兵克泽州（治在今山西高平县，辖晋城、高平、阳城、陵川、沁水）。时其僚属闾邱仲卿献策曰："公孤军举事，其势甚危，虽依河东之援，恐亦不得其力。大梁兵甲精锐，难与争锋。不如西下太行，直抵怀孟（今河南沁阳孟县间），塞虎牢，据洛邑，东向而争天下，计之上也。"（善策，可惜不用）筠不用曰："吾周朝宿将，与世宗义同兄弟，禁卫之士，皆吾旧人，闻吾至必倒戈归我，何患不济乎？"

宋太祖方面，其臣吴廷祚亦献策曰："潞州岩险，贼若固守，未可以岁月破。然李筠素骄易无谋（明了敌将个性及短处），宜速引兵击之。"太祖用其策，即于四月十九日以石守信、高怀德为前军进讨，自率大军继之，并令石守信等曰："勿纵筠下太行，急引兵扼其隘（争取地形优势），破之必矣。"盖当时之此一地形，为宋进攻退守之重要地势也。五月二十四日太祖至荥阳，向拱、赵普等又建议，向拱劝速渡河，越太行山，乘李筠之兵未集中完毕而击之。赵普亦主张："贼以国家新造，未能

北宋统一征伐次第示意图

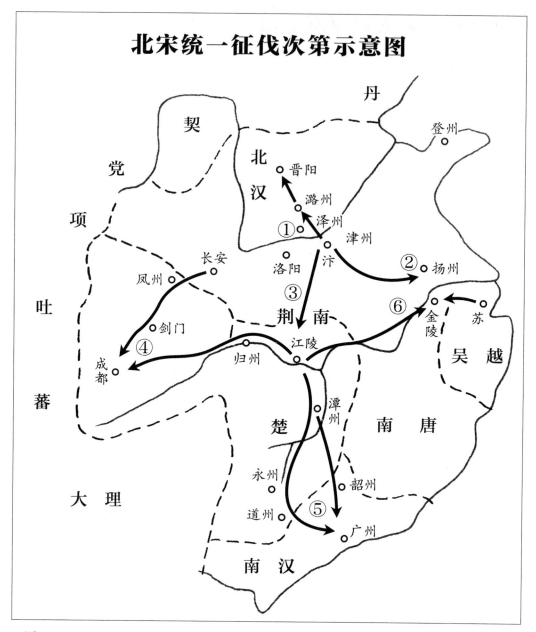

图五一

出征。若倍道兼行，掩其不备，可一战克之。"

　　李筠方面，于得汉主来会之时，见汉主仪卫寡弱，内有悔与结连之意，于辞色之间，并示不忘周恩之意，因而汉主亦感不快（因周汉世仇），合力战宋之团结力因以薄弱。

　　由于以上双方举措之得失，悬殊之势显然已分，胜败之机亦已分晓。故五月二十九日，太祖、石守信、高怀德等军即大破李筠三万人于泽州之南而歼之。李筠退泽州城固守，及太祖至泽州，经猛攻十余日，至六月十七日又克之，第一次之征讨于以结束。太祖于七月初十日回至汴京。

两方得失评判：

（一）宋太祖方面

1. 篡位之后即能控制朝廷，故即位之初即能出兵平乱。

2. 能用诸将之策，乘李筠举措不及之际而急袭之，迫使敌人仓惶应战，且李筠已是周之宿将，而周与北汉世仇，此种连结势必相互猜疑，因速乘之，乃破敌之要策也。

3. 能急争太行山隘之有利地势，止则可以阻敌之南进，巩卫汴洛，安定形势与人心，进则可以破敌。此太祖所以急遣石守信等进据太行山之隘，此策之上者也。其此种用兵之法，即一面求自固，而一面求破敌也。

以上数者，宋太祖均能一一得之，故能一举平定李筠之乱。

（二）李筠方面

1. 若谓以弱敌强，则应先谋自固之策。若行此策，先据太行山隘而据守之，一面结北汉为援，一面待其他方面周将之响应（或主动劝诱联合之），如扬州之李重进等，则此举尚不失为良策。盖此策之实行稍能支持以时日，则周之旧将必有应者，乃必然之势也。

2. 若谓举孤弱之势以举义，应急速进军以振人心，而使观望迟疑者亦闻风响应。如是则应用闾邱仲卿之策，直取怀孟，塞虎牢，据洛邑，东向而争天下。若能如是则中原形势与宋平分矣，而今后鹿死谁手，正未可知也。或谓宋朝将士皆为故旧，则更应据优越之形势，诱彼等同心归向也。否则形势不利，虽有欲应之者而不敢动，盖势使然也。

3. 既决心与北汉联合矣，即应暂忍一时之气，力求精诚合力，不应因轻视而露于辞色，以致尔后徒具貌合神离之联合而影响作战之力量。

以上数者李筠均失之，固无怪其一败涂地也。故事之成败，岂有命运为之主宰欤？特人谋之臧否为断耳。

第二节　讨李重进于扬州

李重进为周太祖郭威之甥，与太祖匡胤俱事世宗，分掌兵权。周恭帝嗣位，重进出镇扬州。及太祖自立，命韩令坤代重进，重进乃请入朝，而太祖诏止之，重进因而益不自安。当李筠举兵潞泽之际，重进乃遣其亲吏翟守珣潜往与筠相结，而守珣又潜见太祖（所用非人，若此人为匡胤所预伏者，则匡胤之谋可谓深矣），尽以重进阴谋告知。于是太祖厚赐守珣，并使回说重进以缓其谋。盖欲免二李南北同时举兵而难以应付，使缓之，则可以各个击破也。因此守珣回劝重进未可轻发，重进亦信之。

李筠已灭，重进据扬州为守御之计。太祖此时乃即使石守信率禁兵讨之。

当出兵进讨之际，太祖问赵普以进兵之策，普曰："李重进凭恃长淮，缮修孤垒，外绝救援（重进请援于南汉，南汉不敢应），内乏资粮，宜速取之。"太祖从之，遂于同年九月二十二日命石守信等将兵进讨。十月二十一日，太祖下诏亲征，至十一月十一日，遂破扬州。由此可知，凡变起仓卒，即应迅速出以疾雷不及掩耳之计，此乃平定乱起仓卒之要图也。故太祖对李重进之进讨，能以迅速成功。

第三节　统一中国之方略与运用

太祖匡胤登帝位后第一年，平定李筠、李重进之乱，经五年之励精图治（在此五年中曾屡败北汉，并战契丹），任用贤能，并实行赵普之精兵主义政策（选禁兵中之最标准者，称为"兵样"，分送各道各镇，使依兵样之标准挑选送京师，亦为削弱藩镇力量，以免陷五代时强将取而代之之弊。因此一政策之实行，皇帝卫军遂成为天下之最精强者。其后次第灭蜀、南汉、吴，皆有如破竹之势者赖此也）。遂于第六年灭蜀，第十二年灭南汉，第十六年灭南唐。明年伐北汉，至太宗匡义四年亦灭之。中国经唐末藩镇割据及五代分裂，凡二百余年，至此始复归统一。

　　然太祖统一之方略，实周世宗时王朴所献方略之修正。因太祖鉴于周世宗之征南唐，经数年战争，损兵折将，始获江淮地带，而南唐据江南（今湘赣皖苏地区），犹屹然不可动也。所以然者，因以周唐当时之强弱较并非悬殊，而且其时唐内政尚安，上下意志统一，无瑕可击。且南唐水军舟舰均非周可比，而北方步骑兵之于江淮地区又成为无用武之地。故其最后赖以攻克江淮地区而有之者，亦以利用南唐俘虏，在汴水训练水军，然后以此项水军用于淮南而始获胜者。故在上项情势中，其决策应先击弱，后击强，始为至当之策，其后宋太祖能修正之，故能成功。

　　周征南唐之役也，太祖匡胤参与其役，故深知南唐未易卒取。及即帝位之后，乃利用南唐归顺周室之基础，在政略上羁縻之。故唐主死后其子李煜继立之时，请以追封帝号，太祖亦许之，盖以政略战略上不得不暂作隐忍也。

　　至乾德二年（建隆三年之明年改元号为乾德，964年），甲兵已强，乃以王全斌、曹彬、潘美等为将，分自凤州（治在今陕西凤县）、归州（治在今湖北秭归县）两路平蜀，明年克之。开宝四年春（乾德五年之明年改元开宝，971年），又灭南汉。于是南唐之势孤矣。且在政略上早已争取吴越王钱俶（在苏浙苏杭沿海地带），预为图唐之计。故对南唐一经进军，亦犹破竹之势，一改周世宗江淮用兵之害（开宝八年975年灭南唐）。而最后始进军北汉（开宝九年败之），至太宗始灭之。由是而知，宋初统一中国，乃以周之政略战略及力量为基础，而将王朴之方略修正运用之结果也。

　　综上宋太祖决策与运用方略之成败，可见决策与运用方略之不易也。当遂行某一决策之际，若对其一方面情势了解不透，估计或有缺失，彼我之较量不明，全般形势之掌握不确，则势必陷决策于错误。

　　即或此种错误有其长足以补救其短，如以周世宗之英武，甲兵之强盛，贤能为之用，但亦难收征服南唐之功，而实现其整个之决策。

　　再就王朴之整个决策言（详已见上），在大体上固尚正确，然首先以征服南唐为目标，则未免错误。由此吾人可以获得一原则，即决策到实行，实行到成功，中间尚有一段相当遥远距离。故于决策正确之后，在实施之一般行程过程中，其方略、策略或方法、技术上之运用，尚须具备优越性、正确性，然后始可保证其决策之底于成也。

或王朴之决策方略，有受历史上隋灭陈该种情势所影响所孕育。若果如是，则可知智者之考虑决策，其思力可以感受历史之启发，但不可为历史所囿。人类智慧乃历史之积累，无历史则无智慧。然完全翻版之历史，则人类历史上所绝无。若仅以大致比较即认为相同，则必致大误，盖此一时与彼一时中之人也、事也、物也、地也等等条件均不同矣。是故研究历史，不可不精分明辨，而方略决策之估量，尤不可不精察也。因此，天才人物在方略决策中遂成为首要因素。

第三章　宋辽之战

第一节　宋代积弱之原因

宋太祖赵匡胤乘周恭帝幼弱，受将士拥护，于陈桥兵变，攫取皇位后，因鉴于五代军人权臣之相继篡夺（梁朱温篡唐，后唐李嗣源、李从珂之相继夺取帝位，后晋石敬瑭之叛后唐，后汉刘知远之篡后晋，后周郭威之篡后汉等，皆为各代之军人权臣，初则割据，继则篡夺），彼为求皇权永保，为子孙计，遂不顾对外之国防，在军政大计上乃有如下之措施：

（一）划分全国为十五路。虽依唐制设节度使、团练使、观察使、大都督、刺史等地方武职，然皆虚名而无实权。另以中央派遣之经略使（管军民政）、转运使（管财政）、按察使（管刑政）、常平使（管物资）等实负其责。其后此等朝使又因到处威福，鱼肉地方，于是其政治遂不堪闻问矣。不仅此也，彼又为求彻底消灭地方叛乱割据之根源计，于州府之副职均以文人任之，借以起监视之作用。且当时武库所储藏之兵器，如甲胄刀枪等亦均分置之，盖防乱者之便利取用也。其对内防范之密，可谓至矣。

（二）太祖为强本弱枝以巩固其军事控制计，乃颁令各路、州、府将各地方兵员之精壮者，均选送中央为禁军。于是合全国各路、州、府之兵力，亦不如中央禁军之强大，因而中央军政权力达到彻底控制地位。至于国境上之戍兵，亦均由禁军按时轮流接防。此法一行，遂即产生以下之后果：

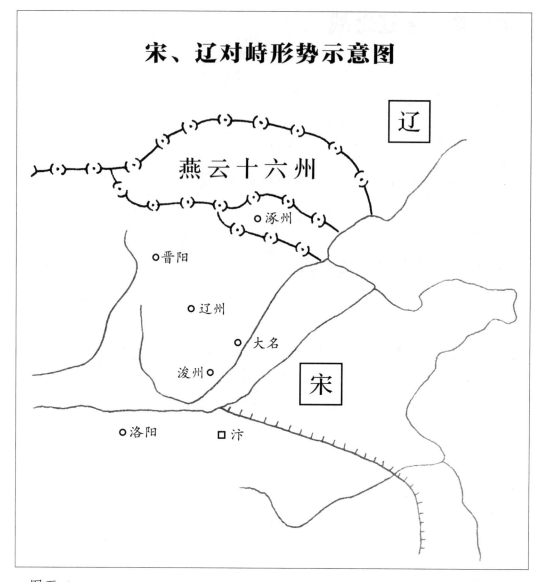

图五二

1. 禁军因经年之跋涉，日久疲弊，且死于道途者甚众，因而禁军颇有怨望。

2. 禁军日益骄惰，士气大衰，加以太宗三败于辽，禁军损耗惨重。

3. 外兵一入，即长驱直进，地方军毫无抵抗力，故其后辽金南侵，铁骑横冲直闯，如入无人之境者，即此故也。

（三）太祖为防虑武人篡夺，故得皇位之后即偃武修文。武人遭受社会上之轻视，因而士气低落，又不行征兵制度，致国防后备力量脆弱不堪。

（四）由于石敬瑭割燕云十六州于辽，致北方国防屏障尽失。阴山山脉、燕山山脉、恒山山脉为中国历代北方之天然地理国防，至此为辽所据有，于是北方游牧民族之铁骑，随时得以狼奔豕突于中原，而牧马于河东河北之境矣。再加以石晋以来，每年贡辽赋帛数十万匹，致使中原民穷财尽，国势因而无法再兴，故宋代国势之积弱，亦由来久矣。

（五）西北产马之地为夏国所据（今绥、宁、甘北），北方产马之地则为辽人所据，因此为当代决胜兵种之骑兵，宋即无法建立其强大之力量，以抵御北方铁骑之入侵。故终于只能据江淮之险（骑兵无所施其技），以图苟延残喘，虽终宋代之世，亦无力恢复中原。

由于以上诸因，故有宋一代为中国历史上年代久远朝代中之最衰微之朝代，一经外兵入侵，政府与军民即四处奔逃，徽、钦二帝被俘，高宗逃难浙东海隅，皆发因于此也。然而宋代积弱，外患频仍，所以仍能苟延残喘至三百余年之汉族人民，则不胜其艰难备尝矣。

第二节　宋辽各次战役

（一）宋初征辽之战

1.高梁河之战。太平兴国四年（979年）五月，太宗挟破北汉之威，欲乘势收复燕云，巩固北方国防。遂自太原移师镇州（河北省正定县）集中，六月开始进击，即克复东易州（即岐沟关，在今河北省涿县）、涿州（今河北省涿县），而进围辽之南京（燕京，今北平），辽派其将耶律沙救南京，高梁河（今北平西直门外）大战遂起。初辽军大败，但另路由辽将休哥所统率之援军，于耶律沙大败之当晚间道驰至，兵皆持两炬，宋师见之，不知其多寡，有惧色。于是休哥与另一辽将色珍，分左右翼奋击宋师，而守南京之辽军复乘机出击，因此宋师大败。辽将休哥虽被创不能御骑，然仍乘轻车追击宋军至涿州，掳获兵仗、符印、粮秣、货币不计其数。

此役宋师虽挟屡胜之威，而犹不免大败于辽者，一以骑兵之强尚不如辽，一以在战术上，宋之全军为辽之重要战略据点南京所吸住，致遭来援之辽军内外夹击。

2. 瓦桥关之战。太平兴国五年十月，宋太宗再伐辽，适辽将韩匡嗣、耶律沙入侵，宋军乃转取守势。辽军进围瓦桥关（今河北雄县，宋时称雄州），辽将休哥率精骑渡河攻击，宋将大败，追至莫州（今任丘县北），擒宋数将而还。

宋太宗遭受一再大败后，于太平兴国六年七月，复谋大举伐辽，唯独战难于取胜，乃遣使约渤海王（国于今吉林省），令发兵以应，约灭辽之日，幽蓟等地归宋，北漠以外之地尽属渤海。但渤海以宋屡败不应，以是伐辽之举遂寝。

3. 大举北伐。宋太宗两次亲征失败后，经五年之整备，再议伐辽。辽将耶律沙、休哥侦知，遂使间谍扬言国内空虚，边将无谋以诱宋。太宗果信之，遂进兵。

（1）辽宋两军部署。雍熙三年（986年）春，以曹彬统十万众为右路军大将，出幽州（即燕京），米信出雄州（河北雄县），田重进出飞狐（察省蔚县南与冀省交界处），以古北口为作战目标；以潘美为左路军大将，出雁门，以图恢复云、应、蔚等州。此次之作战目标，欲恢复燕山山脉、恒山山脉诸地。辽以耶律休哥当曹彬，以耶律色珍当潘美，以林牙勤德率军守平州海岸（今冀东卢龙南方），以策侧背之安全，辽主与太后率总预备队驻驼罗口。

（2）作战计划。令曹彬统十万大军扬言进取幽州，迟其行，以吸引辽军主力，俾潘美易于得手；然后与潘美、田重进会师，东向统合全军兵力与辽军在幽、涿地区举行会战，期一举而歼之。

（3）作战经过。是年三月初五日，曹彬遣将攻辽之固安（河北今县），战于城南，克之。继攻涿州，战于城东，又胜之，月之十三日遂攻北门，再克之，乃进兵渡涿河。月之十九日田重进破辽兵于飞狐北，斩获甚众；继围灵丘（今山西灵丘县），辽守将穆超举城降。潘美自西陉入，与辽战，又胜之，逐北至寰州（今朔县东），辽守将赵彦辛举州降，继攻应州（今县），辽守将又举城降。

四月初三日潘美克云州（今晋北大同县），米信亦大破辽军于新城（今冀省涿县南）；田重进攻蔚州（今察南蔚县）时与辽援军大战，死伤

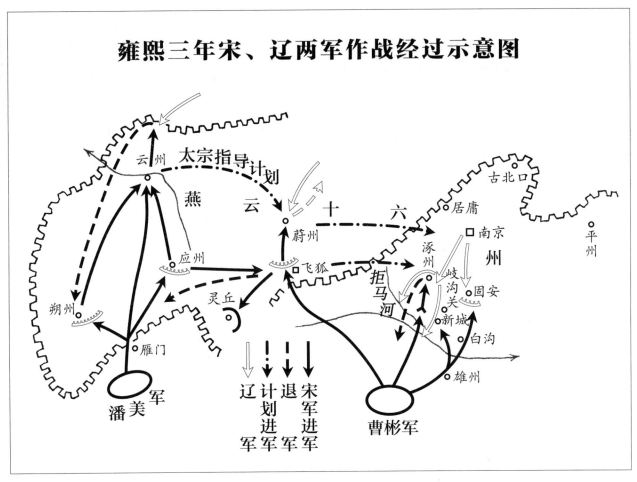

图五三

惨重，卒赖将士奋勇与边民之骁勇者助战，又胜之。

　　各路军进展极速，惟曹彬一路以将士骄横争功，未遵作战计划，且遭辽军断粮道，致遭败绩。先是曹彬攻克涿州之后，辽南京留守耶律休哥以兵少不出战，夜则令轻骑掠单弱以胁余众，昼则以精锐张其势，设伏林莽，绝彬军粮道。因此彬军留涿州十余日，食尽，乃被逼于四月初退军雄州，以就粮食之供馈。宋太宗先既惊彬军进展之速，及闻彬军就粮，大惊曰："岂有敌人在前而却军以援刍粟乎？何失策之甚也！"遂即止彬再退，而令其引军沿白沟河与米信军接，按兵蓄锐，以张西军之势。待潘美等尽略山后之地（恒山以北），会田重进之军东下以趋幽州，与曹彬、米信合，以全师制敌，盖仍欲实现其作战计划也。然此时曹彬所部诸将闻潘美、田重进屡战胜利，自以握重兵不能有所攻取，遂谋划蜂起，更相矛盾，曹彬不能制，乃全军携五十日粮，再攻涿州。时辽主驻涿州之东五十里督战，令休哥等以轻兵诱彬军，彬军且行且战凡四日，进抵涿州。时方炎暑，军士疲乏，所赍粮不继，乃复弃之而退。然彬等以大军退，无复行伍，遂为辽将休哥所追蹑，五月初三日至岐沟关（今河北涿县），为辽兵追及，遂大溃败。彬等遂收余众，夜渡拒马河，幸赖于拒马河任掩护之后卫，能击退追兵，乃能保其余众营于易水之南。然是役彬军死于拒马河者甚众，因退军争渡也。

曹彬之东路军（主力）已败，潘美军亦败于飞狐。潘美已败，杨业护云、朔、寰、应四州民内徙，约潘美进据陈家谷（今山西朔县）为接应。美未及待，先退，致杨业为辽军所追及，战败于陈家谷口，杨业被俘，绝食殉国。宋太宗此次北征又告失败。

（4）检讨。此役就作战计划言未尝不善，惜曹彬之军不能遵守预定计划，及战场形势已变，而宋太宗又从中制，致遭惨重之败绩，殊为可惜。

宋自三次北征均遭败绩之后，遂再无力征辽，乃分据定州（今河北定县）、代州（晋北代县），谋为防御之策。自此而后，辽之铁骑亦不断南侵，于是或和或战，主动权完全操之于辽矣。

（二）真宗于澶州与辽订城下之盟

其后十八年即真宗景德元年（1004 年），辽大举入寇，掠滦州（即今河北滦县），围瀛州（即今河北河间县），耀兵于河。于是，宋内外大臣，莫不震惊，遂有迁都之议。当时王若钦江南人，主迁金陵，陈尧叟蜀人，主迁成都，朝议纷纷，惶惶不可终日。独宰相寇准力排众议，主真宗亲征。及真宗渡河至澶州（今河北濮阳县）城南，宋军见驾，士气大振。辽见宋师有斗志，乃遣使持书请盟。宋每岁予辽银十万两，绢二十万匹，宋为兄辽为弟，定和议，实即城下之盟也。

至仁宗庆历二年（1042 年），辽乘夏主李元昊之侵宋机会，聚兵燕蓟，声言南下，遣使迫宋割关南之地（岐沟关以南）。幸宋使臣富弼有胆识，力拒割地，以每年增银绢各十万而和。

（三）辽强大之原因

辽即契丹，居中国之北部，为游牧生活之部落民族。唐末阿保机当权，将各部落统一，因此国力日强。又乘李克用与朱温相争之际，利用幽燕之中国人为其谋臣，用中国之文化制度以整理其国策。至李存勖与梁相争于河北之际，其军制已甚完备，此事可于李存勖击退其军于定州时见之。当李存勖击退辽军时，见其行军宿营部署均井井有条，所布营阵极为严整，李存勖当时有自以为不及之叹。及至宋真宗景德元年与宋订澶州之盟后，辽圣宗乃自将大军四十万东伐高丽，西征回纥，东灭渤海，于是辽之版图，遂东自日本海，西迄天山之麓，南包中国本部之北部（即石晋所割燕云十六州），北至蒙古之胪朐河（今克鲁伦河），成为北方之庞然大国。彼为统治如此辽阔之国土，遂建五京以统治之，以临潢府（热河林西县）为上京，辽阳府为东京，大定府（今热河平泉县）为中京，析津府（今之北平）为南京，大同府为西京。兹将其兵制、战术、用兵要略等分述如下。

1. 兵制。采用征兵制，凡民十五岁以上五十岁以下均隶兵籍，划分部族组成之。有事动员，无事游牧，军政组织合一。

常备军有御帐亲军三十万，皇帝统之；属珊军，地皇后置，二十万骑；十二宫宫卫骑军十万一千骑，亲王大臣统之。均选诸部族之最精强者充之，入则居卫，出则扈从。以上亲军之后备兵尚有四十万八千人，五京后备兵一百一十七万七千三百人。

每正军一名马三匹，打草谷、守营铺之家丁各一人。所谓打草谷、守营铺家丁者，即当时之后方勤务兵种也。出征于敌境时，人马不给粮草，日遣打草谷骑四出抄掠以供之。至于铁甲、弓箭、刀枪及其他装备，则人皆自备，于作战损失，则由公家补充之。

每举兵，乃诏诸道征兵，皇帝亲点将校。又选勋戚大臣充行营兵马都统、副都统及都监各一人，以统其军。

2. 用兵南侵时

（1）大军集中地，多在幽州北千里之鸳鸯泺（在察哈尔张北县西境）。进军时，分自居庸关、曹王峪、白马口（均长城口）、古北口（今冀北密云县北）、安达马口、松亭关（均长城口）、榆关（今冀东临榆）等路进发。将至平州（今冀东卢龙县）幽州境，又遣使分道催发征兵。行军在其境内不得久驻，免残禾稼。

（2）皇帝亲征时则留亲王一人在幽州（南京）掌军国大事。已入宋南境，则分为广信军（今徐水县西）、雄州（今县）、霸州（今县）三路，皇帝必居中路，兵马都统（大将）、护驾等军皆从之。每年进军南伐时间，概定为进不过九月，还师不过十二月，因辽人只适于寒冬作战也。

（3）皇帝不亲征时，所遣重臣统兵不下十五万众，亦分三路往还，进军时间亦如之。

（4）若进兵时间以春正月或秋九月时，则不命都统，只遣骑兵六万，不许深入，不攻城池，不伐林木，但于宋境三百里内扫荡破坏，使宋人不得生聚种养而已，即等于今之游击战也。

3.战术

（1）战术编组：

①选诸军兵马尤精锐者三万人为护驾军。

②选骁勇三千人为先锋军（今之前卫）。

③选剽悍百人以上为远探栏子军（今之搜索部队）。

④于诸军中，每部依其众寡抽十人或五人合为一队，另立将领，以备勾取兵马（调动兵力之传骑），腾递公事，即如今之传骑也。

（2）战术运用：

①皇帝亲征，军入宋界，步骑车帐不循阡陌。三路将领各一人，率栏子马各万骑（情报集团军），分组搜索于百十里外，更迭觇视巡逻。及暮以吹角为号，众即顿舍（宿营），环绕御帐，自近及远，以行宿营（此是唐行营制）。未遇大敌，不乘战马，以保持马之锐力。敌人成列则不攻，及其退则乘之。多伏兵断敌粮道，获敌粮以自给，散聚无常，机动善战（战场游击队）。

②三路军马前后左右有先锋，远探栏子马各十数人，在先锋前后二十余里，全副衣甲。夜间每行十里或五里少驻，下马，并侧听有无敌人人马之声（侦察），有则擒之。如力不敌，则飞报先锋，援至齐力攻击。如有敌之大军，则即走报主帅。因此敌之虚实动静必知之，搜集情报之迅速确实远胜宋军，因搜索部队编组完善也。

③各路军马遇县镇即时攻击，若遇敌大州军，则必料敌虚实，可攻次第，而后进兵。沿途居民园圃桑柘，必夷伐焚荡，以防埋伏。至宋北京（今河北大名），三路兵马皆会，以议攻取，及退亦然。

④进军时，如遇敌之州城防守坚固，则不攻击，引兵过之（保持其速力之尽量发挥），仅留置一部围城鼓噪假攻，以防敌人出城邀战。而且大军之进行，昼间并分兵掠截郊野，使敌之随处州城隔绝孤立；夜间又分骑百人伏于各州城之城门外左右百余步，使城中兵不能夜间出袭。如敌大出，则驰报大军，增援击之。举凡各州县间之大道、小径、山路、河津等交通，夜间均遣骑巡守，绝敌之增援及粮饷补给。至攻城时，其担任打草谷家丁之后勤人员，亦编组成队，先砍伐园树，然后驱掠老幼运土木，填壕堑；攻城之际，并驱百姓老幼先登，以消耗敌人守城兵器如矢石滚木等。又将其本国汉人乡兵万人，组成工作队（等于今之工兵部队），随军专任伐园林，填道路，筑御营及诸营垒，退军时则纵火焚之，以免遗为敌用。

⑤于敌已列成阵势时，则必先料敌阵势大小，山川形势，往回道路，救援捷径，漕运所出等，各有以制之。然后于阵四面列骑为队，每队五七百人，十队为一道，十道当一面，各有主帅。最先一队走马大噪冲突敌阵，如突击成功，则诸队齐进，否则退回息马饮水。第二队继之，更番攻击，诸道皆然。如依上法仍不能攻破敌阵时，则不再力攻，历二三日，待敌困惫后，再令打草谷家丁拖两布幕于马后，因风疾驰，扬尘敌阵，如此交相往来，使敌人两目不能相见，然后乘势攻之。若当攻阵之际，南阵获胜，北阵失利，则于山上为号声以相闻，俾互相救应。

按：辽国兵法，大抵多沿唐制而变通应用之，可参《通典·兵典》及清汪宗沂《卫公兵法辑本》。清末以后至今，军人多不知之。

第三节　得失评判

宋代之积弱已概如前述，兹分析辽之得失如下：

（一）全国皆兵，加以其游牧民族之生活与军事生活一致，而其骑兵之矫捷善战，又远胜于宋军。

（二）利用汉人之文化政制以促进其军国之进步。

（三）军事组织、设施及战术上之运用，均能针对宋朝之弱点而予以制之。如宋军野战，固无法与机动性大，传骑通信迅速及远探敌情（战斗前已充分明了敌情）之辽军较胜负，于是所恃以御辽者，仅州县城寨而已。但辽军战术能将宋之州县城寨形成各个孤立，既不能驰援救应，漕运粮道又为辽军所截。如此则宋对于城寨之守御，亦无所凭借矣。

至于野战上之阵地战，以辽军如此一波一波之更番冲锋，以及扬尘、乘饥困之战法，亦非宋军所能敌。

入宋境侵略子女财帛，使军士各自为战，士气愈战愈强，因此其军之能征惯战，犹如《孙子》所说"其疾如风，其徐如林，侵掠如火，不动如山，难知如阴，动如雷震"者也。

然惟其侵掠如火，故引起汉人之死命抵抗。因此宋军虽屡败，政府颟顸无用，而汉人之抵抗则与日俱增，故辽入侵宋境不能久踞以做政治之统治，如辽太宗耶律德光于灭石晋后居汴三月，即急急北还，即为显例。此为后来启示金人利用张邦昌、刘豫等傀儡之因素也。

（四）和战并用策略。利用进军以侵掠，利用媾和以求割地赔偿。如澶州之盟，因见宋军士气尚盛，乃采取和平攻势以取利焉。

（五）在战术上常利用其快速之骑兵，作翼侧之包围战。每击破敌人后，又能着眼于猛烈之追击，故每次战胜所获战果甚丰。

第四章　宋金之战

第一节　金之崛起

　　金为生女真部族之一，于宋仁宗庆历元年（1041年）生女真有完颜部者，其酋长为乌古乃，雄武有力，近邻诸部皆从属之，因其势力日张，辽遂命其为生女真节度使。传至其孙阿骨打（金太祖），以辽所统部族，多怀离贰，其势渐弱，且其时阿骨打之势日强，乃于宋徽宗政和三年（1113年）背辽独立，越二年遂建国号曰金，称皇帝。

　　女真在唐时为靺鞨，属通古斯族。靺鞨诸部中，以粟末、黑水二部最强。粟末靺鞨据渤海（今吉林省），黑水靺鞨据黑龙江沿岸，即女真也。女真又分熟女真、生女真两部，熟女真据混同江（松花江）附近，生女真据黑龙江长白山之间，皆曾属辽版图。

　　宋徽宗政和五年（1115年）辽伐金，为金所败。金遂乘势取熟女真，陷辽东京，进兵逼辽上京。宋此时遣使自海上约金共攻辽，其条约如下：

　　（一）金自北攻辽中京，宋自南攻辽南京，夹击之。

　　（二）灭辽之日，将石晋割与契丹（辽）之中国燕云十六州归宋，其余漠朔之地悉为金有。

　　（三）宋与辽之岁币悉以赠金。

　　是约已成，金攻辽灭之，而宋攻辽之军，屡为所败，遂启金人之轻视。宋许契丹旧岁币四十万外，每岁更加燕京代税钱一百万缗，并置榷场贸易，金始将燕京交还。金太祖阿骨打死后，太宗即位，遂举兵南侵（见图五四）。

图五四

第二节　第一次金兵侵宋

（一）金兵两路南侵

徽宗宣和七年（1125年）十月初旬，金兵分东西两路南侵。东路以宗望（斡离不）为将，下燕山（北平）、真定，以汴京（开封）为作战目标；西路以宗翰（粘罕）为将，下太原，以洛阳为作战目标，并约西夏共攻宋，以牵制河东之势。均于是年十二月初旬又自燕山、太平进军，

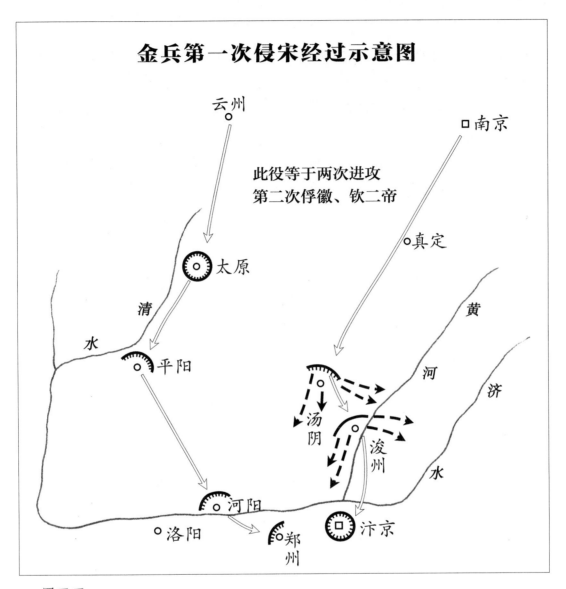

图五五

破宋第一道国防线镇定等州后，势如破竹。明年（靖康元年，徽宗禅位于钦宗改元）正月，金监军宗弼（兀术）奏金主曰："自郭药师降（宗望至三河时，宋以郭药师等率师四万五千迎战于白河，战败降于燕山），益知宋之虚实，请以为南京留守。及董才降，益知宋之地理，请任以军事。"是月初旬宗弼取汤阴（今豫北安阳县），攻浚州（今豫北浚县）。时宋内侍官梁方平领兵在黄河北岸御敌，金骑兵掩至，仓卒奔溃；南岸守桥者望见金兵旗帜，即烧断桥缆，因此梁方平溃军被淹没数千人，金军亦一时不得渡。梁方平已遁，驻守河南之何灌军亦望风溃散。先是以河北紧急，何灌率兵二万与梁方平守浚州，其军于行进之际，军士不善骑，于马上扶鞍而行，人皆笑之。由此可知此时宋军（按：系禁军）之腐败矣。

当梁方平、何灌军已遁之后，金军不得渡，乃取小舟能容数人者以渡，经五日金骑兵方渡完，步兵犹在河北也。金兵因以小舟渡，又利河南无宋兵，故且渡且行，军无部伍。既至汴京，屯军于京城西北之牟驼冈，获宋天驷监（其上为孳生监）马两万匹，刍豆如山积。时金将宗望笑曰："南朝可谓无人，若以一二千人守河，我辈岂得渡哉。"

是月初七日金兵攻京城（汴京，今开封）宣泽门，李纲临城，募敢死士二千人，奋力拒守，迨旦乃定。

先是正月初三日，钦宗下诏亲征，欲依真宗幸澶州故事，而道宗太上皇帝闻浚州不守，乘夜车驾东幸，出通津门，一走了之。初四日，以兵部侍郎李纲为尚书右丞、东京留守，因纲以死极谏，阻帝出狩襄邓，反复再三，乃勉强倚从之。翌日帝御宣德门，降辇劳问将士，宣其固守之意，将士皆感激流涕。并命李纲为亲征行营使，罢太宰兼门下侍郎白时中，以李邦彦代之，以张邦昌、赵野、王孝迪、蔡懋为少宰兼中书侍郎、门下侍郎、中书侍郎、尚书左丞。于是都中治四壁守具，自五日至八日，始得粗毕，而敌兵已抵城下矣。虽赖主战之李纲督将士拼死捍御，但并不能战，朝廷混乱，充宰执者多主和议，钦宗之亲征亦甚勉强，于初七日即遣使至军前议和，夜缒城出，先在何灌帐中与金使交涉。帝许以增岁币及犒军银各三五百万两，免割地，而金人所提条件如下：

1. 宋犒金师金银绢綵各以千万计，马驼驴骡之属各以万计。

2. 宋帝称金主为伯父。

3. 凡燕云之人在汉者悉归之。

4. 割太原、中山、河间三镇之地（即今山西省太原亘河北中部之地）。

5. 以宋之亲王宰相为质。

宋使但许以增岁币三百万，遂破裂，双方继续攻守之战。金人一时不能破城，而宋使仍在金营，宗望约见之，提出索金五百万两，银千万两，牛马万匹，表缎百万匹，割三镇地及亲王宰相为质如故。和议将成，李纲力争，略谓"少迟数日，大兵四集，彼以孤军深入重地，势不能久留，必求速归，然后与之盟，则不敢轻中国，而和可久也"，帝不从，和议遂定。所需犒师金银，连民间者亦搜括殆尽也。

越数日，河北河东路制置使种师道、武安军承宣使姚平仲等勤王之师抵京师，而和议已成。张邦昌、康王赵构（高宗）往金营为质（后换肃王枢往金营为质）。是时各方勤王之师纷纷集京师者，不下二十万人，于是钦宗复集大臣商议，李纲曰："金人张大其势，然兵实不过六万，又大半皆奚、契丹、渤海部落。吾勤王之师集城下者二十余万，固已数倍之矣。彼以孤军入重地，犹虎豹自投槛阱中，当以计取之，不可与角一旦之力。为今之策，莫若扼关津，绝粮道，禁抄掠，分兵以复畿北郡邑，俟彼游骑出则击之。以重兵临敌营，坚壁勿战，如周亚夫所以困七国者。待其粮尽力疲，然后以将帅橄取誓书（当时之和约），复三镇，纵其北归，中渡而后击之，此必胜之计也。"帝然之。越数日又用姚平仲之计，欲往劫金营，李纲亦赞成之。但种师道以为："三镇不可弃，城下不可战。朝廷固坚守和议，俟姚古来，兵势益盛，然后使人往谕金，以三镇系国家边要，决不可割，宁以其赋入增作岁币，庶得和好久远。如此三两返，势须逗留半月。重兵密迩，彼必不敢远去劫掠。挈生监粮草渐竭，不免北还，俟其过河，以骑兵尾袭。至真定、中山两镇（今河北正定及其以东地区），必不肯下，彼腹背受敌，可以得志。"钦宗不听，而用姚平仲劫营之计，结果反为金兵所败，伤亡惨重。已败之后，种师道复言："劫营已误，然兵家亦有出其不意者，今夕再遣兵分道攻之，亦一奇也。如犹不胜，然后每夕以数千人扰之，不十日敌人遁矣。"此时帝又不能用其言。及金兵已得三镇割让诏书，遂不俟金币数足，引兵北去。种师道复请乘金兵半渡击之，帝又不从。师道曰："异日必为中国患。"御史中丞吕好问亦言："金人得志，益轻中国。秋冬必倾国复来，御敌之备，当速讲求。"帝亦不听，后数日又以种师道已老而罢其兵权。

就上段史实言之，可知钦宗昏庸，无识见以采纳良策。当时之种师道，实不失为老谋深算而善于用兵者。钦宗不但不能用其谋，且徒以其年老而罢其兵权，如此不识才善用之皇帝，安得不败？诚然，以当时军事形势之不利，朝议之纷纭，非有卓越智慧与魄力者，不能排众议而择良谋也。然稍能估量当时彼己之情者，亦知此时勤王之师已众（多金兵数倍），金兵深入，急待北还。倘能用种师道之谋，不难予金兵以挫败。且此时金兵只东路军进至汴京，而其西路军尚阻于太原，不能南下，实足予以挫之也。

由此而知，用才固难，识才尤难，只有明主始能识贤将，所谓英雄识英雄也。故"人才因求才者之智识而生，亦由用才者之分量而出；用人如用马，得千里马而不识，识矣而不能胜其力，则且乐驽骀之便安，而斥骐骥之伟俊矣"，此诚身经体验不易之论。

局势剧变，人心浮乱，议论纷纭，形势危急，国脉决于顷刻之间，此时乃明主贤将之最大考验。在此期间，能纵览全局，量彼己之强弱，识彼己之短长，明情势之得失，握制胜之机宜，知人才之智愚，纳良策而排众议，卓然坚定，毅然处之，避害趋利，转危为安，此乃大英雄、大豪杰之事也。况就当时之人心言，仍大有可用，因汉人恶金兵之劫掠，均莫不同仇敌忾也。而当时之徽、钦二帝均已庸碌，和战大计不决，宰辅又属愚劣之辈，且争权夺利，排除异己，固无怪徽、钦二帝于金东路军再配合西路军南下时，双双被俘也。

（二）金兵陷汴京徽、钦二帝被俘

当金西路军围攻太原时，闻东路军已攻汴，宗翰遂分兵南下，盖以策应东路也。及东路已与宋约和而归（因西路阻于太原未能配合），但未几宗翰已攻陷太原，于是东路军复再南下。西路相继陷平阳（今晋省临汾县南）、河阳（今豫省孟县南）、郑州，遂与东路于闰十一月初二日会师围攻汴京（十一月二十四日东路开始攻汴）。当时宋之和战大计，仍纷争不决。是月二十五日宋"六甲神兵"溃败，汴京陷。至靖康二年三月，金立张邦昌为楚帝后，四月遂俘徽、钦二帝，及后妃太子宗戚三千人北去，北宋遂亡。历太祖、太宗及真、仁、英、神、哲、徽、钦七朝，共一百六十七年。

（三）高宗继统与重整国防

徽、钦二帝已被俘，金遂于靖康二年三月立张邦昌为楚帝，令都金陵，然后北去，分兵攻略河北河东城池，盖欲立一傀儡于江南，而尽有中原之地也。

张邦昌被立为楚帝后，乞金人准其于三年内待江宁府宫室修缮毕，然后迁都金陵。而同时致书于康王赵构（高宗），略言"臣封府库以待，臣所以不死者，以君王之在外也"，云云。故是时之张邦昌，实质等于国亡之后临时出现之维持政府也。

康王赵构，钦宗之弟也。二帝已俘，彼遂于靖康元年十二月在相州（豫省安阳县）成立河北兵马大元帅府，代理军政。至靖康二年四月，以奉元祐皇后手书，遂自济州入京，五月即皇帝位于南京（今河南省商丘县南），是为高宗，改元建炎，时为1127年。

高宗即位，志在恢复失地，以李纲为相，宗泽为将，留守汴京。当时有议以收拾河东河北兵马合六万人，分为三屯，一屯澶渊之间（今河北省濮阳县）以卫汴京，一屯河中陕华之间（今山陕黄河河曲）以巩卫长安郑洛，一屯青郓之间（今山东临淄郓城间沿河地区）以固汴京东翼者，盖暂以巩固黄河国防也。

此时李纲上十议，其中议国是中有谓："今日并主和议，盖以二圣播迁，非和则速其祸。不知汉高与项羽战于荥阳，太公为羽所得，置之几上屡矣，高祖之战弥厉，羽卒不敢害而还之。昔金人与契丹战，必割地厚赂讲和，既和则又求衅以战，二十余载，卒灭契丹。今又以此惑中国，至于破都城，堕宗社，易姓改号，而朝廷犹以和议为然，是将以天下畀之而后已也。为今之计，专务自守，建藩镇于要害之地，置帅府于大河及江淮之间，修城壁，治器械，教水军，习车战。使其进无抄掠之得，退有邀击之患，则虽有出没，必不敢以深入……三数年间，军政益修，甲车咸备，然后大举讨之，以报不共戴天之仇，而雪振古所无之耻。"

议巡幸有谓："天下形势，关中为上，襄邓次之，建康又次之。今宜以长安为西都，襄阳为南都，建康为东都。各命守臣，葺城池，治宫室，积糗粮，以备巡幸。三都既成，其利有三：一则借巡幸之名，使国势不失于太弱；二则不置定都，敌人无所窥伺（金人以皇帝及京都为作战目标）；三则四方望幸，奸雄无所觊觎。至汴梁，宗庙社稷所在，天下根本，陛下即位之始，岂可不一见宗庙，以安都人之心。"

议赦令中有谓："恶逆不当赦，罪废不当尽复，选人不当尽循资格。"

议战守中有谓："军政久废，宜一新纪纲，信赏必罚。沿河及江淮，措置抗御，以扼敌冲。"

议本政中有谓"朝廷之尊卑，系于宰相之贤否……我朝自崇观以来（徽宗年号崇宁、大观），政出多门，阉官恩幸女宠，皆得以干预朝政。所谓宰相者，保身固宠，不敢为言。以至法度废弛，驯至靖康之祸"，云云。

未几李纲又上中兴之策，有谓"今日中兴规模，有先后之序。当修军政，变士风，裕贤才，宽民力，改弊法，省冗费，诚号令，信赏罚，择帅臣，选监司。俟吾政事已修，然后可议兴师。中尤急者，当先理河北、河东，盖两路国之屏蔽。今河北惟失真定等四郡，河东惟失太原等七郡。其余率推其土豪为首，多者数万，少者数千。宜于河北置招抚司，河东置经制司，择有才者为使，以宣陛下德意。有能保一郡者，宠以使名，如唐之方镇，俾自为首。否则食尽援绝，必为金人所用"，云云。

李纲以上建议，高宗均纳之。于是李纲请做如次之部署：

以河北之地建为藩镇，朝廷量以兵力援之。沿河淮江置帅府、要郡、次要郡，以备控扼。沿河帅府十一：京东东路治青、徐（今临淄、徐州），西路治郓、宋（今山东郓城、开封）；京西北路治许、洛（许昌、洛阳），南路治襄、邓（襄阳及河南邓县）；永兴军路治京兆（长安以东）；河北东路治魏、沧（今河北郡县、南皮县）。沿淮帅府二，治扬、庐（今扬州、安徽合肥）。沿江帅府六，治荆南（江陵）、江宁府（南京）、潭（长沙）、洪（南昌）、杭（杭州）、越州（今浙江绍兴）。大率自川、陕、广南外，总分为九路，每路文臣为安抚使马步军都总管，总一路兵政，许便宜行事，武臣副之。要郡以文臣知州，领兵马钤辖，次要郡以文臣知州，领兵马都监，许参军事，皆以武臣为之副。如朝廷调发军马，则安抚使措置办集，以授副总管。沿河（第一线）帅府八军，要郡六军，次要郡三军，非要郡二军。沿淮（第二线）帅府五军，要郡三军，次要郡二军，非要郡一军，沿江帅府五军，要郡三军，次要郡一军，非要郡半军，每军二千五百人。自帅府外，要郡四十，次要郡三十六，总兵力九十六万七千五百人，非要郡除外。又别置水军帅府两军，要郡一将。朝廷另出度牒（僧道出家时之证书，官以此卖钱）、盐钞（卖盐证书，民纳钱于官乃得证书）及募民财，使帅府常有三年之积，要郡二年，次要郡一年。

上项国防部署，高宗亦从之。于是李纲又上募兵、买马二策。一曰募兵，谓熙丰时内外禁旅五十九万人，崇观以来，缺而不补者几半。为今之计，莫若取财于东南，而募兵西北。河北之人为金人所扰，未有所归，关西、京东西流为盗者，不知其几，请乘其不能还业，遣使招之，合十万人，于要害州郡别营屯戍，使之更番入卫行在（皇帝行宫）。二曰买马，谓金人专以铁骑取胜，而吾以步军敌之，宜其溃散。今行在之马不满五千，可披带者无几，权时之宜，非括买不可。请先下令，非品官将校不许乘马，然后令州籍有马者，以三等价取之。严隐寄之法，重搔扰之禁，则数万之马尚可得也。至其价则须募民出财以助，多者偿以官告、度牒。并请造战车以御金骑兵。

以上国防部署着着进行之后，又宗泽留守汴京，积极备战，因此战力渐强，士心稍振。然李纲为相七十五日而罢，盖其时高宗信用汪伯彦、黄潜善等主和之议。而始终主战之张浚亦诋李纲"以私意杀侍从，典刑不当，不可居相位"，又论李纲绝言路，独擅朝政，事之大小，随意必行，买马之扰，招军之暴，劝纳之虐，优立尚格，公吏为奸，擅易诏令，窃庇姻亲等十数事。李纲之专擅，实遭罢相之要因也。盖高宗此时内感皇室孤弱，既虑李纲权力形成之后，致后难制，又虑州镇割据，且其时军之叛变者亦时而有之，此乃汪、黄二人驱李纲之计所以得售之原因。其后秦桧得志，岳飞、韩世忠、刘光世罢兵权，皆为同一根因。李纲已罢，汪、黄乃共议，悉罢李纲所施行者。

第三节　第二次金兵侵宋

建炎元年十二月，金宗翰闻高宗都维扬（江苏扬州），乃约诸军分道南侵。宗翰自河阳（在今河南孟县）渡河攻河南，右副元帅宗辅与其弟宗弼自沧州（今河北沧县）渡河攻山东，陕西诸路都统洛索自同州（陕西大荔县）渡河攻陕西，三路南侵。宗翰进占汜水关，命将尼楚赫攻京西，郑州宋将董庠不战弃城走。尼楚赫兵至郑不入城，疾趋京西（京西路），南下陈蔡唐邓，均陷之。

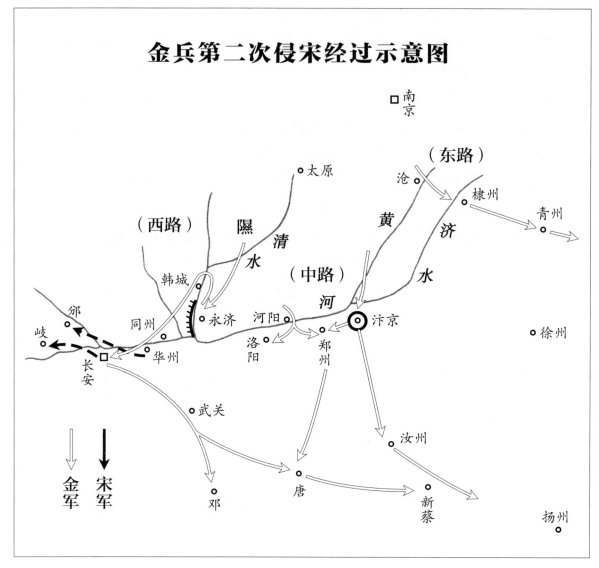

图五六

金西路军洛索自慈、隰（今山西慈、隰等县）引兵南侵，至河中府（今山西永济县）。宋军扼守蒲州西岸，金兵不能渡。洛索乃于夜间自上流清水曲（山西吉县）履冰偷渡，出龙门山，然后南向袭韩城，距韩城四十里，韩城守将曲方始觉，而仓皇引兵遁去，洛索遂不战下韩城。兵马督监、贵州刺史刘光弼在华州（今陕西华县），闻韩城陷，亦弃华州、长安而走邠岐间，长安遂于建炎二年正月十三日为金兵所陷。洛索已克长安，西攻凤翔府，陇右大震。

金东路侵棣州（今鲁北棣县）、青州、潍州。

金中路攻汴京不下，乃越汴京攻汝州（今河南临汝县）、淮宁府（今河南汝南县），拟直捣维扬，终以宗泽在其后牵制而不得志。是役也，河南除汴京宗泽固守外，其余州镇，金兵所向辄破，同时金人又略取河北河东州郡，如庆、源、保、莫、祁、洺、冀、磁、相等州（即今冀省中部以南至豫省地区），均陷之。此役金兵作战之目的，在彻底消灭宋室，故以高宗为作战目标。因汴京不下，乃转而图其次，一在尽取河北河东州郡而有之，一在打击宋在河南陕西之整顿防务，不予宋高宗有休息整备之时间。且鉴于前次宋勤王之师云集，因而此次进军似在打击各地宋军，故其陷河南州郡时即大予破坏也。至是年四月入暑乃北还。

第四节　第三次金兵侵宋

（一）金兵陷扬州

建炎二年（1128年）七月，金人闻宗泽死（宗泽于当月死），遂决计大举南侵。先召开作战会谈，当时金之诸将中，河北方面诸将主张罢陕西方面之兵，而集中全力南进；河东诸将则主张"陕西与西夏为邻，事重体大，兵不可罢"，左副元帅宗翰亦赞成此议，谓："初与夏人约夹攻宋，而夏弗应。耶律达实在西北（辽灭时达实率残众逃至中亚锡尔河上游建西辽国）交通西夏。吾舍陕西而会师河北，彼必谓我有急难，将乘间窃发以牵制吾师，非计也。宋人积弱，河北不虞，宜先事陕西，略定五路。既戡西夏，然后取宋。"因此两种主张议久不决，遂请示于金主。金太宗曰："康王（即高宗）当穷其所往而追之。俟平宋，当立藩辅如张邦昌者。陕右之地，亦未可置而不取也。"遂仍命洛索攻陕西，博勒和监军。命宗翰所部与东师（上次侵棣、青、潍等州之宗辅、宗弼军）会于黎阳（在河南省浚县东北），集中南侵。其后方之太原由尼楚赫驻守，耶律伊都守云中（今晋北大同县），盖以巩固其右侧背之安全而防夏兵也。此一战略部署，确是切当。

当金人陷汴京掳二帝之际，本欲灭宋（故尽俘宋宗室），另建立傀儡为其附庸，以统治中国也。不料高宗继立，致其此一目的不能实现。故此次作战目标为捕捉高宗，另立傀儡，即所以完成其前项目的也。

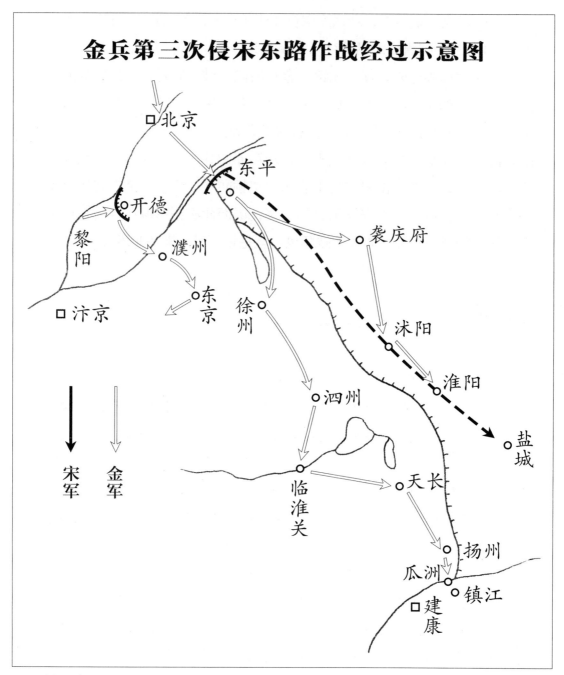

金兵第三次侵宋东路作战经过示意图

图五七

　　十月，宋闻金兵南侵，诏扬州修城浚壕，并令江淮州军加紧练习水战，及派员控制沿江各渡口，公私舟船，至夜即停泊南岸。另令韩世忠以所部自彭城（铜山县）开至东平府（今山东东平县），张俊自东京至开德（今河北省濮阳县）以备战。

金兵南侵部署已定，遂自黎阳渡河侵澶渊（在河北濮阳县西），不能克，乃越过而侵濮州（今山东鄄城），攻城三十三日，破之。十二日宗翰攻北京（大名），又破之，同时攻袭庆府（山东滋阳县东二十五里）、虢州（河南灵宝县南）、开德，均破之。

当金兵破山东州郡时，群盗李成辈乘衅为乱，攻击宋军。金左副元帅宗翰将自东平经徐、泗（徐州、泗县）以趋行在扬州。而宰相黄潜善、汪伯彦皆无远略，且斥候不明，东京（今开封）委之御史，南京（今豫东商丘县南）委之留台，泗州委之郡守，所报皆道听途说之词，多以金缯使人伺金兵之动静。于是淮北屡有警报，而潜善等皆谓李成余党，无足畏者。金因谍报而知行在扬州无戒备，亦自称为李成盗兵，盖欲以袭行在也。

明年（建炎三年）正月二十七日金兵破徐州，同时分军万人袭扬州。主力追溃韩世忠军于淮阳、沭阳，世忠退走盐城得脱。月之三十日金兵破泗州，二月初三日破天长军，是晚金骑先锋五百直扑扬州。宋兵无斗志，君臣仓皇渡江，衣饰丢弃一空，仅单身逃窜而已。金兵至扬州，知高宗已渡江南遁，初四日追至瓜洲（江苏江都县南），不得渡而还。百姓十余万争渡，堕江而死者半之，金帛珠玉积江岸如山。高宗逃至镇江，当地官民皆已逃散，无寝具，仅以自带之貂皮，卧覆各半。卫士以家属失散，口出怨言，大有叛离之势。继即经常州、无锡、平江而南走杭州。是役也，宋朝廷君臣及各军部伍，奔逃狼狈之状，均有如丧家之犬，人民逃难，而为金人所俘及死亡者不计其数，备极惨矣。然高宗已逃逸江南，故此次金之作战目标（灭宋室立傀儡），仍未完全达成也。

（二）高宗整建江南国防及金人立刘豫

1.高宗被逼退位。当高宗赴杭州时，犹虑金兵渡江，乃命大将杨惟忠守金陵，刘光世守京口（在江苏镇江），王渊守姑苏（江苏吴县），张浚守吴江（在江苏太湖东岸），朱胜非、张俊守秀州（今江苏嘉兴），此时从驾者，仅苗傅一军而已。至建炎三年二月十三日高宗抵杭州，以州治为行宫。三月金兵攻江阴，以有备退去。

是月扈从统治、鼎州团练使苗傅与威州刺史刘正彦等谋变，杀大臣王渊等，逼高宗退位，大略谓"高宗不当即大位，将来渊圣皇帝（钦宗）

归，不知何以处"，因请效道君皇帝（徽宗）故事，立皇太子（仅三岁），隆祐皇后垂帘听政。高宗已被逼退位，后幸赖朱胜非为之谋与协力，乃复位。自此而后，高宗遂益以保位为重，故其后终高宗之世，常在御外寇与保皇位两大基本政策下，因内外情势而各有起伏轻重焉，后当论及之。

2.部署江南国防。当高宗渡江，至平江府（今江苏吴县）时，因思卫肤敏在扬州时，屡言扬州非驻跸地，请早幸建康之先见，乃召问今后之计。肤敏遂献如下大计：

"余杭地狭人稠，区区一隅，终非可都之地，自古帝王，未有作都者。惟钱氏节度二浙而窃居之（按：系后唐时事），盖不得已也。今陛下巡幸，乃欲居之，其地深远狭隘，欲以号令四方，恢复中原，难矣。前年冬大驾将巡于东也，臣固尝三次以建康为请，盖依山带江，实王者之都，可以控扼险阻，以建不拔之基。陛下不狩于建康，而狩于维扬，所以致今日之警也。为今之计，莫若暂图少安于钱塘，徐诣建康。然长江数千里，皆当守备，如陆口（在湖北嘉鱼县西南）直濡须（在江苏含山县西南），夏口（在武昌县西黄鹤山上）直赤壁（即武昌西黄鹤山至嘉鱼县间），姑孰（安徽当涂）对历阳（和县），牛渚（在安徽和县东南，江苏牛渚山伸于长江即燕子矶）对横江，以至西陵（湖北黄冈西北）、柴桑（在江西九江西南）、石头（即金陵）、北固（北固山在镇江县北，凸入江中，三面临水，郡治于其上），皆三国、南朝以来战争之地。至于上流寿阳（安徽寿县）、武昌、九江、合肥诸郡，自吴而后，必遣信臣提重兵以守之。而江陵、襄阳，尤为要害，此尤不可不扼险以为屯戍也。今敌骑近在淮濡，则屯戍之设，固未能遽为（以上所举已尽括江、淮之险要），宜分降诏书于沿江守土之臣，使之扼险屯兵，广为守备。许行鬻爵之法，使豪民得输粟以赡军（可见当时国库之虚）；许下募兵之令，使土人得出力以自效（可见当时后备力量之弱）。又重爵赏以诱之，则人人效命，守备无失，而敌骑必退矣。敌骑既退，则可以广设屯戍，如前所陈。迟以岁月，国体少安，可以渐致中兴之盛矣。"

当是时张浚主建都武昌，宰相吕颐浩赞成之，遂为定议。然江浙士大夫力争之，乃仍卫肤敏之说，定都建康（今南京）。

定都已定，遂首先加强部署都城近畿长江之防卫。乃于建炎三年秋，命尚书右仆射杜充兼江淮宣抚使，领行营之众十余万守建康；御前左军都统韩世忠为浙西制置使，守镇江府；太尉、御营副使刘光世为江东宣抚使，守太平及池州（今安徽贵池），而仍受杜充节制。御营使司都统制辛企宗守吴江，御营后军统制陈思恭守福山口（在江苏常熟县北），统制官王琼守常州。惟刘光世、韩世忠等均畏杜充严峻，日事杀戮，而乏统御之方，刘光世因以不愿归其指挥，卒以高宗强之，勉受节制。

长江上游则命宣抚处置使张浚前往布防，整饬军政（张浚原奉命至武昌准备定都事）。及张浚至襄阳、汉中视察形势后，遂于十月二十三日上奏劝高宗西幸，其略曰："汉中实天下形势之地，号令中原，必基于此。谨于兴元（陕西南郑县即汉中）积粟理财，以待巡幸，愿陛下早为西行之谋，前控六路之师，后据西川之粟，左通荆襄之财，右出秦陇之马。天下大计，斯可定矣。"是时高宗已决计定都建康，遂不用张浚之议。

3. 金立刘豫为齐帝。当金兵陷扬州，高宗已渡江南遁，遂退，而立刘豫为齐帝（建炎四年九月），图先控制中原，然后再做渡江之计也。

第五节　金兵渡江第四次南侵

（一）渡江之战经过概要

当宋君臣竭力巩固长江守御之际，金则一面谋立刘豫为齐帝于济州（今济南），以为控制中原之工具，一面再准备渡江南侵。故于建炎三年九月东略登、莱、密等州（今山东半岛），并在梁山泊积极造舟，有自海道南侵江浙企图。但此时又见宋积极部署江防，深虑江防已固，阻于长江之险，乃即决计乘宋江防未固之际，大发燕、云、河朔之民兵，以宗弼（兀术）为统帅，大举南侵。十月二十三日破寿春府（今安徽寿县），二十五日破黄州（湖北黄冈）。十一月初一日攻庐州（安徽合肥），宋淮南西路安抚使李会以城降。初四日宗弼攻和州（安徽和县），守将李俦亦以城降，宗弼遂进迫乌江。杜充退守江之南岸，闭建康城不出。初六日金兵攻采石渡（今安徽当涂县北），为宋将郭伟击退，转攻芜湖，又为伟

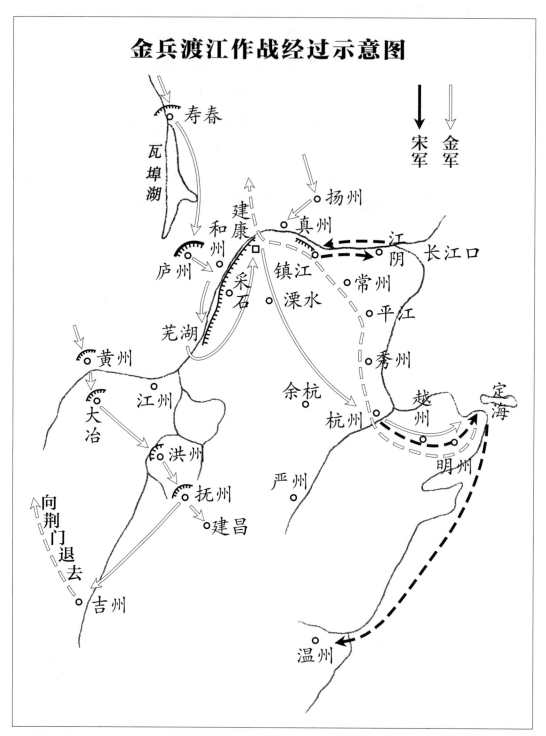

金兵渡江作战经过示意图

图五八

击退。金兵乃移攻马家渡（乌江附近）。此时金兵西路已攻至大冶，守洪州（江西南昌）之江西安抚制置使王子献弃城退抚州（江西临川），官民纷纷逃遁。十一月初金兵东路破真州（江苏仪征县），十八日金兵自马家渡渡江，二十七日宗弼攻建康，户部尚书李梲与江都制置使陈邦光具状降。未几杜充亦于真州降金。韩世忠在镇江，闻金兵已渡江，遂焚城而悉其军资及统率所部乘舟退江阴。高宗此时在越州（浙江绍兴），亦做乘舟逃遁之计，朝廷官吏一任自去。十二月初五日高宗走明州（今浙江鄞县），十五日走定海，时扈从者仅朝臣八九人而已，可谓狼狈极矣。继泛海至昌国县（今定海）。

宗弼已破建康，乃率众自溧水径趋临安（即杭州），月之十五日至临安攻城，即拔之。宗弼已拔临安，遂遣兵追高宗及宋溃军，向越州、明州、定海、昌国（亦在定海）尾追。当金追兵破明州时（建炎四年正月十六日），距高宗仅一日行程耳。至定海乘舟追之，为宋大舟阻击而还，于是高宗走温州。以上金东西二路追兵，西路在追隆祐太后，东路在追高宗，盖遵金太宗之战略方针，志在灭宋也。

金人以追高宗不及，在明州留七十日，引兵去。初宗弼留临安，以时已建炎四年春初，江南气候渐热，又闻韩世忠自江阴趋镇江，虑归路被截，遂焚城三日，继以纵兵大掠，引兵自秀州、平江、常州、镇江路线北撤。侵江西之金兵则于二月自潭州西趋，自湖北荆门北撤。

宗弼二月初旬焚临安北还，三月十五日至镇江时，韩世忠已屯蕉山寺以邀截之。宗弼遣使通问，世忠亦遣使报之，约日会战。

世忠谓诸将曰："是间形势，无如龙王庙者，敌必登此觇我虚实。"乃遣将苏德将兵二百伏庙中，另遣二百伏庙下，并约曰："闻江中鼓声，岸兵先入，庙兵继出。"敌至，果有五骑趋龙王庙。庙之伏兵喜，先鼓而出，五骑急还走，仅擒其二。有红袍白马者既坠，复跃马而逃脱，诘之，即宗弼也。既而战数十合，敌终不得渡。宗弼已为韩世忠所困，金将完颜昌在潍州，乃遣兵趋淮东，以为宗弼声援，围扬州。然宗弼一再为世忠所挫，终不能渡，遂相持于黄天荡（江宁县东北八十里）。不幸侨居建康之福建王某教宗弼以小舟破世忠海舰之法，以致世忠海舰被焚大败。宗弼乃于五月十一日焚建康渡江而去。

（二）得失评判

是役也，金兵之战捷虽仍如破竹之势，然而未能捕捉高宗及隆祐太后，则其作战目标实未达成也。

当高宗之被追袭至越州也，逃遁之途有二，一逃入山地以避之，二乘舟出海逃避。前者原为高宗所主张，嗣因宰相吕颐浩劝曰："今若车驾乘海舟以避敌，既登海舟之后，敌骑必不能袭我。"结果从颐浩之言，得以逃遁。否则若为入山之计，恐仍不免为金兵所搜捕以去也。

其次，幸赖韩世忠之实力尚全，于金人进既不得高宗，退则作战目标未达，而正徘徊维谷于明州之际（金兵留明州二月余，无法所施而退），以舟师自江阴至镇江阻绝金兵之归路，大败金兵于江中，金完颜宗弼（兀术）困于江之南岸者凡四十余日。最后宗弼虽获得海战新战术（乘无风世忠海舰不能动之时以火箭攻而焚之），予世忠军以惨重之损失，而得以渡江北还。然自此而后，金人以缺乏舟舰，其兵又不善水战，且不能耐热，致不能久留江南与宋人周旋，因此遂不敢再轻举渡江与宋求决战于江南矣。金人此种失败教训后为蒙古人所学习，故元人乃终于灭南宋。

此次金兵渡江南侵时，州将大臣降者颇多。金兵陷建康之后，宰相如杜充者，亦竟惑于张邦昌之例，诱降而投金。故是时也，宋室之危，诚如累卵者矣。但金人不能利用杜充及诸州降将大臣，以组织傀儡政权统治江南，卒至大军一去，宋在江南之秩序继即逐渐恢复，予宋以江南之基地以相抵抗也。且金兵此次渡江战役中，宋军溃兵之流为盗者甚众，金若能并而利用之，足以乱宋之江南而有余。由此而知，金宗弼只知进侵江南之军略运用，而不知做政略策略上以运用敌之降者（以敌制敌策略），此所以金人终金之世，其国境仅能及于江淮之境，其关键在此也。然考金人政治战略所以低劣之原因，实由于金人此时尚属缺乏文化之野蛮民族，盖高度之政略策略运用，必有赖高度之文化知识（智力之源）为基础故也。

金宗弼此次渡江用兵，其部署为：

1. 主力沿寿春府、庐州（今安徽寿县、合肥县）、和州（今安徽和县），对建康做右翼迂回包围运动。宗弼此种用兵方针，颇适切地理形势之利用。中国历代用兵，自北向南，以建康为目标者，多向此方向进击，此建康所以未经激战而下也。

2. 右翼沿黄州、大冶、池州（今安徽贵池），向洪、抚、吉等州（洪州即今之南昌，抚州即今之江西临川，吉州即今之吉安）挺进，以掩护其右侧翼之安全，以绝宋荆湘方面之援军，并以捕捉隆祐太后为作战目标。

3. 左翼沿扬州、滁州，向建康做正面之压迫。

4. 战法，多利用其骑兵之速度，避实击虚。如其攻采石不克，则转攻芜湖，芜湖不克，移攻马家渡，即其例也。

一经突破建康，即放胆长驱疾进，坚决执行其作战目标，故宗弼实不愧为金将中之善战者。

至于宋抗金之最大资本，实为中国之民族性及地大物博也。尤其前者，其后百年明朝之所以覆元者，实赖此也。

第六节　金与刘豫南侵及宋反攻

金自前次渡江之战未能达成作战目的，宗弼渡江北去后，因连年用兵，将士已有倦惰之意。遂将中原委之于刘豫，诸如淮北、荆襄等地，均以刘豫之军屯戍之，历时四年不再南侵。宋在此数年中，一面积极剿平境内兵乱与盗寇〔当时邵青窜扰通州、泰州（今江苏南通、泰县），张琪劫于徽州、饶州（今安徽歙县、江西上饶），李成乱于江州、筠州（今江西九江及高安），范汝为据建州、南剑州（今福建建瓯及南平），孔彦舟、马友、曹成等为乱于江湖（太湖、鄱阳湖、洞庭湖等处），韩世忠、岳飞均为平盗寇之最有功者〕，一面积极整备军事，因此至绍兴二年，总兵力已达十五万。故于绍兴三、四年间（1133、1134年），常败刘豫驻守淮北方面之兵，而岳飞进击荆、襄、唐、邓、随等州（今鄂西豫南之地）且克复之。绍兴三年刘豫举十万之众渡淮，亦为韩世忠所败，因此刘豫求救于金。金宗弼遂再统兵南下，进击江淮，逼使负责淮西地区之刘光世退守建康，负责淮东地区之韩世忠退守镇江。惟适于此时金主有疾，将有内变（此时金太师宗磐等有篡夺之谋），宗弼遂还师。亦自此时起，金人以刘豫无用，有废之之意，至绍兴七年（1137年）十一月遂废之。

绍兴八年春，金以刘豫已废，中原动摇，加以内有隐忧，乃遣使约宋与议和，并允予送还梓宫（徽宗已死于金，故曰梓宫）及太后、钦宗等为取和条件。当是时也，宋之士大夫及军人均以乘此时机，中原可复，力主北伐。军人中之主北伐者，尤以岳飞为最。然高宗与大臣秦桧等力排众议主和。

故当时赵鼎曾向高宗进言，谓："士大夫多谓中原有可复之势，宜便进兵，恐他时不免议论，谓朝廷失此机会。应召诸大将问计。"高宗曰："不须恤此。今日梓宫、太后、渊圣皇帝毕未还，不和则无可还之理。"于是和议遂于是年冬议定，金人送梓宫及太后以归，惟钦宗仍留于金，盖高宗恐动摇其皇位也。

绍兴九年夏，金主已执谋篡夺者宗磐等数大臣杀之。内乱已除，遂于是年十月留宋使者王伦不遣，借以破坏和议，于是金宋双方复备战。至明年（绍兴十年，1140年）五月，金主命宗弼复取河南陕西地，集举国之兵于祁州（河北省安国县）元帅府大阅，分四路南侵。命镊哷贝勒出山东，右副元帅完颜杲入陕右，骠骑大将军李成入河南，而宗弼自将精兵十余万入汴京。既而宗弼南下之军为韩世忠败于海州（今苏北东海县），为刘锜败于顺昌（今安徽阜阳），张俊又克复亳州（今安徽亳县）；向许昌方面者，又为岳飞以步兵斩马足之战法一败宗弼主力于郾城，再败之于朱仙镇，将金之拐子马斩杀殆尽；入陕南者，亦屡为胡世将、吴璘等所败。

正在各路军相继奏捷，尤以岳飞以皆锐，正挥兵直指汴京之际，朝廷忽主议和，拟割淮以北弃之。秦桧知岳飞志锐不可回，乃先召诸将班师，然后召回岳飞之军。而岳飞锐意北伐，奏"金人锐气已沮，将弃辎重渡河，豪杰向风，士卒用命，时不再来，机难轻失"，请继续进兵。然因一日奉十二金字牌之召，遂愤惋不得已而班师。宋金随即订定和约，时为绍兴十一年（1141年）也。订约条款如下：

（一）宋称臣奉表于金，金册宋主为皇帝。

（二）宋岁贡银绢各二十五万。

（三）划淮水为界，西划大散关以北及唐、邓二州（今豫南唐河、邓县等地）予金。

（四）归还徽宗梓宫及帝母韦太后。

（五）钦宗留质于金（高宗之所以力主和议者以此）。

和议已成，遂以柘皋（在安徽巢县西北，刘锜败金兵于此）之捷为名，召韩世忠、岳飞、张俊三大将入朝论功赏。已至，乃封韩世忠、张俊为枢密使，岳飞为枢密副使而留之，实即解三将之兵权也。三将已罢兵权之后，嗣刘光世亦罢，光世并即以疾求退。未几岳飞赐死狱中，韩世忠亦相继求去。以上高宗与秦桧所以不惜对金称臣，力主和议，而罢诸将之兵权者，有其当时之政治内幕故也。然研其此一政治内幕为何？一言以蔽之，高宗此时有一中心政策，即唯求保其皇位于不坠是也。何以见之？兹举其佐证如下：

（一）当绍兴八年七月，遣王伦为和使与金使赴金议和。临行时，赵鼎告彼二使曰：“上（指高宗）登极既久，四见上帝（谓曾以天子礼四次郊祭上帝），君臣之分已定，岂可更议。”盖即谓钦宗不可回宋也，故其后之和议有以钦宗质于金为条款。盖若钦宗还朝，将置之于何地？且苗傅在杭州之迫其退位之事，高宗岂已忘于衷乎？

（二）忧藩镇之祸复见于宋。宋太祖已得皇位之后，为子孙计，宁可忍其国防空虚，力求彻底铲除藩镇割据篡窃之弊。至此时高宗以宗室孤弱，兵权在将，岂不忧人亦效其祖黄袍加身之事乎？且自宗弼渡江北去之后，宋之诸将兵权日重，既常有尾大不掉之忧。加以宋之纪纲废弛，政治腐败，由来已久，因而人心颇怨愤之。此事于其监察御史韩璜之奏章，可以知之，其奏略曰，“自江西至湖南，无问郡县与村落，极目灰烬，所至残破，十室九空。询其所以，皆缘金人未到，而溃散之兵先之；金人已去，而袭逐之师继至。官兵盗贼，劫掠一同，城市乡村，搜索殆遍。盗贼既退，疮痍未苏，官吏不务安集，而更加刻剥。兵将所过纵暴，而唯事诛求……民心散畔，不绝如系”，云云。盖此时若有能驱除外寇，兵权在握者，振臂一呼，宋室即有倾覆之危故也。兹再举其忧惧之例如下：

1.绍兴八年二月，岳飞请增兵，高宗曰："上流地分诚阔远，宁与减地分，不可添兵。今日诸将之兵，已患难于分合（谓不听调遣）。末大必折，尾大不掉，古人所戒。今之事势虽未至此，然与其添与大将，不若别置数项军马，庶几缓急之际，易为分合也。"高宗此数语，已明显暴露其对大将尾大不掉之惧。

2.绍兴十一年正月张俊入见时，高宗问读郭子仪传否，俊答以未晓。高宗乃曰："子仪方时多虞，虽总重兵处外，而心尊朝廷，或有诏至，即日就道，无纤介顾望，故身享厚福，子孙庆流无穷。今卿所管兵乃朝廷兵也，若知尊朝廷如子仪，则非特一身飨福，子孙昌盛亦如之。若恃兵权之重而轻视朝廷，有命不即禀，非特子孙不飨福，身亦有不测之祸，卿宜戒之。"高宗此语，充分表现其对当时诸大将之顾忌，而岳飞直待一日十二金字牌而后还师，可知高宗对之既深引以为患矣。

3.刘光世尝请以舒、蕲等五州为一司，选置将吏，宿兵其中，为藩篱之卫。谏官万俟卨即言："光世欲以五州为根本，将斥旁近地自广，以袭唐季藩镇之迹，不可许也。"高宗用其言。及三大将已罢兵权，光世入朝，亦罢之。

4.当召韩、张、岳三人入朝时，岳飞独后未至，秦桧甚忧之，此可知岳飞受忌之甚。

综上观之，高宗之所以信秦桧之辈，而不信任诸将功臣者，自有其极大之因素在焉。申言之，秦桧能解大将兵权，忠于其巩固皇座之中心政策，此亦秦桧所以能终其一生而为高宗所信任之原因。盖以秦桧之奸慧，善于迎合高宗，深中其衷心之意故也。试一回溯高宗自登位以来之宰相，孰有如秦桧任事之久者？此亦和议之所以成（不计金人屡次叛盟之戒），诸将兵权之所以解，岳飞之所以死于狱，及其他大将李纲、韩世忠、刘光世之所以去之之总原因也，此亦即宋室当时之一大政治内幕，而为世人所不深解者，亦即当时一幕历史秘密也。此史事，震于主编《中国历代战争史》宋代篇时论之更详，可参考。

第七节　金兵制及战法

史载金勃兴之原因云："金兴，用兵如神，战胜攻取，无敌当世，曾未十年，遂定大业。原其成功之速，俗本鸷劲，人多沉雄，兄弟子姓，才皆良将，部落保伍，技皆锐兵。加之地狭产薄，无事苦耕，可给衣食；有事苦战，可致俘获；劳其筋骨，以能寒暑；征发调遣，事同一家。是故将勇而志一，兵精而力齐。一旦奋起，变弱为强，以寡制众，用是道也。"此其致强之由。

然上所举者，仅其兴起之因素，亦即其创业之基础。但所以未十年即奠定其帝业者，尚有赖于用人、兵制、战术（含侵掠战法）、兵器等之创作，兹略述如次。

（一）用人。金初虽人才辈出，然究以族人尚少，不足以应局面日益扩大之需。乃割土地，崇位号以假汉人，使为之效力。因此其政制、兵制，均获长足之进步。加以其上述优良之基础，遂如虎添翼矣。

（二）兵制。其征兵制度，大致如辽（已见上述）。其军队编组，有所谓猛安（千夫长），谋克（百夫长）者，为其编组之基础。此种编制，其后亦随其发展而扩大。至猛安、谋克以上之编制，亦与辽大致相同，盖其袭辽之制也。

（三）战术。其战术之运用，系援用辽人之战术而向前推进一步。兹举其重要者数项如次：

1.编组拐子马，以增大其冲力。辽人前与宋人战，往往遭遇宋大兵团之堂堂阵势，即不能一举攻破。金人有鉴于此，乃创拐子马之编组（以三马相连，系之以索），于是其骑兵速力与冲力，乃得尽量发挥。因此宋兵当之辄破，所向无前。以当时拐子马之威力，与二次世界大战时德国之装甲部队所发生威力之情形无异也，故宋兵无法应战，而当之者即溃。其后在中原战场虽有李纲创车战战法以御之，及陕西方面用"拒马"战法（拒马推进一步，步兵跟进一步），亦均无济于事。亦因此，金兵之纵深突破，可以随所愿而施为。再加以宋兵尚缺传骑通信之编组，故常常于金骑冲至面前而始惊觉，并遂即惊溃。宋高宗在扬州撤退渡江，即其显著之例证也。（拐子马清乾隆时之《通鉴辑览》否认其事。）

2. 金兵既用精勇骑兵之速力与冲力，加以常采用迂回、包围、奇袭等战法。又其作战编组，常分为奇正二军，临敌制变，以正为奇，以奇为正，而做灵活之运用。宋兵当时则仍采用步兵之呆板阵法。宋军之弱，固无论矣，只自战法而言，宋军亦远瞠乎金兵之后。以此与战，其不败者，又安可得？

（四）侵掠战法。金人侵掠战法，仍一如辽人所用者而实施之，《孙子》所谓"其疾如风""侵掠如火"，因此，得如下之利：

1. 将士愈战愈勇，士气愈打愈高。因其每一战胜，必有所获，故人自为战。

2. 彻底摧毁宋人之作战潜力，凡其铁骑蹂躏之处，即不能再恢复其支持战争之潜力。

3. 因侵掠再加以和战并用。媾和时宋人大量赔偿，民穷财尽，国库枯竭。而金人则以战致富，国富而兵益强。且利用辽人侵掠之资，故不仅以战养战，且"胜敌益强"。

4. 因入敌境侵掠，既可因资于敌，复可因粮于敌，因此益加强其军队之机动力。

5. 非不得已不攻坚城，以保持其机动力与新锐力量。其攻坚之火炮，亦已较辽人为进步，故其攻真定等城时，竟能以火力摧毁之。另外金人在用兵时间上，亦大有改进。辽人每年只以九至十二月为用兵时间，而金人自七月至明年三月，延长时间两倍，故收战果亦较大。

（五）战略进军。金兵战略进军，亦较辽国为进步。其进步之处有二：

1. 金兵战略进军常分两路，一路自河北方面即今河北省方面向豫北、汴京，一路自河东方面即自大同、太原方面向洛阳、长安。而辽侵宋时则始终限于在河北方面，因此宋之汴京侧背不受威胁，而只须专意于正面与辽人作战，故辽兵难于获极大进展。此种战例，在宋代以前之历史上已多次出现，换言之即惟有能控制河东者，始能控制汴、洛及长安，因河东之地自古即为中原战略枢纽之要地也。金人能做此种战略进战，故能置汴、洛、长安形势于瓦解，促使宋朝迅速失去中原。且其时宋军之足堪一击者，唯陕西地区之兵。金人既自太原南下，不但足以使陕西之宋军不敢动而求自保，且经金兵一进抵永济、河阳、怀州之际，陕兵亦无法东援汴洛矣。

2. 以其强大之铁骑，用摧枯拉朽之势，直以宋皇室为作战目标。宋皇室已破，则宋全国支离破碎矣。然后立傀儡以为附庸，以巩固其控制，而完成其进军之成果，且足以防宋与西夏之联合。由此观之，金人较辽人进步殊多。

综上诸因素观之，加以宋本身力量之残弱，故其一败涂地之命运终难避免。然金人终以缺乏水军，且北人不惯南方之水土天候，故结果只能止于江淮而已。

第五章　宋蒙之战

第一节　宋蒙战争之起缘

宋理宗端平元年（1234年）春正月，金主已亡于蔡州（今河南汝南县），宋史嵩之、孟珙等自唐州（今河南唐河）、信阳协攻蔡州之诸将，均纷纷归守原防〔孟珙还屯襄阳，江海还屯信阳，王旻戍随州，王安国守枣阳，蒋成守光化，杨恢守钧州（似乔州，钧州为河南禹县）〕，并增兵守备，经营唐州、邓州方面之屯田，盖以防蒙军之南侵也。同时并划陈、蔡西北之地（即豫省）分属蒙古。于是蒙宋国境从此相接，战争随时有爆发可能矣。

考金亡之后，宋人之所以积极备战者，盖防蒙军之入侵并图恢复中原也。先是蒙金正剧战于中原之际，宋朝中即有两项防范之拟议，一为虑蒙人灭金之后势必南伐，一为虑金人以中原不守，被逼南移，因而侵宋，故早有巩卫淮河、荆襄（今鄂北鄂西地区）之备。不料蒙军破蔡州灭金之后，即命刘福为河南道总管，而调兵北还。此时宋人见河南空虚，以为有机可乘，其还定中原之志遂油然而生。故于是年夏，宋将赵范、赵葵即建乘时抚定中原，守河据关，收复三京之议。但当时之朝议均反对之，尤其杜杲上言："臣备员边郡，切见沿淮旱蝗连岁，加以调发无度，辇运不时，生聚萧条，难任征发。中原板荡，多年不耕，无粮可因。千里馈运，士不宿饱。若虚内以事外，移南以实北，腹心之地，岂不可虑。"乔行简亦上言，"方今境内之民，困于州县之贪刻，扼于势家之兼并。饥寒之氓，常欲乘时而报怨；茶盐之寇，常欲伺间而窃发。萧

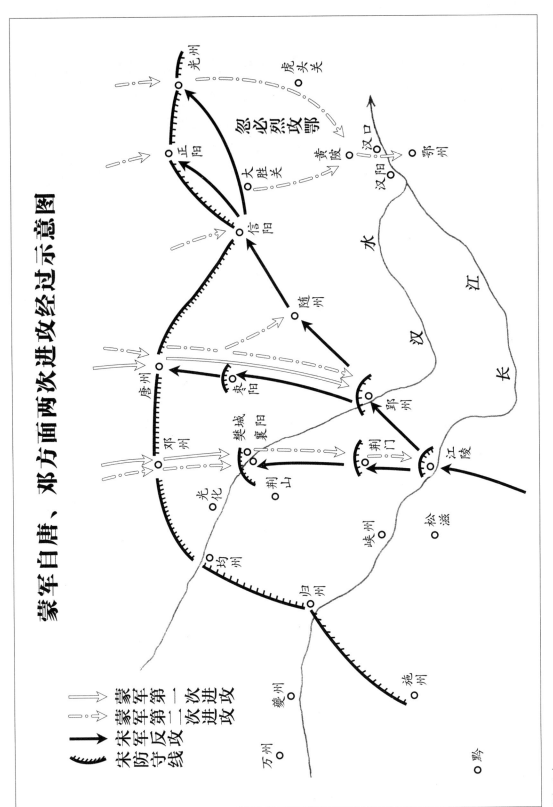

蒙军自唐、邓方面两次进攻经过示意图

图五九

墙之忧，凛未可保。万一兵兴于外，缀于强敌而不得休"，云云，亦力主不可。可知宋国此时之脆弱。

然虽经朝臣之反对，而理宗均不置理，并立即命赵范进驻黄州（今湖北黄冈），克日进兵。命赵葵自滁州（今安徽滁县）以淮西兵五万取泗州（今皖北临淮），与全子才会汴京（全子才为先遣）。

宋之进军也，果长驱直进。赵葵至汴，更促全子才西进速攻洛阳、潼关。于是全子才乃先遣一万三千兵为先锋，另以强弩军一万五千继之，向洛阳前进，时为是年六月末也。七月，蒙古主闻宋军进攻河南，遂派塔斯（穆呼哩之孙）为将，率兵南伐。于是宋蒙之战以起。

第二节　第一次征宋作战经过

蒙宋首次战于洛、汴：端平元年（1234 年）八月，蒙古兵至洛阳。宋将徐敏子与战，各有胜负。惟宋军乏粮，乃撤守洛阳。同时守汴京之宋军赵葵、全子才等，亦以宋兵部尚书史嵩之不补给粮食，以致粮用不继。而蒙兵复决黄河寸金淀之水以灌宋军，宋军多被溺毙，遂均引军南撤。

宋部署襄淮防线：宋将孟珙驻襄阳，招中原精锐之士一万五千余人，分屯澻北、樊城、新野、唐、邓间，号镇北军，以御蒙军。

宋淮河方面，于端平三年春从事加强防御部署，沿息州（今河南息县）、寿春（今安徽寿县）、泗州（今安徽临淮）至涟水（苏北）之线为东防区，以光州（河南光山县）、安丰（安徽寿县）、招信（似信阳县）、山阳为西防区。并设督府以统一指挥。

（一）荆襄方面战斗

端平二年夏末，蒙军大举南侵，命皇子库端、库春等分向蜀汉及江淮全面进军，而唐、邓、襄阳方面则先取攻势。是年七月，蒙将昆布哈攻唐州，宋将全子才等弃军而走。十月，蒙将塔斯破枣阳（湖北枣阳县），续进兵攻郢州（今湖北钟祥县），库春攻略襄、邓。惟郢州濒汉水，城坚而多战舰，塔斯命造木筏，遣达噜噶齐、刘巴图鲁二将率敢死队五百，乘筏进攻，塔斯自引骑兵沿岸迎射。宋守江陵之统制李复明力拒之，虽复明战死，士卒亦多溺毙，然城仍坚守不能下，塔斯乃掳掠而退。因塔斯之作战目的，在夺取郢州之后，以孤立襄、邓，俾正面作战军易于得手也，今郢州已攻不下，故全军皆退。

明年（端平三年即1236年，蒙军西征欧洲亦于此时发动）春，蒙人再命应州郭胜、钧州富珠哩玖珠、邓州赵祥等，由皇子库春率领为攻襄阳地区先锋。此时驻守襄阳之宋将赵范统御失宜，致其所属南北军不和，相互争斗，以致北军将领王旻、李伯洲等叛乱，焚襄阳，劫仓库，降于蒙军。蒙军遂南克荆门军，越月，蒙军东路复下随、郢二州（今湖北随县、钟祥）。

蒙军已下郢州，十一月蒙将特穆尔岱遂攻江陵，史嵩之遣孟珙救之。于是珙遣张顺先渡江，而自以全师继进，颇有进展。

嘉熙三年（1239年）三月，宋将孟珙与蒙军三战，遂克复信阳军，樊城，襄阳，光化军，息、蔡等地。并上奏曰："取襄不难，而守为难。非将士不勇也，非军马器械不精也，实在乎事力之不给耳。襄、樊为朝廷根本，今百战而得之，当加经理，如护元气，非甲兵十万不足分守。与其抽兵于敌来之后，孰若保以全胜。上兵伐谋，此不争之争也。"乃以息、蔡降人编为忠卫军，襄、郢降人编为先锋军，以增实力。

（二）江淮方面战斗

端平三年（1236年）冬十月，蒙军进攻淮西，攻固始，陷之。宋淮西将吕文信、杜林等乘机率溃兵数万叛乱，掳六安、霍邱等地。十一月，蒙将昆布哈入淮西蕲、舒、光三州（湖北蕲春、安徽舒城、河南光山），宋守将皆遁走。昆布哈乃合三州人马粮械（补给于敌，胜敌益强），趋黄州（湖北黄冈），并遣游骑自信阳（豫南信阳）袭合肥。于是宋遣史嵩之援光州，赵葵援合肥，陈韡过和州（安徽和县）推进，为淮西总预备队。蒙将察罕是时攻真州（今江苏仪征县），为宋军所伏击而退。

明年（嘉熙元年）十月，昆布哈再围光州，克之，乃遣其将史天泽攻复州（今湖北沔阳亦曰沔州），降之，另路进攻寿春，又克之，宋兵入淮河而死者甚众。蒙军继攻安丰，但为宋将杜杲所却，攻黄州者又为孟珙援黄州之兵所却。因此蒙军又引还。

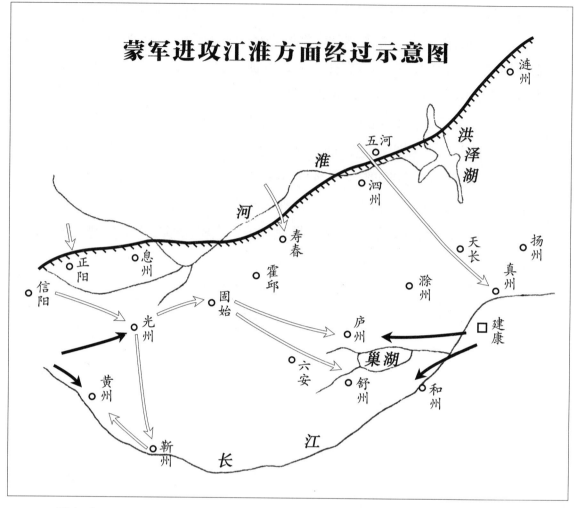

蒙军进攻江淮方面经过示意图

图六〇

　　嘉熙二年（1238年）八月，蒙将察罕率兵号八十万围攻庐州（合肥），欲破庐州之后造舟巢湖，以攻江左也，复为杜杲所败，退去。

　　越四年，即淳祐二年（1242年）七月，蒙将张柔自五河口渡淮，攻扬、滁、和、萧等州，淮东宋将王温等二十四人，均战殁于天长县东。蒙军遂进攻通州（江苏南通），守臣杜霆载其私财渡江遁走，城遂破，蒙军屠之。

　　（三）陕川方面战斗

　　入蜀之蒙军由库端率领，于端平二年十月下巩昌（甘肃陇西县），金守将汪世显降之（金亡后汪据此地未降）。库端以世显绝嘉陵水道，进趣大安（陕西宁羌县），并利用其粮械以为补给。十二月，蒙将库端军入沔州（陕西略阳）。此时蒙军自凤州入西川者，东路军多败，库端乃率军直捣西池谷（距沔州九十里），以声援其东路。宋制置使赵彦呐留高稼守沔州，自率主力撤退。于是蒙军遂自白水关（四川昭化县西北）入六股株（距沔州六十里），破沔州，知州事高稼死之。宋将曹友闻退守仙人关（陕西凤县西南），至明年（端平三年）冬初，兵败阳平关，死之。于是蒙军相继破宕昌（甘肃岷县南），残阶州（甘肃武都），而攻文州矣（陕南城固）。

先是金已亡，唯秦、巩二十余州久未能下（即甘南地区，汪世显统治区域），盖畏蒙军屠杀而死战也。至是蒙军用耶律楚材之议，许以降者不杀，因此各州县相继投降，此二十余州不战而下。

蒙军已下秦陇，其将安笃尔遂进而招抚吐蕃诸部族（以实施郭宝玉之建议），赐以银符，略定龙州（四川平武县东南，亦曰江油郡），遂与库端合兵进破成都。及闻进攻荆襄之皇子库春死，库端乃弃成都而去。

明年（宋嘉熙元年，1237年）春，蒙将安笃尔言于宗王库端曰："陇西州县方平，人心犹贰，汉中当陇蜀之冲，宜得良将镇之。"库端曰："安反侧，制盗贼，此上策也，然无以易汝。"遂令安笃尔镇汉中。安笃尔乃遣将南戍沔州之石门，西戍阶州之两水，谨斥候，严巡逻，因此汉中得以安固。前库端破成都，所以又弃之而去者，以虑不能善其后也，此举实鉴于此。

嘉熙元年十月，蒙军攻夔府（今奉节县），蜀兵阵于江之南岸，为蒙将选勇士渡江所击破，蜀兵大败。

嘉熙三年六月，蒙军攻重庆。十二月宋将孟珙据谍报，蒙军已入蜀，其将塔尔海等率众号八十万南下，策其必指向施、黔，以出湖、湘，乃做如下部署：以二千人屯峡州（湖北宜都），千人驻守归州（湖北秭归），以其弟孟瑛率精兵五千驻守松滋，增兵守归州隘口万户谷，又以千人屯施州（湖北恩施）。及蒙军逐渐迫近，乃复遣兵自间道至均州（今湖北均县）防遏，并分布战舰防江。未几蒙军过万州湖滩（今四川万县），施州、夔州震动。其兄孟璟守峡州，拒蒙军于归州大垭寨，胜之，遂克复夔州。

嘉熙四年二月，蒙将安笃尔进攻万州，乘巨筏顺流而下，与蜀战舰数百艘战于夔门，蜀兵大败。

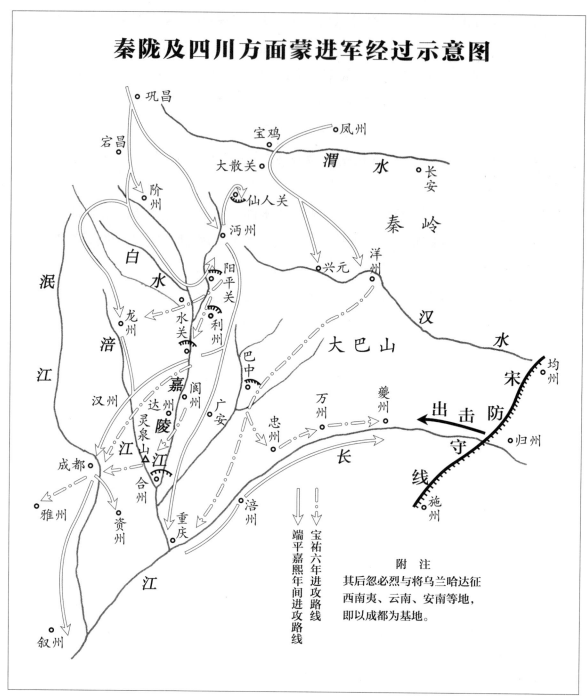

秦陇及四川方面蒙进军经过示意图

图六一

明年（宋淳祐元年，1241 年）十一月，蒙主太宗窝阔台卒，后称
制。是月蒙军塔尔海部汪世显复攻成都，得宋将内应，克之。继陷汉州
（四川广汉县即旧德阳郡）。其后蒙军经营四川，汪世显之力为多。

淳祐二年十二月，蒙军攻叙州（四川宜宾），克之。明年三月又破资州（四川资中县）。

（四）结论

自端平年间至淳祐十二年，在此十七年间，蒙宋连年征战。初期宋军多失利，至嘉熙年间（蒙宋战争第五年），荆襄方面宋将孟珙，江淮方面宋将杜杲，均善御军能战，蒙军常遭挫败。惟川汉方面，蒙军赖降将汪世显之经营，曾二次陷成都。但蒙古自窝阔台（太宗）死后，太后专横，内多变乱，故征宋之军事大受影响，因此江淮方面始终相持于襄、寿春、泗州间，而成对峙之局。

自淳祐十二年始，蒙古乃开始经营汴洛与陕西，以图巩固。同时命唐、邓、淮北方面之军屯田筑栅，以图因时乘便，乘机南征。一面检讨其统治河南之总管刘福贪残，以致中原不安，因而除之。

宋此时在襄淮沿线，因蒙军屯田筑栅，亦做加强防御部署，于每一防御之城寨，自城寨以外百里间，三里挖一沟，五里掘一洫；又建编游击军，随时游动于江淮间，一方面防蒙骑之驰突，一方面使主力军得以休息，同时俾前线人民得以安息耕种。彼此均积极准备未来军事行动也。

第三节　第二次征宋作战经过

（一）忽必烈征云南

宝祐元年（1253年）九月，蒙古皇弟忽必烈征云南，师次忒剌，兵分三道：以大将乌兰哈达由西道，诸王素赫由东道，忽必烈自由中道，留辎重于满陀城。三路同时并进。军过大渡河后，又经行山谷二千余里至金沙江，乘草囊及筏以渡。摩娑蛮主索和尔图迎降（其地在大理北四百余里），于是一面遣使谕大理降，一面令乌兰哈达分兵攻白蛮，所至必克，白蛮主亦降。

十二月，蒙军逼大理城，克之，追兵出龙首关（大理县北七十里），擒斩杀蒙古使者拒降之高祥于姚州，忽必烈遂班师，而留乌兰哈达攻诸蛮之未下者。明年（宝祐二年）七月乌兰哈达征乌蛮，攻押赤城（乌蛮都城，今云南昆明），拔之。明年（宝祐三年）乌兰哈达自吐蕃进攻西南夷，悉平之。

宝祐四年十二月，乌兰哈达再征白蛮，蒙主令其便宜取道与蜀帅合兵。于是，乌兰哈达遂出乌蛮，渡泸江，经图喇蛮三城，击破宋军，夺得船二百艘于马湖江（今四川屏山县金沙江岷江会于此），遂通道于嘉定、重庆，抵合州（今四川合川），渡蜀江，与汪德臣（汪世显之子）会师焉。自此云南诸蛮国皆朝于蒙古，乌兰哈达驻大理，以西南夷均列为郡县。

乌兰哈达平安南。明年九月，乌兰哈达遣使招安南降，安南不从，遂于是年十月进兵安南境。安南国王陈日煚隔洮江列象骑步兵为阵以待之，其势甚盛。乌兰哈达乃分军为三纵队渡江，令齐齐克图从下游先渡，大军居中，令驸马怀图与阿珠在后。并授齐齐克图方略曰："汝军既渡，勿与之战，彼必来迎我。驸马断其后，汝伺便夺其船。蛮若溃走，至江无船，必为我擒矣。"既战，齐齐克图违命，故安南人虽大败，仍得驾舟逃去，遁入海岛。乌兰哈达遂入安南都城，安南王乃遣使降。

（二）伐宋作战经过

宝祐六年（1258年）二月，蒙古主（宪宗蒙哥）命诸王阿里不哥居守和林，阿勒达尔辅之，而自将南伐，由西蜀而入。而另先遣张柔从皇弟忽必烈攻鄂，以临安为作战目标。塔齐尔攻荆山（湖北南漳县西）。又令乌兰哈达自交、广北进，会师于鄂。淮北方面亦逐渐向南压迫，以配合全面进攻。

西川方面蒙军先锋耨垎将前军，欲会都元帅阿达哈师于成都。宋将四川制置蒲择之遣安抚刘整等据遂宁江箭滩渡，以断东来之路。耨垎军至不能渡，大战自旦至暮，整等乃败，耨垎遂长驱至成都。择之又命杨大渊等守剑门（四川剑阁县东北）及灵泉山（在四川遂宁县东），而自将兵趋救成都。耨垎率诸将大破大渊等于灵泉山，进围云顶山城，扼宋军归路。蒲择之之兵遂溃，蒙军克云顶山城。于是成都、彭、汉、怀安、绵等州（今彭县、广汉、安县、绵竹等地），以及威、茂诸番（居于威远等山区）悉降于蒙军。蒙军上述之进展，为时仅一月耳。

耨垎已胜，四月，蒙古主将后军由东胜河渡河，进军至六盘山（甘肃隆德县），军四万分三路而进：（1）蒙古主由陇州（今陕西陇县）趋散关；（2）穆格由洋州趋米仓道（洋州今陕西洋县，米仓山在南郑县南与大巴山相连，山下之道曰米仓道，可通巴中县，为川陕交通之路）；（3）万户额埒布格由潼关趋沔州（今陕西沔县）。盖以大军继耨埒之后，而收其已得之战果也。此时并命李璮自益都攻海州（今苏北东海）。

蒙古主三路主力进军部署已定，乃于七月留辎重于六盘山，率兵由宝鸡攻重贵山，所至辄破。九月蒙古主进抵汉中，耨埒留密喇卜和卓、刘嶷等守成都，自率兵渡马湖，擒宋将张实，进攻苦竹隘（会理县东）。十月蒙古主进至宝峰，入利州（四川广元县），遂渡嘉陵，至白水，造浮桥以渡，而抵剑门。是月蒙古主遣史枢攻苦竹隘，克之，遂进围长宁山、鹅顶堡，均克之。继攻大获山（四川苍溪县东南三十里），宋守将杨大渊降，蒙主以之为都元帅。是月龙州（四川平武县）亦降于蒙古。

十二月，杨大渊与汪德臣分兵略相如等县。大渊至运山，遣人招降守将张大悦，蒙古主亦以为都元帅，因此蒙军所至多降。遂相继攻青居山、隆州（四川隆昌）、雅州等地（雅州即西康雅安），均拔之，石泉（四川北川县）宋守将赵顺降。

明年（开庆元年，1259年）元月，蒙军攻忠州，渐逼夔州境。同时蒙军攻破利州、隆庆、顺庆诸郡，阆、蓬、广安（四川阆中、蓬安、广安等地）守将相继降蒙。

六月，宋将吕文德乘风顺攻涪州（四川涪陵县）浮梁，力战得入重庆，即率艨艟舰千余，溯嘉陵江而上。蒙将史天泽分军为两翼，顺流纵击，文德大败，天泽追至重庆而还。

是年七月，蒙古主死，征宋之师遂北还，合州因是得以解围。是役也，蒙因主力久陷于四川之山地战，故无功。

宪宗死前数月，忽必烈在濮州筹划南伐，先召汉人宋子贞于东平，问以方略，答曰：“本朝威武有余，仁德未洽。南人所以拒命者，特畏死耳。若投降者不杀，胁从者勿治，则宋之郡县，可传檄而定也。”忽必烈继至相州（豫北安阳县），召隐士杜瑛，问南征之良策，瑛从容对曰：“汉唐以还，人君所恃以为国者，法与兵、食三事而已。国无法不立，人无食不生，乱无兵不守。今宋皆蔑之，殆将亡矣，兴之在圣朝。若控襄、樊之师，挥戈下流，以捣其背，大业可定矣。”（用郭宝玉策无效）

于是忽必烈遂部署进军（即系奉令向江淮进军以策应西路主力作战），以杨惟忠、郝经二人宣抚京湖、江淮，盖用宋子贞之议，先行以汉人做深入之宣传攻势，安抚宋之人心，以摧宋人之战志也，同时以归德军先至江上。此为先之以宣抚，而继之以兵威，可谓已得征宋之要领矣。

此时郝经又献议曰："经闻图天下之事于未然则易，救天下之事于已然则难。已然之中，复有未然者，使往者不失而来者得遂，是尤难也。国家奋起朔漠，灭金源，并西夏，蹂荆襄，克成都，平大理，躏跞诸夷，奄征四海，垂五十年，遗黎残姓，游气惊魂，虔刘劘荡，殆欲歼尽，自古用兵，未有若是之久且多也。且括兵率赋，朝下令，夕出师，阖境大举，伐宋而图混一。以志则锐，以力则强，而术则未尽也。苟于诸国既平之后，创法立制，敷布条纲，任将相，选贤能，平赋足用，屯农足食，内治既举，外御亦备。今西师之出，久未即功，兵连祸结，底安于危。王宜遣人禀命行在，遣使谕宋，令降名进币，割地纳质，偃兵息民，以全吾力，而图后举。禀命不从，然后传檄，示以大信，使知殿下仁而不杀之意。一军出襄邓（鄂北），一军出寿春（皖省寿县），一军出维扬（扬州），三道并进，东西连横，殿下处一军为之节制（总预备队），使我兵力常有余裕。如是则未来之变或可弭，已然之失或可救也。"

忽必烈遂开始集中兵力渡淮。自由大胜关（在豫南罗山县南），张柔由虎头关（湖北省麻城东北豫入鄂要隘），二路并进。宋军当之者辄遁走。不日大军进抵黄陂（汉口之北），渔民献舟为向导（此时忽必烈始得宪宗死讯，但仍决心进兵）。时忽必烈登香炉山（汉阳县西南九十里）俯瞰大江，见宋以大舟扼江，其势甚盛，乃遣董文炳兄弟率死士数百人先行攻击，冲击至南岸，宋军大败。明日忽必烈率诸军渡江，进围鄂州（今武昌县），另路入瑞州（江西高安县），宋国大震，有迁都四明（浙江四明）之议。

此时自交广北进之蒙军乌兰哈达统骑兵三千，蛮、僰万人，亦已破横山（广西邕宁县东），趋内地，宋守将陈兵六万以御之。乌兰哈达进攻时，另令阿珠为奇兵，潜自间道，冲其中坚（攻击司令部），大败宋军，乘胜克宾、象二州（今广西宾县、象县），入静江府（广西桂林）；北进连破辰、沅，直抵潭州（湖南长沙）城下。时为是年十一月也。

是月，和林数大臣谋立阿里不哥为帝。忽必烈遂与宋议和还师，此次南征，至此遂止。忽必烈北还，用汉臣计，即大汗位，进兵讨和林阿里不哥，平之。

第四节　第三次征宋作战经过

忽必烈还师定内乱，登帝位。越二年（景定二年，1261年）之秋，复准备举兵伐宋。然以阿里不哥复变，而江淮大都督李璮又降于宋（李璮据地北自济南、益都，南至江淮，故李璮此举影响蒙对宋之战甚大）。于是先破阿里不哥北走，然后命丞相史天泽率张弘范（张柔之子）、史枢、阿珠等诸将击李璮，围璮于济南。未几济南城破，三齐复为蒙古所有，时为景定三年七月也。

此后十年（自景定三年至咸淳七年），蒙宋两军概相持于合肥、襄、邓与四川合州之间。此一期间，蒙人着重整顿内政，同时检讨数年间其前线所以无军功者，乃因水军不如宋之强所致。故咸淳六年（1270年）春在汉水造战舰五千艘，练水军七万名（以后又曾数次大造舟舰训练水军），以期夺取宋之襄、樊也。明年（1271年）十一月，蒙改国号曰大元，取《易经》中"大哉乾元"之义也。至是，蒙军围攻襄阳者凡五年不能克，是月蒙舟师反为宋所选组之敢死队自郢州来援所破，解襄阳之围。

然至咸淳九年之春，樊城陷，襄阳守将吕文焕降。元于此时，乃于兴元、金、洋等州（即汉中地区）及汴梁等处（汉水汴水上），增造舰二千艘，练水军五六万，以为南伐之计。自此以后，元遂不断造舰练水军矣。

又二年（咸淳十年）九月，元始命左丞相河南行省巴延（伯颜）会师于襄阳南伐，以降将吕文焕为襄樊路向导，刘整为江淮向导，分军三道并进。巴延与阿珠由中道循汉水趋郢州（湖北钟祥县），攻之不能下。阿珠获俘民言："沿汉（水）九郡精锐，皆集于二郢（在汉水北为旧郢，汉水南另筑新郢城，故称二郢），若舟师出其间，骑兵不能护岸，此危道也。不若取上流黄家湾堡（湖北钟祥西），堡西有沟，南通藤湖（湖北钟祥县西南），可由其中拖船入湖，转而下汉仅三里。"巴延从其言，遂舍鄂州顺流而下，攻黄家湾堡，拔之，乃破竹铺地，推舟由藤湖入汉水。十月元军进至沙洋（湖北钟祥县南汉水西岸），遣俘往招宋守将降，不从。元军乃以金汁炮顺风攻城，焚其城而破之。继进兵逼新城（湖北沙洋南），又破之。元军遂攻复州（湖北省沔阳县），复州降。于是巴延军至蔡店（汉阳县西六十里），越日往察汉口形势。

阳逻堡会战。时宋将淮西制置使夏贵守汉口，以战舰万艘分守要害，都统制王达守阳逻堡（武昌东北），京湖宣抚使朱禩孙以游击军守中流，因此元军不得进。是时阿珠部将马福建议，自沧河入湖中，可从阳逻堡西沙芜口（武昌东北）入江。巴延觇视沙芜口，夏贵亦以精兵守之。于是巴延进围汉阳，扬言取汉口渡江，夏贵果为所惑，移兵据汉阳。巴延乃乘间遣将出奇兵倍道兼行，疾袭沙芜口，夺之。元军复自汉口开坝引船入沧河，转沙芜口以达江。于是战舰万计，相踵而至，以数千艘泊沧河湾，蒙汉军数十万临江北。但巴延继攻阳逻堡不克，乃遣阿尔哈雅率张弘范等留攻阳逻堡，于夏贵率众援阳逻堡时，另遣阿珠于黄昏时自青山矶（武昌之北）上流袭宋守军，发动黎明攻击，激战后胜之，遂于该处列浮桥引大军渡江。此时宋将夏贵闻阿珠军已渡江，大惊，引麾下三百艘先遁，沿江东下，并纵火焚西南岸，大掠，还庐州（合肥）。阳逻堡遂破，王达所领部八千人及定海水军统制刘成俱战死，汉阳守将王仪亦降。此时元东路军亦进围无为（安徽省今县），下真州（江苏仪征县）。巴延已破夏贵军，克阳逻堡，遂进攻鄂州（武昌）。守将张晏然以汉阳已失，鄂州势孤，亦降，其余黄、蕲等州亦相继降。于是巴延一面传檄下信阳诸郡，留阿尔哈雅以四万人守鄂州，取寿昌（湖北鄂城县）粮四十万斛以资军食，一面自率阿珠等大军东下，以临安（杭州）为进军目标。

宋朝廷闻鄂州已失，大惧。宰相贾似道遂开都督府于临安，以备最后之战守焉。时为是年十二月也。

巴延已克鄂州，遂以骑兵沿长江两岸与水军并进，明年（宋德祐元年，1275 年）春，宋江州（江西九江）、安庆、池州（今皖贵池）均降。

是时宋贾似道率精兵十三万进驻芜湖，夏贵亦引兵会之，以御巴延之东下。

丁家洲战斗。元军自池州继续东进，贾似道以精锐步军七万余授孙虎臣进驻池州下流丁家洲以阻元军。夏贵亦以战舰二千五百艘横亘江中，似道自将后军驻鲁港（芜湖之南）。但夏贵以前失利鄂州，恐督府成功，无所逃罪，又恐虎臣新进出己上，故殊无斗志。巴延令军中作大筏数十，置薪其上，扬言欲焚舟，以牵制宋之水军；另分步骑夹岸而进，协同战舰向虎臣军冲击。时阿珠与虎臣对阵，巴延令巨炮击虎臣军，阿珠以划船数千艘乘风疾进，呼声动天地。虎臣先锋姜才方接战，虎臣遽过其妾所乘舟，众见之，哗曰："步帅遁矣！"军遂乱。夏贵不战而走，以扁舟掠似道船，呼曰："彼众我寡，势不支矣。"似道闻之，错愕失措，遂鸣钲收军，舳舻簸荡，乍分乍合。阿珠与何玮、李庭等以小旗挥将校左右击之。宋军被杀溺死者不可胜计，军资器械尽为元军所获。

于是贾似道退至珠金沙（今繁昌县西北五十里凤凰山北麓），召夏贵等议今后之行动。夏贵曰："诸军俱胆落，吾何以战。师相惟有入扬州，招溃兵，迎驾海上。吾当以死守淮西耳。"贵遂解舟去，似道与虎臣单舸还扬州。明日溃兵蔽江而下，似道使人登岸扬旗招之，皆不应，且有以恶言谩骂者。宋势固已不可为矣。

巴延已击溃贾似道军，遂分兵取饶州（江西鄱阳县），向临安采钳形攻势。贾似道请和，巴延不许。宋当此危急之际，征诸将勤王，多不至。迁都之议同时纷起，扰攘纷纭。是月，宋沿江制置大使建康行宫留守赵溍弃城南走，都统徐王荣等遂以城降元。于是右丞相章鉴托故径遁去，宁国府（今安徽宣城县）、隆兴府（今江西南昌）守将均弃城遁，同时和州（今皖省和县）、太平州（今当涂）、涟州（今苏北涟水县）及无为军（安徽今县）亦相继迎降。此时尚欲勤王者，仅郢州张世杰、江西安抚副使文天祥，及江淮招讨使汪立信等数人而已。

三月，巴延入建康。时江东大疫，居民乏食，巴延开仓赈之，遣医治疾，民皆大悦。惟元此次进军，能去其一向之屠杀政策，故能长驱江南，人多迎降。

是月，巴延自建康分兵四出，阿珠向扬州，以阻宋淮南之援军。时宋帝以元兵渐迫，乃命刘经守吴江（吴县南），罗林、张濡守独松关（浙江余杭西北苏浙皖交通要隘），徐垓、郁天兴守四安镇（浙江长兴县西

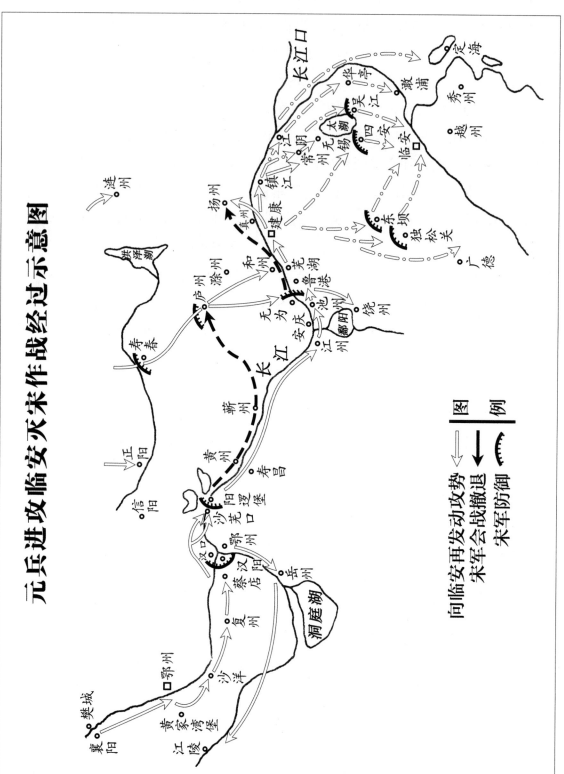

元兵进攻临安灭宋作战经过示意图

图例
向临安再发动攻势
宋军会战撤退
宋军防御

南），赵淮守银林东坝（江苏高淳县东）。

至是元兵攻无锡、常州（武进），均克之。知平江府潜说友降于元，同时东海州、西海州、滁州及广德军（皖南）亦均相继降。七月张世杰、孙虎臣率舟万余艘进驻焦山，为阿珠火箭所破。时（三月）驻鄂州之元将阿尔哈雅攻克岳州（岳阳县）后进攻江陵，宋守将高达以江陵降。于是荆湘底定。

七月，元主仍命巴延直趋临安，阿珠攻淮南，阿尔哈雅取湖南，万户宋都木达及武秀、张荣实、李恒、吕师夔等取江西。四月前蒙古主以时当盛暑，敕巴延停止进兵，巴延以灭宋必须乘势进军争之。未几（五月）巴延被召还至大都（为平哈都之乱，时忽必烈已至上都）。七月巴延至上都，向蒙古主说明江南形势，应乘宋势崩溃之际一鼓灭之，故蒙古主有是命。

十月，巴延至镇江，分三路进攻临安：以阿喇罕将右军，自建康出广德四安镇，指向独松关；董文炳将左军，出江入海，以范文虎为向导，取道江阴，趋澉浦（杭州湾北岸）、华亭（上海西南松江县）；巴延及阿塔哈将中军，以吕文焕为向导，指向常州。期并会于临安。

是月，元军攻常州。宋朝廷遣援军二千往救，文天祥亦遣赣兵三千救之，与元军战，以互不救援，皆败。十一月常州遂被围攻，二日破之。

是月，元军入广德军四安镇，宋丞相陈宜中仓皇征临安民年十五以上者编为武定军，并召文天祥入卫。是月元军破独松关，宋兵望风而溃。临安大惧。

是时文天祥与张世杰议，拟倾仅有之三四万兵与元兵决战，其意以为淮东尚在宋军坚守中，而闽广尚全，若幸而战胜，则淮东军截元军之后，国事犹有可为。但此种背城借一之冒险，为陈宜中所不取，故未实行。此时元军又破江阴，陈宜中遣使求和，不许，再求封为小国，亦不许。元军下江西湖南者，亦势如破竹，州城或破或降，元兵长驱直入。

明年（宋德祐二年，1276年）一月，元军攻嘉兴，守将以城降。是月，元军进至临安北关，宋恭帝（帝㬎）上表请降。三月，巴延入临安城，建大将旗鼓，并部署诸将，自取宋全太后及帝㬎北还于大都。

当恭帝请降于临安时，益王昰（端宗）、广王昺乘机逃逸，自温州至闽，集宋之臣民，作困兽最后斗。是时文天祥奉使在临安明因寺与元议和被执，至镇江夜遁，拟至淮西，发动淮西宋军遏元军之后。未至，淮西已降。旋至福州，端宗（益王昰）封其为枢密使同都督，督江西兵，又为元兵所败，退走循州（今广东惠阳县东北），是为端宗景炎三年（1277年）八月也。九月，元兵分道入闽、粤。十二月端宗自井澳奔谢女峡，复入海，欲往占城，不果。旋端宗死（景炎三年四月），弟卫王昺立，进封天祥为少保信国公。十二月，天祥在元军进攻之下，退走广东潮阳，再为元将张弘范追击，遂兵败于五坡岭，被俘。于是陆秀夫、张世杰奉帝昺自潮阳之浅湾奔至厓山（广东新会县南之海中）。张弘范穷追至此，宋君臣尽歼于此（祥兴二年三月）。综计宋自太祖赵匡胤至帝昺，共历十八代，三百一十九年而亡。

第五节 得失评判

（一）宋人之不自度量力

宋不自度量力，内政不修，武备不整，徒欲恢复中原，其妄可知矣。杜杲、乔行简之言，可谓善于知己者也，然理宗不能用，自速其祸。其间幸有杜杲在淮，孟珙在襄，阻击蒙军，得以苟延残喘者十余年，亦由此可知人才对国家之重要。国家得人才，则弱犹可以御强，败犹可转胜。然国家如何始能得人才、用人才，而能尽人才之力，又如何培植人才，始能使人才辈出，此为主国政者之首要要务而不可或忽者也。

夫谋国之要，必先图自强。宋自南迁以来，政治不修，国势不振，不仅官吏及地方豪势鱼肉人民，而官吏之间复争权夺利，时势至此，与风气所播，人人唯私利之是争，公义为人所弃，于是政治固已不可为，战志亦不可能团结奋发，而士无斗志矣。故当蒙军进侵之时也，非但互不救援，且相继降敌，甚至乘机为乱，荼毒地方者，此类事例，如四川战场，襄、淮战场，以及最后鄂州会战、丁家洲会战，已屡见不鲜矣。宋之所以至此，究其原故，渊源甚深，而政治之不修，制度之败坏，则为根本之原因也。

（二）蒙人攻宋之战争方略

蒙军攻宋，大小进攻十余次，均限于长淮而不得前者，十有余年。于是造舟舰，练水军，用汉将，编汉军，以及大量罗致汉之工匠制造兵器。最后并利用汉人先做宣抚攻势，瓦解宋人之心。加以战术战略上运用之巧，宋遂亡无日矣。兹将其战争方略大要列论如次：

1. 蒙人重视科学技术人员。每征进一地，即尽量罗致当地工匠技术人员，因此其兵器进步，突飞猛进，其当时之敌人莫不远落其后。蒙宋之战初期，成吉思汗进驻今之河南地区时，曾获当地之官吏士大夫而问曰，"你们宋人轻视技术工匠，重视诗文，试问诗文与国家何补？高丽虽小，其工技甚精（按：系指当时高丽之造船技术）"，云云。该宋人等被问无以对，由此而知当世宋人主政者之昏庸与苟安之积习。又按：宋之一代，儒学独占，其他各家学说被斥殆尽，虽王安石之变法，亦被视为邪说（按：王安石只有政治理想，缺乏政治经验与方略。申言之，由政治理想到政治目标之实现，尚有一段艰苦之距离，欲通过此段距离，必有赖一种求政治目标之达于实现的指导方略以促成之。故只有政治理想而无政治方略，或只有政治方略之天才而无政治理想者，均不能称为成功之政治家）。故宋代虽有理学之成就，而积弱之习，已足以断送国家民族而有余。

2. 利用汉人之宣抚攻势。忽必烈就宋君臣之昏庸，人民之痛苦，兵备之残弱，军心之离散，犹所以屡征不获其功者检讨原因，遂以问计于汉人宋子贞。子贞曰："本朝威武有余，仁德未洽。南人所以拒命者，特畏死耳。若投降者不杀，胁从者勿治，则宋之郡县，可传檄而定也。"于是忽必烈乃用怀柔与宣抚政策，使汉人杨惟忠、郝经二人，于进军之前，宣抚京、湖、江、淮，以做深入之宣传攻势，瓦解宋人之斗志，然后继以大军临之。不仅此也，接着又用郝经之和平攻势，则宋人之斗志益见瓦解矣。故忽必烈攻至鄂州，及其后巴延下鄂州之后，郡县莫不望风降附。论至此，作者尚有两点所见：

（1）蒙军西征欧洲时，杀戮政策颇收军事上之功，而征宋则杀戮政策不奏功。一为欧土人稀，战区地域一杀殆尽，故杀即足以慑服之。而中国人众，虽战区内之人，亦杀不能尽，未死者遂死命抵拒之，加以有长江淮河之湖沼地带，蒙骑不能尽量发挥骋驰之长，故必待用怀柔政策而后成。

（2）进攻者对被攻者运用与军事配合适切之和平攻势，收效至宏。此遂成为历史上进攻者之重要战略策略原则。

（三）蒙人战略战术之运用

蒙军善用迂回，又以其骑兵速力，常用大迂回作战，并善用包围、奇袭及纵深突破，兹略为分析如下：

1. 大迂回作战。当其初次进攻江、淮、襄、邓之时，以缺乏水军，遂做大迂回之计，先下秦陇（陕西、甘肃），利用汪世显以经略四川，益使宋之战线延长，兵力分散（如孟珙本驻守襄阳者，及蒙军进攻重庆，彼乃奉命进驻鄂西）。及忽必烈攻鄂州时，其已下安南之蒙军，遂自广西指向湖南，做南北夹击之势。此次战略运用虽未成功，亦可见其远程迂回、包围的运用之概要。

2. 侧背攻击与纵深突破。用隐士杜瑛之策，自襄阳"挥戈下流，以捣其背"（捣临安之背），配合宣抚攻势长驱直入，自淮北南进之蒙军则越淮西坚城而过之，做超越之纵深突破，以与"挥戈下流"之蒙军协同而下建康。于是宋虽有重兵坚守淮西，亦已置于无用之地矣。其次如越郢州而过之，直趋汉阳，攻鄂州时，又先袭攻鄂州之背（阳逻堡），迫使宋将夏贵仓皇逃遁。

3. 用包围战法攻击临安。蒙军鉴于金兀术进攻临安，宋高宗自定海逸去之教训，于是当其攻临安时，乃自水陆做包围攻击，迫使宋帝皇室无所逃逸而投降，而竟其最后灭宋之功。

4. 穷追猛追战法。穷追猛追为收战果而竟全功之唯一手段。蒙军已克临安，复使张弘范猛追之，俘文天祥于潮阳，沉宋帝君臣于厓山海面，此种远程穷追猛追之例，在历史上尚属甚鲜也。

本篇主要参考书

1.《续资治通鉴》

2.《宋史纪事本末》

3.《建炎以来系年要录》

4.《中国历代战争史》

第十五篇　蒙金战争

提　要

一、蒙古原属金部落，及成吉思汗雄杰兴起，统一蒙古，金朝势衰，遂为被侵之首要目标。

二、蒙古征金凡五次，金都汴京遂陷。最后，蒙古又结连南宋夹攻金之临时首都蔡州，陷之，金乃灭亡。蒙金战争历时凡二十余年。

第一章　成吉思汗之兴起

一、与塔儿忽台之战。宋嘉泰二年（1202 年）十二月，铁木真（亦作特穆津）与泰楚特（亦作泰亦赤兀）部长塔儿忽台战，大破之。

先是蒙古部有勃端察尔（铁木真十世祖）者武勇有力，为该部落酋长，数传之后，遂扩张而长诸部，金人以之为东北招讨使。至伊苏克依（亦作也速该，即铁木真之父）并合诸部落，势益强大。但伊苏克依早卒，铁木真尚幼，其妻谔楞（亦作月伦）善抚之。唯以寡妇幼儿，各部落遂纷纷离异，且常加以牧场之争相侵夺。当时有族人泰楚特部，号最强，旧与伊苏克依相善，后生嫌隙，绝不与通。及伊苏克依卒，铁木真幼，当铁木真部族迁徙牧地之际，泰楚特部长塔儿忽台忽率部众三万骑来攻。是时铁木真约二十许岁，所有骑兵亦仅一万三千名。在此种众寡悬殊之下，铁木真镇定如常，并立将所部骑兵列成阵势，以一部位于林中，借以自固，于另一翼则以毯幕构成支撑点，由弓箭手占领之，所有妇孺以及一部牲畜，均置于毯幕所构成之支撑点内。然后将其主力分为十三路对来攻之敌，由正面及翼侧逆袭之，做猛烈之进击，结果大获全胜。其敌遗尸六千具，并虏其酋长七十名，铁木真将此七十名之俘虏，用锅烹煮之。于是铁木真之威名大振，诸部族遂复纷纷归来而愿接受指挥，势力复日益强大。

铁木真所以获此大捷者，除其本身之才勇善战外，尚有二弟，一名奇尔固岱（亦作别里古台），一名哈萨尔（亦作哈撒儿），均骁勇善射，摧锋陷阵，不避艰难。故铁木真尝曰："有奇尔固岱之力，哈萨尔之射，可以取天下矣。"另又有齐拉衮（亦作赤老温）、博勒呼（亦作博儿忽）、博尔济（亦作博尔术）、穆呼哩（亦作木华黎），俱侍左右，以忠勇称。是为都尔木库楚克，意即四杰也。

二、乘势伐塔塔尔部。铁木真于大败塔儿忽台之后，适此时塔塔尔部背金约，金主遣将逐之北走。铁木真闻之，发兵自鄂端河（亦作斡难河，即今之鄂嫩河上游，在蒙古东库伦之东方）合击破之。金以铁木真之功，授为察衮图鲁，犹当时之招讨使也。

此一阶段，铁木真南连特垿部（亦作克烈部）长托哩汗于（曾受金封爵为王，亦伊苏克依之交好），东乘机攻塔塔尔，南伐西夏，逐渐强大。

第二章　伐金各次战役

第一节　第一次伐金之战

宋嘉定二年（1209年）十二月，铁木真与金新主卫绍王不和，因以绝交。越二年之春，铁木真伐金。时金将鼎苏（亦作定薛）拥重兵守野狐岭（今察省万全东北），铁木真乃使察罕侦察其虚实，察罕还报，金马足轻动（谓无训练之意），不足畏。铁木真遂进击之，大破金军，取大水泺、丰利等县（今察南张北县西等地）而还，是为第一次伐金之役。

伊喇尼尔本辽人也，先是金人召之为参议、留守等官，皆辞不受，至此闻蒙古部（铁木真）兵至，乃私谓其所亲曰："为国复仇，此其时也。"因率其党百余人投铁木真，献伐金十策。铁木真与语，奇之，因彼生于霸州，号为霸州元帅。故是役之胜也，铁木真得伊喇尼尔之力甚大。

第二节　第二次伐金之战

（一）攻西京。嘉定四年四月，铁木真复率兵南下伐金，将先取山西之地。金主闻之大惊。召赵秉文论防御之策，秉文议曰："我军聚于宣德（今察省宣化县），城小，列营其外，涉暑雨，器械弛散，人且病。深秋敌至，将不利。可遣临潢一军（驻今热河之军）捣其虚，则山西之围可解，兵法所谓出其不意，攻其必救者也。"金主不能用。

金将通吉思忠、完颜承裕是时修筑乌舍堡（察省张北县西北）以御

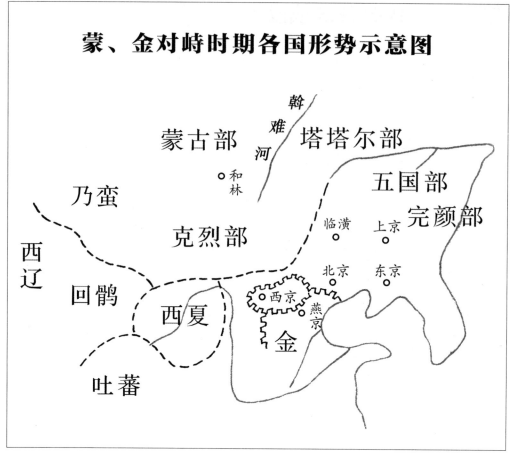

蒙、金对峙时期各国形势示意图

图六三

蒙古兵之入侵，但未及设备，而蒙将阿哈之轻骑掩至，金兵败走。时金汾阳郡公郭宝玉屯定州（今河北定县），驰援之，复以其军降于蒙古，蒙军遂破白登城（晋北阳高县南），而进攻西京（山西大同），攻七日，金守将惧，弃城突围走。铁木真遣精骑三千追之，至翠屏山（晋北浑源南）。金将完颜承裕经宣平县，欲退守宣德，是夜复为蒙古追兵所及，金兵大溃，完颜承裕单身逃脱，入宣德。蒙将穆呼哩（亦作木华黎）遂乘胜进迫宣德，克德兴（察省涿鹿县）。

（二）攻居庸。九月，铁木真攻居庸关（今北平北与察哈尔交界处）。金守将完颜福寿弃关遁走，蒙将哲伯克之。于是金之中京（燕京），为之震动。然蒙军此时因误听乡民谣，以为金兵尚有二十万，遂掠金人之马而还。

十一月，金朝检讨战败原因，以为兵力分散以守御地方城池，而蒙军则集中，行动自由，以攻金之一点，故当之辄破。遂决计放弃小城，集中兵力保守大城。但铁木真此时乃分遣诸将略地，因此东胜、武、朔等州（晋北绥南等地区）皆下之。

是役蒙古之胜也，尚有二事关系于金之致败者，兹补叙之。

其一，当蒙古进军之顷，金遣耶律阿哈使于蒙古。阿哈至蒙古，见铁木真英武而降之，并将金之情报供给之。阿哈不仅善骑射，且通数国语言，因此铁木真重用之参预机谋以图金。此役进兵时并以阿哈为先锋，故所至辄破。

其二，郭宝玉既降，铁木真即问以取中原之策，宝玉曰："中原势大，不可忽也。西南诸蕃，勇悍可用，宜先取之，借以图金，必得志焉。"并建议定法律，征兵诸法，铁木真多从之。

由此观之，此役蒙人之胜利也，一方面固由于蒙军之精锐善战，一方面亦由于金人之腐败无能与士无斗志。但其所以战必胜，攻必克，得力于阿哈及郭宝玉之献计与效力者，实属至巨，观铁木真对阿哈与郭宝玉之运用，铁木真实不愧为善用敌之佼佼者矣。

（三）攻抚州。嘉定五年（1212 年）一月，蒙军攻云中、九原诸郡（今晋北绥远间地区），拔之，进取抚州（察省张北县）。金命将赫舍哩纠坚与完颜万弩等援之。未至，抚州已破。金将士此时有拟乘蒙军新破抚州，方以所得赐其将士而牧马于野之时，乘其不备以骑兵掩击之者。但主将纠坚主持重，以马步军俱进为万全之策，故先遣其将舒穆噜明安使蒙军，责其相侵，盖欲令其撤军也。但不料明安又降于蒙军，纠坚始率三十万军前进，以击蒙军。

当时蒙军以寡敌众，铁木真乃令其将穆呼哩率敢死士先陷阵，而自率主力继之（此战法颇类杨素、李世民之突破战法），大败金兵，追至浍河，金兵遗尸百里。此役蒙军以寡击众，又获大胜。

然此役虽胜，铁木真以金兵尚盛，乃欲令金降将明安率一部蒙军抚定云中东西两路，而自休兵于北。但明安献计曰："金有天下一十七路，今我所得仅云中东西两路而已。若置不问，待彼成谋，并力而来，则难敌矣。且山前（谓燕山之南）民庶，久不知兵，今以重兵临之，传檄可

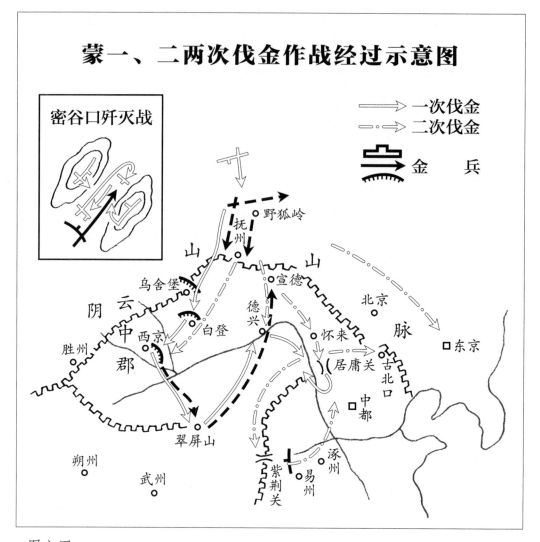

图六四

定。兵贵神速，岂宜犹豫？"铁木真从其谋，即以明安为前锋，引兵南
进，至威宁（绥远兴和县），金守将刘伯林降。铁木真又令其与另一金将
为一军，使其招降山后诸州（恒山之北察绥等地）。

（四）密谷口歼灭战。八月，铁木真复进围西京（大同），金遣元帅
鄂屯襄率兵来援。铁木真退兵诱之，至密谷口，掩击之，金兵全军被歼，
鄂屯襄仅以身免。铁木真复攻西京，为流矢所中，乃解围去。

（五）攻东京。是时有辽遗族舒穆噜额森者，善骑射，多智略，以报
金灭国之仇为志，献谋于铁木真曰："东京为金根本之地，荡其根本，中
原可传檄而定。"铁木真然之，遂进兵。

十二月，蒙将哲伯攻金东京，不能克，引去。途中适获金使者，哲伯遂令其将索济伦布哈易服随金使者赴东京说降，而以兵阴随之，俟其开门，以大军乘之，因使者夜至，遂袭克之。东京已没，而抚、桓等州（察省张北）复陷，因此金主在中都甚惧。

（六）袭紫荆口克居庸关。蒙军既下东京，并克抚、桓等州，遂于明年七月进军宣德府、德兴府，均克之。继即进兵怀来，与守怀来隘之金将王檝激战三日，擒之。而金将完颜纲、果赫呀、果勒齐等，复拒蒙军于缙山（今察省延庆县），蒙军再击败之，金兵遗尸四十余里。蒙军乘胜进至北口（即居庸关北口），金人恃居庸关之塞，并铸铁锢关门，布铁蒺藜百余里，而守以精兵，因此蒙军距关百余里不得前。铁木真乃召萨巴勒问计，萨巴勒曰：“从此而北，黑树丛中有间道，骑行通一人，臣向尝过之。若勒兵衔枚以出，终夕可至。”铁木真从其言，遂做奇袭之部署，留克特卜齐与金兵相持，而自选锐卒与哲伯潜发，并令萨巴勒为前导，日暮入谷，黎明诸军已至平地，遂疾驰入紫荆口（冀西易县之西紫荆关）。时金兵犹熟睡未知也，及觉惊起，仓卒应战于五回岭，立遭惨败，流血盈野。铁木真遂进拔涿、易二州（今河北省涿县易县），金将呼噜布勒（辽人）此时亦献北口以降。于是哲伯取居庸，与克特卜齐会师焉。

适于此时，金大将胡沙虎废金主卫绍王而另立新主，于是金之政府益为动摇矣。

第三节　第三次伐金之战

攻中都与扫荡战。嘉定六年十月，蒙古铁木真遣奇尔台、哈台二将，率精兵五千骑进攻中都，战于涿州。金兵屡败，金将果赫呀果勒齐以兵败恐为尚书赫舍哩执中所杀（执中为屡次欲篡夺者），乃将其败兵进攻执中，杀之。此又为金大敌当前，内相残杀之事（前为执中弑金主欲自立），故金不可为亦明矣。

十二月，金诸路军均驻守山后（恒山之北地区），以阻遏蒙军之进侵。铁木真乃做如下之进攻部署与行动：

（一）留奇尔台、哈台二将驻中都城北以压迫之，使不能调动。

（二）分降人杨伯遇、刘伯林等汉军四十六都统与蒙古军分为三道：

1.命其子卓沁（亦作术赤）、察罕台、谔格德依（亦作窝阔台）为右军，循太行而南，破保、遂、中山、邢、洺、磁、相、卫辉、怀、孟诸郡，径抵黄河，掠泽、潞、平阳、太原之间。

2.铁木真自将与子拖雷为中军，破雄、莫、清、沧、景、献、河间、滨、棣、济南等郡。

3.遣其弟哈萨尔（亦作哈撒儿）及克特卜齐等为左军，循海而东，破滦、蓟及辽西诸郡。

蒙军以上三路军势如破竹，相继破金九十余郡，两河、山东数千里之人民被杀戮殆尽，金帛子女、羊畜牛马均席卷而去，屋庐焚毁，城郭丘墟。所存者仅中都、通、顺、真定、清、沃、大名、东平、德、邳、海州十一城而已。然后三路还军，集中大口（北平东南），以逼中都。

当蒙军分三路掠略各郡时，金因各郡之兵均已调往山后，因此各郡县城无兵扼守，乃征乡民为兵以为守御。蒙军于进攻时，每尽驱金之民兵家属来攻，因此父子兄弟，往往遥相呼应，故金各郡守城民兵皆无斗志，蒙军所至，无不克捷。此种战法，在以前中国历史上虽亦略具端倪，但从无如此大规模使用者，铁木真为前无古人矣。

铁木真此次用兵之残暴，站在中国传统兵学以仁为用兵之本言，则铁木真残暴之罪不可恕。但站在另一战争观点，即战争本质唯以求胜为目的言，则铁木真于兵学之创造上，在古今战史上实别开生面。盖古今战略思想，均莫不以歼灭敌人之野战军为目的，即今日第二次世界大战后所产生以毁灭敌人战争潜力为目的，而轰炸敌人工商业城市与军需生产言，亦无如铁木真此次运用之彻底。故铁木真此次用兵，实将《孙子》"其疾如风""侵掠如火""掠乡分众，廓地分利"之战争原理，做空前绝后之彻底实行矣，此实为在古今战史上创新崭新之新观念。

考铁木真所以采用此种残酷之战争手段者，主要原因，乃以蒙军在国土大小比对上，在兵员众寡比对上，在财富比对上，蒙古均为劣势，其欲战败如此大、富、兵员众多，换言之，欲击灭具有如此庞大战争潜力之金国而夺占中都，则必毁灭金之战争潜力，并孤立中都，然后始可确保进击中都而灭金国目的之达成也。

铁木真已达毁灭金战争潜力之目的（在陕西方之金兵为西夏所牵制不能动），遂开始进击中都。

宋嘉定七年（1214年）三月，铁木真驻中都之北郊，先遣萨巴勒为使与金主曰："汝山东河北郡县，悉为我有，汝所守惟燕京耳。天既弱汝，我复迫汝，天其谓我何？我军还军，汝不能犒师以弭我诸将之怒耶？"

金主遂犒师请和。和议已成，蒙军自居庸关退去。

第四节　第四次伐金之战

嘉定七年五月，金主为避蒙军之威胁，而迁都南京（汴京，今河南开封）。是月，铁木真以援金叛军为由，复入古北口，并乘金已迁都，遂分兵略辽东、河北、河东各郡县。于是金之东京、北京、中京（辽宁辽阳，热河西林，热河平泉东北，北平），均相继陷落，而金之根本尽失矣。

当金主议南迁之时，其左丞相图克坦镒献议曰："銮舆一动，北路皆不守矣。今已讲和，聚兵积粟，固守京师，策之上也。南京四面受敌，辽东根本之地，依山负海，其险足恃，御备一面，以为后图，策之次也。"金主不从。

第一次攻汴与北方扫荡战。宋嘉定八年（1215年）秋，铁木真开始进击汴京，而先以一路自西夏出陕西，继自河北河东正面南下，其作战经过，概略如下：

是年七月，铁木真驻军鱼儿泺（在今察省张北），遣缴格巴图（亦作三哥拔都）率骑兵万人，自西夏趋京兆（长安华县间），以攻金之潼关。不能下，乃由留山小路趋汝州（今河南临汝县）。途中山岭崎岖，过山涧则以铁枪固锁，连接为桥以渡（或早已做此种装备准备与训练）。于是遂乘金人不觉，进袭汴京。金主乃急召花帽军于山东，蒙兵进至杏花营（开封县西二十里），距汴京二十里，为金花帽军所击败，退还陕州（今

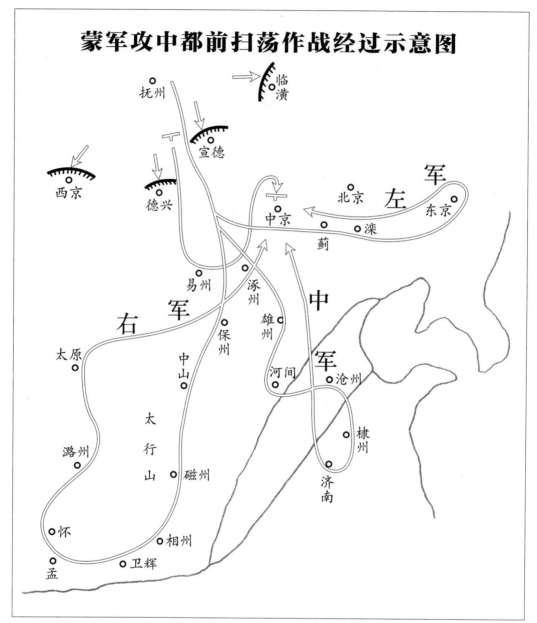

蒙军攻中都前扫荡作战经过示意图

图六五

河南陕县）。适河冰合，遂渡河北去，金人转守关辅（关中三辅也）。但其他各路蒙军所向皆克，金人复求和，不许。

八月，铁木真以史天倪南伐金平州（今冀东昌黎县），降下，穆呼哩遣史进道等攻广宁府（今辽宁锦州北镇县），亦降下。又向平阳进击（平阳即今晋南临汾县西）。此时金朝复有大臣不和，如果勒齐恃近侍局为内应与穆延尽忠相斗，结果尽忠被杀，而近侍局益横，中外蔽隔，而至于亡。是秋也，蒙军取金之城邑凡八百六十有二焉。

十一月，蒙军攻彰德府（今豫北安阳县）及兴州（今宁夏银川市，西夏都城，夏主奔凉州即今武威），均克之。十二月，蒙军取大名府。明年一月又取曹州。河东方面则攻代州（山西代县），围攻太原。九月，陕西方面攻延安（今陕北），攻坊州（陕西中部县），河南方面蒙军进嵩、汝间（今河南嵩县、临汝县）。十一月，蒙军进至渑池，金兵退遁。

至嘉定十年（1217年），蒙军在河东方面，又相继下隰州、汾西县、沁州、潞州等地。但蒙军已破郡县多不据守，盖求集中兵力以实施攻城略地之运动战，而粉碎金人之战争后备力量也。

然金兵集其兵力守河及潼关，故此后十年间（宋嘉定十年至宝庆三年，1217—1227年），蒙军未能进克汴京，但横行河北河东陕西诸郡县而已。惟横扫此诸郡县者，亦所以孤弱汴京也，第已陷于长期之战耳（查同此期间蒙军并攻高丽西域等地）。故铁木真死时（宋宝庆三年七月死于六盘山）遗嘱曰："金精兵在潼关，南据连山，北限大河，难以遽破。若假道于宋，宋金世仇，必能许我，则下兵唐、邓（今河南省唐河邓县间地区），直捣大梁。金急，必征兵潼关，然以数万之众，千里赴援，人马疲敝，虽至弗能战，破之必矣。"言讫而死。铁木真死后，蒙古由拖雷监国。越二年（宋绍定二年，1229年八月），始由耶律楚材之建议奉铁木真第三子谔格德依（亦作窝阔台）即位，盖铁木真伐金，定西域（此时谔格德依自西域还），攻城略地，以其功为多，故遗诏立之也。

第五节 第五次伐金作大迂回攻汴之战

铁木真死后，监国拖雷即遵遗嘱进军。是年十二月兵入京兆（长安），破金关外诸隘，至武、阶（今甘肃武都县），四川制置使郑损弃沔州（今陕西略阳）逃遁，三关不守（似系白马关、大散关、剑门关）。

于是，金乃尽弃河北、山东关隘，企图集中兵力守河南，保潼关，遂沿洛阳、三门、孟津，东至邳州（江苏邳县）之雀镇，东西二千余里，分为四区（行省），以精兵二十万守御之（即西自武关、潼关沿孟津洛阳

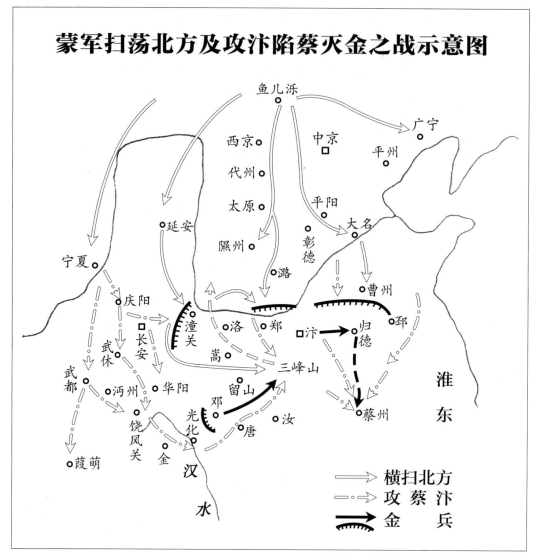

图六六

县而东至邳县之防线）。

绍定二年（1229年）十一月，蒙军围攻庆阳（今甘肃庆阳县），金人请和，不许。金遣伊喇布哈救之，明年一月大败蒙军。蒙金相战二十年，金人仅有此捷耳。

于是蒙古主谔格德依命其弟拖雷为将亲征，六月再破京兆（长安华县间地区）。同时谔格德依以要金纳款为和平条件，遣苏格（亦作速哥）为使赴金，实则以窥金之虚实、地理扼要及人民强弱也。苏格还报，拖雷即进军京兆同华间（今陕西长安以东潼关以西地区）破金六十余寨栅

（守御据点），并西进凤州（今陕西凤翔）。金兵退守潼关，蒙军攻之不能克，转略韩城、蒲坂等地。

绍定四年（1231年）六月，金降人李国昌提铁木真进兵攻金之遗言。于是蒙古主遣拖雷进军宝鸡，而另遣使约宋攻金，并请假道淮东，同河东、河北诸军准备南渡，以夹击金人。蒙使至沔阳，为宋将张宣所杀，拖雷遂攻宋边。

八月，拖雷分骑兵三万入大散关（陕西宝鸡县西南），同时破凤州，趋华阳（今陕西沔阳县），屠洋州（在汉中之东西乡县），攻武休（在陕西凤县东南），开山路以入武休东南，袭围宋兴元军（南郑县），是役民之散走死于沙窝者数十万，此一作为，盖以震惊敌士气也。并分兵而西，西路由别路入沔州（陕南略阳县），取大安军，路开鲁鳖山，撤屋为筏，渡嘉陵江，入关堡，沿江趋葭萌（在四川昭化县南），略地至西水县而还。东路军驻于兴元洋州之间（即今汉中以东地区），以趋饶风关（陕南石泉县西）。同时陕东方面，蒙军用坑道战法金攻河中（永济县），据之。

十二月，拖雷破饶风关，由金州（陕南安康县）东进，以袭汴京为作战目标。

于是金主集大臣议御敌之策，其大臣皆谓："北军冒万里之险，历二年之久，方入武休，其劳苦已极。为吾计者，以兵驻守睢、郑、昌武、归德及京畿诸县（即今河南睢阳、郑县、商丘处），以大将守洛阳、潼关、怀、孟等（怀、孟即今河南沁阳、孟县），严兵备之。京师积粮数百万斛，令河南州郡坚壁清野，彼欲攻不能，欲战不得，师老食尽，不击自归矣。"

金主以坚壁清野扰民过甚，不采坚壁清野之策。乃命诸将驻守襄、邓，以完颜哈达、伊喇布哈等诸帅统兵十五万进驻邓州以御之。

是月蒙古兵渡汉水。当蒙军渡汉水时，金大将哈达等召诸将出二策与议：

（一）由光化截汉水与战（光化在湖北襄阳西北即老河口之北）。

（二）待蒙军渡汉水而后战。

诸将皆以利用汉水做直接防御为有利，但布哈则主采用后者，遂将其军推进顺阳（今淅川县东）。及蒙军渡毕，金兵进抵禹山，分据地势，而列步卒于山前，骑兵部署于山后，此乃河川后退配备之攻势防御也。蒙军当即向之攻击。

蒙将当先，执两小旗领其军逐渐向禹山接近，并观察金阵。然后分为三队散开，如雁翎前进，两路转向山麓，出金骑兵之后，施行包围攻击。金兵直待蒙军东翼突至，而后应战，短兵接三合，蒙兵少却。蒙军复向布哈亲军突击，因金兵力战，亦却。此时金将哈达曰："彼众号三万，而辎重居其一。今相持二三日，彼不得食。吾乘其却而摧之，必胜矣。"布哈曰："江路已绝，黄河不冰，彼入重地，将安归乎，何以速为？"遂不追击（此种纵敌因不懂战术所致）。

蒙军退于光化（此时之光化城在汉水南）对岸枣林中潜伏，昼做食，夜不下马，在林中往来，并侦察金兵行动。金兵经四日不闻蒙兵音响，遂入邓州就粮，及至林后，蒙兵忽至。金兵迎战，方交绥，而蒙军以百骑突击金之辎重。金兵因此混乱，几不成列，及夜二鼓，始幸而退入邓州城。是役之败也，金将尚以大捷闻报，金军腐败由此可知。

明年（绍定五年，1232年）一月，蒙兵不攻邓州城，而自唐州趣汴。金元帅完颜两洛索与战于襄城，败绩，走还汴京。

此时，蒙古主自河中由河清县白坡（今河南孟津县东南）渡河，约拖雷率军来会，南北夹攻之，蒙古主继克郑州。金此时以守汴京之兵不满四万，乃决河水以卫京城。

是月蒙军北路游骑至汴京，金邓州之兵十五万回援汴京。拖雷问计于速不台（亦作苏布特），答曰："城居之人，不耐劳苦。数挑以劳之，战乃可也。"遂以骑兵三千尾追之。金兵至钧州（今河南禹县）沙河回战，而蒙军则却；金兵行，又尾追之，及金兵宿营时复袭击之。因此金兵不得休息饮食，而且行且战至黄榆店，距钧州三十五里，忽降大雪，平地积雪三尺，金兵冻甚僵立，刀槊冻不能举，拖雷乃出其军乘之。同时蒙兵自北渡河南进者，亦集中与拖雷军南北夹攻之，将金兵之前后路以大树堵塞。金兵至三峰山（禹县境），军士有不食三日者。至是蒙古南北两军合围，并分其兵更番休息，以困金兵。及金兵已疲，遂开钧州路纵之，而以生力军夹击之。因此金全军大溃，声如崩山。此役也，金之健将锐卒俱尽，自是金兵不可复振矣。于是，蒙军分兵略商、虢、嵩、汝、陕、洛、许、郑、陈、亳、颍、寿、睢、永等州（即今河南省及皖西北地区）。

是年三月，蒙军将攻汴京，先以诈和诱金交出降人家属及绣女弓匠鹰人等，然后令将速不台攻城。速不台先驱汉俘及妇女老幼负薪草填壕攻城，猛攻凡十六昼夜，内外死者以百万许，而金人仍死守，汴京至此所以未被攻破者，因金主颇得人心也。蒙军以攻汴京不下，遂与媾和撤离。

是年七月，蒙古遣使至金，谓欲和议成，须金主自往与议，和议又绝。

十二月，蒙古遣使（王檝）约宋夹攻金人，许成功后以河南归宋。

明年（绍定六年，1233年）一月，金主迁归德（河南商丘），因汴京城残破，不堪固守，又以归德城四面皆水，便于防守也。同时金主欲东扩地山东，取大名，但战于卫州（今汲县）即大败，乃复回归德。及闻蔡州（今汝南县）城池巩固，又迁蔡州，旋即为蒙军所围攻。明春（宋端平元年，1234年）正月城破，金主自缢。完颜仲德闻金主死，自投汝水殉之，随驾将帅及军士五百余人均殉焉，金遂亡。

第三章 研究与评判

第一节 蒙古方面

（一）铁木真之英武。铁木真在战斗中成长，天资英武，不甘凌虐，以及其弟兄及子数人，皆为一时之雄，加以四杰之忠诚相辅，故能战胜攻取，开展大业，此为其主要因素之一。至谓其人民生活条件与战斗条件相合之因素则尚居其次，此可由当时沙漠诸部落觅得证据，换言之，当时沙漠生活与蒙古族相同之部族何以均被征服，盖由于铁木真及其诸子皆为一时之杰所领导有以致之也。

（二）亲兵储将法。自铁木真以下各统将，皆有亲兵之编组，选最精锐之兵充之。此项精锐之士，经常在主将耳提面命之精神感召与训练下产生将才，其各级将校之补充亦常出此。此种制度之作用，恰如今日之军事学校或军官团然，而收效或尤过之。盖以此种将校系由此种亲兵产生，则其对主将之战法意图平素既已熟习，则战时之上下信心坚确，战法统一，随时能满足主将之企图以行动而贯彻之。此种制度，实值得研究者。

（三）善于结连盟友。利用国际关系，最初连结克烈部以征服附近各部落，继利用金与塔塔尔部之矛盾，联金以打击塔塔尔部，然后伐西夏而盟之，其势因以强大。伐金时又利用金、宋世仇，联宋以形成南北夹击之势，并借宋之边境，以开辟制敌于死地之新战场，而侧击包围与奇袭敌人，如假道淮东与襄邓是也。

（四）利用金人内部之矛盾及利用敌人：

1.利用金族君臣中相互争斗之时机而进攻之。

2.利用辽人及辽人之为金臣者以覆金人，因辽金有灭国之仇，故其伐金时，辽人大量被利用。而金人之防辽人内乱亦大感困难，而几有防亦难、不防亦难之势。如其时对辽人，以金人两户夹辽人一户之监视，但当时辽人为金大臣将帅者尚多，又恐引起疑忌，此为当时金人最困恼之问题。如利用辽人阿哈及耶律楚材、伊喇尼尔、舒穆噜明安等，即其显著者也。

（五）利用民族敌对力量。北方汉族为金人所征服，然民族复仇之潜力，始终埋藏于汉人心中。故下宣德时，即利用郭宝玉，其后又屡利用汉人编成部伍，而以蒙军配合之，以与金人作战。其此种运用，颇合于《孙子》"胜敌益强"之原则。

（六）尽量发挥各级权力以发挥人力于极致。铁木真及其子谔格德依四征各国时，均用极原始之"封建法"，即各将士所征服之地，其所掳掠之财物，即以分赐其该诸将士，其所掳获之人民亦为其将士之奴隶，故蒙古至谔格德依初期，其国库仍无丝毫之积。中国北方各地区之人民，亦曾被封建其诸将士，此种制度直待耶律楚材建赋税之制，及建议废封建型之剥压人民，以安中原被征服者之民心，始逐渐予以更变。且当时其诸将皆赐有符印，有生杀予夺之权，此亦为彼等乐于效命之原因。故上项制度，当其初期之四征也，实为其一种战胜之原动力，盖其此种制度，可以激发人自为战，而发挥为无穷大之士气，使其当时诸将士，虽穷年累月之远征，艰苦备尝，而其士气则愈战愈勇，因而尽量发挥各级指挥之力量于极致，并彻底发挥人群精神力、智力及体力于绝顶。惟因其如此，故其远征时杀戮与掳掠之惨绝人寰之程度，实为空前绝后焉。

然蒙古初期实施此种制度，其将帅并不敢因此而对铁木真及谔格德依稍有骄纵及越轨之行动，且唯其之命是从之，何以故？盖其此种制度之后，尚有极严之法纪随之，无有敢触犯者，铁木真以此保障其团结与指挥统一之权，而发挥无比之力量。考其此种运用也，又颇合于《孙子》"施无法之赏，悬无政之令"之原理。此种运用，凡在初创大业之阶段者，均应深心体会而运用之。

（七）选用才能标准。铁木真选用才能标准，并非以政治财富及资望为根据，此一点亦为今之言制度者所不可忽视而应深心研究者。盖凡过度重视资望、资历者，势必渐流于官僚主义而事功日退。反之如铁木真之办法，凡强力精干、智慧优秀而能多建事功者，即不问其他而重用之，如是人必皆愿竭其全部生命力以图效命，而具资望资历者亦不敢例外，而力图事功。既群众均竭其生命之力以效命，则其事功之隆，自当日益飞进。故今日言运用人力者，必须以此为最高准绳。盖用人之道，在使尽其心，竭其力，而无观望踌躇也。故人力之能否发挥，为事功成败之主要关键，凡为领导者，对此应深切研究之，尤其若属初创事功者，则绝不可违此一原则也。

（八）重视科技人才。蒙古军每征服一地，特别重视收纳敌方之具有工艺力之技术人才，故其装备与武器进步迅速。其此种办法，视之今日重视科学家，前后如出一辙也。

（九）战法。蒙军将帅颇长于斗智，兹将其战术运用显著者列述如次：

1. 奇袭。蒙古用兵，若非必要，决不攻坚，以确保其机动与冲力，而免钝兵挫锐之弊。故其多用奇袭战术，如其攻居庸关时，潜兵出紫荆口，使金兵为之震骇而击破之。其次如袭汴京之兵，先则自陕西越险阻而南下，示以进取成都为目标，当其进至武休之时，拖雷乃突率其主力自沔州沿汉水而袭唐、邓。此一奇袭之进军尤妙者，拖雷于金兵初次接触之后，以金兵已退据邓州城，乃突而转向唐州前进，直逼袭襄城之金军而击败之，逼使邓州之金兵亦不得不撤退，以求退保汴京。此时拖雷又用疲敌战法而尾追之，使不得休息与饮食；及追至钧州时，乃协同渡黄河南进之蒙军南北夹击，聚而歼之。拖雷此役妙在尾追而不做超越追击，且其当日只靠传骑通信，而竟能收南北军如此良好之协同，亦属难能可贵。

2. 先打击金人之战斗潜力而孤立其作战目标。如其攻金之中都时运用此种方略，攻汴京前亦运用此种方略，其此种运用之功效已略述于前，兹不再申论。

3. 诱敌与伏击。如攻西京时密谷口之诱击，将来追之金兵全部歼灭。其次蒙军亦常用一种战法：当其当面敌人甚为坚强，并据险要地利而难于攻下时，蒙军即用"攻其所必救"战法，以之诱逼敌离开其险要而来救时，邀击而歼之。今日求阵外决战之战术原则，即基于此种历史战例而产生也。

4. 力量集中与机动之运动战运用。当蒙军攻河北、攻中原各时期，双方整个兵力比对，蒙军均占劣势。但金兵分散守御各地之城池，兵力虽优而分散；蒙军则集中兵力实施机动的运动战，攻下之城池亦不守，而只略取财帛、子女与物资，甚至造成悲惨之杀戮恐怖，一方面各个击灭敌之军队，一方面粉碎敌方社会之战争潜力，直至敌人得而复失之后，已无战争之抗力，则其地可不守而得之。此亦即蒙古之彻底破坏战之运用也。

5. 善用诈术。当蒙军攻金东京不下时，彼乃撤退，然后利用金使者诱开城门，而蒙大军随之。由此可知蒙人天赋智慧极高，常能临机应变，利用每一可乘之机而诈伪百出。

6. 扰乱战法与迂回包围战法。如蒙军最初欲图中原时（即蒙军横扫山东河北河东陕北各方面时），即曾利用与宋人同盟之掩护，而先派一军自陕西方面渗入河南之汝州，作对敌后方之扰乱牵制战。至于其越陕西汉中而下唐邓，然后指向汴京，其此种大迂回大包围之战术运用，亦极足称道。

总之，蒙军战术实集辽金之大成，而又以其高度之智慧与四征诸沙漠部落之经验，融会而创造之，始有此辉煌之军功也。

第二节 金人方面

金人之伐辽也，曾大为利用辽之叛者；其伐宋也，亦不惜高官厚禄，裂地分封汉人。但及盛时，乃大为削夺外族之官爵与封地，而分封其宗室。但不久其宗室互相争夺，自相残杀，故其势遂渐趋颓弱。其此种自相争夺之事，直至金主已退保归德时犹有发生，由于金内部之矛盾，故当蒙人入侵，辽人汉人之将帅即相继投降蒙人，此实金人失败之总因也。自古以来，使敌人内部矛盾丛生而自陷于分崩离析，此乃古今战争谋略家所穷思竭智孜孜以求者，而金人竟自为之，故金人虽欲不败不可得。加以骑兵之强不如蒙人，战略、战术之运用又远瞠乎蒙人之后，此金之所以败也。

本篇主要参考书

1.《续资治通鉴》

2.《中国历代战争史》

第十六篇　蒙军西征

提　要

一、蒙古由于人文与地理关系，故于伐金取得黄河以北各要地后即展开征西域之战。

二、西征首当其冲者，为立国于新疆西方、中亚地区之强大伊斯兰教国花剌子模。由于蒙古之闪电攻势，花国即告灭亡，而歼花国王于里海之滨。

三、次为征俄，此役分为二阶段进军，先扫荡中俄罗斯，次破俄首府基辅，俄亡。

四、再次征匈牙利，此役分四路进军，越过阿尔巴阡山脉，有如自天而降，而攻匈都培斯特陷之。

五、蒙军之特质，以战致富，故愈战愈强，善用谋略，善用科技人才，故军队编装优良，复以天下第一之骑兵而善行闪电战，故所当辄破，所攻辄克。

第一章　导言

　　本篇因搜集资料之不易与整理之困难，为作者写历代战史之最难者。因元史对西征战史，记载极为简略，其他资料则仅有阳明山实践研究院出版之《蒙古西征》与《蒙古战法研究》，及抗战时俄顾问布尔森所演讲之《成吉思汗》（上述《蒙古战法研究》摘自该讲稿）与前陆大出版之《中外古代战史》等书。前者《蒙古西征》一篇所记述者虽较为确实可靠，但自研究战史之立场观之，则颇嫌叙述之缺乏系统，甚且零星片断。至于布氏之演讲及《中外古代战史》，则错误甚多，如布氏所讲蒙军征金朝时分三路自西藏迂回，及攻南京（汴京）之所用诈术等，均属不确（请参阅拙作《蒙金战史》）。因此作者参考此等资料极为审慎，亦惟因参考资料不足，而错误之资料又多，故本篇尚不敢保证其无错。幸作者另搜集金、元、宋等史书加以参证，其错误之处或能较少耳，尚希先进贤达不吝指正（时尚未能搜得《多桑蒙古史》及《元史译文证补》《蒙古秘史》等书，若欲做更详实研究，请参《中国历代战争史》）。

第二章 征花刺子模国

第一节 征伐之起因

当蒙军侵金之初期，成吉思汗势力实已控制今之新疆全境，于是该地区遂成为尔后蒙军发起西进之第一前进基地。

蒙古已进占此地区后，即不断利用其商队以侦察西方各地情势。而首当其冲者，即为立国于今之中亚细亚以南及阿富汗伊朗等地区之花刺子模国，尤以该国之锡尔河、阿姆河及咸海、里海广大水草地区，为游牧之蒙古族所垂涎。成吉思汗乃于 1219 年（于克金之中都即今北平后四年），乘花刺子模国两母后势力相倾轧，与其国王摩诃末之昏庸（伐金亦乘金昏庸之卫绍王初登帝位之时伐之），遂以其商队为花刺子模国杀害为口实，而兴其问罪之师。

第二节 征伐经过概要

是年成吉思汗即抽调在中国与金人作战之一部军队西调，至明年夏抵达其西边新国境上之依尔的杵河畔集中，以待秋凉即向花刺子模国进军。此一西进之军，为数约在十余万。

当时堪称强大、人力雄厚、城市具有特殊防护工事之花刺子模国，国王摩诃末侦知蒙军将向其进侵，亦动员三十余万大军，以决战防御为目的，"沿色尔河（锡尔河 Syr）布置防线。其正面正对北方，连锁已筑工事之城镇，以加强该防线之防御能力。而柏克黑拉（Bo-knara，古称卜哈拉）及塞曼堪（Samarkand，古称寻思干）两大城市位于该防线之后。花剌子·模国所配置之总预备队即逐次向该城附近集结中，其他各部队则使用于西北方面，该方面直当中亚细亚山岳地带"。而蒙军之攻势部署，则以一奇袭纵队，由成吉思汗与速不台亲自率领，正向此一山岳地带潜行运动，迂回色尔河防线之左侧，以柏克黑拉为作战目标，而另以三个纵队指向色尔河防线之正面而攻击之。

当三个纵队向色尔河防线猛烈进击时，每侵入之城镇，"居民统令迁出，加以选择分组，童子及青年妇女遣向蒙古本土为奴仆，有专技之工匠则供劳役于军中，其他人与物均予拘禁，逐次予以杀戮"。

此三个纵队攻击与屠杀之行动，特以吸引敌方之注意力，以掩护成吉思汗与速不台所率之第四个纵队做奇袭之运动，因此此路纵队得以迂回敌防线之左侧，而敌犹不觉知。于是成吉思汗渡过色尔河向南急进，更越过宽达三百哩（英里旧称，1 英里约合 1609 米——编者注）之红沙沙漠（一再出敌意外之运动），其进军之速，如闪电般直趋柏克黑拉城垒之下，包围而攻击之。当攻城之际，蒙军先驱使当地百姓先行，以为蒙军攻击部队之当盾，守城之敌军屡图突围，均无效果。

当蒙军第四纵队攻击柏克黑拉等城之际，花剌子·模防守于色尔河正面之部队，由于背后感受攻击之威胁，已陷于被迫狼狈混乱之撤退中。于是自正面向色尔河沿岸防线攻击之三个蒙军纵队，遂迅速乘之以行包围攻击，而予敌人以聚歼。

花剌子·模国当此惨重打击之后，国王摩诃末（《元史》称灭里可汗）自率残余军队退守撒马尔罕城（《元史》称薛迷思干城），札兰丁（《元史》称西域主）据守咸海西侧乌尔特城，一面犹在各地动员军队，盖图挽救最后之命运也。

于是成吉思汗亲自攻撒马尔罕城，而令术赤（汗长子）攻乌尔特。未几撒马尔罕城亦被攻陷，摩诃末向里海方面逃走。成吉思汗乃命速不台（《元史》：命拖雷。速不台为拖雷麾下之大将）与哲伯组成两个追击纵队，以追捕国王摩诃末。该国王被追入里海，被擒（按《元史》所载）。

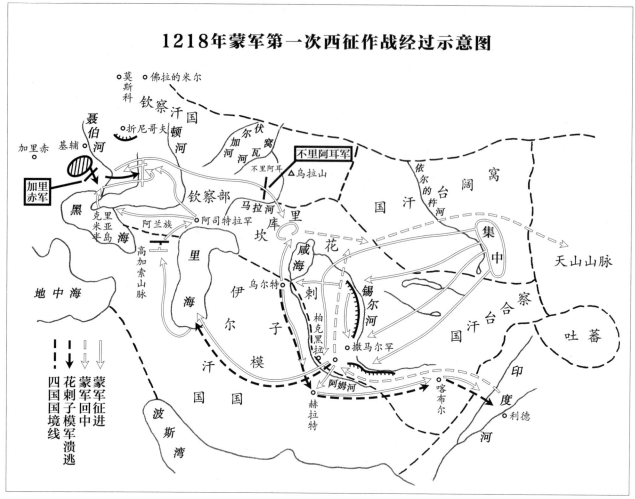

1218年蒙军第一次西征作战经过示意图

图六七

约当撒马尔罕城危急之际，札兰丁为援救摩诃末而率其军东进，但未至而城已破。既与摩诃末相失，此时成吉思汗复亲自追击之（《元史》：札兰丁与灭里可汗合兵，击败蒙将忽都忽，成吉思汗亲自进击乃击败之，并擒灭里可汗）。札兰丁遂向南方赫拉特（今阿富汗西北国境）退走，复遭成吉思汗之穷追，乃遁向喀布尔（今阿富汗都城）而逃入印度。成吉思汗追至印度河畔（《元史》：遣八剌追之），因札兰丁业已远飏，始回军撒马尔罕城，而做建设伊尔汗国之部署焉（《元史》似以卜哈儿为花剌子模京城，因卜哈儿古译作不花剌），及已收服诸城，乃派官监治之。

成吉思汗为巩固花剌子模国之占领，俾以分封其子，遂一方面命追击摩诃末之速不台与哲伯军，转而指向里海之西侧北进，沿途扫荡掳掠而逐渐进入俄境，一方面命占领乌尔特之术赤军沿咸海西侧北进，而驻于咸海之北方。此一行动，其作用有三：一以掩护成吉思汗之北面，二以策应拖雷、速不台之作战，三使术赤利用咸海、里海北方大好之草原，以开辟其新牧场，建立新汗国，并以之为再向西进之第二前进基地。故其后成吉思汗率此一西征军回国时，即留官监治之。及术赤死，其子拔都即继为此一新领地之主人，此亦即钦察汗国建立之初基也。

第三节　续向西方做掩护及探测攻势

成吉思汗于征服花剌子模国后，即准备建立新领土之汗国以分封其子，既如前述。彼为使术赤确实占领中亚细亚草原及里海北部新牧场，并以探测该方面部族之情势，故使前已进至里海西侧之哲伯及速不台军（按《元史》载均受拖雷指挥）继续北进，越高加索山脉，向居于里海北方之钦察部征进。然际此首当其冲者，则为居住于高加索北麓之阿兰族，而阿兰族则联合钦察部以对抗之。蒙军已知悉阿兰族与钦察部联合，其势甚强，为求各个击破计，乃采用离间策略以分离之。于是以反间苦肉计，遣密使持书致钦察部，书中谓钦察部与蒙古族乃同一血族，为何与毫无因缘之阿兰族同盟以相抗？并保证不侵犯钦察部，而且于击败阿兰族后一随其所望，云云。钦察部果受所欺，即解除与阿兰族之同盟关系，而并解除其兵备。拖雷于此计得售之后立即前进，于击破阿兰族之后，并以疾风迅雷之势向钦察部袭击。至此钦察王始知为甘言所骗（所谓"币重而言甘，正诱我耳"），然为时已迟，乃力战而亡。而钦察王之兄忽滩，则逃至俄国其婿迦里赤王庭而求援焉。

蒙军至此犹尚未足，仍拟继续向西方做探测性之攻势。盖其越过高加索山后，尚未遭遇坚强之抵抗，故乃因利乘便，欲以扩张新领土与掠劫各大商港之资财也。于是蒙军于次年冬攻陷里海北岸之阿斯脱剌罕市，掠略大量资财后，复分两路向西方进击：一路向顿河方面前进，一路指向克里米亚半岛，掠略速答黑商港后，再转向北方，与北路军以聂伯河下游各城市及加里赤为目标，形成钳攻之势。

俄迦里赤王国既受钦察部王兄之求援，今又见蒙军逐渐接近，遂联合其附近部族以进战蒙军。

蒙军两路会合于聂伯河下游后，续派遣先锋部队渡聂伯河西进。适遭遇迦里赤王所率之部队，因众寡悬殊，迦里赤王竟获大胜。蒙军乃使用其后退包围战术，立即后撤。

迦里赤王经初战胜利后，志气颇骄，以为蒙军之战力亦仅如此而已，遂向前猛进，渡过聂伯河后，更西进渡迦勒迦河，于是遂与蒙军激战于迦勒迦河东岸。

此一战役，迦里赤不知蒙军诱敌之计而锐进。及到达迦勒迦河东岸蒙军所预选之战场时，忽遭蒙军正面与侧翼之猛烈攻击。此时迦里赤王虽奋战，仍终遭惨败，渡河向西而逃。而如疾风迅雷之蒙古骑兵各追击纵队，遂猛烈追击之。因此迦里赤王之军，遭蒙军之纵横扫荡，几全军覆没，时为1223年六月也。

然蒙军此役虽获得彻底之胜利，但以在中亚细亚所获之新领土，尚待整理与巩固，且在中国方面之金朝虽已退守汴京，而其兵力尚极强大，实亟待征服之后，始可向远西方进击也，故追击至聂伯河畔，即大掠回师。❶

---

❶ 按《元史》记载摘录于此，借供参考。成吉思汗在位共二十二年，成吉思汗十五、十六、十七三年伐西域（布哈尔）：1.十五年（1220年）春三月帝克蒲华城，五月克寻思干城，驻跸也儿的石河，秋攻克斡脱罗儿城。2.十六年春帝攻卜哈儿、薛迷思干等城，皇子术赤攻养吉干、八儿真等城并下之。四月驻跸铁门关。秋帝攻班勒纥等城，皇子术赤、察合台、窝阔台分攻玉龙杰赤等城下之。十月拖雷克马鲁察叶可、马鲁、昔剌思等城。3.十七年春皇子拖雷克徒思匿察兀儿等城。还经木剌夷国，大掠之，渡搠搠阑河，克也里等城，遂与帝会，合兵攻塔札寒寨，拔之（此时蒙将木华黎自陕西南下攻金）。西域主札兰丁出奔，与灭里可汗合。忽都忽与战不利，帝自将击之，擒灭里可汗，札兰丁遁去，遣八剌追之不获。秋帝驻跸回鹘国（今新疆天山南路之地，即为当时回鹘国土）。4.十八年夏帝避暑八鲁弯川。皇子术赤、察合台、窝阔台及八剌兵来会。遂定西域诸城，置达鲁花赤监治之。5.十九年帝至东印度国，角端见，班师。注意：按此段史实观之，速不台（《元史》有译作苏不特者，清时改译苏布特）似未参加此役，但于拖雷自唐、邓袭攻汴京之时速不台为拖雷将，攻汴京时亦由速不台任之。详请参拙主编之《中国历代战争史》。

第三章　征俄之役

第一节　征俄之前奏

如前所述，成吉思汗征服花剌子模国，及击败俄国迦里赤王军并扫荡不里阿耳各地后，以在中国方面之金国势力庞大，必待先灭之，然后更向远西方征进始可免于危险，遂回师本国，以进击已迁都于汴京之金朝。盖金朝于其中都（燕京）失陷后，而仍拥有强大之步骑兵及广大之领土，在黄河以北之广大地区做西方国家所未曾有的坚韧之抵抗也。故于 1224 年自西方回师，至 1226 年即再发动向金朝进击。此次南征金朝，以鉴于金人凭黄河以抗阻，乃越西夏国境，指向秦、陇、川、汉地区，做远大之迂回，以击金国之左侧背。但此役发动之明年（1227 年），成吉思汗即以六十六岁之年，不幸死于萨里川哈喇图之行宫，而遗诏以其居于西域之第三子窝阔台（太宗）继承大位。

窝阔台继承大位之后，承其父遗志，仍向已定之进军路线以进击金国，至 1234 年始灭之（此段史实已详于上述蒙金战史）。

窝阔台于灭金之后，即尽撤其在河南方面之军，盖欲从事整顿之后，以备再度西征也。

第二节　征俄之准备与部署

窝阔台于灭金后三年之春，即以速不台率领其十万大军向里海北之伏尔加河（Volga R.）畔拔都所居之地集中。速不台所率西征蒙军于向伏尔加前进时，沿途以狩猎为乐，当年夏间大军抵达伏尔加河畔，而接受拔都之欢迎。

此次西征，窝阔台以拔都为元帅，速不台副之，而指挥权则实操于速不台之手。

蒙军在伏尔加河畔集中后，首先做如次之准备与措施：

（一）合并编组拔都所统率之诸部族团（士尔阶区及西彼尔之吉利吉斯人），而以蒙军为核心，并以铁的军纪巩固之。

（二）肃清此前进基地两侧之危险，派出一军向北侧伏尔加河上游挺进，袭击布尔加人（Bulgalis），并破坏其贸易中心之波尔城市而掠略之。

另派蒙哥统率一军指向其南侧，以击破奇卜察克人（Kipe-Naks）。蒙哥于击破奇卜察克人后，于该族人西逃时并不穷追，乃转其兵锋指向伏尔加河下游，以扫荡横行于该地区之匪群。

（三）在求策源地安全之此役扫荡战中，尽俘当地避难人民，于其攻战中利用为人幕，以掩护蒙军之前进。此种悲惨无比之措施，盖有两大作用：一为在战术上俾蒙军攻击前进于有利，并以消耗敌人之战力；两为消灭当地人力，以免其在蒙军后方之反叛。故将未死之难民则控制之，驱使赴另一作战地区；或将残存之民如布尔加人、伏尔加人，组成骑兵队群，施以训练，由蒙军引率之进入俄境，以从事作战或向导。盖如此则其后方及交通仅留少数之哨兵，即足以维持其安全也。

（四）是年冬速不台在拔都之篷帐内，整理分析由商人及间谍所搜集关于西方各种情报，如通路及放牧草地，尤着重于西方各城市之防御及其君主之政治。当间谍报告以无一国能与他国和睦相处，各酋长与其兄弟之间常互相攻击，各国大教主亦与其国王相倾轧斗争之情报时，速不台、拔都对此种情报极感兴趣，盖此种情报对其进军极具重大价值也。

（五）进军之前，先派遣使者说俄国各君主，令其投降（此为蒙军之常例），并纳贡赋（当其大军征进时亦常派遣使者，令其当面之敌酋长或君主降服，盖借此以松弛或瓦解敌人之战志）。

（六）携带大队中国技师及当时尚为新奇火器之硝石、硫黄，随管炮（炮兵队长）前进。盖蒙军准备于十二月隆冬天气，乘俄人进入其木材架筑之城过冬时进军。此种为俄人所认为坚固之木城，若经此种炮火攻击，则一摧即毁也。

第三节　征俄之实施

（一）第一阶段进军——横扫中俄罗斯

速不台在上项准备征进之阶段中所遣之招降使者，皆为俄人所处死。于是速不台乃选定 1237 年十二月之隆冬天气，开始闪击进攻。速不台选定此一时间进军，有如次之意义：

1. 由于天气酷寒，乘俄军局促于其城市及村落之木墙后方驻守，并集中粮食于各城市以度寒冬之时，出俄人之意外，突然闪击之。

2. 利用冰冻之河川为进军路线，以加速其骑兵之进击，而达到奇袭闪击之效果。

蒙军进击时分为两纵队前进：一纵队向西北闪击，指向中俄北俄各大城市进攻，而由拔都与速不台率之；一纵队向西南前进，指向黑海北岸，经克里米亚半岛北进，而由蒙哥统率之。蒙军照一贯惯例，每一骑手携带数匹预备马，前进时不断换骑新马前进，故其前进速度常为俄人梦想所不及。当拔都纵队前进时，首当其冲者，为肥沃之里山（Ryazan，在今莫斯科之东南方，今译梁赞）地区各城市。此一地区各城市曾因奴隶与毛皮之贸易而繁荣，惟因此地区富庶，故各族间之斗争永无终了之日，因此各城市均用大木材所筑成之城墙，足以抵御奇卜察克及布加尔人之袭击。故俄人以为此种坚城，亦足以御蒙军之攻击也。但不意蒙军突至，并使用中国技师所制造之火炮攻城，一经轰击，即告崩塌或焚毁，而守城之俄军及至闻悉城墙已告倒塌时，蒙军之骑兵已在城内矣。故各城市无不于顷刻之间，即遭到空前惨烈之屠杀与奸淫掳掠。盖俄人不但对蒙军之厉害一无所知，而且只知以利剑相刺击之落伍战法，固不足以抵挡蒙军之火炮与利箭之浓密远击也。因此蒙军于攻破里山城之后，迅即沿冰冻之河川，由一城堡至另一城堡，遍蹂苏士达尔、罗斯多夫及雅洛斯拉夫尔各地矣。当时为一小市镇之莫斯科（Moskva），其居民则早已闻风远遁，该镇亦遭焚毁。

当蒙军进袭中俄大城市夫拉提密尔时，居于该城之由利王正派遣其将多罗斯率兵三千以行侦察，但多罗斯随即慌忙奔告："吾人已被包围。"该城亦迅即被蹂躏。此可见当时蒙军闪击之迅速矣。当时其他各城市，亦莫不如此。而其他各王公及军队于城被陷，正在雪地奔逃时，即为远方发射之利箭所袭击，而失去战斗力，继即遭蒙骑之践踏。且蒙军依其惯常战法，让由敌方之逃难者奔逃，以便随之通过森林地带，并借以增加奴隶之人数。因俄人在运动迅速之蒙骑追逐下鲜有能逃脱者，笨重之俄罗斯马，亦绝不能与生长草原之蒙古野马并驾齐驱也。

由于蒙军闪击之迅速，于 1238 年数月之间，在中俄罗斯即连下十二处城市。在十二月至次年三月末之短暂时间，中部俄罗斯已再无自由人民之踪迹。此种闪击之迅速，直与第二次世界大战希特勒闪击欧洲前后媲美也。

当拔都继续北进，于罗斯多夫以北击灭俄军最后之阻击后，即沿科罗门卡河，指向波罗的海岸之洛夫哥罗的前进。此时适雪季已经过去，旗门湖地区已下连绵不断之雨水。拔都之纵队虽已进至距富庶之洛夫哥罗的尚不及六十英里之处，然习惯于亚细亚高原殆全无雨水之大草原之蒙古骑兵，目睹此种到处沼泽与森林且雨水连绵之地区，且经过严寒隆冬中苦战，马匹亦皆已疲惫之蒙军，实已大感进军之困难。其间且经速不台之忠告，拔都遂断然回师，逐水草而回至顿河（Don R.）上游地区（即今里海、黑海间低洼地）养息焉。此时蒙哥所率之军亦已抵达此地区，速不台与拔都遂一面休整军队，一面整理俄罗斯之新领土及处理其丰富之战利品。

此役中俄罗斯各王公各不相救援，亦为彼等被蒙军迅速荡平之主因。

此役蒙哥在黑海北岸地区，击破奇卜察克人约四万户，此一族人遂远向匈牙利平原逃遁。此族人后与匈牙利军联合以抗蒙军，但为蒙军所离间，终于反为匈牙利人所驱杀。

（二）第二阶段进军——攻俄罗斯首府基辅

速不台整理新得之领土中俄罗斯之工作业已告成，为拔都增加一片广大肥沃之新牧场，又已在顿河以北地区休军二年，乃与拔都商议更向

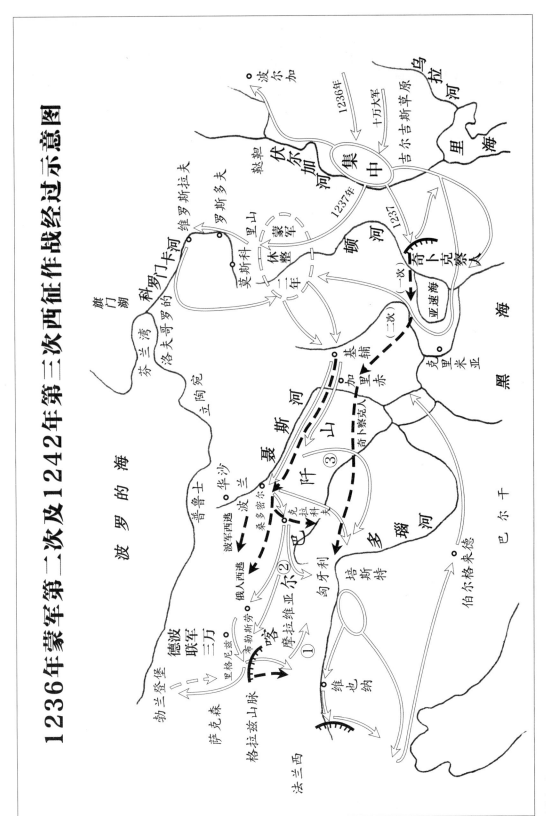

1236年蒙军第二次及1242年第三次西征作战经过示意图

西进军。此时拔都颇以中俄罗斯新领土为满足，因欲亟归其伏尔加之宫。但速不台则谓"予不能留而不归，但在未能饮马多瑙河（Danube R.）以前，予将不暇旁顾"。加以拔都部下亦均欲继续西征，遂不得不屈从速不台之意，而于1240年十二月以俄罗斯历史悠久之"城市之母"基辅（斯拉夫族之首府）为进军目标，而开始进击。惟此项进军，蒙军动员之数量尚不及十万。

基辅为俄罗斯之贸易中心，因为聂伯河（Dineper）与黑海为通达君士坦丁堡（Constantinople）之水路交通，极称便畅，故几世纪以来，南部斯拉夫人在此地已与东罗马文明相接触，因而其建筑之华丽辉煌，为其他城市所不能望其项背。然在其西南地区之王公，则常以与其在商业上之竞争而相斗争，在其北方则为荒凉之邻邦不能为助。因此当蒙军进击时，此一"城市之母"实已陷于孤立。

当时基辅王为迈克尔大王。当蒙军向其进击时，蒙军照例遣使者招降。迈克尔大王乃杀蒙军使者而闭城坚守。于是由拔都与蒙哥所率之蒙古骑兵，遂迅即抵达聂伯河畔，而准备攻城。

蒙军准备攻城之际，见基辅倒影于河中之金碧辉煌之圆顶及洁白之墙壁建筑，为之惊羡不置，遂称其为"金王族之宫庭"，并即开始攻城（此一攻城战史无所载）。

基辅名城一经蒙军攻陷，于其财富子女玉帛掳掠一空之后，即被夷为平地，而迈克尔大王则率其残余之官民兵丁向波兰越过加里西亚平原西逃。蒙军之追击，直抵喀尔巴阡山脉（Carpathian）之境界。蒙军在此地休驻数日，整备再兴攻势，以备蹂躏波、德、匈牙利之境矣。

第四章 征匈牙利之役

第一节 四路进军

速不台以饮马多瑙河为志，已如前述。故于毁灭基辅名城，而追击俄罗斯人至喀尔巴阡山脉境界之时，仅休驻数日，即继续沿喀尔巴阡山北麓进入加里西亚平原歇马，并搜集情报，加以整理分析后，制成一幅敌情判断要图，以备进击焉。同时速不台对拔都谓："若非击破此中部欧洲之力量，则俄罗斯平原之占领，实非安全。"以此鼓励拔都之进军勇气。但拔都至此仍感踌躇，其原因为若再征进，则势必须与当前二三倍之敌作战，万一失败，必招致莫大之损害也。但速不台则乃恃蒙古马之速力能二三倍于敌方，依此可以避免战败，且可有制胜之把握，故仍决计进军，时为1241年二月也。

速不台此次进军以打击中欧敌人之力量为目的，故分四个纵队进击，于击破中欧各王公之抵抗力量，并随而夷平基督徒之各动员据点后，即向多瑙河畔扫荡前进而会师于培斯特（Pest），并预定于三月十七日各路纵队均到达此一会师点会合。

速不台派出四路纵队，其前进及作战状况如次：

（一）第一纵队之前进与战斗

三月初首先派猛将凯杜（拜答儿）率骑兵三万为右翼纵队先发，此一纵队须远向喀尔巴阡山以西击破西方之抵抗军而挺进，再转向波希米亚地方迂回而至培斯特，故此纵队任务极为艰巨。

此纵队三月初出发，即通过已为蒙古军冬季突击所破毁之波兰桑多密尔城。凯杜于通过此城后，正分为两纵队前进之际，即遭受第一次之抵抗，并发觉波兰人已与密塞斯拉斯亲王（Prince Miece Slas）所统率之斯拉夫人同结集于忠贞之波利斯拉斯（Blles-lasthe Chaste）之旗下，以准备抗拒凯杜军之入侵。

凯杜见此种状况，毫不踌躇，立即断然以密集队形向西特洛夫（Szydlow）进击。于切断波兰军之两个纵队之后，即驱使密塞斯拉斯亲王及其残余之斯拉夫人向西方后退，而波利斯拉斯亦即南下向山地逃逸。此时为三月十八日。

凯杜于击破西特洛夫之敌后，马不停蹄，即向西追击。当其抵达克拉科夫城时，该地居民俱已逃逸。于是蒙军于洗劫之后，再行纵火焚烧，是日为三月二十四日。蒙军继以小船及木板架成桥梁，以渡过沃代尔河，遂攻日耳曼之领土，占领布累斯劳（Breslau），并即发觉敌之抵抗，正在西方里格尼兹（Liegnitz）间形成。在此处形成抵抗力量者，为波兰之西里西亚大公爵亨利与摩拉维亚之玛尔格拉夫之日耳曼军队，及由克拉科夫之大法官领地中之所招募之兵丁，并由条顿族武士之一部军队加强之者，全数约达三万人，在稍南方之处。文塞斯拉斯亦引率其强大之波希米亚军，用急速行军以加入亨利大公之队伍。

凯杜纵队面临此一强大敌人，乃立即增加其前进速度，以期于波希米亚军到达之前，先能与其在里格尼兹之军会合，以便集中力量先击破德波联军。

四月九日晨，德波联军离开里格尼兹，企图与波希米亚军会合，但恰与凯杜急速前进之军相遇，该德波联军遂即在平原上占领此地。此时波希米亚军之步兵亦已到达，并即首先向蒙军之先头攻击。蒙军立即后退，但其他一部蒙军突在其两侧出现（后退包围）包围波希米亚军，并即以弓箭射杀之。

际此波兰两师立即加入作战，以救援此不幸之步兵。但彼等迅即坠入浓密之烟幕中，对面不能相见，且迷失蒙军之所在（蒙军在此运用其烟幕战术），在烟幕之外，仅见有类似带有长须之大十字架之怪物，其实即为留有长发之蒙古军，在烟幕内肉搏之战斗甚为激烈，奇形怪状之骑手在波军阵中疾驰高呼。波军步兵纷乱后退，并因蒙军之袭击而溃败。

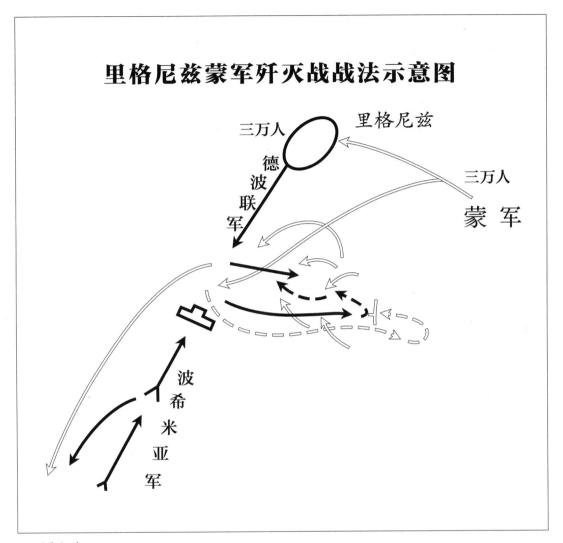

图六九

亨利公爵睹此情景，乃立命骑兵预备队及其西里西亚与波兰之装甲武士，及骑兵之条顿族十字军士均加入作战。但蒙军之预备队又突在其两侧出现（蒙军处处着重包围侧击战法之运用），且人数远超过之。于是亨利公爵带同其僚属四人仓皇逃遁（主将如此脆弱），但因蒙骑之迅速，此四人均在公爵身旁被杀，公爵亦被俘斩首。此役在里格尼兹战场上幸得身免之基督徒，为数无几。凯杜进入里格尼兹城后，发现该城居民已逃遁一空，因即下令焚烧之。

经此一役之激烈战斗，足见当时中欧军队之战术与战斗力远不及蒙军。

文塞斯拉斯及其波希米亚军队，距里格尼兹尚有一日行程之途中，已聆悉此大灾祸，遂立即后退，在南方各山岭间之格拉兹山峡中占领阵地，图以阻击蒙军之入侵。

凯杜经此一会战之后，稍事歇马，即又准备前进。及闻文塞斯拉斯之军防守格拉兹之山隘，乃以佯动欺骗敌人，而率其蒙军缓慢而秘密的自其他方面潜向波希米亚前进，但在前进途中，却沿途故意破坏各城市。文塞斯拉斯不知是计，于闻讯蒙军将自其他方面指向波希米亚之后，立即放弃格拉兹山隘而兼程后退，以冀防卫其故乡。于是凯杜率领其蒙军立向后转，并加快其速度，未遇抵抗即通过格拉兹山隘，而直诣肥沃之摩拉维亚谷地。在文塞斯拉斯之军尚未能集结行动之前，而凯杜之骑兵已劫掠蹂躏摩拉维亚之后而更行向匈牙利前进矣。凯杜此一行动，直视文塞斯拉斯如儿戏耳。

凯杜此一北方纵队，在一个月之间已占地四百英里以上，经过二次决战，破坏四处城市，并击破波兰及西里西亚自维斯图拉河至里格尼兹间之一切抵抗。凯杜于里格尼兹决战后，并曾派出一队，以游击之姿态，直向波罗的海岸挺进，于进抵柏林（Berlin）西方之勃兰登堡时，以凯杜已踏平摩拉维亚而指向匈牙利，遂亦奉令回师向匈牙利前进。

（二）第二纵队之推进与战斗

当凯杜纵队出发之后，速不台立即派出其第二纵队，沿喀尔巴阡山脉之境界前进，然后南转沿马池小河向培斯特会师目的地前进。此纵队概用快速之马匹，故行程甚速，因其前进之际，随时须派出传令，以与在北方之凯杜保持联络并担任主力本队右侧翼之安全。

（三）第三纵队之前进与战斗

此纵队由合丹率领自加里西亚向南方扫荡，其任务为扫清南方左翼。因此此纵队之行程亦甚为遥远，其犹如第二纵队者然，沿一钳形之弧线前进，钳尖应于三月十七日抵达培斯特，与各纵队会合。

此纵队前进时分为若干小队，以便在积雪之森林地道中拾取粮秣。彼等沿途击败小规模之敌武装部队，攻击市镇以掠取食物，但对于较为坚强之据点，则绕行而过之。彼等在通过德兰西斐尼亚之沿途各河川时，尚未因浓雪与春雨而涨水，故蒙军骑兵能到处找寻徒涉场，或则以绳索将马匹相连系，而骑手则于马侧攀住已经吹胀之皮袋而游过之。彼等每日在雪地上前进四十英里以上，故绝不能稍事停留。

（四）本纵队之前进与战斗

速不台已派出各纵队后，即自与拔都率领约四万余人之本队前进。当彼降落喀尔巴阡山顶向通称为俄罗斯关口之隘路前进之际，速不台发现各处高地既有匈牙利之国境防卫军扼守，并伐倒树木以阻塞道路。因此速不台军在此隘路中前进，以清除道路而延迟。速不台于三月十二日始通过此等山隘后，即亲自指挥各前进师团，开始追击匈牙利军。当其进入匈牙利平原时，其各师竟在三天内前进一百八十英里，故彼之斥候队，实于距指定会合之日期前二天，即已抵达多瑙河畔矣。

十七日拔都之中央师队伍业已抵达，第二纵队亦同时沿多瑙河搜索前进道路，向培斯特前进。此纵队带来了凯杜在北方之进展与速不台右侧确无敌踪之消息，此时第三纵队则尚未到达。于是速不台即以两个纵队之兵，置于培斯特正面，准备向匈牙利王贝拉及其所率之匈牙利军进攻。

第二节　培斯特附近战斗

速不台当部署分四路纵队越过喀尔巴阡山脉向匈牙利奇袭进击时，盖欲利用其军队运动之迅速，乘匈牙利准备应战不及之际而击灭之，故其驱使此四个纵队直趋喀尔巴阡山脉时，即扫荡附近弱势之守备地区。计此一扫荡之役中先后击溃之者，有斯拉夫、波尔斯、叙利亚及权斯威尼安日耳曼。蒙军采取此种有利之钳攻，越过联军动员之地区，而对布达敌集中之主力加以钳锁，选定布达附近之多瑙河地区为快速纵队之会合点，然后将此一地区之敌主力击灭之。

故当蒙军各纵队尚未到达培斯特附近，匈牙利王贝拉在会议中，与其公卿及主教等讨论蒙军或可能经由喀尔巴阡山入侵之危险，设使蒙军果由此方面施行侧面攻击时，将如何应付之。正在此种商议时，三月十五日匈王即开始接获其前哨军官返回之情报报告，称蒙军已过喀尔巴

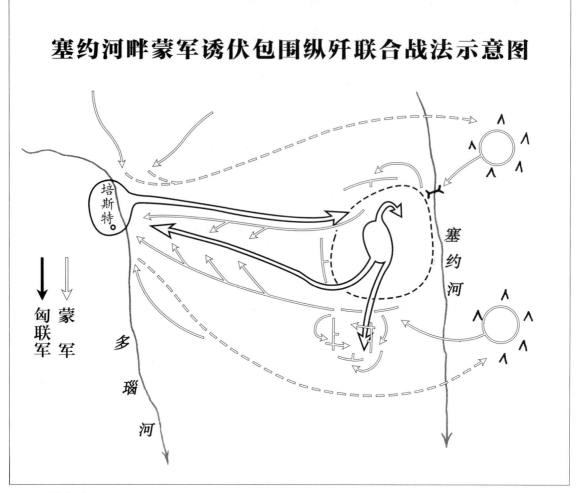

塞约河畔蒙军诱伏包围纵歼联合战法示意图

图七〇

阡山脉二百英里。及第二日，而蒙军先遣部队则已于匈军主力之背后沿河一带出现矣。然匈王遭此闪电之奇袭并未惊惶，而仅令紧闭城门准备应战。同时各国来援之军克鲁斯、奥大利、法兰斯擅卜拉斯及各小国所组成之援军，均陆续到达。因此此一联合军共有十余万，声势浩大，士气旺盛，盖此等联军以为蒙军非上帝造生之异教徒，绝不能面当圣军，故均具坚确信念，以彼等厚甲全武装之圣军，必不费吹灰之力而收全胜，因而莫不坚决要求决战。盖彼等尚不知蒙军之厉害，且彼等仅长于短兵相接之白刃战，且大部均徒步战斗者。

速不台初见敌军闭城备战，继见敌援军大至，声势甚盛，斗志极强，遂决计做诱歼之计，而将其已到达多瑙河之骑兵开始向东撤退。匈牙利联军亦以见蒙军已到达多瑙河不敢渡河攻击，遂决心渡河以求决战，但渡河后并未发现蒙军主力所在，仅少数骑马巡逻队而已，大部队则已先行撤退矣。于是匈王所率之联军立即向东跟踪追击，但此联军前进至第六日，背后已远离多瑙河，而仍未追及退撤之蒙军，是夜乃择地屯营。宿营时为防蒙军之偷袭，乃构筑工事，营地四周又环拱有小山，以资防守，其正面且有塞约小河（Sayo R.）以为障碍，可谓一甚佳之宿营地也。

然是夜据逃回之俘虏报告，谓蒙军隔河只有六英里之遥，因此又于塞约河桥梁派遣有力之警戒部队。此警戒之士兵则选最精锐之士兵任之，且以勇猛之主教乌哥林任指挥，以策宿营之安全。营地外围并以货车排列构成防护圈。其宿营之准备，亦可谓周备矣。

但是，是夜拂晓前速不台即分军为二：一路由拔都指挥，向塞约河之石桥前进；一路由速不台亲自指挥，沿河之下流前进以迂回匈牙利军之侧背。至拂晓时刻，拔都立向塞约河之石桥突击前进，当为科罗曼所率之匈军所阻。但拔都立刻调来七门弩炮，向前头之敌轰击，科罗曼被迫后撤。拔都骑兵遂于渡河后，即向平原展开攻击前进。

此时速不台亦于未被敌军发现中徒涉塞约河，并以树干木材架成一道桥梁，以协助渡河。

于是蒙军两路遂向匈军宿营地以包围态势前进。当匈军走出篷帐时，已见奇形怪状之骑兵，正向其周围高地密集，并肃静移动，将该宿营地密密包围。此时匈军科罗曼（匈王兄弟）骑兵亦立即出而进战，以密集队形向蒙军冲击。蒙军正面立即后退，而移于匈军之两侧，形成两翼包围后，并立即以密如雨下之箭射杀匈军。匈军因此失去战斗力，而纷纷向宿营地后退。匈联军第二次复由擅卜拉斯督导再度攻击，但蒙军于用远战兵器予敌以重大死伤之后，立即施放烟幕掩蔽自行撤退。更利用浓烟诱敌，使其迷失方向，及其渐次进入起伏错杂之地形时，即予反击而分别割裂围困之，以行各个歼灭。擅卜拉斯之部队遂全部覆没。于是蒙军缩小包围圈，并于远距离放射火箭，以焚敌营。因此匈营人马混乱，疲惫饥饿，仓皇失措，瞠目坐视黑色骑兵将宿营地之各道路逐步阻塞。然后蒙军再由高地以弓箭向匈军密射之。此时科罗曼与猛勇之乌吉林，犹图挽阻厄运，率军出战。但为蒙军切为数段，死伤惨重，科罗曼亦负重伤，于是匈军最后之挣扎，亦已完全失败。此时蒙军更向低处进迫，但蒙军为免使匈军困兽死斗，而易于全歼计，乃于宿营地向平原西方通至多瑙河之处开一缺口，以让匈军之逃窜。匈军遂纷纷由此缺口逃窜，在逃窜之时，队形亦已不复存在。蒙军此时一任匈军逃窜，不加阻遏，而却以其骑兵分为两路，在沿途逃窜之匈军两侧，以缓慢之速度追随匈军。匈军在此种逃窜之状况下，不但军无部伍，其首长亦已不能指挥。于是蒙军经六日之追迫，度匈军已精疲力竭之时，立即自两侧加快其速度突进，以刀枪刺杀匈军，有如刈草者然。匈军全部被歼，贝拉仅得身免，单独逃窜。在此迫歼之役中，匈军被歼者约七万余人，亦云惨矣。

综观速不台自去年十二月占领基辅始，在四个月之内，蹂遍中欧自聂伯河至波罗的海附近维斯杜各地。在两个月之内，占领自喀尔巴阡山至多瑙河之地。在三天之内，其各纵队会师歼灭好战之波兰、匈牙利、勃兰登堡、萨克森、西里西亚，及波希米亚等国与其相抗之军队。此种作战，可谓亘古以来所未有也。

速不台歼灭匈牙利联军之后，见匈牙利平原青草繁茂，蒙军马匹随处可发现良好之放牧地，速不台遂下令休息，并完成对匈牙利之占领。盖速不台犹欲利用此平原为下一次更向西进军之基地，犹如其于去年夏季之曾利用俄属乌克兰者然。

第五章　最后之继续西征与回军

　　速不台在匈牙利平原息马仅数月，在此数月中并已完成对匈牙利之占领工作，遂再发动继续西征。此次西征进军部署分为两路：一路由拔都统率，以维也纳为第一目的；一路由合丹指挥，以威尼西为目标。

　　两路均在 1241 年十二月前进。拔都于是月下旬渡过多瑙河后，即向格朗城攻击。城内法国及伦巴商人，正与当地居民群集于木闸之背后尚未行撤退，蒙古工兵已以三十门弩炮攻破一处城墙，开辟进路。故当居民尚未发觉已被围攻之时，格朗城已落入蒙军之手矣。该等商人乃焚其木造仓库，仓皇逃走。拔都于格朗城大抢与屠杀之后，即向维也纳前进。当格朗城余火尚未全熄之时，而拔都前卫即已包围维也纳，并推进至奴伊斯特塔。拔都在此地遭受波希米亚军及德军之阻遏后即折向南方，以与合丹军会合。

　　合丹所率之军沿提罗尔边缘推进至亚得里亚海之终点乌提内，距威尼斯亚城附近不远，并追寻匈牙利王之际（时为 1242 年二月），忽得回军之命令。盖此时以窝阔台大汗逝世，速不台奉令率其西征军回国也。蒙军西进遂尔终止焉。

　　当蒙军撤退时，速不台命凯杜率一纵队再进攻维也纳，以欺骗敌人，并掩护其大军撤退。

　　蒙军撤退时，决心放弃匈牙利平原地带，而将该平原之牛马及满载战利品之车辆，尽驱向东方。

　　合丹之部队则自巴尔干撤退。合丹撤退时，并击破巴尔干方面之塞尔比亚人及布尔加尔人之军队。当合丹通过伯尔格来德（今南斯拉夫京城）之际，既纵火焚毁该城，并迫使布尔加尔人向可汗纳贡为藩属，然后与速不台在俄罗斯草原会合。而凯杜围攻维也纳以掩护大军撤退之任务告成而撤离时，则高呼"吾人已奉命他调，吾人放弃对德人之战争"，云云。

蒙军由于窝阔台大汗之逝世而撤退，德、法、意等国人民，因得以免被征服之厄运，西欧亦可谓侥幸得全矣。盖以当时德国之腓特烈及其军队与法军之武士等，均将不能抗御蒙军之进击，乃无可置疑者也。

第六章　蒙军编制装备与后勤设施

第一节　编制

蒙军编组，以骑兵十名为一小队，由十夫长统辖之，此即为蒙军之最基层战斗单位，亦为最团结之小单位。其中士兵或系亲属，或系乡邻，故其互相关切与互相援助之情，益足增加团结力。其作战时，因互信信念坚确，不但成其优良军纪之重要要素，且战斗时之坚定与强固性发挥无比之战斗力。此种制度，乃与其兵役制度密切相关联者。故其此种制度之优良，与春秋时代管仲"寄军令于内政"之国民兵编组的轨、里、连、乡、旅、师、军之制，实前后媲美。故能收"昼战目相识，夜战声相闻"之团结互信与互助之效果焉。此义今日之兵学家殊不应忽视也。

成吉思汗为使其军队成为打不散之钢铁体，及指挥掌握容易起见，在其"亚司"大法中规定，严禁士兵脱离其所属之十夫长，或在战场上对受伤者弃置不顾（促进团结互助）。此种办法，在军队组织运用上实极为重要，作者于数年前出版之《将校才德与治兵》（按：1947年在济南初版）一书中，对此亦有详论。

蒙军以十夫队为基础，由十个十夫队编为百夫队。此百夫队为求指挥效能计，又常分为两组，以五十人为一组，由百夫长统辖之，凡士兵之训练，军械之完整，马匹之良否，以及行军间与战斗间士兵之行动，均由百夫长统负其责。此种单位，实等于今日之骑兵连编组也。

以百夫队十队编为千夫队。此种千夫队有时为便于指挥，发挥指挥效能，亦分为二，各以五百人编组之，此为蒙军中极为重要之战术战斗单位，亦即等于现代之骑兵团也。

以千夫队十队，编为最高战术单位，名之曰"图民"，即万夫队也。统率此一万夫队之将领，则由"成吉思汗运用勇名卓著、才能超群、忠诚不贰、恭顺听命之将校统率之"，名曰万夫长（蒙语称为奇木尼克），此种编制类于现代之军团。

成吉思汗有时因战略或战斗状况上之需要，将二或三图民（万夫队）编为一军，惟须遂行某军特别任务时，始有此种大兵团之编组，成为大队之一部。例如全部之右翼、左翼或中军，或服行特种任务之特种部队，如征俄时速不台、拔都统率二图民，以后增至三图民，及别那颜援金时（按：系攻击塔塔尔部）曾统率数图民等是也。

有时之百夫长系由第一小队十夫长充之，其以上各层亦常如此。如第一队之长于作战伤亡时，则即由第二队之长代行其职务，故其作战，绝不因指挥官之伤亡而妨碍其任务之遂行或影响战事。

利用征服地区之人民扩编军队，达到"胜敌益强"之目的，如其征金、宋时，均征用汉人编队，而以蒙军配合之以从事作战。又如速不台西征之各部队，概由中西部森林地带人民编成，彼等大部分为土耳其人与吉尔吉斯（Kirghiz）、维各尔（Uighurs）、卡尔克（Kurluks）等雪地居民，及游牧之突厥人，蒙军则居于核心之地位，以控制其各部队。

第二节　装备

成吉思汗于战备上，对武器之制造特别重视。所有武器，在该时代中虽均由手工做成，但关于冶钢制刀之工匠，除向本国各地征用外，尚求诸邻近之各部族。战时设攻克一地，必先自被征服之人民内，选取技术娴熟之铁匠、工匠等往国内，命其制造武器。并于本国各地设立武装制造厂及武库，关于制造厂及武库内之现状、数量、品质，以及保管之是否良好等，均派有专人负责管理之。此种人员，在蒙古语称为"古尔汗"。

除兵士个人所持之武器外，成吉思汗大军于征伐花剌子模国（即布哈尔）时，曾配备有攻城器械，用以攻打城垣，以及投射机（作者按：曹操与袁绍于官渡之战，曹军既已发明此种武器攻打袁军），向被围之城内投射石块及引火物（作者按：蒙军围攻金之汴京时亦曾大量利用此种武器，致使汴京之一切防御物与房屋均被摧毁，最后蒙军之投射炮所不能摧毁者仅汴京之城垣而已。因汴京城垣为周世宗运虎牢土所筑成，此种土质极为坚韧，投射炮击之，只能使受击之城垣凹入，而不能使之爆裂）。惟凡此攻城武器，均系成吉思汗部下之中国工匠所发明者。故其灭金之后利用中国工匠极众，对于围攻要塞，在敌人城下构筑堑堡，制造攻城器具、投射器械，向城内投掷引火弹丸等，均富有经验。其征高丽时，对当地之造船工匠尽力搜罗，故其最后灭宋时之舰队大优于宋。

蒙军骑兵，每兵有二或三匹之补充马随行。通常行军时，由空马担任骑兵给养与粮秣之输送。战斗间或急行军或做机动时（例如蒙军佯退诱敌或前进包围冲击时），骑兵即由疲马易乘新马，向敌猛烈进击。通常对于空马之看管以及牧场上马匹之牧养，均由被征服之民族内选人担任之。

蒙军每兵均有一毡制肩衣及羊皮外套，以御风寒。马匹之装备，则有一系索及套索（用以套系车辆，俾将车厢曳越沼泽地及上坡），大麦若干袋及一秣囊。每一骑兵所用之炊爨锅、短斧、袋盐、蜡、锉刀及针线各一。

当蒙军行时，甚少见及其兵器。彼等之弓，特以牛角加强而双层弧形之土耳其弓，及可以于鞍上迅速使用之短蜡弓，均被收藏于弓囊内浸于油中。其弓囊悬挂于骑手之左肩，箭囊则挂于其右侧。战士只须两手一动，即可以惊人之速度抽出弓箭而射出之。且每一骑兵携带有两种箭：1. 长而轻之飞箭，2. 有三指宽大，尖形钢头之笨重穿甲箭。此种骑兵虽身缠铠甲，但仍能以疾驰之瞬间，由土耳其弓上射出一簇此项穿甲箭，并能同样向后方射出。但在行军时，此种钢头箭通常由驮兽负运之。

每一骑兵尚携带有一奇形之长剑（十九世纪骑兵军刀之先驱），剑身轻而略弯，涂油之后，放于骑手左肩后方之剑鞘中。

若干旗手（千夫队里）手撑轻枪，枪尖有长钩，以为钩刺敌人落马之用。

蒙军之铁甲亦一如其兵器，至为轻便，以剥制之牛皮制成合于骑手身材之衣着，并常于腰际围穿一皮围裙，下垂至两膝间，所有皮件均经油漆，以避免潮气。军帽上嵌镶有薄铁皮带，以增强其抵抗力，但却不增加其重量，同时有一块带铁片之软皮垂饰以保护颈部。

多数骑手且常以皮带装甲其马匹之身体，而不妨害其行动，马首亦多以薄铁片（或青铜片）以保护之。而近卫军更有盾牌以资防卫，但系于夜间徒步使用者。

蒙军装备中之金属品，概须随时擦亮及涂油，保护极佳。其一切装备之设计，为求其适于实用，故其唯一之目的，在求灵敏之运动与在此运动中之攻击威力。

成吉思汗于命令中规定："各首领必须使士兵呈示其应随带出征之一切物品，彼等必须详细检查，以迄于一针一线。如在检查中发现有缺乏一物者，即应处罚之。"

第三节　后勤部队编配与设施

蒙军出征时，尚有其他诸种勤务部队。有通译员，担任各种繁杂言语之通译；有中医师及蒙古医士，各依其医法以医治疾病；有道路管理员。有掌管办事之长官，不论职之文武、大小，或路或府或州县，皆设是官，此实军政合一之总体之运用。此种官吏并负责制造攻占地区之财产目录。亦有军官执行军需品掌理（如损失后之补给）之职务。

在军队后方，有牧人及木工以建造畜栏，及建造以联络新占领地与本国之牛马驿站之茅屋。

蒙军有若干妇女，亦乘坐牛拉车上随军前进，在路上治理食物，及驻军时为军队服务。在宿营地中，有时且有戏剧之上演，以娱乐士兵。演者戴假须，着古装，歌唱听者所最熟悉之歌曲。

通信组织与运用。蒙军远征欧亚，以蒙军古时代通信工具之原始，而维持大军远征之通信，且常协同密切，此实为一大奇迹，而不禁使现代兵学家为之惊叹不置者也。

　　故成吉思汗对于通信勤务特别重视，关于各部队之状况与行动，永远要求确实之报告。彼之此种通信办法，乃沿用中国故有之驿站法。蒙军出征时，沿途设置驿站，并选训驿递夫以担任通信勤务。由大军展开之前线起，直至成吉思汗大本营止，各地沿途遍设驿站，由万夫队将报告呈送于军（数个万夫队编成者）之统将，然后再转呈成吉思汗。驿递夫乘马飞速无比，为求迅速计，又于马颈下悬挂铜铃，驿站一闻铃声，即知驿递夫将至，立刻准备新马；当驿递夫抵达时，得立即易新马向下一站疾驰。

　　报告之大多数并非书面，均用口述，将报告内容编成歌曲，驿递夫应背诵之，时时歌唱，以免遗忘。至书面报告与命令等，使用极少，仅限于特别重要之场合。又为驿递夫安全计，派遣十人小队数队或百夫队护送之。当蒙军西征时，为求其后方通信与补给之安全，曾将征服地区之人民尽量屠杀，或驱之为前锋，或服务军中，使其不致因人数众多企图叛乱而扰乱其后方。

第七章　蒙军战法概要

第一节　成吉思汗之典型

　　成吉思汗自幼即在各部落争乱掠夺与奋斗中长成，故锻炼成彼"体材高大，虽至花甲之年，仍健壮有力，步武沉重，举止笨拙如熊，狡诈如狐，毒恶如蛇，捷敏如豹，耐劳不倦如驼"之战争天才人物。

　　由于彼之英武，故在其训练与精神感召中，首先即产生其四大名将，继则其子术赤、察合台、窝阔台、拖雷等，亦皆独当一面之雄才，乃至其孙辈诸将，甚至降将如张柔、张弘范、李恒、史天泽之辈，莫不因彼风范之感召而成为大才略者。故一代之盛，必由英明之领袖与培育多数人才以缔造而后成之，而绝非偶然也。

第二节　战争指导原则

　　成吉思汗曾谓"对于敌人，应永远消灭之"。因此其与敌战时，从不做任何之宽恕或让步，将无法媾和之敌人消灭后，方克享受战胜所赐幸福太平之生活。但另方面，彼又极为重遇友人，以加强自己之力量与形势。

　　其次，巩固作战策源地，如其对外侵略前，首先将蒙古各部族统一之，在统一之后，并制定制止内乱、鼓励外侵之法律，如规定对本族同胞犯有罪行者，严厉惩罚；但凡对外族侵犯或对外族诈骗、抢掠、袭击及杀害者，不加任何惩罚。因此，以全力扶助同胞，消灭外族之人民观念从以养成，以遂其尔后对外侵略不厌之国民心理。

继则发动对外侵略，以满足国内人民之欲望与要求（蒙古各部族原以争取财物食物常自相残杀）。但为保证侵略胜利，必先将其侵略对象之一切情况，调查侦察详尽，乘敌之弱点而进攻之。故其每一次侵略外族也，除大施屠杀以威服他国外，并尽掳资财物品以提士气，而且以战养战，因粮于敌。因此虽经长时期之侵略战争，其国益富，其士气益强，扩张势力亦因以无止境的发展。

第三节　用敌与用敌仇策略

蒙军每攻占敌之领土，除善于运用降将外，并善于运用敌之仇人，如在中国攻宋、金时，不断利用降将以制敌，且最后之灭宋，尚赖宋降将为之，其攻金时则用辽旧将。其次则为取用第一攻略地带之人力，协助第二地带之略取，如攻宋时常使用汉人编成之军队，其西征欧洲之时亦莫不然。因此虽经长期战争，其军力耗损极微，且常常用敌人以制敌之死命，而收极大之效果。

第四节　继承辽金战法而发挥

研究辽、金、元战史，可以获得充分证据，此一系列之战争艺术运用，有极密切之关联。辽人为充分发挥其骑兵速力与野战性能，遂发明不甚深入之突破，及突破后隔离孤立敌方城市，然后分别击破之。彼为完成此项战术运用，又编组大量搜索部队，作战时担任各纵队远前（侧）方之搜索，同时组传骑队，以担任广大战场区域之联络（参阅本书宋辽之战）。

由于金人曾为辽之属国，故对辽之用兵情形颇为熟谙。及金灭辽之后，对宋大举侵略，金人在此一侵略战中，除援用辽之骑兵战术外，进而着重长驱直入对敌国全境行远深之突破。又为补助其骑兵训练不充分之故及发挥骑兵之冲力计，乃编组拐子马队，金人此一骑兵战术之进一步运用，曾使以步兵为主干之宋国之抵抗力，全部支离瓦解。及其渡黄河后之作战，则完全以捕捉宋之皇朝为其作战目标而举行毫无顾忌之长驱追捕之行动（参阅本书宋金之战）。

又由于蒙古曾为金朝属国，故对金之战术颇为详识，加以成吉思汗之天才与将才辈出，又将辽、金之骑兵战术改进之。但吾人研究至此，应先明了中国漠北民族自周以来即以侵掠子女玉帛不断南侵，每当漠北有一英雄出现，统一其漠北各部族之后，即乘中国之隙大举入侵，此种状况，历代皆然。但其骑军编组与战术运用，在汉以前仍尚幼稚，当汉代北征匈奴之战时，由于汉大将被俘，教彼等以编组、训练与战术运用，尤以至辽代时，因得燕、蓟方面往投之中国将领协助，其军制已大备矣（详见上述）。且吾人应知，中国自战国以后，历代将领莫不以孙、吴兵法为其用兵之典范，而孜孜研究之者，故此等被俘或往投之将领，自然亦以孙吴兵法授之，乃为理所当然，是故至辽宋之战时，辽军之战术有整然之一套，而在中国骑兵战史上以崭新之姿态出现。

因此由辽而金，由金而元，如金之军队编组乃采用辽制而扩充之，蒙军编组又采用金制而扩充之。但至成吉思汗之骑兵战术编组，则舍金拐子马之笨拙办法，而改以精练与严肃之纪律改进之，因此其骑兵有拐子马之冲力，而无拐子马之呆笨，有拐子马之团结一致，而又具极机动之性能。成吉思汗在战术方面亦与辽、金不同，而有革命性之改变，如金人采用突破战法，力求会战（欧洲兵学家亦主张会战为解决战争之手段），结果虽战胜而死伤极众，因此其军力不能支持长期战争。成吉思汗在此一战争艺术上则造诣极深，彼为充分发挥其优良骑兵之机动性能与以求"易胜"（《孙子》曰："善用兵者，胜于易胜。"），乃常以巧歼敌，如采用侦察、隐匿、迷惑、迂回、奇袭、渗透、避实击虚、声东击西。对敌之歼灭，亦采用疲与乱而后歼之，因此彼之歼敌，并非会战。如拖雷攻金时，以三万之劣势，战金兵十五万之优势，先则于邓州对阵之后，忽然退入光化附近森林中躲藏起来，及金兵迷惑于敌人忽然不见而举军前进之时，彼又突然出现奇袭金兵，金兵因此惊惶中退据邓州城，而拖雷则迂回唐州直指向汴京矣。及邓州金兵已觉，急于赶程回救汴京时，而拖雷三万军则紧紧尾追，使金兵不得休息，直追至三峰山，窝阔台自新郑南下，对此十五万金兵已形成南北夹击之势，及金兵饥疲不堪之际，然后包围而歼之。又如速不台于塞约河畔围攻匈牙利优势联军，然后纵而夹追之，直等到匈联军饥疲与混乱交迫之际而后歼之。又如蒙军攻金汴京时，并不自河北正面攻击，而自秦陇地区南下，阳示以攻西川，但拖雷则忽沿汉水东进，形成对金侧背之迂回奇袭。至速不台进攻匈牙利时亦然，彼先派一纵队向波兰德国急速西进，但其另三个纵队则忽超过喀尔巴阡山脉，而指向培斯特。以上仅举数例而言，总之蒙古用兵莫不以巧胜，故《孙子》战争艺术云"拔人之城而非攻也，毁人之国而非久也"，蒙军颇得之矣。故蒙军之战，自己损失少而歼敌多，乃始终保持其精强无比之军力。

但蒙古另一战争观念，则保其漠北民族之传统，而与中国则相反者，即屠杀与抢夺也。因此蒙人愈战愈富，与中国历代战则民穷财尽，民穷财尽则乱之例相反，故彼能支持连续四十五年之侵略战，而且几乎统一欧亚两大陆，盖由于彼因粮于敌，因财于敌，因物于敌，因人于敌故也。又蒙人之另一卓越举措实属空前者，彼每征服一地区，即搜罗敌国之工匠、技术家、科学家以供利用，因此彼始终保证其武器装备较敌为优势（在历史上此种事实只现代之第二次世界大战始见之）而愈战愈强。

由于蒙军要求达到"易胜"，故常采用快速运动与奇袭，或前进包围、后退包围（西征于敌情不明或兵力劣势时多采用此战法）。在彼为迷惑敌人，使其敌人不知其主攻所在，并易于寻求弱点进攻，或以便形成一翼包围时，则常采用广正面之攻击，然后再利用其骑兵之快速以达上项战术之着眼。

第五节　"拉瓦战法"

此种"拉瓦战法"之程序为：

将疏散与密集两种队形混合而成。通常先派千名团队一队或半队

（五百名），或三百名之大队，在前方与敌接战。此种先头部队系用疏散队形，按十名一列（有时甚至单骑），保持相当之间隔，在宽阔之正面，并形成有两翼，以弧形方式向敌前进。在此弧形中央（有时偏近翼侧）之纵深，驻扎有（或一同行进）由此指挥官指挥弧形线上疏散队形前进之骑兵，该部队之军旗、号兵与传令兵，均留于此指挥官之附近，以资下达命令。此指挥官下达命令时，常以记号兵之信号为传达命令之主要手段，并为在后支持散开行进之骑兵起见，可能加派另一部队（百名、五百名或千名），此种支援部队，系适用百名纵队之密集队形，而位于弧形队形之先头部队之后，随同前进。因前方有疏散之骑兵掩护，或因地形关系，不易为敌测知。

分为十名（或单骑）一列散开之骑兵行近敌人时，即由马上放箭射击，或由各一名（小队），对敌军之各别小部队实施局部攻击，以勇敢之冲击或箭射、戟刺敌人，激之使怒，诱其应战。倘敌人迎击时，则立即疏散后撤，不与交锋；尔后复重行回转，仍旧照前法动作。若敌人出动大部兵力，对弧形中心实施攻击时，则即出乎敌人意外，而使之陷入于隐蔽之密集支持部队（预备军）之阵地，遭受正面打击。同时弧形之两翼亦由侧翼及后方出击，并于行进中逐渐缩小间隔与距离，而改为密集队形，用以增强打击。

凡能善于运用此一战法之骑兵，常常能以寡击众，而击溃或歼灭之。此一战法之优点为：广正面之弧形散开队形，一方面构形己方之掩护幕，以蔽匿己方主力之行动与安全，一方面做搜索与测知敌之布置及其弱点，以便主力进击，另一方面又成为诱击敌人之饵，以便在战斗中己军常能予敌以意外之打击。

蒙军之一般攻击指挥要则。此种攻击指挥之要则，概可分为五大步骤：

（一）完善之侦察。

（二）与敌之恫吓威胁。

（三）佯攻以行欺骗。

（四）真面目之攻击而奇袭之。

（五）敌战斗力之分解而各个歼灭之。

第六节　心理战

蒙军亦甚善于心理作战。彼之作战，一贯用屠杀以震慑敌人，促使其远方敌人闻风而震骇，以打击其国民之心理士气与战志。但彼于长江攻宋之时，则又适应中国之情势，而采用安抚与军事攻势并用，卒以完成其灭宋之功。

本篇主要参考书

《中国历代战争史》

第十七篇　明代战争

提　要

一、明太祖朱元璋以卫所兵制起家，足食足兵，故能平定群雄，继举民族革命旗号，驰逐蒙古朝廷，遂创大明帝国。

二、明初以金陵为作战基地，西翦陈友谅，东取张士诚，以内线作战之巧灭二强敌。然后乘北元之崩颓，挥军北向，皆以善用战略，故能迅速成功。

三、明末政衰，流寇遍及全国，经济崩溃，女真后金乘之，吴三桂又引狼入室，故明先亡于流寇，再亡于清。至于明朝败亡之远因，则一在太祖之废丞相，次为成祖之宠宦官，遂致政治败坏。

第一章　明代建国诸战役

第一节　元末大乱及朱元璋之发迹

中国历代皇朝之崩溃，无不先由朝内权贵之争权争位而致朝政紊乱，政治日非；继遭天灾，饥民蜂起叛乱，四方英雄乘机而起，乃至倾覆者。而元朝之崩溃，自亦不能例外。故至元顺帝至正十一年（1351年）时，由于各地旱蝗所造成之大饥馑，遂使叛乱四起：刘福通奉韩山童假宋后裔为名起兵于颍（今皖北），徐寿辉起于蕲（今鄂东地区），称帝号，赵均用等起兵于徐（今徐州），众各数万，侵掠州郡。是时方国珍已先起兵海上（浙江附近），其他各地起兵据地者亦甚众，正所谓天下大乱之时也。而元政早已陷于如上述覆辙，固已内顾不暇，故平乱之师屡出无效也。

当是时（至正四年），朱元璋以十七岁之孤苦少年，因无所依而入凤阳皇觉寺为僧，游食于庐、光、固、汝、颍诸州（今皖北豫东南地区），历三年始复还其寺。朱元璋此次遍历各地，予彼以后起兵莫大之贡献。

至至正十二年春，定远人郭子兴与其党孙德崖起兵陷濠州（故治在今皖北凤阳县东）。当面元将彻里不花畏子兴之势，不敢相攻，竟而日俘良民以邀赏，此足见此时元政之腐败矣。时朱元璋已二十四岁，遂投效郭子兴为亲兵，以屡战辄胜而为郭子兴所重视，是为朱元璋发迹之始。

第二节 江北诸役

明年（至正十三年，1353年），元璋以郭子兴怯弱，度无足与共事，乃独与徐达、汤和、费聚等南略定远，计降驴牌寨民三千后，挥之东向，夜袭元将张知院于横涧山（定远县西北），败之，获降卒二万，于是声势大振。并得定远人李善长为筹策，遂进攻滁州（今县），下之。

是时张士诚据高邮自称诚王，遂引起元廷之注意。越年之十月遣丞相脱脱讨士诚，大败士诚于高邮，并分兵进围六合。元璋以六合破则滁州难保，乃引兵至瓦梁垒救之，力战之后，护卫老弱还滁（开始收揽人心）。嗣元兵大至攻滁，元璋首设伏诱击败之。因度元兵势盛不可敌，遂还所获马，并遣父老具牛酒谢元将曰："守城备他盗耳，奈何舍巨寇戮良民？"（以智胜，开始采取靠拢政策）元兵果为其言所欺而引兵他去。惟是时元丞相脱脱于大破士诚军后，军声大振，江淮之乱，大有一鼓荡平之势。但脱脱为朝中所谮，兵柄遽解，而江淮间之乱，亦因以又炽。

十五年一月，郭子兴用元璋之计，遣张天祐等拔和州（今安徽和县），并请元璋统其军。元璋虽得子兴统军檄令，但虑诸将不相下，乃秘之。及办事，诸将已服其能，于是始示以子兴授权统事之檄令。盖统御指挥必先以其能树立威望，不可专事权威，此元璋之所以能服众也。

是年三月郭子兴卒，时刘福通迎立韩山童子林儿于亳（今县），国号宋，建元龙凤，檄郭天叙（子兴之子）为都元帅，朱元璋、张天祐为左右副元帅。是时元璋慨然曰："大丈夫宁能受制于人耶！"遂不受官。然念其势盛，可以倚借之以为己利，乃仅用其年号以令军中。英雄处此，古今略同，此亦可见元璋当时之志矣。

四月，常遇春来投元璋。五月元璋谋渡江，苦乏舟楫，适巢湖帅廖永安、俞通海等以水军千艘来归，遂往抚其众，大败江北元兵，乃定渡江之计。诸将请直趋集庆（今江苏江宁县），元璋曰："取集庆必自采石始。采石重镇，守必固，牛渚（牛渚山在皖省当涂县）前临大江，彼难为备，可必克也。"乃乘风引帆直趋牛渚，常遇春先登据之。元守采石之兵亦望风而溃，沿江诸垒并悉归附。此一胜利由于元璋地形判断中战术着眼固甚当也。

然此役虽胜利，但诸将以和州饥馑，争取粮资，欲图归计。当此进退与成败之重要关头，元璋乃谓徐达曰："渡江幸捷，若舍而归，江东非吾有也。"遂悉断舟缆，放急流中，而谓诸将曰："太平甚近，当与公等取之。"因乘胜拔太平（安徽当涂县），执元万户纳哈出，总管靳义赴水死，元璋以其义而礼葬之。揭榜禁侵扰百姓，有卒违令斩之，军中肃然。并改路曰府（以后均如此），置太平兴国翼元帅府，自为元帅。元璋此役弃舟之举，足见其识力、魄力与决心与众大异，同时并因此而一其欲归之军心，因以立功，元璋之能已处处见之矣。

第三节　江南诸役

此时元援军复至围攻太平，元右丞阿鲁灰、中丞蛮子海牙等进驻姑孰口（在当涂县姑孰溪入江之口），陈埜先水军帅康茂才以数万众攻城。元璋乃遣徐达、汤和等迎战，另遣将潜出元军之后夹击之，擒埜先并降其众，阿鲁灰等败去。此役之胜，在于元璋能做奇正之战术运用也。

至正十五年（1355年）九月，郭天叙（郭子兴于三月死，天叙乃其子）、张天祐（均为韩林儿大将）攻集庆，埜先叛，二人皆战死，于是子兴部将尽归元璋，其势因以益强。嗣埜先为民兵所杀，其子兆先收其众驻方山（江宁县东南），与海牙掎角以窥太平。十二月，元璋释纳哈出北归。明年（至正十六年）二月，大破海牙于采石。三月进攻集庆，擒兆先，降其卒三万六千人。元璋所以释纳哈出北归者，盖一种障眼法，免为元人所重视，俾先平定就近之敌，建立其江南基地以张己势之策略运用也。

然陈兆先之卒已降，但皆疑惧不自保，元璋乃择骁健者五百人入为卫队，自己则解甲酣寝达旦，于是疑惧之众心始安。元璋此举固能改此三万余降军之心，然若不尽悉其情者，不能若是也。盖元璋已深悉诸降军之心，皆诚心效顺，但尚疑惧不自保，故示之以信而安之，决非贸然作危险之举者。及此众已安，遂续进军蒋山（今南京钟山），取之，元兵复大败。蛮子海牙遁归张士诚，康茂才降。于是宣谕安民，并去元政之不便安民者，元璋遂更进一步做大举南进之图矣。

当是时，元将定定守镇江，别不华、杨仲英驻宁国（今安徽宁国县），青衣军张明鉴据扬州（江都县），八思尔不花驻徽州（歙县），石抹宜孙守处州（今浙江丽水县），其弟厚孙守婺州（今浙江金华），宋伯颜不花守衢州，池州（今皖南贵池县）则已为徐寿辉将所据。同时张士诚亦自淮东进陷平江（今江苏吴县），而转掠浙西（今江苏南部）矣。此时元璋既定集庆，但虑张士诚、徐寿辉之强势，江左、浙右诸郡（今江浙）为所并，于是决策先定浙西，再取江左。乃先遣徐达攻镇江，克之，元将定定战死。至六月邓愈又克广德。七月元璋遂自为吴国公，并贻书张士诚陈利害，士诚不答，且来攻镇江。徐达击败之，进围常州，攻之未能克。

至正十七年（1357年）二月，元璋对张士诚采取钳形攻势，耿炳文克长兴（浙北）。三月徐达遂克常州（今江苏武进县），四月元璋自将攻宁国，克之，别不华降。六月赵继祖克江阴，七月徐达克常熟，胡大海克徽州，十月常遇春克池州，缪大亨克扬州。从此元璋基业于以奠定。

然此时徐寿辉亦乘此机积极扩张，是年十二月遣其将明玉珍据重庆路，明年（十八）四月徐寿辉将陈友谅遣赵普胜陷池州，友谅则据龙兴路（治今江西南昌）。此时（五月）奉韩林儿都于亳之刘福通亦兵破汴梁，迎韩林儿移都之。故元璋所以能次第略定江表者，实以刘福通遣将分道四出，破山东，寇秦晋（陕西山西），掠幽蓟（北平），中原因此大乱，元璋乃得而乘之。且其时元璋亦深悉此种形势可以利用，故一面利用韩林儿右副元帅之名号，并用其年号以向南发展，并曾释放纳哈出还元，以弛元人敌视之心。元璋之利用形势，不能谓为不巧也。

是年十二月胡大海攻婺州，久不能下，元璋乃自将往击之。石抹宜孙遣将率车师，由松溪（在福建）来援。元璋曰："道狭，车战适取败耳。"乃命胡德济迎战于梅花门（浙江兰溪龙门山下），大破之，婺州遂降。

十九年（1359年）一月，元璋谋取浙东未下诸郡。是时由于中原大乱，浙东元兵军心离散，遂于是年冬皆克之（是年八月元将察罕帖木儿复汴梁，刘福通拥韩林儿退保安丰，即今安徽寿县），于是与陈友谅直接为邻，而以池州之争夺为其冲突之发轫矣。

二十年（1360年）三月，征刘基、宋濂、叶琛等至而用之。盖元璋自进军以来，所至必征访当地人才与安抚人心，故其发展甚速也。

与陈友谅沿江战斗。五月，徐达、常遇春击败陈友谅于池州。越月，陈友谅转攻太平（当涂），为所陷。未几，陈友谅弑其主徐寿辉，自称皇帝，国号汉，尽有江西、湖广地，并约张士诚以夹攻应天（南京，元璋设府于此），应天为之大震。此时元璋诸将议先复太平以牵制之。元璋曰："不可。彼居上游，舟师十倍于我，猝难复也。"亦有请自将迎击者，元璋亦曰："不可。彼以偏师缀我，而全军趋金陵（南京），顺流半月可达，吾步骑急难引还，百里趋战，兵法所忌，非策也。"（元璋亦颇知兵法）元璋为敌此优势之敌，乃一面驰谕胡大海捣信州（故治在今江西上饶县）以牵制陈友谅之后，一面令康茂才以书绐陈友谅，令其速来以误之。陈友谅果引兵东来。于是常遇春伏石灰山（今江宁县西北幕府山），徐达阵于南门外，杨璟屯大胜港（江宁县西三十里），张德胜等以舟师出龙江关（南京兴中门外），元璋亲督军于卢龙山（今南京西北二十里，临江，盖准备于南京之西及南地区决战也），以待陈友谅之至而歼之。及陈友谅至龙湾（江宁县北），众军欲战，元璋曰："天且雨，趣食，乘雨击之。"须臾果大雨，士卒竞奋，雨止合战，水陆夹击，大破之。陈友谅弃舰乘别舸而走。元璋遂克复太平，下安庆。胡大海亦克信州。张士诚至此亦不敢出战。元璋前所以给书绐陈友谅者，欲速友谅之至而先击破之，以便各个击破也。否则若二人合兵来攻，则元璋殆矣。

二十一年（1361年）秋七月，陈友谅将张定边侵陷安庆。是时元璋以元廷所派遣之平章察罕帖木儿平山东，降田丰，军声大振，而南方劲敌陈友谅之患则在肘腋，于是决策和察罕帖木儿而力攻陈友谅。乃于是年八月乘察罕方攻益都（山东今县）未下，无暇南顾之计，亲将舟师进征陈友谅。先复安庆，并降陈友谅守安庆之将丁普郎、傅友德等，继即进军湖口（江西省湖口当鄱阳湖之口故名），追陈友谅于江州（今江西九江）并克之，陈友谅乃退据武昌。于是元璋乃分军收南康、建昌、饶、蕲、黄、广济等州，十一月再克抚州（今江西临川县）。明年（至正二十二年）一月，陈友谅江西行省丞相胡廷瑞复以龙兴（今江西南昌）

降，袁、瑞、临江、吉安亦相继下。元璋以所向皆捷之威，至此遂掩有长江南北之地，一跃而为南方之雄矣。

鄱阳湖决战。元璋已逐陈友谅于武昌，沿江州县多下之，但未一月金华、处州、洪都（今江西南昌）等州府降将复叛，杀守将据以为乱（是时据重庆之明玉珍称帝，国号夏）。四月，元璋复遣其部将邵荣、徐达等克复处州、洪都，并以朱文正、赵德胜、邓愈等守洪都（南昌）。七月，邵荣、赵继祖等谋叛，元璋诛之。十二月，元璋与元和议成，明年（二十三年）二月，陈友谅将张定边复陷饶州，张士诚将吕珍破安丰，杀刘福通。元璋亲救安丰，克复之（因元璋救安丰，故陈友谅得而乘之，此役之战殊为危险也）。四月，陈友谅大举兵围洪都，并分兵侵取吉州、临江（今江西清江县）、无为州等地，均陷之。以上为战斗前之一般形势概要也。

七月，元璋再自应天（今南京）自将救洪都，进军于湖口，乃先伏兵泾江口（安徽宿松县南）及南湖嘴（湖北鄂城县南），以遏友谅军之归路，并令信州之兵守武阳渡（南昌县东南）。陈友谅闻元璋救至，乃解围迎敌于鄱阳湖。友谅兵号六十万，联巨舟为阵，楼橹高十余丈，绵亘数十里，军威甚为雄伟。

元璋进军，于康郎山（今江西余干县西北鄱阳湖中）遇陈军，遂分其军为十一队以攻之。徐达击陈军之前锋，俞通海以火炮攻焚陈舟数十艘。但陈友谅骁将张定边突然直犯元璋所乘之舟，元璋因搁浅于沙滩，不得退，其势危险殊甚，幸常遇春从旁射中张定边，俞通海之援复至，元璋乃得脱。越日，陈友谅悉巨舰出战。元璋诸将以舟小仰攻不利，有怖色，元璋乃亲自指挥进攻，斩退缩者十余人，人皆死战，然独不能制胜也。适至黄昏大风起自东北方，元璋乃命敢死士操舟七艘，内实以芦苇火药，乘风纵火以焚陈友谅之舟。陈友谅遭此火攻，猝不及防，兵遂大乱，被杀者二千余人，因焚溺而毙者益众，友谅军因以气夺。越两日友谅复战，亦大败，于是陈友谅敛舟自守，不敢再战。又一日元璋乃移军左蠡（江西都昌县左蠡县），友谅亦退保渚矶（星子县南七十里），在此相持三日间，陈友谅左右金吾将军竟皆降于元璋，于是友谅之军心士气益形动摇。此时陈友谅为泄愤与立威，乃尽杀所俘将士。而元璋却于

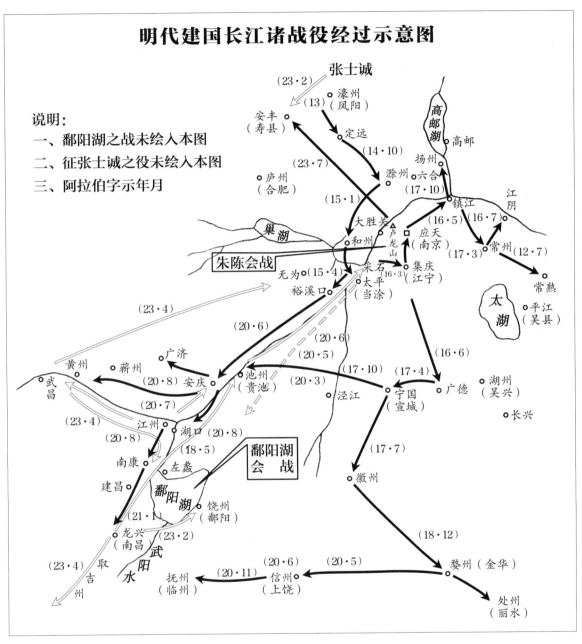

明代建国长江诸战役经过示意图

张士诚

说明：
一、鄱阳湖之战未绘入本图
二、征张士诚之役未绘入本图
三、阿拉伯字示年月

图七一

此时进而用攻心之战，悉还所俘，伤者并敷以善药，且祭其亲戚诸将阵亡者。八月，陈友谅食尽，趋南湖嘴，为元璋南湖兵所遏，乃突向湖口，复为元璋所邀击，顺流搏战，直至泾江（安徽宁国县西），泾江之元璋军再截击之，陈友谅中流矢死之。从此长江之势大定矣。其将张定边乃拥其子陈理奔武昌。鄱阳湖之战于以结束，朱元璋大获全胜。

　　然此役朱元璋虽获胜，而先前救安丰（今安徽寿县）之举实失策，故其于此役大胜之后，论功行赏，向刘基承认以前未接受彼勿救安丰之谏，致使陈友谅乘虚而入为不当，设若陈友谅于此役乘虚直捣应天（今南京），而不为洪都围城所阻，则朱元璋江南之基地失矣。是故朱元璋此役之胜，固由于其颇能兵，但反之亦足证陈友谅之不才也。

　　元璋为要彻底歼灭陈友谅之残余力量，遂继向陈理攻击，围武昌，分兵略湖北诸路。明年（二十四年，1364年）二月，陈理降。于是分遣徐达、常遇春经略各地，至二十五年秋，庐州（安徽合肥）、吉安、赣州及江陵、夷陵、潭州、归州、辰州（湖南辰溪）、衡州、宝庆、南安、韶州、南雄、安陆、襄阳皆下之。是时（二十六年二月）据重庆之明玉珍已死，其子明昇自立。是时朱元璋南方之敌，仅张士诚一人而已。

　　总观朱洪武取金陵、战陈友谅战略及战术，前者为避实击虚与包围侧击战略，如其迂回太平以取采石，攻集庆以取金陵，皆用上项决策。盖其并非以至强攻至弱，反之以无训练之军，击有训练之师，非如此不足以取胜也，故终能所向辄克，岂非其当时用兵之巧欤？及其以疾风迅雷之势略取浙东诸郡时，尤善于利用元军当时士气人心动摇之际，直趋而席卷之，故无怪其成功之速也。然其救安丰也，几误大事，是故为国为军者，其决策之审筹岂可轻忽耶？

　　及其战陈友谅也，则一再运用奇正之术，以收前后夹攻之势。如其于金陵以西地区会战时，则遣一支军于池州方面，以胁陈军之后；及其于鄱阳湖会战时，首先部署截陈师之归路，并使信州之军以胁陈友谅之侧背；且于诸战胜利之后，即迅速转移其主力于左蠡，以割陈友谅水师之西归，卒使陈友谅势穷而败殁。以当时情势较之，朱洪武作战指导诚有足多者。再加以纪律严明与其战士之战斗力顽强，故能战无不克也。

　　然其上述之胜也，仍不能脱离相对规律（拙著《历代战争方略研究》中册绪论所提出者），设使陈友谅乘朱洪武亲救安丰，金陵空虚之际，不为洪都（南昌）坚城所阻，而直趋金陵，则金陵非朱洪武有也。朱失金陵基地之根据，则只有败回故地，若陈友谅更合张士诚夹击之，朱之命运固已不堪设想矣。此亦足证作者"军事相对论"之不谬也。

征张士诚之役。张士诚据有南自绍兴，北经通、泰、高邮、淮安、濠泗及于济宁沿海之地。朱元璋于二十五年十月令徐达、常遇春分向淮东地区进击，而以高邮为首一作战目标，盖予张士诚以拦腰截断之战略运用也。二十六年三月克高邮，濠、徐、宿三州均相继下，此时之张士诚，已成瓮中之鳖矣。

是年八月，再令徐达为大将军，常遇春副之，兴兵二十万，为一举歼灭之计，进讨张士诚（张士诚自称亲吴王于此），常遇春欲直捣平江，但元璋以为不可曰："湖州（今浙江吴兴县治）张天骐、杭州潘原明为士诚臂指，平江穷蹙，两人悉力赴援，难以取胜。不若先攻湖州，使疲于奔命，羽翼既披，平江势孤，立破矣。"果于进攻湖州之时，张士诚亲率兵往援。元璋军先击败张天骐，复败张士诚于皂林（桐乡县北）。九月，李文忠攻杭州，十月，常遇春败张士诚于乌镇（浙江吴兴县东南）。十一月张天骐降，而李文忠下余杭，附近郡县亦均降。于是遂进围平江，至二十七年九月徐达克平江，吴地遂平。

上述朱洪武击张士诚之战略，则用拦腰截断之策。盖当时张士诚盘踞之地，南至浙北，北至鲁南之沿海地区。朱洪武先自高邮方面截断之为两段，则张士诚之势孤弱矣。在敌人"形格势禁"之下而攻之，则胜负之数，已不待战而明矣。然张士诚正如朱所判断者"器小则无远图"，若彼有远图者，又岂待陈友谅败殁之后，而坐以待毙耶？故凡失败者，多在胜者之算中。

第二章　北取中原及平蜀之战

第一节　北定燕京及黄河流域

二十七年（1367年）九月平定张士诚之后，十月即同时举兵南征方国珍于浙东（浙江金华以南）及北伐元。方国珍于是年十二月纳降，浙东平。惟北伐元为一空前之大举，故元璋曾召集诸将共议北伐之策。首先朱元璋提出："（北方形势）山东则王宣反侧，河南则扩廓跋扈，关陇则李思齐、张思道枭张猜忌，元祚将亡，中原涂炭。今将北伐，拯生民于水火，何以决胜？"常遇春曰："以我百战之师，敌彼久逸之卒，直捣元都，破竹之势也。"元璋曰："元建国百年，守备必固。悬军深入，馈饷不前。援兵四集，危道也。吾欲先取山东，撤彼屏蔽；移兵两河，破其藩篱；拔潼关而守之，扼其户槛。天下形势人我掌握，然后进兵，元都势孤援绝，不战自克。鼓行而西，云中、九原、关陇，可席卷也。"元璋此战略大计，诸将皆称善。于是命徐达为征虏大将军，常遇春为副，率师二十五万，由淮入河，北取中原（在此同时又派遣胡廷瑞等南征略取福建，杨璟等取广西）。徐达自东平（山东今县）经兖东州县北进，十二月克济南。元璋遂于此时即帝位，改元洪武焉。

洪武元年（1368年）三月，徐达转其兵锋直指汴梁（开封），克之。四月进军于洛水之北（洛阳北），与元兵大战，破之，元梁王阿鲁温降，河南悉平。继克潼关，李思齐、张思道遁走，八月遂以应天为南京，开封为北京。是月徐达克元都（改其名曰北平），并分军进驻古北口诸隘，主力指向山西。十二月克太原，扩廓帖木儿走甘肃，于是恒山以南尽入

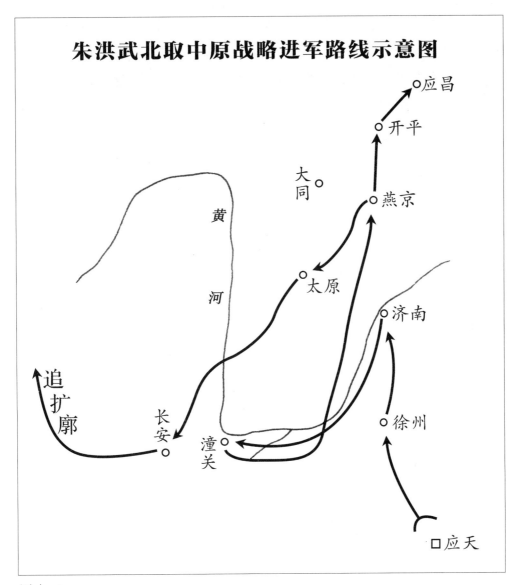

朱洪武北取中原战略进军路线示意图

图七二

明之版图矣。二年六月，常遇春克开平（今察省多伦县），元帝再北走。八月徐达平陕西，与扩廓帖木儿对峙陕甘间。此时（七月）常遇春凯旋，以暴疾卒于柳河川（察南龙关县）。于是九月召徐达还，北征之役暂告结束。

　　洪武三年一月，再命徐达为征虏大将军，李文忠、冯胜、邓愈、汤和副之，分道北征。四月，徐达大破扩廓帖木儿于沈儿峪（甘肃定西县北），尽降其众，扩廓走和林。是时适元帝崩于应昌（在今热河省经棚县西达里湖畔，古名此湖捕鱼儿海），子爱猷识里达腊嗣立，又遭其臣慈利土官覃垕作乱，于是李文忠乘之克应昌。元帝北走，俘其子买的里八刺，降五万余人，穷追至北庆州（今热河林西县西北），不及而还。论史至此，回溯成吉思汗时代，其横行欧亚之雄风，不禁使人慨叹。盖凡一代之人才不振，纪纲不修，政治不明，内讧丛生，风气败坏，则未有不崩溃者，此政治家之明鉴也。

第二节　平蜀之战

洪武四年（1371年）一月，命汤和为征西将军，周德兴、廖永忠副之，率舟师由瞿塘西进；另令傅友德为征虏前将军，顾时副之，率步骑自秦陇伐蜀。四月北路傅友德克阶州（甘肃武都县），文、隆、绵三州（今川北）均相继下之，至六月再克汉州（今四川广汉县）。东路廖永忠亦于是时克夔州（奉节县），汤和攻重庆，明昇降，蜀遂平。此时朱洪武之势既强盛一时矣，如爪哇、琉球、高丽、日本、暹罗等均纳贡，而安南且属焉。然在此同时，倭寇亦已开始侵扰胶东，有明一代倭寇之患，从此亦启其端。

朱洪武曾与其臣下论平天下之略曰：

"朕遭时丧乱，初起乡土，本图自全。及渡江以来，观群雄所为，徒为生民之患，而张士诚、陈友谅，尤为巨蠹。士诚恃富，友谅恃强，朕独无恃，惟不嗜杀人，布信义，行节俭，与卿等同心共济。初与二寇相持，士诚尤逼近，或谓宜先击之。朕以友谅志骄，士诚器小，志骄则好生事，器小则无远图，故先攻友谅。鄱阳之役，士诚卒不能出姑苏一步以为之援。向使先攻士诚，浙西负固坚守，友谅必空国而来（救寿阳时曾得教训——作者），吾腹背受敌矣。二寇既除，北定中原，所以先山东，次河洛，止潼关之兵，不遽取秦陇者，盖扩廓帖木儿、李思齐、张思道皆百战之余，未肯遽下，急之则并力一隅，猝未易定。故出其不意，反旆而北。燕都既举，然后西征，张、李望绝势穷，不战而克，然扩廓犹力抗不屈。向令未下燕都，骤与角力，胜负未可知也。"

观乎朱洪武上述之略，固有矫揉做作者，如云"本图自全"与"徒为生民之患"等语。何以见之？如"大丈夫宁受制于人耶"一语，足以知之矣。

　　然其所论方略，则确极能掌握当时形势，而执制胜之柄。如其论陈友谅与张士诚之时，不仅既能掌握江南形势，且能深悉敌人心志之因素。是故凡筹谋划策者，除应把握地理与强弱之形势外，尤应将人之因素了然洞悉而掌握之，然后以定其攻守与先后之决策。及其论北方元之形势也，亦能准上项原则而掌握之。且其战略进军常能出敌意表，故其长驱中原，亦以其能了解形势而善于运用之，绝非侥幸以致者。人云朱元璋无学，但天才与阅历经验正是实学也，况其战陈友谅时论战略曰"百里趋战，兵法所忌"，可知其精于《孙子兵法》原理，岂可以出身与身世而轻人才哉？

本篇主要参考书

1.《明史·太祖本纪》
2.《续资治通鉴》

第十八篇　明清之兴亡及其诸战役

第一章　后金汗国之起缘及建立

第一节　后金汗国之起缘

唐虞之世，不咸山（长白山）附近有肃慎氏者始通中国，帝舜二十五年来献弓矢，成周之时，又献楛矢石砮，数入朝贡。至汉代诸部割据，有今长春附近者曰扶余，据鸭绿江上游者曰高句丽，在肃慎故地者曰挹娄。北魏之世，中国分裂，肃慎故土亦离为七部，曰粟末部（以粟末水，即今之松花江得名），曰伯咄部（在粟末北），曰安车骨部（伯咄东北），曰拂捏部（伯咄部正东），曰号室部（拂捏东），曰黑水部（黑龙江下游河岸，当安车骨西北），曰白山部（长白山附近，当粟末东南），统谓之勿吉，隋唐以来称为靺鞨。周武后天授元年（690年），有大祚荣者为粟末部长，国势骤盛，唐玄宗封为渤海郡王，自后改国号曰渤海（时在开元元年，713年），世有英主。至后唐明宗天成元年（926年），为契丹耶律阿保机所灭。

当渤海之衰也，黑水靺鞨恢复其旧土，号曰女真。契丹灭渤海，女真西南部之在混同江（今松花江南支流）附近者隶契丹籍，称熟女真，其东北部之散在黑龙江至长白山之间者，不隶契丹籍，称生女真。生女真别部有定居阿勒楚喀河侧者曰完颜，宋仁宗宝元时（1038至1039年间），乌古乃为完颜部长，役属邻近诸部，势力渐张，辽乃以为生女真节度使，五传至阿骨打（金太祖），强盛一时，称国号曰金，灭辽后进而压宋朝，其国境达长江北岸。

第二节　后金汗国之建立

金称帝凡百二十年，为蒙古、宋联军所灭，其遗族散居于混同江南北，各仍旧俗，从事射猎，元设五万户府以镇戍之。明灭元而有天下，东疆仅及开原、铁岭、辽、沈、海、盖而已，其东北境则为鞭长莫及矣。时金遗族仅有三万户，在三姓附近有斡朵里部，孟哥帖木儿据之，即清朝尊为肇祖者也。其后其子弟曾相继为明建州都指挥使，但其间各部族或互相斗杀，或为明所征戮，直至努尔哈赤（清太祖），势渐强大，逐渐统一女真各部族，乃于万历四十四年（1616 年）建国号曰大金汗国（后改号满洲），改元天命。越二年乃正式与明开战，攻抚顺、清河，陷之，于是引起萨尔浒之战。

第二章 萨尔浒之战

第一节 明军四路进军

金兵已占抚顺、清河，明军全军覆没。于是明乃使其兵部侍郎杨镐为辽东经略，做大举进攻之计，发兵二十四万，分四路进兵，其进兵部署如次：

（一）杜松（山海关总兵）、王宣（保定总兵）、赵梦麟等之兵三万，由沈阳出抚顺关（抚顺所东二十里），沿浑河左岸入苏子河河谷，是为左翼中路军，张铨监之。

（二）李如柏（辽东总兵）、贺世贤（辽阳副将）等约二万五千兵，由清河出鸦鹘关（约在今清河凤凰县西北境），以兴京老城为目标，是为右翼中路军，阎鸣泰监之。

（三）马林（开原总兵）、麻岩（大同副将）等合叶赫援军约一万五千，由开原出三岔口（今辽宁海城西，明置三岔关）入苏子河流域，是为左翼北路军，潘宗颜监之。

（四）刘綖率兵一万及朝鲜援军一万，从宽甸口出佟家江流域，入兴京老城之南，是为右翼南路军，康应乾监之，而另以崔一琦监朝鲜军。

杨镐为四路总指挥，驻沈阳。

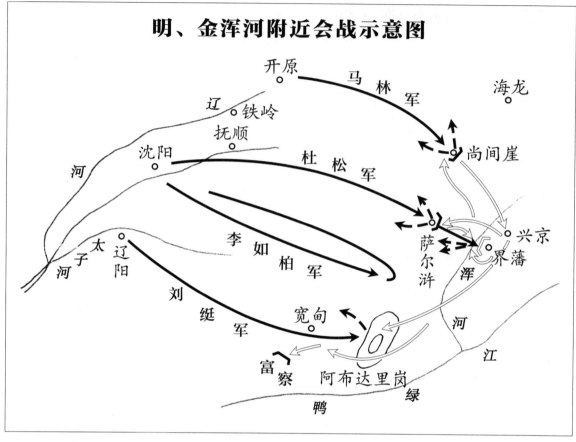

明、金浑河附近会战示意图

图七三

第二节 各路军之战斗

（一）萨尔浒明军覆没。万历四十七年（1619年）二月二十九日，杜松之军已出抚顺关，三月一日结大营于萨尔浒（兴京城西一百二十里）山之岗。杜松闻金兵在界藩（兴京城西北一百二十里）筑城以为抵御，乃留主力二万守萨尔浒本营，自率一万之众仓卒渡浑河（河流急，不结筏，策马径渡，军多溺死），以攻界藩。努尔哈赤仅留四百兵守之，以二旗兵接应，而自统六旗兵（此时金兵共有八旗兵约六万人）四万五千来攻萨尔浒，明兵列阵与战，大败。然后移其六旗之兵，与援界藩之二旗兵夹攻杜松在界藩山麓之军，出其不意，四面攻入。杜松所统之三万军，竟全军覆没。

（二）明左翼北路军之败绩。三月一日夜，马林之左翼北路军闻杜松已败，急据尚间崖（距萨尔浒约三四十里）以备拒战。努尔哈赤已击灭杜松之军，遂即移兵北进，以疾风迅雷之势冲击明军。于是明之左翼北路军亦大败，马林仅以身免，时为三月二日也。

（三）明右翼南路军之败降。努尔哈赤已败二路之明兵，乃一意以对付南路之明军。是夜率其全军还兴京，翌旦命代善、莽古尔岱、皇太极等统军御刘綎，而留兵四千于都城，以待李如柏之兵。

当刘綎兵出宽甸口，进击栋鄂路，扫荡金少数之守兵而向兴京前进时（中间曾因朝鲜援军不进至迟延其行动），途中尚不知杜松之败。努尔哈赤闻之，乃使降卒持杜松令箭往，诡言松军已薄敌城，促之速进。刘綎不疑，以道狭，乃分军为四，自率精锐为前军，先至阿布达里岗，将登山列阵。而金之右翼军（皇太极）已先登，据高下击，綎军正殊死战之际，代善所引之左翼军出山之西，冒杜松军旗帜，被其衣甲，绐入綎军之营，綎之前军遂溃；綎欲退整后军，仓卒不及，力战以死，后军遂亦被歼。时康应乾步兵及朝鲜兵营于富察之野，列阵待战。金兵已破刘綎，乃乘胜南向，以攻康应乾及朝鲜兵，应乾兵大败，朝鲜兵降，于是南路亦败溃。

杨镐驻沈阳，闻三军皆败，乃急令李如柏回军，因是明之右翼中路军得免被歼之厄运。

是役也，明倾天下之力，合朝鲜、叶赫精锐，分道深入，图使金人不能兼顾。而努尔哈赤竟以八旗六万之众，机动转运兵力而各个击破之。金仅伤士卒数百人，而所掳获以巨万计。此役实为明清兴亡之战之一大关键也。

第三节　检讨与评判

此次之战役中，以兵力言，明合朝鲜、叶赫之兵，总兵力号为二十四万，实为九万，而金兵则仅六万；就装备言，明军有锐炮火器装备，能远战，杀伤力大，而金兵则仅刀矛牌盾之类。然明军之所以卒致惨败者，其主要因素，概述如次：

（一）战术上之得失。明图四路深入（兵力几等于平均分配）迫使金人彼此不能相顾，而不料金人竟能集中机动运用其兵力，采取内线作战各个击破策略。此明将不知彼己，不明战术之运用也。反之，努尔哈赤善于做兵力之经济与集中之机动使用，予明军以各个击破。观其于界藩仅留四百之卒守之，而集其主力以攻萨尔浒，化劣势之兵力为优势，变寡为众，且于击破杜松之后，迅速转移以击马林，再击刘綖，而完成其典型之内线作战，可以知之矣。

（二）在兵力部署上，明军分四路前进，而四路竟毫无联系，亦无总预备队做四路策应之部署，此杨镐之无能可知矣。设当时明军之部署稍为周密，努尔哈赤又岂能获得如此之全胜？轻敌乎？愚昧乎？

第三章　辽、沈、广宁诸战役

努尔哈赤在陷辽、沈之先，亦即在败明四路之兵后三月（是年六月），即又发动对开原、铁岭之攻势。

第一节　努尔哈赤袭开、铁

明将马林自尚间崖败还后，仍退守开原。努尔哈赤于击灭明三路之军后，经三个月之整顿，即乘大胜之气势，首先攻袭开原。乃于是年六月亲率四万之骑兵，向开原潜行，行三日，大雨，浑河水涨，军不能渡，但若稍待，则又虑民之逃难者奔告于马林军，致露其进袭开原之机密。于是努尔哈赤立采声东击西之诡计，命百余人向沈阳之道路前进，遇明军即攻击之，杀三十余人，擒二十余人而还，以眩惑明军；并一面派人侦察开原天候、道路，河流状况，得悉开原无雨，道路不泞，河水可渡，乃即率大军直薄开原城下。马林将其主力分出四门外御战，努尔哈赤急遣一部袭击东门外之明兵，败之。明兵混乱，争奔入城，金兵乘之，城遂破，马林之军尽歼焉。

金兵已破开原，掳获资财不可胜数（胜敌益强），即又退回界藩息马，准备再进兵之计（金兵克开原不守而退回界藩，似在避免与明兵做堂堂正正之攻防战，采用机动之野战与袭击战，在今日言之即为运动战）。七月，努尔哈赤复率军攻袭铁岭，破之。叶赫以势孤援绝，不能复支，亦于是年八月亡国（叶赫部族来自蒙古，附明抗金，据开原、铁岭、抚顺、清河等地区）。

第二节 辽、沈之陷落

先是明四路之兵惨败，开原、铁岭相继陷没，叶赫败亡，明廷乃起用熊廷弼经略辽东。廷弼颇具韬略，于接任之后，以鉴于新败之后军民四散，势不能再蹈前辙，为恢复元气计，乃以固守不妄言战为旨趣。于是招流移，缮守具，简士马，肃军令，集兵十八万，分布于瑷阳、清河、抚顺、柴河、三岔、镇江诸口，令小警自卫，大警互援；更选精锐为游徼，乘间掠扰金人零骑，扰耕牧，更番迭出，以俟机会。因此金人甚畏之，历年余不敢相攻侵。然廷弼性刚，不能容物，会熹宗新立，朝臣忌廷弼者，交章劾其不战，廷弼乃乞罢，而继之者为吏治敏练而非将才之袁应泰。

（一）沈阳之陷落

袁应泰继任经略辽东，适蒙古诸部大饥，饥民大量流入。应泰为饥民免为敌有计，乃大量收容之，招致数万，分处于辽、沈二城。以处置不当，饥民多占民居妇女，辽人以此怨愤。而金人又乘间厚抚辽人之来往于其地者，因此辽人及饥民皆为金人耳目，明军之一切情形，尽泄漏于金人。于是努尔哈赤乃于天命六年（1621 年）三月，将攻城装备乘舟顺浑河而下，自率大兵，水陆并进。已抵沈阳城下，明将贺世贤恃勇出战，金兵假败，诱明兵之追击而伏击之。及贺世贤败退至沈阳城下时，其城外壕梁为金预伏之间谍所破坏，世贤战死，城内之明将尤世功引兵救之，亦战死，城遂陷。沈阳城已陷，驻守浑河以南之明军赴援者亦相继败没。是役也，明以万余之兵当金数倍之众，虽力战亦难免于被歼。

（二）辽阳之陷落

努尔哈赤攻陷沈阳后，集其诸贝勒大臣议曰："今敌兵大败，宜乘胜长驱，以取辽阳。"遂率其八旗之兵，向辽阳前进。已抵辽阳，明兵出战后，努尔哈赤乃分两翼攻城，激战后复陷之，明兵尽歼焉。辽阳者乃辽东首府，为当时明与朝鲜、蒙古接壤战略要地，故辽阳陷，河东三河堡等五十寨，古城、草河、新甸、宽甸、大甸、永甸、长甸、镇江、凤凰、海州、耀州、盖州、复州、金州等大小七十余城皆下，于是辽河以东尽归金人所有矣。

努尔哈赤已占辽阳，即决计迁都于此。金人进侵之锐意，亦于此可见一斑矣。

第三节　广宁之役

辽沈已失，明廷大震，乃尽谪诸臣前劾熊廷弼者，复诏起用廷弼于家，而擢王化贞为广宁巡抚以御金。

熊廷弼已再受任，首先请免言官，不许。乃策定战金之大计，名曰"三方布置策"。此策之部署，即一方面在广宁厚集步骑兵为主力，以战金兵；一方面在天津、登州、莱州（今山东半岛）各治舟师，以分扰辽东半岛沿岸，牵制金军；并增设登莱巡抚如天津之制。而经略则驻山海关，统一指挥之。

惟先是经略袁应泰败没于辽阳，薛国用代之，薛因病不能任事，王化贞乃部署诸军沿辽河防御，分兵据守西平、镇武、柳河、盘山诸要害。及廷弼接任经略，认沿河分兵直接防御易为敌所突破，而主集中兵力于广宁（后退配备），沿河则以游兵做机动性之行动，盖辽阳至广宁距离三百六十里，若金兵进犯，骑兵非一日可达，我有充分时间俾以主力歼敌也，于是与王化贞相左。化贞又将各方集中广宁之兵名为"平辽军"，因此辽人多不悦，廷弼乃以辽人未叛，应改称为平东或征东军，因此又与化贞相左。化贞拥兵数万，而廷弼兵仅数千，且化贞与当时宰相叶向高关系密切，故其实权远出廷弼之上。化贞因此乃极力与廷弼之策相左，力言"有皮岛毛文龙在（鸭绿江西南海中），不必筹登莱之水师；有蒙古插汉（今察绥地区蒙人）助兵四十万在，不必筹士马甲仗；有辽人壶浆牛酒在，不必筹刍粮；有降将李永芳内应在，不必谋向导"，云云。但廷弼则力言"辽人不可用，蒙古不可恃，永芳不可信，广宁多间谍不可忽，营垒城壕不可不严备"（不可胜在己）之原则。同时廷弼疏请朝廷遣使朝鲜，令出兵鸭绿江上以助声势，实行其三方布置之策。而化贞则主急进，而非廷弼之策。适此时毛文龙以潜袭镇江堡（今辽宁安东市）报捷于王化贞，化贞遂急以此捷报朝廷，因此兵部尚书张鸣鹤笃信化贞之言，

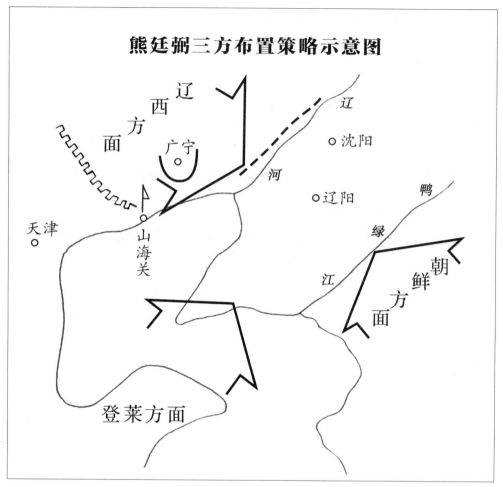

图七四

所请无不允，而宰相叶向高复左袒之。于是朝臣自阁部至言官皆助化贞，即议海陆并进，相机规辽东，而促使廷弼复上言："三方兵力未集，文龙发之太早……乱三方并进之谋，误属国联络之算（指朝鲜也），目为奇功，乃奇祸耳。"举朝皆不直之，而阴护化贞者益多。然化贞自是年八月至十一月五次出兵，皆无功而返。故朝廷如此不明，将帅如此不和，安得不败？

明年（金天命七年，明天启二年，1622 年）一月，努尔哈赤知明朝廷不明，将帅不和，乃即率其八旗之众，渡辽河向明进攻，明防河之兵辄遁，金兵进至西平堡（今北镇县东，距辽河二十里），围之。未几城陷，守将罗一贵及兵万余尽被歼。

王化贞闻西平堡被围，用游击孙得功谋，尽发广宁之兵与之，使偕会祖大寿会别军往援，至平阳桥（今北镇县东南一百二十里）遇金兵。甫交战，得功先奔，别军亦溃，祖大寿走觉华岛（辽东湾西侧，即今菊花岛）。

努尔哈赤方顿兵沙岭（今北镇东南一百五十里），而得功阴为内应，扬言敌已薄城，居民惊溃。化贞知援兵尽被歼，不知所为，乃率二仆从狼狈西逃。孙得功以广宁降，金兵并乘胜攻克义州而还。此役明廷论罪，廷弼弃市，传首九边，而王化贞竟以轻罪获免，明廷之是非不明竟一至于此。

第四节　检讨与评判

明自袁应泰失辽东，至熊廷弼死，概可分如下数点评判之：

（一）努尔哈赤进军方略之优越。金兵于败明四路之军后，继袭开原、铁岭，而进攻辽、沈二城（自东北向西南沿辽河东岸进击）。如是则辽东广大地区及无数城池，皆可不攻而得之，此《孙子》所谓"城有所不攻，地有所不争"也。设若努尔哈赤不此之图，而向东正面攻击，或自东南向西北攻击，则不但难以进展，且将失其优势，徒遭挫阻也。

（二）努尔哈赤之利用敌方人民。袁应泰徒知争取蒙古之饥民人力，免为敌用，但争取之后却不善于安置与利用，以变成自己之力量，反且为己民之害，以致并己之民心而失去之，供敌做间谍之利用，可谓拙劣之极。至努尔哈赤之善用间谍，于熊廷弼奏章中谓"广宁多间谍"一语，可以知之矣，谓努尔哈赤不仅善于作战，且善于运用间谍也。是故善于利用敌人之弱点与空隙，尤以利用敌人政策上措施之错误，因而利用之，是为弱敌取胜之一大定则。第二次世界大战时，德国利用法国人心与社会之浮动及畏德之心理，亦曾利用其逃难之民众拥塞道路，阻法援军之行动与军心，并驱使间谍参杂其间渗透，以进行其宣传、造谣、破坏之工作。又成吉思汗征欧，亦多方运用此项策略。凡此运用之方法不同，而运用之目标则一，是故运用之巧妙，纯在乎运用者之能否利用客观情势，投合机宜而策动之耳。

（三）明廷之错误与无能。明廷（统帅部）已以辽、沈之失，用熊廷弼经略辽东，初则听信谗言，迫使廷弼去职，以致辽西亦陷敌手；继已悉廷弼为敌金之将才，采用"三方布置之策"，而又以信而不坚，所任不专，以致将帅不和，广宁之役，复遭惨败，三方布置策不能贯彻；最后且将熊廷弼处死，宣其罪于中外，而王化贞反得幸全。明廷之是非不明，赏罚不当，由此可知，故其后虽有孙承宗、袁崇焕之将略，而关外终至于不可挽救者，岂是偶然，根本已坏故也。是故统帅之不明，决策之不定，虽有良将，亦难挽救崩溃之厄运，于此可见一斑。

（四）熊廷弼三方布置策之稳当。以当时金统帅之能，诸将之勇，及善于野战，而明则诸将智勇俱乏，及兵不善野战之情势观之，廷弼之策虽需时较长，实足以制金人之死命，而明廷不能贯彻之，致使一败再败而屡败，金人之势亦因以日益强大，终于陷于不可收拾之局面，此皆明廷之过也。是故根本之措施愚昧，则大势必随之以去而不可挽救，此实为战争成败之基本定则也。

第四章　宁远之役与和议

第一节　明廷之任命孙承宗、袁崇焕

广宁已陷，明任王在晋为辽东经略。在晋主弃关外，专守山海关，而于关前八里铺筑重城，以为前线据点，置兵四万守之。王在晋此策，孙承宗、袁崇焕均非之。

先是广宁之役，兵部主事袁崇焕单骑出关，遍阅形势，还言于朝曰："与我军马钱谷，我一人足守此。"廷议壮之，进擢签事，使监军关外，发帑金二十万使招散兵。崇焕赴关外，即经营军事，安置流民，夜行荆棘猛兽间，诸将称其勇。及在晋筑城八里铺，崇焕以为非策，而主张进守宁远，明廷不能决，乃命大学士孙承宗往察，承宗回言在晋不足任，而赞崇焕之策。于是明廷罢在晋，而以孙承宗代之。

第二节　孙、袁部署宁远之守备

孙承宗、袁崇焕已赴任，即于宁远（今山海关外兴城县）、觉华岛（今兴城南菊花岛）部署守备，以为犄角之势。觉华岛在宁远西南海中，粮饷均储积于此，并置水师通山东、朝鲜；又声言将宁远以西诸城堡（时尽为科尔沁部蒙古兵所据）声言助守边陲之蒙兵驱去，另派明兵驻守之。

天启三年（1623年）九月，承宗命祖大寿筑宁远城不力，另命袁崇焕筑之。翌年工竣，崇焕誓与城共存亡，又善抚将士，部下乐为尽力。

天启五年（天命十年，1625 年），承宗复命诸将分兵向前推进，守锦州大小凌河、松、杏、右屯诸要害，据地二百余里，几复辽河以西旧地。

由于孙承宗、袁崇焕之才能，又以将帅和睦，同心戮力，竭力整军守备，故四年之间金兵不敢进犯。在此四年中，且修复城堡数十，练兵十一万，汰老弱兵一万七千余，省粮饷六十余万，立车营、水营，造甲胄、器械、弓矢、炮石、渠答（古守城器具）、卤楯之具各数百万，开屯田五千顷。宁远亦因袁崇焕之经营，远近归附，屹成巨镇。此所谓得人者昌也。

第三节　宁远之攻防战

孙承宗经营关外，实力已强，金人不敢犯者四年，因此任重功高，遂引起魏忠贤党之所忌，日夜谋所以排挤之。卒以明廷愚昧，竟于是年（天启五年）十一月罢之，而以高第代其任。

高第怯弱无能，力言关外不可守，竟尽撤锦州、右屯、大小凌河、松、杏诸要害之守具及将士于关内，委弃米粟十余万，死亡载道，哭声震野。更欲撤宁远、前屯（在宁远城西南一百三十里）二城，袁崇焕誓死不去。于是努尔哈赤四年来苦于无机可乘，今明人易帅，且乘袁崇焕抗命不撤，将帅不合之隙，而复兴兵进犯矣。

天启六年（天命十一年，1626 年）一月，努尔哈赤率兵来攻，将至右屯卫（在锦州城东南七十里），明守将周守廉率军民弃城遁。时明舟运之粮积贮海岸，努尔哈赤遣兵移之右屯，以断明军粮食，并因粮于敌，而大军续向锦州前进。于是大小凌河、杏山、连山、塔山诸城，亦均相继陷。金兵遂于二十三日进至宁远，越城五里，横截山海关大道驻营，断明宁远守军之归路，盖欲以迫降也。然袁崇焕不受招降，而决心死守之，一面尽焚城外民居，使迁城中，以为清野坚壁之计，一面令守城关之将，将士有逃逸者斩之。因此人心始定，将士效命。翌日金兵进攻，载盾穴城，矢石雨下不退。崇焕乃令闽兵发西洋巨炮（葡萄牙输入，即所谓红夷大炮），一发伤金兵数百。翌日再攻再却，努尔哈赤亦重伤焉。

金兵攻城已一再受挫，努尔哈赤且负重伤，谓曰："予自二十五岁用兵以来，战无不胜，攻无不克，何独宁远一城不能下耶？"时崇焕见金兵暂退，乃遣一使备物谢曰："老将（指努尔哈赤）久横行天下，今日败于小子（自称），岂非数耶？"努尔哈赤供礼物及名马回谢，因约再战之期。努尔哈赤因此懑恚而死，死时年已六十八矣，时为天启六年七月也。是役之胜也，崇焕以功擢升宁远巡抚，继而专关外方面之任焉。

第四节　金、袁和议之运用

天启六年（天命十一年）十月至明年（金天聪元年，1627年）五月，为金、袁议和时期，其经过概要如次。

努尔哈赤已死，袁崇焕为侦察金之虚实，并图争取时间，以加强关外诸守备计，然后因其背向离合以定征讨抚定之策。乃于是年（天启六年）十月遣使致吊，微示修好之意。金皇太极继位，已畏袁崇焕之强，乃欲转用其兵于朝鲜，以除后顾之忧，乃亦图借和议以缓明兵，俾专力进攻朝鲜，故遣使复书于崇焕而求和焉。文书往返数月，彼此各有图谋与目的，因此互提条件，各不兼容，故和议终于破裂。

皇太极一面与袁崇焕议和，一面进兵朝鲜，所至克捷，朝鲜举国乞降，结盟而还。

朝鲜已降，金人因而亦得悉皮岛（在鸭绿江西南海中）明兵之实力（毛文龙于辽阳陷后退据于此）不足为其后患，乃于天聪元年四月自朝鲜凯旋之后，即谋大举攻明。五月，皇太极遂亲率两黄旗两白旗诸军，直向大凌河进击矣。

第五节　宁、锦之战

金兵已直趋大凌，明守兵遁，遂进围锦州。锦州守将赵率教统三万人坚守，金兵虽竭力奋勇进攻，然均为火炮矢石击退。皇太极复增调沈阳兵，以图再攻，适袁崇焕遣使致书赵率教，谓不日各方援兵大至，当亲往救援，命赵率教固守，使者为金兵所获。皇太极以攻锦州不下，遂转移其兵力攻宁远，复为守城红夷炮击破之，死伤甚众。乃再回攻锦州，又不克，且亦死伤甚众。于是皇太极乃毁大小凌河二城而退。是役也，金兵颇为之丧气焉。

然此役明兵虽胜，以魏忠贤忌袁崇焕之功，乃假崇焕不救锦州为名而攻讦之。因此崇焕力求乞退，明廷乃以王之臣代之。之臣已代崇焕，复议撤锦州，专守宁远。幸未几熹宗崩，朱由检（崇祯皇帝）即位，魏忠贤伏诛，廷臣争请复起用崇焕。崇祯元年，崇焕遂复职再守宁远。

金皇太极攻宁、锦之失败也，固由于袁崇焕之决心坚定，指导守城之战有方，尤其主要者，崇焕之胜，实得红夷炮之功，故自此后金人亦积极制造红夷炮矣。

第五章　金兵采大迂回战略进犯北京

第一节　三路迂回进攻

金以努尔哈赤受挫于宁远，皇太极以征朝鲜屡胜之师，仍再受挫于宁、锦，因知袁崇焕不可以力斗胜，乃采取大迂回战略，取道蒙古，以拊直隶之背（用蒙古攻金战略）。天聪三年（1629年）二月动员，并联合蒙古科尔沁、喀尔喀、扎鲁特、敖汉、奈曼诸国合兵并进。十月兵至辽河集中，以喀喇沁台吉（大帅）布尔哈图为向导，指向明境前进。十月五日兵至喀喇沁（地在山海关北热河东南地区）之青城，宣布征明宣言，其要点如次。

（一）承天命兴师伐明，迎战者诛，降顺者保护之。

（二）俘获之人，毋离散其父子夫妇，毋淫人妇女，毋掠人衣物，毋拆庐舍祠宇，毋毁器皿，毋伐果木，毋违令杀降。因而定出法令：

1. 淫妇女者斩。

2. 毁庐舍祠宇，伐果木，掠衣服，及离大纛入村落私掠者，鞭一百。

3. 勿食明人熟食，勿酗酒，闻山海关内多鸩毒，尤宜谨慎。

4. 马或羸瘦，可煮豆饲之，肥者只宜秣草。

5. 凡采取柴草，须指定领导者集队前往，擅离队者拿究之。

（三）如有故违军令者，与不行严禁之管旗大臣及领队各官，并治罪不贷。

皇太极已颁上述勒令，即自青城推进，至老哈河，乃分其军为左右中三路，经今之喜峰口、冷口越长城前进，其部署如次：

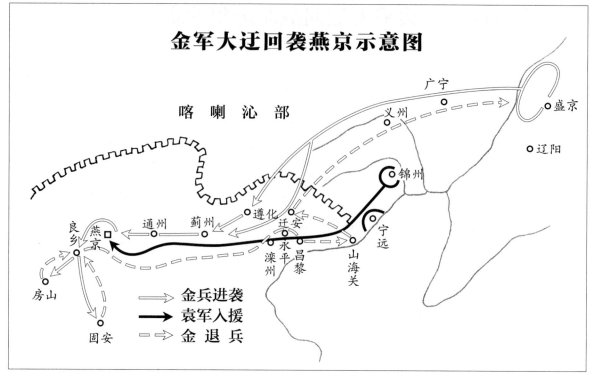

图七五

（一）命济尔哈朗、岳托率右翼四旗兵及右翼诸部蒙古兵，进攻大安口。

（二）阿巴泰、阿济格率左翼四旗兵及左翼诸部蒙古兵，进攻龙井关。

（三）皇太极亲率一军，向洪山口前进。

以上三路军均先后攻克上述各地，遂越长城进迫遵化。明总兵赵率教率兵四千援遵化，被金军所掩击全歼，率教死焉。巡抚王元雅坚守遵化城，金劝降不从，围攻陷之。明廷命蓟辽总督刘策守石门（在遵化东），以阻金军西进。而金军却已趋蓟州，越三河，略顺义而至通州，渡河驻营城北，稍加整息，即进攻牧马圈（牧马厂南五里），陷之，距燕京城仅约十五里，燕京之攻守战于焉展开。金兵此役于越长城后之行动，可谓极迅速之能事矣。

金兵已克牧马圈，遂自燕京城北土城关之东进攻。明总兵满桂、侯世禄等急集兵德胜门以拒金兵，城上发炮助战，金兵遂转移南苑攻击之。

第二节　北京附近之战斗

正当燕京被攻之际，袁崇焕及锦州祖大寿等自山海关兼程入援，驰至蓟州，与敌相持于马升桥（似即通县西南之马驹桥）。金兵不意袁军骤至，相视骇眙，乃乘夜西遁，直犯燕京。袁见敌西窜京师而尾踪疾追，两昼夜行三百余里，其进军之速也，与金兵西进之疾恰相前后媲美矣。

初金兵在高密店（新城县西北）发现袁军侦骑，即咸大失色，盖惊袁崇焕军自天而降也。袁崇焕军已抵广渠门外，即向金兵展开攻势，自辰至申之激战，击却金兵十余里，追至运河。金兵相谓十五年以来未尝有此劲敌也。

战势至此，金皇太极实陷于进退维谷之困境，盖战则前有劲敌，退则难免被追击之厄运，并思崇焕不去，则明不可复图，乃谋纵反间以去崇焕。于是乃以密计授副将高鸿中、参将鲍承先，使坐近所获明太监二人之旁，故作耳语曰："今日撤兵，乃上计也。倾见上单骑向敌，敌有二人来见上，语良久乃去，意袁巡抚有密约，此事可立就矣。"时杨太监者佯卧，窃听之，金又阴纵之逃归。杨太监已逃入宫，乃以所闻之言告明帝。适此际京师遭攻，都人谓崇焕纵敌，怨谤纷起（皇太极即利用此种情势纵反间，亦可谓巧矣），朝士亦以其前主和议（明廷鉴于金宋之和战覆辙常反对与敌言和），诬其引敌胁和，将为城下之盟。明帝由检前闻崇焕擅杀毛文龙（当皇太极征朝鲜时，毛文龙兵屡败，且在皮岛八年，所作所为多违制，朝廷亦厌之。及崇祯二年、金天聪三年五月，崇焕乘文龙来会双岛乃斩之），即已疑其有异志。及是谤言日至，乃即召崇焕入城，下之狱。祖大寿大惊，率所部毁山海关而出奔锦州。明年（崇祯三年，金天聪四年）七月，明廷杀崇焕并灭其家。金人此反间之计，实胜过百万大军，主持战争者其精思之。

第三节 金兵窜扰冀中与回军

先是袁崇焕已罢，明廷特设文武两经略，以尚书梁廷栋及满桂任之，分守西直、安定两门。另令大学士孙承宗移镇山海关，重整关外之守备。

金皇太极见燕京坚城未易卒拔，又恐顿兵坚城之下，明援军四集，内外夹攻，乃转移其攻势，指向燕京邻近各县，以试探明之作战潜力，即放弃燕京之攻，而率其军趋良乡，是年十二月朔陷之。复分兵屠固安，遣贝勒阿巴泰、萨哈璘祭金太祖、世宗陵于房山县。既而自良乡回师，至卢沟桥，击破明副总兵申庸车营，进临永定门，攻明武经略满桂与总兵孙祖寿、麻登云、黑云龙之营，乘夜将旗兵冒明旗帜，黎明出明军不意，四面攻之，满桂、孙祖寿战死，黑云龙、麻登云被擒，京师大震。此时金诸将争请攻城，皇太极曰："取之若反掌耳，但以疆圉尚强，非旦夕可溃者，得之易，守之难。不若简兵练旅，以待天命。"乃自通州回军，掠蓟州，降沙河，驻军滦河，破永平，留济尔哈朗、萨哈璘驻守永平。继而力攻昌黎不下，转攻滦州、遵化、迁安，拔之。寻分兵攻山海关，又为明副将官惟贤力战所却，乃留兵守永平、迁安、滦州、遵化四城，而皇太极则自率主力取道冷口关（在迁安县东北）而归。

金兵此役已攻燕京，窜略邻近各县，而又卒以退军者，以明"疆圉尚强"，得地不能守（盖以国小兵微，军虽悍勇，尚难以溃庞大之明国。且其时明山西总兵马世龙统诸路援军二十万将至，故不得不暂做归师之计），乃欲于回师之际，扫荡关内外西通之路而控制之，并掳掠资财，以图后举也。及攻山海关不下，乃图控制永平、迁安、滦州、遵化四城，以达其上述之目的。但嗣后因孙承宗经营关外颇有方略，对金之威胁增大，故终于被迫（马世龙与祖大寿东西夹攻）连此四城而弃之，而回复袁崇焕驻关外之态势，时为崇祯三年（1630年）春之事也。然未几大凌河之战祖大寿被围攻而降金（嗣金遣大寿入锦州为内应，大寿复归明，坚守锦州），以是朝议孙承宗筑大凌河城为非计，承宗因此引退。至是，明有才略之将熊廷弼、袁崇焕、孙承宗，均先后相继除去，明之任将不专，专而不信，朝廷之失，于此可见一斑。

　　金人由于宁、锦挫败，乃采用迂回战略袭燕京，其作战目的似在迫使明廷放弃宁、锦诸关东要地，故其回军时仍欲自山海关而出也。

　　然当其袭燕京时，袁崇焕之劲旅入援，行动之迅速，殊出其意外，与之战，又为所击退，此尤出金人之意外也。因此乃用反间之计，以去袁崇焕。皇太极能适切把握燕京当时之人心情势（怨袁崇焕纵敌谋和）而利用反间，亦可谓巧矣。而明廷则一愚至此，无怪其终于灭亡也。

　　皇太极之此一次行动也，诱使其复做历史上之回顾，鉴于前代征宋乃先据有蒙古（今热、察、绥），于是彼乃进攻察哈尔林丹汗（助明者），逼使明廷失去阴山山脉与长城之屏障，则关外宁、锦之战略价值大减矣。故其以后数次南侵，在关外及大同方面稍加牵制，其掳掠财资与破坏明之战争潜力（亦效金侵宋之故智），即可如愿以偿，故其此次大迂回袭燕京所获殊厚也。

第六章　金统一蒙古、改国号及再三内犯诸役

第一节　统一蒙古与改国号

金皇太极已自河北东撤，因感于诸兄之分权与掣肘，及其国家形势不足以胁明，乃一面谋除其诸兄（阿敏、莽古尔泰）以求集权，统一蒙古（科尔沁，即今热河地区，察哈尔，明称插汉儿，今称察哈尔绥远地区），以形势胁中国。盖历代北方民族为中国害者，莫不先奄有广漠地区，然后逾阴山山脉南下以侵中原者。至皇太极天聪十年（1636 年）金已铸成红夷炮，驱察哈尔林丹汗西走而亡其国，遂奄有阴山之北广大地区（内蒙古）。皇太极乃于当年之春称帝而改国号曰清。考其所以改国号曰清者，实为进一步之图明也。盖明廷自努尔哈赤以来，屡拒金之求和者，一以有圣朝自尊之感，尤鉴于宋朝之覆辙，故明大臣凡倡和议者必遭诛戮。皇太极为松弛汉人拘执历史之深仇，故改其金之国号曰清，且优待俘虏，礼遇降将。此一政策，实为亡明之一重大因素也。

第二节　明覆亡之内因

明末之政治与流寇。明太祖以布衣得天下，因鉴于前代皇帝率大权旁落，乃废丞相之制，而直辖六部（吏、户、礼、兵、刑、工），改元代之中书省为内阁。又鉴于前代宦官弄权，乃严抑阉宦，只使之服役宫内仆役，不许其稍干政事。乃成祖棣即位，因得宦官内应而得国，乃不得

不复宠阉宦。因此明末之时，明金历年辽东之战，朝议纷纭，将才不得专任，屡去贤将，加以宦官弄权与党争（东林党与非东林党），于是明之政治紊乱，地方官吏淫贪，益之以崇祯中练饷增加，人民不堪负累。又遇饥馑之年，以致流寇四起（当时之叛兵、逃兵、驿卒、难民、饥民、山林贼寇等会集为流寇坐大之原因，著者为高迎祥、李自成、张献忠等辈），流窜几遍全国，明之国基从此堕毁矣，固无待于清之入侵也。

第三节　清军之内犯

清已统一蒙古，于是其进犯之军，乃得随时自由出入长城诸口进出于直隶（河北省）山西间。天聪十年（1636 年）七月，清军采分东北两面进兵之策，东面令睿亲王多尔衮率右翼军，从中后所（辽宁绥中县）入侵，豫亲王多铎率左翼军攻锦州，以山海关为攻击目标。此方面之攻犯，乃在牵制明关外之兵，俾向冀中进击之军易于成功也。北面则令武英郡王阿济格、饶余贝勒阿巴泰等在延庆州（今察哈尔南部延庆县）集中后越长城，直犯保定、安州，如入无人之境。此役凡五十六战皆捷，攻陷十二州城。至十月，东路西进之战以攻击不得手，多尔衮等撤退，北路南进之军阿济格等亦即撤退。但当阿济格撤退之时，明兵尚不敢蹑其后也，明士气之衰落于此可知矣。

第四节　清军二次内犯

清崇德三年（1638 年）八月，清太宗皇太极命多尔衮为奉命大将军统左翼军，豪格、阿巴泰副之，命贝勒岳托为扬武大将军统右翼军，杜度副之。右翼军于九月二十二日从密云东北墙子岭口南侵，明守边之兵所当辄破。左翼军于九月二十八日自董家口东二十里，青山关西二里许，乘明兵无备突入之。盖当时诸口防守之兵，多以清右翼军先入，同往救援，及左翼军至，人民皆弃城逃走，不敢对敌。于是清两翼军会于通州河西后，分八路南犯。左翼以运河为依托，沿河南进，右翼以太行山为依托，沿山南下，中六路在两翼掩护之下南侵，八路清兵长驱直进。此种作战之目的，乃在摧毁明之作战潜力，用扫荡方式进犯，又在掳资财，求以战养战，胜敌益强。时明军大将卢象昇与兵部尚书杨嗣昌意见不合，象昇兵仅二万，首遭清兵击灭于蒿水桥，象昇死焉。此役也，杨嗣昌所统中官高起潜之兵相距五十里，竟坐视不救，大敌当前，将帅不和，焉得不一败涂地耶？

卢象昇既败死，明将无敢再言战者。清军遂踏真定、顺德（邢台县）、广平、大名而下，所当者破。明年（崇德四年）一月，遂自东昌（今聊城县）渡运河，直趋济南，围而攻之。明督师大学士刘宇亮、陈新甲所率各镇勤王兵，仅尾清军之后而行而已，无当其锋者也。济南求救，亦无敢往者，城遂破。是役也，清军攻克城池五十，降者八，俘人口四十六万有余，白银百余万两。二月清军至天津，适值运河水涨，所掳人口物资过多难渡，明军亦未有敢追击者，而一任清军从容渡河北还。此役清军为加强其摧毁敌战争潜力之目的，以扫荡之姿态，所向披靡，明之国力，已一扫无余矣。而清此种战略，实效蒙古初攻金之方略也。

第五节　松山会战

清皇太极以山海关不下不能争中原，而宁、锦诸城不破，不能得山海关，然宁（远）、锦（州）自袁崇焕以来屡攻失利，又于崇德五年（1640 年）命亲王诸大臣以义州（辽宁今县）为基地，更番出师扰杏、松、宁、锦间，不能成功，乃采取长围与断粮之策以困之，期在必得。清军先围锦州（守将祖大寿），于崇德六年三月锦州之攻防战正进至最高峰之际，明蓟辽总督洪承畴、巡抚丘民仰率王朴、唐通、曹变蛟、吴三桂（宁远总兵）、白广恩、马科、王廷臣、杨国柱等八总兵，军十三万，自宁远来救。祖大寿遣卒来告，请"毋浪战，但以车营迫敌出境"。承畴亦议以兵护粮饷辎重，由杏山输松山，再由松山输锦州（松山在锦州城南十八里，杏山在锦州城西南四十里），步步立营，以守为战（因不能以野战与清兵争胜负）。而兵部尚书陈新甲以师久饷匮，遣使促战。承畴乃留粮刍于宁远、杏山及塔山（锦州城西南六十里）外之笔架冈，而以兵六万先进，诸军继之，骑兵环松山三面，而步兵据城北之乳峰冈，距锦州五六里之两山间列营七座，卫以长壕，与清军相对抗，因此发生松山之会战。

八月，皇太极闻明军阵于松山，乃亲自统各路军自盛京趋锦州，昼夜兼程而进（捕捉战机也），疾驰六日而抵松山戚家堡。乃部署于松山杏山之间，自乌忻河南山至海岸，横截大路，绵亘驻营，盖仍欲以绝明军饷道，乘惫击之也。一面命阿济格袭击塔山护送粮饷之明兵，遂获笔架冈之积粟，而留兵守护之。又掘壕以断松山杏山之路，使两地隔绝。明军因此既失饷道，又不敢野战，遂撤步兵七营，背松山而阵，屡遣兵突击，清兵击却之，及还，清军又追击其后。皇太极料明军来自宁远，携粮不过五六日，料必乘夜遁走，乃于当夜布部诸将，潜伏塔山、杏山、小凌河诸要隘，以截明兵之归路，又增兵守笔架冈之粮，而亲督大军列

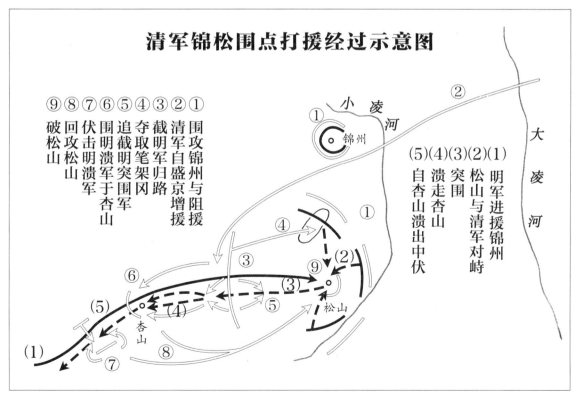

图七六

阵以待。次夜初更，吴三桂、王朴、唐通、马科、白广恩、李辅明等六总兵，果更番殿后，交互掩护撤退。然及王朴所部先遁，诸军无复行列，争奔杏山。清军伏兵邀其前，追兵紧蹑其后，明兵溃走杏山。而洪承畴等在松山尚未撤，皇太极乃困松山，四面掘壕围之。明总兵曹变蛟撤乳峰山马步兵，欲突围出，凡五次，皆败，乃与洪承畴、丘民仰、王廷臣等困守松山城。

同时，皇太极又料杏山之明溃军必奔宁远，乃遣兵五百，一伏高桥，一伏桑噶尔斋堡，俟杏山军出，扼险掩杀，王朴、吴三桂等仅以身免。是役也，先后歼明兵五万三千七百八十余人，掳获驼马、甲胄、炮械以数万计，自杏山至塔山，明兵死伤狼藉，海中浮尸漂荡，多如雁鹜。此役之战，清皇太极可谓尽其智勇之能事矣。

第六节　锦州附近诸城之陷与洪承畴之降清

洪承畴已被围于松山，明自天津海道运粮饷，又迁延数月不至，城中饷援俱绝。崇德七年（1642 年）二月，松山副将夏承德密谋降清为内应，城遂破。洪承畴被擒，丘民仰、曹变蛟死之。

时锦州亦以被围已久，粮饷俱尽，人相食，祖大寿战守计穷，又闻松山已陷，乃率众降济尔哈朗，杏山、塔山亦相继下。于是关外重要战略据点除宁远外，均已陷落。

洪承畴被俘至盛京（沈阳），以死自誓，绝食数日，精神渐萎。皇太极令人百计劝降，终不听，乃问明之降人有可以饵降者否，降人以其好色对。乃即使美女数人往侍，承畴仍不稍动。时皇太极妃博尔济吉特氏者，内蒙古科尔沁贝勒塞桑女也，貌美冠一时，乃遣之。妃密贮人参汁于小壶，着婢装，入侍承畴。承畴闭目面壁而泣不已，妃强劝之，亦不之顾。已而妃又强劝曰："将军纵绝粒，独不可稍饮而后就义耶？"语间情态娇婉，意致凄愁，且以壶承其唇，承畴乃稍沾饮焉。妃再进，承畴连饮之，精神渐振。如是者数日，而妃益多方劝慰，迭进美馔，承畴亦渐而甘之。未几意转，遂饮食如常。妃由是日夜进劝，并反复喻之以利害。后皇太极亲至其室，解貂裘而与之服，徐曰："先生得无冷乎？"洪茫然视之良久，叹曰："真命世主也！"因叩头请降。皇太极得洪承畴降，大快，即日赏赐无算，并陈百戏作贺。诸将皆不悦曰："洪承畴仅一羁囚，何待之重乎？"皇太极曰："吾侪所以栉风沐雨者，究欲何为？"众曰："欲得中原耳。"皇太极笑曰："譬之行者，君等皆瞽目，今得一引路者，吾安得不乐？"于是众乃服。此皇太极之深谋远虑，与招降之苦心也。

第七节　清军三次内犯

崇德七年十月，皇太极命阿巴泰为奉命大将军统兵内侵，并喻以若遇中原流寇，勿与交恶，宜善言慰之。乃于是年十一月，一面命多铎等率兵向宁远佯攻，以牵制明关外之兵，一面分左右两翼，左翼从界岭口入侵，而右翼将至黄崖口，侦知雁门（距黄崖口四十里）、石城（距黄崖口二十里）两关甚隘，遂遣前锋乘夜取之，得其所藏地雷，乃分右翼为两路，以夹击关口，克城而入。此路清军亦以牵制为目的也。

时明于关内外并建二督，又设二督于昌平、保定，又有宁远、永平、顺天、保定、密云、天津等六巡抚，及宁远、山海、中协、西协、昌平、通州、天津、保定等八总兵，星罗棋布，无地不防，而事权反不一（此亦显示明统帅部之无能）。及此次警报一至，急征诸镇入援。而清左翼军行动迅速，出明军不意，疾趋蓟州，而蓟州总兵白腾蛟适已率部赴援桃林关，及蓟州告急，乃急回军，遂为清军所败。于是清左翼军乃分两路南向，河间以南州府多失守；至山东，又连下兖州等府。明鲁王以派自杀，乐陵、阳信、平原、安丘等诸郡王皆死之。此役清军计攻拔三府，十八州，六十七县，共八十八城，掳获黄金万二千二百五十两，银百二十万五千二百七十两，珍珠、缎帛、貂狐豹皮亦数万计，俘人民二十六万九千名，驼马牛羊五十五万有奇。至明年三月清军入莒州（山东沂水县）休养士马（清军之入既如行于无人之境，复牧马于明腹地，明尚堪言战乎），春草满山，解鞍纵牧者月余，南北驿路无一敌人，遂

做东归之计。四月自山东至近畿，车驼亘三十余里。时明大学士周延儒
自请督师，驻通州，敛迹不敢战，惟与幕客饮酒娱乐，而日腾章奏捷。
及清军至怀柔，蓟辽总督赵光忭会唐通、白广恩等八镇兵，邀战于螺山
（察省怀来县北），又皆溃败，清军凯旋而还。

综计皇太极遣兵内犯凡四次，每次掳获人畜财资无算，满载而归。
所获汉人编入户籍，壮者编为汉兵，而以明之降将统之，所获牛马资财
则以充作战资源。故二十年来连年不息之战争，清人则以战养战，愈战
愈强。而明廷则不胜负荷，因而加税民扰，精兵竭耗，内而流寇纷起，
外而强敌内犯，卒至灭亡也。

观皇太极于锦州附近之会战也，其明智与机谋，实远非明诸将所可
及。故其于一闻明军舍其所长之守城战，而就其所短之野战时，立即倾
其全力，自率之以趋战，此其明彼己之短长，捕捉战机之明敏，颇类于
战国时秦赵长平之战时秦王之行动。及其争取洪承畴之降也，足见其图
明之亟与思虑之深也。以文化低落之族酋，而有此种深谋远虑者，亦殊
足称道矣。

第七章　李自成陷京师与清人入统

第一节　明廷之失政

人事不臧，领导失道，则政治紊乱；政治紊乱，则社会不安；社会不安，则人心浮动。明朝先既政制失宜，继而党争激烈，熹宗愚庸，阉宦弄权（如魏忠贤辈），朝议纷纭，边将屡易（关外统帅不到二十年而十五易）。关东二十年来之战乱，强敌压境，军事失败者屡而边疆日削。久战则国库枯竭，乃不得不走加税之一途，税加而人心骚扰，再加天灾饥荒，兵匮饷，民乏食，于是盗贼纷起，流寇到处横行。加以流寇所到之处，逃兵、叛兵、饥民纷纷加入，此所以李自成辈窜遍整个中国，而其势日益坐大也。

第二节　流寇之起源与猖獗

天启初年（1621 年），四川、贵州土司相继叛乱，未几山东白莲教继之。及至崇祯年间（1628 年至 1644 年），流寇乃有风起云涌之势，一发而不可收拾矣。

崇祯元年，安塞（陕西今县北）马贼高迎祥自称闯王，饥民王大梁自称大梁王，山陕盗贼四起。未几李自成（高迎祥之甥，迎祥死继之）、张献忠继起，合众数十万，流窜于山、陕、河南、河北间，继又转掠湖广、四川。其间高迎祥、李自成虽几被剿灭于兴安（今陕西安康县），然未几复炽。李自成入据关中后，于崇祯十七年（1644年）称帝于西安（改名长安，称西京），建国号曰大顺，改元永昌（是年八月张献忠据全蜀，继自成立后，亦称大西国王于成都）。

崇祯帝闻自成称帝，大惊，召廷臣集议，欲亲征决战。李建泰请以私财济军饷，率兵西讨，而仅有五百人出京，兵饷俱绌。时李自成已进兵山西，连破蒲州（山西永济县）、汾州（今山西汾阳县），攻太原矣。是年二月太原陷，乃以一部出真定（河北正定），主力犯代州（山西今县）。及代州已陷，大同、宣府（今察南宣化县）相继降，于是自成乘瓦解之势，收宣大（宣府、大同当时为天下精兵所出之地）精兵，长驱入居庸关。三月十二日陷昌平，焚十二陵，直抵京师平则门矣。继围京师九门而攻击之，门外明军皆降（守京城之明兵仍绌饷），内监曹化淳开彰义门降，于是外城遂破。是月十九日内城亦陷，崇祯帝由检自缢于煤山。明自朱元璋开国，相传十六主，历时凡二百七十七年（1368至1644年）而亡。

第三节　清人之入统

皇太极围攻关外诸城，连陷锦州、松山、杏山、塔山诸要点，并俘洪承畴、祖大寿等，已如前述。但自该次战役后未几，皇太极即以病致死，嗣位者为其年仅六龄之幼子福临（即顺治皇帝），多尔衮以实力最大而为摄政王。斯时也，清几有因争权而致内变之虞。幸李自成陷北京，吴三桂引其入关，遂将其内部争权之视线，转移于中原之夺取，得以幸免内争之祸患焉。

前自皇太极克关外锦州诸城后，吴三桂奉命为宁远总兵，据守山海关以御清。及李自成逼京师，廷议尽撤关外兵入援，乃召吴三桂入卫。但三桂率兵西行至丰润时，闻自成已陷京师，乃犹豫而退驻滦州（今县）。

先是自成陷京师后，深虑吴三桂在山海关方面之实力，乃欲招降之，遂命其父吴襄作书招之。及三桂在滦州得父书，即欣然受命，但一闻其妾陈圆圆为自成所得，乃大怒，急归山海关，为对敌之计。自成遣兵追之，越滦州而东，三桂回军击破之。李自成乃自将十万余众攻山海关，而另遣别将出抚宁东北境长城，绕至关外夹攻之。因此三桂大惧，用方献廷策，遣其副将杨珅等乞援于多尔衮。时多尔衮正督师略取关外地，军驻连山（今辽宁锦西县东南），得三桂趣兵之书，遂与范文程等决策，即日进兵，越宁远至沙河，距山海关十里。时三桂正遭李军东西夹攻，三桂乃发炮开路，自将五百骑突出，谒多尔衮于军前，力劝急入关击自成。此时洪承畴乃献策曰："大军即破贼，贼必弃京师，席卷西遁，我军徒得空城，且劳追剿。不如乘其出，京师空虚，从关外逾居庸，袭据京师。俟贼回军援，可一战擒，为万全之策。"但多尔衮竟从三桂之请，于一片石（今抚宁县东北）一战，击溃自成军前锋，四月二十三日入山海关，与三桂军共击溃自成军主力。自成败退回京师，登帝位于武英殿之后，遂从容席卷归西安，清人遂入京师。

清人既入京师，顺治二年（1645年）平定河北江南，三年平定川陕，遂统一中国。

吴三桂之请援于清也，志只在得陈圆圆，其无远见可知矣。故其请兵入关时，仅要求清兵勿掳掠，并以割地相许，殊不计及中原久已大乱，国防力量已全部瓦解，加以崇祯帝已死，中原无主，在此种情势下请清人入关，岂能割地了事，且其入关之后，制之者何所凭恃，此皆为三桂所不及料者也。亦由此而知三桂竟一武夫耳，缺乏政治才略，无远见，故清人得因而乘之。

至于清人之得中原也，直接得之于吴三桂，而间接则得之于李自成。论史者有谓若非吴三桂之引清人入关，彼则亦当继刘邦、朱元璋之后，而为中国之平民皇帝以继统矣。其实不然，盖以李自成之不才，人才之匮乏，及其集团之脆弱，终亦难抵清人之入侵也，不过时间与形势将稍有不同耳。换言之，设非吴三桂引清人入关，则其得中原必不能如此之易且速也。盖三桂引入，则清人取中原因势乘便，直如反掌折枝之易矣。

当吴三桂之请清兵入关也，意图在驱走李自成之后，中国子女玉帛任其取之以去，然后再割地赏军，即可了事者，由此可知三桂昧于当时之形势。夫以明崇祯帝死后，自成称帝，且是时也，中原混乱，一旦清人人据燕京，三桂已无力以控制，而欲清人复退出关者，其可得乎？是故以三桂之愚，遂予清人以因势乘便之利，主将对战局关系之重要由此可知。故主将于重要关头措置之得失，足以影响当时之时势，历代任将之慎重以此。《孙子》曰："夫将者国之辅也，辅周则国必强，辅隙则国必弱。"即此之谓也。

本篇主要参考书

1. 萧一山《清代通史》

2.《明史》

3.《清史稿》

4.《中国历代战争史》

第十九篇 吴三桂进军中原之战

第一章　清三藩之建立及其势力概况

初，清人入据北京，东南各省尚为明之宗室所据，乃命大学士洪承畴经略东南五省，而以定南王孔有德略广西，平南王尚可喜、靖南王耿仲明略广东，平西王吴三桂略四川、云南，皆以明朝故臣，领所部绿旗兵及清八旗兵大举南进，以征抚兼施之策向南进军。

在进军期中，耿仲明于清世祖顺治六年（1649年）七月道死吉安，其子继茂袭封爵。而孔有德亦于顺治九年在桂林因李定国（原李自成将，嗣效忠于明宗室）之攻而自裁，孔有德无子除爵。及南方已定，承畴偕清宗室托洛、信郡王多尼率八旗兵返京师，而上述诸人以扫除明宗室之功，各率所部留镇一方。于是吴三桂王云南，尚可喜、耿继茂同王广东（寻徙继茂王福建）。继茂未几卒，其子精忠嗣之。是为三藩建立之大概。

三藩之中以吴三桂为最强，功亦最高，故清廷对之恩礼亦最宠。三桂破流寇，定陕川，入滇，执明桂王于缅甸，四方精兵猛将多属之。三桂以吴应麒、吴国贵、夏国相、胡国柱等为都统，以马宝、王屏藩、王绪等十人为总兵，兵精将勇，为诸藩镇之冠。加以方其入滇之时，清廷假以便宜行事，云、贵督抚并受节制，用人不受兵、吏二部之掣肘，用财不受户部之稽核，正所谓强倾中外矣。

第二章 清廷削藩之议与吴三桂之发难

第一节 削藩之决策与实施

顺治十七年间，清廷即有削三藩兵饷之议，盖恐其权力过重难制也。吴三桂权势已重，乃通使达赖喇嘛，互市茶马于北胜州（今云南永北县），于是蒙古西番之马，由西藏入滇者岁千万匹。又假浚渠筑城为名，广辟关市，榷盐井，开矿铁，而潜积硝磺之物（制火药原料）。更选诸将子弟及四方宾客之资质颖悟者，授以黄石兵书，武侯阵法，以储备将帅人才。散财结士，人人得其死力。因此三桂主滇十余年，日练士马，实军械，水陆要冲，遍置私人。且以其子应熊居京师，朝廷巨细，无所不悉。于是根深蒂固，异志遂萌。

及1662年玄烨（康熙皇帝）即位，渐欲定中央集权之制，且以三藩强大，终非清廷之福，常欲设计除之。于是移藩撤藩之廷议，相继而起，三桂等亦因此益感不安。而三桂又自恃滇中形势，南扼黔粤，西控秦陇，财用饶富，兵甲坚利。而治军严整，号令肃然，攻守之宜，无不悉备。又从而虚怀延纳，将士乐为之用，民心亦翕然归附之，强藩雄镇，咸受笼络。康熙十二年（1673年）清廷决定移藩撤藩之策，分遣侍郎折尔肯、学士傅达礼往云南，户部尚书梁清标往广东，吏部右侍郎陈一炳往福建，进行撤藩之事。于是三桂首先发难矣。

第二节　吴三桂发难与双方军事部署

三桂原以滇蜀阻隘难进，非举兵之地，拟行至中原而后发。惟以廷臣催其进京急，恐迟延失机，乃于是年十一月二十一日，以复明为号召，自称天下都招讨兵马大元帅，举兵北伐。同时贵州巡抚曹申吉、提督李本深，云南提督张国柱等皆起而响应之，声势撼动中原。其进军分为两路，一路命其部将王屏藩率军进四川，一路命马宝自贵州出湖南。

是年十二月中旬清廷闻变，即一面诏令闽粤两藩勿撤，以孤三桂之势，一面做如次之军事部署：

（一）先遣都统巴尔布等率满洲精骑三千由荆州（江陵）守常德，命都统珠满率兵三千，由武昌赴守岳州（岳阳），以遏三桂东进湖广之路。

（二）命西安将军瓦尔喀率骑兵星夜驰赴四川，以绝三桂自滇入蜀之路。

（三）命都督尼雅翰、赫业、席布根特、穆占、佟国瑶等分赴西安、汉中、安庆、兖州、郧阳、汝宁、南昌诸战略要地驻守，听命机动。

（四）命顺承郡王勒尔锦为宁南靖寇大将军，统率诸路军进剿。

清廷已做如上部署，至明年（康熙十三年）二月，复以陕西地略重要，西控番回，南通巴蜀，乃特命刑部尚书莫洛为经略，率满兵驻扎西安，并假以便宜从事，会同该地之将军总督，以相进取也。盖清廷之战略，以荆州与西安为军事策源，南扼常德以阻三桂军之东犯，西遏三桂军进扰西北之图，此项战略决策亦甚是。

第三节　吴三桂进军与六省响应

康熙十二年终之除夕，三桂东进之军攻克沅州（湖南沅陵县），清总兵崔世禄被擒。明年一月，三桂东路军主力张国柱、龚应麟、夏国相等大军继进。于是清湖南提督桑额自澧州退夷陵（今湖北宜昌），巡抚卢震弃长沙而遁。二月初旬清廷派遣进驻岳州、常德之军巴尔布、硕岱、珠满等，亦以三桂军进展之疾速与士气之锐，至荆州、武昌后，不敢再进。因此常德、长沙、岳、澧、衡等地四府一州，先后均为三桂克复。

三桂已下湖南，乃即四出宣言，以复明为号召。于是广西将军孙延龄、提督马雄，四川巡抚罗森、提督郑蛟麟，总兵谭洪、吴之茂，襄阳总兵杨来嘉等，据各省响应之。越月耿精忠亦举闽省响应。三阅月之间六省均复，声威所及，中原震动，清军驻荆、襄、武、宜诸郡者，亦莫敢撄其锋也。

唯三桂至此，既不东进略取金陵，以为北进之根据，更不图乘势乘机，锐取中原，而仅命其将分扼岳州、洞庭峡口之线，布防御之策，坐失振奋之气势，致失可乘之机宜，三桂之非大才于是毕见矣。或云三桂以子孙俱在京师，冀免被诛，云贵根据地亦不愿轻弃，因此徘徊湖湘，竟妄图清廷裂土议和，划江为国。其才智之短浅，气魄之衰弱，岂是成大业立大功者？观乎此，三桂被灭之机，即在是矣。

第四节　吴军川陕方面之进展与失败

正当四川响应三桂，陕甘动摇之际，清为巩卫陕甘，乃使大学士莫洛率绿营步兵驰赴西安，而以贝子董额率满洲骑兵继之。

然三桂将王屏藩骁勇善战，初与清西安将军瓦尔喀相持川北，数出偏师截清军饷道，绝栈道，劫粮艘于略阳。清军遂由保宁退守广元，在广元驻守二月，总兵王怀忠率四千兵哗变，同时清将王辅臣亦怀异志，以索饷为名，鼓众杀莫洛于宁羌，以响应三桂。王屏藩乘之，由汉中出陇西，固原、定边等地均响应。由是陕甘动摇，清兵震惧，清将董额乃集兵退守西安。斯时也，羌人亦纷起以应援三桂军。于是清廷急遣署副都统鄂克济哈星夜驰赴西安，另令尚善等进攻岳州，以遏三桂东路军之北进，而定动摇伺变之人心；一面布守西安、兰州、延安等西北战略据点，并抽调荆州、夷陵之兵援守西安，以挽救西北之危局。故于康熙十四年（1675年），遂演成王辅臣据陇右（秦州、兰州、巩昌、定边、靖边、临洮、庆阳、绥德、延安、花马池均为王辅臣所据）与清踞西安，而成对峙之局。

第五节　清军之反攻

三桂既徘徊湖南不进，则清在江北岸之情势和缓，乃得专力于挽救西北方面之局势，先击破王辅臣而招降之，再转锋以击湖南，遂其分别各个击破之策。

（一）陇右方面之反攻。康熙十五年（1676年），清命大学士图海为定远大将军，节制董额以下诸军，进击王辅臣于平凉。一战大败辅臣等于平凉城北，围其城，以炮攻之。是年六月王辅臣复降清，王屏藩退据汉中，陕甘之局势遂定。此时清乃即命图海留陕，以监视王屏藩，而令征南将军穆占率满兵及平凉降兵（王辅臣兵）转趋南向，以击湖南吴三桂。

（二）湖南方面之反攻。方当三桂克六省，徘徊湘北未进之际，清廷即杀三桂子应熊及其孙世霖于北京，以乱三桂之志，并命尚善进击岳州。尚善首先致书三桂招降，三桂不答，分兵东进，扰袁州（江西宜春县），陷萍乡、安福、上高等县，与耿精忠之兵合，攻陷赣建昌、广饶等三十余县。及闻王辅臣起应陕西，乃即拟取道川陕，进取京师。于是留兵七万守岳澧诸水口，以拒荆州江北之清军；又留兵七万守长沙、醴陵、萍乡，以当清军岳乐之师。而自赴松滋（湖北今县）调度，布署舶船于虎渡口（湖北江陵县西南）上游，以截清荆岳大军之咽喉，扬言攻荆州（江陵），而潜分兵自夷陵（宜昌）经谷城、郧城、均州、南漳，以连西北之势。但王辅臣旋即败降于清，王屏藩退据汉中，图海已固守陕西各要害。同时江西之清军岳乐以三桂西上，复率兵克建昌、广信（江西上饶县）、饶州（江西鄱阳县），自醴陵、萍乡直趋长沙，三桂将夏国相不能敌。此时三桂既不得志于西北，复以长沙告急，乃自松滋回救长沙。清荆岳方面之兵促之，但为三桂所击退，江湖之险，复为三桂所有。然三桂徘徊于赣湘及鄂西之间，已失其锐进之气势，而有利之民心转趋观望矣。时为康熙十六年之春也。兼以闽之耿精忠、粤之尚之信（可喜之子）先后复归清廷（耿精忠十三年响应三桂，十五年复降清，尚之信十四年被迫降三桂，十六年夏复降清），则三桂之势益孤矣。

第六节 吴三桂之覆亡

康熙十六年（1677年），三桂已失陕西、福建、广东三大援，又失江西。三桂以局势至此，乃图转而自救，遂命其将攻广东之韶关（今曲江）及广西之桂林，以解除其侧后之威胁。但江西之清军岳乐所部，亦急攻湘东浏阳、平江，三桂水师将军林兴珠复降清于湘潭，同时清陕西、荆州之兵，亦相继增援岳乐军，于是湘东南永兴、茶陵、攸县、酃县、安仁、兴宁、郴州、宜章、临武、蓝山、嘉禾、桂阳、桂东，均相继陷于清军之手。时三桂已年六十七，云贵之外，仅有四川及湘桂之各一部地。三桂至此，为维系人心士气，以救穷蹙之势，乃称帝，自长沙徙都衡州（衡阳），时为康熙十七年（1678年）三月也。至是年八月三桂暴卒，嗣湘川贵相继为清军克复，至康熙二十年（1681年）清军入滇，数战，吴军皆败。三桂孙世璠服毒死，云南全定。

第三章 检讨与评判

吴三桂之才，只能当一将之任，政略以上之才智与眼光，则远非其所能及，又无此种高才僚属为辅佐，故无图天下之方略与适当之措施，盖观其贸然引清兵入关于前，此次进军中原，复失势失机于后，可以知之也。兹举其此役失机失势者述之如下。

当三桂举兵北上之时，清人统治未久，人心犹潜在变动之机，加以愤于外族之压迫，明之遗臣旧将，犹思明室而图恢复者，大有人在；况清之宿将，多已故世，将士渐安于逸乐，士气军力，已远不如前。故三桂举军出滇之日，四方纷纷响应而起，湖南、陕西之清军皆不堪一击，嗣三桂失机徘徊于湘赣之间，而荆州之清军犹畏葸不敢前也。

设三桂军至常德岳州之时，即乘当时之气势，锐军渡江北上，径取武汉、荆襄而直指中原，则必有如次之三利：

（一）乘当时民心士气所形成之汹涌气势，及由此气势所造成之有利形势，更进而乘之，并加强而扩大之，促使清廷陷于土崩瓦解之势。吾人回溯隋时李世民之驱军入关中，其当时之气势与形势，远不如三桂进至常岳时之优势也。

（二）若三桂已进至中原，则川陕方面之进展尤速，可以达到两方之合势。如此则江南只以偏师进取，即可举手而得，此亦《孙子》所谓"城有所不攻，地有所不争"也。

（三）然后合势以进取燕京。若如此，则中国之局势，又翻然一新现象矣。

乃三桂不此之图（缺乏政略才智），徘徊于湘赣之间，自失其时机与优越之气势（人心由振奋而观望，由观望而踟蹰，由踟蹰而丧气），以致陕西之王辅臣受挫，王屏藩被迫后撤汉中。陕西之清军得以转而南向，加强对湖南方面之攻势，而江西江南方面之清军，亦得以一面击退耿精忠，一面攻击湘东南，而威胁三桂之侧背。于是形势一变，三桂之势日蹙，而自救不暇矣。夫战略者，形势最为重要也，得势则胜，失势则败，《孙子》曰："善战者求之于势。"此之谓也。

是故乘机、气势、形势三者，乃指导战争之重大法则也。善指导战争者，能窥破时机而即乘之，能把握气势而造成优越之形势；尤善之善者，能创造时机而乘之，能造成气势，天下风从之，以造成压倒的绝对优越之形势，而操持制胜之权。此乃大兵学家之作为，学者其精思之。

至于如何创造时机、气势、形势？概要言之，即首先造成人心之背敌，次为造成敌方社会之不安（国际战争则造成敌方国际社会之不安），同时做强大自己力量之部署而创造，以形成于己日趋有利之趋势，然后渐渐造成自己优越之形势。如是则不待战，胜利已操左券矣。是故善于指导战争者，必先创造胜利之形势，操必胜之权，然后以兵临之，胜利即得矣。故《孙子》曰："胜兵先胜而后求战，败兵先战而后求胜。"即"胜于易胜"者也。

本篇主要参考书
1. 萧一山《清代通史》
2.《清史稿》
3.《中国历代战争史》